ENTRE A MAGISTRATURA E A ADVOCACIA

Escritos em homenagem a Rubens Ferraz de Oliveira Lima

Coordenação

Sidnei Beneti
Roberto Rosas

ENTRE A MAGISTRATURA E A ADVOCACIA

Escritos em homenagem a Rubens Ferraz de Oliveira Lima

GZ EDITORA

Rio de Janeiro
2022

1ª edição - 2022

Diagramação: *Olga Martins*

Revisão: *Lauzenir Guedes Fragoso*

CIP – Brasil. Catalogação-na-fonte.
Sindicato Nacional dos Editores de Livros, RJ.

E52

Entre a magistratura e a advocacia: escritos em homenagem a Rubens Ferraz de Oliveira Lima / coordenação Sidnei Beneti, Roberto Rosas. - 1. ed. - Rio de Janeiro: GZ, 2021.
554 p.; 24 cm.

Inclui bibliografia e índice
ISBN 978-65-5813-040-6

1. Direito civil - Brasil. 2. Lima, Rubens Ferraz de Oliveira - Homenagens. I. Beneti, Sidnei. II. Rosas, Roberto.

21-74235

CDU: 347.9(81)

Meri Gleice Rodrigues de Souza - Bibliotecária - CRB-7/6439

contato@editoragz.com.br
www.editoragz.com.br

Estrada do Capuava, nº 1325 - Box Q - CEP 06715-410
Bairro Barro Branco - Município de Cotia - SP
Tels.: (0XX21) 99585-0737 / 99755-0737

Impresso no Brasil
Printed in Brazil

Sobre Rubens Ferraz de Oliveira Lima

Sócio Titular da **OLIVEIRA LIMA - ADVOGADOS. Advogado** militante, contando com ampla experiência no contencioso civil, comercial, societário e administrativo. Inscrito na Ordem dos Advogados do Brasil. Secção São Paulo, sob n 15.919 e na Seção do Distrito Federal sob n 15.942. Graduado em Direito pela "Universidade Mackenzie" em 1962. Membro efetivo do Instituto dos Advogados de São Paulo - IASP e do Instituto dos Advogados Brasileiros - IAB.

Atividades anteriores:

Magistratura do Estado de São Paulo: ingressou em 21.07.1965, como Juiz Substituto, na Circunscrição Judiciária de Santo André. Foi Juiz Titular das Comarcas de São Luiz do Paraitinga, Ribeirão Pires e Caçapava e Juiz Titular da antiga 2a Vara Distrital da Casa Verde, da Comarca da Capital. A partir de 1974, passou a ser convocado, reiteramente, para substituir em todos os Tribunais de 2a Instância, principalmente no **E. TRIBUNAL DE JUSTIÇA**, tendo, posteriormente, sido nomeado Juiz de Direito Substituto de 2a Instância. Em 10.12.1979, foi promovio ao cargo de Juiz do **E. PRIMEIRO TRIBUNAL DE ALÇADA CIVIL**, do qual foi Vice-Presidente. Em 18.05.1983, foi promovio ao cargo de Desembargador do **E. TRIBUNAL DE JUSTIÇA DE SÃO PAULO**, cargo no qual se aposentou em 10.04.1987.

Magistério:

Ex-Professor Regente de Direito Comercial da Faculdade Paulista de Direito da Pontíficia Universidade Católica (PUC/SP). Ex-Professor Titular de Direito Civil da Faculdade de Direito de Osasco, da Fundação Instituto de Ensino para Osasco - FIEO; Ex-Professor Titular de Direito Constitucional da Faculdade de Direito do Vale do Paraíba, em São José dos Campos; Ex-Professor Regente de Direito Administrativo e de Direito Comercial da Faculdade de Direito do Vale do Paraíba, em São José dos Campos.

Apresentação:
Ao mestre, toda nossa gratidão

Todo homem é, primeiro, o juiz de si mesmo. Ou deveria ser.

Ao formar sua trajetória com integridade, humildade e resiliência, aquele que este caminho escolhe, além de percorrê-lo dignamente, também marca as pessoas com quem convive.

Se pudéssemos definir o caminho do Dr. Rubens em uma única e justa figura, farol seria uma boa escolha.

Sim, o farol que emite a luz que baliza, que traz clareza e segurança.

A importância do Dr. Rubens para nós é até desnecessário registrar.

Ela está viva em nossas carreiras e almas.

Ela se vê nos seus virtuosos anos de magistrado e na maestral condução da banca de advogados que fundou.

Mais do que um exemplo no cotidiano, o caráter e a personalidade do Dr. Rubens, que aqui celebramos, emociona-nos.

Porque nos eleva, assim como ao sagrado ofício da advocacia.

Além do profissional irreparável, é um ser humano raro. Com uma sensibilidade sem igual, está sempre atento às necessidades de todos que o cercam: clientes, companheiros e funcionários.

Privar do seu convívio por décadas, com tamanha proximidade, é grande sorte.

Dizem que os horizontes tendem a ser mais azuis para os quem têm sorte.

Daí porque podemos admitir, sem medo de errar, que tivermos muita sorte em trabalhar com Dr. Rubens desde os tempos de estágio.

Dr. Rubens é um líder nato, que valoriza o debate, a troca de ideias, que ouve e recebe a todos de espírito aberto, sempre disposto, quando convencido, a rever suas posições. Um craque na formação de pessoas. Um dos grandes em ação, e que enaltece, dia após dia, a dignificação pelo trabalho, sempre ao lado de Dona Heloísa, sua esposa e alma gêmea. O sentimento que brota é o de pura gratidão ao mestre que, com sua sutileza habitual, convida-nos a seguir seu caminho virtuoso e vitorioso.

Fui feliz como Juiz, mas também me realizei como advogado, costuma dizer o homenageado.

Como advogado, é um verdadeiro exemplo de luta pelos interesses de seus clientes. Incansável na defesa daqueles que representa, até o último momento. Quantas vitórias surpreendentes foram conquistadas por conta e em razão de sua incessante combatividade, da sua inabalável fé e confiança no acerto da postulação do cliente.

Com o Dr. Rubens aprendemos que todo cliente é especial e merece a mesma atenção, independentemente da complexidade da causa, dos valores em discussão, dos honorários cobrados.

A sua dedicação no preparo de cada defesa, de cada sustentação oral, lendo e relendo as peças do caso, sempre atento aos detalhes, sempre buscando a clareza e a concisão de toda e qualquer manifestação oral ou escrita, inspira-nos e guia-nos. Está no "DNA" do escritório.

Sorte nossa, Dr. Rubens, por termos acompanhado de tão perto sua realização como advogado. E que advogado.

Com a nossa eterna admiração,

Daniel Jurema, Paulo, Fabiana, Bel, Gunther, Mariana e Clélia

Sumário

A corretagem – contrato típico, a partir do Código Civil de 2002

Antônio Carlos Mathias Coltro[1]

"A vida não te dá o que você deseja, ela te dá o que você trabalha para ter" (Guilherme Machado).

1. Nesta obra em que se homenageia **Rubens Ferraz de Oliveira Lima,** o qual, após ser magistrado de altíssimo nível, agora atuando como advogado e também em mesma condição, o que somente serve a confirmar a qualificação profissional que possui, além de ser ótima pessoa, convidado que fui e com muita honra, pelo ilustre Advogado Roberto Rosas e o não menos insigne Ministro do STJ Sidnei Agostinho Beneti, coordenadores da coletânea, para integrar o grupo de autores dela participantes, com liberdade de escolha sobre o tema ao qual dedicaria as notas destinadas ao homenageado, deliberei optar pelo *Contrato de Corretagem Imobiliária*, assunto relevante e no tocante a que Silvio de Salvo Venosa indicou a importância que assumiu a intermediação de imóveis na atualidade, assinalando que o contrato a ela concernente "[...] está sempre presente em nossas vidas. Assim foi no passado remoto e próximo, no presente e assim será no futuro. Há, de fato, contratos com os quais nos defrontamos com maior frequência em nosso dia a dia. O negócio de corretagem é um deles"[2].

Além disso e pelo respeito e admiração que sempre tive pelo exemplo deixado por meu pai, Armando Coltro, tanto como pessoa, quanto como profissional que muito atuou no direito imobiliário, desde a época em que esteve no setor próprio do Banco A.E. Carvalho e depois nas empresas das quais participou, inclusive como sócio e ainda por sua atividade corporativa junto ao CRECI, deliberei referir-me ao Contrato de Corretagem Imobiliária, homenageando-o e também por conta do interesse que o assunto provoca.

---

1 Desembargador TJSP – Mestre em Direito das Relações Sociais (PUC-SP) – Presidente do Instituto Brasileiro de Direito Constitucional (IBDC) – Regente de ensino na Faculdade de Direito da PUC-SP (1999/2005) – Coordenador de Cursos em Direito de Família na Escola Paulista da Magistratura

2 Apresentação do livro *Contrato de corretagem imobiliária*, Atlas, SP, 2001

2. Na sequência, serão lançadas algumas notas sobre os dispositivos contidos no capítulo XXIII de nosso Código Civil, correspondente aos artigos 722 a 729, podendo-se perceber, à evidência, haver-se observado, em determinadas circunstâncias, os princípios de que doutrina e jurisprudência vinham se valendo e continuam a se valer, no trato dado ao assunto, só que agora com regramento legal expresso, antes inexistente.

3. Se até a edição do Código Civil em vigor, a mediação ou corretagem imobiliária foi considerada um contrato inominado e atípico, por faltar-lhe específica regulamentação ou normatização, sobreveio o mesmo código, Lei 10.406, de 2002, com um Capítulo específico e sob n. XIII[3], sobre o tema, passando a corretagem, a partir da aprovação e sanção do

---

3 CAPÍTULO XIII
Da Corretagem

Artigo 722. Pelo contrato de corretagem, uma pessoa, não ligada a outra em virtude de mandato, de prestação de serviços ou por qualquer relação de dependência, obriga-se a obter para a segunda um ou mais negócios, conforme as instruções recebidas.

Artigo 723. O corretor é obrigado a executar a mediação com diligência e prudência, e a prestar ao cliente, espontaneamente, todas as informações sobre o andamento do negócio. (Redação dada pela Lei nº 12.236, de 2010)

Parágrafo único. Sob pena de responder por perdas e danos, o corretor prestará ao cliente todos os esclarecimentos acerca da segurança ou do risco do negócio, das alterações de valores e de outros fatores que possam influir nos resultados da incumbência. (Incluído pela Lei nº 12.236, de 2010)

Artigo 724. A remuneração do corretor, se não estiver fixada em lei, nem ajustada entre as partes, será arbitrada segundo a natureza do negócio e os usos locais.

Artigo 725. A remuneração é devida ao corretor uma vez que tenha conseguidoo o resultado previsto no contrato de mediação, ou ainda que este não se efetive em virtude de arrependimento das partes.

Artigo 726. Iniciado e concluído o negócio diretamente entre as partes, nenhuma remuneração será devida ao corretor; mas se, por escrito, for ajustada a corretagem com exclusividade, terá o corretor direito à remuneração integral, ainda que realizado o negócio sem a sua mediação, salvo se comprovada sua inércia ou ociosidade.

Artigo 727. Se, por não haver prazo determinado, o dono do negócio dispensar o corretor, e o negócio se realizar posteriormente, como fruto da sua mediação, a corretagem lhe será devida; igual solução se adotará se o negócio se realizar após a decorrência do prazo contratual, mas por efeito dos trabalhos do corretor.

Artigo 728. Se o negócio se concluir com a intermediação de mais de um corretor, a remuneração será paga a todos em partes iguais, salvo ajuste em contrário.

Artigo 729. Os preceitos sobre corretagem constantes deste Código não excluem a aplicação de outras normas da legislação especial.

codex, a constituir-se em um contrato típico e nominado, afastado, a partir daí, o debate antes existente sobre sua natureza jurídica e moldura próprias, inclusive por ausente, antes, a normatização a respeito, que só veio a partir de 2002, prestando-se o fato a arredar – ao menos quanto a aspectos que são objeto de sua normatização –, debates antes ocorridos.

Iniciando, aponta-se – embora exista um ou outro entendimento diverso –, inexistir diferença entre corretagem e mediação, tanto que o próprio Código Civil, apesar de intitular o Capítulo próprio a tal negócio, como Contrato de Corretagem, a este se refira, em alguns dos dispositivos e ao normatizá-lo, do vocábulo *mediação*, referindo Marcelo Rodrigues da Silva, o seguinte:" Muitos dos autores, dentre os quais podemos citar Maria Helena Diniz[1], tratam corretagem e mediação como sendo sinônimos. Aliás, o próprio Código Civil trata corretagem como sendo sinônimo de mediação, como se pode observar no seguinte artigos: a) 723, que reza: ´o corretor é obrigado a executar a mediação [...]`; b) 725: ´A ´remuneração é devida ao corretor uma vez que tenha conseguido o resultado previsto no contrato de mediação [...]`; c) 726: ´[...] ainda que realizado o negócio sem a sua mediação [...]; d) 727: [...] como fruto da sua mediação [...]"[4].

Na alusão de Tatiane Gonçalves Miranda Goldhar,

> "O contrato de corretagem, durante muito tempo, foi ponto de estudos e discussões entre os civilistas, tendo, após o advento do Código Civil de 2002, conquistado certa uniformidade na compreensão acerta de suas características principias e efeitos nas relações jurídicas. A grande dificuldade para compreender a corretagem deveu-se ao fato de inexistir qualquer tratamento legal sobre ela no Código Civil de 1916, somente tendo havido no Código Comercial, o qual regulamentou, de forma genérica, a profissão dos corretores, seus direitos e suas obrigações nos seus artigos 36 a 67"[5].

4 Existe diferença entre contrato de corretagem e contrato de mediação? Utilidade prática desta diferenciação, em https://marcelorodriguesdasilva56.jusbrasil.com.br/artigos/145442097/existe-diferenca-entre-contrato-de-corretagem-e-contrato-de-mediacao

5 Os novos rumos do contrato de corretagem e sua inserção nos contratos de promessa de compra e venda de imóvel; duas faces de uma mesma moeda, *Revista da EJUSE*, n. 18, 2013, pp. 371/391

Por oportuno refere-se, que, segundo Tatiana Giora, em artigo intitulado *Como surgiu a profissão do corretor de imóveis*[6], com interessante pesquisa realizada sobre aqueles que se dedicam à atividade, apresenta uma síntese sobre o seu surgimento e a consolidação profissional, indicando o quanto segue e cuja transcrição é feita antes de se ingressar nas notas respeitantes ao contrato que se objetiva referenciar, pelo relevo histórico e correspondente cronologia:

> *"A profissão de corretor de imóveis existe desde a fase colonial, quando famílias dos conhecidos como senhores de engenho ou fazendeiros migravam para as principais cidades, onde seus filhos iriam estudar e suas filhas aprender os deveres de casa, pois naquela época acreditava-se que o destino da mulher era o ´bom casamento`.*
>
> *Durante esta fase de crescimentos e idas para os dois maiores pontos de destino do país, São Paulo e Rio de Janeiro, as mercearias e pequenos armazéns serviam de ponto para anúncio. Os classificados ali eram fixados nas paredes entre muitos outros, como casas, terrenos e pensões onde alugavam-se quartos, com isso, os corretores de imóveis desta época eram conhecidos como Intermediadores de Negócios.*
>
> *Logo depois da fase dos senhores de engenho, conhecemos os industriários. Com o crescimento da urbanização nas primeiras décadas do século XX, devido à imigração de italianos, o crescimento das cidades do Brasil foram acontecendo com o surgimento de vilas de operários, pois a implantação de fábricas exigia a concentração de um grande número de pessoas na mesma região. E para se adaptar ao mercado e entender geograficamente o que cada operário e família precisavam, o antes Intermediador de Negócios passou a se chamar Agente Imobiliário.*
>
> *A cada fase da nossa história, conhecemos um pouco mais sobre o profissional hoje então chamado Corretor de Imóveis. Com o passar dos anos, a atividade evoluiu e se especializou. A profissão precisou ser mais estudada e, entender a necessidade do cliente, sempre foi e continua sendo a maior das lições.*
>
> *Em 1937 surgiu o primeiro sindicado dos Corretores de Imóveis, situado na cidade do Rio de Janeiro, e em 1942 o Ministério do Trabalho, em sua Carta Sindical, determinou a profissão como* ***Corretores de Imóveis.***
>
> *Em 1950 são criadas as primeiras imobiliárias, e com isso, a necessidade de fiscalização para manter a atuação do profissional do mercado imobiliário com diretrizes. Por isso, é criado após 12 anos, em 1962, o Conselho Federal dos Corretores de Imóveis (COFECI) e os Conselhos*

6 https://www.ibresp.com.br/blogs/2019/a-profissao-de-corretor-de-imoveis/

Regionais (CRECI´s), e à partir de então, a profissão passou a necessitar uma regulamentação. Após muito empenho dos corretores de imóveis, no Congresso Nacional foi aprovada a Lei 6.530 de 12/05/1978 e seu decreto regulamentador nº 81.871/78 de 29/06/1978, criando o ***Curso Técnico em Transações Imobiliárias (T.T.I.)*** *e a elaboração do* ***Código de Ética do Corretor de Imóveis.*** *Foi então que o dia 27 de agosto se tornou o "Dia do Corretor de Imóveis.*

E, de lá para cá, nossa história mudou muito também! Hoje, as mulheres representam um pouco mais de 30% do mercado imobiliário e grandes parcerias são realizadas. Ao entrar em uma imobiliária, o cliente pode solicitar o atendimento de uma Corretora ou de um Corretor de Imóveis".

4. Dessarte e conforme o artigo 722 do Código Civil, pelo contrato de corretagem, uma pessoa, não ligada a outra em virtude do mandato, de prestação de serviços ou qualquer relação de dependência, obriga-se a obter para a segunda um ou mais negócios, conforme as instruções recebidas.

Na citação de Alexandre Junqueira Gomide, "Claudia Lima Marques e Bruno Miragem, em parecer a respeito de questão controversa envolvendo a comissão de corretagem[8], noticiam que a doutrina francesa qualifica a corretagem como contrato de realização de uma missão (*accomplissement d'une mission*), ou seja, o serviço é uma prestação de fazer, que é exatamente o de realizar a missão, que seria exatamente facilitar na conclusão do negócio pretendido pelas partes"[7].

Dessarte, cuida-se de negócio em que alguém, não vinculado ao outro contratante em razão de mandato, prestação de serviço ou qualquer relação de dependência, se obriga a obter para o último um ou mais negócios, consoante as instruções que lhe houverem sido passadas.

Assim e inicialmente, a regulamentação evidencia inexistir relação de dependência entre o corretor e o comitente, que é aquele que o **contrata**, diferenciando-se o contrato, assim, de outros em que ocorre a dependência suficiente a retirar a imparcialidade necessária à atividade do intermediário.

Percebe-se, ademais, que a obrigação do corretor é de resultado, já que "obriga-se a obter (...) um ou mais negócios, conforme as instruções recebidas". O que se remunera, portanto, não é a sua atividade, mas sim o **resultado positivo** dela advindo.

7 Contrato de corretagem..., cit., loc. menc.

Anote-se, como feito por J.X. Carvalho de Mendonça, que, "A instituição dos corretores é muito mais antiga que a formação do direito comercial"[8], resultando a palavra mediação do latim *mediatio (intercessão, intervenção)*[9], consistindo na atividade que uma pessoa desenvolve com o fim de aproximar outras, objetivando a realização de negócios que a elas interessem.

No Direito Romano, era conhecido "como o conciliador que leva as partes a concluírem um contrato"[10], tendo Justiniano, pela primeira vez, substituído a denominação *proxeneta*, utilizada pelos autores do

Renascimento e que passou a ter sentido pejorativo[11], de *medianeiro de mulheres*, conforme De Plácido e Silva[12].

Na alusão de Alexandre Junqueira Gomide[13], "A principal função do corretor imobiliário é aproximar pessoas para que o negócio pretendido por ambos seja concretizado. Em regra, somente com tal concretização é que a comissão do corretor é devida".

Conforme o autor por último mencionado, ainda e no mesmo artigo já referido, "Atualmente, a maioria dos corretores encontra-se associado a alguma imobiliária, mediante contrato de associação específico, nos termos do artigo 6º, § 2º, da lei 6.530/78. Atente-se que o referido diploma legal, que regula a profissão do corretor de imóveis, permite que as atribuições do corretor de imóveis também sejam exercidas por pessoa jurídica inscrita, consoante o artigo 3º, parágrafo único.

Nesses termos, na maioria dos casos, o contrato de corretagem acaba sendo firmado com a pessoa jurídica (imobiliária), hipótese em que a comissão de corretagem é repartida entre os diversos profissio-

8 Tratado de direito comercial, at. de Ricardo negrão, Campinas, Bookseller, t. 1, vol. 2, n. 318, p. 348

9 Antônio Carvalho Neto, Contrato de Mediação, Bauru, Jalovi, 1991, p. 13

10 Apud Arnold Wald, Do direito ao pagamento da comissão de corretagem em virtude da conclusão do negócio intermediado e independentemente de sua execução, Revista de Direito Civil, v. 43, pp. 119-130

11 A figura do proxenético, embora sem grandes adminículos para um estudo atual, não é desconhecida do direito *justinianeu" (Digesto, L. 50, tít. 14)* (Paulo Carneiro Maia, Remuneração do Corretor, RT, v. 153, pp. 14-17

12 Vocabulário Jurídico, RJ, Forense, 1975, v. 1, p. 448

13 O contrato de corretagem – responsabilidades quanto á segurança jurídica do contrato pretendido e comissão pelo resultado útil. Um estudo á luz do Código Civil. Migalhas de peso, 27/09/2018, consulta feita em 20/04/2021, 12,12 hs.

nais que trabalharam para a concretização do negócio. Muitas empresas também insistem que o contrato de corretagem seja firmado com exclusividade, prometendo ao cliente facilidades tais como publicidade em jornais de grande circulação, exposição do imóvel aos finais de semana, dentre outros benefícios. Em troca, a empresa de corretagem tem garantido o direito à comissão de corretagem caso a intermediação seja realizada por terceiros.

Uma vez que o trabalho é prestado por grandes imobiliárias, o que se verifica, na prática, é que o serviço não se limita apenas à aproximação das partes, mas envolve, também, serviços prestados por advogados, despachantes, consultores, etc. Tais serviços, diga-se, não são prestados em contratos autônomos, mas, sim, como se fizessem parte do serviço de corretagem prestado pela imobiliária".

Assinalou Antonio Chaves, outrossim, que, "A expressão corretagem tanto indica, na definição de Waldemar Ferreira, ´contrato por via do qual comerciantes, e também particulares, ajustam com corretores, a compra e venda de mercadorias ou títulos e efeitos de comércio`, como a função ou o ofício do corretor e o próprio salário, ou a comissão a que faz jus quando consegue proveitosamente aproximar as partes interessadas numa transação"[14].

Ainda quanto à natureza do contrato, refere Gustavo Tepedino[15], constituir-se em um negócio bilateral e oneroso, de regra aleatório, pois a álea não é fundamental à atividade negocial, sem impedimento a que a corretagem seja ajustada comutativamente e que os envolvidos acertem pagamento mensal, de forma que o intermediário de negócio atue exclusivamente com vistas a obter determinada transação e sem prejuízo de perceber, no final, a corretagem pelo êxito de sua atividade.

Prosseguindo e no artigo 723, verifica-se que *O corretor é obrigado a executar a mediação com a diligência e prudência que o negócio requer, prestando ao cliente, espontaneamente, todas as informações sobre o andamento dos negócios. Deve, ainda, sob pena de responder por perdas e danos, prestar ao cliente todos os esclarecimentos que estiverem ao seu alcance, acerca da segurança ou risco do negócio, das alterações de valores e do mais que possa influir nos resultados da incumbência.*

14 Enciclopédia Saraiva de Direito, ed. Comemorativa do Sesquicentenário da Fundação dos Cursos Jurídicos bo Brasil, 1827-1997, v. 21, p, 1, n. 1

15 Questões controvertidas sobre o contrato de corretagem. *Temas Atuais de Direito Civil*. 4. ed. Rio de Janeiro: Renovar, 2008, p. 139

Afora isso e segundo a já citada Tatiane Goldhar[16], após referir-se à Lei 6.530/78 e ao Dec. 81.871/78, que a regulamentou, o artigo 2º da citada Lei, coloca como um dos requisitos ao exercício da atividade como corretor de imóveis, possuir o interessado o título de Técnico em Transações Imobiliárias, constando no artigo 3º, cumprir "[...] ao Corretor de Imóveis exercer a intermediação na compra, venda, permuta e locação de imóveis, podendo, Revista da Ejuse, nº 18, 2013 - Doutrina - 373 ainda, opinar quanto à comercialização imobiliária". A despeito do teor legal, hoje é possível encontrar na jurisprudência, sobretudo no Tribunal de Justiça de São Paulo entendimento de que mesmo sem possuir a inscrição no CRECI, o suposto corretor, comprovando o efetivo trabalho de intermediação, pode e deve receber sua remuneração na forma pactuada, sob pena de enriquecimento ilícito daquele que usufruiu de seus trabalhos e do conhecimento de mercado especializado"[17], inclusive porque e como constante em trabalho outro do mesmo autor destas notas, "Na jurisprudência, mencione-se precedente do Superior Tribunal de Justiça, não dissentindo do posicionamento acima externado: ´A despeito de não inscrito no Conselho Regional de Corretores de Imóveis, o intermediário faz jus ao recebimento da comissão de corretagem`".

Nesse sentido, ainda, julgado do TJRJ: "Apelação Cível 0000352-74.2007.8.19.0044 – Relator: Des. Marco Antonio Ibrahim: Civil. Ação de cobrança. Corretagem. Compra e venda imobiliária. Mediação. Contrato verbal. Aplicação do disposto nos artigos 722 e 724 do Código Civil. Faz jus à comissão de corretagem aquele que promove aproximação exitosa entre comprador e vendedor, apesar de não ter habilitação profissional para o exercício da função de corretor. A eventual infração de norma administrativa não tem o condão de desnaturar o contrato de mediação evitando-se, assim, que haja locupletamento ilícito por parte do contratante. Hipótese dos autos em que o cotejo entre a prova documental e testemunhal revela que o preço da compra e venda do imóvel foi muito superior ao valor declarado na escritura. Embora possa o Juiz arbitrar o valor da comissão do corretor, no caso de que se trata não há peculiaridades que devam afastar a fixação de comissão estabelecida consuetudinariamente pelo mercado imobiliário, isto é, de 5%. Litigância de má-fé evidenciada porque o réu alterou a verdade dos fatos, omitindo o valor real da compra e venda. Multa devida. 1º recurso parcialmente provido. 2º recurso prejudicado".

16 Novos rumos..., cit., loc. menc., p. 372

17 STJ - Data de julgamento - 14/10/2008, Rel. Min. Luis Felipe Salomão

No STJ igual solução se pode indicar: "É possível a cobrança de valores decorrentes de intermediação exitosa para a venda de imóvel, sendo prescindível a inscrição do autor no CRECI, pois é livre o exercício do trabalho e vedado o enriquecimento ilícito do vendedor' (Ministro LUIS FELIPE SALOMÃO (1140) - Órgão Julgador - T4 - QUARTA TURMA Data do Julgamento 14/10/2008 - Data da Publicação/Fonte - DJe 03/11/2008 - LEXSTJ vol. 232 p. 78".

Não como afirmado em julgamento do TJSP, "[...] tratou-se no caso de mera irregularidade, não sendo ela essencial à remuneração pelos serviços de corretagem, especialmente quando exista intermediação exitosa, sob pena de enriquecimento sem causa" (Registro 2015.0000630246 - 34ª Câmara de Direito Privado".

À frente e no mesmo artigo onde invocado tal precedente, publicado cinco anos atrás por Advocacia Portugal e Brasil [18], para Silvio de Salvo Venosa, "[...] independentemente da qualificação profissional de quem intermedeia, seja profissional regular para a função ou não (...), a corretagem tanto pode ser profissional ou ocasional. Conceitualmente não existe diferença. Não é simplesmente porque o agente não faz da corretagem sua profissão habitual que perderá direito à remuneração", do que não destoa Orlando Gomes, em *Contratos*, 18ª. ed., at. por Humberto Theodoro Júnior, Forense, RJ, 1999, p. 380, n. 311.

Retomando o quanto se referia na lição do citado Junqueira Gomide, ainda no trabalho já mencionado,

> "Analisando-se a natureza jurídica do contrato de corretagem, verifica-se que a atividade do corretor, em regra, seria a do profissional que age com o objetivo de ser firmado o negócio pretendido pelo incumbente. O corretor, portanto, busca pessoas interessadas em firmar o contrato nas condições estabelecidas pelo incumbente.
>
> Daí a expressão de Pontes de Miranda[10] que ´o corretor é como quem faz encontrarem-se dois fios elétricos [...] a verdade está que ele fez a ligação".

18 Sem inscrição no CRECI, mediador consegue direito à comissão de corretagem, *in https://adriano-pinheiro.jusbrasil.com.br/noticias/253077023/sem-inscricao-no--creci-mediador-consegue-direito-a-comissao-de-corretagem#:~:text=Sem%20inscri%C3%A7%C3%A3o%20no%20CRECI%2C%20mediador%20consegue%20direito%20%C3%A0%20comiss%C3%A3o%20de%20corretagem,-Falta%20de%20inscri%C3%A7%C3%A3o.* Consulta na internet em 22/04/2021, às 10:39

Aludindo ao referido artigo 723 e cuidando da *Segurança jurídica e contrato de corretagem*, completa Junqueira Gomide: "Embora o contrato de corretagem, como já referido, tenha por escopo aproximar as partes para que seja concretizado o negócio jurídico, a prática demonstra que nem sempre é apenas essa a atuação do corretor ou da empresa de corretagem envolvida na intermediação imobiliária. Ainda que alguns dispositivos do Código Civil qualifiquem a corretagem como forma de mediação, nem sempre o papel do corretor é apenas mediar negócio jurídico a que as partes pretendem firmar.

É justamente por isso que se faz necessário melhor interpretação do quanto disposto no artigo 723, parágrafo único, que determina que ´sob pena de responder por perdas e danos, o corretor prestará ao cliente todos os esclarecimentos acerca da ***segurança ou do risco do negócio***, das alterações de valores e de outros fatores que possam influir nos resultados da incumbência`.

É relevante asseverar que o artigo 723, do Código Civil, no ano de 2010, sofreu alteração legislativa quando da edição da lei 12.236/10. Referida lei foi resultado do projeto de lei do Senado 171/06, de autoria do Senador Valdir Raupp. O resultado da aprovação da lei 12.236/10 foi a subdivisão do antigo artigo 723, do Código Civil, em *caput* e parágrafo único.

Segundo se verifica das justificativas do PL, o Senador Valdir Raupp recomendava alteração legislativa para que fosse ´estabelecido que o corretor se obriga a, espontaneamente, informar o cliente o grau de risco do negócio, assim como eventuais alterações de valores, condições ou fator capaz de alterar os resultados da incumbência, sob pena de responder por perdas e danos`. Ainda segundo as justificativas do projeto, ´na prática, a atual redação do artigo 723 permite seja o corretor eximido de suas responsabilidades, e anulada a *mens legis* do comando legal, que é o de assegurar o sucesso da mediação pela efetiva realização do encargo contratado, mediante o justo preço[...]`.

O objetivo do PL, como se percebe, foi justamente conferir maior responsabilidade ao corretor de imóveis em razão do seu trabalho de intermediação. Comparativamente à redação original do Código Civil, o atual artigo 723 eliminou a expressão destacada a seguir: "prestar ao cliente todos os esclarecimentos que estiverem ao seu alcance, acerca da segurança ou risco do negócio".

Alude o dispositivo às obrigações que o corretor tem para levar a bom termo sua atividade e de maneira a evitar a realização de negócios mal orientados, cabendo-lhe agir com diligência e prudência e tomando as cautelas que o negócio necessitar, examinando, *verbi gratia*, os documentos a ele inerentes e constatando a real legitimidade dos vendedores e se os documentos que apresentam no tocante a si mesmos encontram-se em ordem, noticiando tudo que verificar, seja regular ou irregular, ao comitente, isto é, àquele que o incumbiu de procurar interessado no negócio.

Ainda no texto de Alexandre Junqueira Gomide, pode-se constatar o seguinte, ao anotar sobre *Segurança Jurídica e contrato de corretagem*, indaga-se o que segue: "Seria atribuição do corretor de imóveis garantir segurança jurídica em todas essas fases? É ele o responsável pela elaboração da promessa de venda e compra do imóvel? Compete ao corretor de imóveis levantar as inúmeras certidões em nome dos vendedores e referentes ao imóvel para que seja realizada a necessária *due diligence* imobiliária?

Essa dúvida é ainda maior quando notamos que, de fato, as grandes imobiliárias, por intermédio de seus advogados, efetivamente prestam o serviço jurídico de aconselhamento, elaboração do compromisso de venda e compra e até mesmo revisão da escritura pública. Não se trata, atente-se, de profissionais autônomos, independentes, externos e indicados pelo corretor de imóveis. Na realidade, tais advogados são funcionários da própria imobiliária e recebem seus honorários (ou salário) diretamente da empresa e não do incumbente. É comum o serviço jurídico prestado estar incluído na remuneração do contrato de corretagem.

Ao prestar o serviço de aconselhamento jurídico, resta saber se o advogado (funcionário da imobiliária) possui liberdade e autonomia para aconselhar as partes a *não* concluírem o negócio, em razão da ausência de segurança jurídica. Essa dúvida é ainda maior quando verificamos que em diversas empresas, o advogado recebe uma gratificação quando o negócio é concluído.

Em alguns casos em que atuamos, percebemos que nem sempre o serviço jurídico prestado pela empresa de assessoria imobiliária foi executado com o zelo que se esperava no tocante à segurança jurídica.

Julgados do Tribunal de Justiça de São Paulo, justamente com fundamento no artigo 723, do Código Civil, já condenaram empresas intermediadoras de imóveis pela ausência de segurança na aquisição imobiliária. Nesses termos:

> A imobiliária, como especializada, antes da oferta do imóvel a terceiros tem obrigação de analisar a documentação da vendedora, principalmente a matrícula. Nela se vê que duas eram as donas, a autora e outra pessoa considerada como irmã, já falecida e com

> pais biológicos diversos e constantes da certidão de óbito. Logo, a ré é corresponsável pelo distrato, pois é obrigação básica observar a segurança e risco do negócio, inclusive a certidão de óbito da co-proprietária evidencia que não era irmã da autora, ou seja, não era herdeira direta. Na realidade, a autora pretendeu vender a parte de Edna, falecida e, sendo irmã de criação, não possuía direitos hereditários. Nesses moldes, cabia ao corretor análise da situação de invalidade do negócio.

Por outro lado, em outro julgado em que o serviço de corretagem também foi prestado por pessoa jurídica, entendeu o Des. Francisco Loureiro que o corretor de imóveis é obrigado "a prestar todos os esclarecimentos que estiverem ao seu alcance acerca da segurança ou risco". Todavia, o julgado não entendeu que é atribuição exclusiva do corretor do imóvel adotar as medidas preventivas e necessárias para conferir segurança jurídica:

> [...] Porém, a despeito das obrigações do corretor, não parece razoável que o comprador deixe de adotar as medidas preventivas naturais a um processo de aquisição de imóvel. Em termos diversos, **o dever de diligência do corretor não exclui o dever de cautela do comprador, que também deve investigar a situação documental do imóvel e de seu vendedor**.

A questão é tormentosa. A princípio, quando o corretor de imóveis é pessoa física e profissional autônomo, a interpretação que deve ser dada ao artigo 723, do Código Civil, a nosso ver, é restritiva. Nesse sentido, o corretor não tem obrigação de prestar serviços jurídicos para conferir ampla segurança jurídica às partes.

Isso não significa, evidentemente, que não deve agir de forma minimamente cautelosa. Antes de comercializar qualquer imóvel, compete ao corretor solicitar certidão de matrícula atualizada e certidões pessoais em nome dos proprietários. Havendo apontamentos na matrícula, por exemplo, é responsabilidade do corretor de imóveis prestar tal informação a quem pretende comprar ou até mesmo negar-se a comercializar o imóvel".

No entanto e na esteira do acima referido, a interpretação do artigo 723 deve ser feita de maneira restritiva, em se tratando de profissional autônomo e não integrante do quadro de imobiliária regularmente estabelecida e com profissionais de áreas diversas, mesmo porque e na assertiva de Junqueira Gomide, ainda que o intermediário necessite ter a mínima cautela quanto aos negócios em que interfira, "[...]não nos parece razoável exigir-se do corretor de imóveis um parecer jurídico conferindo segurança jurídica ao negócio pretendido. Caso, após a concretização do negócio imobiliário, seja declarada ineficácia do ato (por fraude à execução, por exemplo) ou mesmo invalidade por inobservância de requisito legal, é necessário que seja verificado se houve desídia ou má-fé do corretor, nos limites de sua atribuição. Restando comprovado que somente um advogado especialista na área poderia conferir segurança jurídica para o negócio pretendido, não nos parece existir responsabilidade do profissional. Naturalmente, se o corretor deixa de prestar informação relevante, a responsabilidade é por omissão voluntária, nos termos do artigo 186, do Código Civil"[19].

Observe-se, que, além da responsabilidade por perdas e danos, ademais, deve o corretor esclarecer ao cliente sobre os vários aspectos do negócio, advertindo-o sobre a "segurança ou risco do negócio" e da mudança que porventura ocorrer quanto ao valor do imóvel ou das circunstâncias inerentes à transação e consequências disto no tocante a ela.

Tais obrigações podem ser consideradas como dever moral do corretor, na nota de Carvalho Neto[20], ainda que pertinente a outra modalidade de corretagem, estabelecendo a moldura ética a ser observada pelos corretores em sua atuação, resguardando os interesses dos clientes e de seu próprio nome.

Passando à *remuneração do corretor* e segundo o artigo 724, *se não estiver fixada em lei, nem ajustada entre as partes, será arbitrada segundo a natureza do negócio e os usos locais.*

Para Carvalho Neto, também em sua magnífica obra sobre o assunto, "Dá-se o nome de corretagem ao salário que recebe o corretor do dono do negócio, pela sua atividade útil", ou seja, realizada a aproximação exitosa entre os interessados e confluindo a vontade de ambos à realização do negócio, tem o corretor direito a receber a remuneração a tanto correspondente. Tal remuneração, embora aluda o mesmo autor a ser paga pelo vendedor, poderá ficar a cargo do comprador ou de ambos os contratantes, segundo eventualmente deliberem de forma expressa

19 Contrato..., ref., loc. cit., consulta em 20/04/2021, às 13,12 hs.

20 Contrato de Mediação, 3ª. ed., p.102

ou, se, por exemplo, tiver sido o interessado na aquisição a procurar o corretor, indicando o que procura e solicitando sua interferência para tal.

Dispõe o artigo em comentário sobre as formas como poderá ser apurado o valor relativo à comissão, sendo a primeira segundo o que a lei a respeito dispuser, ou seja, havendo disposição legal estabelecendo a maneira de apuração da quantia, observar-se-á o quanto ali estiver inserido. Em suma, cumpre-se o que a lei, se houver, dispuser a respeito.

Prosseguindo, estabelece, como outra forma de aferição do *quantum* devido como comissão, o que as partes tiverem estabelecido, de comum acordo, tanto em percentual correspondente à venda, como em quantia fixa ou, ademais, em espécie.

Adverte Tepedino, outrossim,: "Admite-se, ainda, a estipulação com base em *over price*, hipótese em que se remunera o corretor com a quantia excedente a um certo valor, estabelecido pelo vendedor. O que supera tal valor serve a remunerar o corretor"[21].

A terceira maneira é a do arbitramento, segundo a natureza do negócio e usos locais, método pelo qual levar-se-á em conta o disposto no artigo 1.218[22] do Código Civil, a respeito do qual comenta Maria Helena Diniz: "O *quantum* a ser pago a título da remuneração do serviço prestado poderá ser livremente estipulado pelas partes contratantes. Se o contrato for omisso a respeito, executado o serviço, entender-se-á que os contraentes [o corretor e aquele que é obrigado a pagar a corretagem, conforme o caso, observa-se] se sujeitaram ao costume local, tendo em vista a natureza do serviço e o tempo de duração. Se houver discordância entre os contratantes, recorrer-se-á ao arbitramento, para que a fixação do valor do salário seja feita por peritos no curso da ação de cobrança ou diretamente pelo juiz [...]"[23], sendo de se ver que a esta última ressalva, de direto arbitramento pelo julgador, dedicou o Tribunal de Justiça de S. Paulo profundo exame, em acórdão relatado pelo depois Ministro Mário Guimarães, do Supremo Tribunal Federal e que está publicado na *Revista dos Tribunais, vol. 136/762* e do qual importa a consideração sobre, que, "[...] se o juiz pode abandonar o arbitramento, depois de feito,

21 Temas de Direito Civil, Ed. Renovar, 1999, ps. 120/121

22 Artigo 1.218. O possuidor de má-fé responde pela perda, ou deterioração da coisa, ainda que acidentais, salvo se provar que de igual modo se teriam dado, estando ela na posse do reivindicante.

23 Código Civil Anotado, Ed. Saraiva, 1995, p. 759

poderá também dispensá-lo, se já no costume do lugar, de todos conhecido, encontrar base para a fixação".

No artigo 725 determina-se, que, *A remuneração é devida ao corretor uma vez que tenha conseguido o resultado previsto no contrato de mediação, ou ainda que este não se efetive em virtude de arrependimento das partes.*

Confirma-se, assim, tratar-se a corretagem de obrigação de resultado, em que, como acentuado por Biasi Ruggiero, "[...] o prestador de serviços fica dependendo do resultado de seu trabalho para fazer jus à remuneração pretendida. A empreitada por ele assumida deve ser cumprida à contento do empreitante. Se não obteve o resultado pretendido, não tem direito a qualquer remuneração"[24].

Destarte, da conclusão do negócio depende a remuneração do corretor, considerando-se como concluído se tiver ele obtido o acordo de vontades das partes relativamente aos termos da transação, não interferindo que o negócio não se execute, posteriormente, por alguma razão.

Nesse sentido, Carvalho de Mendonça, no vol. II, p. 370, de seu *Tratado...*, a que se reporta Carvalho Neto: "A conclusão, não a execução do negócio, é indispensável, para que o corretor possa exigir a percentagem".

A jurisprudência disso não se afasta: "Na intermediação de negócio, o direito do mediador à percepção da corretagem emerge no instante do acordo de vontades expressos pelos contratantes" (*RT, 554/184*).

Ressalva o Código Civil, que, obtido o acordo de vontades dos contratantes e não chegando eles à execução do negócio, "por arrependimento das partes", remanesce o direito do corretor à comissão que lhe é devida e embora a referência aluda às partes, por lógico que tanto isto ocorrerá quando ambas se arrependam, quanto no caso em que uma única o faça.

Nem poderia ser diferente, porquanto cumprindo o corretor com sua incumbência, concluindo, portanto, o contrato de mediação e estabelecido o vínculo entre as partes no concernente ao negócio e um dos contratantes vindo a se arrepender, isto não interfere no direito à corretagem.

Pouco importa tenha sido o comitente, ou seja, aquele que contratou o corretor ou o a pessoa por ele contatada e que chegou a bom termo quanto ao negócio, com vistas a realizar a aquisição, pois, "A circunstância do pretendente idôneo desistir do negócio já não afeta o seu direito,

24 Questões Imobiliárias, Ed. Saraiva, 1997, p. 173

que se consolidou quando do acordo de suas vontades. O comitente deve remunerar o corretor integralmente, restando-lhe o direito de compelir o contratante faltoso a cumprir o ajustado ou indenizá-lo dos prejuízos tidos, entre os quais a comissão paga", segundo Carvalho Neto[25].

Invocando o eminente autor, ademais, antigo precedente da Suprema Corte, publicado, segundo indica, na *RT, 38/135* e com a seguinte ementa: "Cabe ao intermediário de uma venda de terrenos a comissão ajustada e correspondente ao sinal que recebeu como princípio de pagamento, se, entrementes, a venda não se tornou definitiva, em conseqüência do arrependimento do comprador".

Conforme o artigo 726, *Iniciado e concluído o negócio diretamente entre as partes, nenhuma remuneração será devida ao corretor. Mas se, por escrito, for ajustada a corretagem com exclusividade, terá o corretor direito à remuneração integral, ainda que realizado o negócio sem a sua mediação, salvo se comprovada sua inércia ou ociosidade.*

Com efeito e se a obrigação do corretor é de resultado e foram as partes a iniciar e concluir o negócio, sem intervenção daquele nas tratativas, nada terá ele a receber. Se o mediador "[...] vende o resultado útil de seu trabalho" e, no caso mencionado, nenhuma interferência houve de sua parte com vistas ao êxito do negócio, realizado diretamente pelos interessados, logicamente nada deverá pretender.

Se, eventualmente houver interferido quando os contratantes já tinham iniciado os contatos relativamente ao negócio, só se provar ter sido sua intervenção essencial à conclusão da venda é que poderá pretender algum ganho como corolário disto.

Na segunda parte o dispositivo ressalva o direito do corretor quando, por escrito, se tenha estabelecido a corretagem com exclusividade, hipótese em que mesmo sendo a venda feita de forma direta pelo comitente, remanescerá o direito do intermediário à comissão.

Cuida o dispositivo, aqui, da opção de venda, documento pelo qual o comitente autoriza o corretor a vender este ou aquele imóvel, em prazo que estipula e segundo a comissão ali fixada, resultando isto do fato de entender-se, com tal opção, ter-se atribuído exclusividade ao mediador para a venda do bem.

Antigo precedente do Tribunal de Justiça de São Paulo, relatado pelo também depois Ministro Mário Guimarães, ressaltou, que, "Em

25 Contrato..., ref., p. 150, nº 54

regra, o termo ´opção`, usado nos contratos, significa uma exclusividade concedida ao corretor para só ele negociar o objeto. V. Brantley "*On Contracts*", página 41.

Assim, se o proprietário concede a alguém opção para a venda de um imóvel por determinado prazo, e, dentro desse prazo, realiza o negócio com outrem, fica obrigado à comissão estipulada. É o que têm julgado os tribunais. Ver jurisprudência, "Revista dos Tribunais" vol. 57, pág. 371; 58/369 e 71/89"[26].

Mencionando "autorização" para venda, o legislador da codificação por certo procurou evitar equívoco conceitual no tocante à opção e à corretagem, já que, como observa Gustavo Tepedino: "Em que pese respeitada opinião em contrário, a opção não é negócio jurídico bilateral, não se constituindo, portanto, em contrato preliminar de compra e venda. A opção se constitui em promessa unilateral de alguém que dá preferência a outro para a venda de certo bem, e por certo prazo, mediante remuneração, obrigando-se o promitente para com quem recebeu a oferta, a concluir o negócio nos termos exatos da declaração (unilateral) de vontade.

Segundo o entendimento ora objetado, ´dá-se a opção quando duas pessoas ajustam que uma delas tenha preferência para a realização de um contrato, caso se resolva a celebrá-lo". Da definição vê-se que a controvérsia talvez seja terminológica. Se há um ajuste bilateral sobre um contrato futuro a ser celebrado, pré-anunciando-se as condições nas quais ambas as partes se obrigam, tem-se um contrato preliminar – não há dúvida. Se, ao revés, alguém se obriga para com outro a lhe assegurar a opção de compra, ficando este, receptor da promessa, inteiramente livre para contratar ou não, dentro de certo prazo, o negócio jurídico é unilateral, cuida-se de opção`"[27].

Menciona, ainda, Marco Aurélio Viana, o qual, embora defendendo ponto de vista diverso, pondera que o "comprador não assume qualquer obrigação, ficando vinculado apenas o vendedor", na opção[28].

Como resultado, estando autorizado o corretor, por escrito e com prazo, à intermediação, isto lhe confere o direito à percepção integral da corretagem, se realizado o negócio sem a sua intervenção.

26 Revista dos Tribunais, vol. CXXXVIII, Fascículo nº 506, p. 185

27 Temas..., cit., ps. 126/127.

28 Ob. e loc. cit.

Ressalte-se ser o prazo necessário para tanto, pois, a teor do mesmo julgamento relatado pelo então Des. Mário Guimarães, "Se não houver prazo, não pode a opção prevalecer indefinidamente, porque seria uma limitação à liberdade do proprietário de dispor do que é seu. E então, o intermediário somente pode pleitear a remuneração se logrou aproximar as partes"[29], até e por que e na esteira de Carvalho Neto, "A ausência de prazo numa autorização negocial descaracteriza-a como opção. Redu-la a uma anuência momentânea, retratável a qualquer momento, sem peso algum para o comitente, por essa rescisão"[30].

Seguindo e conforme o artigo 727, *Se, por não haver prazo determinado, o dono do negócio dispensar o corretor, e o negócio de realizar posteriormente, como fruto da sua mediação. Igual solução se adotará se o negócio se realizar após a decorrência do prazo contratual, mas por efeito dos trabalhos do corretor.*

Cuida o dispositivo, agora, do negócio a respeito do qual não se determinou prazo e seja realizado em razão da atividade do corretor, mas após dispensado ele que seja, "pelo dono do negócio", garantindo-lhe o Código o direito à corretagem, o que é de lógica intuição, pois, se houve, da parte do intermediário atividade eficaz à conclusão do negócio, não interferirá em seu direito – pouco importando o fato de não ter autorização com prazo para intermediar – a circunstância de ter sido dispensado pelo "dono do negócio" de intervir como corretor. Demonstrando-se que de sua participação dependeu o êxito para a transação, cabe-lhe receber a corretagem, como se houvesse prosseguido nos atos de intermediação.

Com razão maior persistirá o seu direito, quando, estabelecendo-se prazo para a participação do intermediário e, vencido ele, "[...] o negócio se realizar após a decorrência do prazo contratual, mas por efeito dos trabalhos do corretor", sendo que tanto poderá ter ele realizado tais trabalhos durante o lapso da autorização, quanto após encerrado.

"Na primeira hipótese – negócio conseguido no prazo e concluído depois –, se o mediador agencia um interessado dentro do prazo da opção, este entra imediatamente em negociações com o comitente, visando a ultimação do negócio, que, porém, só se conclui e realiza depois de findo o prazo, não há dúvida quanto ao direito do corretor à remuneração da sua diligência. Se, quando relacionou o terceiro e o comitente, para a

29 Revista dos Tribunais ref.

30 Contrato..., cit., p.173, nº 66

conclusão do negócio, estava contratualmente investido de outorga para tal, seu direito subsiste à expiração do prazo da opção", ainda conforme Antônio Carvalho Neto[31].

De tal posição não se aparta, afirmando: "[...] deve-se entender devida a remuneração do corretor que, tendo efetivamente aproximado as partes, levando a cabo a mediação, tem concluído o negócio após expirado o prazo que lhe fora estipulado para a realização da corretagem. Uma vez identificada a causa contratual, não há como deixar de remunerar o corretor [...]"[32].

Assim não se considerasse e estaria aberta a porta para a fraude tendente a esquivar-se o responsável pela comissão quanto a seu pagamento, uma vez que poderiam os contratantes dissimular demora no andamento do negócio, para, vencido o prazo da autorização dada ao corretor, concluí-lo e pretender-se nada ser-lhe devido a título de corretagem.

O entendimento jurisprudencial disso não discrepa: "O direito à comissão continuará a existir, se provar que o negócio se fez com a pessoa por ele indicada, ainda que realizado depois de vencida a autorização, pois, de outro modo, as partes poderiam esperar o vencimento do prazo, para se locupletarem com o trabalho do corretor" (*RT, 219/229*).

Na sequência e de acordo com o artigo 728, *se o negócio se concluir com a intermediação de mais de um corretor, a remuneração será paga a todos em partes iguais, salvo ajuste em contrário.*

Trata-se de caso não raro na jurisprudência, em que mais de um mediador participa da intermediação, às vezes em momentos diversos, sem que qualquer deles perca ou exclua o direito do outro à corretagem, estando o assunto ligado ao problema da causalidade.

Na advertência de Gustavo Tepedino, "O objeto do contrato de corretagem não é o serviço do corretor em si mesmo considerado, mas o resultado desse serviço, que, por sua vez, não se reduz à conclusão do negócio pretendido, melhor se identificando com a eliminação, por parte do corretor, de qualquer obstáculo à sua celebração. A obrigação do corretor, portanto, embora não se confunda com a contratação almejada, a cargo do vendedor e do comprador, tampouco pode ser confundida com a gestão que lhe é cometida no sentido de buscar possíveis compra-

31 Contrato..., ref., p.139

32 Temas..., cit..,p. 134

dores. Uma vez identificada, no concreto regulamento negocial, a causa da corretagem, há que se atribuir eficácia ao negócio, seja no que tange à exigibilidade da remuneração devida, seja no que concerne à aplicação da disciplina compatível com o contrato"[33].

Dessarte e aferido ter sido o trabalho do corretor a ensejar resultado positivo e favorável ao comitente, disto nascendo o direito à corretagem, de igual forma se haverá considerar quando outro ou mais de um corretor, além do primeiro, tenha ou tenham atuado, se se demonstrar que sua interferência tenha sido também decisiva para o resultado atingido.

É o típico exemplo de que a união faz a força, pois da colaboração de todos em busca do objetivo pretendido, se chegará ao resultado positivo, disto advindo o direito de cada qual à percepção do valor correspondente à corretagem, que será, assim, dividida entre eles.

Nem poderia entender-se diferente, uma vez que na necessária relação de causalidade entre a atuação do corretor e o resultado por fim obtido pode-se inserir algum fator que seja *concausa*, asseverando Giovanni Cribari, Prof. da Universidade de Pernambuco, com apoio em Azzolina, "[...] que entre os fatores concausais se deve incluir a atividade desenvolvida por um segundo ou terceiro mediador que tenha agido em concorrência com o primeiro. Do ponto de vista lógico, continua, nenhum motivo existe para considerar esta concausa diversa das outras. A atividade do mediador concorrente constitui, também, em elemento concausal da conclusão do negócio" [34]. Assim, "Tendo sido o adquirente do imóvel apresentado ao vendedor por um corretor, mas efetivado o negócio por outro intermediador, a remuneração pela mediação deve ser paga aos dois. Se a atividade do mediador foi a concausa da conclusão do negócio, a remuneração é devida" *(RT, 561/223).*

Por fim e segundo o artigo 729, *os preceitos sobre corretagem, constantes deste Código, não excluem a aplicação de outras normas da legislação especial.*

Como resultado, embora dispondo sobre as regras pertinentes ao contrato de corretagem nos arts. 722 a 728, acresce o dispositivo em referência não excluir-se a incidência de outras regras e que se entrosem diretamente com o tema da corretagem como, por exemplo, a Lei

33 Temas..., cit., ps. 129/130.

34 *Um Ângulo das Relações Contratuais (Da Mediação e Corretagem)*, Revista Trimestral de Jurisprudência dos Estados, vol. 30, Jan.Fev.-1985, ano 9, ps. 27/58, Ed. Vellenich

nº 6.530/78 (Lei Orgânica da Profissão de Corretor de Imóveis) e Dec. nº 81.871/78, que a regulamenta, bem como o Código de Defesa do Consumidor, Lei nº 8.078, de 11 de setembro de 1990 e atos administrativos editados pelo Conselho Federal de Corretores de Imóveis, por delegação legal própria, desde que não entrem em confronto com a legislação específica ou normas gerais de Direito.

5. Enfim e objetivando sintetizar o quanto exposto, conclui-se este comentário aludindo-se a precedente judicial que se tem como apropriado:

> *"A comissão de corretagem somente é devida quando a parte consegue provar a autorização para a venda, a aproximação das partes e, sobretudo, que obteve nas condições convencionadas o resultado previsto no contrato de mediação"*[35].

Mais não é necessário a definir o de que ora se cuidou e assim são encerradas as notas neste espaço lançadas a respeito do tema a elas correspondente e que se referem ao contrato de corretagem imobiliária.

> *"Veja as flutuações do mercado como suas amigas e não como inimigas; lucre com a loucura em vez de participar dela" (Warren Buffet)*

35 AgInt no REsp 1.59.0612/SP, Rel. Ministro Ricardo Villas Bôas Cueva, Terceira Turma, julgado em 7/6/2016, DJe 20/6/2016

Beca e Toga unidas por um porvir melhor: homenagem a Rubens Ferraz de Oliveira Lima

Antonio Claudio Mariz de Oliveira[1]

Foi com grande alegria que recebi o convite para traçar algumas linhas a respeito de Rubens Ferraz de Oliveira Lima. Muitos, no entanto, far-lo-ão com maior competência e sabedoria. Espero apenas poder traduzir a minha admiração e respeito por quem construiu, na magistratura e na advocacia, carreiras voltadas ao culto do direito, à perseguição pelo justo e ao aperfeiçoamento da distribuição da justiça em nosso país.

O meu convívio com Rubens não foi estreito, embora eu o conheça há mais de trinta anos. As trajetórias diversas impostas pela vida e a nossa atuação em ramos diferentes da profissão não nos proporcionaram um contato amiudado.

No entanto, o parcial afastamento não impediu que eu acompanhasse a sua carreira exemplar como juiz e a sua ascensão como um dos mais respeitados advogados brasileiros.

Alguém já disse ser extremamente agradável a um advogado homenagear um magistrado. Talvez um advogado que homenageie outro advogado sinta a mesma ou uma maior alegria. Mas, quando a homenagem atinge uma mesma pessoa que congrega a dupla condição, juiz e advogado, o jubilo é redobrado. Este é o caso de Rubens, que uma vez formado, advogou algum tempo, para ingressar na Magistratura e, posteriormente, voltar a advogar.

Uma primeira característica no desempenho das duas funções consiste no fato de que o nosso homenageado sempre teve em mente que a lei não abarca todos as situações conflituosas ocorridas em sociedade. Uma sociedade multifacetada e de céleres e agudas transformações motivadas por uma dinâmica irrefreável.

Sempre teve clara a necessidade de adaptar o direito às circunstâncias factuais, sem agredir a lei, mas amoldando-a às condições so-

1 Ex-Presidente da OAB/SP. Ex Conselheiro Federal da OAB. Ex-Presidente da AASP. Ex-Secretário de Justiça de SP. Ex-Secretário de Segurança Público de São Paulo. Advogado.

ciais, econômicas, familiares reinantes em cada conflito de interesses. Procurou como meta primordial o alcance do justo.

Tenho certeza de que, como juiz, Rubens de Oliveira Lima jamais se deixou escravizar pela aplicação mecânica da lei. Sua formação de caráter, sua cultura jurídica e humanista e seu inafastável compromisso com o ideal de justiça, levaram-no a alcançar as glórias reservadas aos grandes juízes do Brasil.

Depois de anos na Magistratura, voltou a advogar com juvenil entusiasmo, como se fosse um recém-formado. Retornou à profissão como advogado pleno, sem nenhuma restrição ou pruridos de vaidade em sua atuação, não se escudou no fato de haver sido juiz.

Balcão de cartório, salas de espera, gabinetes de juízes, salas de audiência, plenários dos Tribunais voltaram a ser os seus lugares habituais, as suas trincheiras avançadas para exercer, com eficácia e coragem, a postulação do direito que lhe parecia o mais adequado para a situação concreta.

Talvez em tempo nenhum a advocacia estivesse tão necessitada, como agora, de corrigir uma deficiência que historicamente nos acompanha: a incompreensão relacionada à sua natureza, origem, objetivos, papel social e atuação institucional. A sociedade não possui uma clara ideia do papel profissional e institucional dos advogados.

Além deste tradicional desconhecimento, há uma crise que atinge frontalmente a profissão e que já se arrasta há anos. Talvez possamos colocar como marco inicial dessa crise, verdadeira crise de respeitabilidade e de valorização, os anos sessenta e setenta.

Com o golpe de 1964, houve uma paulatina substituição dos advogados pelos tecnocratas. Substitui-se o humanismo pela tecnocracia, pela frieza dos números. A pauta das prioridades passou a ser as grandes obras que marcariam o Brasil Grande. Deixaram-se de lado as reformas estruturais, e optou-se por maquiar o rosto da pátria, para encobrir carências e mazelas antigas, agravadas pela histórica inércia em combatê-las. Ao lado da apologia que se fez da grandiosidade dessas obras, criou-se um artificioso ufanismo nacional, que contou com a vitória do Brasil na Copa de 1970.

Os advogados, especialmente após 1968, com a edição do Ato Institucional nº 5, passaram a ter um intenso protagonismo nas lutas pela recuperação da democracia.

Em contrapartida, a reação atingiu-nos individualmente, por meio de prisões, torturas, processos, desaparecimentos, e a advocacia como instituição.

Nesta medida, a primeira providência foi a de afastar os bacharéis em direito dos postos de comando do país. Economistas, engenheiros, técnicos de várias áreas ocuparam os lugares que deveriam ser, como sempre foram, pela natureza das funções, dos portadores de cultura legal e jurídica. Até as diretorias jurídicas de empresas estatais passaram a contar com profissionais estranhos ao direito.

Com todos os contornos de um plano elaborado nos gabinetes da Escola Superior de Guerra ou de algum estrategista do regime, a partir dos anos setenta, passou-se a autorizar a criação de Faculdades de Direito sem que houvesse uma preocupação com a qualidade do ensino a ser ministrado. Desta forma, com o correr dos anos, o aumento vertiginoso de escolas gerou consequências danosas não só à advocacia como à própria administração da Justiça. Não se esqueça de que todos os protagonistas da cena judiciária provêm das Faculdades de Direito.

As dificuldades para o exercício profissional, dificuldades de diversas naturezas, estão sendo enfrentadas durante esses anos todos com coragem, idealismo e, especialmente, com crença e amor pela advocacia por parte dos militantes vocacionados. Rubens Ferraz de Oliveira Lima encontra-se entre eles.

Os advogados têm um compromisso indeclinável com a dignidade do homem, com a sua evolução moral e cultural, com o aprimoramento de sua personalidade. Advogar é um ato de fé no homem e em suas potencialidades.

Somos incansáveis lutadores, incorrigíveis sonhadores, obstinados combatentes de situações injustas. Nós dedicamos o nosso labor, mesmo quando no exercício particular da postulação, ao aperfeiçoamento do homem e das instituições.

O papel institucional da advocacia deve-se fundir com as atividades sociais e políticas, para que ele continue a ser o porta-voz dos anseios e das aspirações do povo brasileiro.

Sociedade livre é aquela composta por homens cientes de seus direitos e deveres, bem como de sua cidadania.

Homens que estão habilitados a exigir do Estado o cumprimento de suas obrigações para a satisfação dos interesses coletivos e preservação de valores superiores, base ética e moral da sociedade.

A advocacia possui um papel preponderante na formação de uma consciência cidadã coletiva.

Quando exercemos a advocacia criminal, apenas como exemplo, especialmente para os menos favorecidos, nós estamos, na verdade, revelando a existência de direitos e garantias para quem jamais deles ouviu falar. Paradoxal, mas verdadeiro, foi necessário o cometimento de um crime ou a existência de uma acusação, para aqueles que passaram a vida órfãos de direitos e de garantias viessem a conhecê-los.

É lamentável que a mídia, quando faz a cobertura de um conflito, especialmente de natureza criminal, transforme-o em espetáculo, sem dele extrair pedagogicamente lições que seriam de grande valia para a sociedade.

O conhecimento das circunstâncias do delito, as suas consequências, os motivos do agente, a influência da vítima na prática delitiva e todos os aspectos legais da questão poderiam trazer a público um farto material de compreensão deste fenômeno humano que é o crime, como também servir de argumentos para a dissuasão de novas práticas.

Uma advocacia respeitada é fator de fortalecimento da sociedade. O advogado é o grande artífice da manutenção do império da lei, é quem com exclusividade, conduz ao Poder Judiciário às postulações individuais ou coletivas, sendo o elo entre a sociedade e a Justiça.

Rubens Ferraz de Oliveira Lima recebe uma justa e diria necessária homenagem. Justa porque consentânea com a impecável trajetória de quem serviu e serve a duas instituições, Magistratura e Advocacia, com excepcional honradez e brilho. Necessária porque em um momento histórico em que o realce é para o negativo, para o mal, para o destrutivo, a exaltação de figuras como ele dá à sociedade alento e esperança em um porvir melhor, rumo à construção do país dos nossos sonhos.

Considerações acerca das locações temporárias de imóveis em condomínios edilícios por meio de aplicativos como o Airbnb

Artur Marques da Silva Filho[1]

1. Introdução

Foi com alegria que, comovido, recebi o honroso convite para participar desta justa homenagem ao ilustre Desembargador Rubens Ferraz de Oliveira Lima. Meu primeiro contato com ele ocorreu no Sítio Recanto Amigo, situado em Vinhedo, de propriedade de meu falecido sogro, o estimado Desembargador Jorge Luiz de Almeida. Na ocasião, houve um almoço de confraternização com todos os integrantes da 8ª Câmara Cível da antiga Primeira Seção do Tribunal de Justiça de São Paulo. A partir de então, encontrei-o em várias ocasiões e sempre mantivemos um cordial relacionamento.

Primoroso no trato das questões jurídicas,tornou-se, na Magistratura, uma referência jurisprudencial na Corte Bandeirante. Dele não se divergia, como em inúmeras vezes manifestou-se meu pranteado sogro.

O Desembargador Rubens Ferraz de Oliveira Lima foi um juiz dedicadíssimo, e é um festejado advogado. A erudição, somada à clareza de raciocínio e concisão, bem como o percuciente estudo fizeram dele um verdadeiro exemplo tanto na Magistratura quanto na Advocacia.

Agradeço aos Coordenadores o privilégio de manifestar-me em homenagem a um jurista de tal envergadura.

Escolhi, como tema para o presente estudo, tecer algumas considerações acerca das locações temporárias de imóveis em condomínios

1 Desembargador do TJSP

edilícios por meio de aplicativos como o Airbnb, pois o crescimento das plataformas digitais nos últimos anos tem levado a uma radical modificação em diversos setores da economia, a gerar naturais conflitos de interesses que, frequentemente, alcançam os Tribunais.

De vendas de produtos a oferecimento de serviços, a digitalização tem ocupado cada vez mais espaço, notadamente por meio de plataformas que permitem que o cidadão comum, individualmente, tenha acesso a meios de obtenção de renda que anteriormente se restringiam a atividades de grandes empresas.

Os setores de transporte, turismo e habitação logo aderiram às facilidades do mercado digital. Empresas de fornecimento de serviços de venda e aluguel de imóveis surgiram e dominaram o mercado imobiliário. Empresas de fornecimento de transporte operado por indivíduos em seus veículos particulares quase extinguiram o serviço de táxi convencional nas grandes cidades. Finalmente, empresas que permitem que particulares aluguem seus imóveis por apenas poucos dias, ou até mesmo partes de seus imóveis – quartos ou camas em quartos compartilhados – avançam no mercado de hotéis e *flats*, por muitas vezes oferecerem enormes vantagens em relação a preço, localização e até mesmo a serviços.

Especialmente em grandes centros urbanos, onde há muitos prédios residenciais, cresceu exponencialmente o número de pessoas oferecendo seus apartamentos ou espaços em seus apartamentos para locação por curtíssima temporada por meio de aplicativos como o Airbnb, o que tem gerado muitos conflitos nos condomínios, seja entre a administração e os condôminos que pretendem colocar seus imóveis para locação, ou mesmo entre os condôminos. Assim, necessário se averiguar a aplicabilidade das normas relativas à propriedade, aos condomínios, às locações, entre outras, relativamente a tais serviços, que ainda carecem de regulamentação em plano nacional.

2. As limitações ao direito de propriedade nos condomínios edilícios e as locações fracionadas em diárias

Para se iniciar quaisquer ponderações acerca do tema proposto no presente estudo, é necessário ter em mente o fato de que, se por um lado o direito de propriedade não é absoluto, o direito de propriedade em condomínio possui ainda mais restrições, o que se infere do próprio significado da (co+domínio, domínio em conjunto). Nos condomínios edilícios, por sua vez, as restrições inerentes ao uso e gozo da propriedade encontram mais regras e limitações, pois, inescapavelmente, um condomínio edilício contará com áreas comuns a todas as unidades de uso privativo, e mesmo a utilização normal e corriqueira destas, por seus proprietários, não é ilimitada.

A Lei 4.591/1964 (Lei dos Condomínios) prevê, em seu artigo 19, que *cada condômino tem o direito de usar e fruir, com exclusividade, de sua unidade autônoma, segundo suas conveniências e interesses, condicionados, umas e outros às normas de boa vizinhança, e poderá usar as partes e coisas comuns de maneira a não causar dano ou incômodo aos demais condôminos ou moradores, nem obstáculo ou embaraço ao bom uso das mesmas partes por todos*".

E, da mesma forma que o proprietário pode exercer seu direito utilizando a sua unidade autônoma de forma direta, pode alugá-la a terceiros, como ocorre desde tempos imemoriais. Bem mais recentemente, contudo, surgiu uma nova modalidade de locação, comumente realizada por meio de plataformas digitais como Airbnb, Booking, VRBO, Tripmood, em que o proprietário disponibiliza seu imóvel - ou parte dele - para terceiros em locação fracionada em diárias.

Inicialmente, assim, cumpre analisar a natureza jurídica dessa locação fracionada em diárias. A rigor, quando se fala em locação de imóvel urbano, pensa-se na Lei de Locações (Lei nº 8.245/1991). E, quando se pensa em locação por prazo inferior a 90 dias, parte-se para a análise do artigo 48 da referida norma, que prevê a figura da "locação para temporada", como sendo aquela *destinada à residência temporária do locatário, para prática de lazer, realização de cursos, tratamento de saúde, feitura de obras em seu imóvel, e outros fatos que decorrem tão-somente de determinado tempo, e contratada por prazo não superior a noventa dias, esteja ou não mobiliado o imóvel.*

Daí já se vê que, via de regra, o negócio jurídico realizado por meio de aplicativos como o Airbnb não se amolda à previsão do artigo 48 da Lei de Locações, não podendo ser considerada "locação para temporada" porque não se destina à "residência temporária do locatário".

É evidente que, ressalvadas exceções pontuais, o modelo de negócios de serviços como o Airbnb é voltado à *hospedagem* de pessoas. O próprio nome Airbnb, por exemplo, remete a tal conclusão, pois "bnb" (ou b&b) significa *bed and breakfast*, cuja tradução literal é "cama e café da manhã". Cuida-se de modalidade de hospedagem domiciliar, que configura *modalidade especial de serviço de meios de hospedagem, em que o hóspede utiliza um quarto ou um apartamento na residência do hospedeiro ou anfitrião, compartilhando alguns espaços da mesma*[2].

Inclusive os aplicativos como o Airbnb comumente oferecem, além de espaços inteiros (casas, apartamentos, etc.), apenas um quarto em uma residência ou até mesmo uma cama em um quarto de uma residência, ocasiões em que o usuário dividirá os espaços com os proprietários ou moradores habituais do imóvel, ou até mesmo com outros usuários.

Nos últimos anos tem-se verificado um crescimento exponencial desse mercado. Apenas em relação ao Airbnb, por exemplo, dados indicam que, de 2014 a 2019, o faturamento cresceu de 400 milhões de dólares para 4,7 bilhões de dólares, enquanto o número de usuários passou de 50 milhões em 2014 para 150 milhões em 2018. O número de anúncios passou de 300 mil em 2013 para 7 milhões em 2019, e o número de reservas passou de 52 milhões em 2016 para 272 milhões em 2019. Estima-se que mais de meio bilhão de pessoas já tenha utilizado os serviços do Airbnb em mais de 81.000 cidades no mundo, gerando uma renda de mais de 65 bilhões de dólares aos hospedeiros[3].

A adesão a esses serviços foi tamanha que gerou um impacto considerável no setor hoteleiro mundial. Hotéis e até cidades têm processado aplicativos como o Airbnb, alegando competição injusta[4] ou até mesmo locação ilegal[5]. Assim, evidente que não demoraria para que a questão começasse a causar problemas no já profícuo palco de problemas que é o direito de vizinhança, notadamente em relação aos condomínios edilícios, em que serviços como o prestado pelo Airbnb têm gerado

2 Disponível em: https://pt.wikipedia.org/wiki/Hospedagem_domiciliar. Consultado em: 3 abr. 2021.

3 Disponível em: https://www.businessofapps.com/data/airbnb-statistics/ . Consultado em: 3 abr. 2021.

4 Disponível em: https://news.yahoo.com/french-hotels-sue-airbnb-claiming-unfair-competition-191238399.html. Consultado em: 3 abr. 2021. Ainda: https://wsvn.com/news/investigations/opera-tower-sues-airbnb-claims-short-term-rentals-have-turned-miami-condo-building-into-unlicensed-hotel/. Consultado em: 03 abr. 2021.

5 Disponível em: https://www.newyorker.com/business/currency/how-airbnb-makes-it-hard-to-sue-for-discrimination. Consultado em: 3 abr. 2021. Ainda: https://www.bloomberg.com/news/articles/2020-03-02/new-york-city-extends-war-on-airbnb-by-targeting-guesty. Consultado em: 3 abr. 2021. Ainda: https://www.reuters.com/article/us-airbnb-spain-palma-idUSKBN1HX1VX. Consultado em: 03 abr. 2021.

reclamações e conflitos entre vizinhos e entre condôminos e condomínios. Esses conflitos, não raro, chegam aos Tribunais.

A questão principal a ser analisada, assim, é se a utilização da unidade condominial para a finalidade de disponibilização para terceiros em locação fracionada em diárias, por curto período de tempo, por meio de serviços como o Airbnb, configura desvirtuamento da finalidade estritamente residencial de um condomínio edilício.

3. A natureza jurídica das locações fracionadas em diárias e as convenções condominiais

O que diferencia a atividade locatícia da hospedagem não é o fato de haver uma remuneração – aluguel ou diárias – pela utilização do espaço, mas o intuito de quem procura o espaço. Na locação, o intuito é o de estabelecer uma residência – ainda que temporária. Na hospedagem, não. Nada obsta que o intuito de estabelecer residência seja até mesmo por tempo inferior ao de uma hospedagem.

Suponha-se, por exemplo, que uma pessoa precisa realizar uma reforma urgente em sua casa, e que tal reforma a impossibilitará de viver no local por três semanas. Essa pessoa pode perfeitamente alugar um apartamento em um condomínio residencial na modalidade "locação para temporada", e o objetivo da locação será indiscutivelmente residencial. Por outro lado, se essa mesma pessoa resolver passar as férias em outra cidade e alugar um apartamento com essa finalidade pelo período de um mês, isso não torna tal locação uma locação para temporada, pois inexiste o *animus residendi*.

Dessa maneira, a rigor, não se afigura razoável a aplicação, para os casos de locação fracionada em diárias realizada por aplicativos como Airbnb, do disposto no artigo 48 da Lei de Locações, segundo o qual *considera-se locação para temporada aquela destinada à residência temporária do locatário, para prática de lazer, realização de cursos, tratamento de saúde, feitura de obras em seu imóvel, e outros fatos que decorrem tão-somente de determinado tempo, e contratada por prazo não superior a noventa dias, esteja ou não mobiliado o imóvel*. Afinal, a própria norma prevê que o critério de sua aplicabilidade é, além do prazo (critério objetivo), a ***destinação*** da locação: a ***residência*** temporária.

E não se pode concluir que a locação fracionada em diárias com claro intuito de hospedagem seja considerada locação para temporada destinada à residência apenas em função da falta de regulamentação específica.

Isso porque, na prática, a questão tem gerado muitos conflitos, não apenas entre as plataformas que disponibilizam esses serviços e setor hoteleiro ou o poder público, mas, principalmente, entre condôminos e administrações de condomínios com destinação exclusivamente residencial.

De acordo com o artigo 9º da Lei 4.591/1964 (Lei dos Condomínios), todo condomínio edilício, obrigatoriamente, deve possuir uma convenção condominial, a ser inscrita no Registro de Imóveis. Aprovada a Convenção pelos detentores de ao menos 2/3 das frações ideais, torna-se lei aplicável a todos os condôminos, devendo conter, além de outras normas, "a discriminação das partes de propriedade exclusiva, e as de condomínio, com especificações das diferentes áreas", "o destino das diferentes partes", "o modo de usar as coisas e serviços comuns" "o quórum para os diversos tipos de votações", "a forma e o quórum para as alterações de convenção", "a forma e o quórum para a aprovação do Regimento Interno quando não incluídos na própria Convenção", a título exemplificativo.

Isso significaque a Convenção Condominial deve especificar, por exemplo, se o condomínio se destina à utilização residencial, comercial ou mista, e que a especificação discriminada na Convenção deve ser respeitada por todos os condôminos, a quem é proibido, por expressa determinação legal, "*destinar a unidade a utilização diversa de finalidade do prédio, ou usá-la de forma nociva ou perigosa ao sossego, à salubridade e à segurança dos demais condôminos*" (artigo 10, III, da Lei 4.591/1964).

Interpretatio cessat in claris. Se a lei expressamente determina que ao condômino é vedado destinar a unidade a utilização diversa da finalidade do prédio, um prédio cuja convenção condominial preveja, por exemplo, a finalidade exclusivamente residencial não pode possuir unidades praticando atividades não residenciais, da mesma forma como um condômino proprietário de uma unidade condominial em prédio cuja convenção preveja a atividade exclusivamente comercial não pode nele estabelecer um apartamento para sua residência.

Estabelecidas tais premissas, a questão principal, quanto ao tema do presente estudo, é averiguar se a disponibilização, pelo condômino, de sua unidade autônoma para locação a terceiros de forma fracionada em diárias, por curtos intervalos de tempo, configura ou não destinação da unidade a finalidade diversa daquela prevista para os prédios exclusivamente residenciais.

Se a resposta for positiva, para se considerar que essa forma de locação configura subversão da finalidade do condomínio, o próprio síndico poderia, em tese, proibir esse tipo de locação, ressalvada a hipótese de a Convenção Condominial expressamente autorizá-la, com ou sem regulamentação adicional.

Contudo, se a resposta for negativa, para se considerar que essa forma de locação não configura subversão da finalidade do condomínio, a princípio não parece possível que nem mesmo a Convenção Condominial possa proibir esse tipo de locação, sob pena de se vulnerar o constitucional direito à propriedade privada. A não ser que se considere que, embora tal forma de locação não configure subversão da finalidade do condomínio, acarreta utilização *nociva ou perigosa ao sossego, à salubridade e à segurança dos demais condôminos*. Nessa segunda hipótese, seria possível que essa forma de locação fosse proibida, reclamando, porém, demonstração da nocividade ou do perigo ao sossego, à salubridade e à segurança dos demais condôminos.

Sabe-se que referido tema é sensível, havendo relevantes correntes jurisprudenciais em ambos os sentidos, sobressaindo ainda uma terceira corrente, defendendo que a vedação de locações temporárias seria ilegal ainda quando houvesse expressa previsão na convenção, destacando-se nesse sentido o voto externado pelo em. Min. Luis Felipe Salomão no julgamento do Recurso Especial nº 1.819.075/RS, ainda pendente de julgamento quando da conclusão da redação deste estudo.

4. Breve análise da jurisprudência do Tribunal de Justiça de São Paulo acerca da questão

Embora, evidentemente, a análise dos julgados de apenas um Tribunal estadual não se preste a definir o posicionamento da jurisprudência nacional em relação à matéria, cuidando-se da maior Corte de Justiça do país inclusive em número de processos julgados, serve, para o propósito do presente estudo, de baliza.

Há, basicamente, três correntes concernentes à questão: 1) aquela que afasta qualquer possibilidade de se obstar ou restringir a locação de unidades condominiais por meio de plataformas de locação por curtíssimo lapso temporal (na forma de "diárias"), por considerar que tal proibição ou restrição afronta o direito de propriedade; 2) aquela que considera que a locação de unidades condominiais por meio de plataformas de locação por curtíssimo lapso temporal (na forma de "diárias") implica em violação à regra de destinação exclusivamente residencial do condomínio, admitindo a proibição ou a restrição; 3) aquela que considera que proibições ou restrições a locações de unidades condominiais por curtíssimo lapso temporal (na forma de "diárias) somente pode ocorrer se referida proibição constar da convenção condominial, observado o quórum mínimo para votação de tal proibição.

Na primeira corrente, recente decisão apontou que, mesmo com alteração da convenção condominial, a proibição de locação por temporada é inadmissível, constituindo indevida limitação ao direito de propriedade, constitucionalmente garantido[6].

Na segunda corrente, já se decidiu que "a utilização da unidade como hospedagem aberta ao público, por meio de anúncios em plataformas digitais, como verdadeiros quartos de hotel, não se mostra compatível com a destinação residencial do condomínio"[7], sendo, assim, possível a proibição nos condomínios cujas convenções condominiais prevejam a utilização exclusivamente residencial. Nesse passo, decidiu-se que, "embora não se discuta a possibilidade de locação temporária das unidades condominiais", seria inadmissível, em um condomínio residencial, "a utilização do seu imóvel de forma assemelhada à hospedaria/hotelaria", mormente quando se verifica a grande rotatividade de pessoas que se utilizaram dos imóveis disponibilizados através das plataformas digitais", quando a "maioria das reservas se dá por 2 ou 3 dias" com pagamento por meio de diárias[8]. Assim, seria admissível a proibição na hipótese em que "convenção e regulamento do condomínio determinam que o uso das unidades autônomas deve ser estritamente residencial e familiar, proibida a utilização das unidades autônomas como hospedagem"[9].

---

6 TJSP; Apelação Cível 1008757-15.2018.8.26.0008; Relator (a): Francisco Carlos Inouye Shintate; Órgão Julgador: 29ª Câmara de Direito Privado; Foro Regional VIII - Tatuapé - 2ª Vara Cível; Data do Julgamento: 01/02/2021; Data de Registro: 01/02/2021.

7 TJSP; Apelação Cível 1025770-32.2018.8.26.0071; Relator (a): Gomes Varjão; Órgão Julgador: 34ª Câmara de Direito Privado; Foro de Bauru - 5ª Vara Cível; Data do Julgamento: 18/02/2021; Data de Registro: 18/02/2021.

8 TJSP; Apelação Cível 1119992-02.2018.8.26.0100; Relator (a): Caio Marcelo Mendes de Oliveira; Órgão Julgador: 32ª Câmara de Direito Privado; Foro Central Cível - 33ª Vara Cível; Data do Julgamento: 11/02/2020; Data de Registro: 11/02/2020.

9 TJSP; Apelação Cível 1016502-58.2018.8.26.0004; Relator (a): Eros Piceli; Órgão Julgador: 33ª Câmara de Direito Privado; Foro Regional IV - Lapa - 4ª Vara Cível; Data do Julgamento: 25/07/2019; Data de Registro: 26/07/2019.

Na terceira corrente, tem se decidido que os condomínios até podem proibir ou restringir essa modalidade de locação, mas que tais proibições ou restrições não podem decorrer da vontade do síndico ou mesmo da mera votação em assembleia condominial, devendo a questão ser obrigatoriamente tratada pela convenção condominial ou ao menos pelo regimento interno, respeitado o quórum necessário[10], sendo manifestamente ilegal a decisão de síndico que proíbe esse tipo de locação sem que tal proibição conste da convenção condominial[11].

Esta terceira e última corrente tem se mostrado prevalente no âmbito da jurisprudência do Tribunal de Justiça de São Paulo, que, via de regra, considera ilegais as proibições de locações fracionadas em diárias, no âmbito de condomínios edilícios residenciais, se tal proibição não constar expressamente das convenções condominiais, ainda que tais convenções prevejam a finalidade exclusivamente residencial dos condomínios.

À falta de regulamentação legal específica, bem como de orientação jurisprudencial vinculativa, a tendência é que a divisão de entendimentos prossiga. Há recurso em análise pelo c. Superior Tribunal de Justiça, já com voto proferido pelo relator, ministro Luis Felipe Salomão, que entendeu "não ser possível a limitação das atividades locatícias pelo condomínio residencial porque as locações via Airbnb e outras plataformas similares não estariam inseridas no conceito de hospedagem, mas, sim, de locação residencial por curta temporada", não podendo "ser en-

10 TJSP; Apelação Cível 1065850-40.2017.8.26.0114; Relator (a): Milton Carvalho; Órgão Julgador: 36ª Câmara de Direito Privado; Foro de Campinas - 1ª Vara Cível; Data do Julgamento: 12/07/2018; Data de Registro: 12/07/2018. No mesmo sentido: TJSP; Apelação Cível 1110659-26.2018.8.26.0100; Relator (a): Flavio Abramovici; Órgão Julgador: 35ª Câmara de Direito Privado; Foro Central Cível - 5ª Vara Cível; Data do Julgamento: 09/12/2019; Data de Registro: 10/12/2019; TJSP; Apelação Cível 1125050-83.2018.8.26.0100; Relator (a): Cesar Luiz de Almeida; Órgão Julgador: 28ª Câmara de Direito Privado; Foro Central Cível - 11ª Vara Cível; Data do Julgamento: 08/04/2020; Data de Registro: 08/04/2020; TJSP; Apelação Cível 1084592-87.2019.8.26.0100; Relator (a): Sergio Alfieri; Órgão Julgador: 28ª Câmara de Direito Privado; Foro Central Cível - 26ª Vara Cível; Data do Julgamento: 26/02/2021; Data de Registro: 26/02/2021; TJSP; Apelação Cível 1067308-66.2019.8.26.0100; Relator (a): Flavio Abramovici; Órgão Julgador: 35ª Câmara de Direito Privado; Foro Central Cível - 25ª Vara Cível; Data do Julgamento: 12/03/2021; Data de Registro: 12/03/2021; dentre outras.

11 TJSP; Apelação Cível 1045907-11.2019.8.26.0100; Relator (a): Alfredo Attié; Órgão Julgador: 27ª Câmara de Direito Privado; Foro Central Cível - 25ª Vara Cível; Data do Julgamento: 28/09/2020; Data de Registro: 28/09/2020

quadradas como atividade comercial passível de proibição pelo condomínio"[12]. No dia 20 de abril de 2021, no entanto, ocorreu o julgamento do REsp 1.819.075/RS pela Quarta Turma do Superior Tribunal de Justiça, tendo prevalecido o voto divergente do Ministro Raul Araújo, que entendeu pela possibilidade de condomínios residenciais impedirem o uso de unidades autônomas para locações por diárias, como no caso do Airbnb, considerando que se cuida de reserva de móveis caracterizadora de uma espécie de contrato atípico de hospedagem, a descaracterizar a destinação exclusivamente residencial, quando expressamente prevista. Tal precedente, embora ainda não tenha transitado em julgado, abre caminho para acaloradas discussões acerca da matéria.

5. Considerações finais

A disponibilização de unidades condominiais – ou de quartos ou mesmo camas nesses espaços – para curtíssimos espaços de tempo tem sido fonte de crescentes conflitos entre condôminos, ou entre estes e as administrações de condomínios residenciais. Isso porque, se tal atividade, normalmente realizada por meio de plataformas digitais como o Airbnb, tem o potencial de gerar fonte de renda para alguns proprietários, também tem causado desconforto e incômodo para outros, com o aumento da rotatividade de pessoas estranhas ao dia a dia dos condomínios.

Verifica-se que não existe, ainda, legislação plenamente aplicável à situação, pois se de um lado a locação fracionada em diárias, com claro propósito de hospedagem, parece não se encaixar na modalidade de locação por temporada prevista no artigo 48 da Lei 8.245/1991, tampouco se qualifica, de forma inequívoca, como atividade comercial.

A ausência de regulação normativa tem gerado, como era de se esperar, uma profunda divisão jurisprudencial nos tribunais do país, ainda não existindo posicionamento vinculante das Cortes Superiores acerca da questão, que permanece em discussão no meio jurídico.

---

12 Disponível em: https://www.stj.jus.br/sites/portalp/Paginas/Comunicacao/Noticias/Relator-vota-pela-impossibilidade-de-que-condominios-proibam-locacoes-de-curta-temporada-via-Airbnb.aspx . Consulta em: 06 abr. 2021.

Liberdade de expressão e liberdade religiosa

Experiências de um caso concreto

Belisário dos Santos Jr.[1]

A Justa Homenagem

Rubens Ferraz de Oliveira Lima foi juiz de carreira e desembargador do Tribunal de Justiça do Estado de São Paulo. Teve relevante exercício na judicatura paulista, inclusive na criminal. É uma faceta pouco lembrada a passagem de Rubens pela área penal, como Juiz Substituto no Tribunal de Alçada Criminal. Saiu da magistratura, chamado pela advocacia, a que ainda se dedica com ética e brilho.

Conversei com vários colegas sobre esta figura notável. As expressões variavam, "um *gentleman*", "figura diferenciada", "um cavalheiro", alguém sugeriu "uma unanimidade"; todas as vozes se unindo para falar de um profissional do direito notável como jurista e pessoa.

Por estes motivos aceitei, com prazer, o convite do Doutor Roberto Rosas e do Ministro Sidnei Beneti, para rabiscar algumas notas jurídicas sobre uma questão penal que acompanhei como advogado. Este artigo é um pouco a história do caso, em que atuei profissionalmente desde o início até a concessão do *habeas corpus* anos depois. As questões nele versadas, a limitação que se tentou opor ao instituto do *habeas corpus*, as teses e estratégias que o envolveram até ser decidido em última instância pelo Supremo Tribunal Federal.

Fica aqui, portanto, o carinho pela pessoa de Rubens Ferraz de Oliveira Lima, a quem homenageio o advogado e a advocacia.

O caso de um livro combatido com ação penal

Um importante líder religioso de São Paulo escreveu um livro relatando sobre os deveres do povo católico no sentido de manter os princípios de sua fé ante outras religiões, além de apresentar as confissões e

---

1 Advogado

crenças de sua doutrina, seus símbolos e suas práticas, publicando-o com o sugestivo nome de *Sim, Sim! Não, Não! Reflexões de cura e libertação.*[2]

O livro se vale de duras afirmações, notadamente em sua primeira parte, para dizer, em resumo, que aqueles que adotam o catolicismo não podem e não devem conciliar princípios e práticas antagônicas ao estatuído pela doutrina que rege sua fé.

Um representante do Ministério Público da Bahia entendeu que esse livro afrontava a doutrina espírita e as religiões de matriz africana e, reproduzindo apenas seis pequenos trechos de um livro com o total de 127 páginas, ofereceu denúncia, pedindo a condenação do sacerdote às penas do artigo 20, § 2º da Lei nº 7.716/89, que define os crimes resultantes de preconceito de raça ou de cor[3].

Esta forma de agir, com pinçamento de trechos isolados de seu contexto, e consequente perda do seu sentido original, já havia sido censurada pelo Superior Tribunal de Justiça, no caso do Bispo de Criciúma/SC[4], ao argumentar que

> *a imputação se insula em trecho isolado e, depois, seccionado de um sermão, o que suprime, ex ante, a compreensão do seu sentido, objetivada, principalmente em casos tais, com a exigência legal da exposição circunstanciada dos fatos tidos como criminosos (artigo 41 do Código de Processo Criminal)."*

O texto integral e o contexto da obra permitem a conclusão de clara inexistência do ânimo discriminatório. A discriminação só se compõe com o ânimo de suprimir, eliminar ou explorar o que é discriminado. Confira-se esta citação ilustrativa:

---

2 <https://www.saraiva.com.br/sim-sim-nao-nao-10297905.html>;

3 Art. 20. Praticar, induzir ou incitar a discriminação ou preconceito de raça, cor, etnia, religião ou procedência nacional ((Redação dada pela Lei nº 9.459, de 15/05/97),
§ 2º Se qualquer dos crimes previstos no caput é cometido por intermédio dos meios de comunicação social ou publicação de qualquer natureza: (Redação dada pela Lei nº 9.459, de 15/05/97)...Pena: reclusão de dois a cinco anos e multa. (Incluído pela Lei nº 9.459, de 15/05/97);

4 HC 28375 (2003/0074893-6 - 22/03/2004), Relator: Ministro HAMILTON CARVALHIDO
SEXTA TURMA - Data do Julgamento: 09/03/2004, DJ 22/03/2004 p. 367 - RSTJ vol. 190 p. 582;

> *Não estou falando contra as pessoas espíritas, contra as pessoas que frequentam umbanda, candomblé, mas estou falando aos cristãos que são inocentes úteis: sem saber dos fatos, vão e fazem tudo isso, só para conseguir o que desejam e do jeito que desejam"*[5].

E de preconceito não havia que se cuidar, uma vez que ele traduz a noção de "conceito ou opinião formados antes de se ter os conhecimentos adequados" ou "opinião ou sentimento desfavorável, concebido antecipadamente ou independente de experiência ou razão" [6]. Ora, ainda que não se concorde com os fundamentos do autor do livro sob análise, eles existem, assentam-se em passagens bíblicas e estão expostos ao longo de 127 páginas, de que a denúncia só havia valorizado seis trechos.

No livro apreendido, o autor apresentara a verdade a que servia e que se sustentava na doutrina consagrada nos livros da Bíblia. Não o movia a intenção de preencher o tipo penal. E a lei 7.716/89 exige conduta dolosa. Sem crime não haveria possibilidade de prosseguimento regular de um processo penal.

Mas, o fato é que a denúncia foi recebida. O processo regular iniciou seu trâmite. O Tribunal de Justiça da Bahia negou a concessão de *habeas corpus.* O trâmite da ação penal só foi sobrestado por liminar concedida pelo Superior Tribunal de Justiça, com parecer favorável do Ministério Público Federal. Contudo, depois, um simples pedido de reconhecimento de prescrição foi deferido, mas a decisão foi imediatamente reconsiderada pelo Relator, sob a afirmação de que a hipótese era de racismo, invocando precedente sobre nazismo do STF (!), operando-se a vedação do artigo 5º, XLII, que reconhece imprescritível sua prática. Daí em diante o caso voltou a ganhar fôlego, tanto em primeira instância, quanto no STJ, cuja Quinta Turma, no julgamento do *HABEAS CORPUS* 134.682 –BA, assim decidiu:

> ALEGAÇÃO DE ATIPICIDADE DA CONDUTA. NECESSIDADE DE EXAME DETALHADO DO CONJUNTO FÁTICO-PROBATÓRIO. INCOMPATIBILIDADE COM OS ESTREITOS LIMITES DA VIA ELEITA. HABEAS CORPUS NÃO CONHECIDO.

Esta limitação ao manejo do *habeas corpus* é intolerável, ainda mais em se considerando que, como se verá no caso

5 pg. 39 do livro citado.

6 in Dicionário Brasileiro de Língua Portuguesa – MIRADOR 1977, 2ª. ED. P. 1383.

Ellwanger[7], examinou-se não só o livro por ele escrito, mas toda sua obra, a ver se caracterizado o discurso de ódio vedado em nosso patamar de civilização. É de se imaginar que essa "incompatibilidade com os estreitos limites da via escolhida" poderia se repetir em um futuro julgamento de recurso especial, dadas suas especiais características, se houvesse conformismo com a decisão proferida. Como excluir o exame de um livro, para constatar se os seis trechos dela extraídos caracterizariam o discurso discriminador proibido ou apenas parte de uma mensagem de proselitismo com assento na Constituição brasileira?

Não estava em jogo apenas a liberdade de expressão, senão a própria amplitude da garantia constitucional.

Temas de índole puramente penais

Muitas questões de índole puramente penal e processual penal foram debatidas nos sucessivos recursos aos Tribunais. A inépcia grave da denúncia, a falta de motivação da decisão que a recebeu, a ausência de justa causa para a ação penal, a falta de tipicidade da conduta, distinção entre religião e sentimento religioso, a discussão da legalidade de sacrifício religioso de animais, entre outros temas.

O saudoso Professor René Ariel Dotti, recentemente falecido, ofereceu brilhante parecer em relação a algumas dessas questões, destacando aspectos penais relevantes à defesa.

Realço aqui, no entanto, trecho de natureza filosófico-política, que dá conta de uma especial sensibilidade em torno da liberdade de expressão:

> "A posição crítica de um livro pode e deve ser enfrentada como outro livro, e não com a fogueira da Inquisição (atualizada com a função de retribuição da pena criminal) ou com a restrição penal da liberdade."[8]

Mas, para os objetivos da presente coletânea, este artigo se centrará nos aspectos mais claramente identificados com as liberdades de

7 Ver STF - Habeas Corpus 82,424 – RS, às vezes referido no texto como caso Ellwanger.

8 DOTTI, René Ariel, Discriminação Religiosa Liberdades de Opinião e de Crítica – O Espiritismo como Filosofia e Ciência , Revista dos Tribunais | vol. 907/2011 | p. 175 - 232 | Maio / 2011 DTR\2011\1444.

expressão e de religião, deixando de lado aspectos outros sumamente interessantes, mas que podem ser consultados por via de acesso aos autos originais do RECURSO ORDINÁRIO EM *HABEAS CORPUS* 134.682 - BAHIA, ante o Supremo Tribunal Federal.

Liberdade de expressão

A ideia central, na defesa penal de um livro cuja origem é a sustentação dos princípios básicos da religião de seu autor, é relembrar que ainda não desertaram do texto constitucional a liberdade de expressão e a liberdade religiosa. Estão ali previstas em várias passagens, principalmente no seu artigo 5º.

Em parecer específico no caso, e relembrando ter sido o livro destinado a crentes católicos, exatamente por que se lhe cobrava coerência com sua fé, Ives Gandra da Silva Martins , assim se expressa:[9]

> ...a livre manifestação do pensamento implica, à evidência, o direito de expor as próprias convicções, mesmo que de possível contestação pelos que pensam diferentemente.
> E, na medida em que estas convicções são levadas àqueles que são favoráveis às mesmas, como forma de fortalecê-las, não há porquê, os que delas não comungam, outorgarem-se o direito de silenciá-las, visto que nãos lhes são dirigidas.

E, tratando especificamente do artigo 220 da Constituição Federal, que versa sobre a liberdade de manifestação do pensamento, a criação, a expressão e a informação, o parecer de Ives Gandra relembra que:

> Não contente o legislador em dizer que tais manifestações não sofrerão qualquer restrição, reforçou a dicção, ao dizer que as limitações não poderiam ser de qualquer natureza, ou seja, "sob qualquer forma, processo ou veículo".

9 SILVA MARTINS, Ives Gandra, Liberdade de Expressão – Inteligência dos incisos IV, VI, VII e IX do Artigo 5º da Constituição Federal – A Correta Exegese de Repúdio ao "Discurso do Ódio" – Parecer in Revista IOB de Direito Penal e Processual Penal, n. 55, abril-maio 2009, p. 204-220.

À nitidez, o constituinte entendeu que, ao falar em veículo (meio de comunicação social), processo (qualquer tipo de divulgação) ou forma (latitude máxima), eliminaria qualquer atentado sobre a liberdade de imprensa ou a livre manifestação do pensamento.

A democracia vive desse entrechoque de ideias, da livre circulação de pensamentos. Daí a proteção dada pela Constituição. E que ideias se combatem com outras ideias. A refutação de argumentos deve ser feita por meio de raciocínios que sejam consistentemente opostos. Essa é a arte da retórica.

Do contrário, as pessoas só poderiam divulgar fatos e manifestar opiniões que promovessem a louvação dos indivíduos, o que, conforme ensina o constitucionalista Luiz Roberto Barroso , parece de difícil compatibilização a um Estado plural e democrático[10].

As liberdades dos cidadãos, entre elas a de expressão, correspondem a uma exigência de "não fazer" por parte de toda autoridade, de todos que detêm alguma espécie de poder. As liberdades são tuteladas por uma conduta omissiva do Estado. O Estado não poderá ser o obstáculo que se anteponha ao seu exercício. E, como já visto acima, ideias não se combatem com direito penal.

Em termos de religião, a questão da liberdade de expressão ganha dimensão especial. A liberdade de consciência e de crença é absolutamente assegurada, com proteção do *exercício* dos cultos_religiosos, garantida a proteção aos locais em que isto ocorre e a suas liturgias (CF, artigo 5º, VI).

Em relação à liberdade de expressão religiosa, respeitada a liberdade dos outros, assegura-se o direito de cada cidadão defender por que formas e meios se deve atingir a dimensão de Deus por ele especialmente professada. E aqui está implícito o direito de cada qual entender verdadeira a sua forma de se ligar a Deus.

Assim, impedir que alguém afirme sua verdade, porque outras pessoas entendem que a ela está em outra parte, e se suscetibilizam sempre que isto é questionado, é negar a expressão livre. Entendimento contrário levaria a considerar a liberdade de expressão letra morta no texto da Constituição.

O que importa é garantir o direito de um religioso se dirigir ao seu público (no caso, o católico) dizendo-lhe para não adorar ou possuir determinados símbolos, com críticas às práticas e aos textos de doutrinas que entende opostas à sua, valendo-se de trechos bíblicos.

---

10 BARROSO, Luis Roberto. Colisão entre Liberdade de Expressão e Direitos da Personalidade. Critérios de Ponderação. Interpretação Constitucionalmente Adequada do Código Civil e da Lei da Imprensa, in Revista de Direito Administrativo. Rio de Janeiro: Renovar, jan-mar 2004, Volume 235, p. 1-36.

A liberdade de expressão incidiu, na hipótese do livro *Sim, Sim, Não, Não – Reflexões de cura e libertação*, protegendo o direito de o autor manifestar sua convicção de padre da religião católica, de expressar ideias que são absolutamente lícitas e em si mesmas nada encerram de preconceito ou discriminação.

As assertivas feitas no livro e criticadas na denúncia penal oferecida ou se fundamentam em textos bíblicos ou são comparações necessárias à proclamação da convicção pessoal do seu autor, a serem respondidas senão com aceitação ou crítica, talvez com outros livros, com artigos, com *e-mails* sóbrios ou indignados, ou até com demonstrações de tolerância, como alguns dos escritos que acompanham a representação inicial que alicerça a denúncia.

Após exaustiva e completa análise do caso, Ives Gandra considerou ser censura a proibição de interpretação do evangelho, sendo permitido que um religioso católico defenda que seus seguidores sejam igualmente católicos e acreditem na superioridade de seu credo, considerando a denúncia instrumento de discriminação.

O certo é que, jamais, em casos como o da exposição de convicções religiosas, a resposta deve ter o peso do Estado, com a censura e o cerceamento da opinião e, pior, com o início de processo penal que pode conduzir à perda da liberdade do autor de um livro. Estamos no Brasil. Vivemos em um Estado Democrático de Direito. Definitivamente temos de aprender a conviver com a crítica, com antagonismos, com opinião divergente, com gente que pensa diferente e quer se expressar, direitos que a Constituição assegura para todos.

Liberdade religiosa

Tratando especialmente da liberdade de crença assegurada pela Constituição da República, o professor André Ramos Tavares revela não haver sentido entender que a liberdade de religião (prevista basicamente pelo artigo 5º, VI) possa existir sem a liberdade de divulgação dessa crença.

Em parecer especialmente dado no caso concreto, o eminente constitucionalista afirma a lógica da compatibilidade da liberdade religiosa com a necessidade de arregimentação de fiéis e de manutenção da comunidade eclesial[11]:

11 RAMOS TAVARES. André. O Direito Fundamental ao Discurso Religioso: Divulgação da Fé, Proselitismo e Evangelização. Revista Brasileira de Estudos Constitucionais. n. 10, Belo Horizonte: Editora Fórum, abr/jun de 2009. p. 17-47.

> Em resumo do que foi desenvolvido até o presente momento, tem-se a liberdade de crença, assegurada basicamente no art. 5º, VI, da CB, a qual denota a proteção dada ao indivíduo de professorar a sua crença (dimensão coletiva da liberdade religiosa). Há uma liberdade de expressão religiosa, bem como uma liberdade de divulgação de sua crença. Viu-se, ademais, que, invariavelmente, as religiões detém pretensões universalistas, sendo reputadas, por isto, teorias morais de primeira ordem, o que implica a negação, por uma religião, dos valores detidos pelas demais. Intentar impor uma tolerância dogmática (de forma que esta não possa exercer o seu discurso proselitista) a uma religião de natureza universalista é impor a sua negação, conforme bem destacou Geoffrey Harrison ("Relativism and Tolerance". In Peter Laslett e James Fishkin (ed.), Philosoph, 5th series. New Haven: Yale University Press, 1979, p. 287).
> Com vistas a cumprir sua pretensão universalizante, as religiões, invariavelmente, lançam mão do proselitismo religioso, com o intuito de arregimentar crentes, prosélitos. Este recurso se encontra devidamente protegido pela liberdade constitucional de divulgação da crença. Aliás, outra não poderia ser a conclusão, uma vez que o proselitismo invariavelmente afigura-se como um dos elementos basilares do cristianismo e da Igreja católica (vide, nesse sentido, MARCOS, 16 e 15 e Atos dos Apóstolos, 2, 38-39)."

Há outras decisões dos Tribunais brasileiros que entendem não ser possível criminalizar a exteriorização da liberdade de crença religiosa, como se vê deste julgado do antigo Tribunal de Alçada Criminal de São Paulo, distinguindo a defesa da doutrina religiosa da discriminação vedada. Conferir a citação de Celso Delmanto[12]:

> "(...)a assertiva de que determinadas religiões traduzem "possessões demoníacas" ou "espíritos imundos" espelham tão-somente posição ideológica, dogmática, de crença religiosa"(...)

Assim, se a liberdade de crença envolve o direito de pugnar por novas adesões, no caso que se examina, o livro se dirigia exclusivamente para reforçar as adesões já obtidas à fé cristã de credo católico ou para convencer àqueles indecisos entre a fé católica e a doutrina espírita ou os cultos de origem africana.

12 DELMANTO, Celso e outros, In Código Penal Comentado CÓDIGO PENAL COMENTADO, 5ª. ed. ,Renovar, RJ, p. 408.

A obra em debate é de proselitismo, no sentido de manter os seguidores conquistados pela Igreja Católica. Até mesmo se poderia dizer ser o livro uma obra de apologética, no sentido léxico e teológico da expressão:

> Apologética, 1. Parte da Teologia destinada a defender a religião contra os ataques dos adversários. 2. Defesa argumentativa sistemática ou discurso em defesa de alguma doutrina, teoria ou ideia.[13]

Ninguém espera que os partidários da doutrina e dos cultos, a quem um livro de cunho religioso possa se opor, aceitem sua mensagem. A polêmica entre as religiões e cultos é antiga. Suas comunicações e pretensões partem de valores religiosos históricos, contidos em documentos religiosos e não criados pelo livro em questão. De um padre sobre uma confissão religiosa, não se espera nem se poderia exigir conduta diversa da de sustentar sua fé e a doutrina em que ela se funda.

Ora, entre os pressupostos da culpabilidade, além da imputabilidade e da consciência da ilicitude da ação ou da omissão, está precisamente a exigibilidade de conduta diversa.[14] Nas circunstâncias dadas, ao lado do procedimento punível, deverá estar presente, para contraposição, um comportamento conforme o Direito, que pode ser exigido de todo homem normal em condições normais.

Se a liberdade de pregar é ínsita à liberdade de culto e de exercício desse culto, não há outro comportamento a ser exigido daquele que, professando uma religião, quer dela dizer ser melhor que a dos outros.

André Ramos Tavares afirma não haver como exigir que a mensagem do livro apregoe a convivência com as demais religiões. Confrontando a interpretação constitucionalmente adequada do artigo 20, e seus parágrafos 2º. e 3º., da Lei n. 7.716/89, em face da liberdade religiosa, diz que o discurso religioso proselitista não merece ser criminalizado. Igualmente, não se pode reputar como discriminação qualquer discurso que avente desigualações.[15] Do magistério de Norberto Bobbio retira-se que a desigualação desemboca em discriminação quando completa três passos. O primeiro consiste na realização de um juízo de fato: no caso "a diferenciação legítima (e não discriminatória) entre o Cristianismo e

13 in Dicionário Brasileiro de Língua Portuguesa - Mirador, 1977, 2ª. ed. p. 166.

14 DOTTI, René Ariel, parecer em obra já citada.

15 RAMOS TAVARES, André, obra citada;.

o Espiritismo". O segundo passo envolve a realização de um juízo de valor: na diferenciação entre dois grupos, a qualificação de um deles como superior ou melhor. Até aqui não há discriminação. A etapa derradeira, conta-nos Ramos Tavares:

> A etapa derradeira para configurar uma desigualação efetivamente como discriminação (penalmente sancionável e condenável) reside num juízo obrigacional, por parte daquele que se reputa superior, de explorar, escravizar ou eliminar aquele que é considerado inferior: Para que a discriminação libere todas as suas consequências negativas, não basta que um grupo, com base num juízo de valor, afirme ser superior ao outro. Pode-se muito bem pensar num indivíduo que se considere superior ao outro, mas não extraia de modo algum deste juízo a consequência de que é seu dever escravizá-lo, explorá-lo ou até mesmo eliminá-lo (NORBERTO BOBBIO. Elogio da serenidade, São Paulo: Editora Unesp, 2000, p. 109, original não grifado). Em outras palavras, um discurso desigualador somente redundará em discriminação se trouxer em seu conteúdo um dever, por parte daqueles que se autoproclamam superiores, de explorar, escravizar ou eliminar (eliminação, aqui, em um sentido físico ou territorial) os considerados inferiores. Este ponto é essencial para a resolução da dúvida que paira sobre os limites do discurso religioso proselitista e a sua configuração ou não em prática discriminatória.

Essa é a magna questão, ante um livro acusado de racismo: a mensagem é simples discurso proselitista ou um proibido e abominável discurso discriminatório[16]?

O discurso de ódio

O livro do religioso católico chegaria às raias da discriminação proibida, reconhecimento para o qual é necessária a presença do sentido de explorar e eliminar?

É precisamente a resposta à questão mencionada que pode distinguir este caso de outro famoso, o caso Ellwanger, em que o autor dos escritos incriminados parecia querer o mal para todos os que não professassem sua doutrina política –, o nazismo – em nome de que o mundo assistiu estarrecido ao Holocausto.

16 RAMOS TAVARES, André, obra citada.

No julgamento do *Habeas Corpus* 82,424 – RS, o Supremo Tribunal Federal manteve a condenação do editor Siegfried Ellwanger imposta a ele pelo Tribunal de Justiça do Rio Grande do Sul por crime de racismo. O julgamento do *Habeas Corpus* (HC 82424) ajuizado pela defesa de Ellwanger foi rejeitado pelo Plenário por maioria de sete votos a três, vencidos os ministros Moreira Alves, Marco Aurélio e Carlos Ayres Britto. Interessante analisar os votos deste importante acórdão sobre liberdade de expressão, entendendo a maioria que o livro poderia servir à prática de racismo, reconhecendo na ideia matriz - o nazismo - e na forma do discurso o viés de *hate speech.*

Importante será consultar a obra de Jeremy Waldron , *The Harm In Hate Speech*, da qual cito este trecho·

> In fact, though the two ideas – hate speech and hate crimes – do have a distant connection, they really raise quite different issues in our thinking about law. The idea of hate crimes is an idea that definitely does focus on motivation: it treats the harboring of certain motivations in regard to unlawful acts like assault or murder as a distinct element of crime or as an aggravating factor. But in most hate speech legislation, hatred is relevant not as the motivation of certain actions, but as a possible effect of certain forms of speech.

A liberdade de expressão anda de braços dados com a proibição do discurso de ódio o que, sendo fácil de dizer, não é tão obviamente constatável na prática. Alberto da Silva Franco[17] afirma que:

> O proselitismo, portanto, possui legitimidade constitucional e, no exercício do proselitismo, não tem cabimento o Estado interferir penalmente, a não ser em situações excepcionais, como, por exemplo, quando o proselitismo incita à violência ou promove "uma guerra santa contra as demais religiões. Estes conteúdos, desnecessário seria dizê-lo, não estão protegidos pela liberdade de divulgação de crenças".

---

17 SILVA FRANCO, Alberto, FELTRIN, Sebastião Oscar e SOUZA LIRA, Rafael de, ofereceram parecer analisando o caso concreto, à luz do direito penal, ainda não publicado, mas que pode ser consultado digitalmente ao se acessar o caso no STF: RHC 134.682-BA- redir.stf.jus.br/paginadorpub/paginador.jsp?docTP=TP&docID...;

E prossegue para concluir, com apoio na doutrina de Weingartner Neto, que a proibição do *hate speech* merece ser cercada de cautelas:

> (...) valorar e proscrever qualquer das opiniões em confronto implicaria a existência de um sistema de censura, "de tendência expansiva", razão pela qual uma "doutrina de restrição do discurso a partir do ódio" *(hate speech; hate crimes)* em nome de uma "moralmente correta *política de amor"*, tem que ser objeto de maior precaução, sob pena da "nova liberdade de expressão" confundir-se com a "velha censura". O papel do direito penal e do direito civil nesta equação, ainda não é claro - em boa medida, o problema parece reconduzir-se à questão de saber qual o alcance que deve ser dado à obrigação de tolerância. (...). Só deveria haver limitações de expressão quando houvesse uma intenção clara de incitar o ódio racial ou religioso, e não quando o objetivo fosse expressar opiniões, por mais desagradáveis que sejam[18].

A ideia matriz do discurso proibido, conforme decisão do STF no caso Ellwanger , era a apologia ao nazismo, a negação do holocausto, ideias consideradas em si nefastas, capazes de gerar ódio, oportunidade em que se tutelou a vedação de qualquer espécie de discriminação, inclusive de viés religioso.

A ideia matriz do livro *Sim, Sim! Não, Não!* era a defesa da doutrina católica, discurso lícito e constitucionalmente compatível. A negativa do discurso de ódio foi o centro do recurso ao Supremo Tribunal Federal.

Em outras palavras, bem lecionou André Ramos Tavares:

> A discriminação religiosa, proibida pelo art. 20, da Lei n. 7.716/89, refere-se ao discurso que incita à supressão da outra religião, por meio de perseguições e atos de violência. Discursos que visam a converter, pela fé, os membros das demais religiões, a outra fé, não hão de ser reputados como discriminatórios.

Em conclusão - A decisão do Supremo Tribunal Federal

Como visto, o simples discurso proselitista ou apologético, em si, tendente a buscar adeptos ou mantê-los no sentido de lhes dar salvação, por eloquente que seja, não se caracteriza como discurso de ódio, nada

18 WEINGARTNER NETO, Jayme. Liberdade religiosa na *Constituição*. Porto Alegre: Livraria do Advogado, 2007, p. 310 e 312.

tem a ver com supressão de outro culto ou doutrina por meio de perseguições ou atos de violência.

Desta forma, com a análise de todo o livro, foi possível reconhecer em seu texto o proselitismo próprio da liberdade religiosa, coerente com a liberdade de culto e de seu exercício, em detrimento do discurso de ódio.

A admissão da discussão de todo o livro e não apenas dos trechos citados na denúncia, desarmou a armadilha da acusação, e representou o alargamento do campo de incidência da garantia constitucional, absolutamente necessário para a solução da controvérsia material, em detrimento de posicionamento restritivo do cabimento do *habeas*.

No dia do julgamento, uma curiosidade. O Relator do Recurso Ordinário em Habeas Corpus 134.682/BA, Ministro Edson Fachin, após proferida a sustentação oral, iniciou o seu voto de forma extremamente simpática, dirigindo-se a mim na tribuna da defesa: "Eu li o livro".

Após longo debate, por maioria de votos (4x1), o Supremo Tribunal Federal, apartando-se da postura adotada no caso Ellwanger, considerou ser o RHC 134.682-BA o *leading case* para criar novo paradigma para casos de liberdade religiosa.

Abaixo apenas trechos da longa ementa:

> RECURSO ORDINÁRIO EM *HABEAS CORPUS.* DIREITO PENAL. CRIME DE RACISMO RELIGIOSO. INÉPCIA DA DENÚNCIA. INOCORRÊNCIA. IMPRESCRITIBILIDADE. PREVISÃO CONSTITUCIONAL EXPRESSA. LIVRO. PUBLICAÇÃO. PROSELITISMO COMO NÚCLEO ESSENCIAL DA LIBERDADE DE EXPRESSÃO RELIGIOSA. TRANCAMENTO DA AÇÃO PENAL.
>
> **Acórdão**
> A liberdade religiosa e a de expressão constituem elementos fundantes da ordem constitucional e devem ser exercidas com observância dos demais direitos e garantias fundamentais, não alcançando, nessa ótica, condutas reveladoras de discriminação.
> No que toca especificamente à liberdade de expressão religiosa cumpre reconhecer, nas hipóteses de religiões que se alçam a universais, que o discurso proselitista é da essência de seu integral exercício. De tal modo, a finalidade de alcançar o outro, mediante persuasão, configura comportamento intrínseco a religiões de tal natureza. Para a consecução de tal objetivo, não se revela ilícito, por si só, a comparação entre diversas religiões, inclusive com explicitação de certa hierarquização ou animosidade entre elas.
>
> (...)

> O discurso discriminatório criminoso somente se materializa após ultrapassadas três etapas indispensáveis. Uma de caráter cognitivo, em que atestada a desigualdade entre grupos e/ou indivíduos; outra de viés valorativo, em que se assenta suposta relação de superioridade entre eles e, por fim; uma terceira, em que o agente, a partir das fases anteriores, supõe legítima a dominação, exploração, escravização, eliminação, supressão ou redução de direitos fundamentais do diferente que compreende inferior.
> A discriminação não libera consequências jurídicas negativas, especialmente no âmbito penal, na hipótese em que as etapas iniciais de desigualação desembocam na suposta prestação de auxílio ao grupo ou indivíduo que, na percepção do agente, encontrar-se-ia em situação desfavorável.
> Hipótese concreta em que o paciente, por meio de publicação em livro, incita a comunidade católica a empreender resgate religioso direcionado à salvação de adeptos do espiritismo, em atitude que, a despeito de considerar inferiores os praticantes de fé distinta, o faz sem sinalização de violência, dominação, exploração, escravização, eliminação, supressão ou redução de direitos fundamentais."
> (...)

Pós-Conclusão

Este recontar de um caso concreto deve terminar com agradecimento a todos os que participaram do esforço em fazer prevalecer a liberdade de expressão religiosa[19]. Há muito estava devendo dar publicidade a esta homenagem.

A liberdade religiosa estabeleceu-se em toda sua plenitude, como previsto no texto constitucional.

Para aqueles que trabalham com ideias e palavras, será instigante ler a narrativa do *Livro dos Atos dos Apóstolos* sobre a conversão de Paulo

19 **Agradecimentos:** A consulta aos autos do Recurso Ordinário em *Habeas Corpus* 134.682/BA, no Supremo Tribunal Federal, de que tive a honra de ser o impetrante, mostrará a decisiva contribuição feita à causa da liberdade religiosa, pelos pareceres de juristas como ANDRÉ RAMOS TAVARES, IVES GANDRA DA SILVA MARTINS, RENÉ ARIEL DOTTI, ALBERTO SILVA FRANCO, SEBASTIÃO OSCAR FELTRIN, RAFAEL DE SOUZA LIRA, pelos conselhos de CELSO LAFER e pela inestimável colaboração de meu companheiro de escritório MARCO ANTONIO RODRIGUES NAHUM. Da mesma forma, para compreensão do novo parâmetro da liberdade de expressão religiosa fixado pelo STF será obrigatória a leitura do brilhante voto do Ministro EDSON FACHIN e dos demais votos vencedores.

de Tarso, lembrada na sustentação oral. Que discurso pode ter levado o fariseu culto e repressor a converter-se em apóstolo de Jesus Cristo, às portas de Damasco? Certamente esse discurso simbólico terá sido duro, com palavras e ideias fortes, mas jamais discurso de ódio.

O Supremo Tribunal Federal proclamou respeito à Constituição Federal, considerando que a liberdade de culto e o proselitismo integram a essência da liberdade de religião.

Um livro como o referido neste já longo artigo estaria a exigir outro livro, se refutar as ideias ali contidas fosse o intuito de quem pensa diversamente.

Ou quem sabe, pensadores de diferentes doutrinas filosóficas deveriam escrever mais livros dizendo o que os aproxima. Que princípios ou valores professam em comum e, talvez, fossem livros alentados.

Mas, certamente e de regra, livros como o examinado devem ser objeto da literatura, da filosofia, da doutrina religiosa, nunca de uma ação penal.

O mérito de Direito Processual

Cândido Rangel Dinamarco[1]

SUMÁRIO: 1. A colocação tradicional: contraste entre o mérito e o direito processual; **2.** Realidades fora dessa colocação; **3.** Ação rescisória; **4.** Ação pauliana e embargos de terceiro; **5.** A responsabilidade executiva; **6.** Ação pauliana; **7.** Embargos de terceiro; **8.** Entre a ação pauliana e os embargos de terceiro; **9.** Em ambos os casos o *meritum causæ* é uma pretensão de direito processual; **10.** Dos limites dos efeitos da decisão aos da coisa julgada formada nesses casos; **11.** Admissibilidade da ação rescisória; **12.** Esp. a chamada ação rescisória de ação rescisória.

1. A colocação tradicional: contraste entre o mérito e o direito processual

A ciência do processo é tradicionalmente desenvolvida em torno de uma nítida distinção entre o *mérito da causa*, regido pelo direito material, e os modos de exercício da jurisdição, da ação e da defesa, que constituem objeto do *direito processual*. Em todo processo, o mérito consiste na pretensão do demandante a um bem da vida, corporificada no *petitum* levado ao órgão jurisdicional – e esse pedido vem acompanhado da descrição de um conflito entre dois ou mais sujeitos e os fundamentos de direito material nos quais ele apóia sua pretensão (causa de pedir). Esses conflitos se manifestam em alguma *crise* que incomoda o demandante em sua vida comum em sociedade, com dúvida sobre a existência, inexistência ou modo-de-ser de um direito ou de uma obrigação (crise de certeza), com a insatisfação de um alegado direito (crise de adimplemento) ou com seu inconformismo diante de alguma situação jurídica que não lhe convém (crise das situações jurídicas).[2] Todas essas crises são suscetíveis de buscar solução pela via jurisdicional, admitindo-se a ação *meramente declaratória* como instrumento de combate às crises de certeza; a *condenatória* em caso de crise de adimplemento e a *constitutiva*, cujo objetivo é a remoção da situação jurídica inconveniente ao demandante e implantação de uma outra situação. Na ação meramente

---

1 Professor Titular (aposentado) da Faculdade de Direito da USP. Ex- Ministério Público de SP. Ex-Desembargador do TJSP.

2 Instituições de Direito Processual

declaratória, o pedido consiste na postulação de uma sentença declarando a existência, a inexistência ou o modo-de-ser de um direito ou obrigação (ação declaratória positiva ou negativa, conforme o caso); na constitutiva, o pedido é de uma sentença modificando uma situação jurídica vigente entre as partes; e, na condenatória, pede-se uma sentença declarando a existência do direito do autor em associação com a implantação de um título autorizador da execução forçada, ou cumprimento de sentença (título executivo). Em todos esses casos o *meritum causæ* consiste no pedido de um desses resultados destinados a produzir efeitos na vida comum dos sujeitos litigantes. Ao cabo de muitas discussões, chegou a doutrina ao entendimento de que o objeto da processo, ou seja, o *mérito*, reside exclusivamente no *petitum*. Decidir o mérito consiste em lançar efeitos para fora do processo, para a regência de situações da vida e das relações entre as partes ou entre uma delas e um bem da vida, enquanto ordinariamente, as decisões de cunho processual não produzem tais efeitos, limitando-se a disciplinar as situações das partes na relação jurídica processual ou o direito do demandante a obter um julgamento do mérito.

> Falar em mérito é falar em *objeto do processo*. Muito debateram a doutrina alemã e a italiana da primeira metade do século XX sobre qual seria esse objeto - se as *questões* pertinentes ao direito das partes (questões de mérito - Liebman), se o *mérito da lide* (Carnelutti), se a pretensão representada pelo pedido e pela causa de pedir (*Sacherhalt* - Rosenberg) ou se somente o pedido. Essa foi a posição assumida nas últimas edições da obra de Leo Rosenberg, preparada por seu *continuador* Karl Heinz Schwab e assumida em meu estudo sobre esse tema.[3] O objeto do processo, ou *meritum causæ*, reside no *pedido* deduzido na demanda inicial ou na reconvenção e a esse pedido; e a esses pedidos o juiz dará resposta na parte decisória de sua sentença.

O Código de Processo Civil vigente, do mesmo modo que o de 1973, autoriza esse entendimento ao dispor que "haverá resolução de mérito quando o juiz [...] acolher ou rejeitar o *pedido* formulado na ação ou na reconvenção" (artigo 487, inciso I). Julgar o mérito é, pois, decidir sobre o pedido. E ordinariamente, como dito logo acima, o pedido refere-se a uma concreta situação da vida, regida pelo direito material, que o demandante repudia ao pedir a tutela jurisdicional.

3 Instituições de Direito Processual

2. Realidades fora dessa colocação

A realidade dos conflitos postos em juízo e de sua regência pelo direito positivo inclui, porém, algumas hipóteses muito específicas nas quais o objeto do processo não é uma pretensão relacionada com a vida dos sujeitos fora deste, mas com certas situações puramente processuais. São casos em que o autor demanda uma decisão que o ponha em uma situação mais favorável perante o direito processual, do que aquela em que ele se situa no momento.

Situações como essa estão presentes (a) na ação rescisória, (b) nos embargos à execução ou na impugnação ao cumprimento de sentença, (c) na ação pauliana e (d) nos embargos de terceiro. Na maioria desses casos, o fundamento da pretensão (causa de pedir), também está calcado no direito processual, mas isso não é essencial para a configuração dessa categoria do *mérito de direito processual*. Ainda quando fundado em razões de direito material, o *meritum causæ* será de direito processual sempre que o *pedido* consistir na pretensão a uma nova situação perante o direito processual.

3. Ação rescisória

A ação rescisória tem por objetivo, em primeiro lugar e em todos os casos a desconstituição de uma decisão coberta pela coisa julgada material.[4] Tal é o *judicium rescindens*, que se vê em todas as ações rescisórias e que, em última análise, está presente na pretensão do autor à *cassação* de uma decisão de mérito desfavorável. Rescindir uma decisão é suprimir os efeitos que antes tivesse sobre as relações entre as partes na vida comum ou entre uma delas e um bem da vida. Há casos em que o autor poderá pedir, em complementação à decisão que cassa a decisão rescindenda, uma nova decisão da causa, ou o "novo julgamento *do processo*",[5] como inadequadamente diz o Código de Processo Civil (artigo 968, inciso I). Esse é o *judicium ressisorium*, que virá em seguida ao *judicium rescindens* em um capítulo ligado a este por uma relação de prejudicialidade (só se pronuncia o juízo rescisório quando no rescindente a decisão houver sido rescindida). A *nova decisão* postulada pelo autor da ação rescisória será ordinariamente de direito material, mas nem por

4 Instituições de Direito Processual

5 Instituições de Direito Processual

isso também o pedido de rescisão o será. Sempre o capítulo rescindente consistirá em liberar o demandante dos efeitos e da autoridade da decisão de mérito.

> A ação rescisória fundada em *manifesta violação de norma jurídica* (CPC, art. 966, inc. V) terá um fundamento de direito material quando a norma violada for dessa natureza, mas o resultado buscado mediante o *petitum* será sempre um resultado de direito processual.

Com essa configuração, o juízo rescindente, presente em todas as ações rescisórias, situa-se entre os casos de pretensão de desconstituição de uma situação jurídico-processual desfavorável ao autor.

4. Ação rescisória

Todos os casos de impugnação ao cumprimento de sentença ou de embargos à execução têm por objetivo o desfazimento das constrições ou dos vínculos representados pela execução forçada. Esse é o *pedido* que o embargante ou o impugnante deduz nesse processo ou fase, ou seja, esse é o *mérito* de tais processos ou fases. Na maioria das hipóteses de admissibilidade de tais oposições à execução forçada (embargos ou impugnação), os fundamentos autorizados em lei são de direito processual (CPC, artigo 525, § 1º ou artigo 917). Existem também alguns casos de impugnação ou embargos com fundamento no direito material, mas isso não desvia o foco acima proposto, a saber: o resultado postulado é sempre de direito processual, consistente no afastamento das constrições já impostas ao executado ou em via de sê-lo.

> Das impugnações ao cumprimento de sentença, consentidas ao executado, a de efeito processual mais intenso é a do inc. I do § 1º do art. 525 do Código de Processo Civil, consistente na "falta ou nulidade da citação se, na fase de conhecimento, o processo correu à revelia". Julgada procedente a impugnação por esse motivo, não só a execução cessará mas também o próprio processo ou fase de conhecimento ficará parcialmente anulado e a decisão condenatória perderá toda sua eficácia. É nítido o efeito rescisório de decisões como essa. Entre as hipóteses descritas no art. 525, § 1º e no art. 917 do Código de Processo Civil, são também de natureza processual os fundamentos consistentes (a) na ausência de título executivo ("inexequibilidade do título"); b) na penhora incorreta ou avaliação errônea; c) no excesso de execução ou cumulação indevida de execuções; d) na incompetência absoluta ou relativa do juízo da execução.

São de direito material os fundamentos consistentes (a) na inexigibilidade da obrigação, (b) na retenção por benfeitorias necessárias ou úteis ou, muito mais acentuadamente, (c) na extinção do direito depois do trânsito em julgado da decisão levada à execução pela via do cumprimento de sentença (art. 525, § 1º, inc. VII) ou também na inexistência do direito alegada nos embargos à execução no caso do art. 917, inc. VI do Código de Processo Civil ("qualquer matéria que lhe seria lícito deduzir como defesa em processo de conhecimento"). A decisão da impugnação fundada em fatos jurídico-materiais posteriores à decisão condenatória (art. 525, § 1º, inc. VII) e a dos embargos que tenham por fundamento alegações da existência ou inexistência do direito subjetivo material alegado pelo exeqüente (art. 917, inc. VII) produzem também o efeito de declarar uma situação de direito material.

5. Ação pauliana e embargos de terceiro – a responsabilidade executiva

A ação pauliana e os embargos de terceiro atuam na área da responsabilidade executiva, que é um riquíssimo e muito elegante tema de direto processual civil. Essa responsabilidade consiste na aptidão de um bem ou de todo um patrimônio a ser objeto das constrições e alienações judiciais inerentes à execução civil. Essa potencialidade se converte em uma realidade concreta quando um bem vem a ser objeto de uma efetiva constrição judicial, especialmente a penhora, ficando com isso afetado à satisfação de determinado crédito. A esse ponto, somos remetidos à famosa distinção proposta pelo romanista alemão Alois Brinz na segunda metade do século XIX, entre débito e responsabilidade (*Schuld und Haftung*).[6] Essa teoria, de início construída exclusivamente no plano do direito privado, foi retificada por Carnelutti e depois por Liebman, que passaram a dizer, sem contestação alguma, que enquanto a obrigação é um instituto de direito privado, a responsabilidade é de direito processual, porque se resolve na possibilidade de o bem ou patrimônio vir a suportar medidas processuais de execução forçada.[7]

6 Brinz (*Lehrbuch der Pandekten*, II, § 206, pp. 1-2).

7 A valiosa contribuição é de Carnelutti (v. "Diritto e processo nella teoria delle obbligazioni", n. 19; *Lezioni*, V, n. 440), conforme reconhece Liebman (*cfr.* Liebman, *Processo de execução*, n. 35).

> Foi valiosíssima contribuição italiana à ciência jurídica a caracterização publicista do instituto da responsabilidade, como aptidão do patrimônio a suportar a constrição executiva (sanção). Assim se posicionam os processualistas modernos, inclusive no Brasil. O nexo que existe entre responsabilidade e obrigação é de instrumentalidade, tanto quanto o processo é instrumento do direito substancial. A responsabilidade patrimonial é instituída pela ordem jurídica com o escopo de propiciar a realização de direitos e obrigações pela via da execução forçada. Daí serem excepcionais os casos de obrigação sem responsabilidade ou de responsabilidade sem obrigação.

A regra geral em sede de responsabilidade objetiva consiste em que *todo* o patrimônio do devedor responde pelas obrigações deste e *somente* seu patrimônio responde. Esse é um preceito de forte conotação ética, porque não é natural que o patrimônio do devedor deixe de servir como objeto para a satisfação do credor, nem que o patrimônio de terceiro respondesse ordinariamente pela obrigação de um devedor. Esse é o significado do art. 789 do Código de Processo Civil, segundo o qual "o devedor responde com todos os seus bens presentes e futuros para o cumprimento de suas obrigações, salvo as restrições estabelecidas em lei".

A ressalva contida na parte final desse dispositivo (*salvo as restrições estabelecidas em lei*) abre caminho para o entendimento de duas ordens de exceções opostas pela ordem jurídica, instituindo (a) a exclusão da responsabilidade executiva sobre certos bens do devedor e (b) a extensão dessa responsabilidade a bens de terceiro em casos bem definidos em lei. Como se vê, essas exceções atuam em sentidos diametralmente opostos, porque uma delas consiste em reduzir o patrimônio responsável e a segunda, em ampliar a órbita dos bens responsáveis.

Sobre a primeira dessas exceções à regra geral, consistente na *impenhorabilidade* de certos bens, nada há a dizer no presente estudo porque não diz respeito ao tema aqui desenvolvido.

A segunda dessas ordens de exceções à regra geral consiste na responsabilidade de bens de terceiro em caso de *alienação fraudulenta de bens pelo devedor já insolvente* ou que com essa alienação haja entrado na situação de insolvência. O controle judicial dessas situações será feito pela via da *ação pauliana* ou dos *embargos de terceiro*, nos termos do que dispõe o Código de Processo Civil.

6. Ação pauliana

A ação pauliana visa a restabelecer a responsabilidade executiva de um bem alienado ou onerado pelo devedor insolvente. A legitimidade ativa para essa ação cabe aos "credores que já o eram ao tempo daqueles atos" (Código Civil, artigo 158, § 2º), ou seja, àqueles que já o fossem no momento da alienação ou oneração fraudulenta. A sentença que julga procedente essa ação, reconhecendo a insolvência do devedor e o *consilium fraudis* entre este e o adquirente, retira a *eficácia* do ato fraudulento em relação ao autor e, com isso, torna possível a execução sobre o bem alienado ou onerado. Ela abre caminho para a imposição de constrições judiciais, como a penhora e alienação do bem pelo juízo da execução (adjudicação ao credor, alienação em leilão judicial *etc.*). Enquanto se entendesse que a *actio pauliana* visa à *anulação* do ato realizado em fraude contra credores, peculiaridade alguma haveria nessa espécie de ação, sendo então de direito material e não de direito processual a decisão que a julga procedente. Anular um ato é retirar-lhe todos os seus efeitos, banindo-o da ordem jurídica. Nessa linha se posiciona o Código Civil ao estabelecer que "os negócios de transmissão gratuita de bens ou remissão de dívida, se os praticar o devedor já insolvente, ou por eles reduzido à insolvência, ainda quando o ignore, poderão ser *anulados* pelos credores quirografários" (artigo 158). E mais: "serão igualmente *anuláveis* os contratos onerosos do devedor insolvente, quando a insolvência for notória, ou houver motivo para ser conhecida do outro contratante" (artigo 159).

Toda a doutrina processualística construída ainda na vigência do Código Civil de 1916 e do Código de Processo Civil de 1973 caminhou, porém, em sentido muito diferente, vendo nos negócios fraudulentos realizados pelo devedor, uma causa de sua *ineficácia* e não de nulidade. Essa é uma ineficácia *parcial*, porque, julgada procedente a ação pauliana, permanece íntegro o efeito de transferir o domínio do bem, só se excluindo o efeito de suprimir a responsabilidade deste pelas obrigações do devedor alienante. Ou seja, o comprador continua sendo dono, mas não pode opor seu direito de propriedade à realização dos atos de execução forçada sobre o bem.

7. Embargos de terceiro

Os embargos de terceiro são o remédio processual oferecido ao proprietário ou possuidor como instrumento para impugnar medidas judiciais de constrição exercidas sobre bens de seu domínio ou posse, por obrigação de outrem. Eles são adequados em duas ordens de situações, a saber: a) em caso de medidas de constrição sobre esses bens quando o terceiro ou seu patrimônio são completamente estranhos à relação jurídica, não arcando, por isso, com qualquer responsabilidade pela obrigação posta em juízo; b) quando é posto sob execução algum bem do terceiro por um credor daquele do qual adquiriu o bem, alegando o comprador-executado a não responsabilidade por aquela obrigação. Em ambos os casos, é indispensável que em face do devedor-alientante já estivesse em curso um processo, seja de conhecimento, seja de execução, capaz de pô-lo em condição de insolvência ou de agravar a insolvência já existente.

Exemplo da primeira hipótese é a de "quem sofre constrição judicial de seus bens por força de desconsideração da personalidade jurídica, de cujo incidente não fez parte" (CPC, artigo 674, § 2º, inciso III). É também o caso de constrição de bens do terceiro sem a realização de qualquer incidente de desconsideração. Em todos os casos nessa situação, os embargos de terceiro são admissíveis para remover os atos de constrição realizados sobre bens do terceiro ou em via de sê-lo.

Na segunda hipótese, cabe ao credor-exequente invocar uma *fraude de execução*, alegando que o vendedor já era insolvente quando alienou ou caiu em insolvência com essa alienação. Diferentemente do que acontece na fraude contra credores, a configuração da fraude de execução depende de um requisito além da insolvência, que é a pendência de um processo, seja de conhecimento, seja de execução ou monitório, capaz de induzir o vendedor em insolvência ou de agravar a insolvência já existente. Sem insolvência não há fraude contra credores, nem fraude de execução. Sem um processo pendente não há fraude de execução, embora possa haver fraude contra credores.

8. Entre a ação pauliana e os embargos de terceiro

No caso de mera fraude a credores, o bem alienado não é desde logo responsável pelas obrigações do vendedor e nem é arrolado pelo Código de Processo Civil como bem sujeito à execução (artigos 789-790) . É necessária uma ação pauliana e somente quando esta vier a ser julgada procedente o bem alienado passará a responder (artigo 790, inciso VI). A decisão ali proferida terá, portanto, clara natureza *constitutiva*, pois restabelece uma responsabilidade que deixara de existir quando o bem foi alienado. Quanto aos bens alienados em fraude de execução (insolvência e processo pendente), a situação é inversa. O bem já é desde logo sujeito à responsabilidade por obrigações do vendedor (CPC, artigo 790, inciso V), e só deixará de sê-lo por força de uma decisão julgando procedentes os embargos opostos pelo terceiro adquirente. Essa também será, portanto, uma sentença constitutiva, mas é uma constitutiva *negativa*, ou desconstitutiva, porque tem o efeito de desfazer a responsabilidade do bem alienado pelas obrigações do alienante.

9. Em ambos os casos o *meritum causæ* é uma pretensão de direito processual

Lá e cá estamos no rico campo da *responsabilidade executiva*, que é uma categoria de direito processual. (*) Dizer que um bem é responsável significa que ele é suscetível de sofrer as constrições inerentes à execução forçada, como a penhora e a alienação por ato do juiz. Diante disso, verifica-se que tanto as decisões proferidas na ação pauliana quanto nos embargos de terceiro são portadoras de um preceito imperativo de direito processual, seja quando afirmam ou quando negam a responsabilidade do bem do terceiro pela obrigação do devedor-alienante (*). Em outras palavras, tanto na ação pauliana quanto nos embargos de terceiro o *mérito* consiste em uma pretensão de direito processual, deduzida pelo autor. Na ação pauliana, o *mérito* é a pretensão do credor a uma sentença *restabelecendo* a responsabilidade do bem pela obrigação do devedor-alienante e, nos embargos de terceiro, uma pretensão do terceiro a uma sentença *excluindo* essa responsabilidade. Nem uma nem outra dessas pretensões visa a um resultado de direito material, referente a relações das partes em sua vida exterior ao processo, o que as afastaria dessa condição de decisões de direito processual mas, não obstante essas situações, são autênticas *decisões de mérito* porque incidem sobre o pedido contido na demanda inicial.

> Como há tempos venho dizendo, existe um *eixo imaginário* interligando o *petitum* contido na demanda inicial do demandante e o *decisum* integrante das sentenças ou decisões proferidas sobre esse *petitum*.[8] Decidir sobre o *petitum*, seja para acolhê-lo ou para rejeitá-lo, é decidir sobre o mérito do processo.

---

8 Instituições de Direito Processual

10. Dos limites dos efeitos da decisão aos da coisa julgada formada nesses casos

Nem na ação pauliana, nem nos embargos de terceiro, o pronunciamento judicial incide sobre uma eventual relação de direito material, seja para negá-la ou para afirmá-la. A condição de proprietário ou possuidor, que é uma situação de direito material, constitui objeto de decisão nos embargos de terceiro, mas a decisão a esse respeito é proferida *incidenter tantum*, ou seja, entre os fundamentos da sentença e não no *decisum*. Na parte decisória, o juiz se limita a liberar o bem das constrições às quais venha sendo submetido ou, em caso de improcedência, a manter essas constrições. Na ação pauliana o decisório sentencial consiste em declarar a eficácia ou ineficácia da alienação do bem, ou seja, em autorizar ou desautorizar a execução sobre este. Tanto quanto a decisão proferida *principaliter* nos embargos de terceiro, a da ação pauliana incide exclusivamente sobre situações de direito processual.

Como toda decisão de mérito, também essas incidentes sobre o mérito processual são suscetíveis de adquirir a autoridade da coisa julgada, tanto quanto aquelas que contêm o julgamento do mérito de direito material. Ao dispor que "a decisão que julgar total ou parcialmente o mérito tem força de lei nos limites da questão principal expressamente decidida", o artigo 503 do Código de Processo Civil não faz distinção alguma, até porque ao legislador de 2015 provavelmente não ocorreu a existência do *mérito de direito processual*, de que aqui se cuida, ficando protegidos pela *auctoritas rei judicatæ*, os efeitos dessa sentença se impõem às partes com toda autoridade, não podendo elas postular medidas conflitantes com esses efeitos.

Assim é que força dessa coisa julgada, nenhuma outra ação pauliana poderá ser julgada pelo mérito e outros embargos de terceiro também não serão admissíveis quando os primeiros já houverem sido julgados. Mas a condição de proprietário ou possuidor do bem, ou o estado de insolvência em que se encontrasse, não ficam protegidos pela coisa julgada, pois a esse respeito o juiz terá proferido somente uma decisão *incidenter tantum*. Como está no artigo 504, inciso I do Código de Processo Civil, "não fazem coisa julgada os motivos, ainda que importantes para determinar o alcance da parte dispositiva da sentença". Se surgir alguma discussão acerca dessas mesmas situações de direito, mas com referência a outro objeto a autoridade da coisa julgada não impedirá o seu conhecimento.

Nesse sentido é toda a doutrina, registrando-se o pensamento de Hamilton Moraes Barros nesse sentido: "a regra é fazer a sentença de embargos coisa julgada apenas sobre a licitude do ato judicial, deixando íntegro o direito do embargante e do executado. É que a lide aqui se resume apenas na inclusão ou exclusão do bem na execução, e não aos direitos que caibam ao terceiro sobre a coisa".[9]

11. Admissibilidade da ação rescisória

Como está no artigo 966, *caput* do Código de Processo Civil, "a decisão de mérito, transitada em julgado, pode ser rescindida quando..." e seguem oito incisos descrevendo as hipóteses de possível rescisão. Na linha do que vem sendo dito no presente estudo, a locução *decisão de mérito* inclui as decisões sobre situações de direito material, como sucede na grande maioria dos casos, mas também as decisões sobre situações de direito processual – ou seja, sobre o *mérito processual*. Tanto essas quanto aquelas são vulneráveis a uma desconstituição pela via da ação rescisória, naturalmente quando o correr uma dessas hipóteses contidas nos incisos do art. 966. A doutrina de ontem e de hoje é pela admissibilidade da ação rescisória contra decisões de mérito proferidas em sede de embargos de terceiro. Essa colocação está bem na linha das premissas desenvolvidas no presente estudo, porque essa é realmente uma decisão de mérito, ainda que processual. Para negar a admissibilidade dessa ação rescisória seria necessário negar que realmente se tratasse de decisão de mérito, o que, pelo que parece, não ocorreu a doutrinador algum. Ao longo dos tempos a doutrina brasileira sempre sustentou essa admissibilidade. Já em um passado bem remoto, assim se manifestou Leite Velho (1885)[10], e depois Pontes de Miranda asseverou: "a sentença que julga os embargos do devedor é suscetível de rescisão, bem assim a sentença nos embargos de terceiro".[11] E, continuando nessa linha, diz o moderníssimo Paulo Cezar Pinheiro Carneiro: "transitada em julgado a sentença [proferida nos embargos de terceiro], será produzida *coisa julgada material*, estendendo seus efeitos subjetivos às partes entre as quais ela foi formulada".[12] Produzir coisa julgada material é pôr-se na mira da ação rescisória.

9 *Cfr.* Hamilton de Moraes e Barros, *Comentários ao Código de Processo Civil,* IX, n. 188, esp. p. 371.

10 *Cfr.* Bernardo Teixeira de Moraes Leite Velho *Monographia das execuções de sentenças*, n. 397, p. 275.

11 *Cfr. Tratado da ação rescisória,* § 39, n. 2, esp. p. 422.

12 *Cfr. Comentários ao Código de Processo Civil,* IX, t. II, n. 80, esp. p. 193.

12. Esp. a chamada *ação rescisória de ação rescisória*

Como procurarei demonstrar, a questão da admissibilidade ou inadmissibilidade da ação rescisória contra acórdão proferido em ação rescisória deve ser resolvida à luz de um necessário equilíbrio. Nem se nega *a priori* a possibilidade de uma segunda ação rescisória, nem se deixam as portas abertas para a ampla admissibilidade desta, *tanto quanto se fosse a primeira*. Esse tema foi e continua sendo tratado pelos doutrinadores da ação rescisória, entre os quais os clássicos Pontes de Miranda e Lopes da Costa. Entre os mais recentes, vê-se o monografista Alexandre Freitas Câmara asseverando incisivamente que "é evidentemente cabível a rescisória de rescisória, cujo objeto será a pretensão de desconstituição de decisões proferidas em ações rescisórias".[13]

> Idêntico raciocínio vem sendo aplicado Col. Superior Tribunal de Justiça no trato de recursos especiais em ação rescisória: "a jurisprudência do STJ entende que o recurso especial em ação rescisória deve debater as hipóteses legais de cabimento dessa demanda" (STJ – Min. Herman Benjamin).[14] *Mutatis mutandis* esse pensamento é de plena aplicação à ação rescisória de acórdão proferido em ação rescisória.

A nova ação rescisória que se admite consistirá em uma impugnação ao acórdão proferido na primeira delas, com alegação de um dos vícios elencados no art. 966 do Código de Processo Civil, incidente *sobre esse acórdão* e não sobre a decisão impugnada na primeira rescisória. Não poderá ser uma segunda ação rescisória sobre essa decisão já impugnada na rescisória anterior, nem poderá ter por fundamento qualquer dos vícios antes assacados sobre esta. Em suma: será uma rescisória do acórdão proferido na primeira rescisória e jamais uma nova rescisória da decisão impugnada nesta. Como é claro, essa segunda rescisória estará à disposição da parte vencida na primeira, sendo sua a legitimidade *ad causam* ativa sempre que esta houver sido julgada em seu desfavor. Se a primeira rescisória houver sido julgada procedente, a legitimidade ativa para a segunda será do réu da primeira. Em caso contrário, do autor desta.

---

13 *Cfr. Ação rescisória*, Rio, Lumen Juris, 2007, cap. 12, p. 229.

14 STJ, 2ª T., REsp 1662628, j. 13.6.17, rel. Herman Benjamin, v.u., DJe 29.6.17.

Considerações sobre a sociedade limitada unipessoal – SLU

Carlos Dias Motta[1]

1. Preâmbulo

Com enorme alegria recebi o convite para, ao lado de ilustres figuras, participar desta justíssima homenagem ao querido Rubens Ferraz de Oliveira Lima. Nosso relacionamento decorre da forte ligação de nossas famílias. Desde a tenra infância, tenho Rubens (Tio Rubens) por um homem a ser tomado como exemplo, na qualidade de juiz, desembargador, marido, pai e amigo. Certamente o considerei ao fazer a minha opção pela carreira da magistratura, pois ele sempre foi referido, nos âmbitos familiar e jurídico, como um magistrado verdadeiramente vocacionado e altamente capacitado para a difusão da Justiça. As mesmas qualidades continuaram a ser amplamente reconhecidas quando escolheu seguir na advocacia, nobre profissão que até hoje exerce com maestria.

Desejo que Rubens tenha muita saúde e disposição para prosseguir inspirando jovens e não tão jovens advogados, bem como incentivando vocações para outras carreiras. As breves linhas que seguem, da técnica e da hermenêutica jurídica, foram escritas em sua homenagem e consideração.

2. Introdução

A recente criação da Sociedade Limitada Unipessoal, aperfeiçoamento de institutos jurídicos anteriores, caracteriza grande avanço, há

---

1 Desembargador do Tribunal de Justiça deSão Paulo.
Doutor em Direito Civil pela Universidade de São Paulo -USP.
Professor Adjunto de Direito Empresarial da Universidade Presbiteriana Mackenzie.

muito reclamada por juristas, economistas, empresários e profissionais do mercado.

Este estudo busca analisar brevemente seus antecedentes históricos e apontar suas principais características e virtudes, fazendo a distinção entre a sociedade limitada unipessoal e outras figuras com as quais guarda alguma semelhança.

3. Breve evolução histórica

O Código Comercial de 1850, o primeiro e ainda o único do Brasil, contemplava alguns tipos societários[2]. Dentre eles, a sociedade anônima (também denominada "companhia de comércio"), na qual a responsabilidade do sócio era limitada ao "valor das ações, ou do interesse por que se houverem comprometido" (artigo 298). Também na sociedade em comandita já existia a previsão de limitação de responsabilidade do sócio comanditário (artigo 313). De forma semelhante, o sócio de indústria, na hoje extinta sociedade de capital e indústria (artigo 321). Na sociedade em nome coletivo, a responsabilidade de todos os sócios era ilimitada (artigo 316), e assim permanece no atual Código Civil.

Não apenas os economistas e os juristas dedicam-se ao estudo da origem e da importância das sociedades empresárias, mas também os historiadores. Yuval Noah Harari, doutor em História pela Universidade de Oxford e professor da Universidade Hebraica de Jerusalém, destaca a importância do surgimento das sociedades de responsabilidade limitada para a compreensão da evolução da humanidade da economia e do mundo contemporâneo. Afirma que a ideia por traz da "ficção jurídica" das sociedades de responsabilidade limitada "está entre as invenções mais engenhosas da humanidade". No passado, os riscos da atividade econômica poderiam comprometer não apenas o patrimônio pessoal e familiar, mas a própria liberdade do agente da atividade econômica e de sua família[3].

---

2 As sociedades comerciais tiveram grande avanço na Idade Média, até mesmo com a criação da sociedade anônima. Mas observa José Waldecy Lucena: "A origem das sociedades remonta a priscas eras. Tipos embrionários de sociedades foram identificados no direito babilônico, no direito fenício, no direito grego e em outros mais". Faz ainda o autor referência ao art. 99 do Código de Hammurabi (*Das sociedades limitadas*, p. 2).

3 Assevera ainda o historiador: "Se Jean tomasse emprestadas mil moedas de ouro para abrir sua oficina e o negócio falisse, ele teria de pagar o empréstimo vendendo sua propriedade privada – sua casa, sua vaca, sua terra. Talvez até precisasse

Tudo isso está relacionado à função social da empresa, que deve ser situada no contexto maior da função social do direito.

Um ambiente jurídico seguro e eficiente é fundamental para que as sociedades empresárias se multipliquem e se mantenham hígidas. Desta forma, poderão dar cumprimento à atividade para a qual foram criadas (objeto social), gerando riquezas, produzindo bens, abastecendo o mercado consumidor, prestando serviços e mobilizando a economia. Como consequência, essas sociedades precisarão de mão de obra, ou seja, gerarão empregos ou contratarão prestadores de serviços, com reflexos no nível de renda da população e em sua qualidade de vida. Ao mesmo tempo, com o incremento da atividade econômica, tributos serão recolhidos por essas sociedades empresárias, provendo o Estado dos meios necessários para a implementação de suas políticas públicas e o desempenho de suas atividades essenciais.

Um Estado hígido e estável (não necessariamente intervencionista) propicia um ambiente adequado para o fortalecimento da atividade empresarial que, cumprindo sua função social, fortalece a sociedade (coletividade) e mais ainda o próprio Estado. Trata-se de um círculo virtuoso a ser alimentado.

Mas não havia no Código Comercial, e no nosso direito positivo, a previsão de uma sociedade contratual na qual todos os sócios tivessem o benefício da limitação da responsabilidade pelas obrigações sociais. As sociedades anônimas, com capital social dividido em ações, sempre mais complexas e com natureza de sociedade de capitais, não eram as mais adequadas para pequenas atividades econômicas e para uma sociedade de pessoas, na qual o elemento *affectio societatis* é preponderante. Afirma Fábio Ulhoa Coelho a propósito das sociedades limitadas:

> Sua criação é, em relação às demais sociedades, recente, e decorre da iniciativa de parlamentares, para atender ao interesse de pequenos e médios empreendedores, que queriam beneficiar-se, na exploração de atividade econômica, da limitação da responsabilidade

vender seus filhos como escravos. (...) Se tivesse vivido naquela época, você provavelmente pensaria duas vezes antes de abrir um negócio próprio. E, com efeito, essa situação jurídica desencorajava o empreendedorismo. As pessoas tinham medo de começar novos negócios e assumir riscos econômicos. Dificilmente parecia valer a pena correr o risco de sua família acabar totalmente destituída. Foi por isso que as pessoas começaram a imaginar coletivamente a existência de empresas de responsabilidade limitada" (*Sapiens – Uma breve história da humanidade*, p. 38).

> típica das anônimas, mas sem atender às complexas formalidades destas, nem se sujeitar à prévia autorização governamental[4].

O Código Civil de 1916 (Código Beviláqua) tratou apenas das sociedades civis, pois a matéria comercial (terrestre e marítima) continuou a ser disciplinada pelo Código Comercial e por alguma legislação extravagante.

Inspirado em experiências exitosas do direito comparado, e mais especificamente na legislação alemã, o nosso legislador finalmente criou a "sociedade por quotas de responsabilidade limitada", pelo Decreto nº 3.708/1919. Pelo sistema constitucional da época, a criação ocorreu por meio de um decreto, mas com força de lei ordinária (no aspecto material), razão pela qual esse diploma normativo sempre foi conhecido como a Lei das Sociedades Limitadas, ou apenas a Lei das Limitadas (LL). E a sociedade sempre foi tratada como "sociedade limitada", tanto que esse foi o nome adotado pelo Código Civil de 2002 (artigo. 1.052).

A Lei das Limitadas (vamos chamá-la assim) tinha duas virtudes que merecem destaque, e que foram responsáveis por sua longa vigência, pois esteve em vigor até 2003, quando foi expressamente revogada pelo atual Código Civil.

A primeira virtude era a simplicidade. Uma lei com apenas dezenove artigos, trazendo o essencial. Recebeu algumas críticas por conter lacunas, mas seu artigo 18 mandava aplicar, supletivamente, as normas das sociedades anônimas, no que não fosse regulado no contrato social.

A flexibilidade era a segunda grande virtude daquela norma, pois conferia aos sócios grande margem de liberdade para ajustarem o contrato social, em suas cláusulas essenciais e por meio de adição de cláusulas acidentais, aos seus interesses e às peculiaridades da atividade econômica a ser desenvolvida.

Este cenário permitiu que a Lei das Limitadas permanecesse vigente por quase um século, bem atendendo à realidade social e econômica. E o fato de ser uma lei sucinta e simples permitiu à doutrina e à jurisprudência uma interpretação evolutiva de seu conteúdo, mesmo à míngua de alteração em seu texto.

4 Curso de direito comercial - direito de empresa - sociedades, v. 2, p. 396.

4. A sociedade limitada no Código Civil de 2002

Quando da elaboração de um novo Código Civil (Código Reale), houve a opção pela derrogação de toda a parte do direito terrestre do Código Comercial de 1850 (artigo 2.045 do Código Civil/2002), com a inserção da matéria empresarial no Código Civil, no Livro II da Parte Especial (Do Direito de Empresa – artigos 966 a 1.195).

Assim, a Lei das Limitadas (Decreto nº 3.708/1919) foi tacitamente revogada, pois o Código de 2002 tratou integralmente da matéria em seus artigos. 1.052 a 1.087. A sociedade passou a ser denominada "Sociedade Limitada", como já vinha sendo referida, muito embora não se possa jamais esquecer que a limitação da responsabilidade não diz respeito às obrigações da própria sociedade, mas às obrigações dos sócios, como quotistas, pelas dívidas sociais, no limite da integralização do capital social (artigo 1.052, "caput").

O legislador de 2002 aproveitou aspectos positivos da norma anterior e o trabalho da doutrina e da jurisprudência. Optou, entretanto, por uma disciplina mais minuciosa, o que, em um primeiro momento, gerou certa apreensão. Entretanto, após quase vinte anos de vigência do Código Civil, verifica-se que a nova disciplina legal, já com algumas pontuais alterações, vem atendendo satisfatoriamente à realidade negocial, mercê também do empenho da doutrina e dos Tribunais.

Tema da maior relevância é a adequação ou não da opção do legislador de 2002 por inserir no Código Civil a matéria empresarial. Não se pretende, no limite do presente trabalho, o aprofundamento deste ponto, mas cumpre destacar as relevantes iniciativas de elaboração de um novo Código (Comercial, Empresarial, das Relações Negociais etc.), para que a matéria seja tratada de forma ainda mais adequada, à luz de princípios fundamentais próprios, nem sempre coincidentes com a matéria tipicamente civil. Há projetos legislativos em tramitação nesse sentido, que merecem aplausos e atenção.

5. A questão da unipessoalidade no Código Civil de 2002

Mas o legislador de 2002, não obstante as virtudes de seu trabalho, que devem ser reconhecidas, perdeu a oportunidade de introduzir em nosso direito a sociedade limitada unipessoal, que, havia muito, vinha sendo postulada pelos comercialistas e pelo mercado.

Calixto Salomão Filho, sob a perspectiva da sociedade como organização, e não apenas como uma pluralidade de pessoas, chega até mesmo a mencionar a possibilidade de sociedade sem sócio[5].

Optou-se, por ocasião da edição do Código Civil de 2002, pela manutenção do requisito da pluralidade de sócios para a constituição das sociedades em geral, inclusive para a sociedade limitada. Conforme a redação do artigo 981 do CC, o contrato de sociedade é celebrado entre "pessoas". O artigo 997, que trata das cláusulas essenciais do contrato social, refere-se, no inciso I, a "sócios".

A par disso, a unipessoalidade superveniente está prevista, no artigo 1.033, IV, do Código Civil, mas apenas pelo prazo máximo de 180 dias[6-7]. Trata-se de disposição inserida no capítulo da sociedade simples (pura ou em sentido estrito, conforme denominação da doutrina), mas que, por força do artigo 1.087 c.c. o artigo 1.044, aplicava-se plenamente às sociedades limitadas. Em outras palavras, a sociedade limitada unipessoal apenas poderia ocorrer por motivo superveniente à sua constituição e pelo prazo máximo de 180 dias. Jamais poderia ser constituída com um único sócio. Não havia, no Código Civil, instituto semelhante à subsidiária integral prevista na Lei das Sociedades Anônimas (artigo 251, LSA).

5 Em suas palavras: "Uma vez vista a sociedade como organização e não como uma pluralidade de sócios, é bastante evidente como tanto a sociedade unipessoal quanto a sociedade sem sócio são admissíveis. Aliás, é nessas estruturas que o contrato que dá vida à sociedade adquire seu valor organizativo puro, ou seja, passa a ter como objeto exclusivamente estruturar um feixe de contratos" (*O novo direito societário: eficácia e sustentabilidade*, p. 71).

6 Antes mesmo da previsão legislativa no Código Civil de 2002, já se aceitava a unipessoalidade superveniente e transitória da sociedade limitada, como leciona Fábio Ulhoa Coelho: "Diante desse quadro, a jurisprudência evoluiu para admitir, na hipótese de dissolução parcial da limitada de apenas dois sócios, a aplicação analógica da Lei das Sociedades por Ações (art. 206, I, *d*). A sociedade limitada de dois sócios podia, por esse entendimento, ser dissolvida parcialmente, e continuar existindo com um sócio apenas, pelo prazo de um ano. Vencido esse prazo e não restabelecida a pluralidade, operava-se, então, a dissolução total" (*A sociedade limitada no novo Código Civil*, pp. 155-6).

7 No mesmo sentido, lição de Alfredo de Assis Gonçalves Neto (*Empresa individual de responsabilidade limitada e sociedade de pessoas*, p. 661).

6. A criação da EIRELI e sua atecnia

São notórias as dificuldades e vicissitudes do processo legislativo em nosso país. Por vezes, propostas legislativas são elaboradas e encaminhadas sem os necessários cuidados e estudos preparatórios. Outras, após inúmeros estudos por comissões de notáveis, são apresentadas ao parlamento e, no curso do processo legislativo, sofrem alterações pouco ou nada sistemáticas e movidas por interesses diversos, e até pouco republicanos, que nem sempre contribuem para o efetivo aperfeiçoamento do projeto, até este ser arquivado ou se tornar lei. Aprovada a lei, sobre ela trabalham a doutrina e a jurisprudência, buscando a sua efetividade e adequação. Não é raro que diferentes projetos tramitem no Congresso, buscando o mesmo objetivo, mas nem sempre o melhor logra aprovação.

Postas estas considerações, o Código Civil foi alterado pela Lei nº 12.441/2011, que instituiu a EIRELI - Empresa Individual de Responsabilidade Limitada. Para isso, foi acrescentado o artigo 980-A ao Código Civil.

O instituto criado foi um avanço, reconhece-se, mas ocorreu de forma pouco técnica.

Em primeiro lugar, a mesma lei inseriu a EIRELI como uma nova categoria de pessoa jurídica de direito privado, acrescentando o inciso VI ao artigo 44 do Código Civil.

Entretanto, a análise cuidadosa da EIRELI, não obstante os equívocos conceituais ocorridos, revela que não passa de uma nova espécie de sociedade, desta feita unipessoal, e as sociedades já vinham genericamente previstas no inciso II do mesmo artigo 44.

Outra atecnia grave está no seu próprio nome. Ora, o legislador de 2002, ao acolher expressamente no Código Civil a "teoria da empresa" (artigo 966), fez muito bem a distinção entre os conceitos de "empresa", "empresário" e "estabelecimento".

A expressão "empresa" foi adotada pelo Código Civil de uma forma restritiva, referindo-se à atividade econômica organizada para a produção ou a circulação de bens ou de serviços (artigo 966, "caput"). É claro que, em um sentido mais amplo, empresa também pode ser entendida como pessoa, física ou jurídica, que é quem exerce a atividade. A própria Constituição federal faz uso da expressão empresa ao se referir ao sujeito. Mas assim não fez o Código Civil, e qualquer lei que busque alterá-lo deveria tomar o cuidado de manter a sua técnica e metodologia, para conservar a coesão de seu sistema e a harmonia terminológica, em prol da segurança jurídica.

O Código Civil utilizou, no Livro do Direito de Empresa, a expressão "empresa" como atividade, e "empresário" como sujeito (empresário individual ou sociedade empresária). Estabelecimento é objeto (universalidade), do qual faz uso o empresário para o exercício da empresa (atividade)[8].

Um pouco melhor agiria o legislador se tivesse dado ao novo instituto o nome de "empresário individual de responsabilidade limitada", pois, pelo menos, teria sido coerente com o critério inicialmente adotado. Mas ainda assim não teria sido a melhor opção, o que geraria grande confusão com a figura do empresário individual (simplesmente), uma vez que o empresário individual não é pessoa jurídica distinta da pessoa natural que exerce a atividade econômica empresarial. Como consequência, há um só patrimônio, já que existe uma única pessoa, de forma que a lei exija a inscrição do empresário individual no Registro de Empresa apenas para a regularidade de seu exercício. Tanto assim que o empresário individual não é elencado no artigo 44 do Código Civil, e a atribuição a ele de CNPJ ou sua referência como pessoa jurídica ocorre para fins tributários ou negociais, mas não no âmbito do direito civil ou empresarial. Nem é correto dizer, como por vezes acontece, que o empresário individual se confunde com a pessoa natural (física), pois algo não se distingue com si próprio, por não ter ocorrido qualquer desdobramento.

Tendo em vista essas considerações, fica claro que o empresário individual responde com todo o seu patrimônio por todas as suas dívidas, decorrentes de sua atividade empresarial ou não.

O que buscou o legislador, com a criação da EIRELI, foi permitir a uma pessoa natural o destaque de parte de seu patrimônio para a constituição de uma pessoa jurídica distinta, com o benefício da limitação da responsabilidade. Assim, parte do patrimônio da pessoa natural é trans-

---

8 Walfrido Jorge Warde Júnior, com precisão, leciona: "Empresa é atividade e não subjetividade. E se não é sujeito, não tem nem pode ter direitos e deveres. Quem os tem, repise-se para dissuadir toda a confusão, é o empresário, que é o organizador do estabelecimento, com o qual exerce a atividade, que se chama empresa. O estabelecimento é condição da atividade e a atividade é condição do estabelecimento. Essa atividade se exerce individualmente, pelo empresário individual, ou por meio da pessoa natural, no caso das sociedades empresárias (i.e., a forma precípua - mas não a única - de organização jurídica da empresa)" (*Teoria geral da empresa*, p. 154).

ferida para o nome da EIRELI (pessoa jurídica, efetivamente), e apenas essa porção patrimonial passa a sofrer os riscos inerentes a qualquer atividade econômica (ressalvadas exceções, previstas na lei, como diante de ocorrência de hipóteses de desconsideração da personalidade jurídica, contempladas, por exemplo, no artigo 50 do Código Civil).

A criação da EIRELI buscou, da mesma forma, afastar a prática de admissão de segundo sócio com participação mínima em sociedade limitada, por vezes até irrisória, para permitir a alguém alcançar o benefício da limitação de responsabilidade, cumprindo o requisito da pluralidade de sócios, antes exigido pelo Código. Eram situações de verdadeiras simulações, amplamente praticadas e, diante da realidade social e econômica e do mercado, facilmente aceitas.

7. A criação da sociedade limitada unipessoal

Os mesmos objetivos da criação da EIRELI poderiam ter sido alcançados de maneira muito mais fácil e técnica, o que ocorreu apenas em 2019, com a edição da Medida Provisória da Liberdade Econômica (MP nº 915/2019), convertida na Lei da Liberdade Econômica (Lei nº 13.874/2019).

Foi finalmente permitida em nosso direito a constituição de uma Sociedade Limitada Unipessoal – SLU, com um simples acréscimo de dois parágrafos ao artigo 1.052 do Código Civil. Iniciativa muito festejada, pois o referido Código já poderia ter sido criado com essa previsão, mas, não tendo sido assim, a alteração que veio em 2019 poderia ter acontecido em 2011, no lugar da criação da atécnica EIRELI.

Desde 2019, é possível a criação de uma sociedade limitada com apenas um sócio, afastada a presença do segundo sócio ficcional. Também quando, por alguma razão, uma sociedade limitada pluripessoal for reduzida a um único sócio (por motivo de falecimento, expulsão, recesso, etc.), não mais terá que admitir novo sócio no prazo de 180 dias, pois o artigo 1.033, IV, do Código Civil, não mais se aplica às sociedades limitadas, mas apenas às sociedades simples puras (ou em sentido estrito), às sociedades em nome coletivo e às sociedades em comandita simples.

Cabe lembrar que as sociedades limitadas unipessoais, assim como qualquer outra sociedade limitada, podem ser, quanto à sua atividade, simples ou empresárias, a depender de seu objeto social. Em outras palavras, estarão ou não sujeitas ao regime empresarial e suas consequências. Isso terá influência por ocasião do registro de seu contrato social

(Cartório do Registro Civil de Pessoas Jurídicas ou Junta Comercial), bem como na sua sujeição ou não ao instituto da falência e da recuperação judicial ou extrajudicial (com a ressalva de julgados que já conferem o benefício da recuperação judicial a sociedades simples limitadas e até mesmo a associações ou fundações).

As sociedades limitadas, de uma forma geral, podem ser de pessoas (*intuitu personae*) ou de capitais (*intuitu pecuniae*), a depender das cláusulas de seu contrato social; Admitindo, por exemplo, a cessão de quotas de um sócio a terceiro, independentemente de anuência dos outros sócios, será de capitais. Caso contrário, será de pessoas, com preponderância do elemento da *affectio societatis*, com ênfase à pessoa do sócio, e não apenas ao seu investimento.

A sociedade limitada unipessoal será sempre, obviamente, considerada de pessoas, e, por esse motivo, não haveria razão para seu contrato social eleger para a regência supletiva a Lei das Sociedades Anônimas, como faculta o artigo 1.053, parágrafo único, do Código Civil. As sociedades limitadas pluripessoais, por sua vez, podem ser de pessoas ou de capitais, possibilitando também seu contrato social eleger para a regência supletiva as normas das sociedades simples puras (ou em sentido estrito), conforme o *caput*do artigo 1.053, ou as normas das sociedades anônimas (LSA).

Não devemos confundir a sociedade limitada unipessoal com institutos que guardam certa semelhança.

8. Comparação com a EIRELI e as vantagens da sociedade limitada unipessoal

Em primeiro lugar, já fizermos a distinção entre a sociedade limitada unipessoal e o empresário individual, que é a própria pessoa natural no exercício da atividade econômica empresarial, sem que ocorra separação patrimonial ou qualquer forma de limitação de responsabilidade.

Também já fizemos a distinção entre a sociedade limitada unipessoal e a EIRELI - empresa individual de responsabilidade limitada, que, como entendemos, tem também a natureza jurídica de sociedade unipessoal, mas de outra espécie.

Cabe destacar que a sociedade limitada unipessoal tem vantagens em relação à EIRELI. Não apenas sob o aspecto da boa técnica jurídica, mas, sobretudo, em razão de não haver a restrição de capital social mínimo para sua constituição. O artigo 980-A do Código Civil estabelece que a EIRELI deverá ter o capital mínimo de 100 (cem) vezes o maior salário mínimo vigente no país.

Ora, a nossa realidade é a de um país com tantas dificuldades econômicas e uma população em grande parte sem significativo poder aquisitivo, além de muitos desempregados. A par disso, é nítida a tendência de redução do número de pessoas empregadas, pela contratação, cada vez em maior número, de prestadores de serviços autônomos ou de pessoas jurídicas por estes constituídas para esse fim. Muitas pessoas interessadas em estabelecer uma sociedade unipessoal não dispõem de 100 (cem) salários mínimos para transferir para o nome da sociedade, a título de integralização de capital social.

Muito bem agiu o legislador na Lei da Liberdade Econômica ao não estabelecer valor mínimo de capital social para a constituição de sociedade limitada unipessoal, dando acesso a esse poderoso instrumento jurídico à grande parte da população economicamente ativa.

Positiva ainda a não reprodução, para a sociedade limitada unipessoal, da restrição existente no artigo 980-A, § 2º, do Código Civil, que estatui: *A pessoa natural que constituir empresa individual de responsabilidade limitada somente poderá figurar em uma única empresa dessa modalidade.*

Os arranjos societários são cada vez mais complexos, mesmo para atividades de modesto valor econômico. Muitos grupos societários são estruturados em busca de maior agilidade de atuação, permitindo enfrentamento mais eficiente da concorrência. Muitas vezes, o que se busca é um lícito planejamento tributário, máxime em um país como o nosso, com elevada carga tributária e um sistema fiscal de alta complexidade e burocracia.

Nesta linha, não deve mesmo haver proibição de constituição de mais de uma sociedade unipessoal pela mesma pessoa natural ou jurídica. A sociedade limitada unipessoal cumprirá, certamente, importantíssimo papel na estruturação de grupos societários mais eficientes e complexos. E, se o mau uso do instituto for verificado, por exemplo, por alguma autoridade tributária, ao identificar a estruturação do grupo e a constituição de sociedades como forma de evasão fiscal e não de elisão, que providências sejam tomadas no caso concreto, e o direito contém instrumentos para o combate a esse e a outros ilícitos. Mas, a pretexto de se evitar a fraude, não cabe simplesmente privar o empreendedor honesto dos instrumentos necessários para melhor desempenhar seu mister[9].

9. A sociedade limitada unipessoal e o MEI

A sociedade limitada unipessoal não deve ser confundida com o MEI – Microempreendedor Individual, criado pela Lei Complementar nº 128/2008, que alterou a Lei Complementar nº 123/2006 (Estatuto Nacional da Microempresa e da Empresa de Pequeno Porte). Esta última norma deu origem ao Simples Nacional, um regime compartilhado de arrecadação, cobrança e fiscalização de tributos aplicável às Microempresas e Empresas de Pequeno Porte. O instituto do MEI foi criado para regularizar e facilitar a atividade de determinados profissionais autônomos, conferindo grandes vantagens tributárias e também benefícios previdenciários. Muitos empresários individuais podem se cadastrar para formalização como MEI e auferir seus benefícios, desde que cumpram os requisitos previstos.

O que já dissemos sobre não ser o empresário individual uma pessoa jurídica, não obstante a ele seja atribuído um CNPJ, aplica-se também ao MEI. Não se trata, portanto, de sociedade unipessoal, mas da própria pessoa natural, que se submete a determinado regime tributário e profissional.

10. A sociedade limitada unipessoal e a sociedade unipessoal de advocacia

Tampouco devemos confundir a sociedade limitada unipessoal com a sociedade unipessoal de advocacia, criada pela Lei nº 13.247/2016, que alterou o Estatuto da Ordem dos Advogados do Brasil (Lei nº 8.906/1994). A sociedade de advogados já era disciplinada pelo EOAB, com grandes peculiaridades, tendo em vista ser sociedade uniprofissional, simples quanto à atividade e destinada exclusivamente ao exercício

9 A este respeito, esclarece Fábio Ulhoa Coelho: "O primeiro país a introduzir a sociedade unipessoal em seu direito foi o Principado de Liechtenstein, em 1926. A inovação foi associada, à época, a objetivos um tanto escuros, de planejamento tributário ou ocultação de patrimônio ou receitas. [...] Com o tempo, esse preconceito esvaneceu-se. A doutrina jurídica evoluiu, no sentido de perceber que a unipessoalidade não era incompatível com a noção de contrato social" (*ob. cit.*, p. 45).

da advocacia por meio de uma pessoa jurídica. Grande foi o avanço com a possibilidade de o advogado constituir sociedade sem a necessidade de outros sócios, sobretudo para o advogado que atua isoladamente, como autônomo, realidade de inúmeros profissionais da área.

O advogado não poderá constituir uma EIRELI, pois o EOAB não permite a limitação da responsabilidade do advogado sócio por danos causados ao seu cliente por ação ou omissão no exercício da advocacia (artigo 17 do EOAB). Pela mesma razão, não poderá constituir sociedade limitada unipessoal. E as diversas restrições impostas pelo EOAB (artigo 15, § 4º, e artigo 16, ambos do EOAB) são justificáveis, pelas características únicas do exercício da advocacia e pela ideia de que essa atividade não deve se transformar em mercancia.

11. Conclusões

A criação da Sociedade Unipessoal Limitada – SLU foi, sem dúvida alguma, um enorme avanço em nosso direito e nas relações negociais de forma geral.

Deveria nosso legislador tê-la previsto muito tempo antes, ouvindo advogados e juristas da área, bem como profissionais de diversas outros setores e o mercado.

O risco de sua utilização abusiva, com eventual confusão entre o patrimônio da pessoa do sócio e o patrimônio social, existe, mas não apenas para as sociedades unipessoais. E o direito já possui instrumentos para lidar com essas situações ilícitas, sobretudo pelo instituto da desconsideração da personalidade jurídica, previsto, por exemplo, no artigo 50 do Código Civil e no artigo 28 do Código de Proteção e Defesa do Consumidor.

Tendo em vista as relevantes vantagens antes apontadas da Sociedade Limitada Unipessoal sobre a EIRELI, podemos acreditar que a EIRELI tende ao desuso em nosso país, e, provavelmente, chegará até mesmo ao ponto de ser abolida pela lei, com a conversão das remanescentes em Sociedades Limitadas Unipessoais, em busca de maior uniformidade e segurança jurídica. Mas essa é questão *de lege ferenda*.

12. Referências bibliografias

COELHO, Fábio Ulhoa. *Curso de direito comercial - direito de empresa - sociedades*, v. 2. 18ª ed., São Paulo: Saraiva, 2014.

_____. *A sociedade limitada no novo Código Civil*. São Paulo: Saraiva, 2003.

GONÇALVES NETO, Alfredo de Assis. Empresa individual de responsabilidade limitada e sociedade de pessoas. In CARVALHOSA, Modesto (coord.). *Tratado de direito empresarial,* vol. II. São Paulo: RT, 2016.

HARARI, Yuval Noah. *Sapiens - Uma breve história da humanidade*. 51ª ed. Trad. Janaína Marcoantonio. Porto Alegre: Ed. L&PM, 2020.

LUCENA, José Waldecy. *Das sociedades limitadas*. 6ª ed., Rio de Janeiro: Renovar, 2005.

SALOMÃO FILHO, Calixto. *O novo direito societário*: eficácia e sustentabilidade. 5ª ed., São Paulo: Saraiva, 2019.

WARDE JR, Walfrido Jorge. Teoria geral da empresa. In CARVALHOSA, Modesto (coord.). *Tratado de direito empresarial,* vol. I. São Paulo: RT, 2016.

Breves considerações sobre a elaboração dos Códigos Civis Brasileiros

Carlos Fernando Mathias de Souza[1]

I. Introdução

A primeira Constituição brasileira, como bem se sabe, a do Império (outorgada aos 25 de março de 1824) foi expressa em seu Título VIII, que dispunha sobre Disposições Gerais e Garantias dos Direitos Civis e Políticos dos Cidadãos Brasileiros, mais precisamente no artigo 179, inciso XVIII: "Organizar-se-á quanto antes um Código Civil, e Criminal, fundado nas sólidas bases da Justiça, e Equidade" (sic).

Com respeito ao Código Criminal, este adviria em pouco mais de seis anos, após o início da vigência da Constituição em destaque, posto que sancionado por decreto de 16 de dezembro de 1830, e mandado executar pela Carta de Lei de 8 de janeiro de 1831.

De passagem, recorde-se que, nas três primeiras décadas do século XIX, eram muito poucos os códigos criminais na Europa, a saber: o da Áustria (1808), da França (1810), da Baviera (1813), de Nápoles (1819), de Parma (1822) e o da Espanha (1822).

Foi no da França, entretanto, que se moldou o Código Criminal do Império, sabido que na sua elaboração contou com dois projetos (o do deputado Bernardo Pereira de Vasconcelos e o do deputado Clemente Ferreira).

Muito embora ambos os projetos fossem tidos como de excelente qualidade, foi o primeiro citado o aprovado, em síntese, por ser considerado como o que melhor atendia às necessidades do País àquela altura.

Observe-se, por oportuno, que, em sequência (por lei de 29 de novembro de 1832), foi promulgado o Código de Processo Criminal.

Em resumo, ficava assim revogado o Livro V das Ordenações Filipinas (que tratava do direito criminal e do seu respectivo processo), no ordenamento positivo brasileiro.

---

1 Professor titular da Universidade de Brasília (aposentado), magistrado aposentado (TRF1/STJ) e advogado – membro fundador do Instituto dos Advogdos do Distrito Federal - IADF. É vice-presidente do Instituto dos Magistrados do Brasil - IMB .

Com relação ao Código Civil, não foi atendida a rapidez do *quanto antes,* como determinava a Constituição, para a sua feitura.

Não se deixe sem registro que, em 1850, foi promulgado o Código Comercial e, quanto ao direito civil, adotou-se o critério de se aperfeiçoar sua legislação em duas fases. Assim, na primeira far-se-ia o levantamento e a consolidação de toda a legislação vigente (isto é, para "formar um corpo novo, mas de direito já vigente"). E, na segunda, já com apoio no auxílio do que fora elaborado, aí sim redigir-se-ia o Código Civil, propriamente dito, ou seja, a formação de "um corpo novo de direito novo".

Daí resultou que, em 15 de fevereiro de 1855, fosse celebrado um contrato entre o governo imperial, no ato representado pelo ministro da justiça José Tomas Nabuco Araújo e o jurisconsulto Augusto Teixeira de Freitas, para no prazo de 5 anos "coligir e classificar toda a legislação pátria, inclusive de Portugal, anterior à Independência do Império, compreendendo-se na coleção e classificação as leis ab-rogadas ou obsoletas, com exceção da portuguesa".

A referida classificação deveria guardar divisões de Direito Público (entenda-se aí também o administrativo, que surgira na França entre o fim do século XVIII e o início do século XIX) e do Privado, bem como as suas subdivisões respectivas, feitas em ordem cronológica. Após isso, Teixeira de Freitas consolidaria "toda a legislação civil pátria, com as mesmas condições da classificação". Em apertado resumo, seu trabalho conteria a *consolidação*, mostrando o último estado da legislação.

Por ilustrativo, e em face da referência à legislação portuguesa, anterior à independência, não pode ser omitido que logo um pouco após à emancipação do Brasil de Portugal, lei de 20 de outubro de 1823, determinou que vigorassem no Império do Brasil as Ordenações Filipinas, as leis e decretos de Portugal, promulgados até 20 de outubro de 1821, vigência essa que desapareceria com a publicação da legislação específica que os substituísse no ordenamento jurídico brasileiro.

II. O advento da Consolidação das Leis Civis (1858)

Concluído o trabalho da *Consolidação das Leis Civis*, Teixeira de Freitas apresentou-a precedida de uma Introdução com mais de 200 páginas, onde descreve as questões teóricas que enfrentou, quanto ao método, seleção e classificação, sendo que tal Consolidação continha 1.333 artigos, com notas explicativas.

Ao ver de Rodrigo Otávio (in *Teixeira de Freitas e a Unidade do Direito Privado*): "A Introdução é, segundo a opinião unânime de todos aqueles que a estudaram, uma das páginas mais notáveis de Direito escritas na América Latina, capaz, por ela só, de fazer a fama do seu autor, como jurisconsulto, não somente pelo conhecimento da lei, mas como possuindo uma ideia construtiva".

O imperador Pedro II, pelo decreto nº 2.318, de 22 de dezembro de 1858, não só aprovou o parecer da Comissão encarregada de rever a Consolidação das Leis Civis (isto é, o notável trabalho de Teixeira de Freitas, enfatize-se) como decretou, em seu artigo 1º: "O meu Ministro Secretário de Estado dos Negócios da Justiça contratará com um jurisconsulto de sua escolha a confecção de um projeto do Código Civil do Império."

Em reconhecimento, por óbvio, dos seus inigualáveis méritos, mormente na elaboração da Consolidação das Leis Civis, o escolhido foi Augusto Teixeira de Freitas, sendo, então, firmado em 10 de janeiro de 1859, um contrato dele com o governo imperial, para tal fim.

No cumprimento desse novo ajuste, Teixeira de Freitas chegou a redigir e publicar 3.702 artigos e elaborou mais 1.314 prontos para publicação.

III. A mudança de curso na elaboração do Projeto de Código Civil, proposta por Teixeira de Freitas

Em Carta, de 20 de setembro de 1867, Teixeira de Freitas submeteu ao então ministro da justiça, Martin Francisco Ribeiro de Andrada, sua intenção não só de abandonar o Esboço do Código Civil bem como a de preparar a unificação do Direito Privado.

Tal projeto consistiria na elaboração de dois novos códigos, isto é: um Código Geral (cuja ideia ele mesmo proclamou como não sendo nova), invocando o precedente nos dois últimos Títulos do Digesto, a saber, *De verborum significatione* (Do significado das palavras) e *De diversis regulis antiqui* (Das diversas regras antigas). Assinala, em seguida, com um outro fundamento (ou semente, em suas próprias palavras) a *Legum Legis* (Lei das Leis), de Bacon.

Esse projetado Código Geral seria muito mais do que um código de definições e compreenderia todas as matérias do Primeiro Livro do Esboço do Código Civil sobre pessoas, coisas e fatos.

Já no Código Civil (assim ele próprio o designou e fez constar da nova proposta), pretendia realizar a unificação do direito privado e constaria, no código unificado, preceitos de direito comercial, referentes aos contratos em geral, o mandato, a compra e venda, a troca, a locação, o mútuo, a fiança, a hipoteca, o penhor, o depósito, as sociedades, os pagamentos, a novação, a compensação, a prescrição e os seguros.

Apesar de a Comissão prevista no art. 2º do citado decreto, nº 2.318, de 22 de dezembro de 1858, ter aprovado a nova proposta de Mestre Teixeira de Freitas, ela não encontrou guarida, por parte dos ministros da justiça, que sucederam ao citado Martin Francisco Riberio de Andrada, e acabou sendo rescindido o contrato com o notável jurista.

Sobre tal quadro, proclamou Mestre Clóvis Beviláqua: "É uma página dolorosa, a mais dolorosa da história da jurisprudência brasileira, essa, em que o sábio jurista renega e desperdiça o seu trabalho anterior, sacrificando-o com heroica abnegação de um estoico, ao que ele julgava a verdade científica" (*Código Civil Comentado*, vol. I, p. 12, Ed. Rio, Edição histórica).

É, de Pontes de Miranda, o comentário mais forte: "O Esboço de Teixeira de Freitas, que nos teria dado o melhor Código Civil do século XIX, prestou-nos, não se transformando em Código Civil, o serviço de pôr-nos em dia com o que, genialmente, entrevia e permitiu-nos sorrir dos imitadores do Código francês, enquanto Portugal, imitando-o, deixou que sua história jurídica se fizesse mais nossa do que deles (in *Tratado*, prefácio, vol. I, p. XXIII).

Ruy Rosado Aguiar, figura emblemática da magistratura brasileira e do magistério do Direito no País, ao prefaciar a edição da *Consolidação das Leis Civis*, inserida na coleção História do Direito Brasileiro, consigna registro que dá bem a dimensão da obra de Augusto Teixeira de Freitas, na codificação do direito civil brasileiro: "É essa Consolidação elaborada por um homem de gênio, que a ela dedicou o melhor dos seus esforços e que aperfeiçoou enquanto teve forças, com seguidas reimpressões e aditamentos; é esse texto inovador - na medida em que pode sê-lo uma Consolidação - que pela primeira vez (como assinala o Professor Moreira Alves), consigna o prefaciador, contemplou-se sistemática alemã, adotada na obra dos pandectistas da divisão do Código Civil, em parte Geral e em parte Especial; que foi estudado e elogiado por Raoul de La Grásserie (*Lois Civiles du Brésil*, p. 49). É esse texto que se cuida agora de reimprimir nessa elogiável iniciativa conjunta do Senado Federal e do Superior Tribunal de Justiça. Foi escolhida a edição de 1876, a última revista pelo autor. Sua importância atual reside no fato de que a Consolidação das Leis Civis, ao resgatar e ordenar nossa herança jurídica, também desenhou a fisionomia da legislação civil que a seguiu, tanto o Código Civil de 1917, como no recente Código Civil de 2002.

IV. A Consolidação das Leis Civis (1858): o primeiro Código Civil Brasileiro?

Ninguém desconhece, por certo, que o primeiro diploma legal, com o título de Código Civil, no ordenamento jurídico do País, é o resultante da Lei nº 3.701, de 1º de janeiro de 1916 (com suas alterações até a revogação, pela Lei nº 10.046, de 10 de janeiro de 2002 (cf artigo 2.045), que derrogou também toda a Parte Primeira do Código Comercial (Lei nº 756/1850) e, com vigência a partir de 11 de janeiro de 2003 (já com alterações), nos precisos termos da *vacatio legis,* prevista no artigo 2.044 do código revogador, por óbvio.

Registre-se, contudo, que o questionamento (no referente ao primeiro dos códigos civis do Brasil, ou da "Constituição do Homem Comum", na sábia dicção de Miguel Reale) faz-se como oportunidade para enfatizar-se a obra de mérito do genial Teixeira de Freitas, concretizador da Consolidação, que vigeu no ordenamento jurídico pátrio por quase seis décadas, isto é, de 24 de dezembro de 1858, quando Pedro II a aprovou, até sua revogação pela supracitada lei n. 3.701/1916, com entrada em vigor no dia 1º de janeiro de 1917, nos precisos termos da *vacatio legis* (prevista no seu artigo 1806), bem como nos do artigos 1807, que foi expresso: "Ficam revogadas as Ordenações, Alvarás, Leis, Decretos, Resoluções, Usos e Costumes, concernentes às matérias de direito civil reguladas neste Código."

Desnecessário ressaltar que a legislação revogada em tela, em especial as Ordenações (naturalmente, o Livro IV das designadas Filipinas) foi, também, objeto da Consolidação das Leis Civis em destaque.

De passagem, recorde-se que Pedro I sancionou lei, datada de 20 de outubro de 1823, determinando que vigorassem no Brasil as Ordenações Filipinas e as leis e decretos de Portugal, promulgados até 20 de outubro de 1821, com vigência até que houvesse a respectiva substituição no ordenamento jurídico do Império.

Voltando-se ao questionamento contido no título deste tópico, impõe-se anotar (aliás, informação bem conhecida, pelos que se interessam pelo tema do advento do Código Civil pátrio), desde logo, que após Teixeira de Freitas, outros juristas como Nabuco de Araújo, Felício dos Santos e Coelho Rodrigues incumbiram-se da missão, até o advento do vitorioso projeto de Clóvis Beviláqua.

Ao falar-se da obra de Clóvis – grande artífice do efetivo primeiro Código Civil Brasileiro –, caberia um novo questionamento: qual razão, fundamento ou até mesmo espaço haveria para a pergunta em destaque? A resposta encontra-se em proclamação de Clóvis Beviláqua, com a grandeza e saber que lhe eram peculiares. É que Mestre Clóvis, em artigo para a *Revista de La Universidad de Córdoba*, sob o título "Teixeira de Freitas", refere-se à Consolidação como "o nosso primeiro código civil" (apud Ernesto Nieto Blanc).

De igual forma, Joaquim Nabuco, em obra sobre seu pai – "Um Estadista do Império" –, refere-se à "Consolidação, que até hoje nos serve de Código Civil (...)".

É claro, sob outra óptica, que a discussão suscitada sobre a primazia do primeiro código não conduziria a algo de prático. Todavia, as referências autorizadas sobre a Consolidação (sem qualquer demérito a Mestre Clóvis Beviláqua) ensejam melhor compreensão sobre momentos dos mais importantes na evolução do direito privado no País, e mais particularmente, do civil.

No concernente às Ordenações (aí, obviamente, com referência ao Livro IV), desnecessário é mostrar sua importância na aplicação do direito privado no Brasil, diretamente ou já quando ratificada na Consolidação, o que chegaria até as duas primeiras décadas do século XX.

A importância da contribuição do talento de Teixeira de Freitas para o direito civil codificado não se limita à Consolidação das Leis Civis, posto que também enorme foi sua contribuição expressa pelo célebre "Esboço" de código civil.

Por oportuno, lembre-se a célebre carta de 20 de setembro de 1867, que o Jurista escreveu ao então ministro da justiça Martim Francisco de Andrada, na qual registrou seu novo posicionamento, no sentido de que pretendia elaborar dois códigos, isto é, um Geral, com noções preliminares, definições e conceitos amplos, e um outro que seria o Código Civil, como, de certo modo, já anteriormente registrado.

Assim, pretendia alterar o objeto do contrato que só tratava da elaboração *tout court* do Código Civil.

Deixou claro, de modo latente, que, caso não aceita essa alteração de rumos (o que acarretaria ampliação de prazo, inclusive), não se sentiria à vontade para realizar a elaboração do projeto de código, como de início ajustado.

Daí resultou que, mesmo diante do parecer da comissão do Ministério da Justiça favorável ao novo intento do *jurista excelso*, como designava Haroldo Valadão a Teixeira de Freitas, o contrato foi definitivamente rescindido.

Restou à posteridade, felizmente, "o Esboço" com 5.016 artigos, aos quais acrescentaram-se mais 200 sobre direitos reais, em coisas alheias.

Levi Carneiro, em *Estudo Crítico-Biográfico*, registra que "Teixeira de Freitas realizou no "Esboço" uma obra extraordinária, superior à "Consolidação", que por si só o imortalizaria. Toda esta obra é, porém, menor que as virtudes empregadas para construí-la. Na prática difícil do zelo pela verdade, do amor da perfeição, da paciência, da modéstia e da honradez, consumiu-se a vida de Teixeira de Freitas."

Se a *Consolidação das Leis Civis* não foi primeiro Código Civil Brasileiro, como a ela se referiu, repita-se, o notável Clóvis Beviláqua, a quem o Brasil efetivamente deve o primeiro código assim denominado, por imperativo de justiça, impõe-se reconhecer a enorme contribuição de Teixeira de Freitas (em especial, por meio da Consolidação e do Esboço, que ele chegou a colocar em segundo plano). Não se pode deixar, contudo, sem registro (e, para ficar-se só entre os nossos vizinhos), que o código argentino, além de reproduzir artigos do Esboço, seguiu-lhe a orientação geral. Também o do Uruguai recebeu dele enorme influência. E, de modo indireto, o código civil do Paraguai, posto que adotou o código civil argentino.

Por óbvio, não pode ser relegado ao esquecimento o papel, também, que teve (como já registrado no período final da parte III do presente trabalho) no resguardo da nossa herança jurídica e no desenho da formação da legislação civil, tanto no Código Civil de 1916, quanto no Código Civil atual.

V. Algumas linhas sobre o Esboço do Código Civil, de Teixeira de Freitas

É bem conhecido, pois, o fato de que o notável jurisconsulto Teixeira de Freitas não concluiu a elaboração de projeto do Código Civil, para o que fora contratado pelo governo imperial, por indicação de Nabuco de Araújo.

As razões que culminaram com a rescisão do contrato também são conhecidas e não vêm ao caso lembrá-las, agora, quando se tem por objeto discorrer um pouco sobre a extraordinária obra, conhecida como **Esboço**, que resultou da missão que lhe fora confiada.

Naturalmente, quando se faz a ressalva que se pretende dar breve notícia do importantíssimo trabalho intelectual, deve-se ao fato de que, segundo declaração do próprio autor, a obra "contaria mais de 5.216 artigos (e) viria a ser o mais extenso código civil do mundo contemporâneo. Aliás, como ressalta Coelho Rodrigues, "o próprio Teixeira de Freitas disse que teria mais de 2000 artigos que todos os códigos conhecidos, a não ser o da Prússia".

Do número acima apontado, conhece-se a redação de 4908 deles, cabendo aqui, destacar a grande contribuição à cultura jurídica, expressa pela edição em homenagem ao grande Mestre, quando da passagem do centenário de seu nascimento para a eternidade, em coedição do Ministério da Justiça (Departamento de Imprensa Nacional) e a Universidade de Brasília.

Registrem-se, desde logo, oportunas observações do Mestre e Magistrado Hahnemann Guimarães (catedrático de Direito Civil da Faculdade Nacional de Direito da Universidade do Brasil - atual UFRJ – e ministro do STF, entre outros relevantes títulos) sobre o Esboço: "Teixeira de Freitas realizou no "Esboço" uma obra extraordinária, superior à "Consolidação", que só por si o imortalizaria. Toda essa obra é, porém, menor que as virtudes empregadas para construí-la. Na prática difícil do zelo pela verdade, do amor da perfeição, da paciência, da modéstia e da honradez, consumiu-se a vida de Teixeira de Freitas. As teorias e o códigos envelhecem, mas há de ser sempre nova, na memória dos homens, a imagem de quem dedicou à sua obra tanta virtude (in *Jornal do Comércio*, ed. 21 de agosto de 1943, Rio de Janeiro).

Por sua vez, Clovis Beviláqua, a quem o Brasil deve (ou seja, em especial a ele) o seu primeiro código civil (1916), em apreciação ao Esboço, consignou: "(...) mesmo na sua forma de esboço, que não era ainda definitiva no pensamento do jurista, é um edifício de grandes proporções (4.908 artigos) e de extraordinária solidez, talhado na rocha viva dos bons princípios, pela mão vigorosa de um artista superior, e, ao mesmo tempo, recortado inteiramente por excessivas minúcias, que, talvez, desaparecessem quando o autor retirasse da obra os andaimes. A análise, a decomposição dos princípios, foi conduzida com admirável vigor e segurança, mas procurando traduzir as relações de direito civil em todas as suas infinitas variedades, por um preceito legal, foi mais longe do que convinha a uma obra legislativa (...).

Mas se o Esboço não pode ser transformado em lei, entrou para o acervo da jurisprudência pátria como a sua produção mais valiosa, pela riqueza, segurança e originalidade das ideias.

Uma das suas mais significativas originalidades é, sem dúvida, a ordem adotada para distribuição das matérias, como se pode ver pelo esquema seguinte: "PARTE GERAL: Dos elementos do direito (pessoas. coisas. fatos.) I- Dos direitos pessoais (Direitos pessoais em geral. Direitos pessoais nas relações de família. Direitos pessoais nas relações civis). II- Direitos reais (Direitos reais em geral. Direitos reais, sobre coisas próprias. Direitos reais sobre coisas alheias). III- Disposições comuns aos direitos reais e pessoais (Herança. Concurso de credores. Prescrição)" (in *Código Civil dos Estados Unidos do Brasil Comentado*, Edição Histórica. Editora Rio, Rio de Janeiro, 1975, vol. I, p. 18/19)

Relevante, quer parecer, pelo o que o tema em geral suscita, no referente às pessoas, até porque envolve o direito fundamental à vida, que o Esboço cuidou das pessoas por nascer, sendo expresso em seu artigo 53: "São pessoas por nascer as que, não sendo ainda nascidas, acham-se, porém, já concebidas no ventre materno.".

Ainda que não reduzidas *ipsis litteris*, tanto o Código Beviláqua (artigo 4º), quanto o Código Reale (artigo 2º), em essência, assemelham-se no que protegem os nascituros, garantindo-lhes direitos desde a concepção.

Na realidade, o nascituro é ser humano já concebido, mas que ainda está por nascer (cf. Pedro Nunes) e, assim, não é sem sentido que, desde a concepção, protejam-se seus direitos.

A propósito, o Professor José Carlos Moreira Alves, que, aliás, participou da comissão de juristas que elaborou o anteprojeto do Código Civil atual (2002) observa que "no terreno patrimonial, a ordem jurídica, embora não reconheça no nascituro um sujeito de direitos, leva em consideração o fato de que, futuramente, o será (...)". Em vista disso, o nascituro pode, por exemplo, ser instituído herdeiro em um testamento. E, para resguardar o interesse do nascituro, a mulher que o está gerando, pode requerer ao juiz competente a nomeação de *curator ventris*. E, voltando-se às lições de Mestre J.C. Moreira Alves, com base nesses princípios, que foram enunciados pelos jurisconsultos clássicos, surgiu no direito justinianeu, a regra geral de que o nascituro, quando se trata de vantagem em seu favor, se considera como se estivesse vivo (*in rerum natura esse*).

Ilustre-se, ademais, sobre este ponto de relevo à proteção dos nascituros, com outra lição de velho direito romano que, por certo, pode ter influenciado Teixeira de Freitas, no conceito de pessoa por nascer.

É de Ulpiano (D. 37, 9, 1, 15) "(...) *praetorem debere non dubitamus, eo facilius, quod favorabilior est causa partus quam pueri: partui enim in hoc favetur,ut in lucem producatur, puero, ut in familiam inducatur: par-*

tus enim iste alendus est, qui et si non tantum parenti, cuius esse dicitur, verum etiam rei publicae nascitur".

O que, no latim vulgar lusíada, poderia ser dito assim: "*não duvidamos que o pretor deva também vir em ajuda do concebido, tanto mais que sua causa deve favorecer-se mais que a da criança: o concebido, com efeito, vem favorecido para que venha à luz, a criança a fim de que seja introduzida na família; o (este) concebido, com efeito, deve-se alimentar pois que nasce não só para o progenitor, de quem diz que é, mas também para a república.*"

Por fim, anote-se que juristas, desde o século XIX, têm sustentado o conceito de pessoa por nascer. Entre eles, tem-se a significativa ilustração com Vellez Sarsfield, cuja influência de Teixeira de Freitas é bem conhecida.

VI. Brevíssima notícia sobre antecedentes do Código Beviláqua

Rescindido o contrato entre o governo imperial e o jurista Teixeira de Freitas, consumado pelo aviso ministerial de 18 de novembro de 1872, firmado pelo então ministro da justiça Duarte Azevedo, logo em 11 de dezembro de 1872, foi aprovado o decreto nº 5.164, contratando o jurista e antigo titular da pasta da justiça Nabuco de Araújo, em substituição ao grande Teixeira de Freitas.

José Tomas Nabuco de Araújo, como se sabe, foi o ministro da justiça que, juntamente com Pedro II, aprovou o ato da comissão encarregada de rever a *Consolidação das Leis Civis, feita* por Teixeira de Freitas e, ainda, em cumprimento da missão que lhe conferira o Imperador de escolher (e, por consequência, contratar) o ilustre jurisconsulto para a confecção de Código Civil do Império (decreto nº 2.318, de 28 de dezembro de 1858, arigo. 1º).

Ademais, Nabuco de Araújo muito se empenhara por ver ultimada a obra de que fora encarregado o jurista baiano (aliás, como ele próprio).

Momento tão peculiar na vida do, agora, novo encarregado da importantíssima missão de elaborar o tão esperado projeto do Código Civil brasileiro, está narrado na obra *Um Estadista do Império: Nabuco de Araújo, sua vida, suas opiniões, sua época*, de autoria de seu filho Joaquim Nabuco (q.v. *verbi gratia*, 1ª ed., 1899, v. III, H. Garnier, Rio de Janeiro, pp. 521-549).

Iniciado seu trabalho, desde logo (1873), J. T. Nabuco de Araújo veio a falecer aos 19 de março de 1878, sem poder deixar concluída a obra para a qual fora contratado.

Registra Clóvis Beviláqua (in *Código Civil dos Estados Unidos do Brasil*, comentado por ele, v. I, 1940, p. 18) que "o fragmento encontrado, no seu espólio literário, e que é apenas uma das variantes do projeto em formação abrange 118 artigos do título preliminar e 182 da parte geral. Além desse articulado, ficaram numerosos cadernos de notas não publicadas".

O óbito de Nabuco de Araújo, contudo, não interrompeu a ação em prol de um projeto mais rápido de código civil, tanto que o jurista mineiro Joaquim Felício dos Santos, voluntariamente (esta pelo menos a versão mais conhecida), em 1881, apresentou o seus "Apontamentos para o projeto de código civil", ao governo, por intermédio do ministro da justiça Manoel de Souza Dantas.

O governo, então, nomeou uma comissão para examinar os designados Apontamentos, integrada por Lafayatte Rodrigues Pereira, Francisco Justino Gonçalves de Andrade, Antônio Coelho Rodrigues, Antônio Joaquim Ribas, Antônio Ferreira Viana.

O parecer de tal comissão, de 27 de julho de 1881, em apertada síntese, após destacar que os apontamentos tinham subido mérito (como trabalho preparatório), registrou que poderia o autor, retocando-os com arte, aparelhar um projeto em condições de ser apreciado.

Em novembro do mesmo ano de 1881, a comissão foi convertida em permanente (e a ela foi integrado o próprio J. Felício dos Santos) para elaborar um projeto definitivo a partir dos seus Apontamentos, que apresentara ao governo.Essa comissão logo viu-se desfalcada de dois de seus membros, a saber: Antônio Joaquim Ribas e Antônio Ferreira Viana. E, em seguida, J. Felício dos Santos, sentindo-se desprestigiado, também dela se afastou.

Em 24 de maio de 1883, Lafayatte Rodrigues Pereira entrou para o ministério, e passaria à presidência da comissão, que seria, mais tarde, dissolvida.

Em 1889, nova comissão, agora composta por José da Silva Costa, Olegário de Agripino e Castro, Afonso Pena, Souza Dantas e Antônio Coelho Rodrigues, sob a presidência do ministro da justiça Cândido de Oliveira e do próprio Imperador.

Muito embora tendo trabalhado ativamente, a nova comissão durou poucos meses, pois ocorreu a Proclamação da República, o que gerou sua dissolução, sendo formalmente desconstituída em 20 de novembro de 1889, já por ato, por óbvio, do governo provisório.

A República, por sua vez, resolveu recorrer à sistemática de trabalhos individuais e incumbiu Coelho Rodrigues, por decreto de 15 de junho de 1890, a tarefa de redigir um *Projeto de Código Civil*, sendo presidente da República o marechal Deodoro da Fonseca e seu ministro da justiça Campos Sales.

Por oportuno, antes de se cuidar do projeto do doutor Coelho Rodrigues, faça-se um breve resumo do plano de Felício dos Santos, contidos nos supra referidos Apontamentos.

Em apertada síntese, era o seguinte: teria uma Parte Geral, com três Livros (I - Das Pessoas, II - Das Coisas e III - Dos Atos Jurídicos, em geral); e uma parte especial, obedecendo à divisão semelhantes: Das Pessoas, Das Coisas e Dos Atos Jurídicos, em particular.

Observa Clóvis Beviláqua que foi Coelho da Rocha o inspirador dessa classificação defeituosa, cujas incongruências à crítica do tempo, não sem azedume, pôs em relevo.

E, acrescenta o futuro artífice do primeiro código civil brasileiro, com a grandeza e elegância que lhes eram tão peculiares: "Será, porém, injustiça desconhecer os méritos do trabalho, que nos legou o jurisconsulto mineiro. Há nele ideias justas e, em muitos pontos, foi aproveitada a lição da experiência, quer a da crítica dos projetos anteriores, quer a da prática forense" (v. Clóvis Beviláqua, op. cit. p. 19).

Voltando-se, agora, ao contrato celebrado, aos 12 de julho de 1890, entre o governo provisório e Coelho Rodrigues, tem-se, desde logo, a observar em apertado resumo: continha o ajuste 10 artigos (ou cláusulas) e, logo no primeiro, está praticamente definido todo o esquema do que seria o futuro projeto de código civil. Isto é, deveria compor-se de duas partes (uma geral e outra especial), destacando-se em cada uma delas do que deveriam disciplinar. O projeto deveria estar completo no prazo de três anos, contados de 1º de outubro de 1891.

Em um dos artigos, o autor admitiu a hipótese de redigi-lo na Europa, fazendo expressa referência a Paris, Londres ou Lisboa. Ele acabaria embarcando, com sua família, em 21 de fevereiro de 1891, só que para Suíça, pois, foi residir em Genebra.

Ademais, em quatrocláusulas, foram cuidados os honorários, inclusive, de um prêmio de 100 mil réis, para hipótese de ser aceito o projeto pelo governo. Faça-se, ainda, uma referência que, uma vez entregue o projeto, o governo teria quatro meses para manifestar-se sobre a aceitação. Decorrido tal prazo sem manifestação, *seria considerado como aprovado*.

Malgrado tantas garantias consignadas no contrato, o projeto de Coelho Rodrigues, que, aliás, foi concluído antes do prazo, no ano de

1893, não foi aceito pelo governo, que se louvou, para tanto, em parecer de comissão, que designou para revê-lo.

Acontece que, Coelho Rodrigues foi eleito senador pelo estado do Piauí e ofereceu à alta câmara do congresso o seu projeto. O senado, contudo, em 6 de novembro de 1896, decidiu que o governo "ficava autorizado a contratar, com um jurisconsulto ou com comissão de jurisconsultos brasileiros, a revisão desse projeto".

Mais uma vez, encontrou-se uma nova manifestação de elegância e grandeza de mestre Clóvis, quando, ao referir-se sobre o projeto de Coelho Rodrigues, acentuou: "Trabalho de incontestável merecimento, estava perfeitamente em condições de se converter em lei, depois de revisto nos termos da resolução do senado (...)" (Clóvis Beviláqua, op. cit. p. 81).

Por pedido do então ministro da justiça Epitácio Pessoa, foi convidado o professor Clovis Beviláqua para a relevante missão de redigir um Projeto de Código Civil. Naturalmente, o convite foi placitado pelo então presidente da República Campos Sales que, diga-se de passagem, foi quem lembrou do nome de Coelho Rodrigues, anteriormente, para missão que não acabou bem-sucedida.

Dessa forma, o País começava a dar um importante passo para obter o tão almejado código civil e cumprir-se-ia, assim, o idealizado no artigo 179, inciso XVIII, da Constituição de 25 de março de 1824.

VII. A *Via Crucis* do Código Beviláqua

De início ao tópico, recorde-se que, além dos projetos de Código Civil de Teixeira de Freitas, de Nabuco de Araújo, de Felício dos Santos e de Coelho Rodrigues, houve, ainda, três iniciativas a merecerem registro com o mesmo objetivo.

Assim, em 1845, o barão de Penedo (Inácio de Carvalho Moreira) apresentou ao Instituto da Ordem dos Advogados Brasileiros (o IAB), memória sob o título "Da revisão geral e codificação das leis civis e do processo no Brasil". E, um pouco mais tarde, Eusébio de Queiroz, no mesmo Instituto, reconhecendo a dificuldade da elaboração de um Código Civil àquela altura, sugeriu a adoção do *Digesto Português*, de Correia Teles, o que recebeu parecer desfavorável da importante instituição dos juristas brasileiros.

Cabe, ainda, lembrar a proposta de adoção do projeto do Visconde de Seabra, autor do projeto do primeiro código civil português (1867).

É um assunto que passou quase despercebido, em especial, pela imprensa da época. Fato é que, frustradas as tentativas, o então presidente da República Campos Sales formalizou convite a Clóvis Beviláqua, por intermédio de seu ministro da justiça Epitácio Pessoa, em 1899, para a importante missão de redigir o projeto do primeiro Código Civil Brasileiro.

Mestre Clóvis Beviláqua chegou ao Rio de Janeiro aos 27 de março de 1899 e, logo nos primeiros dias do mês de abril, iniciou seu trabalho, que ultimou em outubro do mesmo ano, logo remetido a alguns jurisconsultos, aos quais o governo solicitou parecer. A ideia era a de que, após os pareceres dos doutos, o autor fizesse os aperfeiçoamentos que lhes parecessem necessários.

O governo, contudo, logo mudou de opinião, do que resultou que os próprios jurisconsultos ouvidos revissem o Projeto, reunindo-se em comissão, sob a presidência do ministro da justiça.

Acontece que, antes mesmo de que fosse conhecido o projeto (aliás, antes mesmo de ter-se o início de sua redação), foi ele atacado de forma depreciativa por parte de dois juristas de prestígio: o senador Rui Barbosa e Inglês de Sousa.

Rui, em artigo no *A Imprensa*, jornal do Rio de Janeiro (edição de 15 de março de 1899), disse que a pressa dada à empresa "forçosamente" haveria de produzir uma obra "tosca, indigesta, aleijada". E, atacando a indicação de Clóvis Beviláqua (que sob a óptica do advogado baiano e senador, era um noviço ainda não amadurecido para a missão) afirmou expressamente que "sua escolha para codificar as nossas leis civis fora um rasgo do coração, não da cabeça".

Inglês de Sousa, de sua parte, em artigo na *Revista Brasileira*, editada no Rio de Janeiro, vol. XVII, março de 1899, atacou: "Não se justifica, por nenhuma conveniência pública, a codificação das nossas leis civis, nem a opinião está preparada para essa ingente tarefa, nem o momento é azado para pensar em traçar, definitivamente, o círculo em que hão de girar as atividades sociais, na relações de direito privado.

Anote-se, por bem importante, que dois dos principais juristas que o governo mandou ouvir sobre o projeto de Clovis Beviláqua - os conselheiros Duarte de Azevedo e Aquino e Castro - enviaram, por escrito, suas impressões.

O governo, então, instituiu uma Comissão revisora que iniciou seus trabalhos em 21 de março e os findou em 2 de novembro de 1900.

Enquanto a Comissão Revisora trabalhava, muitas críticas em órgãos da imprensa foram apresentadas ao projeto.

Por outro lado, muito embora não se tendo notícia de sua divulgação formalmente, pelo menos no exterior, alguns expressivos juristas estrangeiros ofereceram manifestações favoráveis ao texto do projeto. Por exemplo, Adolfo Posada (da Espanha), Zeballos (da Argentina), Icilio Roma (da Itália), Felix Meyer (da Alemanha) e Alberto Reis (de Portugal). Por óbvio, não era pouco.

Fato é que, em 10 de novembro de 1900, o projeto, por meio de extensa Exposição de Motivos do ministro da justiça Epitácio Pessoa, foi apresentado ao presidente da República Campos Sales, que o encaminhou ao poder legislativo.

No Congresso, o projeto foi discutido primeiramente na Câmara (de 27 de julho de 1901 a 18 de janeiro de 1902), em Comissão Especial, onde se manifestaram representantes de bancadas diversas, juristas não parlamentares e o próprio autor do projeto, Clóvis Beviláqua.

O texto, enfatize-se, contou com a revisão ortográfica e gramatical do professor Ernesto Carneiro Ribeiro (linguista, professor de português, autor, pioneiro de uma gramática da língua portuguesa e antigo professor de Rui Barbosa). Ademais, foi precedido de profundo e vasto parecer de Silvio Romero e, então, apresentado à Câmara, na sessão de 27 de fevereiro de 1902.

Enfim, o projeto seria encaminhado em 3 de outubro de 1902 ao Senado. Nessa mesma data, o senador Rui Barbosa apresentou um parecer, sobre sua redação, contendo 561 páginas, publicadas em oitavo grande, na Imprensa Nacional, fazendo-lhe enormes restrições.

De Clóvis Beviláqua, a reação: "O choque violento dessa mole ingente de saber profundo e rude crítica filológica que, da mãos ciclópicas do senador Rui Barbosa acaba de ruir fragorosamente sobre o Projeto de Código Civil, deixou-me aturdido" (in *Código Civil dos Estados Unidos do Brasil*, comentado por Clóvis Beviláqua, edição histórica, Ed. Rio, V. I, Rio de Janeiro, 1975, p. 46).

Daí, adveio o debate assinaladamente filológico-gramatical sobre a redação, como os contidos no livro *Em Defesa* (com textos de Medeiros e Albuquerque, Artur Orlando, Antônio Sales, Oliveira Fonseca e Carneiro Ribeiro, com observações atenuando as críticas e apontando erros e equívocos no texto do senador).

Rui, então, responder-los-ia no mesmo tom do seu parecer, com sua réplica. E, assim, continuou polêmica.

De importante mesmo é o fato de que o projeto não contava com andamento satisfatório, quando no Senado.

A propósito, a Câmara dos Deputados de São Paulo aprovou, em 1906 indicação no sentido de que se fizesse uma representação junto ao senador Rui Barbosa, para que, na qualidade de *Presidente da Comissão Especial do Código Civil*, desse andamento ao projeto "de tão importante lei, votada pela Câmara Federal, há mais de 4 anos, cuja falta concorre, evidentemente, para anarquizar o direito pátrio".

Mais pressões vieram sobre o Senado, que, em 1908, constituiu nova comissão para examinar o projeto. E, em 2 de agosto de 1911, o senador Dr. João Luiz de Souza, com vista a que o senado saísse da imobilidade, propôs "que ficasse adotado como Código Civil da República, enquanto o Congresso Nacional não deliberasse definitivamente, sobre o assunto, o projeto de Código Civil, conforme aprovado pela Câmara dos Deputados e pendia do voto do Senado".

A ideia não foi aceita, mas daí resultou um acordo (entre os senadores Feliciano Pena e Rui Barbosa), no sentido de que se ultimassem os trabalhos sobre a codificação do código civil, em 18 meses. Tal acordo não se concretizou, em decorrência da designação do jurista Inglês de Sousa para elaborar um projeto de unificação do direito privado, com o que não concordou o senador Rui, que acabou se afastando da relatoria do projeto em tramitação no Senado. Daí, resultou a possibilidade da aprovação, em segunda discussão, em 1911, na Câmara Alta.

Após várias providências, o projeto voltou à Câmara dos Deputados, e no Diário do Congresso, de 29 de dezembro de 1912, foi publicada a redação final das Emendas do Senado (eram, ao todo 1736, quase todas de redação).

A comissão especial da Câmara, em seguida, mostrou ao Governo a conveniência da aprovação do Código Civil, o que já se tardava de muito. Destarte, foi expedido decreto de 8 de fevereiro de 1913, pelo presidente da República Marechal Hermes da Fonseca, convocando o Congresso Nacional para 02 de abril.

Mas os debates na Câmara não se esgotaram durante a sessão extraordinária. Só em 1915, agora o País sob a presidência de Venceslau Brás, prosseguiu a Câmara a votação e a discussão das emendas do Senado, sendo que, de 7 a 20 de julho, foram votadas 1.027 emendas.

Fácil perceber-se que, em duas semanas, fez-se mais no ano de 1915, do que se fizera em 9 meses no ano de 1913, e tendo havido, inclusive, uma sessão extraordinária do Congresso *para aprovar o projeto*.

Retornaria o projeto ao Senado para o exame das emendas rejeitadas. Constituída nova comissão, que teve como relator Epitácio Pessoa, entre 25 de julho e 11 de agosto de 1915, foi aprovado, então, o relatório.

Acontece que ainda surgiram dúvidas na redação final, e geraram novas discussões.

Vencidas tais dificuldades, foi o projeto apresentado à Câmara para o fim de aprovação de sua redação, no dia 26 de dezembro de 1915.

Enfim, anunciada a discussão, ninguém usou da palavra e o deputado Astolfo Dutra, presidente da Câmara, declarou aprovado o projeto 168-A-Código Civil Brasileiro.

No dia 1º de janeiro de 1916, finalmente, foi sancionado o primeiro Código Civil do Brasil, pelo presidente Venceslau Brás, referendado pelo ministro da justiça, o notável jurista Carlos Maximiliano Pereira dos Santos. Obra, em grande parte, fruto do gênio de Clóvis Beviláqua.

A propósito, em face das restrições e da oposição de Rui Barbosa a Clóvis Beviláqua, torna-se imperioso o registro histórico de que, quando das homenagens a Teixeira de Freitas, pelo transcurso do seu centenário de nascimento, prestadas pelo Instituto da Ordem dos Advogados Brasileiros e a Faculdade Livre de Ciências Jurídicas e Sociais (que viria a ser uma das sementes, em 1920, da Faculdade Nacional de Direito), em sessão solene, na qual foi orador oficial Clóvis Beviláqua, Rui Barbosa, na presidência do ato, ocorrido no Teatro Municipal do Rio de Janeiro, consignou: "Para falar do maior civilista morto, concedo a palavra ao maior civilista vivo" (v. IAB 150 anos de História (1843 1893), Centenário de Teixeira de Freitas, Cap. V, Edições Destaque, p. 143)

VIII. Algumas notas sobre o Código Civil de 2002

No século XX, advieram correntes contestatórias à necessidade das codificações, em particular com relação aos códigos civis, que já não seriam "o estatuto orgânico da vida privada".

Muitas teses têm sido levantadas como a de que as relações jurídicas, nos domínios do direito privado, deviam reger-se por microssistemas legais, vale dizer por leis especiais, cuidando, por exemplo, dos bancos, dos direitos autorais, da responsabilidade civil e tantos outros temas como, aliás, de certo modo, já ocorre com certas matérias.

Assim, não faria mais sentido um código único regulando "*os direitos e obrigações de ordem privada concernentes às pessoas, aos bens e às suas relações*", como dizia o artigo 1º, do Código Civil de 1916. Em resumo, sustentam os defensores de tal corrente, que as relações privadas devem ser reguladas por legislações setoriais, ainda que (admitem alguns) possam ser designadas de códigos – códigos setoriais, evidentemente.

Em face desse quadro, por vezes apontado como de desagregação do direito civil, com o advento de novos direitos (como o do consumidor, o industrial, o bancário, o agrário e o próprio direito do trabalho, entre outros) no direito do nosso tempo, repise-se, já não haveria falar-se em codificação, particularmente na do direito civil

Malgrado este posicionamento, que conta, aliás, com a adesão de expressivos juristas, a realidade tem apontado para a edição de novos códigos civis (e em sistemas jurídicos diferentes) como, por simples ilustração, registram-se o da República Socialista de Cuba (1987), o dos Países Baixos (1970), o da Rússia (1994) e o mais recente brasileiro, sancionado pela Lei nº 10.406, 10 de janeiro de 2002 e que entrou em vigor no dia 11 de janeiro de 2003, a teor do seu artigo 2.044.

Recorde-se, por oportuno, que, em 1941, publicou-se um anteprojeto de Código de Obrigações, fruto do talento de três grandes juristas – Filadelfo Azevedo, Hahnemann Guimarães e Orozimbo Nonato -, que objetivava a unificação (sonho de Teixeira de Freitas e Inglês de Sousa) do direito das obrigações.

Não encontrou eco, contudo, o notável trabalho.

A ideia voltou a ser agitada em 1961, quando o poder executivo tomou a si a tarefa de reformular a codificação do País, objetivando atualizar os principais códigos.

Dois extraordinários mestres foram convidados a redigirem anteprojetos, um de Código Civil, outro de Código das Obrigações, respectivamente, os professores Orlando Gomes e Caio Mário da Silva Pereira.

Ambos anteprojetos foram transformados em projetos que, todavia, também não fizeram fortuna.

Em 1969, foi constituída uma comissão sob a presidência do professor Miguel Reale e integrada por mais seis outros juristas (J. C. Moreira Alves, A. de Arruda Alvim, Silvio Marcondes, Ebert Chamoun, Clovis do Couto e Silva e Torquato da Silva Castro) de cujo labor (em sua maior parte) adveio o atual Código Civil brasileiro.

Assim, o ordenamento positivo brasileiro iniciou o século XXI com o importante diploma que revogou o Código Beviláqua, ainda que dele mantivesse boa parte.

O novo código, que, ainda, tem sido, vez por outra, objeto de algumas polêmicas e críticas é, naturalmente, o diploma básico nas relações privadas no País. E, é isto o fundamental.

Pontes de Miranda assinalava que toda lei nova deve ser recebida com um mínimo de boa vontade, o que, evidentemente, não implica em que não se deva submeter ao pensamento crítico dos juristas.

Importante assinalar-se, desde logo, que o código civil de 2002 é obra de excelente qualidade, mesmo se consideradas eventuais críticas, que aparentemente tenham certa procedência.

Na palavra sempre autorizada de Mestre Miguel Reale o novo código caracteriza-se, basicamente, por ter grandes princípios, a saber: o da eticidade (ou da boa-fé objetiva), o da socialidade e o da operabilidade.

Ademais, em muito apertada síntese, o diploma: a) manteve, o mais possível, regras do Código Civil de 1916, portanto não caiu na tentação de inovar simplesmente por inovar; b) introduziu novos institutos no ordenamento jurídico, por exigência dos novos tempos; c) redistribuiu as matérias (com relação ao código anterior), adotando sistemática mais moderna; d) unificou o direito das obrigações, no que seguiu a linha propugnada por Teixeira de Freitas e Inglês de Sousa; e) incluiu em seu corpo muitas matérias disciplinadas em leis extravagantes, advindas após 1916; f) excluiu as matérias referentes ao direito dito adjetivo, exceto naquelas poucas hipóteses em que, por natureza, esteja a regra processual mais intimamente ligada ao próprio direito material, g) aproveitou, como subsídios e contribuições, projetos anteriores e trabalhos e estudos críticos de diversos e importantes juristas; h) revogou toda a primeira parte do Código Comercial; i) consagrou um *direito de empresa*, e j) procurou ser um código à altura do seu tempo.

É, pois, o Código Civil de 2002, diploma a merecer atenta reflexão, não só pela óbvia importância (em função das matérias de que trata), mas, principalmente, repita-se, por sua qualidade.

Por outro lado, recorde-se conhecimento bem sabido de que o legado básico do direito romano, para os sistemas jurídicos da chamada família romano-canônica, ou, como preferem outros, romano-germânica (*v.g.* René David, *in* Grandes Sistemas de Direito Contemporâneo) traduz-se, basicamente, em institutos de direito civil. Naturalmente, é despiciendo o registro de que não se desconhece a importância, também, do direito público originado na velha *Urbs*.

IX. Os princípios fundamentais do Novo Código Civil – o Código Miguel Reale

a) O princípio da eticidade

Como já registrado, o professor Miguel Reale aponta como pilares do Novo Código Civil os princípios da **eticidade** ou, mais precisamente, o da **boa-fé objetiva**, o da **socialidade** e o da **operabilidade**.

Adiante-se, desde logo, que, mais particularmente com relação aos contratos, apontam-se como fundamentos de uma nova teoria contratual não só os princípios da eticidade e da função social dos ajustes, mas também o do equilíbrio econômico.

Quanto à eticidade ou à boa-fé, sabe-se bem que a doutrina, modernamente, faz distinção entre a boa-fé subjetiva e a boa-fé objetiva (esta última, sim, considerada uma certa novidade).

À guisa de introito, impõe-se anotar que não se pode abordar o tema da boa-fé objetiva, sob a óptica da literatura jurídica em língua portuguesa sem se recorrer, pelo menos, aos suprimentos doutrinários do notável civilista António Menezes Cordeiro, catedrático da Universidade Clássica de Lisboa e da professora Judith Martins-Costa, livre docente em direito civil pela Faculdade de Direito da Universidade de São Paulo e ex-professora adjunta de direito civil da Universidade Federal do Rio Grande do Sul.

Do professor português Menezes Cordeiro, lembre-se, uma de suas obras de referência "A boa-fé no Direito Civil", com certeza, o melhor trabalho escrito, em português, sobre o tema. E, da professora gaúcha, *"A Boa-Fé Objetiva no Direito Privado"* - sistema e tópica no processo obrigacional.

A propósito, Judith Martin-Costa, relembrando trabalhos anteriores, observa: *A expressão "boa-fé subjetiva"' denota estado de consciência, ou convencimento individual de obras [a parte] em conformidade ao direito* [sendo] *aplicável, em regra, ao campo dos direitos reais, especialmente em matéria possessória. Diz-se "'subjetiva"' justamente porque, para a sua aplicação, deve o intérprete considerar a intenção do sujeito da relação jurídica, o seu estado psicológico ou íntima convicção. Antitética à boa-fé subjetiva está a má-fé, também vista subjetivamente como a intenção de lesar outrem.*

Já por "'boa-fé objetiva"' se quer significar - segundo a conotação que adveio da interpretação conferida ao § 242 do Código Civil alemão, de larga força expansionista em outros ordenamentos, e, bem assim, daquela que lhe é atribuída nos países da common law - *modelo de conduta social, arquétipo ou* standard *jurídico, segundo o qual 'cada pessoa deve ajustar a própria conduta a esse arquétipo, observando como obraria um homem reto: com honestidade, lealdade, probidade'. Por este modelo objetivo de conduta levam-se em consideração os fatores concretos do caso, tais como o* status *pessoal e cultural dos envolvidos, não se admitindo uma aplicação mecânica do standard, de tipo meramente subsuntivo* (op. cit. p. 411).

Ademais, acrescenta, em outro passo, a antiga professora da Universidade Federal do Rio Grande do Sul: *São tradicionalmente imputadas à boa-fé objetiva três distintas funções, quais sejam a de cânone hermenêutico-integrativo do contrato, a de norma de criação de deveres jurídicos e a de norma de limitação ao exercício de direitos subjetivos, as quais serão separadamente referidas* (op. cit. p. 427/428).

Extrai-se, por outra parte, sobre o tema da distinção entre boa--fé objetiva e boa-fé subjetiva, na doutrina estrangeira, página de José António Molleda: *La doctrina que aún hoy puede considerarse como dominante es la que partiendo de la distinción romana, discrimina entre la buena fe en sentido objetivo (cláusula válvula o standard, que se entiende implicita en los negocios jurídicos y que sirve para integrar e interpretar los mismos con arreglo a lo impuesto por la manera de obrar del hombre honrado y la buena fe en sentido subjetivo (elemento psicológico que se concreta en una errónea representación intelectiva – ciencia o ignorancia – de la realidad y que, al ser valorado por la norma, determina, trueca o modaliza los efectos de ciertas relaciones jurídicas* (in *La presunción de Buena Fe* – Revista de Derecho Privado, Tomo XLVI, Madrid).

Há quem sustente, por outro lado, que, já no código Beviláqua, encontrava-se regra agasalhando a boa-fé objetiva, como o contido no artigo 1.443 (repetido no artigo 765 do Código de 2002): "*O segurado e o segurador são obrigados a guardar no contrato a mais estrita boa-fé e veracidade, assim a respeito do objetivo, como das circunstâncias e declarações a ele concernentes*".

De um modo geral, contudo, aceita-se que o princípio da boa-fé objetiva tem, como marco inaugural, no ordenamento positivo brasileiro, o advento do Código de Defesa do Consumidor.

Com efeito, tal princípio colhe-se, em particular, da letra expressa do art. 4º, inciso III e do artigo 51, inciso IV do Código do Consumidor (Lei nº 8.078, de 11 de setembro de 1990).

O Código Civil de 2002, por sua vez, é expresso, por exemplo, em seus artigos 422, 113 e 187: *Artigo 422: Os contratantes são obrigados a guardar, assim na conclusão do contrato, como em sua execução, os princípios de probidade e boa-fé", Artigo 113: Os negócios jurídicos devem ser interpretados conforme a boa-fé e os usos do lugar de sua celebração* e *Artigo 187: Também comete ato ilícito o titular que, ao exercê-lo, excede manifestamente os limites impostos pelo seu fim econômico social, pela boa-fé ou pelos bons costumes.*

Por oportuno, e de plano, veja-se crítica ofertada pelo professor Antônio Junqueira Azevedo, saudoso Mestre da Universidade de São Paulo, à norma contida no citado artigo 422 do novo Código Civil: "Sempre digo que o contrato é um 'processo'" em que há começo, meio e fim. Temos fases contratuais - fase pré-contratual, contratual propriamente dita e pós-contratual. Uma das possíveis aplicações da boa-fé é aquela que se faz na fase pré-contratual; nessa fase, temos as negociações, preliminares, as tratativas. É um campo propício para a regra do comportamento da boa-fé, eis que aí, ainda não há contrato e, apesar disso, já são exigidas aqueles deveres específicos que uma pessoa precisa ter como correção de comportamento em relação a outra" (in RT nº 750, São Paulo, Revista dos Tribunais, abril/98, p. 15 e 16).

Vê-se, pois, claramente, que ao exame do civilista em destaque, o teor do artigo 422 revela-se insuficiente, posto que limita a égide da boa-fé ao período que vai do momento em que se firma o ajuste à sua execução, isto é, *não cuidando das fases pré-contratual e pós-contratual.* Críticas à parte, forçoso é admitir, à luz do artigo 422 que "no substrato da boa-fé objetiva está a ideia da relação obrigacional como 'relação de cooperação', devida a Emilio Betti. Quer-se assim significar que, se em toda a ordem jurídica a cooperação é pressuposto abstrato e geral no Direito das Obrigações – centrado na noção de prestação como conduta humana devida – a cooperação é verdadeiramente nuclear, pois através da relação obrigacional o interesse de uma pessoa é prosseguido por meio da conduta de outra pessoa". Dito de outro modo, o dever de colaboração está no núcleo da conduta devida, porque serve para possibilitar, mensurar e qualificar o adimplemento (...).

Daí o sentido da boa-fé objetiva na relação obrigacional, que é o de nortear o teor geral dessa colaboração intersubjetiva e o de marcar o giro epistemológico que vai da oitocentista consideração da relação obrigacional pela sua causa ("*o que a gera*", daí surgindo as Teorias da Vontade) à consideração da relação preferencialmente pelos seus efeitos ("*o que gera*", daí nascendo a valorização exponencial hoje conferida à legítima confiança que despertamos, nos outros, pelos nossos atos e omissões, pela nossa conduta substancialmente considerada) (Judith

Martins-Costa, in "O adimplemento e o inadimplemento das Obrigações no novo Código Civil e o seu sentido ético e solidarista", texto na obra *O novo Código Civil – estudos em homenagem ao Professor Miguel Reale*, coordenação de Domingos Franciulli Netto, et alii, Ed. LTr. p. 349/351.

b) O princípio da socialidade

O artigo 421 do Código Civil de 2002 expressa bem o que se conhece por princípio da socialidade: "A liberdade de contratar será exercida em razão e nos limites da função social do contrato".

Por outro lado, dispõe o parágrafo único do artigo 2.035 do novo Código Civil: "Nenhuma convenção prevalecerá se contrariar preceitos de ordem pública, tais como os estabelecidos por este Código para assegurar a função social da propriedade e dos contratos".

Assim, tem-se, a toda evidência, limites expressos à autonomia da vontade, isto é, à liberdade de contratar.

Mestre Orlando Gomes, com a oportunidade de sempre, sintetizou que "o conceito de liberdade de contratar abrange os poderes de autorregência de interesses, de livre discussão das condições contratuais, e por fim, de escolha do tipo de contrato conveniente à atuação da vontade. Manifesta-se, por conseguinte, sob tríplice aspecto: a) liberdade de contratar propriamente dita; b) liberdade de estipular o contrato; c) liberdade de estipular o conteúdo do contrato (in *Contratos*, 12ª ed., Rio, 1992, Forense).

Antes mesmo do advento do atual Código Civil, apreciando este novo tempo ou esta nova óptica dos ajustes, o civilista Antônio Junqueira de Azevedo, em artigo publicado na *Revista dos Tribunais* (RT nº 750, abril/98) observou: "Os princípios fundamentais que regem os contratos deslocaram seu eixo do dogma da vontade e do seu corolário da obrigatoriedade, para considerar que a eficácia dos contratos decorre da lei, a qual sanciona porque são úteis, com a condição de serem justos.

(...) Nessa ótica, continua-se a visualizar o contrato como uma oportunidade para o cidadão, atuando no âmbito da autonomia privada, dispor sobre os seus interesses, de acordo com a sua vontade, mas essa manifestação de vontade não pode só por isso prevalecer se dela resulta iniquidade e injustiça. O primado não é da vontade, é da justiça, mesmo porque o poder da vontade de uns é maior do que o de outros".

Considere-se que aquilo que o professor Antônio Junqueira de Azevedo denominou o primado da justiça, refere-se precisamente que de um contrato não possa resultar iniquidade; por isso o Código Civil de 2002, de modo expresso, delimitou que o exercício da liberdade de contratar ocorra nos limites da função social do contrato.

Por oportunas, anotem-se reflexões de Fabrício Zamprogna Matiello (in Código Civil Comentado, LTr, São Paulo, 2003, p. 283): "Embora de natureza privada, o direito de contratar não é ilimitado, pois do contrário estaria deixando de cumprir finalidades que suplantam o mero interesse individual e dizem respeito aos anseios coletivos. Assim, a liberdade de contratar vai até onde puder ser exercida em razão de sua função social e nos limites desta, passando daí em diante, a afrontar interesses da coletividade." A preocupação do legislador em adequar a liberdade de contratar a valores mais amplos do que os individualmente considerados conforta antigas aspirações, que podem ser resumidas na seguinte explanação: "Enfim as públicas instituições adaptarão a sociedade inteira às exigências do bem comum, isto são as regras da justiça donde necessariamente resultará, que esta função tão importante da vida social, qual é atividade econômica, se encontrará por sua vez reconduzindo, a uma ordem sã e bem equilibrada" (cf. Pio XI, in Encíclica Quadragesimo Anno).

Em síntese, a função social do contrato acentua a diretriz do **princípio da socialidade** de que fala Mestre Miguel Reale, como já adiantado.

Por mero registro histórico, assinale-se que os notáveis civilistas Álvaro Villaça Azevedo e Antônio Junqueira Azevedo, objetivando aperfeiçoar a redação do artigo 421 do Código, quando o projeto tramitava no Congresso Nacional, sugeriram a substituição da expressão **liberdade de contratar** por **liberdade contratual**, o que, lamentavelmente, não prosperou.

De qualquer modo, é dizer-se, ainda que sem sua redação aperfeiçoada, o artigo 421 do novo Código Civil constitui praticamente, uma revolução copernicana em matéria de contrato.

A rigor, a função social do contrato constitui cláusula geral com relação a todos os ajustes.

Essa função, evidentemente, não elimina a autonomia contratual, mas a mitiga como princípio maior, em face do primado social.

Não parece demasiado registrar-se que, de certo modo, ainda sob os ecos da celebração dos duzentos anos do Código Civil de Napoleão – matriz de muitos diplomas em diferentes sistemas jurídicos – recebe o contrato diretriz tão revolucionária, consentânea com o quadro histórico atual – consigne-se o óbvio.

Com efeito, a norma de vanguarda contida no Código Civil brasileiro de 2002, já vinha se afirmando (ainda que de modo não tão explícito) não só em diversos ordenamentos positivos, mas também na doutrina e na jurisprudência.

Nunca é demasiado repetir que, expressando postura crítica pós-positivista, já a partir do século XIX a aplicação da própria lei deve-se fazer com a atenção à finalidade social a que ela se dirige ou se destina.

c) O princípio da operabilidade

Por último, quanto ao princípio da operabilidade, em síntese, consigne-se que diz ele de perto com todas as medidas que ensejam a que o direito seja uma realidade imediata. Direito que não se realiza, na lição de Ferrara, é um nada jurídico.

Exemplos que parecem bastante ilustrativos sobre a aplicação do princípio, colhem-se no parágrafo único do artigo 575: *Se o aluguel arbitrado for manifestamente excessivo, poderá o juiz reduzi-lo, mas tendo sempre em conta o seu caráter de penalidade.* De igual sorte, diante da quase sempre tormentosa distinção entre decadência e prescrição, sabido que os prazos relativos à última foram todos fixados no novo código.

Ademais, o formulador da Teoria Tridimensional do Direito observa: "Darei apenas um exemplo: Quem é que, no Direito Civil brasileiro ou estrangeiro, até hoje, soube fazer uma distinção nítida e fora de dúvida, entre a prescrição e a decadência? Há as teorias mais cerebrinas e bizantinas para se distinguir uma coisa da outra". E, após citar contraditórias decisões judiciais sobre a questão em destaque, registra que "quisemos por um termo a essa perplexidade, de maneira prática, porque o simples é o sinal da verdade, e não o bizantino e o complicado.

Preferimos, por tais motivos, reunir as normas prescricionais, todas elas, enumerando-as na Parte Geral do Código. Não haverá dúvida nenhuma: ou figura no artigo que rege a prescrição, ou então, se trata da decadência".

Com efeito – recorde-se, por oportuno – o Código Beviláqua no Título III (Da Prescrição) do Livro III (Dos Fatos Jurídicos) cuidava da matéria em quatro capítulos (Disposições gerais, Das causas que impedem ou suspendem a prescrição, Das causas que interrompem a prescrição e Dos prazos de prescrição). Assim, enfatize-se, em seus artigos de 161 a 179, tratava da matéria sem fazer qualquer referência expressa à decadência.

O novo código (em atenção – é evidente – ao princípio da operabilidade) as disciplina no Título IV (Da Prescrição e da Decadência) do Livro III (Dos Fatos Jurídicos), em dois capítulos, o primeiro sobre a *prescrição* e, o segundo, sobre a *decadência*.

É expresso o diploma, por exemplo, em seu artigo 189: "*Violado o direito, nasce para o titular a pretensão, a qual se extingue, pela prescrição, nos prazos que aludem os artigos 205 e 206*".

O artigo 205 em destaque fixa norma geral sobre prazo de prescrição qual seja o de dez anos, quando a lei não haja fixado prazo menor. Já no artigo 206, encontra-se o elenco das pretensões que prescrevem, respectivamente, em um ano (§ 1º, I a V); em dois anos (§ 2º); em três anos (§ 3º, I a IX); em quatro anos (§ 4º), e em cinco anos (§ 5º, I a III).

Assim, posta uma questão sobre o particular, repita-se com Mestre Reale: *Não haverá dúvida alguma: ou figura no artigo que rege as prescrições, ou então se trata de decadência.*

Casos há de decadência, por outra parte, que não figuram na Parte Geral, salvo pouquíssimas hipóteses (cinco ou seis) em que coube prevê-las, como complemento do artigo em que era, de modo específico, aplicável.

Questiona o próprio autor de ***O Direito como experiência***: "Qual é o tratamento dado à decadência? Há, por exemplo, o direito do doador de revogar a doação feita, por ingratidão. Aí, o prazo, por exemplo é tipicamente de decadência. E, então a norma vem acoplada à outra: a norma da operabilidade está jungida ao direito material. Como se vê, cada norma de decadência está acoplada com o preceito cuja decadência deve ser decretada. De tal maneira que, com isso, não há mais possibilidade de alarmantes contradições jurisprudenciais".

Por ilustrativo, veja-se a redação do artigo 559 do Código Civil de 2002, onde está estabelecido o prazo decadencial de um ano, contado a partir do conhecimento da ofensa, pelo doador: "A revogação por qualquer desses motivos (vejam-se os artigos 557 e 558) deverá ser pleiteada dentro de um ano, a contar de quando chegue ao conhecimento do doador o fato que a autorizar e de ter sido o donatário o seu autor".

Ainda, quanto a relação *decadência – operabilidade*, consigne-se outra ilustração oferecida pelo próprio Mestre Reale: "Vou dar um exemplo, para mostrar que prevalece, às vezes, o elemento de operabilidade sobre o elemento puramente teorético – formal. Qual é o prazo de responsabilidade de um construtor, pela obra que entregou, numa empreitada de material e de lavor, ou seja, de mão de obra e com fornecimento de material? É um prazo de cinco anos – um prazo extenso. Porém estabelecemos que não obstante a aparência de uma norma prescritiva, ela devia ser colocada como norma de decadência, para que não houvesse dúvida na jurisprudência, nem dúvida na responsabilidade de fazer face aquilo que assumiu como obrigação contratual" (naturalmente o notável jurista refere-se ao que está consignado no artigo 618 e seu Parágrafo único do novo Código Civil).

A título de arremate, lembrem-se, ainda, reflexões de Mestre Reale sobre o princípio em destaque: (...) o princípio da operabilidade leva, também, a redigir certas normas jurídicas que são normas abertas, e não normas cerradas, para que a atividade social mesma, na sua evolução, venha alterar um conteúdo mediante aquilo que denomino 'estrutura hermenêutica'. Por que, para mim, a estrutura hermenêutica é um complemento natural da estrutura normativa, é por isso que a doutrina é fundamental, porque ela é aquele modelo dogmático e teórico que diz os que os demais modelos jurídicos significam".

Em resumo, e sob óptica (dir-se-ia), mais teórica, pode-se afirmar que o princípio da operabilidade (ao menos, de certo modo) resulta daquilo que o jurista e filósofo Miguel Reale designa o direito como experiência e que juristas outros, como Karl Engish e Karl Larenz, denominam direitos concretos.

ICMS sobre a exploração de petróleo. Lei nº 7.183, de 2015, do Rio de Janeiro: inconstitucionalidade[1]

Carlos Mário da Silva Velloso[2]

SUMÁRIO: I. Introdução. **II.** As leis do Estado do Rio de Janeiro que exigem o recolhimento do ICMS sobre a extração do petróleo. **III.** A inconstitucionalidade anterior: Lei nº 4.117, de 2003. **IV.** A inconstitucionalidade atual: Lei nº 7.183, de 2015. **V.** O regime jurídico da extração do petróleo e do produto extraído. **VI.** Conclusão.

I. Introdução

O Estado do Rio de Janeiro editou a Lei nº 4.117, de 2003, submetendo à incidência do ICMS à exploração do petróleo. A nova lei, nº 7.183, de 2015, apelidada Lei Noel, que entrou em vigor na data de sua publicação, 30 de dezembro de 2015, com efeitos diferidos por 90 dias, em respeito ao disposto no artigo. 150, inciso III, alíneas b e c, da Constituição Federal, revogou a citada Lei Estadual nº 4.117/2003.

A lei revogada teve sua constitucionalidade questionada perante o Supremo Tribunal Federal, na ADI nº 3.019. Acontece que é também inconstitucional o novo texto legal, que causa efeitos nocivos aos investimentos no setor, inviabilizando projetos já em curso na indústria de petróleo, além de dar origem a um indesejável contencioso com o Estado, em razão da falta de sustentação jurídica para a pretendida incidência tributária.

Esta é a matéria objeto deste estudo.

---

1 Este artigo, que tem origem em pareceres que emitimos, foi escrito em homenagem ao eminente advogado Rubens Ferraz de Oliveira Lima, desembargador aposentado do Tribunal de Justiça de São Paulo, dos maiores juristas brasileiros, um homem de bem e um cidadão exemplar.

2 Ministro aposentado do Supremo Tribunal Federal. Professor emérito da Universidade de Brasília (UnB) e da Pontifícia Universidade Católica de Minas Gerais (PUC/MG), em cujas Faculdades de Direito foi professor titular de Direito Constitucional e Teoria Geral do Direito Público. Na UnB, nos cursos de graduação e pós- graduação. Professor emérito da Escola da Magistratura Federal da 1ª Região (TRF/1ªR.). Foi professor de Direito Constitucional Tributário no Instituto Brasiliense de Direito Público – IDP. Doutor honoris causa pela Universidade de Craiova, Romênia. Advogado: OAB/MG nº 7.725; OAB/DF nº 23.750.

II. As Leis do Estado do Rio de Janeiro que exigem o recolhimento do ICMS sobre a produção de petróleo

A Constituição Federal, ao promover a repartição da competência tributária,[3] fundamento do Estado Federal, atribuiu aos estados e ao Distrito Federal a instituição de três impostos, sem prejuízo da competência para cobrar taxas pelos serviços prestados e contribuições de melhoria pela valorização imobiliária decorrente de obra pública por eles realizada: (i) transmissão *causa mortis* e doação de quaisquer bens ou direitos; (ii) operações relativas à circulação de mercadorias e sobre prestações de serviços de transporte interestadual e intermunicipal e de comunicação (ICMS), e (iii) sobre a propriedade de veículos automotores (CF, artigo 145, I, II, III; artigo 155, I, II, III).

O ICMS constitui a maior fonte de arrecadação tributária dos estados e do Distrito Federal. Para evitar *guerra fiscal* entre as unidades federativas, a Constituição impôs-lhe uma série de restrições, incluindo a exigência de lei complementar para discipliná-lo em seus aspectos fundamentais, o que veio a ser atendido pela Lei Complementar nº 87, de 1996.

Ademais, no que diz respeito ao petróleo e seus derivados, criou a Constituição uma imunidade especial, determinando que não houvesse incidência do ICMS sobre as operações que destinassem aqueles produtos a outro estado (CF, artigo 155, § 2º, inciso X, alínea b). Evidente a intenção de não elevar o preço dos combustíveis nos estados não produtores de petróleo nem dotados de refinaria.

Entre as hipóteses de incidência previstas no artigo. 2º da Lei Complementar nº 87, de 1996, encontram-se as *operações relativas à circulação de mercadorias, inclusive o fornecimento de alimentação e bebidas em bares, restaurantes e estabelecimentos similares* (Artigo 2º, inciso I).

O Estado do Rio de Janeiro, no exercício de sua competência constitucional, aprovou a Lei nº 2.657, de 26/12/1996, cujo artigo 1º institui o ICMS e lhe define o fato gerador, ou seja, a operação relativa à circulação de mercadoria e a prestação de serviço de transporte interestadual e intermunicipal, ainda que a operação ou prestação se inicie no exterior. Em sua redação original, a citada Lei Estadual nº 2.657, de 1996, não

3 Velloso, Carlos Mário da Silva, "Competência Constitucional Tributária", em "Tratado de Direito Tributário", Coordenadores: Ives Gandra da Silva Martins, Carlos Valder do Nascimento e Rogério Gandra da Silva Martins, Saraiva, 2011, vol. I, p. 333.

contemplava a cobrança do imposto sobre operações com petróleo (artigo 2º, incisos I a V).

Sobreveio, então, a Lei Estadual nº 4.117, de 2003, que acrescentou ao artigo 2º da Lei nº 2.657, de 1996, mais um inciso, além de alterar o artigo. 3º: *Art. 1º. O art. 2º* da Lei n.º 2.657, de 26 de dezembro de 1996, passa a *vigorar com a seguinte redação, acrescido do inciso VI: Art. 2º. - O imposto incide sobre: VI - operação de extração de petróleo. Art. 2º. O art. 3º da Lei nº* 2.657, de 26 de dezembro de 1996, passa a vigorar com a seguinte redação, *acrescido do inciso XVII e do § 10: Art. 3º. O fato gerador do imposto ocorre: XVII - na extração do petróleo, quando a mercadoria passar pelos Pontos de Medição da Produção. § 10 - Os Pontos de Medição da Produção são aqueles pontos definidos no plano de desenvolvimento de cada campo nos termos da legislação em vigor, onde se realiza a medição volumétrica do petróleo produzido nesse campo, expressa nas unidades métricas de volume adotadas pela Agência Nacional do Petróleo - ANP e referida à condição padrão de medição, e onde o concessionário, a cujas expensas ocorrer a extração, assume a propriedade do respectivo volume de produção fiscalizada, sujeitando-se ao pagamento dos tributos incidentes e das participações legais e contratuais correspondentes.*

Verifica-se, do texto transcrito, que o Estado do Rio de Janeiro pretendeu tributar a operação de extração do petróleo, cujo fato gerador se consuma, nos termos da nova legislação, quando o óleo bruto passa pelos Pontos de Medição da Produção, assim considerados aqueles pontos *onde se realiza a medição volumétrica do petróleo produzido.* A alíquota então fixada para a nova incidência foi de 18% (artigo. 4º), a incidir sobre o preço de referência do petróleo, tomado como base de cálculo (artigo 3º).

A Lei nº 4.117, de 2003, regulamentada pelo Decreto Estadual nº 34.761/2004, foi objeto de ação direta de inconstitucionalidade perante o Supremo Tribunal Federal - ADI nº 3.019 - o que levou o Governo do Estado a suspender a eficácia do decreto regulamentador da Lei Estadual nº 4.117/2003.

Todavia, foi sancionada, em 29.12.2015, a Lei Estadual nº 7.183, dispondo, com algumas alterações de linguagem, sobre a mesma matéria e revogando expressamente a Lei nº 4.117/2003: *Art. 1º O imposto sobre operações relativas à circulação de mercadorias e sobre prestações de serviços de transporte interestadual e intermunicipal e de comunicação, ainda que as operações e as prestações se iniciem no exterior - ICMS, incide sobre operação de circulação de petróleo desde os poços de sua extração para a empresa concessionária. Art. 2º O fato gerador do imposto ocorre imediatamente após a extração do petróleo e quando a mercadoria passar pelos Pontos de Medição da Produção. Parágrafo único. Para os fins do disposto no* caput*, Pontos de Medição da Produção são aqueles pontos definidos no plano de desenvolvimento de cada campo nos termos da legislação em vigor, onde se realiza a medição volumétrica do petróleo produzido nesse campo, expressa nas unidades métricas de volume adotadas pela Agência Nacional do Petróleo – ANP e referida à condição padrão de medição, e onde o concessionário, a cujas expensas ocorrer a extração, assume a propriedade do respectivo volume de produção fiscalizada, sujeitando-se ao pagamento dos tributos incidentes e das participações legais e contratuais correspondentes. Art. 3º A base de cálculo, quanto à incidência prevista nos artigos anteriores é o preço de referência do petróleo. Parágrafo único. O preço de referência a que se refere o* caput *deste artigo, a ser aplicado a cada período de apuração ao petróleo produzido em cada campo durante o referido período, em reais por metro cúbico, na condição padrão de medição, será igual à média ponderada dos seus preços de venda praticados pelo concessionário, em condições normais de mercado, ou ao seu preço mínimo estabelecido pela ANP, aplicando-se o que for maior. Art. 4º A alíquota do imposto a que se referem os artigos anteriores é 18% (dezoito por cento). Art. 5º Contribuinte do imposto a que se referem os artigos anteriores é o comerciante, o industrial, o produtor e o extrator, seja concessionário direto ou não. Art. 6º Para efeito de cobrança do imposto e definição do estabelecimento responsável, considera-se local da operação aquele em que, após a extração do petróleo, tenha ocorrido a medição a que se referem o art. 2º e seu parágrafo único. Art. 7º O estabelecimento que comercializar, dentre outras mercadorias, combustíveis e lubrificantes, deverá adotar inscrição e regime de escrituração específica para esta atividade. Art. 8º Fica revogada a Lei Estadual nº 4.117, de 27 de junho de 2003, que altera a Lei nº 2.657, de 26 de dezembro de 1996, e dá outras providências. Art. 9º Esta Lei entra em vigor na data de sua publicação, produzindo seus efeitos após o decurso do prazo de 90 (noventa) dias.*Trata-se, está-se a ver, da mesma exigência tributária contida na Lei nº 4.117, de 2003, que agora se apresenta com nova roupagem. São diminutas as diferenças entre os dois diplomas legislativos, que guardam identidade absoluta quanto ao seu objeto central, é dizer, tributar a extração do petróleo sob o equivocado argumento de existência de uma circulação de mercadoria tributável.

Assim é que a Lei nº 4.117/2003, ao acrescentar o inciso VI ao artigo 1º da Lei nº 2.657/96, estabeleceu que o imposto incidisse sobre a extração do petróleo, em franca oposição à previsão constitucional, que prevê a tributação pelo ICMS sobre operação de circulação de mercadorias, não sobre a sua extração ou produção.

Advertidos, talvez, de que o ICMS não pode incidir sobre "extração", pois sua matriz constitucional exige uma operação de circulação, o Governo e a Assembleia Legislativa do Estado do Rio de Janeiro procuraram contornar o obstáculo, estabelecendo, no artigo 1º da Lei nº 7.183/2015, que o ICMS incidiria sobre operação de "circulação" do petróleo, e não mais sobre sua extração.

No mais, a Lei nº 4.117, de 2003, e a Lei nº 7.183, de 2015, são idênticas, ainda que com algumas alterações de linguagem, de nenhuma relevância: (i) o fato gerador da incidência se consuma com a passagem do petróleo pelos postos de medição da produção; (ii) a base de cálculo é o valor de referência do petróleo; (iii) a alíquota para o imposto é de 18% .

Por fim, a Lei nº 7.183, de 2015, repete o que já constava da Lei nº 4.117, de 2003, sobre o que se deve entender por postos de medição da produção e preço de referência do petróleo, indicando, ainda, os contribuintes do imposto. Em razão desse novo diploma legal, importa perquirir, portanto, se permanecem os motivos de inconstitucionalidade da exigência consubstanciada na Lei nº 4.117/2003. Na verdade, ao que veremos, a situação não mudou com a Lei nº 7.183/2015, pois a inconstitucionalidade permanece.

III. A inconstitucionalidade anterior: Lei nº 4.117, de 2003

É inconstitucional a Lei nº 4.117, de 2003. O nosso entendimento apoia-se em dois fundamentos: (i) ausência de circulação de mercadoria, nos termos em que exigida pela Constituição para a incidência tributária e (ii) inexistência de transferência da propriedade do petróleo, elemento essencial da circulação tributável.

No que diz respeito ao primeiro, o certo é que a hipótese de incidência do ICMS pressupõe a existência de um ato jurídico cuja consequência seja a circulação de mercadoria, uma circulação onerosa. E pelo que ressai do inciso II do artigo 155 da Constituição, a incidência do ICMS exige sempre uma operação comercial praticada pelo comerciante e que envolva a circulação de mercadorias. Em consequência, estariam excluídos do campo de incidência do ICMS os atos civis, administrativos e quaisquer outros que não configurassem ato de comércio, ainda que causassem a circulação de mercadoria.

Assim, a lição de bons estudiosos do Direito Constitucional Tributário, entre os quais o saudoso Geraldo Ataliba, que, analisando a estrutura do antigo Imposto de Circulação de Mercadorias (ICM), sob a égide da Constituição pretérita, afirmava que a consistência material de sua hipótese de incidência é *dada de forma bastante restritiva pelo próprio texto constitucional. Tentando síntese, pode-se enunciar esta hipótese de incidência como consistindo na prática de operação mercantil que importa transmissão da titularidade de mercadoria.*[4] Isso porque a correta exegese dos textos normativos relativos ao ICMS *evidencia prontamente que toda a ênfase deve ser posta no termo 'operação', mais do que no termo "circulação". A incidência* é sobre operações, e não sobre o fenômeno da circulação. O fato gerador do *tributo* é *a operação que causa a circulação e não esta."*[5]

Como ressai da primeira parte do inciso II do artigo 155 da Constituição Federal, a hipótese de incidência do ICMS é uma operação jurídica que, praticada por comerciante, industrial ou produtor, acarrete a circulação da mercadoria e a transmissão de sua propriedade.[6] Heleno Taveira Torres deixa claro: *As "operações"* às *quais se referem a Constituição e a Lei Complementar equivalem a atos jurídicos praticados pelos sujeitos passivos que realizam transações mercantis relativas à circulação de mercadorias. São os atos que produtores, industriais ou comerciantes (atacadistas ou varejistas) realizam tendo por objeto a circulação de mercadorias. Ou como o viu José Souto Maior Borges, "quaisquer atos jurídicos que transfiram o domínio sobre mercadorias entregues* à *circulação econômica. Com a circulação, as operações ganham a dinamicidade que justificam a incidência tributária, pela transferência de mercadorias de um titular a outro.*[7] Embora não exista na doutrina divergência sobre o que seja circulação, Roque Carrazza assinala: É bom esclarecermos, desde logo, que tal *circulação só pode ser jurídica (e não meramente física). A circulação jurídica pressupõe a transferência (de uma pessoa para*

4 ATALIBA, Geraldo, "Estudos e Pareceres de Direito Tributário," Ed. Revista dos Tribunais, Vol. I, p. 124.

5 ATALIBA, Geraldo, "Sistema Constitucional Tributário Brasileiro," Revista dos Tribunais, 1ª edição, p. 246.

6 CARRAZZA, Roque Antônio, "ICMS", Malheiros, 12ª edição, p. 42.

7 Tôrres, Heleno Taveira, "A hipótese do ICMS sobre operações mercantis na Constituição e a solução de conflitos normativos", em "Direito Tributário – Homenagem a Paulo de Barros Carvalho", Luís Eduardo Schoueri, coordenador, Quartier Latin, S. Paulo, 2008, ps. 321, 327-328; Borges, José Souto Maior, "O fato gerador do ICM e os estabelecimentos autônomos," em Revista de Direito Administrativo, FGV/RJ, 103/33.

outra) da posse ou da propriedade da mercadoria. Sem mudança de titularidade da mercadoria, não há falar em tributação por meio de ICMS.[8]

Oportuno lembrar a lição sempre atual de Aliomar Baleeiro, no sentido de que o simples fato físico da movimentação da mercadoria não seria suficiente para a incidência do antigo ICM, sem mudança de titularidade. *Se admitíssemos solução contrária* – advertia ele – *até o furto de mercadoria seria fato gerador do ICM.*[9] Esta discussão restou até mesmo superada pela Súmula 166 do Superior Tribunal de Justiça: *Não constitui fato gerador do ICMS o simples deslocamento de mercadoria de um para outro estabelecimento do mesmo contribuinte.*Este sempre foi o entendimento do Supremo Tribunal Federal:

> *IMPOSTO SOBRE CIRCULAÇÃO DE MERCADORIAS – DESLOCAMENTO DE COISAS – INCIDÊNCIA – ARTIGO 23, INCISO II DA CONSTITUIÇÃO FEDERAL ANTERIOR.*
>
> *O simples deslocamento de coisas de um estabelecimento para outro, sem transferência de propriedade, não gera direito à cobrança do ICM. O emprego da expressão "operações", bem como a designação do imposto, no que consagrado o vocábulo "mercadoria", são conducentes à premissa de que deve haver o envolvimento de ato mercantil e este não ocorre quando o produtor simplesmente movimenta frangos, de um estabelecimento a outro, para simples pesagem.*[10]
>
> *TRIBUTÁRIO. AGRAVO REGIMENTAL EM AGRAVO DE INSTRUMENTO. SAÍDA FÍSICA DE BENS DE UM ESTABELECIMENTO PARA OUTRO DE MESMA TITULARIDADE. NÃO INCIDÊNCIA DO ICMS. PRECEDENTES DA CORTE. AGRAVO IMPROVIDO.*
>
> *I – A jurisprudência da Corte é no sentido de que o mero deslocamento físico de bens entre estabelecimentos, sem que haja transferência efetiva de titularidade, não caracteriza operação de circulação de mercadorias sujeita à incidência do ICMS.*[11]*DIREITO CONSTITUCIONAL E TRIBUTÁRIO. EMBARGOS DE DECLARAÇÃO EM AGRAVO REGIMENTAL*

8 CARRAZZA, Roque Antônio, ob. cit. p. 38.

9 BALEEIRO Aliomar, "Direito Tributário Brasileiro," Forense, 8ª edição, p. 205.

10 Ag. Rg. no AI nº 131.941, Rel. Min. MARCO AURÉLIO, DJ de 19.04.91, em www.stf.jus.br/jurisprudência.

11 Ag. Rg. no AI nº 693.714, Rel. Min. RICARDO LEWANDOWSKI, Dje de 21.08.2009, em www.stf.jus.br/jurisprudência.

> *EM RECURSO EXTRAORDINÁRIO. ICMS. TRANSFERÊNCIA DE BENS ENTRE ESTABELECIMENTOS DE MESMO CONTRIBUINTE EM DIFERENTES ESTADOS DA FEDERAÇÃO. SIMPLES DESLOCAMENTEO FÍSICO. INEXISTÊNCIA DE FATO GERADOR. PRECEDENTES.*
>
> *1. A não-incidência do imposto deriva da inexistência de operação ou negócio mercantil havendo, tão- somente, deslocamento de mercadoria de um estabelecimento para outro, ambos do mesmo dono, não traduzindo, desta forma, fato gerador capaz de desencadear a cobrança do imposto. Precedentes.*
>
> *2. Embargos de declaração acolhidos somente para suprir a omissão sem modificação do julgado.* [12]

É dizer, somente haverá operação de circulação de mercadoria, tributável pelo ICMS, quando houver transferência de titularidade da mercadoria. Não havendo essa transferência, não terá ocorrido saída jurídica tributável, mas apenas saída física. Juridicamente falando, aduz Carrazza, *é o mesmo que tivessem sido levadas do depósito para a vitrine. Ninguém cogitaria, na hipótese, de ocorrência de operação mercantil, apta a ensejar a cobrança de ICMS.*[13]

O conceito de mercadoria não oferece dificuldade. Anota Carrazza que mercadoria, para fins de tributação pelo ICMS, é o que a lei comercial assim considera, ou seja, o bem móvel que se submete à mercancia, que é colocado no mundo do comércio, sendo submetido ao ramo do direito mercantil.[14] José Souto Maior Borges completa: *Mercadoria é o bem móvel, que está sujeito à mercancia porque foi introduzido no processo econômico circulatório. Tanto que o que caracteriza, sob certos aspectos, a mercadoria é a destinação, porque aquilo que é mercadoria, no momento que se introduz no ativo fixo da empresa, perde essa característica de mercadoria, podendo ser reintroduzido no processo circulatório, voltando a adquirir, consequentemente, essa condição de mercadoria.*[15]

Merecem serem trazidas ao debate as conclusões de Misabel Derzi, contidas na magnífica atualização que fez do *"Direito Tributário Brasileiro"*, de Aliomar Baleeiro: *Podemos então concentrar o exame dou-*

---

12 RE 267.599/AgR-ED, Rel. Min. ELLEN GRACIE, DJe-076, 29.04.2010, em www.stf.jus.br/jurisprudência.

13 CARRAZZA, Roque Antônio, ob. cit. p. 51.

14 Ob. cit. p. 44.

15 BORGES, José Souto Maior, ap. CARRAZZA, Roque Antonio, ob. cit. p. 46

trinário da hipótese de incidência do ICMS nos seguintes pontos, igualmente relevantes e a serem observados cumulativamente: - qualquer operação jurídica mercantil, que transfira a titularidade da mercadoria (sua propriedade ou posse-exteriorização do domínio), como a compra e venda, a dação em pagamento etc; além disso, é necessário que ocorra a - circulação, representativa da tradição, como fenômeno jurídico de execução de ato ou negócio translativo da posse indireta ou da propriedade da mercadoria. Assim, operação, circulação e mercadorias são conceitos profundamente interligados, complementares e necessários que não podem ser analisados em separado, sem que o intérprete se dê conta de suas profundas interrelações.[16]

Flagrante, portanto, a inconstitucionalidade da Lei Estadual 4.117, de 2003, porque (i) ausente operação de circulação de mercadoria e (ii) inexistente transferência da propriedade de mercadoria, no caso o petróleo. A inconstitucionalidade já ocorria, portanto, com a lei anterior, Lei nº 4.117, de 2003, e a nova lei, Lei nº 7.183, de 2015, não superou os vícios da lei revogada.

IV. A inconstitucionalidade atual: Lei nº 7.183/2015

Dispõe o artigo. 1º da Lei Estadual nº 7.183, de 2015, que o imposto sobre operações relativas à circulação de mercadorias incide sobre operação de circulação de petróleo desde os poços de sua extração para a empresa concessionária. Embora a redação atual seja melhor do que a da lei revogada, que previa a incidência do imposto sobre a própria extração, em confronto aberto com a Constituição, nem por isso o novo texto escapa da mesma inconstitucionalidade.

Com efeito, o artigo 155, II, da Constituição Federal, exige, para a incidência do ICMS, que haja uma operação, cuja consequência seja a circulação de mercadoria, assim entendida a transferência de sua propriedade. Sem a presença desses três elementos, considera-se inconstitucional qualquer pretensão fiscal relacionada ao ICMS.

Não identifica a lei estadual, no caso, em que consistiria essa operação que pretende tributar. Dispõe que o fato gerador será a passagem do petróleo pelos Pontos de Medição da Produção. Ora, essa passagem constituiria apenas o elemento temporal do fato gerador, mas não ca-

16 BALEEIRO, Aliomar, "Direito Tributário Brasileiro," obra atualizada por DERZI, Misabel, Forense, 11ª edição, p. 377.

racteriza operação tributável e muito menos circulação de mercadoria passível de incidência pelo ICMS.

Operação, para fins de incidência do ICMS, já foi dito, há de ser entendida como o negócio jurídico praticado sob as leis do Direito Comercial, pois somente assim será apta a gerar efeitos mercantis, de conteúdo econômico, no caso a circulação de mercadoria. Isso porque o conceito nuclear da materialidade da hipótese de incidência do ICMS, quanto do antigo ICM, é o de operações, aduziam Geraldo Ataliba e Cléber Giardino, pois esta é *efetivamente, uma expressão substantiva de descrição constitucional do tributo;* é o núcleo em torno do qual se constrói a própria descrição do campo material *de competência dos Estados. Os demais termos, constantes dessa locução constitucional, são adjetivos em torno do substantivo operações.*[17]

Na mesma linha, Sacha Calmon, que leciona: *A palavra operação, utilizada no texto constitucional, garante assim que a circulação de mercadorias é adjetivação, consequência. Somente terá relevância jurídica aquela operação mercantil que acarreta circulação da mercadoria como meio e forma de transferir-lhe a titularidade. Por isso a* ênfase *constitucional na expressão "operações de circulação de mercadorias". O imposto não incide sobre a mera saída ou circulação física que não configure real mudança de titularidade do domínio.*[18]

No caso objeto deste estudo, estabelece a Lei nº 7.183, de 2015, que a circulação da mercadoria petróleo, vale dizer, a transferência de sua titularidade, ocorre quando o óleo passa pelos Pontos de Medição, ao dispor:

> *Art. 2º O fato gerador do imposto ocorre imediatamente após a extração do petróleo e quando a mercadoria passar pelos Pontos de Medição da Produção. Parágrafo único. Para os fins do disposto no caput, Pontos de Medição da Produção são aqueles pontos definidos no plano de desenvolvimento de cada campo nos termos da legislação em vigor, onde se realiza a medição volumétrica do petróleo produzido nesse campo, expressa nas unidades métricas de volume adotadas pela Agência Nacional do Petróleo – ANP e referida à condição padrão de medição, e onde o concessionário, a cujas expensas ocorrer*

17 ATALIBA, Geraldo, GIARDINO, Cléber, "Núcleo da Definição Constitucional do ICM", in Revista de Direito Tributário, n. 25/26, p. 104.

18 COELHO, Sacha Calmon Navarro, "Curso de Direito Tributário Brasileiro", Forense, 1999, p. 483.

a extração, assume a propriedade do respectivo volume de produção fiscalizada, sujeitando-se ao pagamento dos tributos incidentes e das participações legais e contratuais correspondentes.

O artigo 2º, acima transcrito, tem início com uma redundância óbvia: por impossibilidade física, o petróleo jamais poderá passar por qualquer ponto de medição antes de ser extraído. Não precisava, portanto, dizê-lo, ainda que de outra forma. Bastava consignar que o fato gerador ocorreria na passagem por aqueles pontos.

O parágrafo único do artigo 2º explicita o que são os denominados pontos de medição da produção: são os pontos definidos no plano de desenvolvimento de cada campo nos termos da legislação em vigor, nos quais se realiza a medição volumétrica do petróleo produzido nesse campo, expressa nas unidades métricas de volume adotadas pela Agência Nacional do Petróleo – ANP e referida à condição padrão de medição, e onde o concessionário, a cujas expensas ocorrer a extração, assume a propriedade do respectivo volume de produção fiscalizada, sujeitando-se ao pagamento dos tributos incidentes e das participações legais e contratuais correspondentes.

Chama a atenção a afirmação no sentido de que é na passagem por esses pontos de medição que o concessionário assume a propriedade do volume produzido. No entender da lei, portanto, a passagem do petróleo pelos pontos de medição representa sua circulação, com a aquisição de sua propriedade pelo concessionário.

A fragilidade de tal afirmação será oportunamente analisada. Todavia, ainda que expressasse a verdade, qual seria o negócio jurídico realizado para concretizar esta transferência de propriedade, sabendo-se que a incidência do ICMS não se dá sobre a circulação, ou mesmo transferência de propriedade, mas sobre a operação que lhe deu causa?

O silêncio da lei é eloquente. É que a passagem do petróleo pelos pontos de medição, que poderia ser, na melhor das hipóteses, o elemento temporal de uma hipótese de incidência, não decorre de qualquer ato jurídico translativo da propriedade. O denominado ponto de medição, como o nome está a indicar, tem função única de quantificar o volume de petróleo produzido, sem qualquer interferência na titularidade sobre ele exercida.

Vale lembrar Ataliba e Giardino: *Circulação é expressão que deve ser entendida juridicamente. Do ponto de vista econômico, o termo é vago e impreciso: é, pois, imprestável para assegurar a objetividade e segurança específicas do direito. É óbvio que só há circulação se houver uma operação que a provoque (isto não quer dizer que o imposto possa ser considerado sobre circulação; o núcleo da hipótese de incidência está na operação). E a circulação, a que se refere a operação (relativa a ela), não pode ser outra se não a circulação jurídica, isto é, efeito-jurídico-provocado, decorrente de fato-juridico-provocante.*[19] Acrescentam que, circular significa, juridicamente, *mudar de titular, se um bem ou uma mercadoria muda de titular, circula para efeitos jurídicos. [...] Sempre que haja operação jurídica negocial, de um lado, e mercadoria, de outro, haverá circulação quando o sujeito (que detem a mercadoria e foi parte na operação) é titular de direito de dono, e os transfere total ou parcialmente (pela operação) a outrem. Esse fenômeno é que importa no plano do ICM.*[20]

No caso, inexistente o fato-jurídico referido por Ataliba e Giardino, ou seja, o fato jurídico que dá origem à circulação, ela igualmente não existe, não havendo espaço legítimo para a incidência tributária. Mas, não são apenas essas duas circunstâncias a constituir óbice à tributação pretendida, eis que inexistente, da mesma forma, o terceiro elemento integrante da hipótese de incidência: a mercadoria.

Vale relembrar o conceito de Souto Maior Borges, citado por Carrazza, segundo o qual mercadoria é *o bem móvel que está sujeito* à *mercancia, porque foi introduzido no processo econômico circulatório.*[21] É fácil concluir que somente pode ser considerada mercadoria o bem móvel que se destina à prática de operações mercantis, ou seja, que se destina à venda ou revenda. No caso, a passagem do petróleo pelos pontos de medição em hipótese alguma revela submissão do produto à comercialização, à mercancia, pois ainda se encontra na legítima propriedade da empresa que o extraiu.

De absoluta precisão a afirmação de Mizabel Derzi, na mencionada atualização da obra de Baleeiro: *Assim, operação, circulação e mercadorias são conceitos profundamente interligados, complementares e necessários, que não podem ser analisados em separado, sem que o intérprete se dê conta de suas profundas interrelações. Não interessa para delimitação da hipótese tributária nem a operação que seja inábil à transferência do domínio, nem tampouco o contrato de compra e venda em si, isoladamente, que embora perfeito, não transfere o domínio, quer no Direito Civil, quer no Comercial, sem a tradição.[...] Também a transmissão de bens imó-*

19 ATALIBA, Geraldo, GIARDINO, Cléber, ob. cit. p. 109.

20 ATALIBA, Geraldo, e GIARDINO, Cléber, ob. cit. p. 111.

21 CARRAZZA, Roque Antônio, ob. cit. p. 45.

veis (ainda que habitual) não configura fato gerador do ICMS, seja por configurar hipótese de outro tributo especial, de competência municipal, seja por inexistir mercadoria (bem móvel).[22]

Faltando um dos elementos constitucionalmente exigidos para a incidência do ICMS, é dizer, operação, circulação e mercadoria, a exigência se revela inconstitucional, com mais razão ainda na hipótese em que não se fazem presentes os três requisitos, como ocorre no caso.

Por fim, pelo que revelam as informações prestadas na ADI nº 3.019, que tem por objeto a inconstitucionalidade da Lei Estadual nº 4.117/2003, sustenta o Estado do Rio de Janeiro que, como o petróleo constitui propriedade da União, que se transfere para o concessionário que o extraiu, haveria circulação de mercadoria nessa transferência, o que daria suporte jurídico para a incidência do ICMS. Essa transferência de propriedade se concretizaria, ainda no entender do Estado do Rio, na passagem do óleo bruto pelos pontos de medição (item 4 das informações, fls. 537 dos autos). Esse entendimento, que parte de premissas equivocadas, está a merecer análise, seja porque é incompatível com o regime jurídico dos recursos minerais, entre os quais o petróleo, seja porque inexistente transferência de propriedade do petróleo da União para a empresa concessionária que o extraiu. Se não há transferência, não há como falar em circulação, em sentido jurídico.

V. O regime jurídico da extração do petróleo e do produto extraído

Somente a partir do Decreto nº 24.642, de 10/07/1934, que foi o nosso primeiro Código de Minas, é que se introduziu, no ordenamento jurídico brasileiro, a separação entre o solo e as riquezas do subsolo. Dispôs, então, referido decreto, em seu artigo 5º, § 6º, que as jazidas conhecidas continuariam pertencendo ao proprietário do solo, desde que manifestadas e registradas perante o Poder Público. Já as jazidas desconhecidas, quando descobertas, seriam incorporadas *ao patrimônio da nação, como propriedade imprescritível e inalienável* (artigo 5º, § 1º).

Ao tempo do Brasil Colônia, as minas e os recursos minerais em geral pertenciam à Coroa portuguesa. Todavia, a Constituição de 1824 garantiu, em seu artigo 179, inciso XXII, a plenitude do direito de propriedade, alcançando, pois, o solo e o subsolo, o que foi acolhido pela

22 DERZI, Misabel Abreu Machado, in BALEEIRO, Aliomar, ob. cit. p. 377.

Constituição republicana de 1891, cujo artigo 72, § 17, dispôs pertencerem as minas aos proprietários do solo, *salvas as limitações que foram estabelecidas por lei a bem da exploração desse ramo de atividade.* (Artigo 72, § 17).

A Constituição de 1934, promulgada 10 dias após o Decreto nº 24.642, conquanto garantisse o direito de propriedade, referendou a separação entre o solo e as riquezas do subsolo, para efeito de exploração econômica, o que foi mantido pela Carta de 1937.

Na década de 1930, nenhuma jazida de hidrocarboneto, líquido ou gasoso, foi manifestada e registrada por seu proprietário, na linha do que determinara o Código de Minas então vigente. O Decreto-lei nº 366, de 1938, declarou, então, todas incorporadas ao patrimônio nacional, estabelecendo regime legal para o petróleo e gases naturais. Na sequência, o Decreto nº 395, de 1938, declarou de utilidade pública, para fins de nacionalização, o abastecimento nacional de petróleo, assim considerados a produção, a importação, o transporte, a distribuição e o comércio de petróleo bruto e seus derivados, bem como a refinação do petróleo importado ou de produção nacional.

A Constituição de 1946 reafirmou que as minas e demais riquezas do subsolo constituem propriedade distinta do solo para efeito de exploração ou aproveitamento industrial, dependente de autorização federal. No mesmo sentido, o disposto na Constituição de 1967 (artigo 161) e na Emenda nº 1/69 (artigo 168). Ademais, a Constituição de 1967 constitucionalizou o monopólio da pesquisa e lavra do petróleo em território nacional (artigo 162), o que foi mantido pela EC nº 1/69 (artigo 169).

A Constituição de 1988 não apenas dispôs, em seu artigo 176, serem as jazidas, em lavra ou não, e demais recursos minerais, bem como os potenciais de energia elétrica, propriedade distinta do solo para efeito de exploração econômica, dependente de autorização federal, como os incluiu no patrimônio da União, juntamente com os recursos naturais da plataforma continental e da zona econômica exclusiva (artigo 20, V e IX).

Em sua redação original, a Constituição criou um duplo regime para os recursos naturais, um para os minerais em geral e outro para o petróleo, gás natural e outros hidrocarbonetos fluidos. Para os primeiros, conquanto pertencentes à União, admitiu a Constituição que a lavra, a pesquisa e seu aproveitamento poderiam ser efetuados mediante autorização ou concessão, no interesse nacional, por brasileiros ou empresa constituída sob as leis brasileiras e que tenha sua sede e administração no País, na forma da lei, ficando garantida ao concessionário a propriedade do produto da lavra (artigo 176 e seu § 1).

Quanto ao petróleo, gás natural e outros carbonetos, manteve a Constituição, artigo 177, o monopólio da pesquisa e lavra, estendendo-o, ainda, à refinação do petróleo nacional ou estrangeiro, à importação e exportação dos produtos e derivados básicos resultantes das atividades anteriores e ao transporte marítimo do petróleo bruto de origem nacional ou de derivados básicos de petróleo produzidos no País, bem assim ao transporte, por meio de conduto, de petróleo bruto, seus derivados e gás natural de qualquer origem.

E no § 1º, do artigo 177, a Constituição de 1988 dispôs que o monopólio incluía os riscos e resultados decorrentes das atividades nele mencionadas, sendo vedado à União ceder ou conceder qualquer tipo de participação, em espécie ou em valor, na exploração de jazidas de petróleo ou gás natural, ressalvado o disposto no artigo 20, § 1º, que trata da compensação financeira devida aos estados e municípios produtores.

Todavia, a rigidez desse monopólio foi relativizada pela EC nº 9, de 1995, que deu nova redação ao § 1º do artigo 177 e incluiu o § 2º, renumerando os demais. Assim, dispõem os dois novos parágrafos do artigo 177: § 1º A União *poderá contratar com empresas estatais ou privadas a realização das atividades previstas nos incisos I a IV deste artigo observadas as condições estabelecidas em lei.* § 2º A lei a que se refere o § 1º disporá sobre: *I – a garantia do fornecimento dos derivados de petróleo em todo o território nacional; II – as condições de contratação; III – a estrutura e atribuições do órgão regulador do monopólio da União.*

Admitiu, pois, a Constituição, a contratação de empresas estatais ou privadas para o desenvolvimento das atividades ligadas à indústria petrolífera, *observadas as condições estabelecidas em lei.* Sobreveio, então, a Lei nº 9.478/97, que dispôs sobre a política energética nacional e as atividades relativas ao monopólio do petróleo, instituindo, ainda, o Conselho Nacional de Política Energética e a Agência Nacional do Petróleo. Em seu artigo 3º, reafirmou a Lei nº 9.478/97 o que já estava na Constituição: os depósitos de petróleo, gás natural e outros hidrocarbonetos fluidos existentes no território nacional, nele compreendidos a parte terrestre, o mar territorial, a plataforma continental e a zona econômica exclusiva pertencem à União.

Ainda em conformidade com a Constituição, na redação da EC nº 9/95, a Lei nº 9.478/97, artigo 4º, estabeleceu que as atividades de pesquisa e lavra do petróleo, sua refinação, a importação e exportação do petróleo e seus derivados, e o transporte de petróleo bruto constituem monopólio da União, podendo, entretanto, *ser exercidas, mediante concessão ou autorização, por empresas constituídas sob as leis brasilei-*

ras, com sede e administração no País. (Artigo 5º). E o artigo 26 da mesma lei dispôs ser aplicável, na exploração do petróleo, o que a Constituição já previa, no artigo 176, para os demais recursos minerais, ou seja, a propriedade do produto da lavra para o concessionário: *Art. 26. A concessão implica, para o concessionário, a obrigação de explorar, por sua conta e risco e, em caso de* êxito, *produzir petróleo ou gás natural em determinado bloco, conferindo-lhe a propriedade desses bens, após extraídos, com os encargos relativos ao pagamento dos tributos incidentes e das participações legais ou contratuais correspondentes.*

Esse artigo 26, ao atribuir ao concessionário a propriedade do produto obtido com a atividade concedida, teve sua constitucionalidade questionada perante o Supremo Tribunal Federal, na ADI nº 3.273, argumentando-se que representaria quebra do monopólio constitucionalmente estabelecido. A ação, entretanto, foi julgada improcedente.[23]

Quando realizado esse julgamento, integrava eu o Supremo Tribunal Federal, pelo que dele participei e o meu voto acompanhou o relator, ministro Eros Grau, afirmando a constitucionalidade do dispositivo legal questionado. Argumentei, então, que, embora o § 1º do artigo 177 da Constituição, em sua redação original, proibisse a concessão da exploração de petróleo e gás natural, e, ainda, qualquer tipo de participação em espécie ou em valor na exploração das jazidas de petróleo ou gás natural, ou seja, a própria transferência de propriedade do petróleo extraído, a EC nº 9/95, ao dar nova redação aos §§ 1º e 2º do artigo 177, alterou profundamente o quadro até então existente, flexibilizando o monopólio da atividade da indústria petrolífera. E concluí o meu voto:

> *Ao que penso, resultando desses novos dispositivos o afastamento da proibição de concessão, pela União, de atividades ligadas à exploração de petróleo a empresas estatais ou privadas, caiu a impossibilidade de aplicação ao petróleo do art. 176, parte final.*
> *Caindo essa impossibilidade, aplicação ao petróleo da parte final do art. 176 da Constituição, ter-se-á legítima a aplicação ao petróleo da regra constitucional que assegura ao concessionário dos direitos de lavra a propriedade do produto extraído. Pode, portanto, o legislador ordinário estabelecer regras de transferência de propriedade da União para o concessionário, do petróleo pelo concessionário extraído.*

23 ADI 3.273-DF, Rel. Min. Eros Grau, DJ de 02.03.2007, em www.stf.jus.br/Jurisprudência.

Esse breve retrospecto do regime jurídico a que submetida a indústria petrolífera se fez necessário a fim de demonstrar o equívoco em que incorreu a Lei nº 7.183/2015, do Estado do Rio de Janeiro, o que ressalta sua inconstitucionalidade. Entende o Estado do Rio ser possível a incidência do ICMS na exploração de petróleo, ao argumento de que existe, sim, uma circulação de mercadoria quando o petróleo se transfere da propriedade da União para a do concessionário. Contudo, não existe, na hipótese, transferência de propriedade, vale dizer, circulação de mercadoria. A União não transfere a propriedade do petróleo extraído para o concessionário. É a Constituição que a ele confere – não transfere – a propriedade do produto da lavra. Trata-se de aquisição originária de propriedade não resultante de uma operação mercantil.

O equívoco tem a ver com certa confusão conceitual entre recursos minerais e produto mineral. Recursos minerais são as substâncias minerais não lavradas, ainda integrantes das jazidas, assim consideradas, nos termos do Código de Mineração, *toda massa individualizada de substância mineral ou fóssil, aflorando à superfície ou existente no interior da terra, e que tenha valor econômico* (Decreto-lei nº 227/67, art. 4º). Quanto ao petróleo, a Lei nº 9.478/97 é esclarecedora: *Art. 3º Pertencem à União os depósitos de petróleo, gás natural e outros hidrocarbonetos fluidos existentes no território nacional, nele compreendidos a parte terrestre, o mar territorial, a plataforma continental e a zona econômica exclusiva. Art. 6° Para os fins desta Lei e de sua regulamentação, ficam estabelecidas as seguintes definições: I – Petróleo: todo e qualquer hidrocarboneto líquido em seu estado natural, a exemplo do óleo cru e condensado; X – Reservatório ou Depósito: configuração geológica dotada de propriedades específicas, armazenadora de petróleo ou gás, associados ou não; XI – Jazida: reservatório ou depósito já identificado e possível de ser posto em produção.*

Em se tratando de petróleo, a propriedade da União é o depósito, isto é, a configuração geológica armazenadora de petróleo ou gás, bem como a jazida, ou seja, o depósito já identificado, em condições de ser explorado, mas ainda não em estado de produção. Propriedade da União são, pois, depósitos e jazidas, que formam os recursos minerais. Quanto ao produto mineral petróleo, que é o resultado da exploração da jazida em que se converteu o depósito, a Lei nº 9.478/97, forte na EC nº 9/95, lhe dá outro tratamento: pertence ele ao concessionário extrator, aplicando-se a parte final do artigo 176 da Constituição.

É a Constituição, portanto, que garante ao concessionário extrator a propriedade do petróleo por ele produzido. Veja-se que a Constituição não determina a transferência de propriedade, mas a atribui, de imediato, ao concessionário. Não existe, pois, transferência, mas aquisição originária de propriedade, ao contrário do sustentado pelo Estado do Rio de Janeiro.

No particular, a Lei nº 9.478, de 1997, é precisa ao estabelecer, artigo 26, que a concessão *implica, para o concessionário, a obrigação de explorar, por sua conta e risco e, em caso de êxito, produzir petróleo ou gás natural em determinado bloco, conferindo-lhe a propriedade desses bens, após extraídos, (...).* Dito de outra forma: a propriedade é conferida, não transferida. É consequência da própria concessão.

Por fim, tendo-se em linha de conta os limites inscritos na Constituição para a incidência do ICMS, nem mesmo lei complementar poderia instituir, como hipótese de incidência desse tributo, a produção do petróleo, porque continuaria inexistente operação mercantil de circulação de mercadoria, que integra o perfil constitucional do imposto. Somente emenda constitucional poderia fazê-lo.

VI. Conclusão

Forte nas considerações expostas, podemos formular as seguintes conclusões.

A Lei nº 7.183/2015, do Estado do Rio de Janeiro, ao estabelecer a incidência do ICMS sobre uma inexistente circulação de mercadoria – o petróleo, que nem mesmo pode, na fase que se pretende tributar, ser considerado mercadoria – revela-se incompatível tanto com a Constituição quanto com a legislação tributária que disciplina o ICMS, a Lei Complementar nº 87/93. Tanto a Constituição quanto a Lei Complementar nº 87/93 exigem, para a tributação pelo ICMS, a ocorrência de um ato jurídico que promova a circulação de mercadoria, inexistente na aquisição, pelo concessionário e por expressa previsão constitucional, da propriedade do petróleo por ele extraído.

À exceção de algumas alterações de linguagem, não se verifica nenhuma diferença substancial entre as Leis nºs 7.183/2015 e 4.117/2003, instituidoras ambas de uma inconstitucional incidência do ICMS sobre a extração de petróleo.

Um gigante da advocacia

Edgard Silveira Bueno Filho[1]

Um gigante da advocacia e de uma modéstia de igual tamanho. Assim eu descreveria o homenageado se não conhecesse outros traços de sua personalidade.

De toda forma, ao discorrer sobre as qualidades, elas estarão contidas nos dois adjetivos utilizados na frase inicial do artigo.

Rubens, como eu, foi juiz e, depois de aposentado, tornou-se advogado. No caso dele, advogado brilhante. Porém, com uma outra diferença. Ele foi juiz concursado e muito jovem começou sua carreira. Brilhante, logo ascendeu aos cargos de segunda instância, tendo se aposentado como desembargador do Tribunal de Justiça do Estado de São Paulo. Foi uma referência na magistratura nos dois graus de jurisdição. A qualidade de suas decisões era uma unanimidade entre seus pares, mas não só entre eles. Também os advogados sempre lhe renderam homenagem por sua independência, imparcialidade e por seu cuidado na redação de votos e dos acórdãos. Tanto que eram referência e constituíram precedentes jurisprudenciais.

Advogado há trinta anos, seu escritório completa três décadas, como noticiado na edição de 19 de março em *Migalhas*. E o mesmo respeito e admiração que angariou na magistratura foi mantido ou quiçá, ampliado, graças a seu talento. Isso por sua competência e lhaneza e respeito no trato com juízes, membros do Ministério Público e colegas advogados. Mesmo em relação aos mais ferrenhos adversários.

Fui seu calouro na Faculdade de Direito da Universidade Mackenzie, onde ele se formou, em 1962.

Três anos depois Rubens ingressou na magistratura, como Juiz Substituto, em Santo André. Passados nove anos de seu ingresso na carreira, em fato raríssimo, ele passou a ser convocado, reiteradamente, para substituir em Segunda Instância, à qual chegou em dezembro de 1979, quando foi promovido ao cargo de Juiz do PRIMEIRO TRIBUNAL DE ALÇADA CIVIL.

---

1 Juiz aposentado do TRF da 3ª Região, Conselheiro Diretor de Relações Institucionais do IASP e advogado-sócio de Lima Gonçalves, Jambor, Rotenberg & Silveira Bueno. Foi Professor Assistente Mestre de Direito Constitucional na PUC-SP e Presidente da AJUFE – Associação dos Juízes Federais

Em maio de 1983, foi promovido ao cargo de Desembargador do TRIBUNAL DE JUSTIÇA DE SÃO PAULO.

Sua volta à advocacia ocorreu em abril de 1987.

Embora já o conhecesse como magistrado e tenha lamentado, tal como ocorreu com a grande maioria dos advogados, por perdê-lo como juiz da melhor qualidade que ele era, só mais tarde o conheci melhor.

Logo após sua aposentadoria, um dia recebi um telefone dele. Recém-aposentado, ele me informou que fora contratado para defender um cliente em uma demanda envolvendo um imóvel rural em São Luiz do Paraitinga - cidade onde foi juiz e com a qual tinha fortes ligações.

Senti um frio na espinha ao saber que iria ter que enfrentá-lo em juízo. Tarefa com a qual nenhum advogado que o conhecesse, ficaria feliz. Não por alguma dificuldade no relacionamento pessoal, mas por sua extrema competência e afinco na defesa de seus clientes.

Para minha sorte, porém, como bom advogado consciente dos riscos a que seu cliente estava exposto, ele, depois das saudações de praxe utilizadas em uma conversa de colegas, para meu alívio, disse que, se meu cliente fosse razoável em suas pretensões, poderíamos chegar a um acordo.

E a proposta que ele fez, em nome do cliente, foi mais do que razoável, tanto que o meu logo aceitou.

Com isso, o nosso relacionamento, que era bastante formal, como deveria ser entre advogado e juiz, estreitou-se. Não raro - naqueles tempos advogado comparecia ao fórum quase diariamente - encontrávamo-nos nos corredores do Fórum João Mendes ou dos Tribunais de Alçada e de Justiça e trocávamos algumas palavras. Mas nossa amizade se estreitou quando, como Procurador do Estado, passei a ter relacionamento com o então Secretário de Justiça, José Carlos Dias, seu cunhado.

Amizade que continuou quando fui nomeado Juiz do Tribunal Regional Federal da 3ª Região.

Quando me aposentei e voltei para a advocacia, graças à amizade que temos, consultei-o diversas vezes sobre algumas causas que tive e mantivemos algumas parcerias, seja em questões submetidas à justiça local, seja em questões levadas aos Tribunais Superiores. Especialmente no Superior Tribunal de Justiça, onde, em conjunto com Roberto Rosas, Rubens é respeitadíssimo.

Mas emblemática foi uma parceria quando advogamos para a Bolsa de Valores de São Paulo na fusão com a BMF, em operação histórica para o mercado de títulos mobiliários.

Na véspera da Assembleia que iria apreciar a proposta de fusão das entidades, uma das corretoras, que detinha um título e se opunha à operação, ajuizou uma Medida Cautelar e obteve uma liminar para suspender a realização da Assembleia.

No início da noite, dirigimo-nos, os dois, ao Tribunal Regional Federal da 3ª Região, para distribuir um Agravo de Instrumento com vistas a obter uma antecipação da tutela recursal e, com isso, suspender os efeitos da liminar obtida, pela parte contrária, em primeiro grau.

Naquele tempo, talvez isso persista até hoje, cada dia da semana um dos desembargadores ficava de plantão noturno para apreciar medidas urgentes, como era o caso do nosso agravo.

Por volta das 21 horas nos foi informado que o Desembargador de plantão era o Prof. Newton De Lucca, e que ele já fora informado da distribuição do recurso e iria ao Tribunal para examinar e despachar o pedido de suspensão da liminar concedida em primeiro grau.

O fato é que, depois de ter recebido os autos e ter estudado o nosso recurso, o Desembargador nos atendeu para prestarmos alguns esclarecimentos sobre a matéria. A essa altura já eram quase 23 horas.

Prestados os esclarecimentos e enfatizados a verossimilhança dos direitos e o perigo de dano irreparável e sua urgência - dado que a Assembleia iria ocorrer na manhã seguinte - o Desembargador nos assegurou que examinaria o nosso recurso e o despacharia, assim que possível.

Por volta de uma hora da manhã ou já mais tarde, Rubens e eu, sem termos tomado sequer um lanche ou jantado, fomos informados de que a decisão fora proferida e que deveríamos comparecer ao gabinete do Desembargador para dela tomar conhecimento.

A expectativa foi grande até termos acesso a um bem fundamentado despacho concessivo da liminar pleiteada.

Boa parte da tarefa já estava completa. Faltava, ainda, obter um ofício para ser levado aos dirigentes da Assembleia para garantir que ela se realizasse.

Para encurtar a história, foi só por volta das duas horas da manhã que saímos do Tribunal, sofridos com a longa espera em horário quando já deveríamos estar no recesso do lar, descansando para enfrentar as batalhas do dia a dia. Porém, saímos de lá com a sensação do dever cumprido e a satisfação de termos obtido uma decisão que permitiu que desse origem à terceira maior bolsa do mundo, por valor de mercado.

Essa atitude do homenageado é bastante ilustrativa do seu caráter e de sua responsabilidade. Não titubeou em nenhum momento ou cogitou solicitar ao colega mais novo que ficasse de plantão. Sem uma queixa ficamos juntos, cansados e com fome, até obter a decisão e o ofício que a comunicava.

Rubens, esse gigante da advocacia não enjeitava e não enjeita uma tarefa. E não abre mão de se sacrificar para ver prevalecer o direito dos seus clientes.

Resistência do direito à tecnologia: Uma análise Teubniana de comunicação e regulação

Eduarda Chacon Rosas[1]

Nota prévia

Honram-me o Dr. Roberto Rosas e o Ministro Sidnei Beneti com o convite para participar desta obra em homenagem ao Dr. Rubens Ferraz de Oliveira Lima, um dos maiores advogados do país. Sem sombra de dúvida.

Nunca esqueço o depoimento que ouvi certa vez de um advogado importante sobre o homenageado. Disse que o amigo que, como ele, também foi magistrado antes de se dedicar à advocacia, era um profissional mil vezes melhor do que jamais seria: Dr. Rubens domina como poucos a empatia necessária aos que transitam entre os dois mundos. Quem o conhece sabe que a mente brilhante é complementada pelo sorriso genuíno, o aperto de mão seguro e as maneiras elegantes e acolhedoras.

As pessoas repetem sempre que não se fazem mais "homens" como antigamente. Temo que seja a pura verdade. Figuras como o Dr. Rubens de Oliveira Lima são, por natureza e por definição, singulares.

Introdução

O trabalho parte da assunção de que a resistência do Direito à Tecnologia se origina em um dilema Teubniano de comunicação e regulação. Tendo a tecnologia sido promovida a sistema social de segundo grau, ao lado do Direito, da Economia e da Política, o processo de acoplamento estrutural se conturbou porque encontrou os últimos ainda sem instrumental linguístico, que é a primeira fase da interação entre sistemas.

1 Advogada de contencioso estratégico e membro do Comitê de Proteção de Dados do Barroso Fontelles, Barcellos, Mendonça Advogados. Mestranda em Direito Econômico e Regulatório na Universidade Federal de Brasília (UNB). Ex-Vice-Presidente do Comitê de Resolução de Disputas da ITECHLAW Association (2018/2020). Membro do Instituto Brasileiro de Direito Societário (IBRADEMP) , Associação Brasileira de Direito de Informática e Comunicação (ABDTIC), Associação dos Advogados de São Paulo (AASP) e Internet Society (ISOC).

A solução para esta instabilidade depende de os juristas e aplicadores do direito se abrirem ao sistema de Tecnologia e começarem a compatibilizar a realidade tecnológica com a realidade jurídica. Ocorre que o jurista é, atualmente, um analfabeto tecnológico. Se o Direito não compreende a linguagem tecnológica, como será possível que apreenda uma versão da realidade social que é a tradução da realidade tecnológica?

Com vistas a solucionar este problema, o artigo retrará a chamada questão do *WhatsApp*, em episódios de suspensão dos serviços do aplicativo, para ilustrar, na prática, de que maneira o aplicador do direito, tecnológico-iliterato, reflete a resistência do Direito à Tecnologia no mundo real.

Para assimilar o porquê dessa resistência do Direito à Tecnologia, recorrer-se-á à Teoria do Direito como Sistema Autopoiético de Gunther Teubner e procurar-se-á estabelecer primeiramente que a Tecnologia é um sistema de segundo grau, hierarquicamente equiparado ao Direito, à Economia e à Política.

Daí se buscará perceber como os sistemas se relacionam com os respectivos meios envolventes - próprios e mútuos - e como evoluem a partir desta interação. Deste ponto em diante, objetivar-se-á absorver o papel da regulação na teoria Teubniana para, enfim, iniciar a análise da relação entre o sistema Direito e o sistema Tecnologia como resultado de autorregulação, regulação mútua e evolução.

A partir do entendimento a respeito das razões que justificam a resistência do Direito à Tecnologia, sugerir-se-á um plano de conciliação com algumas demonstrações práticas de execução.

O WhatsApp

A polêmica envolvendo o WhatsApp desde 2016 se originou do equívoco que foram as ordens judiciais de suspensão do *Over The Top Service* (OTT) decorridas da falta de compreensão a respeito de tecnicidades que regulam o funcionamento do aplicativo.

Como se verá em maiores detalhes, a Tecnologia funciona de forma binária, trabalhando com possibilidades e impossibilidades técnicas insuperáveis. Deste modo, quando uma decisão judicial desafia o determinismo tecnológico, exigindo que um programa execute um comando impossível, conclui-se que o autor da ordem não possui conhecimento técnico suficiente para arbitrar o conflito entre a aparente vontade da lei e o escopo da tecnologia.

A suposta violação do comando legal no caso do *WhatsApp*, que resultou em punição equivalente à suspensão do serviço, reflete um vício de comunicação entre Direito e Tecnologia e, deste episódio, decorreu uma enorme comoção social justificada, a princípio, pelo repúdio da sociedade à interferência do Judiciário - o que significa que o sistema legal não está conseguindo apreender de forma clara as mensagens do sistema social.

Aproveitando o ensejo a respeito da citada indignação social, as empresas de tecnologia capitanearam um movimento junto a organizações jurídicas e sociais para solicitar a interferência do Supremo Tribunal Federal (STF) na questão, de forma a alterar por via judicial o Marco Civil da Internet para que jamais um OTT possa ser novamente suspenso ou bloqueado, não importa que circunstâncias fáticas se façam presentes concretamente.

Se a suspensão do *WhatsApp* nos casos que originaram as ações em trâmite no STF foi infeliz, a disposição legal que autorizou tais providências, contida no artigo 12 da Lei nº 12.965/14, não é absurda, ao contrário: tem potencial de se provar cautela indispensável em outras oportunidades.

A ignorância do meio jurídico, generalizando o problema para os fins deste trabalho, está oportunizando que um equívoco judicial se torne subterfúgio para o ativismo desacertado. Ao invés de bloquear disposições legislativas (por meio de demandas judiciais) para impedir que futuros enganos ocorram pela extinção da ferramenta jurídica, o correto seria aprimorar a gramática jurídica para que os operadores do Direito possam fazer uso correto dessas mesmas ferramentas.

Criptografia

O *WhatsApp* é construído de tal modo a não possibilitar a transmissão de mensagens pelo aplicativo em caso de remoção da criptografia. Não se admite, por configuração, transporte de informação em *plaintext* (texto plano ou decodificado).

Para que se remova a criptografia da aplicação OTT, seria necessário modificar toda a sua estrutura para que passasse a aceitar conteúdo decifrado. Os criadores do *WhatsApp* alegam que tal alteração estrutural não poderia ser pontual (restrita a determinados usuários). Isto é: não se trata de garantir o sigilo das comunicações de uma única pessoa, mas de mais de um bilhão de usuários no mundo, cento e vinte milhões no Brasil (ESTADÃO, 2017).

Tem-se uma situação cuja regra é, obrigatoriamente, que todos tenham criptografia ou ninguém tenha.

Legalidade da criptografia

O Marco Civil da Internet, Lei nº 12.965/2014, não tratou diretamente a questão da criptografia porque assumiu para si o papel preponderante de norma principiológica.

Nada obstante, seguiu ao Marco Civil o Decreto nº 8.771, de 11 de maio de 2016, que veio regulamentá-lo e dispôs no artigo 13, expressamente, que os provedores de conexão e de aplicações deveriam adotar a encriptação ou medidas de proteção equivalentes para a garantia de inviolabilidade dos dados.

O Decreto nº 8.771/2016 trouxe, ainda, no capítulo sobre proteção de dados, na Seção II ("Padrões de Segurança e Sigilo de Registros, Dados Pessoais e Comunicações Privadas"), a disposição de que os dados devem ser mantidos em formato interoperável e estruturado para facilitar o acesso decorrente de eventual decisão judicial ou determinação legal. Ou seja: no evento incerto e imprevisível de que sejam solicitados.

Portanto, se a criptografia é legal e os dados (existem, mas) estão armazenados no provedor de modo criptografado (logo, em condição inviável de compreensão), há duas alternativas: 1) equiparar esses dados criptografados a inexistentes (a menos que seja possível quebrar a criptografia); ou 2) aceitá-los no formato criptografado (apesar de serem inúteis – partindo do pressuposto de que a criptografia seja de qualidade, e como tal, inquebrável).

Em conclusão, não é possível censurar o *WhatsApp* ou qualquer outro aplicativo por lançar mão do recurso de encriptação - como recomendado pela lei.

Questão do WhatsApp

Em março de 2016, o Juízo da Vara Criminal de Lagarto/SE ordenou ao *WhatsApp* que entregasse à polícia o conteúdo de conversas realizadas entre suspeitos sob investigação; a alternativa era a prisão de Diego Dzordan, vice-Presidente do Facebook na América Latina, empresa proprietária do *WhatsApp*. Dzordan foi preso e liberado dois dias depois por ato do Tribunal de Justiça de Sergipe (GREENBERG, 2014; SREEHARSHA e ISAAC, 2016).

Antes da prisão, a multa, inicialmente arbitrada em R$ 50 mil reais/dia, havia sido elevada ao patamar de um milhão de reais/dia. Em 2 de maio de 2016, o Juízo da Vara Criminal determinou que o *WhatsApp* fosse retirado do ar por setenta e duas horas com base no § 2º do artigo 10 e nos incisos III e IV do artigo 12 do Marco Civil da Internet. No dia seguinte, o Tribunal de Justiça de Sergipe revogou a decisão.

No final das contas, ao aplicar a criptografia 2E2, o *WhatsApp* cumpriu a lei (Decreto nº 8.771, artigo 13), que calhou ter como resultado indesejável inviabilizar que se acessasse em *plaintext* o conteúdo de determinadas mensagens. A lei empoderou a plataforma OTT.

Quando a ordem judicial determinou que o *WhatsApp* entregasse o conteúdo das conversas, o que estava pedindo era um amontoado de caracteres sem sentido e sem utilidade, mas o que realmente estava querendo era informação (*plaintext*); o que denota a diferença entre o comando da ordem e a evidente intenção do magistrado.

Ademais, outros mecanismos de investigação poderiam ser utilizados na falha da interceptação das conversas do *WhatsApp* ou, com o conhecimento técnico, a ordem judicial poderia ter sido elaborada de maneira viável.

O magistrado tinha a alternativa de ter requerido, por exemplo, metadados[2]; dados geolocalizacionais; filmagens, gravações, dados de operadoras financeiras, áudios, fotos, busca e apreensão de *pendrives, Central Processing Units (CPUs), Universal Serial Buses (USBs*), *laptops, tablets, drones*, equipamento fotográfico, *smartphones* de *backups* de fontes de atividades digitais e *on-line* do investigado; informações adquiridas a partir de empresas que utilizam GPS (*global positioning system*) nos aparelhos dos investigados (celulares, carros, *smartwatches*...); cópias de *e-mails* e acesso a redes sociais, etc.

O Marco Civil da Internet sob julgamento

Quase 90 anos atrás, o Justice Louis Brandeis, refletindo sobre o "'progresso da ciência"' para além da escuta telefônica famosamente advertiu que "'os maiores riscos espreitam a liberdade no ataque

2 São dados sobre os dados. Quem falou com quem, em que horários, quantas vezes, de que números. Estas informações não são encriptadas e são muito úteis em investigações.

> traiçoeiro por homens zelosos, bem-intencionados, mas sem compreensão"' (APPLE, 2016[3])

Repercutindo a "questão do *WhatsApp*", que não se limitou a um (01) caso (Lagarto/Sergipe), foram ajuizadas perante o STF uma Ação Declaratória de Inconstitucionalidade (ADI) nº 5.527[4] e uma Arguição de Descumprimento de Preceito Fundamental (ADPF) nº 403[5], sob relatoria da Ministra Rosa Weber e do Ministro Edson Fachin, respectivamente.

O objeto da ADI nº 5.527 é a declaração da inconstitucionalidade dos incisos III e IV do artigo 12 da Lei nº 12.965/14 (Marco Civil da Internet), e interpretação conforme do artigo 10, §2º, para limitar o alcance da norma a casos de persecução criminal; alternativamente, postula a declaração de nulidade parcial sem redução de texto do artigo 12, incisos III e IV, da Lei nº 12.965/14, para afastá-lo dos aplicativos de troca de mensagens virtual; ou, ainda, a interpretação conforme a Constituição a tais dispositivos, condicionando a aplicação das sanções de suspensão temporária e de proibição do exercício das atividades à frustração das sanções previstas no artigos 12, incisos I e II.

A ADPF nº 403 propõe a vedação, em definitivo, de suspensão do *WhatsApp* por qualquer decisão judicial futura, sob pena de violação a preceito fundamental nos termos do artigo 5º, inciso IX da Constituição Federal, segundo o qual, independentemente de censura ou licença, considera-se livre a expressão da atividade intelectual, artística, científica e de comunicação.

As ações se propunham a servir como mecanismo transversal para alterar o Marco Civil da Internet e proibir o bloqueio ou suspensão de plataformas *on-line* no futuro. Propunha-se destruir a ferramenta em vez de ensinar ao operador como operá-la. Independentemente disso,

3 Livre tradução da conclusão da petição da APPLE no caso San Bernardino, sendo o original: "*Almost 90 years ago, Justice Louis Brandeis, reflecting on the 'progress of science' beyond wiretapping, famously warned that "[t]he greatest dangers to liberty lurk in insidious encroachment by men of zeal, well-meaning but without understanding.*" (Olmstead v. United States, 277 U.S. 438, 474, 479 - 1928). Conclusão da petição da APPLE no caso San Bernardino.

4 STF, ADI 5527. Relatora Min. ROSA WEBER, audiência pública realizada nos dias 2 e 5 de junho de 2017. Pendente de julgamento.

5 STF, ADPF 403. Relator Min. EDSON FACHIN, audiência pública realizada nos dias 2 e 5 de junho de 2017. Pendente de julgamento.

o Judiciário não era competente para efetuar esta reforma legislativa e nem tem conhecimento técnico para fazê-lo.

Problema de comunicação: juristas como técnico-iliteratos

É preciso que os operadores do Direito assimilem como a tecnologia funciona para tomarem decisões que sejam coerentes com este conhecimento, ao invés de criar redes de segurança e cantoneiras de silicone para lidar com a falta de aptidão e conhecimento técnico (CHACON, 2016; CHACON, 2017).

Será inevitável que outros confrontos envolvendo determinismo tecnológico passem pelo Judiciário porque, como disse Nate Cardozo, advogado da Electronic Frontier Foundation: *"Não adianta usar a tecnologia para combater o direito. O direito combate o direito; a tecnologia combate a tecnologia"* (CHACON, 2017).

O Direito precisa se atualizar, inserindo em sua gramática um vocabulário de tecnologia, para que casos como o do *WhatsApp* sejam resolvidos com eficácia.

A partir da obra de Gunther Teubner, buscar-se-á captar de que modo o Direito pode construir esta gramática tecnológico-jurídica, com atenção à necessidade de alfabetização tecnológica dos juristas e aplicadores da lei, mas considerando a dificuldade de internalização de elementos do meio envolvente alheio.

Necessidade de conciliação entre Direito e Tecnologia

Todo o segundo capítulo deste trabalho serve ao propósito de ilustrar a dificuldade do meio jurídico, em regra, para dimensionar um problema tecnológico, compreendê-lo e solucioná-lo. Defende-se aqui que a razão para a questão do *WhatsApp* e todos os seus desdobramentos é uma gramática jurídica deficiente em relação à linguagem da tecnologia.

Soubesse o MM. Magistrado que deu origem ao caso do *WhatsApp* noções médias de criptografia ou como buscá-las, o aplicativo jamais teria sido suspenso. Não estivesse a sociedade civil tão assombrada ante a suposta possibilidade de bloqueios e suspensões aleatórios, não haveria espaço para a propositura de ações constitucionais equivocadas.

As próprias empresas de tecnologia se beneficiam da ignorância tecnológica no ambiente jurídico para fomentar debates que, em outro cenário, seriam despiciendos. É preciso discutir muitos aspectos legais, normativos e regulatórios, referentes à tecnologia; mas tais discussões não conseguem ultrapassar a fase inicial na qual os interlocutores desviam-se das problemáticas reais para perderem-se em argumentos retóricos e conceituais plantados nas mesas redondas (*margin of litigation*), com o objetivo de causar alterações, protelar soluções efetivas e desviar de temas incômodos aos *players* que comandam os *lobbies*.

Os aplicadores do Direito, portanto, devem ajustar a gramática jurídica aos tempos atuais e, a fim de se tomar tal providência, é preciso questionar o sistema jurídico por inteiro, bem como os demais sistemas com os quais interage.

Comunicação como a chave para a Teoria dos Sistemas de Teubner

De acordo com Gunther Teubner, o Direito é um subsistema (sistema social de segundo grau) de comunicação que se tornou independente do sistema social de primeiro grau (sociedade), após o que passou a viver em clausura comunicativa (comunicando a respeito de si mesmo) – pelo que não há direito fora do direito –, o que exclui noções como direito natural ou direito divino.

> O Direito constitui um sistema autopoiético de segundo grau, automizando-se em face da sociedade, enquanto sistema autopoiético de primeiro grau, graças à constituição autorreferencial dos seus próprios componentes sistêmicos e à articulação destes num hiperciclo (TEUBNER, 1993:53).

Sendo autorreferencial e autorreprodutivo, o Sistema Direito possui eventos comunicativos privativos que se multiplicam à luz de um código binário (legal/ilegal), em um processo circular, definindo as fronteiras do mundo jurídico e seu meio envolvente particular: a realidade jurídica.

> A teoria dos sistemas autopoiéticos está assente no pressuposto de que a unidade e identidade de um sistema deriva da característica fundamental da autorreferencialidade de suas operações e processos. Isso significa que só por referência a si próprios podem os sistemas continuar a organizar-se e reproduzir-se como tais, como sistemas distintos de seu respectivo meio envolvente" (TEUBNER, 1993:31).

O Direito é para Teubner um sistema autopoiético que coexiste em um universo de sistemas autopoiéticos com comportamentos semelhantes ao seu, o que dificulta o exercício da influência de uns sobre outros, inclusive quanto à regulação.

Teubner admite, em resposta a esta provocação, que a autonomia dos sistemas não exclui uma relação de interdependência mútua. As normas extrajurídicas, todavia, tornam-se jurídicas apenas se selecionadas e validadas pelo código do Sistema Direito, e as normas jurídicas também deverão ser absorvidas de modo similar nos demais sistemas (por serem extra-econômicas, extrapolíticas, extratecnológicas), levando em consideração parâmetros extrajurídicos (econômicos, políticos, tecnológicos).

A viabilidade da regulação depende de formas mais indiretas e reflexivas (de influências modeladoras filtrantes) que levem em conta a autorregulação social. Mas é preciso conciliar as duas afirmações anteriores: o fato de que a realidade jurídica é o meio envolvente do Direito, construída internamente com um circuito de comunicações jurídicas; mas também de que o Direito como sistema está sujeito a realidades extrajurídicas.

A resposta para o aparente dilema reside na comunicação. Embora os sistemas sejam todos autopoiéticos e possuam, como tais, códigos particulares, nenhum está excluído da comunicação social geral. A fim de que suas comunicações sejam compreendidas, é preciso que todos os subsistemas observem as fronteiras do discurso comunicativo global e as respectivas construções de realidade para que o *sentido* se torne a matéria-prima dos atos individuais de comunicação - o que se chama *interferência* (TEUBNER, 1993: XXVII).

> A base reprodutiva desses sistemas sociais (incluindo interação, organização, sociedade geral) é constituída pelo sentido antes que pela vida (TEUBNER, 1993:64).

Surge a distinção entre clausura normativa e abertura cognitiva, porque o fechamento autopoiético do sistema não pode aliená-lo do mundo exterior. Desta feita, apesar de eventos extrassistêmicos não poderem funcionar como fonte direta de informação, os processos evolutivos internos do Direito podem ser estimulados por aqueles em um procedimento que será, em última instância, determinado pela autopoiese específica do sistema (*order from noise*).

Sistema Tecnologia

A Tecnologia evoluiu nos últimos anos, galgando à posição de sistema de segundo grau como o Direito, a Política e a Economia[6]. Isto resultou em uma desestabilização nos ambientes envolventes dos sistemas autopoiéticos: realidades jurídica, política, econômica e, agora, realidade tecnológica.

> O sistema emergente, em vez de limitar-se meramente a reordenar os elementos existentes, cria verdadeiramente novas unidades a partir das unidades já existentes, que então se tornam elementos básicos do sistema (TEUBNER, 1993:47)
> De fato, e desde logo, não apenas elementos do sistema, mas todos os seus componentes - elementos estruturas, processos, limites, identidade e unidade do sistema - devem ser autoproduzidos. Depois, não apenas o sistema em si deve ser autoproduzido, mas o próprio ciclo de auto-produção deve ser capaz de alimentar a si mesmo" (TEUBNER, 1993:48)
> Um sistema autopoiético de grau superior apenas pode ser desenvolvido a partir de um outro sistema autopoiético de aquele verdadeiramente "'produzir"' os seus próprios elementos distintos dos elementos deste último: apenas podemos falar de um sistema autopoiético de grau superior se se provar que ele obedeceu a esta particular forma de emergência (TEUBNER, 1993:65).

O Sistema Tecnologia criou uma distorção no significado do discurso comunicativo (que repercutiu de maneira global) e das construções sociais de realidade (que é o ambiente comum a todos os sistemas). A dificuldade (até impossibilidade) de absorção de influências externas por causa da clausura autopoiética foi responsável por esta confusão, e a única forma de restauração da harmonia entres os sistemas é a *interferência* como viabilizadora de evolução (NEVES, 2005:73).

> (...) interferência externa é a utilização da semântica de um sistema social para designar aspectos do outro – ter/não ter traduzido em poder/não poder (...) quando uma parcela do processo comunicativo (informação, participação e compreensão) é formulada em um sistema e completo o processo comunicativo em outro, ou então, quando, entre um processo comunicativo e outro subsequente nos

6 Teubner descreve Sociedade, Economia, Direito e Política como os mais importantes subsistemas funcionais (TEUBNER, 1993:167).

> mesmo sistema, ocorra um processo comunicativo necessário em outro sistema, que direciona a formação do sentido naquele primeiro (NEVES, 2005:73).

O Direito se tornou defasado porque, quando se fala em regulação, o sistema Jurídico se prepara somente para *interferir* (ativamente) nos demais subsistemas (observadas as limitações autopoiéticas), mas a recíproca não é verdadeira no sentido de uma heterorregulação de fora para dentro; o Direito pressupõe a autorregulação (auto-molde) como regra[7].

O que se observa é a necessidade de regulação inversa - do Direito pela Tecnologia - chamando-se regulação aqui à viabilização do acoplamento estrutural entre os dois para fins do primeiro ser estruturado pelo segundo. A dúvida é: de que forma o Direito poderia autorregular-se quanto à realidade da Tecnologia, se lhe falta a gramática para absorver, assimilar e reagir a tal demanda (o que se denominará neste trabalho de "pré-regulação", como um estágio anterior à regulação em si)?

Sistema Direito e relação com o meio envolvente

Teubner afirma sobre o Direito que *"o sistema político exerce influência em todas as áreas da vida social por meio do direito"* (TEUBNER, 1993:29). Porém, a Tecnologia, ao contrário da política, exerce influência diretamente na vida social e não precisa do Direito para isso.

O que se quer dizer com a assertiva acima é que a tecnologia não precisa se tornar uma comunicação jurídica autorrealizada para ser um fenômeno social. As comunicações tecnológicas se tornam realidade quando transmitidas, ainda que sem tradução, para o formato de norma jurídica, de maneira que o mesmo fato pode originar dois fenômenos sociais muito distintos: um advindo diretamente da percepção social da realidade tecnológica e outro oriundo da percepção transformada em expressão jurídica dessa mesma realidade.

A diferença, para a Economia, por exemplo, seria que o fenômeno econômico dependeria da ferramenta de comunicação jurídica para se

7 Todos os sistemas são autopoiéticos e hermeticamente fechados, não apenas o Direito. Teubner discorre sobre interferência para explicar como os sistemas interagem e se influenciam mutuamente, mas quando entra na seara da regulação, deixa a impressão de que o Direito é sempre regulador, não regulado.

materializar como realidade social, e a tecnologia não. A Tecnologia é um sistema mais moderno e mais independente em sentido estrito (apesar de todos os sistemas serem autônomos por causa dos hiperciclos).

O Direito, particularmente, costuma sofrer influência dos demais sistemas de modo indireto, sob o manto de uma repercussão (*order from de noise*):

> (...) a teoria autopoiética considera que a influência das condicionantes sociais, econômicas e políticas do direito não está excluída, mas é mesmo pressuposta por um sistema jurídico autoprodutivo. Não é a inexistência desta influência proveniente do meio envolvente que a teoria autopoiética veio inovadoramente sublinhar, mas apenas a forma particular como ela repercute no sistema (TEUBNER, 1993:45).

Os atos jurídicos são os elementos próprios que atuam como agentes de mudança e colocam o ciclo autopoiético em movimento; mas o ato jurídico não é o único componente do Direito, formado por processos, estruturas, limites e meio envolvente, todos eles autoconstitutivos e articulados entre si (hiperciclo).

A autorreferencialidade aumenta conforme os componentes recebem maior *feedback* mútuo, variam sua plasticidade funcional ou estrutural e se multiplicam com a criação de novos componentes dentro das redes existentes (autodiferenciação).

A autonomia de todos os subsistemas é determinada pela definição autorreferencial de seus componentes (ao que se chama auto-observação) somada à operacionalização da auto-observação por meio de incorporação e articulação hipercíclica dos componentes autogerados que se produzem ciclicamente de modo recíproco – autopoiese (TEUBNER, 1993:68).

As auto-observações se dão espontaneamente em resposta aos fenômenos sociais que podem causar interações a serem discutidas externamente e cujo debate, eventualmente, tornar-se-á objeto de outro debate; este pelos componentes dentro do sistema, em sua própria linguagem - como um filtro, no caso do Direito, jurídico.

> O conteúdo normativo dos elementos integrados é produzido dentro do próprio sistema jurídico por intermédio de normas constitutivas de referência, ficando assim essas "incursões sociais" sempre sujeitas à reformulação jurídica (TEUBNER, 1993:75)

> (...)o sistema jurídico observa comunicativamente os seus próprios componentes, reduzindo-os a artefatos semânticos, que funcionam como "abreviaturas" cristalizadas de fatores sociais que passam a possuir existência própria.
> Por outras palavras, trata-se de comunicações jurídicas que versam sobre e tematizam comunicações jurídicas - "o direito do direito", como lhes chamaria Ewald -, gerando-se estruturas do sistema jurídico que regulam a seleção de outras e novas estruturas do mesmo sistema (TEUBNER, 1993:80 e 81)
> Trata-se de um óbvio caso de auto-constituição de normas, já que é o próprio sistema que estabelece tais critérios, lançando mão de "normas secundárias", ainda quando a "substância semântica" dessas normas venha determinada exteriormente (TEUBNER, 1993:84)

A partir destas auto-observações, constatam-se variações que nada mais são do que o princípio evolutivo da autorreferência social. As variações poderão ser selecionadas conforme apresentem ou não uma vantagem evolutiva - o ponto não é a adaptação do sistema ao meio envolvente, mas a viabilização do sistema se libertar e se tornar mais autônomo.

> A chave para a compreensão da autonomia do sistema jurídico reside nesta relação tripartida entre auto-observação, auto-constituição e autorreprodução. Logo a comunicação jurídica sobre a distinção básica legal-ilegal comece a diferenciar-se da comunicação social geral, aquela torna-se inevitavelmente autorreferencial e é compelida a tematizar-se a si mesma no quadro de categorias intrinsecamente jurídicas (TEUBNER, 1993:70).
> As normas jurídicas tornam-se numa espécie de abreviaturas ou cristalizações semânticas dos valores sociais subjacentes que, todavia, se vão libertando simultaneamente desses mesmos valores: em consequência a relação entre direito e sociedade torna-se cada vez mais tênue, o primeiro nem sempre refletindo adequadamente as necessidades e valores da segunda, e automizando-se por vezes ao ponto de se tornar possível transplantar ordens jurídicas em blocos para contextos sociais completamente diversos (TEUBNER, 1993:83).

Sendo o sistema jurídico forçado a entender componentes internos de acordo com suas próprias categorias (gramática jurídica), estabelecerá normas reguladoras de suas operações, estruturas, processos, limites, meio envolvente e identidade. A autonomia, portanto, é vista como a capacidade de autorregular-se do Direito, que irá auto-organizar-se ou alterar-se espontaneamente com o emprego da autorregulação (TEUBNER, 1993: 71 e 72).

A autonomia não exclui, nada obstante, a dependência do Direito em relação aos Sistemas Econômico, Político e, agora, Tecnológico. Por isso a distinção entre circularidade e independência causal, a primeira referente à autonomia jurídica e a segunda à relação com o meio envolvente (conceitos distintos, embora relacionados).

Se o sistema Direito cria seus princípios, ações jurídicas, processos e institutos, para que esta organização reflita a Tecnologia, é preciso que a gramática jurídica incorpore um vocabulário tecnológico que habilite o sistema a receber comunicação de interesse e natureza tecnológicos.

> Em face da caraterística circularidade de organização interna do sistema jurídico, os modelos de causalidade explicativos das influências externas se tornam mais complexos, devendo por isso substituir-se a simples lógica causa-efeito por uma lógica de "perturbação". Nesta acepção, a autonomia jurídica não exclui, mas antes pressupõe a possibilidade de interdependência entre sistema jurídico, sistema político e sistema econômico, com a ressalva de esta ser aqui perspectivada e entendida como um problema de influência externa sobre processos causais circulares internos (TEUBNER, 1993:74).

Na verdade, Teubner explica que o Direito não é produzido pelos juristas, mas é fruto de uma realidade emergente (comunicação jurídica autorrealizada), de maneira que as normas jurídicas são fenômenos sociais (aos quais a Tecnologia pode interessar) que se tornam realidade no momento em que são comunicadas.

A dificuldade é que a chamada *realidade jurídica* (como a tecnológica ou a econômica) não é uma parcela da realidade social, mas uma construção do mundo conforme apreendido pela comunicação jurídica.

É neste instante que entra em ação o acoplamento estrutural como mecanismo pelo qual um sistema coloca em funcionamento seus próprios elementos, utilizando as estruturas de outro sistema sem confundir os limites entre ambos - o que se denomina relação intersistêmica.

Evolução do Sistema Jurídico: demanda social e tecnológica

A evolução do Direito pode ser estimulada, mas nunca causada pelo exterior. Deste modo, quando as estruturas sociais se alteram, geram estruturas normativas sociais que podem causar indiretamente variação nas normas jurídicas.

O efeito modelador das estruturas e normas sociais no Direito é de simples estímulo. Os conflitos sociais estimulam processos internos sistêmicos de formulação jurídica na medida em que são traduzidos para a linguagem jurídica depois de serem reconstruídos de modo autônomo dentro do sistema jurídico como conflitos jurídicos.

Por isso, Teubner entende que o Direito não evolui por causa do conflito social, mas pelo eventual conflito jurídico que é a tradução daquele e que pode até mesmo ser irreconhecível para os litigantes (que participaram do conflito social/originário).

> O nosso pensamento pode ser resumido de seguinte modo: no contexto de processos de coevolução, a seleção das mudanças e inovações no direito não é apenas imputável à autopoiesis do próprio sistema jurídico, mas também, ainda que de modo bastante mais indireto, à autopoiesis doutros sistemas sociais e da própria sociedade (TEUBNER, 1993:123)

Quando ocorrem estímulos de evolução simultaneamente enviados e recebidos por vários subsistemas, desde que superada a dificuldade de conciliação, podem acontecer pressões sistêmico-evolutivas recíprocas e *coevolução.*

Se a dificuldade de coevolução ameaçar a sobrevivência dos sistemas, voluntariamente são introduzidos mecanismos de regulação que se destinam a mediar a interação e assistir na coevolução. Sistemas de negociação intersistêmicos são desenhados pela regulação com o fito de compatibilizar visões e expectativas.

Perceba-se que Teubner trata da dificuldade de compatibilizar pontos de vista e ambições entre os sistemas, mas o que se defende neste trabalho é que o desenvolvimento do Sistema Tecnologia agravou o quadro porque reinicializou a comunicação (globalmente), adicionando a gramática tecnológica ao processo - absorvida pelos demais sistemas em tempos e graus diferentes, sendo o sistema Jurídico o que lhe opõe maior resistência.

Significa dizer que o Direito tem dificuldade de observar e traduzir em linguagem jurídica fenômenos tecnológicos, mantidos à margem da mundividência jurídicas - ao contrário dos fenômenos sociais, econômicos e políticos, que são internalizados em um fluxo contínuo.

Regulação como mecanismo de evolução

Teubner questiona *como é que o direito vê e apreende a realidade jurídica da autonomia (social), de modo a ser capaz de a regular (qual-*

quer que seja o sentido dessa regulação)? (TEUBNER, 1989. p. 137). A resposta a essa pergunta seria o primeiro passo para que se compreendesse como a regulação ocorrerá, porquanto para os sistemas regularem a si próprios e controlarem-se mutuamente é preciso, antes, que tenham uma opinião interna (certa ou errada) acerca dos demais - não se pode regular o desconhecido, é preciso ao menos uma versão do desconhecido.

É pertinente destacar, quanto à Tecnologia, uma falha na apreensão pelo Direito da autonomia tecnológica (que a promoveu a sistema de segunda grau), o que é um enorme entrave à regulação desta. Sendo a sociedade um sistema autopoiético de comunicações, seus atos de comunicação geram novos atos de comunicação até que, formados diversos circuitos, um deles desenvolva tamanha autonomia ao ponto de se transformar em sistema de segundo grau.

> Trata-se de unidades de comunicação autônomas que são, por seu turno, autorreprodutivas, gerando os seus próprios elementos, estruturas, processos e fronteiras, construindo o seu próprio meio envolvente e definindo sua própria identidade (TEUBNER, 1993:138).

Que a Tecnologia alcançou este *status* é inegável. Discute-se, hoje, na Suprema Corte dos Estados Unidos se ter um celular é ato discricionário de natureza voluntária ou *imposição* da vida; e quais seriam as consequências de uma ou outra resposta em relação ao direito de privacidade dos dados de geolocalização (SELBST e TICONA, 2017).

Diante disso, o conceito de direito reflexivo seria a situação em que *o sistema jurídico se identifica a si mesmo como um sistema autopoiético num mundo de sistemas autopoiéticos, e extrai dessa autoidentificação consequências operacionais* (TEUBNER, 1993: 138).

Daí a importância de autorregulação para corrigir a defasagem jurídica em relação à Tecnologia; caso contrário, será inviável atribuir-lhe qualquer função operacional eficaz nos âmbitos da vida social moderna que dependam da tecnologia (quase todos) e em relação às questões tecnológicas reguláveis.

Para tanto, o Direito precisa lidar com sua própria autopoiese e com a autopoiese dos outros sistemas sociais, dentre os quais o tecnológico, para que possa incluir em seu hiperciclo elementos informacionais advindos deste sistema em sua relação cognitiva com o respectivo meio envolvente.

Como os eventos extrassistêmicos podem estimular processos evolutivos e regulatórios (*order from noise*)

A realidade jurídica é o meio envolvente exclusivo do Direito, percebida como um modelo interno do mundo exterior a partir da qual se opera a abertura cognitiva do sistema jurídico, operativamente fechado. O mesmo cenário se dá com os demais sistemas e suas respectivas realidades envolventes.

O desafio representado pela produção legislativa está nas autopoieses mútuas dos sistemas que tornam difícil o intercâmbio entre eles, sobretudo levada em consideração que a autonomia que os sistemas têm implica em autorregulação.

Teubner explica que a legislação ocorre no interior do sistema jurídico e culmina em um ato jurídico que, caso consista em informação juridicamente relevante, pode se reverter em princípio jurídico imperativo. Porém, para que se apliquem as pretensões jurídicas ao contexto social, sob a forma de decisões judiciais concretas, é preciso sair do ambiente teórico do sistema Direito.

O sistema Político, a seu turno, instrumentaliza o direito como controle social e, neste ponto, a autonomia social torna-se um obstáculo para a legislação (como heterorregulação) porque encontra as limitações de que os sistemas sociais - Direito e Político - são autopoieticamente fechados.

Os entraves à interação direta entre sistemas, todavia, seriam instransponíveis, pelo que restaria apenas recorrer a estratégias transversais, indiretas e marginais. A regulação, efetivamente, dependeria da ruptura dos circuitos comunicativos de todos os sistemas envolvidos no processo: regulador e regulados.

A ruptura da comunicação forçaria o fenômeno de *order from noise*: não alcançando o interior da clausura normativa social, o Direito se limitará a fazer ruídos no mundo exterior; e a sociedade reagirá a estas ressonâncias externas.

O fechamento operacional atua a partir da abertura cognitiva dos demais sistemas, seja por formatos criados internamente ou irritações no ambiente que se transformam em irritações internas. Ao se apropriar do sistema de informações do ambiente, os sistemas iniciam um processo comunicativo interno por meio do acoplamento estrutural.

O acoplamento permite que os sistemas utilizem as estruturas de funcionamento uns dos outros, para que o processo comunicativo de outro sistema deixe de ser mera perturbação e se torne um auxiliar de funcionamento das operações, malgrado o *significado* alcançado no processo só seja formado dentro do sistema no qual se realiza o processo comunicativo, de forma independente.

Teubner preocupa-se com a penetração do Direito nos demais subsistemas; mas este trabalho questiona a possibilidade de um caminho inverso, no qual outro sistema, como a Tecnologia, "romperia" a clausura do Direito.

Regulação é exercício de observação, criatividade e percepção

Sob uma ótica construtivista, as intervenções mútuas (no direito e na economia, para ilustrar), seriam apenas resultado de observação recíproca entre dois subsistemas autônomos. Um sistema imagina como é o outro - sem garantias e sem probabilidade [ou possibilidade?] de que esta imagem corresponda à realidade - e ambos agem concretamente a partir desse exercício de *adivinhação*[8].

Em decorrência da reiteração destes exercícios e para aperfeiçoá-los, é imperativo que os sistemas aprendam mais uns sobre os outros - olhem para fora. Mas, por força da clausura comunicativa, torna-se muito complicado absorver conceitos absolutamente desconhecidos como aqueles advindos da Tecnologia – o que leva à necessidade de se provocar uma evolução do Direito a partir das três ideias chaves de Teubner: 1) interação cega entre variação, seleção e retenção; 2) combinação entre desenvolvimento ontogenético e filogenético (acoplamento estrutural), e 3) coevolução entre sociedade, direito e os outros sistemas sociais (TEUBNER, 1993: 104).

Segundo Teubner, *as observações recíprocas dos sistemas sociais não variam arbitrariamente, antes evoluem segundo padrões similares de variação (covariação)* (TEUBNER, 1993: 161). Direito, Economia, Tecnologia podem apenas coevoluir em isolamento mútuo, de maneira cega.

O sistema jurídico precisa melhorar seus conhecimentos sobre os componentes dos subsistemas regulados para moldar, em seu processo

8 A elaboração e a promulgação de uma lei são exercícios cognitivo e normativo do Direito, impossíveis de serem transladados a outro sistema (Teubner dá o exemplo de uma lei de controle de preços que não pode ser inserida no sistema da Economia) (TEUBNER, 1993:155-159).

autopoiético, normas jurídicas que estejam em harmonia com as limitações e especificações científicas dos demais sistemas envolventes. O que conduz de volta ao acoplamento estrutural, que torna possível um sistema emprestar a outro as estruturas necessárias para que realize suas operações - como a Economia e o Direito com uma lei de controle de preços.

Outra opção seria o sistema jurídico aumentar deliberadamente as hipóteses de variação dos cenários esperados para os sistemas "regulados" (interação cega entre variação, seleção e retenção). Feitas estas ponderações, a melhor maneira para um sistema (especialmente o Direito) regular outro seria controlando a si mesmo com mais eficiência. Só assim se poderia conceber a lei como uma heterorregulação por meio da autorregulação (TEUBNER, 1993: 165).

Regulação a partir da interação entre sistemas

Inicialmente, Teubner leva a crer que não haveria saída dos circuitos fechados de auto-observação, e que seria impossível romper a circularidade. Adiante, todavia, discorrendo sobre interferência intersistêmica, o autor muda a abordagem a respeito desta clausura intransponível, o que se inicia pela ressalva de que os sistemas autopoiéticos de segundo grau são passíveis de interferência quando homogêneos e resultantes de um processo de diferenciação a partir do mesmo sistema autopoiético mais abrangente. Direito, Economia, Política e Tecnologia se enquadram nesta hipótese.

A interferência possibilitaria o contato direto recíproco entre os sistemas para além da observação, mas não sem enfrentar as dificuldades de informação e motivação (TEUBNER, 1993:172 e 173). No âmbito da interferência, faz-se uma distinção entre meio envolvente extrassocial e intrassocial. Por extrassocial são tidos os sistemas sociais que não se comunicam *com*, mas *sobre* o homem e a natureza; por intrassocial são tidos os sistemas que se comunicam por meio de uma ponte (a interferência) para articularem-se mutuamente a respeito de um evento comunicativo comum.

Os sistemas utilizam a matéria-prima do sentido a partir da ferramenta comum da comunicação e da comunicação social geral. O significado disso seria que o mesmo elemento constitutivo que atua sobre a sociedade age nos sistemas sob a forma de atos de comunicação, tornando possível uma conexão virtual entre eles - de modo que todo ato de comunicação jurídica, política, econômica ou tecnológica será um ato de comunicação social geral.

A conclusão Teubniana é que entre os sistemas há tanto a interpenetração quanto a interferência, e que no caso da primeira nenhuma relação seria possível ante a diferença entre os elementos dos sistemas, mas na segunda acontece um contato direto que se atribui inversamente à similitude entre estes elementos (TEUBNER, 1993:180). É justamente o acoplamento estrutural mencionado em outras oportunidades.

Por meio do acoplamento estrutural, até estruturas linguísticas podem ser emprestadas entre sistemas para a realização de atividades comunicativas (na lógica particular do sistema que toma emprestado) e para a dotação de sentido e formação de repertório quando o código utilizado por um sistema é diverso e ininteligível para o outro (NEVES, 2005).

O acoplamento também pode significar perturbação e irritação em face de as estruturas emprestadas transmitirem a sensação de desorganização e bagunça para o sistema que toma emprestado. Essa desestabilização fortalece o sistema, auxiliando seu desenvolvimento (NEVES, 2005). Interessa citar o problema dos conflitos do sistema (*system conflicts)* de que trata a obra *Dilemmas of Law in the Welfare State,* de Teubner, na qual se questiona até que ponto o Direito desvia-se de sua base lógica ao interagir com outros sistemas, especialmente Política e Economia.

Para evitar os desvios, o Direito deveria aumentar sua efetividade (mas, para isso, teria que deixar de ser orientação e virar política pública), reduzir a legalização (afastando-se dos demais sistemas) e investir em autorregulação (que seria para Teubner a melhor alternativa) (NEVES, 2005).

A dificuldade é identificar as mudanças estruturais que necessitam ser enfrentadas. O Direito teria que se reformular, refletindo o seu papel e a função da lei em relação aos demais sistemas. Desta feita, volta-se ao que foi dito: que o Direito precisa regular o Direito com a consciência de que, quanto mais afinado e afiado estiver, mais poderá contribuir socialmente e com os demais sistemas.

Tecnologia e Direito

Adentrando o tema da Tecnologia, Teubner admite a existência do *Cyberspace* onde seriam aplicados princípios de direito, dentre os quais os de direitos humanos e fundamentais que, a seu turno, concretizam direitos fundamentais específicos da internet – uma espécie de *common law* da Internet (*lex digitalis*).

> The draw upon the fiction of a "common core" of globally applicable principles of law, which include fundamental and human rights, and with their help concretize internet-specific fundamental rights within the reaches of a 'common law' of the Internet (TEUBNER e KARAVAS, 2005:12).

O excerto supra foi retirado do texto *The horizontal effect of fundamental rights on "private parties" within Autonomous Internet Law* e desde o cabeçalho fica evidente a atribuição de autonomia à Internet (chamada ao longo deste trabalho Tecnologia para ampliar o escopo do Sistema, que vai além da internet).

Teubner e Karavas abordam o Código (the Code) como "lei da internet", investindo-lhe a função de *"digitalized embodiment of norms of conduct within the architecture of Cyberspace"* (TEUBNER e KARAVAS, 2005: 14 e 15) e indagam de que formas o Código poderia colocar em risco a autonomia individual; perceber a autonomia das instituições econômicas; reconstruir os direitos fundamentais para se apropriem à tecnologia e; que procedimentos precisariam ser inseridos no Código para garantir os direitos fundamentais e a proteção da autonomia das esferas institucionais quanto a manifestações digitais de normas legais.

Os autores esclarecem as diferenças estruturais entre Código e Lei (Direito), como o fato de o primeiro ser autoaplicável, independendo do Governo e do Estado de Direito - este responsável pela criação da lei, sua aplicação e pela coerção legal.

A binariedade do Código é outra peculiaridade. O sistema processa eletronicamente a realidade (sim ou não), sem que haja espaço para resolução dos conflitos de acordo com as expectativas sociais ou o caso concreto (casuística). O binário da Tecnologia sempre será radical, matemático, terminativo. A Tecnologia é um conjunto de 1´s e 0´ onde qualquer ação observada será de sim ou não, o que não varia caso a caso. Algo é possível ou impossível. Verdadeiro ou falso.

Teubner define o Direito como um sistema binário (legal e ilegal), mas em comparação à Tecnologia, a binariedade do Direito perde expressão por ser permeada de exceções e técnicas hermenêuticas.

> Nós sempre pensamos as questões jurídicas como corretas ou incorretas, algo ou é lícito ou é ilícito, ou é legal ou é ilegal. Agora, não. Então você joga nas mãos do juiz todas essas questões. Eu diria então que não só o juiz não tem um instrumental doutrinário, como ele tem uma carga de responsabilidade terrível. Se eu fosse juiz hoje,

> estaria angustiado (...) nós não temos ainda um desenvolvimento coerente de uma teoria jurídica para essa nova situação. Nós continuamos usando a teoria de um mundo físico anterior. É mais fácil para um juiz entender isso com os instrumentos antigos do que entender os instrumentos novos de tecnologia. Nós ainda trabalhamos com conceitos velhos. Os juízes operam conceitos velhos em um mundo novo (FERRAZ JÚNIOR, 2017).
>
> Esta relação entre lei e tecnologia que pressupõe que a lei deve ser adaptada para levar em consideração novos formatos de práticas culturais, quer para proibi-las ou legalizá-las (...). Ambas as maneiras de adaptar a lei à tecnologia significam que a lei está tentando controlar a tecnologia, negativamente, proibindo certos comportamentos ou, de forma positiva, reconhecendo-os (ROSNAY, 2014).
>
> The strict binary formulation, 0-1, which is only relevant to a real world legal code in the systems theoretical sense of the distinction between 'legal' and 'non-legal', extends, in a virtual world of legal programs, to inform legal decision-making in its entirety. This precludes any room for interpretational maneuver within the programs throughout the entire jurisdiction of the Code. Normative conduct expectations, which could always be interpreted, adapted, manipulated or bent, are becoming rigid cognitive expectations of factual circumstances (inclusion/exclusion). The esoteric forms of learning, which were always to be found in the permanent microvarations of law in the face of new facts or new social values, are excluded from the Code. Even legal arguments are excluded from the jurisdiction of the Code.
>
> The Code has no room for those functions that were always allowed within traditional law: the making of exemptions, the application of equitable principles, the non-application of law, or, the simple recourse to non-legal forms of communication. Digitalization precludes the informal non-application of the Code. Given the demise of 'useful illegality', it is no wonder that the figure of the Hacker who endeavors to break the Code has become the modern embodiment of the Robin Hood myth (TEUBNER e KARAVAS, 2005:17).

Interessante que, em outro texto (*Rights of Non-humans: electronic agents and animals as new actors in Politics and Law*), Teubner explica que o Direito está se abrindo para a Tecnologia (malgrado ressalve-se, aqui, que não com a eficiência que deveria) ao debater se agentes eletrônicos são atores de direito.

> The result is that law is opening itself for the entry of new judicial actors – animals and electronic agents. The differences in the outcomes, however, are striking (...) Animal rights and similar constructs create basically defensive institutions. Paradoxically they incorporate animals in human society in order to create defenses against destructive tendencies of human society against animals (...) For electronic agents, the exact opposite is true (...) Here their inclusion into society does not protect the new actors – just the opposite. It is society that needs to defend itself against the new actors. With the social inclusion of cyborgs and electronic agents, new problems of alienation appear at the horizon of the law (TEUBNER. 2006a).

Teubner conclui o artigo perguntando, em tom de provocação, se as garantias constitucionais estarão em posição de contra-atacar o Código e a arquitetura eletrônica da internet; e se as transações técnicas, sociais e econômicas concretizadas por agentes eletrônicos serão devolvidas ao controle do homem (TEUBNER, 2006).

Resistência do Direito à Tecnologia

O Direito objetiva transformar realidades sociais em construções legais. A dificuldade é que nem sempre consegue ser efetivo ao abstrair a realidade social. Defendeu-se, anteriormente, que a Tecnologia se alçou à condição de sistema de segundo grau ao lado da Economia, do Direito, da Política e da Sociedade. Viu-se, também, que a Tecnologia tem uma particularidade: o Código.

Passa-se que, na prática, a integração social é um jogo complexo porque pressupõe resolver conflitos entre as diferentes racionalidades de subsistemas sociais altamente especializados. Malgrado os sistemas tenham seus próprios processos, realidades, componentes, elementos, etc., as construções legais são extraídas do Direito em resposta a um longo processo histórico evolutivo que se enraizou na interação intersistêmica e pelo acoplamento estrutural que viabilizou o intercâmbio entre estruturas linguísticas que foram mutuamente absorvidas (versões delas).

As leis econômicas, por exemplo, por mais que não correspondam às leis jurídicas, com elas se harmonizam, cada uma com seu âmbito de aplicação. Como mencionado anteriormente, Direito e Economia trabalham sob uma ótica construtivista de intervenção mútua quando é elaborada uma lei de fixação de preços, que não pode ser inserida no sistema Economia, mas é construída no sistema Direito a partir de um empréstimo de estruturas daquele que o articula quanto a aspectos de interesse econômico.

Com a Tecnologia é diferente, uma vez que o Direito resiste ao acoplamento estrutural que poderia lhe emprestar as estruturas linguísticas que permitiriam a criação e o desenvolvimento de uma gramática jurídico-tecnológica e a tradução dos atos tecnológicos em atos jurídicos.

Uma dificuldade é que o Código tem natureza altamente binária, em virtude da qual surge o determinismo tecnológico - que coloca a tecnologia, em muitas de suas expressões, em seara não sindicável - e o Direito não consegue conciliar-se com a ideia de determinismo tecnológico porque não tem uma mundividência que justifique tal realidade.

Embora seja exagero falar em ciberlibertarianismo *absoluto*, forma-se um anseio social (Sociedade) de que a lei não atue na totalidade do Ciberespaço, e este anseio se reflete na Tecnologia (que apreende esta inquietação dentro de sua própria autonomia). O Direito reage a essa comunicação social entrando na ofensiva, enquanto a Tecnologia reage à mesma comunicação social ficando na defensiva.

Um aspecto peculiar do ciberlibertarianismo é que não reivindica a ausência do Código, apenas do regramento jurídico. O texto *A cypherpunk´s Manifesto*, escrito por Eric Hughes, diz que os cypherpunks desprezam a regulação [jurídica] da criptografia. Já o texto *The Crypto-Anarchist Manifesto*, de Timothy May, explica que a Tecnologia está deixando o ambiente acadêmico e começando e encontrar viabilidade econômica, após o que se tornará um poder invencível.

> Cypherpunks deplore regulations on cryptography, for encryption is fundamentally a private act. The act of encryption, in fact, removes information from the public realm. Even laws against cryptography reach only so far as a nation's border and the arm of its violence. Cryptography will ineluctably spread over the whole globe, and with it the anonymous transactions systems that it makes possible (A Cypherpunk´s Manifesto, 1993).
>
> The technology for this revolution--and it surely will be both a social and economic revolution--has existed in theory for the past decade. The methods are based upon public-key encryption, zero-knowledge interactive proof systems, and various software protocols for interaction, authentication, and verification. The focus has until now been on academic conferences in Europe and the U.S., conferences monitored closely by the National Security Agency. But only recently have computer networks and personal computers attained suffi-

> cient speed to make the ideas practically realizable. And the next ten years will bring enough additional speed to make the ideas economically feasible and essentially unstoppable (The Crypto-Anarchist Manifesto, 1992).

O Código, então, apresenta-se como um fenômeno global que independe da lei, senão completamente, até o limite de cada fronteira soberana ou dos domínios identificáveis da internet (como grande extensão da *deepweb*).

> Nossa escolha não é entre "regulação" e "não regulação". O código regula. Ele implementa valores, ou não. Permite liberdades, ou as desqualifica. Protege a privacidade ou promove o monitoramento. As pessoas escolhem como o código faz essas coisas. As pessoas escrevem o código. Assim, a escolha não é se as pessoas vão decidir como o ciberespaço é regulado. Pessoas - codificadores - irão. A única escolha é se nós, coletivamente, teremos um papel no que eles escolherão - e assim em determinar como estes valores serão regulados - ou se, coletivamente, permitiremos que os codificadores selecionem nossos valores por nós (LESSIG, 2000).

Teubner admite o cenário supra retratado ao discorrer sobre *Lex Digitalis* em paralelo à *Lex Mercatoria* em *The horizontal effect of fundamental rights on "private parties" within Autonomous Internet Law* (TEUBNER e KARAVAS, 2005: 24-27).

O resultado é que, pela primeira vez, o Direito se depara com o desafio de compreender um sistema cuja independência e autonomia evoluíram de tal modo que, para comunicar-se com ele é preciso reaprender a comunicação: desenvolver um vocabulário que o torne apto a compreendê-lo (*common ground*)[9].

9 Conforme discutido anteriormente, quando se explicou que parece ter ocorrido uma evolução desde o surgimento dos sistemas Direito, Política e Economia, ou seria uma característica peculiar da tecnologia; embora não se possa dizer que um sistema tenha mais autonomia ou do que o outro (porque todos são fechados, completos e independentes), a Tecnologia se traduz em fenômenos sociais de maneira mais direta e eficiente que os demais - com exceção do próprio Direito, colocando-o em uma posição não explorada em que a norma jurídica é desejável, mas não indispensável.

> Este regulador é código - o software e o hardware que fazem o ciberespaço como ele é. Este código, ou arquitetura, define os termos em que a vida no ciberespaço é experimentada. Determina o quão fácil é proteger a privacidade ou quão fácil é censurar a fala. Determina se o acesso à informação é geral ou se a informação é zonificada. Afeta quem vê o quê ou o que é monitorado. O código do ciberespaço regula de uma série de maneiras impossíveis de vislumbrar, a menos que se comece a compreender sua natureza (LESSIG, 2000).

O Direito alcança conclusões por meio de seu contato com as teorias sociais que lhes transferem os seus conhecimentos sem modificá-los no processo. A mesma lógica se aplicaria inversamente se o Direito precisasse transmitir conhecimentos à Tecnologia. Mas como isto será possível se os dois sistemas não conseguem se comunicar porque não possuem um *common ground* linguístico?

> Apoiado pela validade exclusiva do "código binário" lícito/ilícito, o direito desenvolve uma estrutura complexa de conceitos que chamamos de "doutrina", que é, de fato, incomensurável com teorias científicas. O código jurídico, que é diferente de outros "códigos binários" da sociedade, constitui a base da autonomia inevitável da doutrina jurídica, a qual exclui categoricamente qualquer tomada de poder unilateral por parte das teorias sociais (TEUBNER, 2015:7).

A interdependência das racionalidades sociais faz com que seja necessária a interligação entre teoria social e doutrina, e a interligação só se dá com base na autonomia mútua, o que implica em processos independentes. Direito e Tecnologia, cada um terá sua gramática, essas construídas internamente nos sistemas sem interferência - apesar de "inspiradas" nas estruturas emprestadas via acoplamento.

A boa notícia é que, se a regulação depende da ruptura dos circuitos comunicativos dos sistemas envolvidos, a primeira etapa já ocorreu, resta a construção da ponte entre os sistemas.

Relação entre responsividade do Direito e comunicação

O Direito permite que análises externas de problemas postos pelas teorias sociais o desafiem, mas restringe esta dinâmica com critérios de seleção próprios; a partir daí o Direito os reconstrói [aos problemas], internamente em sua própria língua, para que possa conciliar problemas e soluções.

> Somente quando esse processo de reconstrução coloca a argumentação jurídica em uma posição na qual ela possa distinguir dentro do direito entre normas e fatos, entre conceitos jurídicos e interesses sociais, é que se alcança um ponto no qual o direito é capaz de levantar a questão da adequação social, em outras palavras, a questão de saber se as decisões judiciais fazem justiça a esses aspectos do mundo exterior, tal como estes foram reconstruídos internamente (TEUBNER, 2015:7).

A interconexão, por sua vez, possibilita determinar, do interior do sistema Direito, se as formulações jurídicas respondem com sensibilidade às estruturas e aos problemas dos fenômenos sociais (como) percebidos pelo direito (responsividade).

> (...) as teorias sociais fornecem análises estruturais de fenômenos sociais, identificam problemas sociais que são gerados por esses fenômenos em seu ambiente e são capazes de fornecer informações diretivas com vistas a encontrar possíveis soluções para os problemas que submetem a uma comparação funcional. Isso é algo com o que a doutrina jurídica pode se conectar caso (diacronicamente, na dependência da trajetória dos conceitos jurídicos historicamente desenvolvidos, e, sincronicamente, no contexto do código legal e dos programas jurídicos existentes) ela desenvolva normas independentes (TEUBNER, 2015:7).

O último estágio deste processo é a percepção de como a norma jurídica será aceita no mundo social para aprimorá-la; o que se dá quando conflitos sociais semelhantes aos endereçados são trazidos outra vez ao Direito (monitoramento para a correção das soluções).

Esse ciclo é necessário para que o Direito compense as eventuais alienações resultantes da tradução dos conflitos sociais para a sua linguagem, o que pode culminar na produção de soluções que fazem sentido apenas internamente.

> A responsividade do direito em relação às ciências sociais, portanto, não se limita à reconstrução de conflitos antes da decisão judicial, mas estende-se à observação das consequências dessas decisões conforme elas surgem no seio da sociedade (TEUBNER, 2015:7).

A existência de conflitos para Teubner não é um mal. Visões diferentes (mundivisões) entre o sistema Direito e os demais sistemas possibilitam o "mal-entendido produtivo" que é uma oportunidade para o Direito encarar as teorias sociais como desafios externos e perceber que não interessa isolá-las, mas reconstruí-las dentro de si para formular conceitos próprios que serão resolvidos via formação de normas (TEUBNER, 2015: 7).

A responsividade não é um portal por meio do qual o conhecimento social alcança o direito, mas antes um veículo para que se perceba como os sistemas são subjetivos e como todas as perspectivas são relativas de um para o outro. Dá-se, deste modo, a "tradução da teoria social na doutrina jurídica" (TEUBNER, 2015, 7).

> O processo não ocorre como mera transferência de significado idêntico para outra linguagem, mas de tal forma que a própria terminologia do direito se permite ser desafiada, de acordo com as condições de sua lógica de desenvolvimento interior, por construções da teoria social e, em consequência, ser inspirada a criar novas formações estruturadas de modo bastante diferente (TEUBNER, 2015:7).

Quais as consequências do vácuo comunicativo entre Tecnologia e Direito? O sistema Jurídico não consegue processar uma versão dos problemas postos pelas teorias sociais que digam respeito à Tecnologia e não consegue produzir soluções jurídicas efetivas e coerentes para estes problemas (não responsividade).

Com a promoção a sistema de segundo grau, como ocorreu com a Tecnologia, o processo se torna mais violento porque instaura a comunicação entre os sistemas (*ground zero*), o que é diferente da manutenção de uma comunicação estabelecida - realidade com a qual os juristas estão habituados.

Considerados os três estágios acima narrados - (i) análise externa, (ii) formulação jurídica e (iii) percepção da adequação da solução jurídica - o analfabetismo tecnológico no Direito cria um efeito em cadeia no qual a análise externa é falha; logo, a solução jurídica formulada é ineficaz e o "controle de qualidade" se torna impossível.

Comunicação é requisito de regulação: pré-regulação

O Direito precisa absorver a Tecnologia internamente, em sua própria linguagem, para conciliar divergências, enfrentar problemas e oferecer soluções, tendo em vista os sistemas sociais e suas estruturas fundamentais – que informam o Direito e são normatizadas por ele em retorno.

A sociedade já incorporou a Tecnologia em sua arquitetura, isto é irrefutável, tanto que, de outro modo, esta não teria se constituído em subsistema principal; o que ilustra bem porque a responsividade não é uma porta de acesso ao meio jurídico, mas antes um meio de ressaltar as diferenças entre realidade e expectativas.

Para que este contraponto se torne um "mal-entendido produtivo", é preciso que o desafio externo da Tecnologia seja enfrentado pelo Direito, que o conceito de tecnologia e suas variáveis, principalmente o Código, sejam traduzidos em linguagem jurídica, reformulados e revertidos em normas jurídicas eficazes.

A dificuldade maior, conforme apontando no tópico anterior, é que a instauração de nova comunicação se revelou mais desafiadora do que a manutenção do diálogo já existente, demandando uma autorregulação mais drástica no Direito.

Heterorregulação inversa (do Direito pela Tecnologia) não implica obrigatoriamente na criação de normas de tecnologia a partir da releitura do sistema jurídico no ambiente interno tecnológico (mas pode ter esse resultado se o Código se alterar em função dessa relação).

A proposta ora defendida é a abertura de um canal *sui generis* de interferência da Tecnologia na gramática jurídica e de transformação dos pressupostos do Código (reflexão sobre a arquitetura de algoritmos segundo a lógica tecnológico-jurídica).

"Gramática" não se limita à intervenção no vocabulário, mas reflete a inserção de sentido tecnológico, compreensão a respeito do sistema Tecnologia e à sua dificuldade de permeabilidade - determinismo tecnológico.

Assim, a interferência encerraria um processo simbiótico no qual as normas jurídicas poderiam impactar na elaboração e na reelaboração do Código (único caminho para alterar os pressupostos da binariedade, que é inescapável):

> In order to develop legal standards for the "code" one needs to analyse the specific risks of the cyberspace architecture. What specific dangers does the "code" entail for individual autonomy? How does the code impact on the autonomy of social institutions? And the legal control standards need to be reconstructed specifically for the architecture of the internet. What kind of legal meta-rules have to be developed in order to secure individual and institutional autonomy against the "code (TEUBNER, 2004).

Normalmente, a regulação ocorre a partir da observação autônoma da realidade de um sistema refletida no outro, em um regime no qual ambos traduzem a realidade social de maneira muito semelhante.

Sem embargo, tem-se observado no texto que, falando de Direito-Tecnologia, um sistema não entende a percepção do outro sobre a realidade social porque não há um histórico de onde tentar extrair a lógica alheia (comunicação); a previsão de como a norma jurídica/tecnológica será aceita no mundo social é falha, e não há conflitos sociais semelhantes para serem monitorados como mecanismo de correção das soluções. Tudo é muito recente.

> Traditional law is based on an institutional, procedural and personal separation of law-making, law application and law enforcement. This is also true to a certain degree for law making in the private sector. The strange effect of digitalization is a kind of nuclear fusion of these three elements which means the loss of an important constitutional separation of power.
> A second issue is the trias of regulation of conduct, construction of expectations, and resolution of conflict. Traditional law cannot be reduced to one of these aspects but realizes them all, however within separate institutions, normative cultures and principles of legality. There is a (hidden) constitutional dimension in this separation. Again, the digital embodiment of normativity in the "code" reduces these different aspects just to one, to the aspect of electronic regulation of conduct.
> The third issue is calculability of normativity. In traditional law, formalisation was rather limited. The (in)famous effects of legal formalism have been relatively harmless as compared with the effects of the 'code' which allows for a hitherto unknown formalisation of rules. The strict binary relation 0 – 1 which in the real world was limited to the legal code in the strict sense of legal/illegal, is now extended in the virtual world to the legal programs, to the whole ensemble of substantive and procedural structures that condition the application of the binary code. This excludes any space for interpretation. Normative expectations which traditionally could be manipulated, adapted, changed, are now transformed into rigid cognitive expectations of inclusion/exclusion of communication (TEUBNER, 2004).

É o que se nomeia neste texto "pré-regulação": a necessidade de um condicionamento para permitir a regulação (em sentido estrito) futura; a primeira providência mútua sendo observar e traduzir internamente o vocabulário alheio. Posteriormente, esse vocabulário seria convertido em ferramenta de apreensão da realidade (mundividência) do outro para a criação de uma versão própria daquela realidade.

A tarefa é particularmente árdua para o Direito. Enquanto os demais sistemas sociais são habituados a absorvê-lo, internalizar versões do vocabulário jurídico e sofrer intervenção regulatória, mas ao sistema jurídico, quando muito, bastavam-lhe as visões (econômica ou política) processadas internamente ou extrair um sentido dos demais sistemas que viesse pronto, "mastigado" pela sociedade.

O sentido "mastigado" pela sociedade sobre a Tecnologia, inobstante, não é inteligível ao Direito porque o sistema social se transformou em sociedade de dados em um ritmo muito rápido e natural, de modo que sua comunicação a este respeito não é didática - seria um ruído ensurdecedor para o sistema Jurídico.

O Direito precisa, pois, ir até o sistema Tecnologia para entendê-lo e, a partir daí, compreender (uma versão) sua e ainda a outra, social.

Constituição Digital

A resposta de Teubner para este dilema seria a formulação de uma Constituição Digital. Com ela, seria possível o acoplamento estrutural entre Direito e Tecnologia com a absorção pelo primeiro da gramática tecnológica.

O autor analisa, em *Societal Constitutionalism: alternatives to State-centred Constitutional Theory*, a possibilidade de uma Constituição sem Estado e destaca que as batalhas travadas na internet em nome de uma ciberanarquia e a comercialização da regulamentação governamental de conflitos políticos são um indicativo do caos que está se instalando e que conduz gradualmente à organização de uma Constituição Digital.

As normas legais não são produzidas só na regulamentação de conflitos por cortes oficiais internacionais e nacionais, mas em sede de órgãos de resolução de disputas sociais não políticas, organizações internacionais, tribunais de arbitragem, órgãos mediadores, comitês de ética e sistemas de tratados (TEUBNER, 2004: 13).

Este panorama indicaria que as fontes dominantes do Direito migraram para a periferia da lei, nas fronteiras com outros setores da sociedade. Portanto, os centros existentes de elaborações de lei (parlamentos nacionais, instituições legislativas e acordos intergovernamentais) não seriam mais a origem de todas as normas constitucionais.

Teubner emende que o Direito não está excluído do fenômeno legal/constitucional porque tais processos ocorrem simultaneamente - como visto anteriormente - nos sistemas Social e Jurídico.

> A constitution is always bridging two real ongoing processes: from the viewpoint of law it is the production of legal norms, which is interwoven with fundamental structures of the social systems; from the viewpoint of the constituted social system it is the production of fundamental structures of the social system which at the same time inform the law and are in turn normed by the law (TEUBNER, 2004:16).

A resposta aos problemas do *Cyberspace*, por conseguinte, deveria vir de uma Constituição própria da internet que proporcionasse o acoplamento estrutural funcional entre estruturas digitais fundamentais e formas legais.

> National regulation tends to fail due to implementation problems raised by the transnational nature of digital communication. In contrast, an internet regulation, desired by all good men today, through legitimate international law-making in turn threatens, alas, to fail due to the difficulties in reaching intergovernmental consensus (TEUBNER, 2004:17).
>
> The internet's self-made law profits not just from the problems with the other two forms of regulation, but additionally from the technical advantages the code's architecture offers for highly efficient regulation. Thanks to electronic means of constraint, it can largely do without regulation controlled by socio-legal expectations, but the electronic means are in turn controlled by meta-legal norms" (TEUBNER, 2004:17).

A Constituição poderia ser elaborada unilateralmente por um governo, via acordo internacional, por instituições como *o Internet Corporation for Assigned Names and Numbers* (ICANN) ou o *World Wide Web Consortium* ou pela *Internet Engineering Task Force* (TEUBNER, 2004:18). Fato é que, segundo Teubner, a Constituição Digital é necessária para que se forme um vínculo estrutural efetivo entre Direito e Tecnologia (comunicações digitais).

A Constituição Digital idealizada por Teubner deveria regular duas grandes áreas políticas: a lei do Estado e os direitos fundamentais dos cidadãos; o que seria um desafio por causa da dualidade da autonomia social nos subsistemas e das dinâmicas de controle nos setores espontâneos e organizados da sociedade.

Em relação ao Ciberespaço, o autor destaca que Lessig antecipou o temor quanto a uma Internet controlada por coalizões de interesses econômicos e políticos (TEUBNER, 2004: 23). Sobre o receio de Lessig, Teubner destaca que a internet teve um começo anárquico quando construída sobre os princípios da inclusão de todos, do anonimato, da liberdade e da heterarquia; todavia, a tendência atual seria politicamente e economicamente motivada em direção às intranets, redes fechadas baseadas em exclusão, controle, hierarquia e agendas objetivas.

A solução para este dilema seria, finaliza o texto, uma Constituição da Internet que distinguisse o setor público espontâneo dos setores formais altamente organizados e cuja principal função fosse mantê-los sob rédea firme, controlando a ambos (TEUBNER, 2004: 23).

Aplicação prática da solução proposta

É preciso inserir tecnologia no universo dos juristas e aplicadores do Direito[10]. Seria interessante que conceitos de tecnologia - sob a forma de direito digital - fossem incluídos nas grades curriculares das universidades e faculdades; nos cursos de formação dos profissionais de Direito (Magistratura, Ministério Público, etc.); na prova para admissão nos quadros da Ordem dos Advogados; e que cursos de extensão fossem ministrados nos órgãos do Poder Judiciário, Ministério Público, Polícia e demais carreiras, tanto para bacharéis em direito quanto para graduados de outras formações, mas com atuação jurídica ou jurídico-administrativa.

Outra medida seria replicar a providência adotada no artigo 5º do Marco Civil da Internet e no artigo 5º do projeto de lei sobre dados pessoais (PL 5276/2016), em que constam dos textos legais glossários relativos às expressões técnicas mais importantes. Evidente que a aclimatação do Direito à Tecnologia - e vice-versa - levará tempo. As sugestões acima pretendem somente acelerar e metodificar o processo enquanto a Constituição Digital não virar realidade - se é que a ideia prosperará.

10 Vários exemplos práticos são descritos por Vladimir Passos de Freitas em artigo **A tecnologia vai impactar o direito e seus profissionais**, publicado no Consultor jurídico em 06 de agosto de 2017 e disponível em: https://www.conjur.com.br/2017-ago-06/segunda-leitura-tecnologia-impactar-direito-profissionais. Acesso em: 04 dez. 2017.

A diferença entre a necessidade de compreender e absorver a gramática tecnológica, em comparação a outros campos do saber, como o ambiental, o minerário, o bancário, é que a tecnologia, ao contrário destes, é pulverizada na sociedade e nos respectivos "ramos" do Direito. É possível falar em implicações tecnológicas nas searas ambiental, trabalhista, minerária, etc., basta imaginar as consequências da automação, do uso de robôs, da engenharia genética, do *home office*, e assim por diante.

Ademais, o Direito é institucionalmente orgulhoso. Admitir conceitos como o de determinismo tecnológico é um tremendo desafio aos seus operadores porque o coloca em posição de impotência.

A vantagem do conhecimento tecnológico, sob outro olhar, é ter recursos dentro do próprio determinismo para alcançar as soluções pretendidas. No caso do *WhatsApp*, para ilustrar, a impossibilidade de acesso ao conteúdo das mensagens em *plaintext* poderia ser compensada com a apreensão de metadados, dados geolocalizacionais, fotos, vídeos e áudios.

A informação tem valor. Saber que a maioria dos *e-mails* não utiliza criptografia de armazenamento, apenas de tráfego, ficando retida nos *data centers* das operadoras em *plaintext*, por exemplo, seria útil para o pedido de apreensão de correio eletrônico como uma providência viável, ao contrário (outra vez) das conversas de *WhatsApp* que ficam armazenadas encriptadas no provedor.

A compreensão a respeito do funcionamento das plataformas de dois lados, para dar outro exemplo, faz enorme falta aos operadores do Direito. Para demonstrar, pergunta-se: seria o Uber uma empresa contratante de motoristas ou uma plataforma de dois lados? Em que a subordinação imposta aos usuários-passageiros é menos relevante do que a imposta aos usuários-motoristas?

O Direito não consegue se decidir entre classificar a relação entre o Uber e seus motoristas como de trabalho ou não. Há exemplos em ambos os sentidos. Seria a razão para esta insegurança o analfabetismo tecnológico (ausência de mecanismos linguísticos e de comunicação)? (G1, 2016; CONJUR, 2017; TELLES, 2017; FÁBIO, 2017).

Quando se trata de regras políticas ou códigos de conduta particulares, é possível que o Direito exija dos agentes tecnológicos ações que são contrárias às convicções daqueles (e à realidade tecnológica); mas quando o assunto é a arquitetura do Código, o conhecimento do jurista sobre tecnologia é fundamental na busca de soluções alternativas porque o dissenso teórico ou moral se torna inócuo em face da binariedade.

Se o Direito aprender a manipular a realidade tecnológica para dentro da realidade jurídica, poderá tentar moldar o Código no instante de desenhá-lo ou redesenhá-lo, para buscar atender aos seus anseios (legais-dogmáticos e principiologicamente-morais) projetados. Juridicidade e determinismo não precisam ser inconciliáveis.

Conclusão

A leitura da obra de Teubner é um exercício muito rico de imersão sociológico-jurídica, cujas implicações práticas são difíceis de se apreender em uma análise mais perfunctória porque remetem a uma reflexão teórica densa e intricada. De fato, tentar aplicar as ideias de Gunther Teubner a todo e qualquer problema jurídico seria um desafio para poucos, sendo tamanha a audácia de tal empreitada que a maioria não ousaria nem sequer tentar.

Em relação ao tema de pesquisa proposto, não obstante, qual seja: a compreensão do porquê de o Direito impor tanta resistência à Tecnologia e como solucionar este impasse, os pensamentos de Teubner sobre a natureza hermeticamente fechada do sistema jurídico caem como uma luva.

Embora cognitivamente abertos, os subsistemas têm compleição de absoluta clausura, opondo resistência natural uns aos outros. Para assimilar, e eventualmente mitigar essa clausura, é preciso assimilar como os sistemas respondem a seus meios envolventes e aos demais sistemas, e de que maneira podem, supostamente, interagir direta, indiretamente ou de ambas as formas.

Como viabilizar a regulação como heterorregulação em uma sistemática de ausência comunicativa? Para tanto, seria preciso entender que a autorregulação é uma maneira de evolução intrassistêmica a partir de versões das realidades alheias que são capturadas por cada sistema, normalmente via acoplamento estrutural.

A evolução, então, explica de que maneira a Tecnologia se elevou à categoria de sistema de segundo grau e de que modo sua interação com o sistema Direito é particularmente diversa daquilo que se observa em relação aos demais subsistemas.

A resiliência do Direito se deve, sobretudo, ao fato de que não pode haver *manutenção* daquilo que não existe e a comunicação entre Direito e Tecnologia é *inexistente*. Os sistemas carecem de uma gramática ou um vocabulário para que possam processar aquilo que percebem no exterior e traduzir em realidade interna: estrutura linguística. De fato, a carência de uma estrutura linguística (apta a absorver a tecnologia) é ainda mais expressiva por parte do sistema Direito que, até por questões culturais e históricas, é acostumado a ter trânsito nos demais sistemas, mas nunca a dar-lhes o mesmo acesso em sua privacidade.

Incentivado a superar sua rigidez quanto à Tecnologia, o Direito pode construir uma gramática tecnológica que o torne mais literato e pronto a absorver versões das expectativas sociais (quanto à Tecnologia) que se aproximem mais da realidade. Seria possível, nesta linha, conciliar legalidade e determinismo tecnológico, aprender a lidar com a binariedade do Código e perceber como influenciá-lo.

Para tornar factível o acoplamento estrutural entre os sistemas analisados, Teubner sugere que a linguagem tecnológica seja transformada em uma Constituição Digital diferente do Código (programação), ou seja, escrita.

Esta Constituição seria o manual de alfabetização do Direito e, em contrapartida, poderia ser classificada como prova de eficiência do acoplamento estrutural porque, necessariamente, seria uma construção normativa no sistema Tecnologia a partir de uma mundividência jurídica refletida em uma esfera extrajurídica.

Referências bibliográficas

APUZZO, M. **WhatsApp encryption said to stymie wiretap order**. The New York Times. Disponível em: http://www.nytimes.com/2016/03/13/us/politics/whatsapp-encryption-said-to-stymie-wiretap-order.html?_r=0. Acesso em: 15 mar. 2016.

APPLE. **Apple inc.'s reply to government's opposition to Apple Inc.'s motion to vacate order compelling Apple Inc. to assist agents in search.** Data: 22 mar. 2016. Disponível em: https://cryptome.org/2016/03/usg-apple-177.pdf. Acesso em: 24 jan. 2018.

BARBOSA, R. **Tércio Sampaio: "Juízes operam conceitos velhos em um mundo novo".** Gazeta do povo. Disponível em: http://www.gazetadopovo.com.br/justica/tercio-sampaio-juizes-operam-conceitos-velhos-em-um-mundo-novo-4fniz3cac3p5jpu70hzu40qnw.01.06.2017. Acesso em: 22. jun. 2017.

CHACON, E. M. **Considerações sobre cooperação internacional a partir do novo CPC**. Migalhas, 2105. Informativo nº 3.605. ISSN 1983-392X. Disponível em: http://www.migalhas.com.br/dePeso/16,MI219609,-

11049-consideracoes+sobre+cooperacao+internacional+a+partir+do+-novo+CPC. Acesso em: 23 ago. 2017.

CHACON, E. M. **Encriptação e acesso judicial**. Migalhas, 2016. Informativo nº 3.826. ISSN 1983-392X. Disponível em: http://www.migalhas.com.br/dePeso/16,MI236262,81042-encriptacao+e+acesso+judicial:. Acesso em> 22 mar. 2016.

CHACON, E. M. **A criptografia é uma realidade**. LinkedIn, 2017. Disponível em: https://www.linkedin.com/pulse/encripta%C3%A7%C3%A3o-e-acesso-judicial-eduarda-chacon?published=t. Acesso em: 7 fev. 2016.

CONJUR. **Falta de eventualidade e de salário impedem relação de emprego com a Uber.** Revista Consultor Jurídico. Disponível em: https://www.conjur.com.br/2017-jul-23/independencia-motorista-impede-relacao-emprego-uber. Acesso em: 6 fev. 2018.

GREEMBERG, A. **WhatsApp just switched on end-to-end encryption for hundreds of millions of users**. Wired Magazine, 2014. Disponível em: http://www.wired.com/2014/11/whatsapp-encrypted-messaging/. Acesso em: 8 mar. 2016.

ESTADÃO. **WhatsApp chega a 120 milhões de usuários no Brasil.** Redação. Disponível em: http://link.estadao.com.br/noticias/empresas,whatsapp--chega-a-120-milhoes-de-usuarios-no-brasil,70001817647. Acesso em: 6 fev. 2018.

FÁBIO, A. C. **Motorista de Uber é funcionário? O que a Justiça brasileira tem decidido.** Nexo Jornal. Disponível em: https://www.nexojornal.com.br/expresso/2017/06/08/Motorista-de-Uber-%C3%A9-funcion%C3%A1rio-O-que-a-Justi%C3%A7a-brasileira-tem-decidido. Acesso em: 06 fev. 2018.

FRAZÃO, A. **A atual realidade brasileira e a crescente tensão entre os imperativos econômicos e o Estado Democrático de Direito**. Democracia e Direito. Disponível em: http://anafrazao.com.br/files/publicacoes/2017-05-17-democracia_e_mercados_A_crescente_tensao_entre_os_imperativos_economicos_e_o_Estado_Democrati co_de_Direito.pdf. Acesso em: 22 jun. 2017.

FREITAS, V. P. **A tecnologia vai impactar o direito e seus profissionais**. Consultor jurídico. Disponível em: https://www.conjur.com.br/2017-ago-06/segunda-leitura-tecnologia-impactar-direito-profissionais. Acesso em: 4 dez. 2017.

G1. **Justiça do Reino Unido decide que motoristas são empregados do Uber.** G1 – Portal de Notícias da Globo. Tecnologia e Games. Disponível em: http://g1.globo.com/tecnologia/noticia/2016/10/justica-do-reino-

-unido-decide-que-motoristas-sao-empregados-do-uber.html. Acesso em: 06 fev. 2018.

HUGHES, E. **A Cypherpunk´s Manifesto**. 1993. Disponível em: https://www.activism.net/cypherpunk/manifesto.html. Acesso em 04 dez.2017.

ICO. **Encryption. Informations Commissioner´s Office – ICO.** Disponível em: https://ico.org.uk/media/for-organisations/guide-to-data-protection/encryption-1-1.pdf. 04 abr. 2017. Acesso em: 22 jun.2017.

ICO. **Protecting personal data in online services: learning from the mistakes of others.** Informations Commissioner´s Office – ICO. Disponível em: https://ico.org.uk/media/for-organisations/documents/1042221/protectin g-personal-data-in-online-services-learning-from-the-mistakes-of-others .pdf. Acesso em: 22 jun.2017.

LESSIG, L. **Code is Law. On liberty in cyberspace**. Harvard Magazine, 2000. Disponível em: http://harvardmagazine.com/2000/01/code-is-law-html. Acesso em: 22 .jun.2017.

LESSIG, L. **Code version 2.0**. Disponível em: http://codev2.cc/. Edição eletrônica. New York: Basic Books, 2006. Acesso em: 22 jun.2017.

MAY. T. The Crypto Anarchist Manifesto. 1992. Disponível em: https://www.activism.net/cypherpunk/crypto-anarchy.html. Acesso em: 04 dez. 2017.

NEVES, R. F. **Acoplamento estrutural, fechamento operacional e processos sobre comunicativos na teoria dos sistemas sociais de Niklas Luhmann**. Dissertação para obtenção de título de mestre em Sociologia. Universidade de São Paulo, 2005.

ROSNAY, M. D. **Peer-To-Peer Law: Distribution as a Design Principle for Law**. Media@LSE, London School of Economics and Political Science ("LSE"). Disponível em: http://www.lse.ac.uk/media-and-communications/research/working-paper-series. Londres, 2014. Acesso em: 22 jun. 2017.

SELBST, D.; TICONA, J. **Supreme Court must understand: cell phones aren´t optional**. Wired Magazine, 2017. Disponível em: https://www.wired.com/story/supreme-court-must-understand-cell-phones-arent-optional/. Acesso em: 30 nov. 2017.

SREEHARSHA, V.; ISAAC, M. **Brazil arrests Facebook Executive in WhatsApp data acess case**. The New York Times, 2016. Disponível em: http://www.nytimes.com/2016/03/02/technology/brazil-arrests-facebook -executive-in-data-access-case.html?_r=0. Acesso em: 9 mar. 2016.

STECKLOW, S. **Facebook exec arrested and released in Brazil over encrypted WhatsApp messages.** New York Magazine. Disponível em: http://

nymag.com/following/2016/03/facebook-exec-arrested-in-brazil-over--whatsapp.html#. Acesso em: 9 mar. 2016.

TELLES, F. L. Q. **Relação entre motoristas e Uber é de trabalho.** Gazeta do povo. Disponível em: http://www.gazetadopovo.com.br/opinia o/artigos/relacao-entre-motoristas-e-uber-e-de-trabalho-caveox9qelggtuc 28vz1jammn. Acesso em: 6 fev.2018.

TEUBNER, G. **Dilemmas of Law in the Welfare State.** Belin/New York: Walter de Gruyter, 1986.

TEUBNER, G. **O Direito como sistema autopoiético.** Trad. José Engrácia Nunes. Lisboa: Ed. Calouste Gulbekian, 1993.

TEUBNER, G. **Societal Constitutionalism: Alternatives to State-Centered Constitutional Theory?** Constitutionalism and Transnational Governance, Christian Joerges, Inge-Johanne Sand and Gunther Teubner, eds., Oxford Press, pp. 3-28, 2004. Disponível em: https://ssrn.com/abstract=876941. Acesso em: 4 dez.2017.

TEUBNER, G. **Rights of non-humans? Electronic agents and animals as new actors in politics and law.** Journal of Law and Society, Vol. 33, pp. 497-521, 2006. Disponível em <https://papers.ssrn.com/sol3/papers.cfm?abstract_id=892962>. Acesso em 4 dez.2017.

TEUBNER, G. **The Anonymous Matrix: Human Rights Violations by "Private" Transnational Actors.** Modern Law Review, Vol. 69, pp. 327-346. Blackwell Publishing. Maine: 2006. Disponível em: https://ssrn.com/abstract=893106. Acesso em: 4 dez. 2017.

TEUBNER, G. **Law and social theory: three problems (Direito e teoria social: três problemas**). Tempo Social, 2015 Disponível em: http://dx.doi.org/10.1590/0103-2070201524. Acesso em: 4 dez. 2017.

TEUBNER, G.; KARAVAS, V. **The Horizontal Effect of Fundamental Rights on "Private Parties" within Autonomous Internet Law**. Constellations: An International Journal of Critical and Democratic Theory, 2005. Disponível em: http://onlinelibrary.wiley.com/doi/10.1111/j.1351-0487.2005.00415.x/abstract. Acesso em: 4 dez. 2017.

TRUBEK, D.; COUTINHO, D. R.; SCHAPIRO, M. G. **New State Activism in Brazil and the Challenge for Law.** Paper presented at the Harvard Law School Institute for Global Law and Policy June 2012. Disponível em: http://iglp.law.harvard.edu/wp-content/uploads/NSAHarvardDraft_Trub ek_etal.pdf. Acesso: 29 ago. 2017.

YADRON, D. **Facebook, Google e WhatsApp plan to increase encryption of user data.** Disponível em: http://www.theguardian.com/technology/2016 /mar/14/facebook-google-whatsapp-plan-increaseencryption-fbi-apple. Acesso em: 15 mar. 2016.

Normas e julgados

BRASIL. **Lei nº 12.965 de 23 de abril de 2014. Marco Civil da Internet**. Estabelece princípios, garantias, direitos e deveres para o uso da Internet no Brasil. Diário Oficial da União, Seção 1, 24/4/2014, Página 1 (Publicação Original). Disponível em: http://www.planalto.gov.br/ ccivil_03/_ato2011-2014/2014/lei/l12965.htm. Acesso em: 22 jun.2017.

BRASIL. **Decreto nº 8.777, de 11 de maio de 2016. Institui a Política de Dados Abertos do Poder Executivo Federal**. Diário Oficial da União de 15.05.2016. Disponível em: http://www.planalto.gov.br/ccivil_03 /_ato2015-2018/2016/decreto/D8777.htm. Acesso em: 22 jun.2017.

BRASIL. **Decreto nº 8.771 de 11 de maio de 2016. Decreto regulamentador do Marco Civil da Internet**. Diário Oficial da União de 11.05.2016. Disponível em: http://www.planalto.gov.br/ccivil_03/_Ato2015-2018/2016/Decreto/D8771.htm. Acesso em: 22 jun.2017.

BRASIL. **PL 5276/2016**. Autoria Poder Executivo. Câmara Federal. Disponível em: http://www.camara.gov.br/proposicoesWeb/fichadetramitacao?idProposicao=2084378. Apresentação 13 mai. 2016. Acesso em: 22 jun. 2017.

BRASIL. **STF, ADI 5527.** Relatora Min. Rosa Weber, audiência pública realizada nos dias 2 e 5 de junho de 2017. Pendente de julgamento.

BRASIL. **STF, ADPF 403.** Relator Min. Edson Fachin, audiência pública realizada nos dias 2 e 5 de junho de 2017. Pendente de julgamento.

BRASIL. **STJ, RESP 1.568.935.** Relator Min. Ricardo Villas Bôas Cueva. 3ª Turma Cível. Data de julgamento: 05.04.2016. Data de publicação: DJe. 13.04.2016.

BRASIL. **TJSP, Processo 1003266-82.2016.8.26.0271.** Juíza Maria Helena Steffen Toniolo Bueno. Sentença homologando acordo em 03.02.2017. Trânsito em julgado certificado em 03.07.2017.

O âmbito de aplicação do artigo 1.005, *caput*, do Código de Processo Civil /2015

Eduardo Arruda Alvim[1]

Vinícius Bellato Ribeiro de Carvalho[2]

SUMÁRIO: Introdução; **1.** Espécies de litisconsórcio; **2.** A independência dos litisconsortes; **3.** O âmbito de aplicação do art. 1.005, *caput*, do CPC/2015; Conclusão; Referência bibliográfica.

Introdução

O artigo. 1.005, *caput*, do Código de Processo Civil/2015, regula os efeitos do recurso interposto pela parte sobre a esfera jurídica de seu litisconsorte, fenômeno chamado de efeito expansivo subjetivo do recurso. Tendo em vista que o dispositivo não faz qualquer ressalva em relação a quais espécies de litisconsórcio ele se aplica, cumpre-nos examiná-lo com mais detença.

Para tanto, analisaremos algumas espécies de litisconsórcio pertinentes ao presente estudo, destrinchando a natureza jurídica de cada uma delas e, em sequência, avaliaremos o regime jurídico que lhes é aplicável.

Com base na análise dessas espécies de litisconsórcio e do regime jurídico aplicável a cada uma delas, estudaremos o artigo 1.005, *caput*, do CPC/2015, buscando definir seu âmbito de aplicação.

---

1 Doutor e Mestre em Direito Processual Civil pela Pontifícia Universidade Católica de São Paulo. Professor dos cursos de Doutorado, Mestrado, Especialização e Bacharelado da Pontifícia Universidade Católica de São Paulo e do curso de Doutorado e Mestrado da FADISP. Acadêmico titular da Cadeira nº 20 da Academia Paulista de Direito. Presidente da Comissão Permanente de Estudos de Processo Civil do Instituto dos Advogados de São Paulo. Membro do Instituto Brasileiro de Direito Processual Civil. Advogado.
allvim@uol.com.br

2 Bacharel em Direito pela Pontifícia Universidade Católica de São Paulo. Mestre em Direito Processual Civil pela Pontifícia Universidade Católica de São Paulo. Advogado.
viniciusbellato.rc@gmail.com

1. Espécies de litisconsórcio

Quando em uma mesma relação jurídico-processual há mais de um autor ou mais de um réu, em um mesmo polo ou em ambos, diz-se haver litisconsórcio. O litisconsórcio caracteriza-se, portanto, pela pluralidade de partes em pelo menos um dos polos da relação processual.

Quando existe mais de um autor, diz-se haver litisconsórcio ativo; mais de um réu, litisconsórcio passivo. Se mais de um autor e mais de réu, o litisconsórcio é misto.

Além desta classificação, feita segundo o critério do polo da relação processual em que se verifica a pluralidade de partes, o litisconsórcio comporta diversas outras categorizações.

Entre essas classificações, para o presente estudo, importa apresentarmos aquela estabelecida segundo o critério da necessidade ou não de formação do litisconsórcio. Vale dizer, o critério que norteia esta categorização é a liberdade que a lei defere ou não ao autor de formar o litisconsórcio.

Há hipóteses, previstas no artigo 114 do CPC/15, em que o litisconsórcio é necessário, e outras, estabelecidas no artigo 113 do CPC/15, em que o litisconsórcio pode (ou não) ser formado. Assim, o litisconsórcio pode ser necessário ou facultativo.

As hipóteses em que se admite o litisconsórcio facultativo estão previstas no artigo 113, I a III, do CPC/2015, segundo o qual duas ou mais pessoas podem litigar conjuntamente, basicamente, em três hipóteses: *i*) se entre elas houver comunhão de direitos ou obrigações relativas à lide; *ii*) se entre as demandas de um e outro litigantes houver conexão pelo pedido ou pela causa de pedir; e *iii*) quando houver afinidade de questões por ponto comum de fato ou de direito.

Uma das razões que levaram à previsão do litisconsórcio facultativo reside na economia processual,[3] na medida em que o instituto possibilita que diversas demandas sejam resolvidas em um único processo. Além disso, a doutrina reconhece que o litisconsórcio facultativo, por possibilitar que em um só processo sejam resolvidas diversas lides, evita que sejam proferidas decisões *logicamente* contraditórias.[4]

---

3 Para Araken de Assis, a economia processual é um dos vetores das finalidades da demanda conjunta (v. *Processo civil brasileiro:* parte geral – institutos fundamentais. São Paulo: RT, 2015, v. 2, p. 224).

4 Cândido Rangel Dinamarco. *Litisconsórcio.* 8ª ed. São Paulo: Malheiros, 2009, p. 69 e ss.

O litisconsórcio facultativo haverá de comportar *enquadramento* no âmbito do artigo 113 do CPC/2015. Isso quer dizer que, para ser formado, haverá de existir *a vontade do autor ou dos autores de* constituí-lo, *somada à circunstância de a hipótese ser enquadrável na previsão legal*. Por isso é que, *fora dessas hipóteses* do artigo. 113, é inviável a formação do litisconsórcio facultativo.

Por outro lado, nos termos do artigo 114 do CPC/2015, o litisconsórcio é *necessário*: i) quando a lei assim determinar e; ii) quando pela natureza da relação jurídica controvertida a eficácia da sentença depender da citação de todos que devam ser litisconsortes. Assim, o litisconsórcio será necessário quando a legislação assim o impuser ou quando a eficácia da sentença depender da citação de que todos devam ser litisconsortes.

Por outra banda, pode-se classificar o litisconsórcio quanto à sorte dos litisconsortes no plano do direito material. De acordo com este critério, o litisconsórcio pode ser simples ou unitário.

O litisconsórcio será *unitário* quando a demanda, por ser única, alcança de maneira uniforme todos aqueles a quem a lide diz respeito. Trata-se de uma só lide, que diz respeito a duas ou mais pessoas que figuram em um mesmo polo da relação processual, e, por isso, a solução tem de ser a mesma para todos os litisconsortes. De outra parte, será simples o litisconsórcio se a relação jurídica processual, em que há pluralidade de partes, albergar várias lides a serem julgadas, cada qual relacionada com um dos litisconsortes.

Esta é a diferença entre litisconsórcio *simples* e *unitário*.[5] Como bem explicou José Carlos Barbosa Moreira, em texto escrito à luz do CPC/39, ao explicar o litisconsórcio unitário, "só tem sentido aludir a unitariedade se, para todos os litisconsortes, é a mesma *causa petendi*, e o mesmo é o pedido"[6]. Ou seja, para que se trate de litisconsórcio unitário, é neces-

5 A respeito da questão, já afirmava Thereza Alvim, na vigência do CPC/1973: "Examina-se o litisconsórcio unitário, independentemente do necessário, por não serem figuras confundíveis entre si. [...] Assim, a classificação do litisconsórcio em facultativo e necessário obedece ao critério da liberdade de sua formação, vale dizer, ausência, ou não, da imposição de sua formação por força de lei. Diversamente, a classificação do litisconsórcio em simples e unitário é, indiscutivelmente, ligada à afirmação de direito feita pelo autor, à sua pretensão." (Thereza Alvim. *O direito processual de estar em juízo.* São Paulo: RT, 1996. p. 150).

6 MOREIRA, José Carlos Barbosa. Litisconsórcio unitário. Rio de Janeiro: Forense, 1972. p. 129.

sário que exista uma única ação (*lide*) proposta contra dois ou mais réus ou proposta por dois ou mais autores, sendo, justamente por isso - isto é, por existir apenas uma ação - que a decisão de mérito será a mesma para os litisconsortes. Em verdade, no litisconsórcio unitário há apenas uma lide porque há apenas uma relação de direito material em disputa, daí o porquê de não ser possível que a sorte no plano do direito material seja distinta entre os litisconsortes.

A título de exemplo, podemos pensar na situação em que o MP ingressa em juízo, objetivando a anulação de um contrato celebrado entre o Poder Público e uma empresa privada. É certo que a decisão para o Estado e para a empresa terá de ser a mesma, não havendo como ser reconhecida a nulidade do contrato para um dos litisconsortes apenas. Assim, ou o contrato é válido para os dois ou nulo para ambos, de forma que ou a ação será julgada procedente em desfavor do Estado e da empresa privada ou será julgada procedente em favor deles. Neste caso, por se tratar de uma única relação de direito material e existir apenas uma ação voltada contra os dois réus, a decisão deverá ser uniforme para os litisconsortes.

Por sua vez, o litisconsórcio será *simples* quando houver cumulação de ações propostas contra réus distintos ou propostas por diferentes autores contra o mesmo réu ou contra diversos réus. Diferentemente do que ocorre no litisconsórcio unitário, no litisconsórcio simples a decisão proferida no julgamento das ações poderá ser distinta para cada um dos réus. Ou seja, no litisconsórcio simples existe a possibilidade de que um e outro litisconsorte tenha sorte diversa no plano do direito material, já que aqui não há lide única.

São os casos, *v.g.*, em que um mesmo evento tenha causado danos a mais de uma pessoa e as vítimas tenham decidido ingressar conjuntamente com ação indenizatória, a despeito de cada uma ter sofrido danos de natureza e graus diversos. Em tal hipótese, o processo conterá diversas ações propostas pelas vítimas contra o causador do evento danoso, formando-se o litisconsórcio simples entre as vítimas, no polo ativo.

Feitas essas considerações a respeito do litisconsórcio unitário e simples, é pertinente retornarmos à análise do litisconsórcio necessário. Dissemos que, nos termos do artigo 114 do CPC/2015, o litisconsórcio é *necessário quando*: i) a lei assim determinar e; ii) pela natureza da relação jurídica controvertida a eficácia da sentença depender da citação de todos que devam ser litisconsortes.

Reputamos que o litisconsórcio necessário decorrente da natureza da relação jurídica controvertida é necessário-unitário. Isto porque, como já observamos, a eficácia da sentença só dependerá da citação de todos que devem ser litisconsortes quando a mesma lide disser que há respeito a todos esses litisconsortes.

O artigo 114 do CPC/2015 também fala em necessariedade do litisconsórcio quando a lei assim a determinar. É o caso, por exemplo, da ação de usucapião de bem imóvel, na qual o artigo 246, § 3.º, do CPC/2015 estabelece a necessariedade de citação de todos os confinantes do imóvel usucapiendo. Não é imperioso que a decisão dessa ação seja a mesma em relação aos vizinhos do imóvel usucapiendo, mas é imprescindível que todos estejam presentes na relação processual, por determinação legal. Aqui, diferentemente da hipótese precedente, não há lide única. O litisconsórcio é necessário-simples.

2. A independência dos litisconsortes

Linhas acima, vislumbramos a hipótese de vários litisconsortes, vítimas de um atropelamento, acionarem o indivíduo causador do acidente. Neste exemplo versado, *muito possivelmente*, a solução no âmbito do direito material não será distinta, haja vista que todos os litisconsortes foram vítimas do mesmo ato ilícito. Basta, porém, a potencialidade de decisões diferentes para que de litisconsórcio unitário não se trate. Na situação mencionada, podemos imaginar, por exemplo, a possibilidade de um dos litisconsortes ter agido com culpa concorrente, por ter atravessado a rua imprudentemente, o que pode conduzir a soluções distintas para cada litisconsorte. Ao analisamos essa espécie de litisconsórcio, verificamos que, em verdade, a potencialidade de as decisões serem diferentes para cada um dos litisconsortes é consequência do fato de que cada uma das vítimas do ato ilícito tem a sua lide contra o causador do dano, e, na medida em que há lides distintas, a hipótese é de litisconsórcio simples.

Por outro lado, vimos também que existem circunstâncias em que todos os litisconsortes deverão ter a mesma sorte no plano do direito material. Nesta hipótese, o litisconsórcio é denominado de *unitário*. Observamos, ainda, que a circunstância de a sorte no plano do direito material ser a mesma para os litisconsortes; no caso do litisconsórcio unitário é decorrência de existir apenas uma lide que envolve os litisconsortes, em que se discute uma mesma relação jurídica de direito material.

Da natureza jurídica de cada uma dessas espécies de litisconsórcio decorre a existência de um regime jurídico próprio a cada uma delas. De acordo com o artigo 117 do CPC/2015 "Os litisconsortes serão considerados, em suas relações com a parte adversa, como litigantes distintos, exceto no litisconsórcio unitário, caso em que os atos e as omissões de um não prejudicarão os outros, mas os poderão beneficiar". Essa, podemos dizer, é a regra geral.

De outro lado, não é possível a independência de atuação no regime do litisconsórcio unitário, diferentemente do que ocorre no litisconsórcio simples, porque no caso do unitário, como se sabe, os litisconsortes terão necessariamente a mesma sorte no plano do direito material. Sob esse regime, apenas os atos benéficos praticados por um litisconsorte favorecerão aos demais, pois, do contrário, impossível seria manter-se uma situação homogênea tendente a uma sentença uniforme, no plano do direito material, aos litisconsorciados.

Sob o regime da unitariedade, os atos que envolvam disposição de direito, como uma confissão, por exemplo, conquanto sejam válidos, serão ineficazes no plano do processo, salvo se confirmados por todos os litisconsortes unitários. Importante, então, fixar a regra de que uma deficiente atuação individual em hipótese de litisconsórcio unitário, para efeitos práticos no plano do processo, é irrelevante. Fora do plano da unitariedade, a confissão faz prova apenas contra o confitente (tem validade e plena eficácia), não prejudicando, nem beneficiando aos demais litisconsortes (artigo 345 do CPC/2015). Tratando-se de litisconsórcio unitário, a confissão de apenas um dos litisconsortes, repita-se, pode até mesmo ser válida, mas será ineficaz no plano do processo, na medida em que o artigo 117 do CPC/2015 não é aplicável ao caso porque a lide é única.

Segundo Thereza Alvim, "os litisconsortes unitários, na exata medida em que discutem, em juízo, uma só lide, que a todos diz respeito, como o nome indica, têm que agir em verdadeira unidade. O litisconsórcio unitário sendo ativo, os autores, em verdade, foram a juízo fazer afirmação de direito única, a petição inicial estampa uma só pretensão. Consequentemente, seu atuar tem que ser no mesmo sentido. Qualquer ato de disposição de direito, mesmo que seja, tão somente, do direito de ação, só pode ser praticado por todos os litisconsortes. Ainda, os atos lesivos ao direito ou afirmação do mesmo poderão, até mesmo, ser considerados válidos, mas não serão eficazes (aptos a produzir efeitos jurídicos), enquanto todo ato benéfico aproveitará aos litisconsortes unitários, indistintamente".[7]

7 Thereza Alvim. *O direito processual de estar em juízo.* São Paulo: RT, 1996. p. 164.

Thereza Alvim menciona, ainda, outra implicação do regime da unitariedade do litisconsórcio. Se um dos litisconsortes, apesar de citado, não apresentar contestação, mas o outro contestar, não se operam os efeitos da revelia (artigo 345, I, do CPC/15).

Com efeito, se apenas um dos litisconsortes unitários oferecer contestação, temos que, com a apresentação da defesa, esta também terá beneficiado o litisconsorte que não contestou e, "após a produção dessa consequência, a prática de ato de disponibilidade, prejudicial à defesa do direito de ambos, não pode ser levada em consideração para a decisão judicial, tanto quanto qualquer outro".[8] Desse modo, eventual reconhecimento jurídico do pedido pelo réu que contestou (ainda que tenha sido o único que o fez) será ineficaz, pois, tendo-a oferecido, esta irradiou efeitos em relação ao réu que não a refutou.

Concluímos, destarte, que o princípio da independência entre os litisconsortes, estampado na primeira parte do artigo. 117 do CPC/15, é característico do litisconsórcio simples, não se aplicando ao litisconsórcio unitário.

Temos que, todavia, mesmo o artigo 345, I, do CPC/2015, excepcionalmente, pode ser aplicado nos casos de litisconsórcio simples.[9] Evidentemente, o referido dispositivo é plenamente aplicável se tratar de litisconsórcio unitário, pois, em tais casos, a lide é a mesma e não se podem conceber soluções distintas para cada um dos litisconsortes. Porém, não há de ser descartada a sua incidência, mesmo em hipóteses de litisconsórcio simples, na medida em que os fatos contestados pelo litisconsorte atuante também digam respeito àquele que tenha permanecido inerte.

Portanto, ainda que se trate de litisconsórcio simples, se o corréu contestar, e, pois, vier a tornar controvertidos os fatos comuns, é de ser afastada a incidência do artigo 344 do CPC/2015. Havendo, assim, contestação de fatos que a ambos digam respeito (litisconsorte atuante e revel), não deverão incidir os efeitos da revelia em relação ao litisconsorte revel. Tal possibilidade, como observa com pertinência Marcelo Abelha Rodrigues, ocorrerá com frequência em caso de litisconsórcio facultativo com base em identidade de fundamento de fato (artigo 113, inc. III, do CPC/15).[10]

---

8 Thereza Alvim. *O direito processual de estar em juízo.* São Paulo: RT, 1996. p. 166.

9 Cândido Rangel Dinamarco. *Litisconsórcio.* 4ª ed. São Paulo: Malheiros, 1996. p. 126.

10 Marcelo Abelha Rodrigues. *Elementos de direito processual civil.* 2ª ed. vol. 2. São Paulo: Revista dos Tribunais, 2003. p. 144.

Entretanto, vige no âmbito do litisconsórcio simples a já mencionada regra da independência entre os litisconsortes.

Portanto, tratando-se de litisconsórcio passivo simples, o autor pode desistir da ação no que se refere a um dos litisconsortes, sem que os demais litisconsortes a tanto possam se opor.[11] Da mesma forma, caso um dos litisconsortes passivos simples venha a confessar, desde que os fatos não sejam comuns aos demais, terá quase sempre - ainda que não necessariamente - a demanda julgada contra si, lesando a sua ação ou a sua defesa, ao passo que os demais litigantes não serão prejudicados. Também será possível que um dos litisconsortes simples venha a reconhecer a procedência do pedido formulado na ação ou na reconvenção, venha a transacionar ou então renunciar à pretensão formulada na ação ou na reconvenção, sem que qualquer desses atos influa no julgamento da ação de seu litisconsorte.

Feita essa análise dos regimes jurídicos aplicáveis ao litisconsórcio simples e ao unitário, passemos à análise do artigo 1.005, *caput*, do CPC/2015, responsável por regular os efeitos do recurso interposto pela parte sobre a esfera jurídica de seu litisconsorte.

3. O âmbito de aplicação do artigo 1.005, *caput*, do CPC/2015

De acordo com o artigo 1.005, *caput*, do CPC/2015, "O recurso interposto por um dos litisconsortes a todos aproveita, salvo se distintos ou opostos os seus interesses.". Como já afirmamos, este dispositivo regula os efeitos do recurso interposto pela parte sobre a esfera jurídica de seu litisconsorte, fenômeno conhecido como efeito expansivo subjetivo do recurso.

Referido dispositivo não faz qualquer distinção entre as espécies de litisconsórcio, no que tange à sua aplicabilidade. Por isso, uma interpretação literal poderia levar a conclusão de que o artigo 1.005, *caput*, do CPC/2015 incide em qualquer caso de litisconsórcio.

A respeito do tema, analisaremos, primeiramente, se o dispositivo deve incidir no caso de litisconsórcio unitário. Como constatamos linhas

11 Nesse sentido: TJMT, AI 1019467-04.2019.8.11.0000, 4ª Câmara de Direito Privado, j. 29.04.2020, rel. Min. Serly Marcondes Alves, DJe 05.05.2020; TJRS, AI 0276706-40.2017.8.21.7000, 17ª Câmara Cível, j. 14.12.2017, rel. Des. Liege Puricelli Pires, *DJe* 26.01.2018.

acima, no litisconsórcio *unitário* há uma só lide, que diz respeito a duas ou mais pessoas que figuram em um mesmo polo da relação processual, e, justamente por isso, não é possível que a sorte no plano do direito material seja distinta para os litisconsortes. Ou seja, a decisão de mérito necessariamente será a mesma para os litisconsortes.

Ora, se no litisconsórcio unitário a decisão necessariamente é a mesma para todos os litisconsortes, por haver uma única lide, é inquestionável que o campo de incidência do artigo 1.005, *caput*, do CPC/2015 diz respeito precisamente a essas hipóteses. No exemplo da ação movida pelo MP contra o Poder Público e uma empresa privada, a apelação de qualquer dos litisconsortes contra a sentença, que porventura lhes tenha sido desfavorável, atingirá, se provida, a esfera jurídica do litisconsorte inerte. E a simples interposição da apelação, por qualquer dos litisconsortes, obsta o trânsito em julgado da decisão e, pois, a deflagração do prazo de ajuizamento de ação rescisória, tanto para o litisconsorte que interpôs recurso como para aquele que não recorreu. Há quem discorde desse entendimento[12].

Para nós, se há litisconsórcio simples, há cumulação de ações, cada qual envolvendo um dos litisconsortes.

Importa, neste passo, registramos que, no litisconsórcio simples, cada um dos litisconsortes tutela relação jurídica de direito uma matéria exclusivamente sua, a despeito de figurarem juntos em um mesmo polo da relação processual. Não por outra razão a primeira parte do artigo 117 do CPC/2015 prevê como regra geral a independência entre os litisconsortes que, como vimos, aplica-se no caso de litisconsórcio simples.

Por esta razão, reputamos que o artigo 1.005, *caput*, do CPC/2015 deve ser lido em conjunto com o artigo 117 do CPC/2015, de forma a interpretá-lo no sentido de que o aproveitamento do recurso interposto por um dos litisconsortes ocorre, caso se trate de litisconsórcio unitário[13].

---

12 É este o entendimento de Teresa Arruda Alvim. Cf. ALVIM, Teresa Arruda. Comentários ao artigo 1.005 *in Primeiros Comentários ao Código de Processo Civil*. Coord. Teresa Arruda Alvim [et. al.] São Paulo: Thomson Reuters Brasil. 3ª ed. rev., atual. e ampl. São Paulo: Thomson Reuters Brasil, 2020. p. 1542.

13 Nesse sentido, MOREIRA, José Carlos Barbosa. *Comentários ao Código de Processo Civil, Lei nº 5.869, de 11 de 1973, vol. V: arts. 476 a 565*. Rio de Janeiro: Forense, 2013. p. 381.

Há, porém, uma exceção prevista no *parágrafo único* do artigo 1.005 do CPC/2015. Este dispositivo estabelece uma mitigação à independência entre os litisconsortes simples, ao prescrever o aproveitamento do recurso interposto por um dos litisconsortes aos demais, em caso de solidariedade, desde que comporte defesas comuns.

A nosso ver, a regra prevista no *parágrafo único* do artigo. 1.005 do CPC/2015 confirma a interpretação que atribuímos ao *caput* do referido artigo. Isto porque o parágrafo único prevê que: "Havendo solidariedade passiva, o recurso interposto por um devedor aproveitará aos outros quando as defesas opostas ao credor lhes forem comuns". Com efeito, no caso de solidariedade passiva, existe litisconsórcio simples entre os réus solidariamente responsáveis, sendo que o parágrafo único prevê, *nessa hipótese de litisconsórcio simples*, que o recurso interposto por um dos litisconsortes aproveita ao outro.

Portanto, podemos afirmar que o *parágrafo único* do artigo 1.005 do CPC/2015 amplia os efeitos do recurso interposto por um dos litisconsortes, em caso de litisconsórcio simples. Ora, se o referido *parágrafo único* amplia os efeitos dos recursos interpostos por um dos litisconsortes em caso de litisconsórcio simples, é porque o *caput* desse artigo não se aplica nos casos de litisconsórcio simples. Daí o porquê reputarmos que a regra prevista no *parágrafo único* do artigo 1.005 do CPC/2015 confirma a interpretação que atribuímos ao *caput* do mesmo artigo.

Conclusão

Ao analisarmos a natureza do litisconsórcio simples e do litisconsórcio unitário, verificamos que o litisconsórcio será *unitário* quando a lide, por ser única, alcança de modo uniforme a todos; já o litisconsórcio será simples se a relação jurídica processual, em que há pluralidade de partes, contiver várias lides a serem julgadas, sendo cada uma delas pertinente apenas a uma das partes.

Em sequência, analisamos o regime jurídico estabelecido pelo CPC/2015 aplicável ao litisconsórcio simples e ao litisconsórcio unitário, ocasião em que concluímos viger a regra de independência dos litisconsortes, em se tratando de litisconsórcio simples, nos termos da primeira parte do artigo 117 do CPC/2015. Nessa mesma oportunidade, também verificamos que, ao se considerar o litisconsórcio unitário, os atos e as omissões de um não prejudicam os outros, mas podem beneficiá-los, conforme expressamente determina a parte final do referido artigo.

Por fim, concluímos que o artigo. 1.005, *caput*, do CPC/2015 deve ser entendido no sentido de que o aproveitamento do recurso interposto por um dos litisconsortes só ocorre caso se trate de litisconsórcio unitário.

Referências bibliográficas

ALVIM, Teresa Arruda. Comentários ao art. 1.005. in *Primeiros Comentários ao Código de Processo Civil*. Coord. Teresa Arruda Alvim [et. al.] São Paulo: Thomson Reuters Brasil. 3ª ed. rev., atual. e ampl. São Paulo: Thomson Reuters Brasil, 2020.

ALVIM, Thereza. *O direito processual de estar em juízo*. São Paulo: RT, 1996.

ASSIS, Araken de. *Processo civil brasileiro:* parte geral – institutos fundamentais. São Paulo: RT, 2015, v. 2.

DINAMARCO, Cândido Rangel. *Litisconsórcio*. 4ª ed. São Paulo: Malheiros, 1996.

DINAMARCO, Cândido Rangel. *Litisconsórcio*. 8ª ed. São Paulo: Malheiros, 2009.

MOREIRA, José Carlos Barbosa. *Comentários ao Código de Processo Civil*, Lei nº 5.869, de 11 de 1973, vol. V: arts. 476 a 565. Rio de Janeiro: Forense, 2013.

MOREIRA, José Carlos Barbosa. *Litisconsórcio unitário*. Rio de Janeiro: Forense, 1972.

RODRIGUES, Marcelo Abelha. *Elementos de direito processual* civil. 2ª ed. vol. 2. São Paulo: Revista dos Tribunais, 2003.

A grandeza de Rubens Ferraz de Oliveira Lima

Erasmo Valladão Azevedo e Novaes França[1]

Escrever um artigo ou transcrever um parecer em um livro dedicado a homenagear Rubens Ferraz de Oliveira Lima não faria jus à íntima amizade que tenho para com ele.

Preferi, assim, escrever estas singelas linhas, começando pelo nosso contraparentesco, ainda que remoto.

Rubens é filho da tia Dina, que em solteira era Ferraz, tendo sido casada com Areobaldo de Oliveira Lima. Daí o nome completo Rubens Ferraz de Oliveira Lima.

Tia Dina, a quem não conheci, residia em Araçatuba, de forma que a criação de Rubens e seus irmãos foi completada, aqui na Capital, pela sua irmã, Tia Nieta, de quem falarei mais adiante.

Tia Nieta, por sua vez, era irmã da tia Inah, que foi casada com o ilustre Desembargador Manuel Thomaz Carvalhal, de quem também falarei mais à frente.

Meu contraparentesco, embora remoto, com o Rubens, dá-se porque a irmã mais nova da minha avó paterna, tia Mariquinha, casou-se com o tio Nhonhô, que era Ferraz pela linha paterna - ambos, portanto, tios do meu pai, Ênio de Novaes França.

Chamo as demais contraparentes de tias porque eram, de fato, tias de minha segunda mãe, Carmen (tia Carmita), que foi casada com meu tio Edgard de Novaes França, irmão de meu pai.

Estabelecida, assim, essa linha de contraparentesco, passo a falar dos parentes do Rubens que me foram mais chegados.

Em primeiro lugar, tia Nieta, uma pessoa dulcíssima e que era muito amiga de uma tia-avó minha, Pulcheria (tia Quéia).

A tia Nieta passou por uma situação terrível. Ela estava no afamado acidente de avião que ia para Paris e que, logo após a decolagem, caiu na Baía de Guanabara. Ela não sabia nem nadar! Foi salva por dois argen-

1 Advogado. Professor da Faculdade de Direito da USP

tinos que estavam flutuando em uma das partes do avião. E ficou com a alça da bolsa (mas sem a bolsa) em uma das mãos...

Tia Nieta era uma competentíssima bibliotecária. Não me lembro se foi por essa razão que, mais tarde, ela apareceu no meu escritório e pediu emprestado a tese de doutorado de meu avô, Noé Azevedo - que trata dos tribunais para menores delinquentes - para uma exposição que se realizaria em torno do tema, em alguma biblioteca, não me recordo bem qual (saliento que meu avô, embora só advogasse no cível, era catedrático de Direito Penal da Faculdade do Largo de São Francisco). Quando a tia Nieta foi me devolver a tese, trouxe-me de presente um pacote de doces, se não me engano de suspiros... Vejam que delicadeza.

Passo a falar do Dr. Carvalhal, que foi o inspirador e grande mentor da carreira do Rubens na judicatura, e por quem ele devotava verdadeira veneração. Quando o E. Tribunal de Justiça de São Paulo prestou uma homenagem ao Dr. Carvalhal, que já havia morrido, o Rubens, incontidas vezes, não conseguiu segurar a emoção em seu discurso.

O Dr. Carvalhal foi um juiz (por fim Desembargador) excepcional, que, entre outros casos, julgou uma célebre ação divisória que se arrastava há anos sobre a questão do Baixo-Aguapehy, em que meu avô Noé era advogado. Segundo o Dr. Carvalhal me contou, a sua sentença, concisa e magistral, prolatada em 1935 em causa na qual deram pareceres, em segunda instância, os Ministros Carlos Maximiliano e Octávio Kelly e os professores Francisco Morato e Vicente Ráo, foi fundamental para sua carreira.

O Dr. Carvalhal era uma pessoa de finíssima ironia. Certa vez nós estávamos no sítio de meu tio Edgard e ganhamos (eu e o Dr. Carvalhal, em dupla) uma partida de sinuca do meu tio e de seu filho mais novo, meu primo Estevam (na ocasião, um adolescente). Meu tio Edgard não sabia perder e era um homem muito "esquentado". Já era hora do jantar quando acabou a partida e meu tio pediu uma revanche, a ser realizada logo após terminarmos a refeição. Antes de principiar a revanche, o Dr. Carvalhal me sussurrou: Erasmo, você já imaginou se ganhamos esta?

Tive inúmeras vezes com o Dr. Carvalhal (e com a Tia Inah) no sítio de meu tio, estabelecendo mútua amizade.

Passo ao homenageado.

O Rubens, de início, pensou em cursar a Escola Naval, mas depois, muito provavelmente por influência do Dr. Carvalhal, desistiu da ideia, vindo a se bacharelar em direito pela Faculdade de Direito da Universidade Mackenzie, que estava em seus inícios.

Uma vez cumprido o período de "quarentena" a que se submetiam os candidatos a juízes, Rubens prestou o concurso para juiz e, obviamente, foi aprovado.

Entre as comarcas de interior pelas quais passou, em uma delas eu tive a oportunidade de ir por duas vezes, em 2002 e 2003: São Luiz do Paraitinga. O Rubens, até então, muito tempo depois de ter exercido a judicatura na cidade, era rei lá (deve ser até hoje...). Falar no juiz Dr. Rubens significava abrir portas no local...

Quando o conheci, ele morava em um apartamento do Dr. Carvalhal e da Tia Inah, na Rua Itacolomi.

Eu era recém-formado no Largo de São Francisco, na turma de 1973 (em 1974, o Código de Processo Civil de 1973 entrara em vigor), e cursava o mestrado em Direito Processual Civil (área de concentração), sob orientação do Prof. Celso Neves, tendo como professora de seminário a queridíssima amiga e inigualável mestra Ada Pellegrini Grinover. Para cursar a área complementar, optei pelo Direito Comercial, ministrado pelo meu querido ex-professor e paraninfo, Oscar Barreto Filho.

O Rubens, alguns anos mais velho do que eu, cursava pós-graduação na PUC, sob orientação do grande mestre Agostinho Alvim, um dos maiores civilistas que o Brasil já teve.

Mas foi convidado justamente para dar aulas de Direito Comercial, para o que necessitava de assistentes, um dos quais fui eu, que já cursava a matéria em nível de pós-graduação. Provavelmente, a lembrança de meu nome partiu de seu irmão, o grande criminalista e querido amigo Areobaldo de Oliveira Lima Filho ("Bado"), que havia trabalhado com meu tio Edgard e a quem pedi ajuda para promover uma queixa-crime (pois é, foi uma das únicas vezes em que me aventurei na área penal...).

O Rubens era tão bom professor – e tão querido pelos alunos – que certa noite houve um "apagão" na PUC. Todos os prédios ficaram às escuras. Os alunos pediram que o Rubens continuasse a aula, o que ele fez até o fim, terminando-a no escuro, antes que a luz voltasse...

A sua atuação como juiz sempre foi impecável. Quando alcançou o Tribunal de Justiça, como desembargador efetivo, eu tive um colega de turma, também juiz, que era seu assistente. Ele me contou que o homenageado era o Desembargador mais respeitado de sua Turma, em especial pelos próprios colegas.

Aposentado, do grande juiz saiu o grande advogado!

Sempre atuou, porém, com uma ética a toda prova.

Mesmo convidado, jamais aceitou ingressar na sala de lanche dos Desembargadores, como fazem muitos.

Ainda assim, foi criticado por ter se tornado advogado. Discorrendo comigo sobre essa crítica, disse-me que a questão não era tão simples assim. Um famoso Ministro do Supremo Tribunal Federal, uma vez aposentado, lembrou-me ele, continuou a utilizar o título de Ministro em seus pareceres (se não me engano, foi Orozimbo Nonato, não bastassem os que citei mais acima: o genial Carlos Maximiliano e Octávio Kelly).

Com certeza, Rubens é um dos maiores advogados que atuam em nosso foro, sobretudo nos tribunais superiores.

Felizmente, tive a oportunidade de conhecê-lo advogando, quando atuamos juntos em uma grande causa.

Questão delicada e controversa.

Indicamos o Rubens ao nosso cliente, para fazer sustentação oral aqui no Tribunal de Justiça, mas perdemos a causa por unanimidade (3 x 0).

Insistimos com nosso cliente que o advogado por excelência para elaborar o recurso especial e sustentá-lo perante o Superior Tribunal de Justiça era mesmo o Rubens.

Não deu outra. Vencemos por unanimidade (5 x 0).

O Rubens, ao longo da vida, tornou-se muito amigo do advogado e também caro amigo Roberto Rosas, que é respeitadíssimo em, e ambos têm advogado em conjunto em vários processos nos Tribunais Superiores. Desnecessário dizer que se trata de uma dupla infernal...

O homenageado é pessoa de trato fácil, afável e cortês.

O seu estilo, no escrever, é muito próprio. Mas, tal como sua personalidade, jamais é agressivo com os colegas ou com os juízes. Apenas argumenta, com grande poder persuasivo.

Tem uma outra notável qualidade: é apreciador de bons vinhos. Não gosta, porém, de champanha, que encara como algo que apenas borbulha na boca...

Ecce homo!

Querido amigo Rubens, que você viva pelo menos até os 100 anos para, com seu brilho, continuar iluminando nossos tribunais!

Fiscalização das condições de trabalho, infração à lei e sanção administrativa[1]

Estêvão Mallet[2]

1. Fiscalização das condições de trabalho

A fiscalização administrativa do cumprimento das normas de proteção do trabalho constitui importante instrumento de garantia de sua eficácia, que é, como lembra a Organização Internacional do Trabalho, em publicação de 2015, um dos maiores problemas nesse ramo do Direito, em que há grande "*distancia entre la normativa formal existente y su cumplimiento*"[3]. Não sem razão, a própria Organização Internacional do Trabalho dedicou duas convenções ao tema: a Convenção nº 81, de 1947, sobre a inspeção do trabalho na indústria e no comércio, e, depois, a Convenção nº 129, aprovada em 1969, sobre a inspeção do trabalho na agricultura em geral. A primeira delas sublinha, logo no seu artigo 1º, a necessidade de que seja mantido, em cada país sujeito à convenção, "um sistema de inspeção do trabalho nos estabelecimentos industriais", incumbindo-lhe principalmente, conforme a prescrição do artigo 2, nº 1, a), da mesma convenção, "assegurar a aplicação das disposições legais relativas às condições de trabalho e à proteção dos trabalhadores no exercício de sua profissão".

No Brasil, a Constituição impõe à União a obrigação, decorrente da competência atribuída pelo artigo 21, inciso XXIV, de "organizar, manter e executar a inspeção do trabalho". A obrigação é executada nos termos do disposto no artigo 626 da CLT, conjugado com o artigo 11 da Lei nº 10.593/2002.

---

1 Este texto foi escrito para homenagear o Dr. Rubens de Oliveira Lima, ilustre e brilhante advogado, que tive o prazer de conhecer no exercício da profissão e que, com a convivência mais próxima que me facultou, tanto me impressionou por sua gentileza, simplicidade, cultura e sensibilidade para as artes, mostrando, assim, alguns traços da riqueza de sua multifária personalidade.

2 Livre-Docente e Doutor em Direito do Trabalho pela Faculdade de Direito da Universidade de São Paulo e advogado.

3 *Tendencias de la inspección del trabajo frente a la formalización: experiencias de América Latina y el Caribe* em *Notas sobre tendencias de la inspección del trabajo, Organización Internacional del Trabajo*, 2015, p. 4.

Consoante as disposições legais postas, sempre que caracterizada infração a alguma norma de proteção do trabalho, deve haver a lavratura de auto de infração, sob pena de responsabilização administrativa do agente público, em típica situação de poder-dever. É o que se extrai do disposto no artigo 628, *caput*, da CLT. Excluem-se apenas as hipóteses de primeira visita, em caso i) de promulgação de novas leis ou outras normas jurídicas (artigo 627, alínea a), da CLT), ii) de estabelecimento recentemente inaugurado (artigo 627, alínea b), da CLT) ou, ainda, iii) de procedimento especial de ação fiscal (artigo 627-A, da CLT), disciplinado pelos artigos 27 a 30, do Decreto nº 4.552/2002 e pela Instrução Normativa nº 133/2017, do Ministério do Trabalho[4] [5].

2. Procedimento de fiscalização das condições de trabalho

O procedimento de fiscalização do cumprimento das normas de proteção do trabalho, antecedente à lavratura de auto de infração, reveste-se de natureza administrativa. Em consequência, sujeita-se, desde logo, aos princípios gerais que norteiam a atuação da Administração Pública, como legalidade, impessoalidade, moralidade, publicidade e eficiência (artigo 37, *caput*, da Constituição). Dada sua natureza processual *lato sensu*, deve observar também os princípios constitucionais de natureza processual ou procedimental, como, em particular, a garantia do devido processo legal, da ampla defesa e do contraditório. Há, por isso mesmo, quem fale até na existência de um "devido processo administrativo"[6].

---

4 Sobre a exigência de dupla visita, cf. Homero Batista Mateus da Silva, CLT Comentada, São Paulo, Revista dos Tribunais, 2016, 14ª ed., p. 326. A importância do papel de orientação atribuído ao agente público é realçada por Octavio Bueno Magano: "As funções censórias atribuídas ao fiscal do trabalho não são as que melhor realçam as atividades respectivas. Muito mais relevantes do que elas é a função de orientar empregadores e trabalhadores sobre os meios mais eficazes de observarem as disposições legais" (Manual de Direito do Trabalho: Direito Tutelar do Trabalho, São Paulo, LTr, 1981-1982, volume IV, p. 178).

5 Para o trabalho doméstico, prevalece a disposição do art. 11-A, § 2º, da Lei n. 10.593/2002, incluído pela Lei Complementar nº 150, de 2015.

6 Assim, em jurisprudência: "O procedimento administrativo sem oportunidade de defesa ou com cerceamento de defesa é nulo, confirmando a aplicabilidade do princípio constitucional do devido processo administrativo, ou mais, especificamente, da garantia de defesa." (TRF – 3ª Reg., 6ª T., AMS n. 0019102-75.2007.4.03.6100, Rel. Mairan Maia, julg. em 08.11.2012) e "Tributário. Execução fiscal. Multa admi-

Fica o procedimento de fiscalização subordinado, ainda mais, às disposições da Lei nº 9.784/99, atinente ao processo administrativo no âmbito da Administração Pública Federal[7], com imposição de observância dos critérios de atuação conforme a lei e o Direito[8], atendimento a fins de interesse geral[9], atuação segundo padrões éticos de probidade, decoro e boa-fé[10] e simplificação das formas[11]. De particular interesse, para o objeto do presente estudo, são as vedações de "imposição de obrigações, restrições e sanções em medida superior àquelas estritamente necessárias ao atendimento do interesse público"[12].

---

nistrativa. Falta de notificação. Devido processo administrativo. 1. Ainda que não se trate de crédito de natureza não-tributária, a falta de notificação do contribuinte viola garantias do devido processo administrativo (de expedição da CDA), cerceando-lhe o exercício do contraditório e da ampla defesa. Assim, é correta a exigência do comprovante de notificação administrativa da parte executada para o pagamento do débito ou impugnação administrativa. Precedentes. 2. A presunção de legitimidade da certidão de dívida ativa descrita no artigo 3º da Lei 6.830/80 somente deve ser considerada estando a dívida regularmente inscrita. 3. Agravo de instrumento improvido." (TRF - 4ª Reg., 1ª T., AG n. 5036306-30.2020.4.04.0000, Rel. Alexandre Gonçalves Lippel, julg. em 16.09.2020).

7 Algumas das diretrizes postas pela legislação federal repetem-se em outros níveis da organização federativa, como se vê, por exemplo, pelo que dispõe a Lei nº 14.141/06, do Município de São Paulo (DO de 28.03.2006). Segundo a jurisprudência dominante, não havendo regulamentação própria, aplicam-se aos demais entes da Federação as regras postas pela Lei nº 9.784/99: "Administrativo e processual civil. Servidores públicos municipais. Adicional de nível universitário. Art. 54 da Lei n. 9.784/99. Administração Municipal. Aplicação. Possibilidade. Precedentes...1. Esta Corte entende que a Lei nº 9.784/1999 pode ser aplicada de forma subsidiária em todas as esferas da Federação se ausente lei própria regulando o processo administrativo no âmbito local" (STJ – 5ª T., RMS n. 27.919/PR, Rel. Min. Moura Ribeiro, julg. em 08.10.2013 *in* DJe de 1 4.10.2013).

8 Artigo 2º, parágrafo único, inciso I.

9 Idem, inciso II.

10 Ibidem, inciso IV.

11 Ibidem, inciso IX. A preocupação com a simplificação das formas está presente também na Portaria MTE 148/96, que disciplina "a organização e tramitação dos processos de multas administrativas e de Notificações para Depósito do Fundo de Garantia do Tempo de Serviço". No seu artigo 5º determina-se: "Os atos e termos procedimentais, quando a lei não prescrever forma determinada, conterão somente o indispensável a sua finalidade".

12 Artigo 2º, parágrafo único, inciso VI.

Por fim, quando em causa, no processo administrativo, imposição de sanção, não há como afastar a aplicação também dos princípios pertinentes ao Direito Penal. A jurisprudência já se pôde debruçar sobre o assunto e realçar o ponto, ao invocar, exatamente em matéria de fiscalização do trabalho, o princípio do *nulla poena sine lege* para desconstituir imposição de multa feita sem previsão legal. A ementa do acórdão tem o seguinte teor:

> Administrativo. Infração do art-41 da CLT-43. Trabalho temporário. 1. No direito penal, não há crime sem lei anterior que o defina, nem pena sem prévia cominação legal. O mesmo princípio da legalidade é aplicável no direito administrativo. Não há infração administrativa sem que a descrição da infração e sua pena estejam previstas em lei. Não estando o fato subsumido no tipo descrito na lei, o ato é atípico e impunível no âmbito administrativo (TRF 4ª Reg., 5ª T., AC n. 89.04.05127-4, Rel. João Surreaux Chagas).[13]

Tal como no Direito Penal (Constituição, artigo 5º, inciso XXXIX, e Código Penal, artigo 1º), para que a conduta possa ser administrativamente sancionada, é preciso que esteja ela previamente tipificada em lei como infração[14].

---

13 DJ de 16.10.1996.

14 "A aplicação de sanções administrativas, decorrente do exercício do poder de polícia, somente se torna legítima quando o ato praticado pelo administrado estiver previamente definido pela lei como infração administrativa." (STJ - 1ª T., REsp n. 1.080.613/PR, Rel. Min. Denise Arruda, julg. em 23.06.2009 in DJe de 10.08.2009). Sempre na mesma linha: "Direito administrativo. Ação sumária. Prefeitura municipal de São Paulo. Infração de trânsito. Excesso de velocidade. Autuação. Radar fixo. Aferição. Ilegalidade. Violação ao princípio da legalidade. Na data da eventual infração de trânsito não havia resolução específica do Contran, regulamentando o uso de aparelho eletrônico de medição de velocidade autônoma - radar fixo -, exigida pelo atual e vigente Código de Trânsito Brasileiro, mas apenas de radar portátil - Inteligência da CF/88, arts. 5º, inciso II, e 37, *caput*, do CTB, art. 280, § 2°, da Resolução Contran nº 820/ 1996, arts. 1º a 7°, e da Resolução Contran nº 23, de 21.5.1998, arts. 1° a 4º. Decisão cassada. Recurso voluntário provido." (TJ - SP, 5ª Câm. Dir. Púb., Proc. 122.323-5/2-00, 994.99.003645-1, Rel. Xavier de Aquino). A jurisprudência já repeliu até mesmo aumento de pena, por aplicação analógica de regra penal, ante a ausência de previsão na lei violada, no caso, a lei sancionatória da improbidade administrativa. A passagem pertinente da decisão tem o seguinte teor: "Embora a natureza dos atos de improbidade seja controvertida na doutrina, visto que há algumas nuances penais na ação de improbidade, entendo que, para fins de fixação de pena, porque gera prejuízo ao réu, deve-se observar

Pode-se mesmo ir além, para invocar a incidência, no âmbito do processo administrativo punitivo, de outras diretrizes penais, o que se justifica pelo caráter sancionatório *lato sensu* da atuação do Estado no domínio. Não é incongruente propor, como inclusive já se viu na jurisprudência, que se entenda por norma penal, para aplicação dos parâmetros próprios desse ramo do Direito, não "apenas aquela em que se pune o indivíduo pela prática de infração penal, mas qualquer lei em que seja prevista a imposição de sanção pela prática de infração penal ou administrativa"[15]. Consoante advertência de Celso Antonio Bandeira de Melo, "Não há [...] cogitar de qualquer distinção substancial entre infrações e sanções administrativas e infrações e sanções penais. O que as aparta é única e exclusivamente a autoridade competente para impor a sanção"[16]. Aliás, a doutrina portuguesa chega a resultado semelhante. Embora a Constituição de 1976 refira-se a "lei criminal", ao tratar, no artigo 29º, das garantias do cidadão[17], aventa-se que as regras editadas ou ao menos parte delas "se aplicam também aos outros dois ramos do chamado

estritamente o princípio da legalidade (artigo 5º, XXXIX, da CF/88), não podendo ser aplicada a analogia para criar aumento não previsto em lei." (TRF – 4ª Reg., 3ª T., Ao. Cív. n. 5002063-04.2014.4.04.7006/PR, Rel. Marga Inge Barth Tessler, julg. em 17.05.2016 *in* DJ de 17.05.2016).

15 A passagem transcrita encontra-se no acórdão da 5ª Câmara de Direito Público do Tribunal de Justiça de São Paulo, proferido na Apelação Cível nº 0145039-53.2008.8.26.0000, de que foi relator o Des. Xavier de Aquino (DJ de 27.10.2009).

16 Curso de Direito Administrativo, São Paulo, Malheiros, 2009, p. 840.

17 O dispositivo todo, lançado sob a rubrica de "Aplicação da lei criminal", tem a seguinte redação: "1. Ninguém pode ser sentenciado criminalmente senão em virtude de lei anterior que declare punível a ação ou a omissão, nem sofrer medida de segurança cujos pressupostos não estejam fixados em lei anterior. 2. O disposto no número anterior não impede a punição, nos limites da lei interna, por ação ou omissão que no momento da sua prática seja considerada criminosa segundo os princípios gerais de direito internacional comumente reconhecidos. 3. Não podem ser aplicadas penas ou medidas de segurança que não estejam expressamente cominadas em lei anterior. 4. Ninguém pode sofrer pena ou medida de segurança mais graves do que as previstas no momento da correspondente conduta ou da verificação dos respetivos pressupostos, aplicando-se retroativamente as leis penais de conteúdo mais favorável ao arguido. 5. Ninguém pode ser julgado mais do que uma vez pela prática do mesmo crime. 6. Os cidadãos injustamente condenados têm direito, nas condições que a lei prescrever, à revisão da sentença e à indenização pelos danos sofridos".

direito público sancionatório: o direito de mera ordenação social e o direito disciplinar"[18].

Se há – e pode haver – alguma divergência em torno da pertinência, em matéria administrativa sancionatória, do princípio da retroação da lei mais benéfica (artigo 5º, XL, da Constituição)[19], é seguro não caber aplicar retroativamente norma sancionatória[20]. A legalidade, como baliza para a legitimidade do agir da Administração, faz com que deva

18 Américo Taipa de Carvalho, Constituição portuguesa anotada (orgs. Jorge Miranda e Rui Medeiros), Coimbra, Coimbra Editora, 2005, tomo I, p. 331.

19 Contra a aplicação: "Infração Gravíssima – Pedido da Apelante para que os benefícios da Lei 11.334/06 Retroaja ao fato pretérito Impossibilidade – Faculdade somente concedida apenas no âmbito penal – Sentença Mantida – Recurso Improvido." (TJ – SP, 12ª Câm. Dir. Público, Ap. Cível n° 813.810-5/8-00, Rel. Des. Luiz Burza Neto). Em sentido diverso, porém: "Veículo – Suspensão do direito de dirigir – Superveniência de lei, considerando "média" a infração cometida e afastando a penalidade de suspensão do direito de dirigir – Lei n° 11.334/06 – Retroatividade da lei mais benéfica – Precedente desta Eg. Sexta Câmara de Direito Público – Segurança denegada – Recurso provido". (TJ – SP, Ap. Cível n° 889.048.5/0, Rel. Des José Habice). Em matéria sancionatória-tributária não há lugar para dúvida, diante do disposto no artigo 106, inciso II, alíneas "a" e "c", do Código Tributário Nacional.

20 Já se assinalou, conquanto como *obter dictum*, que "Sanção de cunho administrativo (...) Infração que deve se pautar pela legislação vigente à época da autuação" (TJ-SP – 5ª Câm. Direito Púb, Ap. n. 0374963-91.2009.8.26.0000, Rel. Nogueira Diefenthaler, julg. em 14.05.2012 *in* DJ de 17.05.2012). No ordenamento português, a jurisprudência do Supremo Tribunal Administrativo assentou que: "...a Administração pode ficar constituída no dever de praticar atos dotados de eficácia retroativa, com ressalva para os que envolvam a imposição de deveres, a aplicação de sanções ou a restrição de direitos ou interesses legalmente protegidos. IV - Mesmo que tenha sido retomada a instrução do processo disciplinar e venha a ser proferido um ato substitutivo, a reintegração da ordem jurídica violada manterá os seus efeitos até à aplicação da nova sanção, visto o novo ato punitivo, embora inserido na execução, não poder deter eficácia retroativa já que apenas pode produzir efeitos para o futuro dada a sua natureza sancionatória." (STA – 1ª Sec., Proc. n. 01082/16, Rel. Carlos Carvalho, julg. em 05.07.2018). O Código de Procedimento Administrativo português, ao disciplinar a eficácia retroativa do ato administrativo, estabelece, no artigo. 156º: "1 – Têm eficácia retroativa os atos administrativos: a) Que se limitem a interpretar atos anteriores; b) A que a lei atribua efeito retroativo. 2 – Fora dos casos abrangidos pelo número anterior, o autor do ato administrativo só pode atribuir-lhe eficácia retroativa: (...) c) Quando tal seja devido para dar cumprimento a deveres, encargos, ónus ou sujeições constituídos no passado, designadamente em execução de decisões dos tribunais ou na sequência de anulação administrativa, e não envolva a imposição de deveres, a aplicação de sanções, ou a restrição de direitos ou interesses legalmente protegidos..."

haver a previsão legal antes da ação. A ordem dos termos não pode ser alterada. A lei coloca-se como "um *prius* normativo de toda a actividade administrativa"[21]. Quer dizer, se a ação sancionatória é tomada sem lei - sendo, portanto, ilegal -, a superveniente alteração legislativa não convalida o ato praticado. O que se faz depois não apaga o vício. É o que notam Jorge Miranda e Rui Medeiros quando lembram que "a lei deverá ser prévia à actuação administrativa. Nunca posterior"[22]. E o Tribunal Constitucional de Portugal advertiu que aceitar algo diverso seria inverter "as funções e papéis constitucionais", colocando a lei a serviço da Administração e não o contrário, como tem de ser[23].

Daí tampouco ser possível punir alguém, mesmo que apenas no campo administrativo, com mera imposição de multa, por infração praticada fora do âmbito de incidência da norma, seja no aspecto objetivo, seja, ainda, no subjetivo, temporal ou mesmo territorial.

3. Contrato de trabalho e infração à lei

O contrato de trabalho, como relação jurídica de trato sucessivo[24], de que decorre um feixe complexo de obrigações, permite que uma mesma conduta envolva violações sucessivas a diversas obrigações legais. Pense-se, para ficar em um exemplo simples e suficientemente eloquente, na hipótese elementar – e bastante corrente na prática – de falta de registro de empregado. Existe certamente infração à legislação trabalhista, como expressamente dispõe o artigo 29, § 3º, da CLT[25]. Do mesmo

21 Ac. nº 461/87 do Tribunal Constitucional de Portugal, Processo nº 176/87, Rel. Cons. Cardoso da Costa, decisão de 16.12.1987, disponível, na íntegra, em: http://www.tribunalconstitucional.pt/tc/acordaos/19870461.html; acesso em: 19 fev. 2021.

22 Constituição portuguesa anotada, Coimbra, Coimbra Editora, 2007, tomo III, p. 562. No mesmo sentido, José Joaquim Gomes Canotilho, Direito constitucional e teoria da Constituição, Coimbra, Almedina, s. d. p. (4ª ed.), p. 814.

23 Ac. nº 23/83, Processo nº 20/83, Rel. Cons. Vital Moreira, decisão de 22.11.1983, disponível, na íntegra, em: http://www.tribunalconstitucional.pt/tc/acordaos/19830023.html; acesso: em 19 fev. 2021.

24 A duração, concreta ou expectável, é-lhe inerente, como mostra a definição de empregado, no artigo 3º da CLT, como a pessoa física que presta serviços "de natureza não eventual".

25 "Art. 29 – A Carteira de Trabalho e Previdência Social será obrigatoriamente apresentada, contra recibo, pelo trabalhador ao empregador que o admitir, o qual

ato decorrem, todavia, vários desdobramentos, os quais se repetem e se prologam no tempo. Diante da ausência de registro, o empregado não recebe, em cada mês em que há o pagamento do salário, os depósitos do FGTS, pois não tem conta vinculada. Tratado incorretamente como autônomo, não tem direito a férias, décimo-terceiro salário etc. Outro bom exemplo envolve o pagamento mensal de certo valor, tido como parcela sem natureza remuneratória, por entender-se que é o caso de ajuda de custo, aplicável o disposto no artigo 457, § 2º, da CLT. A natureza não salarial da parcela faz com que deixe ela de compor a base de incidência do FGTS e dos recolhimentos previdenciários, não sendo tampouco considerada para cálculo de férias, décimo-terceiro salário e horas extras.

Frente aos cenários descritos, põe-se o problema da adequada reação que devem ter os órgãos de fiscalização do trabalho. Justifica-se a lavratura de vários autos de infração, ante os desdobramentos das infrações retratadas, ou elas se apresentam de modo unitário, de modo que, em cada caso, somente uma conduta deve ficar sujeita a punição? No caso do primeiro exemplo figurado, é correta a lavratura de um único auto, por infração ao artigo. 29, § 3º, da CLT, ou, ao contrário, devem ser lavrados vários autos ou, quando menos, arroladas no auto lavrado várias infrações – pelo não recolhimento de FGTS, de contribuições previdenciárias etc. –, por mês em que tenha havido a prestação de serviço, sem a formalização do vínculo de emprego?

O problema torna-se mais complexo quando se considera que, conforme já lembrado, a autuação do empregador, tanto que verificada a infração à lei, é obrigatória, por traduzir-se não em uma faculdade do agente de fiscalização, mas no exercício de um típico poder-dever, de caráter vinculado[26], de modo a não permitir que se deixem de lado cer-

terá o prazo de quarenta e oito horas para nela anotar, especificamente, a data de admissão, a remuneração e as condições especiais, se houver, sendo facultada a adoção de sistema manual, mecânico ou eletrônico, conforme instruções a serem expedidas pelo Ministério do Trabalho (...) § 3º – A falta de cumprimento pelo empregador do disposto neste artigo acarretará a lavratura do auto de infração, pelo Fiscal do Trabalho, que deverá, de ofício, comunicar a falta de anotação ao órgão competente, para o fim de instaurar o processo de anotação".

26 O Tribunal Superior do Trabalho já decidiu: "Os artigos 626 e 628 da CLT impõem ao Agente da Fiscalização do Trabalho um poder-dever de verificar o fiel cumprimento das normas de proteção ao trabalho, como, e.g., constatar se os empregados têm a sua CTPS devidamente anotada (artigo 41 da CLT). Nesses casos não pode o auditor fiscal do trabalho deixar de agir, sob pena de, inclu-

tos ilícitos, com aplicação apenas parcial das sanções. Há que definir, assim, a exata extensão da infração, para que a sanção se lhe corresponda na medida precisa, sem excessos, indevidos, ou omissões, igualmente ilegais.

4. Pluralidade de infrações e unidade da conduta

É fora de dúvida que, distintas e independentes entre si as infrações, distintos hão de ser os autos lavrados. Se, por exemplo, o empregado não recebe férias e tampouco tem o crédito do décimo-terceiro salário, há duas infrações separadas, independentes e completamente desvinculadas. Dois devem ser os autos de infração, nos termos do artigo 628 da CLT. Não há nenhum problema jurídico com a lavratura de vários autos de infração em um único momento, portanto. O importante é que tenham sido constatadas diferentes irregularidades, autônomas entre si.

Os casos figurados há pouco, no entanto, envolvem situação diversa, ainda que nem sempre a diferença seja corretamente levada em conta na atividade de fiscalização ou mesmo em âmbito jurisdicional. O Tribunal

sive, ser responsabilizado na seara administrativa" (TST - 5ª T., Ag nº 1552-51.2010.5.24.0003, Rel. Min. Emmanoel Pereira, julg. em 09.04.2014 in DJ de 15.04.2014) e "1. O ordenamento jurídico nacional atribui aos auditores - fiscais do trabalho o poder-dever de zelar pela correta aplicação da legislação trabalhista, em especial, as normas relacionadas à higiene, saúde e segurança. 2. Reputa-se inválida cláusula de acordo ou convenção coletiva de trabalho contemplando a supressão ou redução do intervalo intrajornada, porque este constitui medida de higiene, saúde e segurança do trabalho, garantido por norma de ordem pública (arts. 71 da CLT e 7º, XXII, da CF/88), infenso à negociação coletiva. Inteligência da Súmula nº 437, II, do Tribunal Superior do Trabalho. 3. Em tal contexto, a lavratura de auto de infração em razão do descumprimento da legislação trabalhista (art. 71 da CLT), aliada a patente invalidade de norma coletiva que suprime ou reduz intervalo intrajornada, revela-se não apenas válida, mas salutar, porque reprime condutas que atentam contra a higiene, saúde e segurança do trabalho. 4. Recurso de revista de que se conhece e a que se dá provimento" (TST - 4ª T., RR nº 151500-18.2009.5.20.0002, Rel. Min. João Oreste Dalazen, julg. em 26.08.2015 *in* DJ de 04.09.2015). Cf. ainda: "O Poder executivo, através da Fiscalização do Trabalho, exerce Poder de Polícia com o fito de prevenir e obstar ao desenvolvimento de atividades particulares contrastantes com os interesses sociais do trabalho e, diante da irregularidade trabalhista, é poder dever do AFT - Auditor Fiscal do Trabalho lavrar o auto de infração" (TRT - 1ª Reg., 3ª T., RO nº 010133-16.12016.5.01.0244, Rel. Carina Rodrigues Bicalho, julg. em 20.06.2018 in DJ de 13.07.2018).

do Trabalho da 2ª Região, em caso de autuações sucessivas, relacionadas todas com a falta de registro de empregados, decidiu recentemente: "(n) ão há *bis in idem* porque não anotar a CTPS do trabalhador é uma coisa, outra é não recolher o FGTS, outra não pagar férias, etc [...] Não é possível, em situações assim, fechar os olhos para cada uma das ilegalidades praticadas pelo infrator, porque, insisto, são fatos diferentes que devem gerar penalidades diferentes, inclusive para que o infrator não se sinta incentivado a repeti-las"[27].

A lavratura de vários autos de infração, nos exemplos de falta de registro do empregado ou de incorreta consideração da natureza não remuneratória dos pagamentos, desconsidera a inapagável interligação existente entre as ações e os resultados. A ausência de recolhimento mensal do FGTS, em ambos os casos, não constitui infração autônoma à norma de proteção do trabalho que impõe o registro ou classifica o pagamento como salário. Decorre do não reconhecimento – incorreto, diga-se sempre – da relação de emprego ou da natureza salarial da parcela, respectivamente. Outro tanto vale para as férias, décimo-terceiro salário e horas extras. Embora haja consequências distintas, a origem é única. Levaria a resultado absurdo impor, em tal contexto, número elevado de autuações, conquanto longa seja a lista de normas ofendidas.

No âmbito criminal, o problema que se examina no presente texto se resolve, sem grande dúvida, com as figuras do concurso formal e do crime continuado, consoante os artigos. 70 e 71 do Código Penal[28]. Afasta-se a aplicação de punições distintas por ato isolado ou por crime, com o propósito de evitar "uma pena total desproporcionada, pela

27 TRT - 2ª Reg., 4ª T., RO n. 1001417-43.2018.5.02.0071, Rel. Paulo Sérgio Jakutis, julg. em 10.02.2021 *in* DJe de 11.02.2021.

28 "Art. 70 – Quando o agente, mediante uma só ação ou omissão, pratica dois ou mais crimes, idênticos ou não, aplica-se-lhe a mais grave das penas cabíveis ou, se iguais, somente uma delas, mas aumentada, em qualquer caso, de um sexto até metade. As penas aplicam-se, entretanto, cumulativamente, se a ação ou omissão é dolosa e os crimes concorrentes resultam de desígnios autônomos, consoante o disposto no artigo anterior. Art. 71 – Quando o agente, mediante mais de uma ação ou omissão, pratica dois ou mais crimes da mesma espécie e, pelas condições de tempo, lugar, maneira de execução e outras semelhantes, devem os subsequentes ser havidos como continuação do primeiro, aplica-se-lhe a pena de um só dos crimes, se idênticas, ou a mais grave, se diversas, aumentada, em qualquer caso, de um sexto a dois terços".

soma de pequenas penas relativas a infrações de somenos"[29]. Ninguém imagina, no caso do crime tipificado no artigo 297, § 4º, do Código Penal[30], aplicação de uma pena por mês em que não tenha sido lançado o nome do empregado na folha de pagamento, a qual se confecciona, no máximo, mensalmente[31].

Quando a infração à legislação trabalhista decorre de incorreto enquadramento jurídico da relação ou do tratamento inapropriado de determinada parcela, o mais acertado é entender-se violada a norma que determina o enquadramento da relação ou o tratamento da parcela, aplicando-se a sanção correspondente. Se, para citar um outro exemplo, o empregado é indevidamente qualificado como exercente de função de confiança, infringe-se o artigo 62, inciso II, da CLT. Ainda que da infração decorra o não pagamento de horas extras e de horas noturnas, além do não respeito ao período mínimo de intervalo – vantagens que não se aplicam aos empregados que exercem função de confiança –, permanece a unidade da infração. A sanção a ser aplicada, em respeito à exigência de legalidade, é apenas pela ofensa ao artigo 62, inciso II, da CLT.

Não elide a unidade do comportamento o fato de serem vários os atos materiais, como se dá no exemplo de pagamento mensal da ajuda de custo. Conforme adverte Basileu Garcia, quando se fala, no caso de concurso formal, em uma só ação, "não se quer dizer que ocorra obrigatoriamente um só ato. Uma ação pode compor-se de diversos atos"[32].

---

29 E. Magalhães Noronha, Direito Penal, São Paulo, Saraiva, 1987, vol. 1, n. 174, p. 263. Sobre o crime continuado, como instrumento de limitação do sistema de cúmulo material de penas, cf. Vladimiro Zagrebelsky, *Reato continuato* em *Enciclopedia del Diritto*, Varese, Giuffrè, 1987, XXXVIII, p. 841.

30 "Art. 297 – Falsificar, no todo ou em parte, documento público, ou alterar documento público verdadeiro: Pena – reclusão, de dois a seis anos, e multa...§ 3º Nas mesmas penas incorre quem insere ou faz inserir: I – na folha de pagamento ou em documento de informações que seja destinado a fazer prova perante a previdência social, pessoa que não possua a qualidade de segurado obrigatório;...§ 4º Nas mesmas penas incorre quem omite, nos documentos mencionados no § 3º, nome do segurado e seus dados pessoais, a remuneração, a vigência do contrato de trabalho ou de prestação de serviços."

31 CLT, art. 459, *caput*.

32 Instituições de Direito Penal, São Paulo, Max Limonad, 1954, vol. I, tomo II, n. 148, p. 499. Em jurisprudência: "Delitos praticados em uma única ação desdobrada em vários atos. Inexistência de desígnios autônomos. Concurso formal próprio de crimes vislumbrado. Tendo o agente, mediante única ação desdobrada em

É preciso não confundir "*unità naturale e unità normativa*", lembra bem a doutrina especializada[33]. Pode haver a última sem que esteja presente a primeira. O caso de confecção de documento falso, com sua posterior utilização pelo próprio falsário, é um bom exemplo do que se afirma. Os atos materiais são fisicamente distintos: a) falsificar o documento é um; b) utilizá-lo é outro. Pode mediar entre um ato e outro, inclusive, largo espaço de tempo, dias, semanas ou meses, a torná-los também temporalmente distintos. Juridicamente, porém, a ação é tratada como uma só, para efeitos punitivos, consoante a jurisprudência tranquila do Supremo Tribunal Federal[34].

vários atos, praticado três delitos, imbuído de único desígnio, é de rigor o reconhecimento do concurso formal próprio de crimes." (TJ – MG, 6ª Câm. Crim. Ap. n. 10115180002988002, Rel. Furtado de Mendonça, julg. em 22.09.2020 *in* DJ de 28.09.2020).

33 Antonio Pagliaro, *Concorso di norme (dir. pen.)* em *Enciclopedia del Diritto*, Varese, Giuffrè, 1961, VIII, p. 552.

34 "O uso dos papéis falsificados, quando praticado pelo próprio autor da falsificação, configura "post factum" não punível, mero exaurimento do "crimen falsi", respondendo o falsário, em tal hipótese, pelo delito de falsificação de documento público (CP, art. 297) ou, conforme o caso, pelo crime de falsificação de documento particular (CP, art. 298). Doutrina. Precedentes (STF). – Reconhecimento, na espécie, da competência do Poder Judiciário local, eis que inocorrente, quanto ao delito de falsificação documental, qualquer das situações a que se refere o inciso IV do art. 109 da Constituição da República. – Irrelevância de o documento falsificado haver sido ulteriormente utilizado, pelo próprio autor da falsificação, perante repartição pública federal, pois, tratando-se de "post factum" impunível, não há como afirmar-se caracterizada a competência penal da Justiça Federal, eis que inexistente, em tal hipótese, fato delituoso a reprimir." (STF – 2ª T., HCn. 84.533/MG, Rel. Min. Celso de Mello, julg. em 14.09.2004 *in* DJU de 30.06.2006, p. 35). Aplicou-se a mesma solução ao caso de peculato, quando não declarado o valor objeto de apropriação perante os órgãos fiscais. Afastou-se a cumulação do crime antecedente com o de sonegação fiscal, nos seguintes termos: "Penal. Peculato. Condenação. Sonegação fiscal. *Post factum* punível. I – Por mais que se queira arranjar caminho outro para obtenção de resultado condenatório, chegar-se-á, inarredavelmente, à conclusão de que o apelante está sendo condenado pelo mesmo fato duas vezes, porquanto não cabe processar-se por sonegação quem já foi condenado por peculato, pois a sonegação, no caso, é o *post factum* não punível, absorvido pelo crime anterior." (TRF – 2ª Reg., 2ª T., ACR n. RJ 96.02.28075-1, Rel. Castro Aguiar, julg. em 21.10.1997 *in* DJU de 18.11.1997, p. 98).

5. Conduta unitária e sanção administrativa

Decorre do exposto até aqui a necessidade de afastar a caracterização de várias infrações à legislação trabalhista, para efeito de autuação e punição do empregador, quando a conduta se mostra normativamente unitária. Encontra-se respaldo para a tese em alguma jurisprudência, como indica aresto do Tribunal do Trabalho da 3ª Região, que considerou nula a lavratura de diversos autos de infração "sob fundamento jurídico único". *Verbatin*:

> MULTA ADMINISTRATIVA POR INFRAÇÃO À LEGISLAÇÃO TRABALHISTA. DUPLICIDADE DE AUTUAÇÃO E PENALIZAÇÃO PELO MESMO FATO E FUNDAMENTO JURÍDICO. NULIDADE. Configuram *bis in idem*, passível de nulidade, as autuações realizadas no mesmo ato de fiscalização, local e data e sob fundamento jurídico único (TRT - 3ª Reg., 1ª T., proc. n. 0000023-32.2013.5.03.0114, Rel. Maria Laura Franco Lima de Faria).[35]

A leitura da íntegra do julgado revela que cada um dos autos de infração foi lavrado com fundamento no descumprimento de item específico da NR-23:

> Os autos de infração de f. 18 e 55 demonstram que a autora foi autuada pelo Ministério do Trabalho e Emprego, em um único ato de fiscalização e no mesmo local e data (30/07/2008), pelas seguintes razões:
> a) Deixar de assinalar com círculo vermelho ou seta larga vermelha com bordas amarelas, os locais destinados aos extintores. Capitulação: art. 157, I, da CLT; item 23.17.2 da NR-23 da Portaria 3.214/78 (Autos de Infração nº 014834073);
> b) Deixar de pintar de vermelho uma área de piso de, no mínimo, 1,0x1,0m, embaixo do extintor e/ou manter a área do piso embaixo do extintor obstruída. Capitulação: art. 157, I, da CLT; item 23.17.3 da NR-23 da Portaria 3.214/78 (Autos de Infração nº 014834219).

35 DJ de 11.09.2013. Ainda no mesmo sentido, diante de situação muito semelhante, em que analisada a validade de múltiplas autuações fundamentadas no descumprimento de diferentes previsões da NR-17, TRT - 10ª Reg., 3ª T., proc. n. 0001593-29.2016.5.10.0801, Rel. Ribamar Lima Junior, julg. em 12.09.2018 *in* DEJT de 21.09.2018.

Ainda assim, concluiu-se, acertadamente:

> Sendo, pois, um só o sentido e o alcance do dispositivo regulamentar transcrito, tem-se, por conseguinte, que também é único o fundamento jurídico (art. 157, I, da CLT e subitens 23.17.2 e 23.17.3 da NR-23 da Portaria 3.214/78) utilizado para autuar e aplicar multas por infração à legislação trabalhista à ré.
> Nesse contexto, não há dúvida de a reclamada foi autuada e penalizada duas vezes pela mesma infração, o que se mostra indevido, por configurar *bis in idem*.

No mesmo sentido, pode-se ainda mencionar precedente em que reconhecida, no âmbito de fiscalização do trabalho, a existência de uma única conduta, protraída no tempo, como circunstância apta a afastar a lavratura de sucessivos autos de infração:

> Tributário e Administrativo - CLT - Multa - Infração - Art. 630, §§ 3º e 4º - 58 (cinquenta e oito) autuações - Reiteração de conduta - Ausência - Uma só infração - Remessa oficial e apelação improvidas - 1- Noticiou-se nos autos que a embargante foi autuada 58 (cinquenta e oito) vezes pela fiscalização trabalhista, por infringência aos arts. 630, §§ 3º e 4º, da CLT , cujas autuações teriam ocorrido de forma reiterada a partir de 06/04/1992, tendo como fato gerador a não apresentação de documentos exigidos pelo fiscal do trabalho no dia 26/02/1992, conforme registro no Livro de Inspeção de Trabalho (fl. 669), pelo que a embargante pretendeu que fosse aplicada a tese de continuidade delitiva, conforme os termos do art. 71 do Código Penal, com o que não concordou a embargada/exequente, apelante, nem o MM. Juiz sentenciante, que afastou a tese da continuidade delitiva, mas considerou a ocorrência de apenas uma infração, em razão do que subiram os autos, por força de remessa oficial e apelação da União, que defende a inocorrência de *bis in idem* e que se trata de executado contumaz infrator, que não apresentou os livros e documentos solicitados nas visitas realizadas. 2- Não merece reparo a sentença, em que bem foi observado que as autuações são decorrentes das exigências feitas somente no dia 26/02/1992, nos termos da lavratura do Livro de Inspeção do Trabalho - LIT, o que resulta, então, no convencimento de que a punição levada a efeito está calcada em uma única conduta que se protraiu no tempo, sem que tenha havido interrupção com nova visita do fiscal do trabalho para fixação de novo prazo para apresentação de documentação exigida. 3- Com efeito, é o entendimento que se extrai da redação do a art. 628, § 2º - CLT: "Nesse livro (Livro de Inspeção do Trabalho),

> registrará o agente da inspeção sua visita ao estabelecimento, declarando a data e a hora do início e término da mesma, bem como o resultado da inspeção, nele consignando, se for o caso, todas as irregularidades verificadas e as exigências feitas, com os respectivos prazos para o seu atendimento, e, ainda, de modo legível, os elementos de sua identificação funcional." 4- Como bem assinalado pelo Juiz sentenciante, "considerando a consumação protraída no tempo, não se conceberia a existência de várias infrações com base em um único fato: não apresentação dos documentos exigidos pela fiscalização no dia 26/02/1992. Isso porque a consumação da infração à CLT teria início no dia 06/04/1992, data em que o fiscal exigiu que os documentos estivessem à sua disposição (fl. 669), e fim quando a fiscalização, novamente, visitasse o estabelecimento e fixasse novo prazo para cumprimento das exigências. 5- Remessa oficial e apelação improvidas." (TRF – 1ª Reg., Ap – RN 2000.34.00.029310-0/DF, Rel. Grigorio Carlos dos Santos).[36]

Já se decidiu de igual maneira em campo diverso, a saber, em matéria de infração às normas legais existentes sobre controle de preços. Ainda que vários os atos materiais - o acórdão chega a mencionar várias "infrações" - deve-se considerar uma única infração continuada. A ementa assinala:

> Processo civil. Execução fiscal. Embargos do devedor. SUNAB. Infrações múltiplas. Lei Delegada 04/62 (art. 11). Acórdão em consonância com a jurisprudência do STJ. Precedentes. Auto de infração. Nulidade. Matéria probatória. aplicação da Súmula 07/STJ. 1. O acórdão recorrido harmoniza-se com o entendimento iterativo desta Corte segundo o qual infrações da mesma origem, reunidas na mesma apuração fiscal, devem ser consideradas como infração continuada à qual se aplica penalidade única. (STJ – 2ª T., REsp n. 161.228/PE, Rel. Min. Peçanha Martins, julg. em 21.10.1999)[37]

36 DJe de 24.08.2012, p. 1.430.

37 DJU de 21.02.2000, p. 114. Sempre no mesmo sentido, ainda: STJ – 2ª T., REsp n. 11.220/CE, Rel. Min. Peçanha Martins, julg. em 13.04.1994 in DJU de 23.05.1994, p. 12.588, e, com menção ao art. 71, do Código Penal: "Administrativo – SUNAB Delegada n. 4 – Incidência na venda de confecções finas – Infrações continuadas. II – Os preceitos da Lei Delegada n. 4 incidem nas vendas de roupas distinguidas por marca estrangeira. II – A punição administrativa guarda evidente afinidade, estrutural e teleológica, com a sanção penal. É correto, pois, observar-se em sua aplicação, o princípio consagrado no art. 71 do Código Penal. III – Na imposição de penalidades administrativas, deve-se tomar como infração continuada, a sé-

Até mesmo a análise do número de trabalhadores atingidos pela infração à norma legal a jurisprudência por vezes relega para a fase de quantificação da sanção, sem admitir que seja lavrado um auto por pessoa. Confira-se o precedente do Tribunal Regional Federal da 1ª Região:

> Tributário – Embargos do devedor – Autuações em sequência efetuadas pela fiscalização do trabalho - Impossibilidade, ante a gradação prevista no art. 75 da CLT – Auto de infração anulado. 1- As três autuações em sequência efetuadas pelo Auditor Fiscal do Trabalho foram fundamentadas no art. 71, caput, da CLT , em razão de não ter a embargante concedido horário de descanso ou alimentação aos seus empregados.(...) 3- A quantidade de empregados sujeitos a jornada sem descanso encerraria penalidade com valor agravado e nunca penalidade em relação a cada empregado, como na hipótese dos autos. 4 – Remessa oficial improvida. (TRF - 1ª Reg., 8ª T., REO n. 2001.34.00.022461-7, Rel. Leomar Barros Amorim de Sousa).[38]

Também no Conselho Administrativo de Recursos Fiscais há pronunciamentos contrários à multiplicação de multas em caso de infração continuada. As decisões a seguir reproduzidas são paradigmáticas:

> IPI DIF - Papel imune - Multa regulamentar - Falta de entrega de declaração trimestral - MP n° 2.158-35 (art. 57) - Infração continuada - Cumulação e multiplicação de penalidades pelo número de meses em que a autuada permaneceu inadimplente inadmissibilidade - Princípios da infração continuada e da razoabilidade. A multa de R$ 5.000,00 prevista para cada infração à obrigação formal (falta de declaração), não pode ser aplicada cumulativamente, multiplicada pelo número de meses em que a recorrente permaneceu inadimplente nas informações trimestrais que deveria prestar, vez que as infrações apresentam-se de forma sequencial, ferindo o mesmo objeto da tutela jurídica e guardando afinidade com igual fundamento fálico, o que as caracteriza como comportamento de feição continuada, sujeitando-as a uma única sanção por período trimestral em que foi verificada a falta. A sequência de várias infrações apuradas em uma única autuação caracteriza a chamada infração de natureza

rie de ilícitos da mesma natureza, apurados em uma só autuação." (STJ – 1ª T., REsp n. 19.560/RJ, Rel. Humberto Gomes de Barros, julg. em 15.09.1993 *in* DJU de 18.10.1993, p. 21.841).

38 DJe 29.08.2008, p. 387.

> continuada, com aplicação de uma única multa agravada fixada para trimestre especifico em que se constatou a falta de apresentação de Declaração. Precedentes do STJ (CARF 3ª Seção – 2ª T. da 4ª Câm, Ac. n. 3402-00.754).[39]
> CPMF. Declaração trimestral e mensal. Multa por atraso na entrega. A entrega das declarações de CPMF após o prazo legal enseja a aplicação da multa prevista no art. 11, § 2º, da Lei n° 9.311/96. Multa. Gradação. Infração continuada. A infração pela falta de entrega de declaração de CPMF é única, devendo ser desta forma considerada para fim de aplicação da penalidade. Não é admissível, ou existente em nosso ordenamento jurídico, a imposição de multas indefinidas, sem limitação de valor (Acórdão 201-80 745, Rel. Cons. Fabiola Cassiano Keramidas, j. 20.112007). (...) (CARF 3ª Seção, 3ª T. da 4a. Câm., Ac. n. 3403-00.266 em 17.03.2010).[40]

A doutrina encampa a tese. Helaine Ferreira Arantes leciona que, "em se tratando de duas ou mais infrações administrativas da mesma espécie e, pelas condições de tempo, lugar, maneira de execução e outras semelhantes, devem as subsequentes infrações (ser) consideradas como continuação da primeira, devendo tal circunstância ser considerada como agravante ou qualificadora da infração administrativa, não sendo possível tratar-se tais infrações como isoladamente praticadas e separadamente puni-las"[41].

6. Sanção administrativa e proporcionalidade

A solução que se vem de preconizar justifica-se ainda mais pela ideia de respeito à proporcionalidade na aplicação da sanção, critério lembrado pela doutrina[42], presente em variadas normas legais[43] e, ainda

39 DOU de 24.03.2011.

40 DOU de 19.07.2011.

41 Da infração administrativa continuada, disponível em: https://ambitojuridico.com.br/cadernos/direito-administrativo/da-infracao-administrativa-continuada/; acesso em: 13 fev. 2021.

42 Nelson Mannrich, Multa de caráter administrativo in Dicionário brasileiro de Direito do Trabalho, São Paulo, LTr, 2013, p. 290.

43 No âmbito dos serviços de telecomunicações, por exemplo, a aplicação de multas pela Agência Nacional correspondente, deve observar, consoante a Lei nº 9.472/1997, "o princípio da proporcionalidade entre a gravidade da falta e a in-

parâmetro a ser imperativamente observado nos processos administrativos, nos termos da previsão já referida do parágrafo único do artigo 2º da Lei n. 9.784/99, cuja transcrição afigura-se agora ainda mais oportuna: "Nos processos administrativos serão observados, entre outros, os critérios de: [...] VI – adequação entre meios e fins, vedada a imposição de obrigações, restrições e sanções em medida superior àquelas estritamente necessárias ao atendimento do interesse público". Consoante o Tribunal Constitucional português, "(o) princípio da proporcionalidade ou da *proibição do excesso* [...] decorre antes do mais das próprias exigências do Estado de direito a que se refere o artigo 2º da Constituição, por ser consequência dos valores de segurança nele inscritos [...] vale, não apenas como limite constitucional das acções do legislador, mas como limite das actuações de todos os poderes públicos"[44]. O Código do Procedimento Administrativo de Portugal, sob a rubrica de "Princípio da proporcionalidade", estatui, no seu artigo 7º: "1 – Na prossecução do interesse público, a Administração Pública deve adotar os comportamentos adequados aos fins prosseguidos. 2 – As decisões da Administração que colidam com direitos subjetivos ou interesses legalmente protegidos dos particulares só podem afetar essas posições na medida do necessário e em termos proporcionais aos objetivos a realizar". Bem por isso, o Supremo Tribunal Federal repeliu sanção desproporcional, sob a forma de multa pelo não recolhimento de tributo, com o seguinte enunciado: "O Poder Público, especialmente em sede de tributação (mesmo tratando-se da definição do 'quantum' pertinente ao valor das multas fiscais), não pode agir imoderadamente, pois a atividade governamental acha-se essencialmente condicionada pelo princípio da razoabilidade que se qualifica como verdadeiro parâmetro de aferição da constitucionalidade material dos atos estatais"[45]. Para voltar à jurisprudência do

tensidade da sanção" (artigo 179, § 1º). O mesmo está previsto para as sanções aplicáveis por infração às disposições da Lei Geral de Proteção de Dados (artigo 52, § 1º, inciso XI).

44 Acórdão n. 651/09, Processo nº 1.019/2008, decisão de 15.12.2009. Por isso a doutrina refere que a proporcionalidade deve ser tomada, no campo jurídico, de maneira "generosamente ampla" (Vitalino Canas, O princípio da proibição do excesso na conformação e no controlo dos atos legislativos, Coimbra, Almedina, 2017, p. 263).

45 STF – Pleno, ADI n. 1075 MC/DF, Rel. Min. Celso de Mello, julg. em 17.06.1998 in DJU de 24.11.2006, p. 59. Para exame da jurisprudência do Supremo Tribunal Federal em torno do princípio da proporcionalidade ou razoabilidade, cf. Alexandre Araújo Costa, O Princípio da Razoabilidade na jurisprudência do STF: o século XX,

Tribunal Constitucional de Portugal, menciona-se o acórdão nº 70/98, que afirmou a inconstitucionalidade do regime legal de custas judiciais, pela imposição de "um valor de custas desproporcionado", em contraste com o princípio da proibição de excesso[46].

É antiga a ideia de que a sanção - não apenas a penal, entenda-se bem! - deve ser condizente com a conduta verificada, sem excessos desnecessários. Correa Teles, tendo sob os olhos as Ordenações do Reino, já advertia para a circunstância de que, mesmo estabelecida em sentença a cominação e descumprida a ordem, "o juiz pode ainda então moderar a pena, se a cominada tiver sido mais áspera do que convém"[47]. No direito brasileiro atual, a solução está consagrada no § 1º do artigo 537 do CPC, que confere ao juiz a prerrogativa de alterar o valor da multa diária caso verifique que "se tornou insuficiente ou excessiva". A possibilidade de revisão do valor da multa resulta de aplicação, no plano processual, da regra geral posta pelo artigo 413 do Código Civil.

A jurisprudência teve oportunidade de aplicar o princípio da proporcionalidade, em matéria sancionatória, para afastar imposição de multa administrativa que, no contexto, afigurou-se excessiva. A ementa do acórdão registra:

> Embargos à execução. Prescrição. Insignificância do valor. Princípios da proporcionalidade, finalidade e da razoabilidade [...] É certo que o administrador público somente pode fazer aquilo que a lei autoriza expressa ou implicitamente, mas essa obrigatoriedade não pode vulnerar os demais princípios administrativos, isto é, toda ação administrativa, discricionária ou vinculada, também deve atender aos princípios da proporcionalidade, finalidade e da razoabilidade. – Se a infração praticada pelos embargantes não possui lesividade

---

disponível em: http://www.arcos.org.br/livros/o-principio-da-razoabilidade-na--jurisprudencia-do-stf-o-seculo-xx/; acesso em: 13 fev. 2021.

46 Proc. 567/97, Ac. n. 70/98 *in* J. J. Almeida Lopes, Constituição da República Portuguesa, Coimbra, Almedina, 2005, p. 106. Para algumas outras notas de Direito Comparado, com indicação de precedentes da *Corte Costituzionale* italiana, cf. Marta Cartabia, *I principi di ragionevolezza e proporzionalità nella giurisprudenza costituzionale italiana*, texto disponível, na íntegra, em: http://www.cortecostituzionale.it/documenti/convegni_seminari/RI_Cartabia_Roma2013.pdf; acesso em 13 fev. 2021. Para referências ao direito norte-americano, cf. Vicki C. Jakcson, *Constitutional Law in an Age of Proportionality*, *The Yale Law Journal*, 2015, 124, 3.094 e segs.

47 Doutrina das acções, Rio de Janeiro, Eduardo e Henrique Laemmert, s. d. p., § 205, p. 110, nota 444.

> em potencial para configurar dano relevante aos consumidores ou ao Erário (princípio da insignificância), revela-se excessiva e desproporcional a multa de mais de R$ 12.000,00 aplicada pela SUNAB. – Apelação e remessa oficial conhecidas e desprovidas (TRF 4ª Reg., 3ª T., AC n. 2002.72.01.001502-7, Rel. Carlos Eduardo Thompson Flores Lenz).[48]

O Superior Tribunal de Justiça deparou-se com recurso em que se impugnava julgado de Tribunal Regional Federal contrário à imposição de multas sucessivas, em cada mês. O acórdão recorrido tinha a seguinte ementa:

> Tributário. Descumprimento de obrigação acessória. Ausência de apresentação de DCTF. Incidência de apenas uma multa por descumprimento. Homenagem ao princípio da razoabilidade e proporcionalidade. Apelo e remessa necessária improvidos. 1. A multa a ser aplicada em face da ausência das declarações deve incidir apenas uma vez em face do cumprimento pertinente àquele mês e não reiteradas vezes a cada mês como pretende a apelante, sob pena de legitimar-se um *bis in idem*, que, como é cediço, deve ser abominado por razões óbvias de proporcionalidade e razoabilidade.

Ao desprover o recurso e manter o decidido, o Superior Tribunal de Justiça assentou:

> Administrativo - multa - forma de cobrança. 1. Sendo devida multa pela não-declaração ao Fisco das contribuições de tributos federais, no momento em que se faz a declaração em bloco, não é razoável efetuar um somatório da sanção pecuniária para cada mês de atraso na declaração. 2. Princípio da proporcionalidade da sanção, que atende a outro princípio, o da razoabilidade. 3. Recurso especial improvido (STJ – 2ª T., REsp n. 601.351/RN, Rel. Min. Eliana Calmon, julg. em 03.06.2004).[49]

Menos aceitável ainda é a lavratura de vários autos como expediente para constranger o empregador a cumprir certa obrigação, mediante ameaça de sanção exorbitante. Sem negar a relevância da fiscalização administrativa das condições de trabalho - enfatizada, aliás, logo no princípio do presente texto - é preciso não perder de vista as limitações inerentes ao exercício do poder sancionatório estatal, próprias do Estado Democrático de Direito. Por isso mesmo é que se mostra tranquila a ju-

48 DJ de 23.11.2005.

49 DJU de 20.09.2004, p. 259.

risprudência em torno da impossibilidade de adoção de meios desmedidos para forçar o pagamento de tributos. Nessa linha são as Súmulas 70[50], 323[51] e 547[52] do Supremo Tribunal Federal. Em outra oportunidade, a mesma Corte já considerou inconstitucional multa elevada, fixada em Constituição Estadual, com o propósito de forçar o pagamento de tributo. Na Ação Direta de Inconstitucionalidade nº 551/RJ, decidiu-se:

> Ação Direta de Inconstitucionalidade. §§ 2º e 3º do art. 57 do Ato das Disposições Constitucionais Transitórias da Constituição do Estado do Rio de Janeiro. Fixação de valores mínimos para multas pelo não-recolhimento e sonegação de tributos estaduais. Violação ao inciso IV do art. 150 da Carta da República. A desproporção entre o desrespeito à norma tributária e sua consequência jurídica, a multa, evidencia o caráter confiscatório desta, atentando contra o patrimônio do contribuinte, em contrariedade ao mencionado dispositivo do texto constitucional federal. Ação julgada procedente. (STF - Pleno, ADI n. 551/RJ, Rel. Min. Ilmar Galvão, julg. em 24.10.2002).[53]

Na fundamentação do acórdão enfatiza-se a importância da "proporcionalidade que deve existir entre a violação da norma jurídica e sua consequência jurídica, a própria multa"[54]. *Mutatis mutandis*, o mesmo se pode dizer diante do problema ora sob exame. Se a autuação lavrada é desproporcional, por ser feita de modo exacerbado, torna-se *ipso facto* ilegítima. Não faltam precedentes judiciais de redução de multa excessiva, inclusive em matéria de fiscalização das normas sobre proteção do trabalho:

> Trabalho rural. Fiscalização. Multa. Redução de Valor. Lei nº 7.855/89. Constituição Federal, art. 7º, XXII. A Lei nº 7.855/89 triplicou os valores das multas previstas na CLT e legislação extravagante, e aplica-se às penalidades pecuniárias por infringência à Lei nº 5.889/73. Mantém-se a sentença que reduziu valores excessivos, por não estarem presentes causas justificantes da exacerbação, al-

50 "É inadmissível a interdição de estabelecimento como meio coercitivo para cobrança de tributo".

51 "É inadmissível a apreensão de mercadorias como meio coercitivo para pagamento de tributos".

52 "Não é lícito à autoridade proibir que o contribuinte em débito adquira estampilhas, despache mercadorias nas alfândegas e exerça suas atividades profissionais".

53 DJU de 14.02.2003, p.58.

54 Fl. 2 do acórdão.

> terando-se, porém, o *quantum* da redução. As estipuladas em limite razoável permanecem inalteradas, prestigiada a atividade administrativa. (TRF - 4ª Reg., 3ª T., Ap Cív. PR n. 1999.04.01.035342-9, Rel. Vivian Josete Pantaleão Caminha, julg. em 14.12.2000).[55]

Em termos ainda mais próximos aos do problema posto, cita-se aresto que reduziu multa elevada, fixada por aplicação do artigo 75 da CLT:

> Embargos à execução fiscal. Multa. Infração às leis trabalhistas. Presunção de veracidade e legitimidade do ato administrativo. Dosagem exagerada da multa. Redução. 1. Remessa oficial e apelação contra sentença que julgou procedentes os embargos para o fim de anular a dívida ativa da União e torna nula a execução fiscal. Deixou de condenar qualquer das partes ao pagamento de honorários advocatícios. 2. Embargante autuada em 12 de julho de 1997 por infração ao "caput" do art. 59 da CLT, consistente em prorrogar a jornada de trabalho sem acordo escrito ou convenção coletiva...5. É visivelmente exagerado o valor da autuação, uma vez que o prolongamento da jornada se deu por apenas meia hora, somente em relação a uma empregada, não havendo notícia de reincidência, resistência ou desacato praticado pela embargante, em face da fiscalização. 6. Tudo recomenda que a infração seja arbitrada no valor mínimo de 37,8285 UFIR. 7. Parcial provimento à remessa oficial e à autuação para restabelecer a validade da autuação e da execução, mas reduzindo o seu valor a 37,8285 UFIR, de forma a ensejar a substituição da CDA. (TRF - 3ª Reg., 3ª T., Ap REE SP n. 2001.03.99.040974-2, Rel. Rubens Calixto, julg. em 16.12.2010).

Conclusão

Nas situações em que, a despeito de infringidas diferentes normas trabalhistas, a conduta do infrator mostra-se normativamente unitária - como nos casos de falta de registro de empregado, de incorreta atribuição de natureza não salarial a certo pagamento feito mensalmente ou outras do mesmo gênero -, a autuação não pode ser feita por mês, nem deve abranger todos os desdobramentos da conduta, como forma de exacerbar o valor da punição. Esta solução é ilegítima e contraria os princípios e as regras que regem o processo sancionatório, em particular o princípio mais geral da proporcionalidade.

55 DJ de 31.01.2001, p. 504.

Novas luzes sobre a competência jurisdicional: em busca de eficiência e segurança jurídica

Flavio Galdino[1]

SUMÁRIO: I. Introdução. **II.** Abrangência da Tutela Coletiva. **III.** O Juízo Competente para a Insolvência Civil. **IV.** O Juízo 100% Digital e a Competência Territorial. **V.** À Guisa de Conclusão: Competência Jurisdicional, Eficiência e Segurança Jurídica.

I. Introdução

Os tempos de mudanças profundas que vivemos dirige a atenção da sociedade para problemas de alta indagação e relevância. Na verdade, as crises sanitária e econômica decorrentes da Pandemia do Covid-19, que se alastram por 2020 e 2021, geraram uma verdadeira crise humanitária e assumiram proporções imprevisíveis e inevitáveis e produziram inúmeras reflexões acerca da vida em sociedade, incluindo, mas não se limitando ao plano jurídico.

Eventualmente, já quase em meados de 2021, a nossa atenção no presente estudo dirige-se a um tema instrumental, qual seja: a competência jurisdicional, que sofreu vários influxos relevantes nos últimos meses, em plena crise pandêmica (mas não necessariamente relacionados às respostas jurídicas aos efeitos da Pandemia, como sejam regras contratuais emergenciais e outras que tais). Com efeito, a escolha do tema da competência jurisdicional deve-se à observação de que nos últimos meses várias alterações trouxeram aportes significativos ao regime jurídico da competência jurisdicional. Este estudo selecionou algumas delas para análise.

Esses influxos analisados provêm de fontes normativas diferentes, quais sejam, a jurisprudência, notadamente do Supremo Tribunal Federal ("STF") e a regulamentação exarada pelo Conselho Nacional de

1 Professor da Faculdade de Direito da UERJ. O autor registra agradecimento ao Professor Doutor Rodrigo Garcia e ao Dr. Lucas Amaral pelo auxílio nas pesquisas destinadas à redação do presente estudo. Estudo produzido com o intuito de compor obra em justa homenagem ao eminente Magistrado e Advogado Rubens Ferraz de Oliveira Lima.

Justiça ("CNJ"). A partir de uma breve descrição dos problemas e soluções endereçadas por essas normas, procuramos identificar especificamente os efeitos que essas normas e respectivas interpretações tendem a gerar no ambiente de litígios processualizados no Brasil.

Como se procura demonstrar nos itens que se seguem, parece haver duas características ou efeitos comuns a esses influxos normativos no sistema processual: eficiência e segurança jurídica.

II. Abrangência da Tutela Coletiva

O primeiro tema em análise diz respeito à competência jurisdicional em sede de tutela coletiva. Caudalosos rios de tinta foram escritos acerca da inconstitucionalidade do disposto no Art. 16 da Lei nº 7.347/1.985 (Lei da Ação Civil Pública), com a redação que lhe fora dada pela Lei nº 9.494/1997, lançado nos seguintes termos: Art. 16. A sentença civil fará coisa julgada erga omnes, *nos limites da competência territorial do órgão julgador*, exceto se o pedido for julgado improcedente por insuficiência de provas, hipótese em que qualquer legitimado poderá intentar outra ação com idêntico fundamento, valendo-se de nova prova.

Em prol da memória, *brevitatis causa*, relembre-se que, em sua redação original, a Lei da Ação Civil Pública não continha tal delimitação quanto ao alcance territorial da decisão proferida em sede de tutela coletiva. A norma fora alterada em 1.997, inicialmente através de Medida Provisória editada pelo Governo e depois por meio de Lei, para incluir uma delimitação da abrangência das decisões proferidas em conformidade com a competência territorial do órgão prolator da decisão - incluiu-se precisamente a referida expressão "nos limites da competência territorial do órgão prolator". Segundo se sustenta, a iniciativa legislativa teria se originado a partir da percepção de que instrumentos de tutela coletiva vinham sendo utilizados com viés político, como forma de barrar ou ao menos turbar a implementação de políticas governamentais – é exemplo interessante o caso das privatizações levadas a efeito na década de 1990, em que houve a proliferação de ações coletivas, muitas das quais ajuizadas em localidades distantes, como forma de impugnação de atos praticados na Cidade do Rio de Janeiro (como foram os casos da privatização do sistema Telebrás e da Companhia Vale do Rio Doce).

Desde o primeiro momento de vigência da referida alteração legislativa, parte da doutrina especializada manifestou-se contra ela, com maior ou menor grau de agressividade – algumas críticas ultrapassaram a simples incisividade e beiravam a virulência. Argumentou-se com as mais diversas inconstitucionalidades formais e materiais, com ineficácia completa ou substancial, com inexequibilidade absoluta do comando legal e, eventualmente, com técnicas hermenêuticas que procuravam suprimir qualquer utilidade da norma legal, desprezando quase que por completo qualquer sentido possível do texto legal e a sua finalidade; isso sem falar na intenção do legislador (*mens legislatoris*), muitas vezes sumariamente desqualificada, ignorando-se a legitimidade políticas dos agentes públicos envolvidos. Sem embargo desse verdadeiro arsenal doutrinário, fato é que naufragaram as tentativas de provocar o controle de constitucionalidade ao longo dos anos, sendo certo que o STF[2] chegou a indeferir fundamentadamente pedido de liminar para suspender a eficácia da norma em questão, afirmando a ausência de *relevância jurídica* da matéria.

Pois bem, passados quase cinco lustros, após alterar o seu entendimento e reconhecer que o tema passou a possuir *repercussão geral*, o STF entendeu finalmente por declarar a inconstitucionalidade da alteração legislativa, repristinando a redação original da Lei[3].

Com todas as vênias devidas e as homenagens necessárias, entendemos que não havia inconstitucionalidade na norma legal, nem sob o prisma formal e nem sob o prisma material – e o alcance territorial das decisões judiciais pode sim ser objeto de atenção e regulação pelo legislador, o que não se confunde com a nossa eventual concordância integral em relação à opção do legislador acerca da norma em comento: uma coisa é saber se uma norma é válida e eficaz, outra coisa bastante diversa é saber se a norma é boa ou produz bons efeitos. Tanto é assim, que a norma permaneceu em vigor durante décadas e foi aplicada inúmeras vezes em incontáveis processos judiciais, a demonstrar à sacie-

2 STF, ADI 1576, Relator o Ministro Marco Aurélio, Tribunal Pleno, julgado por maioria em 16.04.1997. Em sede doutrinária, refiram-se aqui: ZAVASKI, Teori Albino. Processo Coletivo. São Paulo: RT. 2006, p. 76; MANCUSO, Rodolfo de Camargo. Ação Civil Pública. 7ª Edição. São Paulo: RT. 2001, p. 271; ALMEIDA, João Batista de. Aspectos Controvertidos da Ação Civil Pública. 2ª Edição. São Paulo: RT. 2009, p. 213; MENDES, Aluisio Gonçalves de Castro. Ações Coletivas. São Paulo: RT. 2002, p. 264; e a dissertação de BATISTA, Roberto Carlos. Direitos Humanos, Fundamentais e Garantismo: um novo fundamento para os limites subjetivos da coisa julgada nas ações civis públicas. Brasília. 2003, p. 206 e seguintes.

3 STF, Recurso Extraordinário nº 1.101.937/SP, Tribunal Pleno, Relator o Ministro Alexandre de Moraes. Tema em Repercussão Geral nº 1075, julgamento por maioria em 08.04.2021.

dade que era exequível. Todavia, nosso objetivo aqui não é discutir as razões conducentes ao reconhecimento da inconstitucionalidade nem tampouco comentar a decisão do STF, o que pode ficar para uma futura oportunidade. O nosso objetivo aqui é destacar o alcance e a relevância da decisão no contexto da tutela coletiva no Brasil e, mais amplamente, da competência jurisdicional.

Na medida em que muitos tribunais se mostraram inicialmente refratários à aplicação adequada da norma e, de outro lado, muitos outros equivocavam-se quanto à abrangência da tutela coletiva sob a sua vigência, ao longo dos anos, adquirimos o hábito de acompanhar concomitantemente dezenas de ações de caráter coletivo (como sejam ações civis públicas, ações populares, mandados de segurança coletivos *et alli*) com o mesmo objeto e com a pretensão de obtenção de decisões que ultrapassavam os limites territoriais dos respectivos órgãos prolatores. Embora um dos objetivos das técnicas de processo coletivo fosse evitar a multiplicação (e depois a massificação) dos processos individuais, os processos coletivos acabaram por também se multiplicar - esse talvez o principal pecado da norma em comento, o que não necessariamente redunda em vício de constitucionalidade, seja permitido reiterar. Talvez pior do que a concomitância de pedidos, vivenciamos a coexistência de decisões lógica e juridicamente incompatíveis proferidas acerca da mesma matéria por dois ou mais juízos com competências territoriais distintas em sede de tutela coletiva, todas com pretensão de universalidade.

Em um desses casos - relembrado aqui à guisa de mero exemplo, em que tivemos a honra de sustentar oralmente o problema perante o STJ - haviam sido distribuídas mais de duas dezenas de ações de cunho coletivo com o escopo de discutir o reajuste da tarifa de telefonia regulado pela Agência Nacional de Telecomunicações (Anatel). Diversos Juízos deferiram ordens liminares com conteúdos distintos, sendo certo que era impossível cumprir um desses comandos sem desrespeitar alguns dos demais. A insegurança jurídica atingia graus realmente exponenciais e somente encontrava algum tipo de barreira na atuação do STJ que, em sede de conflito de competência[4], exercitava verdadeiro esforço hermenêutico[5] para concentrar as causas coletivas ajuizadas em foros

4 STJ, Conflito de Competência nº 39.590/RJ, Primeira Seção, Relator o Ministro Castro Meira; julgamento por maioria em 27.08.2003.

5 Em doutrina, por todos, confira-se LUCON, Paulo Henrique dos Santos. Relação entre Demandas. 2ª Edição. Brasilia: Gazeta Juridica. 2018, p. 197 e seguintes.

distintos em um determinado foro dado como prevento – por certo, após enorme dispêndio de tempo e recursos nas discussões sobre a competência e eventualmente sobre litispendência. Curiosamente, mesmo após a decisão do STJ no caso referido, várias outras ações coletivas com o mesmo escopo foram ajuizadas (e ao depois igualmente reunidas perante o órgão prevento), a evidenciar que o problema persistia mesmo após eventual decisão do STJ.

Assim, ainda que se possa divergir da conclusão quanto à inconstitucionalidade do dispositivo alterado, é mister reconhecer que a decisão do STF contribui sobremodo para gerar segurança jurídica no ambiente das tutelas coletivas. Para a segurança jurídica e também para a eficiência do sistema de tutela coletiva, pois de fato não fazia sentido mobilizar o aparelho jurisdicional em vinte, trinta ou mesmo cinquenta lugares diferentes para discutir exatamente a mesma matéria, gerando o risco (quase sempre materializado) de prolação de decisões inconciliáveis ou mesmo inexequíveis pelas mais variadas razões de ordem prática e jurídica.

Obviamente, parece despiciendo anotar que há questões locais que comportam tratamento local – a depender das regras legais de competência aplicáveis – em conformidade com a delimitação territorial da competência jurisdicional do órgão julgador. Todavia, há muitas questões que não comportam essa delimitação comodamente (as decisões referentes a questões regionais ou nacionais), sendo certo que a opção legislativa pela multiplicação de órgãos competentes trouxe insegurança jurídica e ineficiência ao ambiente das ações coletivas durante muitos anos. A nova orientação firmada pelo STF tende a dissipar essa nuvem de ineficiência e contribuir de modo consistente para a elevação do grau de segurança jurídica em sede de tutela coletiva de um modo geral.

Com efeito, aliada a uma aplicação escorreita de regras sobre prevenção, conexão e litispendência, a repristinação da norma original sobre a competência jurisdicional em sede de tutela coletiva tende a reduzir drasticamente o número de ações coletivas – sendo certo que na transição entre os regimes, a mudança das práticas implementadas nos últimos vinte anos pelos órgãos de representação de direitos e interesses coletivos tende a gerar um incremento da utilização do conflito de competência perante o STJ. Com isso, espera-se que a concentração das ações perante o mesmo órgão judicial, com sensível ganho de eficiência procedimental e por conseguinte redução igualmente relevante dos custos de transação envolvidos nos litígios. Com a concentração, reduz-se a possibilidade de pronunciamentos jurisdicionais díspares ou mesmo contraditórios, concorrendo para a elevação dos padrões de segurança jurídica.

A eficiência e a segurança jurídica foram exaltadas pela decisão do STF como razões de decidir[6], com assertiva correlação à isonomia (tema a que se retorna adiante - item V), tanto no voto do Relator como nos votos concorrentes; falou-se *em grave prejuízo à total incidência do princípio da eficiência na prestação da atividade jurisdicional*, a evidenciar a busca pela eficiência na alocação de competências jurisdicionais, além de referências pejorativas e críticas à *pulverização de demandas* decorrente da aplicação do dispositivo afinal tido por inconstitucional.

Escrevendo-se acerca da competência para as ações civis públicas - especificamente acerca de tema diverso, isto é, da chamada competência funcional –, já se disse com grandiosa autoridade que "a volta às origens constituiria aqui autêntico progresso"[7]. É possível parafrasear o Mestre e dizer o mesmo aqui acerca da orientação firmada pelo STF acerca da abrangência da tutela coletiva - com a decisão do STF de repristinar a redação original da Lei, o sistema progrediu em termos de eficiência e segurança jurídica.

III. O Juízo Competente para a Insolvência Civil.

Novamente o STF foi chamado a decidir acerca de matéria envolvendo a competência jurisdicional, desta feita a discussão versava sobre a interpretação da parte final do Art. 109, I, da Constituição Federal, quando excepciona a falência dentre as causas de competência da Justiça Federal.

Pode ser considerado tradicional no direito brasileiro o estabelecimento da competência da Justiça Estadual para processamento e julgamento de processos concursais, incluindo os falimentares e também a insolvência civil - a questão inclusive fora sumulada pelo extinto Tribunal Federal de Recursos (Súmula 244), antes da promulgação da Constituição federal de 1.988 e o mesmo entendimento prevaleceu na

6 Novamente STF, Recurso Extraordinário nº 1.101.937/SP, Tribunal Pleno, Relator o Ministro Alexandre de Moraes. Tema em Repercussão Geral nº 1075, julgamento por maioria em 08.04.2021 (p. 15 acerca da eficiência - e p. 18 e seguintes acerca da segurança jurídica).

7 BARBOSA MOREIRA, José Carlos. "A expressão "competência funcional" no Art. 2º da Lei da Ação Civil Pública". *In* Temas de Direito Processual. Nona Série. São Paulo: Editora Saraiva. 2007, p. 365

jurisprudência do STF[8] e, ainda, no entendimento do Superior Tribunal de Justiça (Súmula 270).

Na verdade, a existência de Súmulas revela a existência de debate antecedente, quase sempre acalorado e que tornou relevante a formação e edição do entendimento sumulado – e indica a manutenção de uma orientação antiga acerca dessa competência.

Na verdade, em momentos históricos anteriores, foram debatidas nos planos legislativo e jurisprudencial diversas questões correlatas, como seja a questão acerca da aplicação das regras falimentares aos devedores que não exercessem atividades comerciais[9] e até mesmo a competência para legislar (federal ou local) sobre os temas falimentares fora objeto de controvérsia, pois as leis falimentares tratam concomitantemente de questões de direito material e de questões de direito processual e a Constituição pode alocar a entes diferentes as respectivas atribuições legislativas, como já ocorreu na história constitucional brasileira (basta lembrar dos Códigos Estaduais de Processo que vigeram no País na primeira quadra do século passado).

Esse problema não existe hoje ou pelo menos não é substancial, pois a competência legislativa é da União Federal para ambas as matérias, restando a discussão sobre a competência legislativa concorrente dos Estados para normas procedimentais. Por outro lado, durante um pequeno período (1937-1946), mercê da Constituição de 1937, que instituiu o Estado Novo, a Justiça Federal fora extinta e, segundo anota doutrina de escol[10], isso fez cessar a discussão acerca da competência para determinadas causas de insolvência, pois a única opção seria a Justiça Estadual (ainda que pudesse haver discussão quanto ao órgão

---

8 STF, Conflito de Jurisdição nº 6602/PR, Relator o Min. Aldir Passarinho, Tribunal Pleno, julgamento unânime em 06.08.1986. Tribunal Federal de Recursos - TFR, Súmula 244 (1987): "A intervenção da União, suas autarquias, e empresas públicas em concurso de credores ou de preferência não desloca a competência para a Justiça Federal". O celebrado CARVALHO DE MENDONÇA, J. X.. Tratado de Direito Commercial Brazileiro. Volume VII. Rio de Janeiro: Typ. Besnard. 1916, p. 264 reporta que as causas falimentares já pertenciam à esfera de competência dos órgãos estaduais, mesmo com a presença de entes federais, desde a Constituição da República de 1891.

9 Sobre esse debate: CASTRO JÚNIOR, Francisco. Da Insolvência Civil. São Paulo: Laemmert Editores. 1903.

10 VALVERDE, Trajano de Miranda. Comentários à Lei de Falências. 4ª Edição. Rio de Janeiro: Forense.1999, p. 142.

competente desta Justiça). De certa forma, esse período terá auxiliado a consolidar a compreensão de que a Justiça Estadual deveria deter a competência para os processos de insolvência, ainda que a União Federal e/ou entidades a ela ligadas pudessem estar integradas, o que constitui um elemento importante para a interpretação histórica do instituto.

Todavia, a matéria não era pacífica. O CPC de 1.939 (Art. 1017 e seguintes) tratava do então chamado *concurso de credores*, que se mostrava estruturalmente diferente da falência (mas com a mesma finalidade no âmbito dos devedores não comerciantes). Segundo o registro da doutrina especializada, com o eventual ingresso da Fazenda Pública no concurso de credores, a causa seria transferida ao juízo competente para processar e julgar os feitos respectivos (designado então como *juízo privativo*[11]). A existência desse regime jurídico até a vigência do CPC de 1.973 evidencia a persistência da discussão nos anos que se seguiram, culminando na solução das controvérsias com a edição das referidas súmulas pelos Tribunais. Em que pese a previsão constante do art. 99, parágrafo único, I do CPC de 1.973 (excepcionando expressamente a *insolvência*, em consonância com o art. 92 do mesmo Diploma), a discussão prosseguiu.

Curiosamente, a doutrina processualística[12] emprestava interpretação extensiva à expressão *insolvência* constante do CPC de 1.973, afirmando que a expressão insolvência constante dos retro-citados dispositivos legais abrangia não só a insolvência civil, mas também a insolvência comercial e os processos concordatários.

E a Constituição de 1988 não foi capaz de resolver a questão de modo peremptório, pois fato é que a expressão utilizada no texto constitucional em vigor acerca da competência jurisdicional para as falências tem evidente caráter excepcional ("exceto", *ex vi* do Art. 109, I da Constituição Federal), sugerindo realmente a questão de saber se outros processos concursais encontram-se abrangidos pela norma de exceção. Parece acertado o escólio da doutrina especializada[13], no sentido de que,

---

11 Assim no texto já clássico de BUZAID, Alfredo. Do Concurso de Credores no Processo de Execução. São Paulo: Ediçao Saraiva. 1952, p. 299. No mesmo sentido, CAMPOS, Onaldo. Declaração de Insolvência. São Paulo: Edição Saraiva. 1974, p. 28/29.

12 Por todos, MITIDIERO, Daniel. Comentários ao Código de Processo Civil. Tomo I. Porto Alegre: Memória Jurídica Editora. 2004, p. 436 e p. 453.

13 CARVALHO, Vladimir Souza. Teoria da Competência da Justiça Federal. Curitiba: Editora Juruá. 2015, p. 27.

apesar da redação potencialmente objetiva e até mesmo unívoca – o que usualmente tende a simplificar os processos hermenêuticos –, a disposição constitucional que estabelece a competência da Justiça Federal possui *simplicidade meramente aparente.*

De rigor, a doutrina da hermenêutica jurídica sugere que as exceções normalmente são interpretadas restritivamente[14] - a talvez seja melhor dizer que as normas que estabelecem exceções são interpretadas restritivamente, incluindo, mas não se limitando às normas que regem os fenômenos relacionados à competência jurisdicional[15].

Por outro lado, em relação à discussão em concreto envolvendo esse eventual tratamento diferenciado entre a falência e a insolvência civil, argumentava-se que não haveria razão para aplicarem-se tratamentos distintos a institutos afins, dada a sua *extrema similaridade*, desenvolvendo-se diversos argumentos em torno de variações de interpretações extensivas e analógicas. Aqui, ao invés de se sustentar a interpretação extensiva da expressão *insolvência* no CPC para abranger também as falências, sustenta-se a interpretação extensiva da expressão *falência* na Constituição Federal para abranger também as insolvências civis.

Neste sentido, sustenta-se que se deve aplicar as mesmas soluções onde residem os mesmos problemas e razões (*ubi eadem legis ratio, ibi eadem dispositio*), sustentando-se em última análise que a expressão falência empregada pelo texto constitucional deveria ser entendida como abrangendo também (todas) as demais espécies de processos concursais existentes – mediante, como referido, extensões e analogias[16]. Argumenta-

14 Por todos, o magistério já clássico de Carlos Maximiliano: "*Exceptiones sunt strictissimoe interpretationes* ("interpretam-se as exceções estritissimamente")" – *in* MAXIMILIANO, Carlos. Hermenêutica e Aplicação do Direito. 19ª Edição. Rio de Janeiro: Forense. 2006, p. 183. Especificamente acerca da competência, o mesmo autor afirma: "Competência não se presume (...) Quando a norma atribui competência excepcional ou especialíssima, interpreta-se estritamente" (*ibidem*, p. 216/217).

15 PONTES DE MIRANDA, Francisco Cavalcanti. Comentários ao Código de Processo Civil. Tomo II. Rio de Janeiro: Forense. 1974, p. 160: "As regras jurídicas que fazem especial algum juízo são excepcionais e têm de ser interpretadas restritivamente. Leis que abrem exceção restritivamente se interpretam".

16 Neste sentido, SOUZA, Artur César. Jurisdição e Competência no Novo CPC. São Paulo: Editora Almedina. 2019, p. 230, nota 238, e PIZZOL, Patricia. Comentários ao Código de Processo Civil (coord. BUENO, Cassio Scarpinella). São Paulo: Saraiva. 2017, p. 349. Da mesma autora, PIZZOL, Patrícia Miranda. A Competência no Processo Civil. São Paulo Editora Revista dos Tribunais. 2003, p. 458 (falando em

se, então, que a referência constitucional à *falência* abrangeria todas as *causas falimentares*, que seriam aquelas regidas pela Lei de Falências[17].

Prestigiosa doutrina sobre o processo de execução, ao discorrer sobre a natureza dessa competência para processos concursais (discussão interessante que, todavia, transcende os nossos objetivos do presente estudo) sugere que se trata de competência absoluta - e parece ser a posição dominante influenciada pela concepção de que se trata de competência *territorial funcional*. Para tanto, agrega argumento interessante, sustentando que há *imperativos de ordem pública* que a tornariam infensa a modificações, inclusive em razão da intervenção de entidades (relacionadas à União Federal *lato sensu*) que, de outra forma, deslocariam tal competência - o que, contudo, sem embargo do interesse que desperta o argumento, não parece ser verdadeiro para outras espécies de competência territorial funcional.

Igualmente diferenciada e interessante a argumentação consoante a qual haveria perdas de eficiência com o eventual deslocamento das falências (e demais processos concursais) da Justiça Estadual para a Justiça Federal[18]. E esse parece ser o ponto verdadeiramente relevante aqui.

---

interpretação extensiva); BOCHENEK, Antonio Cesar. Competência Cível. São Paulo: Editora Revista dos Tribunais. 2004, p. 134 (integração por analogia); NEVES, Daniel Amorim Assumpção. Competência no Processo Civil. São Paulo: Editora Método. 2005, p. 247 (extrema similaridade); e, ainda, DINAMARCO, Cândido Rangel. Instituições de Direito Processual Civil. Volume I. 10ª Edição. São Paulo: Malheiros. 2020, p. 607 (falando em analogia). Do mesmo autor: DINAMARCO, Cândido Rangel. Execução Civil. 4ª Edição. São Paulo: Malheiros. 1994, p. 229 ("elementar raciocínio analógico conduz com facilidade e segurança à exclusão"). Embora sem maiores considerações, SILVA, Ovídio Baptista da. Comentários ao Código de Processo Civil. Volume 1. 2ª Edição. São Paulo: RT. 2005, p.431, parece emprestar a sua autoridade à idéia de que a expressão *falência* deve ser lida como *insolvência*, albergando todos os tipos de concursos de credores.

17 Assim em PERRINI, Raquel Fernandez. Competência da Justiça Federal. 2ª Edição. Salvador: Editora JusPodium. 2012, p. 157. Esse argumento, contudo, não permitiria a inclusão de processos de insolência, que não são regidos pela legislação falimentar.

18 MENDES, Aluísio Gonçalves de Castro. Competência Cível da Justiça Federal. São Paulo: Editora Saraiva. 1998, p. 43. Veja-se também ASSIS, Araken de. Manual da Execução. 20ª Edição. Sao Paulo: RT. 2018, p. 1253. Veja-se, ainda, CARVALHO, Vladimir Souza. Teoria da Competência da Justiça Federal. Curitiba: Editora Juruá. 2015, ps. 46/47 - embora não se utilize da expressão *eficiência*, os argumentos têm claramente esse viés.

Com efeito, sob o prisma da eficiência, parece haver pouco sentido em estruturar ambas as Justiças (Federal e Estadual) para receberem processos concursais, a depender da presença União como parte na relação processual. Da mesma forma, parece fazer pouco sentido estruturar ambas as Justiças para receberem processos concursais, de sorte que a Justiça Estadual seja competente para as falências e a Justiça Federal para as insolvências civis e para as recuperações judiciais e extrajudiciais em que a União Federal figurasse como parte. Sem muito esforço poderiam ser imaginadas situações (desnecessariamente) complexas: se uma recuperação judicial em que a União federal figurasse como parte tivesse curso perante a Justiça Federal e um Plano de Recuperação Judicial viesse a ser descumprido, seria curioso indagar qual Justiça seria competente para a chamada convolação da recuperação judicial em falência (Lei nº 11.101/2.005, Art. 61, § 1º). Isso sem contar nos transtornos que a própria discussão acerca da presença da União Federal como parte e/ou interessado em determinado processo concursal poderia provocar (nos termos do entendimento consolidado pelo STJ acerca do tema - Súmula 150).

Poder-se-ia argumentar que não existia a figura da recuperação judicial (e assim também da recuperação extrajudicial) no Direito brasileiro quando foi concebida e promulgada a vigente Constituição Federal, em 1.988. De fato, estes institutos foram introduzidos no nosso ordenamento jurídico em 2.005, com a edição da Lei nº 11.101. Contudo, o mesmo não se pode dizer do instituto da insolvência civil sob apreço aqui, que não apenas existia, como era regulado expressamente pelo CPC de 1.973 - a bem da verdade, a regulação do instituto pelo CPC de 1.973 continua em vigor, mercê do disposto no art. 1.052 do CPC de 2.015. Ou seja, o constituinte originário em 1.988 não excluiu expressamente da competência da Justiça Federal uma outra modalidade de processo concursal existente, excepcionando apenas a falência.

Ainda assim, o entendimento em vigor orientava-se pela competência da Justiça Estadual para processar concursos de credores sob a forma de insolvência civil - na verdade, pode-se até mesmo afirmar que tal entendimento jurisprudencial era pacífico[19]. Tanto assim que o CPC de

19 *Ad exemplum tantum*, STJ, Recurso Especial nº 1.093.819, Quarta Turma, Relator o Ministro Luis Felipe Salomão, julgado unânime em 19.03.2013, onde se fala expressamente em extensão - até mesmo a procedimentos administrativos de liquidação e intervenção. No mesmo sentido, com referência a outras figuras processuais: STJ, Conflito de Competência nº 117.210/AL, Primeira Seção, Relator o

2.015 (Art. 45) também excluiu expressamente a insolvência civil do rol de causas que devem ser remetidas à Justiça Federal quando intervier a União Federal na qualidade de parte principal ou terceiro interveniente[20]. Ainda que ocorra tal intervenção, nos termos do CPC, a causa deve prosseguir em curso perante a Justiça Estadual.

Neste momento, o STF[21] manteve a orientação firmada pelos tribunais inferiores e adotada pelo legislador em 2.015 para (re)afirmar que a competência para processar e julgar insolvências civis é da Justiça Estadual, mesmo que nelas intervenha a União Federal *lato sensu*. A decisão reitera o caráter taxativo das exceções constitucionais em matéria de competência, mas afirma a impossibilidade de interpretação meramente literal do dispositivo constitucional, sugerindo interpretação teleológica da expressão falência para englobar também a insolvência.

A decisão do STF também prestigia a segurança jurídica. Em primeiro lugar porque mantém a orientação fixada há décadas no direito brasileiro, favorecendo a estabilidade da jurisprudência constitucional. Dentre outros problemas, a alteração abrupta do órgão julgador das insolvências em que a União Federal tivesse interesse desencadearia inúmeras discussões acerca da validade dos atos processuais praticados, embora esse inconveniente pudesse ser resolvido através da eventual modulação dos efeitos da decisão.

Tome-se como exemplo a celeuma criada com a alteração de competência jurisdicional promovida pela Emenda Constitucional nº 45/2.004, que transferiu da Justiça Estadual para a Justiça do Trabalho determinadas causas à luz do disposto na Constituição federal (Art. 114) e que somente foi apaziguada pela jurisprudência do STF (Súmula Vinculante

Min. Mauro Campbell Marques, julgado unânime em 09.11.2011. Em doutrina, a obra específica de THEODORO JR., Humberto. A Insolvência Civil. 6ª Edição. Rio de Janeiro: Editora Forense. 2009, p. 137; observe-se que desde a primeira edição (1980), o autor fazia essa afirmação de modo peremptório (p. 145).

20 Seja permitida a referência aos nossos comentários ao Art. 45 do CPC: GALDINO, Flávio. *In* CABRAL, Antonio do Passo e CRAMER, Ronaldo. Comentários ao Novo Código de Processo Civil. 2ª Edição. Rio de Janeiro: Editora Forense. 2016, p. 91 e seguintes.

21 STF, Recurso Extraordinário nº 678.162/AL, Tribunal Pleno, Relator para Acórdão o Ministro Edson Facchin. Tema em Repercussão Geral nº 859, julgamento por maioria em 26/03/2021.

nº 22) - até então, consoante se disse[22], *pairava absoluta insegurança jurídica nos tribunais pátrios.* Tal experiência demonstra à saciedade que as alterações de competência devem ser subsidiadas por razões superlativas, pois as alterações - notadamente as bruscas - tendem a produzir elevado grau de insegurança jurídica. Evidencia também, mais amplamente, a correlação entre a alocação das competências jurisdicionais e o padrão de segurança jurídica dos ordenamentos jurídicos.

Demais disso, a alteração da competência jurisdicional pela via judiciária ou jurisprudencial levaria para a Justiça Federal inúmeros processos para os quais ela não tem experiência, o que certamente geraria uma custosa curva de aprendizado - cabendo recordar que esses custos ("*custos de transação*") são sempre *socializados* com as partes e demais interessados, além de onerar os cofres públicos. Por fim, traria insegurança jurídica ao sistema como um todo, pois multiplicaria as fontes de orientação acerca do procedimento de insolvência civil. Esse parece ser o ponto mais sensível aqui.

Com efeito, no modelo atual em vigor, as questões relacionadas à insolvência civil são decididas por órgãos da Justiça Estadual e em grau de recurso pelos respectivos Tribunais de Justiça, que também detêm competência para os outros processos concursais, permitindo e até mesmo promovendo a desejável coerência de tratamento desses institutos que têm o concurso de credores como base. Eventual decisão que determinasse a competência da Justiça Federal para processar insolvências civis nas quais a União fosse parte produziria uma nova fonte de jurisprudência - isto é, de orientação para os agentes econômicos acerca dos procedimentos de insolvência, que constituem uma parte importantíssima da economia. De novo - e independentemente de se concordar ou não com a tese jurídica fixada pelo STF - é mister reconhecer que a duplicação ou a multiplicação de órgãos judiciários com competência sobre os mesmos processos seria um consistente desserviço à eficiência e à segurança jurídica.

Esta é uma tendência não apenas no contexto das falências e insolvências, mas também nos demais processos concursais brasileiros, como as recuperações judiciais[23] e, ainda, no plano internacional, nas

22 CABRAL, Trícia Navarro Xavier. Ordem Pública Processual. Brasília: Gazeta Jurídica. 2015, p. 170. Vide também o reporte de TUPINAMBÁ, Carolina. A Fazenda Pública e o Processo do Trabalho. Rio de Janeiro: Editora Forense. 2007, p. 78.

23 Sobre as recuperações, o excelente estudo de WAMBIER, Teresa Arruda Alvim. "A *vis attractiva* da Vara Empresarial. Créditos Trabalhistas. Sucessão de empresa em

chamadas insolvências transnacionais[24] ou transfronteiriças – que bem poderiam constituir mais um exemplo de inovação legislativa tendente a dotar de eficiência e segurança jurídica o ordenamento jurídico brasileiro, mercê da inserção de diversos dispositivos relacionados a esse tema na Lei nº 11.101/2.005 através da Lei nº 14.112/2.020 (especificamente o Art. 167).

Permita-se concluir esse tópico com a observação de que a tendência em sede de processos concursais, tal como propalada pela doutrina mais autorizada, é justamente a especialização[25] em lugar da multiplicação de órgãos concorrentemente competentes, notadamente em se tratando de matérias dotadas de elevado grau de complexidade.

IV. A Instituição do Juízo 100% Digital e a Competência Territorial

O CNJ editou em meio à Pandemia do Covid-19 a Resolução nº 345/2.020, que trata da instituição do chamado "Juízo 100% digital" (com as alterações promovidas pela Resolução nº 378/2.021 do CNJ). Em apertada síntese, tendo como lastro a acelerada digitalização dos serviços judiciários vivenciada em razão das restrições impostas pela Pandemia do Covid-19, o CNJ oportunamente estudou, deliberou e editou normas tendentes ao estabelecimento de Juízos quase integralmente digitais. Independentemente de qualquer discussão acerca da natureza e eficácia das normas exaradas pelo CNJ, parece que, quando pouco, elas funcionam como poderosos estímulos para a adoção de comportamentos pelos órgãos judiciários, cumprindo a sua relevante função de efetuar o planejamento estratégico do Poder Judiciário.

No caso em questão, a instituição do Juízo 100% Digital não é senão consequência da bem-sucedida experiência de funcionamento remoto,

---

regime de recuperação". *In* Revista de Processo 143 (2007): 289 - 306, onde se reafirma que decisões contraditórias em sede concursal geram insegurança jurídica.

---

24 Na literatura estrangeira, por todos, BORK, Reinhard. *Principles of Cross-Border Insolvency Law*. Cambridge: Intersentia. 2017, ps. 21, 78 e passim, onde se correlaciona os princípios da unidade e da eficiência.

25 Confira-se SCALZILLI, João Pedro; SPINELLI, Luis Felipe e TELLECHEA, Rodrigo. Pandemia, Crise Econômica e Lei de Insolvência. Porto Alegre: Editora Buqui, 2021, p. 73.

pois os dados iniciais analisados pelo CNJ indicam que a produtividade dos órgãos judiciários aumentou com a utilização de expedientes tecnológicos e a realização de atividades virtuais em lugar das presenciais. Tanto assim, que a experiência foi aperfeiçoada com a regulamentação pelo CNJ do chamado "Balcão Virtual", consoante o qual os Tribunais devem disponibilizar, em seu sítio eletrônico, ferramenta de videoconferência que permita imediato contato com o setor de atendimento de cada unidade judiciária, popularmente denominado como balcão, durante o horário de atendimento ao público. O Ato Normativo do CNJ enfatiza os ganhos de eficiência também desta providência complementar[26].

A iniciativa de digitalização no plano dos serviços judiciários não é exclusiva do Brasil. Parece haver – certamente uma clara tendência internacionalmente sentida e experimentada[27] – um movimento tendente à utilização dos meios digitais para realização de atos processuais jurisdicionais, seja por necessidade em razão da adoção de práticas de isolamento social, seja como método em busca da melhor eficiência na prestação jurisdicional. Embora essa tendência internacional tenha demorado[28] a exercer influência sensível no Brasil, pode-se dizer que a Pandemia do Covid-19 acelerou de modo exponencial esse movimento no direito e na experiência brasileiras.

Da mesma forma, não se trata de fenômeno exclusivo dos serviços judiciários. Pesquisas indicam que as medidas adotadas no Brasil pelas autoridades durante a Pandemia resultaram na digitalização financeira – a chamada "bancarização" – de pelo menos dez milhões de pessoas, fazendo com que o percentual de pessoas economicamente ativas aptas

---

26 CNJ, Ato Normativo nº 0000092-70.2021.2.00.0000, de 09.02.2021, onde se lê: "Se, por um lado, o custo da implantação do Balcão Virtual pelos tribunais é praticamente inexistente, por outro, a ferramenta desonera imensamente partes e advogados, uma vez que não terão que se deslocar fisicamente até as sedes físicas dos fóruns para resolver questões de menor complexidade (...) Nesse sentido, o Balcão Virtual, tal como ocorre com as audiências virtuais, pode libertar os advogados de amarras geográficas".

27 Para mais informações sobre experiências em outros países, pode-se consultar exemplificativamente o website da Society for Computers and Law (https://remotecourts.org).

28 Já em 2001, discutia-se esse tema no exterior, como em KATSCH, Ethan; RIFKIN, Janet. *ODR – Online Dispute Resolution*. San Francisco: Jossey-Bass. 2001, passim e v.g. p. 10, onde se afirma: "*ODR is dispute resolution that takes advantage of the Internet, a resource that extends what we can do, where we can do it, and when we can do it*".

a realizar operações financeiras no âmbito digital chegasse ao patamar expressivo de 84% (oitenta e quatro por cento), sendo certo que muitas dessas pessoas sequer tinham aptidão para realizar atividades financeiras formais no ambiente físico. Enfim, a digitalização parece realmente ser uma tendência irreversível.

De volta ao plano da prestação jurisdicional, trata-se de uma mudança de monta, que tende a gerar efeitos sensíveis, caracterizada por enorme ganho de eficiência (possivelmente sem perda de qualidade na referida prestação, ressalvadas algumas situações específicas). Embora a cultura jurídica brasileira tenha sido de certa forma arredia às evoluções tecnológicas em um primeiro momento (por exemplo, quando o aparelho de fax já era obsoleto em 1996, o Poder Judiciário ainda relutava em utilizá-lo[29]), pode-se hoje afirmar que o nível de digitalização da justiça brasileira é bastante consistente – e com a digitalização de atos processuais, a eficiência tende a aumentar ainda mais.

Obviamente, a digitalização dos serviços judiciários em geral e dos atos jurisdicionais em particular não é infensa a críticas de ordem vária, pois alegadamente parece depreciar de modo substancial a o contato imediato entre o juiz e as partes (e demais pessoas que atuam no processo jurisdicional) – a chamada "imediatidade", também eventualmente referida como "princípio da imediação", que historicamente seria resultante da promoção da oralidade. No âmbito do processo civil, O CPC de 1.939 procurava deliberadamente promover a oralidade; o CPC de 1.973 também o fazia, ressalvando as dificuldades de implementação em razão das dimensões continentais do território brasileiro[30]. O CPC de 2.015 não teve essa preocupação – ou pelo menos não a teve explicitamente.

---

29 À guisa de exemplo, relembramos o estudo crítico da então juíza Ellen Gracie Northfleet: "O apego ao formato-papel e às formas tradicionais de apresentação das petições e arrazoados não deve nos impedir de vislumbrar as potencialidades de emprego das novas tecnologias"; *in* NORTHFLEET, Ellen Gracie. "A utilização do fax no Poder Judiciário". *In* Revista dos Tribunais 728 (1996), p. 122.

30 CPC de 1.939, Exposição de Motivos, item 12: "Mas, a voz dos estudiosos, dos observadores de nossa vida forense já se vinha fazendo sentir, ha mais de vinte anos, por uma reforma processual que não se limitasse à adaptação das velhas praxes às novas necessidades da atividade jurisdicional. Clamava-se por uma reforma de base, orientada nos princípios da oralidade e da concentração". CPC de 1.973, Exposição de Motivos, item 4: "Não se duvidava, pois, da excelência do princípio da oralidade, mas se apontavam os males de uma aplicação irrestrita e incondicional à realidade brasileira". A Exposição de Motivos do CPC de 2.015 não faz referência à oralidade (nem muito menos à imediatidade) e, como anota Carreira Alvim,

Com efeito, há quem considere que a digitalização dos atos processuais pode gerar perdas sensíveis em determinados processos, especialmente (mas não exclusivamente) naqueles de natureza criminal[31], ainda que, no Brasil, o STF[32] tenha autorizado até mesmo a realização de audiências de custódia criminal através de sistema de vídeo conferência durante a pandemia do Covid-19. A experiência de outros países – como nos Estados Unidos da América[33], tomado *ad exemplum tantum* – que continuaram a exigir audiências presenciais em determinadas matérias criminais revelou que o sistema de justiça penal não conseguiria funcionar desta forma (i.e., sem a adoção de técnicas informáticas). Como se vê, ainda que o presente estudo dirija-se precipuamente ao processo civil, trata-se realmente de *vexata quaestio*.

O interesse deste pequeno estudo é muito mais modesto e restrito. Diz respeito ao eventual efeito da digitalização sobre a competência jurisdicional. Enfocamos a título exemplificativo uma pequena questão acerca da forma como a digitalização pode impactar as regras sobre competência territorial.

Antes do mais, importa salientar que a própria normativa editada pelo CNJ[34] ressalta que a simples adoção da digitalização integral não altera *ipso facto* as regras de competência – e, portanto, não altera a competência dos órgãos que adotem essa forma de prestação jurisdicional. Sem embargo disso, o efeito da digitalização sobre a competência é notá-

"divorciou-se de vez do sistema da oralidade" (CARREIRA ALVIM, José Eduardo. Comentários ao Novo Código de Processo Civil. Volume I. Curitiba: Juruá. 2015, p. 42.

31 Vejam-se as reflexões de GRECO, Leonardo. "A revolução tecnológica e o processo". *In* Estudos de Direito Processual. Campos: Faculdade de Direito de Campos. 2005, ps. 89 – 110, esp. p. 95, com referência a DOTTI, para quem a audiência por vídeo constituiria uma "cerimônia degradante".

32 STF, Habeas Corpus nº 186.421/SC, Relator o Min. Edson Facchin, Segunda Turma, Julgamento por maioria em 20.10.2020.

33 Entre março e outubro de 2020, a Cidade de Nova York, conseguiu completar apenas nove julgamentos criminais por júri, contra oitocentos no ano anterior: "*The state and federal courts in the city have been able to complete only nine criminal jury trials since the pandemic hit in March*" (Only 9 Trials in 9 Months: Virus Wreaks Havoc on N.Y.C. Courts - The New York Times (nytimes.com))

34 Art. 2º. As unidades jurisdicionais de que tratam este ato normativo não terão a sua competência alterada em razão da adoção do "Juízo 100% Digital".

vel (ou pelo menos pode ser notável), especialmente no que diz respeito à competência territorial.

Podemos aqui destacar um exemplo: a digitalização dos autos dos processos e agora dos atos processuais já parece capaz de condenar ao ostracismo as discussões acerca da possibilidade de reconhecimento de ofício da invalidade de cláusulas de eleição de foro e, por conseguinte, das situações que caracterizam a incompetência relativa.

O tema encontra-se regulado no Art. 63, §§ 3º e 4º do CPC. A princípio, a possibilidade de controle *ex officio* da incompetência relativa mostrava-se contrária ao entendimento tradicional acerca do tema (estampado, dentre outros instrumentos normativos, na Súmula 33 do STJ). Com efeito, de acordo com o entendimento dominante durante décadas no direito brasileiro, a incompetência relativa não poderia ser conhecida de ofício e a ausência de impugnação específica e expressa por parte do réu no momento oportuno (anteriormente por meio de *exceção* e hoje como parte integrante da contestação) acarretaria a aceitação da competência (ou, conforme o caso, a sua prorrogação). Em qualquer caso, na ausência de manifestação do réu, haveria a preclusão da discussão acerca da eventual (in)competência relativa. O conceito permanece em vigor através do disposto no Art. 337, § 5º do CPC.

No entanto, ainda sob a vigência do CPC de 1.973, a jurisprudência sofrera alteração relevante quanto à possibilidade de conhecimento de ofício pelo juiz de determinadas questões. Em suma, o STJ[35] passou a considerar que eventual caracterização de excessiva dificuldade no exercício do direito de defesa e de acesso ao Judiciário em razão da competência determinada por cláusula de eleição de foro poderia constituir fundamento para controle judicial *ex oficio* da incompetência relativa, primeiramente em contratos de consumo, depois em contratos de ade-

35 Por todos, o precedente relatado pelo saudoso Ministro: STJ, Recurso Especial nº 153.839/SP, Quarta Turma, Relator o Ministro Sálvio de Figueiredo Teixeira; julgamento unânime em 09/12/1997, falando em "especial dificuldade de acesso ao Judiciário". Em doutrina, confira-se CUNHA, Leonardo José Carneiro da. Jurisdição e Competência. São Paulo: Editora Revista dos Tribunais. 2008, p. 205 e seguintes; ARRUDA ALVIM. Manual de Direito Processual Civil. Volume 1. 12ª Edição. São Paulo: Editora Revista dos Tribunais. 2008, p. 335. Já sob a égide do CPC de 2.015, veja-se DIDIER JR., Fredie. Curso de Direito Processual Civil. Volume 1. 17ª Edição. Salvador: Editora Juspodium. 2015, p. 229. E, por fim, os aprofundados comentários de FERNANDES, Sérgio Ricardo de Arruda. Questões Importantes de Processo Civil. Rio de Janeiro: DP&A Editora. 1999, p. 50 e seguintes.

são em geral; destacou-se respeitável posição na doutrina a argumentar que mesmo fora do ambiente dos contratos de adesão a dificuldade no exercício do direito de defesa poderia se manifestar – e assim ser reconhecida.

Na visão do STJ, as dimensões continentais do País, que já forçavam a relativização da oralidade, e a ausência de métodos de comunicação mais avançados (que hoje estão francamente incorporados à prática forense brasileira), faziam com que a litigância à distância física pudesse ser caracterizada como *especialmente* onerosa para uma das partes. De nossa parte, discordávamos do entendimento do STJ – por várias razões, dentre as quais a ausência de densidade normativa da caracterização da "especial dificuldade de acesso ao Judiciário", o que trazia grande insegurança jurídica para as cláusulas de eleição de foro e, por conseguinte, indesejável imprevisibilidade para as discussões sobre competência, com efeito direto sobre o tempo consumido em tais discussões, sem o que os processos efetivamente não prosseguem, ainda que não haja efeito suspensivo propriamente dito. Seja como for, ao firmar tal entendimento, o STJ concluiu que nessas situações o Juiz excepcionalmente poderia conhecer de ofício dessa matéria e declarar a sua própria incompetência (relativa). O entendimento jurisprudencial acabou convertido em texto legal, com a redação dada pela Lei nº 11.280/2.006 ao disposto no Parágrafo único do Art. 112 do revogado CPC de 1.973. E o CPC de 2.015 manteve o dispositivo (art. 63) com alterações sensíveis[36] – mas irrelevantes para o objeto do presente estudo.

A questão que se coloca agora é: com o desenvolvimento intensivo das técnicas de comunicação processual e muito especialmente com a digitalização dos autos dos processos e agora dos atos jurisdicionais, é possível divisar excesso de dificuldade de defesa em razão da distância física em relação à sede territorial do órgão jurisdicional? A resposta parece claramente negativa, especialmente em se tratando de Juízos 100% digitais (mas não exclusivamente em relação a estes).

Com efeito, a eventual dificuldade física de acessar os autos e participar dos atos processuais deixa de existir com a digitalização. Afirmou-se durante décadas (talvez mais) que os atos ou fatos que justificam a

36 Novamente seja permitida a referência aos nossos comentários ao Art. 63 do CPC: GALDINO, Flávio. *In* CABRAL, Antonio do Passo e CRAMER, Ronaldo. Comentários ao Novo Código de Processo Civil. 2ª Edição. Rio de Janeiro: Editora Forense. 2016, p. 111 e seguintes.

intervenção do Poder Judiciário em questões cíveis e comerciais (questões de direito privado genericamente consideradas) estariam estritamente ligados ao lugar onde moram ou exercem as suas atividades as pessoas que os praticam – em síntese: as questões geográficas são utilizadas para o estabelecimento das regras de competência territorial[37].

Com a digitalização dos processos e atos jurisdicionais, a distância física deixa de ser um problema e, por via de consequência, também para as cláusulas de eleição de foro, que deixam de constituir óbice ao acesso ao Poder Judiciário. O acesso digital de quem reside na cidade em que está sediado o órgão judicial e o acesso digital de quem reside em outro Estado (quiçá em outro País) é rigorosamente o mesmo, eventualmente até melhor dependendo dos serviços de comunicação de dados disponíveis nos respectivos locais. Ao permitir acesso em igualdade de condições aos autos do processo e aos atos processuais – neste caso, não apenas acesso, mas efetiva participação –, a digitalização promove de forma bastante acentuada a tão desejada paridade de armas entre as partes no processo.

Como se disse há duas décadas[38], essa parecia ser um dos principais atrativos da internet, não apenas para as atividades jurisdicionais, por evidente, mas para inúmeras facetas da vida em sociedade: criar a habilidade para fazer à distância o que antes requeria presença física.

É por isso que nos permitirmos afirmar que a digitalização condena ao ostracismo determinadas regras processuais pensadas para outro modo de se fazer processo, dentre as quais destacamos aqui, a título de exemplo, as normas sobre reconhecimento de ofício da incompetência relativa. E o nosso destaque advém precisamente da percepção de que a superação do argumento acerca da alegada "especial dificuldade de acesso ao Judiciário" tende a elevar o grau de segurança jurídica das cláusulas de eleição de foro e trazer previsibilidade (e eficiência) para as discussões envolvendo matéria de competência jurisdicional.

---

37 FUX, Luiz. Teoria Geral do Processo Civil. 3ª Edição. Rio de Janeiro: Editora Forense. 2019, p. 110; VALVERDE, Trajano de Miranda. Comentários à Lei de Falências. 4ª Edição. Rio de Janeiro: Forense.1999, p. 135. Em contraponto ao quanto sustentado no texto e ressaltando a importância da "proximidade física" mesmo diante da evolução tecnológica, veja-se CABRAL, Antonio do Passo. Juiz Natural e Eficiência Processual. São Paulo: RT. 2021, p. 497.

38 Novamente KATSCH, Ethan; RIFKIN, Janet. *ODR – Online Dispute Resolution*. San Francisco: Jossey-Bass. 2001, p. 30: "*A basic attraction of the Internet is the ability to do at a distance what previously required physical presence*".

Neste sentido, por exemplo, pode-se relegar ao ostracismo o disposto no art. 340 do CPC. De acordo com esse dispositivo, ainda com a premissa de que a distância geográfica poderia importar especial dificuldade de acesso ao Poder Judiciário, o réu ficaria autorizado a protocolar a sua arguição de incompetência no seu próprio domicílio, ficando a cargo do Juízo para o qual fosse distribuída tal arguição o ônus de comunicar tal fato ao órgão competente (nos termos da norma legal, "preferencialmente por meio eletrônico"). De acordo com o nosso entendimento, a evolução tecnológica torna essa discussão completamente ultrapassada – chegou-se a falar, a propósito, em ubiquidade da jurisdição e, ainda, em desterritorialização[39].

Na verdade, ainda que não se trate de um Juízo 100% Digital, o recebimento de comunicações e petições por meio eletrônico ocorre em todos os órgãos judiciários e não parece razoável sugerir que a existência de especial dificuldade em enviar uma mensagem diretamente para o órgão judicial competente (ainda que seja para questionar a sua competência). Com efeito, esse tipo de norma legal foi superado pela evolução tecnológica.

Na verdade, a digitalização provoca inúmeras outras questões relevantes e interessantes. Com a digitalização, mostra-se ainda necessária a interiorização dos serviços judiciários? De acordo com os dados disponíveis[40], hoje cerca de 89,7% da população possui acesso físico ao Poder

39 Sobre essa dinâmica procedimental, veja-se CARNEIRO, Paulo Cezar Pinheiro. O Novo Processo Civil Brasileiro. Rio de Janeiro: Editora Forense. 2019, p. 41. Com autoridade, a doutrina já afirmava a *absoluta inutilidade* do dispositivo em processos eletrônicos: TUCCI, José Rogério Cruz e. Comentários ao Código de Processo Civil. Volume VII – Arts. 318 a 368. São Paulo: Editora Saraiva. 2016, p. 218. E também no sentido da inutilidade a orientação de Guilherme Setoguti Pereira (in YARSHELL, Flavio Luiz; PEREIRA, Guilherme Setoguti e RODRIGUES, Viviane Siqueira. Comentários ao Código de Processo Civil. Volume V – Arts. 334 a 368. São Paulo: Editora Revista dos Tribunais. 2016, p. 163. Mais amplamente, propondo rever toda a estruturação lógica das regras sobre competência territorial, veja-se RODRIGUES, Marco Antonio; TAMER, Maurício. Justiça Digital. Salvador: Editora JusPodium. 2021, p. 188. Sobre a ubiquidade, veja-se PEGORARO Jr., Paulo Roberto. "A ubiquidade do processo eletrônico e a superação da competência territorial relativa". *In* Revista de Processo, Volume 263 (2017) 453 – 477: "Se o processo está em todo lugar (dada a ubiquidade), se os atos processuais eletrônicos se caracterizam pela desterritorialização (...)".

40 CNJ – Conselho Nacional de Justiça. Justiça em Números 2021 – Sumário Executivo. Brasília: CNJ. 2021, p. 5.

Judiciário no seu município. Todavia os custos para implementação e manutenção dessas atividades são elevadíssimos e a questão tende a ser revista. Essa e diversas outras questões merecem ser objeto de análise pelos estudiosos e pelos formuladores das políticas públicas judiciárias à luz da evolução tecnológica e dos dados jurimétricos disponíveis.

V. À Guisa de Conclusão: Competência Jurisdicional, Eficiência e Segurança Jurídica

Diversos institutos do direito processual civil são devotados à busca de eficiência e segurança jurídica. Usualmente os estudiosos de direito processual fazem referências a vários outros valores, princípios, termos e/ou conceitos correlatos, como sejam *economia processual, efetividade, economicidade, evitar a multiplicação de atos processuais, coerência, critério lógico, harmonia entre os julgados, igualdade de tratamento, evitar resoluções ou decisões contraditórias, evitar soluções díspares, prevenir julgamentos contraditórios*, dentre tantos outros, mercê da criatividade e, eventualmente, de uma contumaz aspiração à originalidade que domina a cultura jurídica brasileira. Salvo melhor juízo, todos esses termos e/ou conceitos deitam raízes nas noções mais amplas – e, se nos permitem, mais precisas na quadra atual – de *eficiência* e *segurança jurídica*.

Parece-nos que o objeto e a amplitude do presente estudo não permitem e nem aconselham alguma digressão mais aprofundada acerca da natureza desses institutos "eficiência" e "segurança jurídica". Diversos autores dedicam-se à importante tarefa taxonômica e/ou de indicação da respectiva natureza jurídica. Na atual quadra do pensamento jurídico brasileiro, há indiscutível tendência à *principialização* de praticamente todo e qualquer conceito jurídico – o que também já foi criticamente designado como *banalização dos princípios*.

Assim é que, a proposito da natureza normativa desses institutos, vem-se falando comumente em *princípio da eficiência* e *princípio da segurança jurídica* – cabendo aqui lembrar a importantíssima diferenciação entre princípios e postulados (que categorizamos como *princípios operacionais* em outra oportunidade[41]) e a consideração de que também

41 GALDINO, Flávio. Direitos Não Nascem em Árvores – Introdução à Teoria dos Custos dos Direitos. Rio de Janeiro: Lumen Iuris. 2005, p. 39. Sobre a dimensão axiológica, PEREZ LUNO, Antonio-Enrique. *La Seguridad Jurídica*. 2ª Ed.. Barcelona: Ariel. 1994, p. 140.

se sustenta que a eficiência seria um postulado ou princípio operacional. De outro lado, há quem refira um ou outro, ora como valores (a chamada *dimensão axiológica* da segurança jurídica), ora como objetivos ou finalidades das normas jurídicas *lato sensu* – eventualmente um estado de coisas perseguido pelo ordenamento jurídico ou até mesmo uma qualidade do sistema jurídico – e é neste sentido, por exemplo, que se fala em *direito à segurança* ou mesmo *direito fundamental à segurança jurídica*.

Na verdade, a própria ideia de Direito ou ordenamento jurídico (ou, ainda, de *ordem jurídica*) remete à noção de segurança – por assimilação, *segurança jurídica*. Mais especificamente, consoante sentido por prestigiosa doutrina, a própria positivação do Direito atenderia a uma necessidade de segurança da vida humana organizada em sociedade[42] – segurança jurídica ou segurança no Direito e/ou através do Direito. Parece evidente que essa noção haveria de projetar efeitos sobre o modelo de solução de controvérsias instituído pelo Direito – o processo jurisdicional. Com efeito, à guisa de exemplo, no plano processual, a propósito da construção da noção de *ordem pública processual*, identificou-se o até mesmo que seria um *princípio da segurança jurídica-processual*, de raiz constitucional.

De outro giro, sem a pretensão de aprofundar o tema da eficiência em si mesmo aqui, a opção do Código de Processo Civil de 2.015 pela referência expressa e relevante à *eficiência*[43] (Art. 8º), sem utilizar nenhu-

---

42 Consoante José Afonso da Silva: "1. A segurança é um dos valores que informam o direito positivo. Em verdade, a positividade do direito é uma exigência dos valores da ordem, da segurança e da certeza. (...) 3. A segurança do direito, como visto, é um valor jurídico que exige a positividade do direito, enquanto a segurança jurídica é já uma garantia que decorre dessa positividade" (SILVA, José Afonso. "Constituição e Segurança Jurídica". *In* ROCHA, Cármen Lúcia Antunes. Constituição e Segurança Jurídica. Belo Horizonte: Editora Fórum. 2005, ps. 15 e 17. Sobre a correlação entre ordem e segurança, o texto clássico do insigne SALDANHA, Nelson. Ordem e Hermenêutica. Rio de Janeiro: Renovar. 1992, p. 132. Sobre a observação seguinte acerca da ordem pública processual, confira-se CABRAL, Trícia Navarro Xavier. Ordem Pública Processual. Brasília: Gazeta Jurídica. 2015, p. 84. Por fim, ainda sobre a ordem pública, outra proposta acadêmica a correlaciona à "economia" e à "regularidade", expressões que denotam as mesmas idéias de eficiência e segurança utilizadas neste ensaio: assim em APRIGLIANO, Ricardo de Carvalho. Ordem Pública e Processo. São Paulo: Editora Atlas. 2011, ps. 105/106.

43 Para uma digressão mais aprofundada acerca da noção de eficiência, seja consentido novamente remeter ao nosso GALDINO, Flávio. Direitos Não Nascem em Árvores – Introdução à Teoria dos Custos dos Direitos. Rio de Janeiro: Lumen Iuris.

ma vez a expressão *economia processual* (portadora, no que se poderia designar como *doutrina tradicional*[44], de uma conotação limitada e historicamente demarcada), parece ser suficiente a justificar a nossa opção por prestigiá-la, sem que isso implique a percepção de que a eficiência nada mais é do que a economia processual com nome moderno; pelo contrário, *eficiência* é conceito mais amplo e operativo do que fora entendido pela doutrina e pela jurisprudência a partir da noção de economia processual. Demais disso, também a Constituição Federal (Art. 37) consagra a terminologia eficiência – em sentido ainda mais amplo e declaradamente principiológico – aplicável à Administração Pública em geral e não apenas ao Poder Judiciário ou processo jurisdicional em particular.

Assim é que tradicionalmente diversos institutos do direito processual civil perseguem esses nobres objetivos, podendo-se aqui exemplificar sucintamente com o litisconsórcio, a conexão, a continência, a reconvenção, a cumulação de ações e/ou de pedidos, a denunciação da lide (e outras modalidades de intervenção de terceiros), a *perpetuatio iurisdictionis* (sugestivamente chamada de *estabilização da competência*), o conflito de competência e o incidente de assunção de competência (hoje reformatado) dentre tantos outros – e quase sempre os institutos possuem reflexos no processo penal e em outras áreas de manifestação do fenômeno processual.

Em época mais recente, mercê da edição do CPC de 2.015, diversos outros institutos que reforçam a força dos precedentes judiciais foram estabelecidos no nosso ordenamento jurídico, tendo como objetivo ex-

2005, p. 239 e seguintes. De forma ainda mais aprofundada, veja-se WOLKART, Erik Navarro. Análise Econômica do Processo Civil. São Paulo: Editora Revista dos Tribunais. 2020, p. 140. Sobre as repercussões da eficiência no Código de Processo Civil de 2.015, genericamente, CAMPOS, Eduardo Luiz Cavalcanti. O Princípio da Eficiência no Processo Civil Brasileiro. Dissertação de Mestrado. Recife. 2017 (convertida em livro pela Editora Forense em 2018) e MELMAN, Ana Carolina. Análise Econômica do Processo Civil Brasileiro. Rio de Janeiro: Lumen Iuris. 2019. Para uma abordagem mais ampla e profunda acerca da relação entre competência jurisdicional e eficiência, veja-se CABRAL, Antonio do Passo. Juiz Natural e Eficiência Processual. São Paulo: RT. 2021, citado seguidas vezes na sequência do texto.

44 À guisa de exemplo, o justamente celebrado SANTOS, Moacyr Amaral. Primeiras Linhas de Direito Processual Civil. Volume 1º. 5ª Edição. São Paulo: Saraiva. 1977, p. 222.

pressamente declarado[45] a maximização dos padrões de segurança jurídica no funcionamento do aparelho jurisdicional, especialmente dos tribunais. São exemplos notáveis desses novos institutos o incidente de resolução de demandas repetitivas ("IRDR") e o incidente de julgamento de recursos repetitivos[46]. De fato, diante da multiplicação de institutos

45 CPC de 2.015, Exposição de Motivos: "A segurança jurídica fica comprometida com a brusca e integral alteração do entendimento dos tribunais sobre questões de direito". Em sede acadêmica, FUX, Luiz; BODART, Bruno. Processo Civil e Análise Econômica. Rio de Janeiro: Editora Forense. 2019, p. 161: "Outro benefício gerado por uma jurisprudência íntegra é o ambiente de segurança jurídica proporcionado aos agentes econômicos. E, ainda, MACHADO, Marcelo Pacheco. Incerteza e Processo. São Paulo: Editora Saraiva. 2013, p. 116, tratando das "crises de interpretação" como fatores de depreciação da segurança jurídica.

46 Sobre os diversos institutos citados, permita-se, antes do mais, a transcrição da lição do Mestre em seu clássico texto sobre a reconvenção: "Do ponto de vista do interesse público, a possibilidade de reconvir pode ser vantajosa: a) por atender a exigências de *economia processual* (...), c) por *prevenir* (...) a eventualidade de *julgamentos contraditórios*, capazes de desacreditar a atuação da Justiça (...)". BARBOSA MOREIRA, José Carlos. A Conexão de Causas como Pressuposto da Reconvenção. Tese. Rio de Janeiro. 1979, p. 146. No mesmo sentido, o texto do saudoso AZEVEDO, Antonio Junqueira de. Conceito, Identificação e Conexão de Causas no Direito Processual Civil. São Oaulo. 1987, p. 78, onde se fala em *economia processual* e *evitar resoluções contraditórias*. Consulte-se também FERRAZ, Manuel Carlos de Figueiredo. Notas sobre a Competência por Connexão. São Paulo: Editora Saraiva. 1937, p. 10. Veja-se TORNAGHI, Helio. Comentários ao Código de Processo Civil. São Paulo: RT. 1976, p. 343, referindo-se a "lógica e economia". Apoiado em Eliezer Rosa, Edward Carlyle refere-se ao critério lógico: SILVA, Edward Carlyle. Conexão de Causas. São Paulo: RT. 2006, p. 83. Por fim, OLIVEIRA, Bruno Silveira de. Conexidade e Efetividade Processual. São Paulo: Editora Revista dos Tribunais. 2008, p. 161. Sobre a *ratio* do litisconsórcio, veja-se DINAMARCO, Cândido Range. Litisconsórcio. 6ª Edição. São Paulo: Malheiros. 2001, p. 61, com a referência à *economia processual* e à *harmonia dos julgados*. Sobre o incidente de assunção de competência, veja-se MENDES, Aluísio Gonçalves de Castro e PORTO, José Roberto Mello. Incidente de Assunção de Competência. Rio de Janeiro: GZ Editora. 2020, esp. p. 57, onde se enuncia uma das funções do instituto: "(...) como a evitar decisões conflitantes, futuramente (...)". Sobre a *perpetuatio iurisdictionis* como estabilização da competência, veja-se BUENO, Cassio Scarpinella. Curso Sistematizado de Direito Processual Civil. Volume 2, Tomo 1. São Paulo: Saraiva. 2007, p. 42; PIZZOL, Patricia. Comentários ao Código de Processo Civil (coord. BUENO, Cassio Scarpinella). São Paulo: Saraiva. 2017, p. 342: "A finalidade do princípio é promover a estabilidade" (entendimento já esposado sob a égide do CPC de 1.973: PIZZOL, Patrícia Miranda. In MARCATO, Antonio Carlos. Código de Processo Civil Interpretado. São Paulo: Editora Atlas. 2004, p. 228). Também correlacionando a perpetuação da jurisdição à estabilidade, OLIVEIRA, Carlos Alberto Alvaro de e

que podem ser identificados *prima facie*, parece razoável supor que, na linha que os trata como princípios, eficiência e segurança jurídica são objetivos frequentes protegidos ou promovidos pelo ordenamento processual (talvez em razão justamente da sua enorme amplitude normativa) – com evidentes reflexos, portanto, também sobre a competência jurisdicional.

Usualmente, os estudos de teoria geral do direito que se dedicam à temática da segurança jurídica não destacam a relevância dos institutos processuais – e muito menos questões envolvendo a competência jurisdicional. Quando as reflexões acerca da segurança jurídica conversam com os institutos processuais – especialmente do direito processual civil –, referem-se usualmente a questões de direito processual intertemporal e à coisa julgada[47], sempre com importante repercussão no plano do direito constitucional. Estudos mais recentes estabeleceram interessante conexão entre a segurança jurídica e o procedimento e as demais formalidades processuais[48] – englobando temas relevantes como o for-

MITIDIERO, Daniel. Curso de Processo Civil. São Paulo: Atlas. 2010, p. 248. Sobre alterações de competência *ex post facto* como forma de promover eficiência, CABRAL, Antonio do Passo. Juiz Natural e Eficiência Processual. São Paulo: RT. 2021, item 4.5.3 e item 4.6.1.3 (especificamente sobre a *perpetuatio iurisdictionis*).

47 Sobre a coisa julgada, o percuciente estudo de CABRAL, Antonio do Passo. Coisa Julgada e Preclusões Dinâmicas. Salvador: Editora Juspodium. 2013. Passim, esp. ps. 281 e seguintes, com atenção à p. 289, onde se desenvolve o conceito de *segurança-continuidade*. Ainda deste autor: CABRAL, Antonio do Passo. Segurança Jurídica e Regras de Transição nos Processos Judicial e Administrativo. Salvador: Editora JusPodium. 2020, ps. 39 e seguintes, esp. p. 43. E o mesmo autor apresenta exceção notável ao estudar a competência sob o prisma da eficiência: CABRAL, Antonio do Passo. Juiz Natural e Eficiência Processual. São Paulo: RT. 2021. Em sede de teoria geral do direito, impossível não referir a obra seminal de ÁVILA, Humberto. Segurança Jurídica. São Paulo: Malheiros Editores. 2011, *passim*, com referência à segurança jurídica no âmbito judiciário à p. 160. Para uma abordagem interessante da coisa julgada como instrumento de contenção de custos, veja-se FUX, Luiz; BODART, Bruno. Processo Civil e Análise Econômica. Rio de Janeiro: Editora Forense. 2019, p. 128/129. Ainda sobre a relação entre coisa julgada e segurança jurídica, veja-se ROCHA, Cármen Lúcia Antunes. "O princípio da coisa julgada e o vício de inconstitucionalidade". *In* ROCHA, Cármen Lúcia Antunes. Constituição e Segurança Jurídica. Belo Horizonte: Editora Fórum. 2005, ps. 165 e seguintes, com a interessante observação de que "segurança jurídica poderia mesmo parecer uma tautologia" (p. 168), onde se afirma também que "a segurança (...) é qualidade de um sistema ou de sua aplicação".

48 Referimo-nos ao já clássico texto do saudoso: OLIVEIRA, Carlos Alberto Alvaro de. Do Formalismo no Processo Civil. São Paulo: Editora Saraiva. 2008. Vide também

malismo, a flexibilização procedimental (por adaptação ou por conveniência) e as nulidades processuais. Nestas temáticas são desenvolvidas discussões riquíssimas; modernamente, há discussões igualmente importantes acerca da formação e da estabilidade dos precedentes jurisprudenciais, notadamente daqueles que disponham de força vinculante, enfocando temas como a modulação dos efeitos de decisões retrospectivas, especialmente no âmbito do controle de constitucionalidade. Por evidente, o problema não fica restrito a estes tipos de pronunciamentos jurisdicionais, que possam projetar efeitos retrospectivos além dos naturais efeitos prospectivos. Esses estudos de teoria geral do direito normalmente não enfocam alguns outros institutos processuais, como seja a competência jurisdicional, que é o objeto das breves reflexões vertidas no presente ensaio.

Daí porque o presente estudo pretendeu ressaltar que a competência jurisdicional pode ser um fator relevante de promoção de eficiência e segurança jurídica. Mais do que isso, pretendeu-se ressaltar que a observação e análise de influxos normativos ocorridos nos últimos doze meses através de decisões judiciais e normas regulatória indica que parece haver uma busca consistente por segurança jurídica (e eficiência – aliás, é notável como esses fenômenos andam juntos, ao contrário do que se poderia supor em uma análise superficial), o que se justifica plenamente em razão dos tempos extremamente instáveis que atravessamos.

Como já se disse com enorme autoridade[49], *o binômio segurança-estabilidade, tenazmente perseguido pelo Direito, está em constante tensão com a mutação-instabilidade, próprias da vida e dos acontecimentos sociais.*

Por evidente, especialmente em tempos nos quais as evoluções tecnológicas, os eventos naturais e os fatos sociais geram inúmeras *disrupções*, a permanente necessidade de adaptação da sociedade impõe a adoção de modelos jurídicos que sejam permeáveis às mudanças – na linguagem dos analistas, em períodos de crises, *até mesmo os parâmetros intuitivos devem ser redefinidos*. No plano do Direito, além daquela destacada acima no presente estudo, já se identificaram pelo menos

OLIVEIRA, Paulo Mendes. Segurança Jurídica de Processo: Da Rigidez à Flexibilização Procedimental. São Paulo: Editora Revista dos Tribunais. 2018, passim (sem correlação com a competência).

49 MANCUSO, Rodolfo de Camargo. Sistema Brasileiro de Precedentes. 2ª Edição. São Paulo: Editora Revista dos Tribunais. 2016, p. 174.

doze tecnologias disruptivas ou pelo menos capazes de gerar disrupções[50] no modo pelo qual o Direito é pensado e trabalhado, com especial ênfase na solução de disputas.

É correto afirmar que a segurança jurídica não se esgota em modelos de imutabilidade, típicos do pensamento jurídico e particularmente dos processualistas em razão das reflexões acerca da coisa julgada, tradicionalmente formatada a partir das noções de imutabilidade e indiscutibilidade. Na verdade, o objetivo deve ser o de gerar segurança em um ambiente mutável – se mudança é inevitável, a segurança provavelmente reside em estabelecer os melhores padrões possíveis de previsibilidade. Falou-se muito simbolicamente de uma migração de um modelo de segurança estática para um modelo de segurança dinâmica. E, com efeito, quanto mais mutáveis ou mesmo instáveis se tornam os acontecimentos naturais e sociais, mais as pessoas – e as instituições – buscam segurança jurídica, que se caracteriza genericamente por estabilidade e previsibilidade[51] (matizada pela confiabilidade e pela calculabilidade), inclusive nos planos judiciário e processual.

Em razão da Pandemia do Covid-19, os eventos dos dois últimos anos elevaram o grau de instabilidade social (incluindo, mas não de limi-

50 Sobre as disrupções, veja-se DOBBS, Richard; MANYIKA, James e WOETZEL, Joanathan. *No Ordinary Disruption*. New York: Public Affairs. 2016. Sobre as tecnologias disruptivas, veja-se SUSSKIND, Richard. *Tomorrow's Lawyers. An Introduction to Your Future*. Oxford: Oxford University Press. 2012, p. 39. Sobre os efeitos da tecnologia sobre o processo, o percuciente estudo de WOLKART, Erik Navarro. Análise Econômica do Processo Civil. São Paulo: Editora Revista dos Tribunais. 2020, p. 701 e seguintes, com a observação consistente de que (p. 724) de que a tecnologia não deve apenas melhorar o sistema, deve alterar substancialmente a forma como funciona o sistema, especialmente em razão da disrupção gerada pela drástica redução dos custos de transação (p. 760).

51 MARINONI, Luiz Guilherme. Precedentes Obrigatórios. São Paulo Editora Revista dos Tribunais. 2010, p. 121. Em uma abordagem mais ampla, sob o prisma do direito administrativo, veja-se ARAÚJO, Valter Shuenquener de. O Princípio da Proteção da Confiança. Niterói: Impetus. 2009, p. 32. Sobre o paradigma estático/dinâmico: OLIVEIRA, Carlos Alberto Alvaro de. "Os direitos fundamentais à efetividade e à segurança em perspectiva dinâmica". *In* Revista de Processo 155 (2008): 11 – 26. No mesmo sentido: CAMBI, Eduardo; BUENO, Filipe Braz da Silva. "Segurança Jurídica e Efetividade Processual". *In* Revista dos Tribunais Sul, Volume 4 (2014): 175 – 190. Destacando a previsibilidade da competência jurisdicional como fator relevante para conciliar a garantia do juiz natural com a eficiência, o excelente estudo de CABRAL, Antonio do Passo. Juiz Natural e Eficiência Processual. São Paulo: RT. 2021, item 4.6.3.4.

tando aos planos sanitário e econômico) a patamares verdadeiramente insuportáveis. Parece natural que as pessoas e coletividades busquem eficiência e segurança jurídica e os influxos normativos apresentados neste estudo pretendem apenas exemplificar como esses pendores em prol da eficiência e da segurança jurídica orientam a fixação de parâmetros sobre o funcionamento da competência jurisdicional.

De fato, a análise dos influxos normativos indicados nas páginas precedentes parece indicar que se está em busca de aumento do grau de eficiência e segurança jurídica das normas sobre competência jurisdicional.

Considerando-se que as normas sobre competência jurisdicional usualmente servem-se da relação jurídica de direito material[52] e/ou de alguns de seus elementos (essenciais ou acidentais) para determinação dos órgãos competentes, parece natural que a busca por eficiência e segurança no plano do direito material em razão das crises agudas vivenciadas nos planos sanitário e econômico seja refletida no plano processual - inclusive em principalmente no processo civil, enquanto instrumento de solução de controvérsias, que tendem a aumentar exponencialmente em períodos de crises agudas e escassez.

De fato, a expressão em língua portuguesa *competência* provém da expressão latina *competere*, que teria origem no Direito medieval europeu e designaria a circunstância de várias pessoas ou órgãos concorrendo - *procurando a mesma coisa ao mesmo tempo*. Sem que se possam tecer aqui maiores considerações, a referência ao medioevo parece faz sentido, pois verificava-se um ambiente de coexistência de pluralidade de ordens jurídicas e normativas e de pluralidade de jurisdições, o que certamente ocasionava conflitos das mais variadas naturezas - inclusive de competência, sem que houvesse nem mesmo regras claras para a solução desses conflitos. Vem então da própria expressão utilizada para designar o fenômeno da competência jurisdicional[53] a necessidade per-

52 Por todos, BEDAQUE, José Roberto dos Santos. Direito e Processo - Influência do Direito Material sobre o Processo. 2ª Edição. São Paulo: Malheiros. 1997, p. 66.

53 Sobre a origem da expressão, por todos, BERMUDES, Sérgio. Introdução ao Processo Civil. 5ª Edição. Rio de Janeiro: Forense. 2002, p. 62. Sobre a eficiência alocativa, CABRAL, Antonio do Passo. Juiz Natural e Eficiência Processual. São Paulo: RT. 2021. Sobre os conflitos de competência, GALDINO, Flavio. Conflito de Competência. Tese de Doutorado. Rio de Janeiro. 2008. Por fim, sobre a ordem jurídica pluralista do medioevo, HESPANHA, Antonio M.. Panorama Histórico da Cultura Jurídica Européia. Sintra: Publicações Europa-América. 1997, p. 62.

manente de solver a natural concorrência ou competição entre os órgãos jurisdicionais. É importante dotar o sistema de eficiência na alocação e na solução dos potenciais conflitos de competência – e é importante, ainda, que essas soluções normativas promovam segurança jurídica, especialmente em tempos de exacerbada instabilidade social e econômica.

Como acentuado no terceiro capítulo acima, por exemplo, acerca da competência para a insolvência civil, a duplicação de competências para o mesmo tipo de processo tende a ter efeito indesejado sobre a eficiência e a segurança jurídica. Como já se disse acerca de outro tema relevante e conexo, *o desenho institucional deve ser pensado de modo a otimizar a estrutura de incentivos para as finalidades de cada instituição*[54]. Não se tratando no presente estudo especificamente de incentivos processuais (nem tampouco de *nudges*), pode-se ter foco no desenho institucional – aqui, o arranjo de competências – para promoção de eficiência e segurança jurídica.

Da mesma forma, a concentração das competências identificada acima no âmbito da tutela coletiva (no item II) parece promover de forma consistente a segurança jurídica. Na medida em que busca evitar as decisões judiciais díspares ou mesmo conflitantes, fala-se simultaneamente na promoção da igualdade ou isonomia (a chamada *igualdade de tratamento*). E a melhor doutrina[55] identifica a promoção da igualdade como um dos atributos fundamentais da segurança jurídica, reconhecendo-se, de outro giro, que a desigualdade – *em estreita correlação com a imprevisibilidade* – tende a gerar enorme instabilidade social, entendida como resultante de um quadro de insegurança jurídica. Com efeito, a ordenação dos procedimentos e das competências jurisdicionais é fator determinante na estabilidade das normas jurídicas concretas emanadas dos órgãos jurisdicionais. Um estado de anarquia na alocação das competências jurisdicionais tende a produzir elevado padrão de insegurança jurídica. É por isso que se diz que a definição clara das competências jurisdicionais e a concentração/especialização promove tratamento igualitário e segurança jurídica.

---

54 ABREU, Rafael Sirangelo de. Incentivos Processuais. São Paulo: Editora Revista dos Tribunais. 2020, p. 95.

55 BARROSO, Luís Roberto. "A segurança jurídica na era da velocidade e do pragmatismo". In Temas de Direito Constitucional. Volume I. 2ª Edição. Rio de Janeiro: Renovar. 2002, p. 51. Sobre a correlação entre desigualdade e imprevisibilidade, novamente SALDANHA, Nelson. Ordem e Hermenêutica. Rio de Janeiro: Renovar. 1992, p. 135.

De fato, a alocação eficiente das competências jurisdicionais pode resolver disfunções e outros problemas gravíssimos do aparelho jurisdicional. No plano *macro-jurídico*, não é ocioso lembrar que parcela substancial da chamada crise do Supremo Tribunal Federal foi resolvida com a alocação de competências ao Tribunal Federal de Recursos, remodelado pela Constituição Federal de 1.988 para constituir o Superior Tribunal de Justiça – de fato, a mais importante[56] alteração de competências ocorrida no Judiciário brasileiro nos últimos cinquenta anos.

Em conclusão, é possível relembrar, com ROBERTO ROSAS, que, embora usualmente seja afeito à tradição, até por precaução, o jurista não deve ficar insensível às mutações sociais[57]. As evoluções tecnológicas e os efeitos das crises sanitária-humanitária e econômico-social ocasionadas pela Pandemia do Covid-19 passaram a reclamar ainda maior atenção às necessidades de segurança jurídica e eficiência, inclusive no plano processual civil.

A nossa leitura dos recentes fenômenos relacionados às competências jurisdicionais indica uma clara inclinação à busca desses objetivos: dotar a alocação dos processos jurisdicionais de maior eficiência e trazer mais segurança jurídica ao sistema de solução de controvérsias: segurança na determinação e na fixação das competências jurisdicionais.

56 Consoante a afirmação precisa do homenageado: LIMA, Rubens Ferraz de Oliveira. "Superior Tribunal de Justiça – 20 anos: sempre o tribunal da cidadania". *In* Revista do Advogado AASP, Volume nº 103 (2009): 107 – 112, esp. p. 109: "O STJ foi a mais importante alteração ocorrida na estrutura do Poder Judiciário nos últimos 50 anos".

57 ROSAS, Roberto. Direito Processual Constitucional. Princípios Constitucionais do Processo Civil. 3ª Edição. São Paulo: Editora Revista dos Tribunais. 1999, p. 210.

Rubens Ferraz de Oliveira Lima, passado e considerações para o futuro

Geraldo Francisco Pinheiro Franco[1]

Rubens Ferraz de Oliveira Lima, desembargador a representar o que foi, é e será o Tribunal de Justiça do Estado de São Paulo.

Iniciou sua carreira na magistratura bandeirante em 13 de julho de 1965 e como 3º juiz substituto da 2ª Circunscrição Judiciária - Santo André. Depois, foi juiz titular das Comarcas de São Luiz do Paraitinga, Ribeirão Pires e Caçapava e, já em São Paulo, assumiu a antiga 2ª Vara Distrital da Casa Verde. Passou a atuar em segundo grau de jurisdição em 11 de maio de 1979, como juiz substituto. No dia 11 de dezembro de 1979, foi nomeado para o 1º Tribunal de Alçada Civil e, em 1º de junho de 1983, chegou ao Tribunal de Justiça de São Paulo, seguindo-se, em 9 de abril de 1987, a aposentadoria.

Magistrado respeitado não só pela dedicação, ou ainda pela sensível competência, qualidades demonstradas desde sua posse como juiz substituto, mas especialmente pela lhaneza, deixou marcas perenes em mais de vinte anos de magistratura.

Profissional com brilhante atuação também na advocacia, sua trajetória justifica o oportuno reconhecimento e o título deste livro: *O Direito do Século XXI: Magistratura e Advocacia – Estudos em Homenagem a Rubens Ferraz de Oliveira Lima*.

Magistratura e advocacia, além de outros setores igualmente importantes do sistema da Justiça, devem atuar de forma harmônica, cada qual a cumprir seu relevante papel da construção de uma sociedade mais justa e solidária. Ainda que separadas no dia a dia, compartilham do mesmo ideal, é dizer, a distribuição da justiça. Uma nada seria sem a outra. Ambas formam pilares do Estado Democrático de Direito. E aquele que consegue atuar com destaque nas duas áreas, pela relevância que ostentam, deve merecer efusivos encômios, exatamente pelos objetivos e êxitos alcançados nesse contexto. É o caso de Rubens Ferraz de Oliveira Lima.

O magistrado e advogado, com trajetória profissional iniciada em uma época diferente, soube enfrentar com sabedoria as mudanças ine-

---

1 Presidente do Tribunal de Justiça de São Paulo

vitáveis dos novos tempos e sempre em atenção ao ideal da eficiente distribuição da justiça, na busca da paz social.

Nossa sociedade está sempre em transformação, bem como a advocacia e a magistratura. Alterações muitas vezes inesperadas e quiçá dramáticas. Como exemplo, quem poderia imaginar, há poucos anos, o surgimento de uma crise sanitária em escala global e apta a interferir nos mais arraigados costumes sociais e em todos os aspectos da atividade econômica? Mas ela veio e contribuiu para que olhássemos tudo de uma nova forma, provavelmente mais humana.

O homenageado sempre esteve à frente de seu tempo. E, no âmbito da magistratura, acaso estivesse ativo em seus quadros, teria dado grande contribuição a respeito do futuro do sistema judiciário.

Advogados, magistrados e todos que participam da administração da Justiça são desafiados, dia a dia, pelos avanços decorrentes da tecnologia da informação. E temos responsabilidade, inclusive perante as próximas gerações, em avançar para a eficiente prestação jurisdicional.

Estamos diante daquilo que muitos denominam 4ª Revolução Industrial, fase de transformação caracterizada pela utilização cada vez mais frequente da inteligência artificial e da robótica, cenário com sensíveis impactos no mercado de trabalho, com novas atividades substituindo aquelas que acabaram obsoletas. E o foco é o aumento de produtividade.

Neste contexto, não existem alternativas: aquele administrador que não investir em tecnologia da informação será responsável por um atraso dificilmente recuperável e, consequentemente, será descartado.

O Tribunal de Justiça do Estado de São Paulo, por sua vez, atento a estes desafios, investe cada vez mais em tecnologia e procura disponibilizar ao usuário do sistema da Justiça um serviço eficiente. E isso não é propriamente uma novidade: é uma constante das administrações de nossa Corte. Mas sempre há espaço para alguma inovação.

E a inovação da vez, aparentemente inevitável, ditada por aquelas mudanças até certo ponto inesperadas, e em plena harmonia com a utilização exauriente dos recursos da tecnologia da informação, envolve o teletrabalho. Inimaginável há um ano para todos nós, é uma realidade hoje.

Ressalto que tinha reserva em relação ao assunto. Afinal, e sempre foi assim, magistrados e servidores devem exercer suas funções no Fórum. É lá que devem prestar seus serviços. É lá que devem ser procurados pelos advogados. É lá que devem ser encontrados.

Ocorre que veio a pandemia e tudo mudou: como única alternativa, o trabalho remoto no Tribunal de Justiça do Estado de São Paulo foi instalado, com maior ou menor extensão na linha do tempo e em consonância com as naturais restrições impostas pelo combate à crise sanitária. Daí, exsurgiu a seguinte constatação: temos um sistema informatizado pronto na Corte paulista para o teletrabalho. E homens como Rubens Ferraz de Oliveira Lima, que fizeram e fazem história no cenário jurídico-jurisdicional, participam dessas inevitáveis mudanças, antevendo com olhares fixos no presente e no futuro a necessidade de profundas modificações, ainda que com serenidade e prudência.

Os resultados obtidos no decorrer do trabalho remoto no Tribunal de Justiça do Estado de São Paulo, com mais de 34 milhões de atos praticados, entre despachos, decisões interlocutórias, sentenças e acórdãos, demonstra esse novo estado de coisas, é dizer, essa nova via, moderna, célere, sempre propugnada pela visão do homenageado.

Apenas como reforço ao argumento, verificamos que, no primeiro trimestre de 2021, houve aumento na produção em comparação com o mesmo período de 2019, é dizer, período anterior à pandemia e caraterizado pelo trabalho presencial. Nesse sentido, constatamos 8.289.198 atos nos três primeiros meses de 2021 contra 8.140.031 atos no mesmo período de 2019.

E os reflexos não são apenas jurisdicionais, mas buscam a economia de recursos públicos, dever de todos nós.

Só restava aproveitar esse aprendizado e transformar de uma vez o nosso cotidiano forense.

Assim, com este norte, após a realização de estudos e reuniões, implementamos um ato normativo a vigorar no Tribunal de Justiça de São Paulo para o teletrabalho, sem relação direta com o trabalho remoto decorrente da pandemia: a Resolução nº 850/21. Em outras palavras, o desiderato foi normatizar o teletrabalho para além da pandemia, de forma perene. Uns trabalham em casa, outros nos Fóruns e no Tribunal. Uma medida utilizada com frequência cada vez maior pelas grandes empresas privadas do mundo.

Foram estabelecidos no ato normativo, para o devido respeito às particularidades de cada um, três itens: a) servidores; b) magistrados; c) servidores e magistrados com doenças ou responsáveis por pessoas com problemas de saúde.

Esperamos que isso represente o início de uma nova era nesta Corte, centrada na eficiência, na tecnologia e na utilização cada vez mais inteligente dos recursos públicos, regras e princípios que sempre contaram com o olhar atento, competente, compromissado e moderno de Rubens Ferraz de Oliveira Lima.

Preferi deixar artigos jurídicos para outros mais preparados. Trouxe aqui singelas reflexões e ações que foram possíveis a partir do trabalho de muitos no passado e de outros no presente, bem como da percepção das possibilidades e dos significados, da capacidade de avaliação ou de compreensão das situações e da colaboração do dia a dia de homens como o caríssimo Rubens Ferraz de Oliveira Lima, a quem transmito minhas expressões de simpatia e apreço.

A Regulação do Sistema Financeiro Nacional[1]

Joaquim Portes de Cerqueira César[2]

1. As crises econômicas mundiais e a importância da regulação do Sistema Financeiro

Uma das razões da conferência de Bretton Woods, a Crise de 1929, época marcada por um grande desastre financeiro e cercada dos dois lados pelo horror provocado por duas guerras mundiais, ainda levanta discussões a respeito de suas principais causas e possíveis soluções que poderiam ter aviado a recuperação econômica.

O contexto do início da Grande Depressão é um cenário de fragilidade política e econômica promovida pelo pós-guerra: os perdedores estavam cada vez mais dependentes de créditos privados de curto prazo, o que gerou instabilidade à economia desses países, os quais tentavam se desenvolver à sombra de um débito bilionário com outras nações.

Antes da grande Primeira Guerra, a soma das exportações da Inglaterra, da França e da Alemanha totalizava 60% das manufaturas do mundo. Durante o conflito, outras economias usaram o hiato produtivo como oportunidade de desenvolvimento, como foi o caso do Brasil, que ampliou significativamente sua produção de manufaturas nesse período.

A tensão econômica do pós-guerra foi guiada principalmente pela penosa recuperação das economias dos países europeus, o que acarretou uma pequena demanda de matérias-primas, principal fonte de renda que os países pouco industrializados dispunham para pagar a importação de manufaturas. Dessa conjuntura emanou a tentação protecionista: países em processo de industrialização buscavam estabelecer e fortalecer sua indústria diante do retorno da concorrência europeia, ao passo que países europeus se interessavam em proteger seu setor agrícola para reestruturá-lo. O resultado desse descompasso foi uma nova orientação comercial e maior protecionismo alfandegário.

1 Artigo apresentado à Universidade do Minho em 2017 e posteriormente atualizado para publicação.

2 Especialista em Direito Constitucional - UnB; Especialista em Direito Econômico - UnB; Mestre e Doutor - PUC/SP.

No entanto, ressalta-se que, apesar da conjuntura desfavorável e da ocorrência de recessões pontuais em alguns países, a década de vinte foi palco de um grande dinamismo e expansão econômicos, mas distribuídos de forma desigual entre os países industriais. A agricultura permaneceu à margem dessa prosperidade.

Uma característica ímpar desta crise foi a sua ocorrência ter sido durante um intervalo de tempo de baixa internacional dos preços, iniciado em 1925-26. O deflacionismo permeou a gênese e o desdobramento da crise, o que acarretou baixos rendimentos, recuo da atividade e expansão industrial, fatores esses que culminaram na baixa demanda de matéria-prima e, por consequência, baixos preços.

Da situação exposta adveio um círculo vicioso: o desemprego restringe o mercado das empresas em dificuldade, que por sua vez vê demissões como solução à desaceleração dos negócios, o que acentua ainda mais as dificuldades. Os mecanismos internos de recuperação das economias de mercado, espontâneos, embora tenham surtido efeito nos anos seguintes, passaram despercebidos pela maior parte das pessoas, ao contrário dos efeitos das intervenções estatais, que promoveram uma recuperação menos tímida.

A recuperação "espontânea" do mercado fora proporcionada pela elasticidade da oferta de uma economia nesta situação, quer dizer, uma alta sensibilidade a estímulos como o aumento da demanda. Não obstante, aqueles que dispunham de liquidez de recursos encaravam a desvantagem do acúmulo, da poupança, e tiveram a oportunidade de investir em indústrias e equipamentos a preços irrisórios.

Até hoje, com modelos macroeconômicos mais modernos, ainda parece que o baixo valor patrimonial, a quebra de Wall Street, o menor poder aquisitivo e a queda da demanda parecem insuficientes para explicar a dramática compressão da economia estadunidense e seu respectivo impacto global. Há duas perspectivas, que englobam diversas vertentes.

A primeira conta com a estabilidade como um dos atributos do capitalismo e procura analisar os erros e acontecimentos acidentais que transformaram uma recessão de médio prazo em um verdadeiro desastre global. A outra considera o sistema instável e busca evidenciar os mecanismos que tornaram a Grande Depressão inevitável.

De qualquer forma, é inegável a influência direta dos efeitos da Crise na ascensão dos regimes nacionalistas totalitários que desempenharam protagonismo ao longo da segunda guerra. Após relatar as graves consequências da Crise de 1929 e trazer discussões levantadas pelos mais variados segmentos, Bernard Grazier[3] conclui em sua obra que dois resultados são diretos e evidentes das duras lições que a humanidade tomou nos anos 1930: o zelo pela estabilidade financeira internacional e a necessidade de um vínculo entre a propriedade, o controle das empresas e a sociedade.

A Grande Depressão foi um marco único na História; porém, *crashes* comparáveis ao de Wall Street na época aconteceram posteriormente, mas o resultado nunca alcançou o horror vivido na década de 1930. A exemplo desses *crashes*:

- 1970: o abandono do sistema de Bretton Woods implicou maior desregulamentação dos mercados financeiros mundiais, o que desencadeou ao redor do mundo diversas situações congruentes a de 1929.
- Década de 1980: América Latina – crise das dívidas.
- 1997: crise de demanda na Ásia.
- 1997: crise da Bolsa de Nova Iorque – apesar de dimensões análogas à quebra de 1929, seu impacto foi rapidamente absorvido e não houve severas implicações deflacionistas de alcance global e difícil recuperação.
- 1990-2010: longa crise do Japão – deflação generalizada.
- 2008-2009: Estados Unidos – crise da especulação imobiliária.

Neste sentido, a crise de 2008-2009 foi um grande teste e ensinamento para a regulação e fiscalização da higidez do sistema bancário, o qual se demonstrou muito sensível à especulação dos investidores no mundo todo com a comercialização em massa de títulos aparentemente de baixo risco de crédito e dos títulos com lastro em outros ativos, os chamados "derivativos"[4].

---

3 **Bernard Gazier.** A Crise de 1929.

4 Segundo Otávio Yazbek, em sua obra clássica sobre a regulação do mercado financeiro, define esta operação jurídica da seguinte forma: "Os derivativos destinam-se, ao menos na sua origem, a outorgar proteção aos agentes econômicos contra certos riscos financeiros - notadamente aqueles decorrentes da oscilação de preços e taxas (os citados riscos de mercado, portanto), sendo assim, operações de "hedge" (ou de proteção). No hedge, como demonstra Leães (2001, p218), ocorre uma "interdependência factual" entre as atividades do agente econômico e a operação financeira, permitindo uma "compensação recíproca de efeitos". Assim, um agente que precise se proteger contra as oscilações do câmbio, por deter créditos ou débitos à sua variação atrelados, pode fazê-lo comprando ou vendendo moeda

2. A estrutura e o funcionamento do Sistema Financeiro no Brasil

O Sistema fFinanceiro Nacional (SFN) tem o seu início com o nascimento do Banco do Brasil, no Império e, posteriormente, com a evolução gradativa do segmento bancário. Mas foi em primórdios de 1950-1965 que o SFN se apresentou e iniciou sua estruturação operacional e jurídica.

No que diz respeito aos seus estruturadores, destaca-se a inteligência do economista e Ministro de Planejamento Roberto Campos, juntamente com o auxílio de Otávio Gouveia de Bulhões, titular do Ministério da Fazenda no governo Castelo Branco, os quais emprestaram rumos para essa estruturação, resultando na criação do Banco Central do Brasil (BACEN), além de outras instituições importantes para o bom funcionamento da economia e estabilidade monetária.

No entanto, mesmo com a existência de um sistema financeiro estruturado e instituições de normatização e controle, é certo que a estabilidade monetária poderia se enfraquecer à medida que o sistema se torna mais complexo, o que acontece em todo arcabouço financeiro. E é neste sentido que o autor Otávio Yazbek[5] argumenta e explica a questão da mescla das externalidades e os problemas advindos da assimetria de informação, as quais acompanham o avanço da modernidade e do capitalismo, além de possibilitar que o risco crie novas relações econômicas próprias.

Com o alastramento do risco, surge a necessidade de uma regulação eficiente e administração dos perigos, exatamente como forma de garantir a estabilidade do sistema financeiro e evitar crises.

para data futura (um contrato a termo ou futuro) ao preço querepute adequado. Naturalmente a busca por hedge está relacionada ao grau de aversão aorisco do agente, uma vez que, para proteger,-se ele abre mão também das oscilações que lhe poderiam ser favoráveis. Na maior parte dos instrumentos derivativos, contratos diferenciaisque são, não se efetua a entrega dos ativos negociados "a futuro", mas apenas o pagamento de valores correspondentes à diferença entre o preço pactuado e o preço de mercado na liquidação, como ainda se verá, tratando-se, assim, de operações financeiras puras. O efeito de hedge é dado, assim, por essa movimentação financeira."

5 **Otávio Yazbek,** Regulação do Mercado Financeiro e de Capitais, Elsevier, 2007, págs. 107/108.

Ao considerar na análise somente o poder normativo e executivo, Yazbek divide a regulação financeira em três grupos:

- Regulação de condutas: autoriza e proíbe procedimentos e operações entre agentes. Trata-se de práticas adotas pelos agentes em suas relações negociais, as quais prezam pela obrigatoriedade do envio (e prestação) de informações verídicas, bem como a vedação do uso de informações privilegiadas.
Exemplo: condutas padronizadas de comunicação entre os agentes.
- Regulação sistêmica: protege a estrutura do sistema financeiro e as atividades externas que dele dependem. Previne crises e seus respectivos desdobramentos relacionados ao alto grau de integração entre as instituições, sobretudo as bancárias. Pode incentivar o desmazelo dos controles internos das instituições financeiras.
Exemplos: a organização do sistema de pagamentos; atuação do BACEN como provedor de liquidez do sistema.
- Regulação prudencial: como sua origem está associada à necessidade de evitar os possíveis efeitos negativos da regulação sistêmica, a regulação prudencial visa assegurar a higidez daqueles que operam no mercado. Ou seja, é o conjunto de padrões, procedimentos e regras ditos prudenciais, com controle e administração do risco. Difere-se da regulação de conduta porque trata de boas políticas de gestão das atividades financeiras, não diretamente da prática de negociação.
Exemplo: adoção de estratégias internas de quantificação e monitoramente de risco, com prestação de serviços ao mercado, e implementação do *compliance* (supervisão procedimental)

Vale ressaltar, ainda, que foi somente com o advento da Lei Ordinária Federal nº 4.595, de 31 de dezembro de1964, mais conhecida como "Lei Bancária", que o sistema financeiro nacional brasileiro foi instituído[6], o que possibilitou o desenvolvimento e aprimoramento destas formas de regulação (prudencial, sistêmica e de condutas) no país, tão importantes para o bom funcionamento do sistema como um todo.

No que diz respeito à estrutura das instituições, o Brasil optou pelo sistema tradicional de divisão de tarefas. Assim, as diretrizes normativas da política da moeda e do crédito passaram a ser exercidas pelo Órgão máximo do Sistema Financeiro Nacional, o Conselho Monetário Nacional

6 A antiga SUMOC foi extinguida e o Banco Central do Brasil foi criado, como já informado.

(CMN), enquanto a execução das deliberações, bem como a fiscalização do sistema financeiro, ficou sob a responsabilidade do Banco Central do Brasil - hoje considerado uma autarquia de natureza especial sem vinculação a ministério, com autonomia operacional, e objetivo fundamental de promover a estabilidade dos preços, conforme novidade trazida pela Lei Complementar nº 179, de 24 de fevereiro de 2021.

Conforme consta no *site* do Banco Central do Brasil:

> *O Conselho Monetário Nacional é o órgão superior do Sistema Financeiro Nacional (SFN) e tem a responsabilidade de formular a política da moeda e do crédito. Seu objetivo é a estabilidade da moeda e o desenvolvimento econômico e social do país. O CMN foi criado junto com o Banco Central, pela Lei nº 4.595, de 31 de dezembro de 1964. O Conselho deu início às suas atividades 90 dias depois, em 31 de março de 1965.*
>
> ***Composição do CMN:***
> *Ministro da Economia (presidente do Conselho),*
> *Presidente do Banco Central e*
> *Secretário Especial de Fazenda do Ministério da Economia.*
>
> ***Organização:***
> *Os membros do CMN reúnem-se uma vez por mês para deliberar sobre assuntos como adaptar o volume dos meios de pagamento às reais necessidades da economia; regular o valor interno e externo da moeda e o equilíbrio do balanço de pagamentos; orientar a aplicação dos recursos das instituições financeiras; propiciar o aperfeiçoamento das instituições e dos instrumentos financeiros; zelar pela liquidez e solvência das instituições financeiras; e coordenar as políticas monetária, creditícia, orçamentária e da dívida pública interna e externa."*[7]

7 Disponível em: https://www.bcb.gov.br/acessoinformacao/cmn

Assim, a estrutura organizacional do Sistema Financeiro Nacional está delineada da seguinte forma[8]:

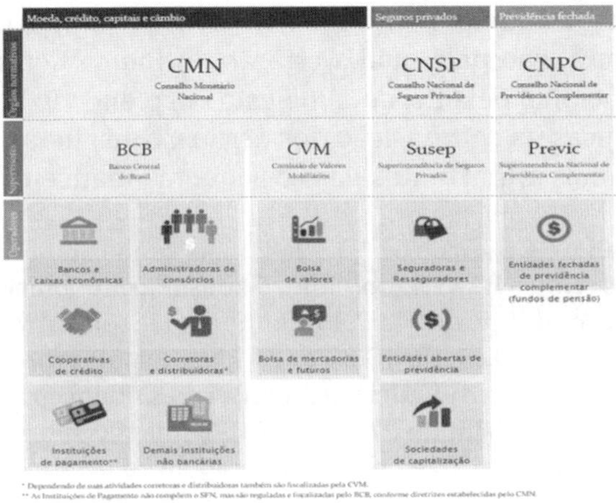

Desta forma, pode-se afirmar que a regulação financeira, como disposto em lei, é efetivada pelo BACEN, em que pese haver uma zona de sombra com a regulação concorrencial efetivada pelo CADE (Conselho Administrativo de Defesa Econômica). Por um lado, o Banco Central entende que o monopólio da fiscalização do sistema financeiro é seu, e o CADE, por outro lado, entende que, em tema de concentração bancária, a competência para dirimir eventuais conflitos advindos do mercado financeiro seria sua, o que ainda gera discussões nos Tribunais Superiores até hoje.

3. Os Acordos de Basileia como direcionadores da regulação do Sistema Financeiro Nacional

No que diz respeito ao dispositivo constitucional estruturador do SFN, é o artigo artigo 192[9] da Carta Magna que preceitua a sua regulação,

---

8 Disponível em: https://www.bcb.gov.br/pre/composicao/composicao.asp?frame=1

9 Artigo 192. O Sistema Financeiro Nacional, estruturado de forma a promover o desenvolvimento equilibrado do País e a servir aos interesses da coletividade, em todas as partes que o compõem, abrangendo as cooperativas de crédito, será regulado por leis complementares que disporão, inclusive, sobre a participação do capital estrangeiro nas instituições que o integram.

exigindo que as mudanças (estruturais) no sistema sejam feitas apenas por meio de lei complementar.

Assim, todas as leis ordinárias anteriores à Constituição de 1988 foram **recepcionadas** pela nova ordem constitucional, com *status* de lei complementar, razão pela qual a criação do Banco Central e do Sistema Financeiro Nacional pela Lei de 1964 está em pleno vigor, em que pese ter havido mudanças na composição dos órgãos, conselhos e demais instituições. As leis mais importantes para o Sistema Financeiro Nacional são:

- **Lei nº 4.595,** de 31.12.1964, mais conhecida como "Lei Bancária", que criou o BACEN e instituiu o Conselho Monetário Nacional (CMN).
- **Lei nº 4.728,** de 14.07.1965, que dispõe sobre o Mercado de Capitais.
- **Lei nº 6.024,** de 13.03.1974, que dispõe sobre a intervenção e a liquidação extrajudicial de instituições financeiras.
- **Lei nº 6.385,** de 07.12.1976, que dispõe sobre o mercado de valores mobiliários e cria a Comissão de Valores Mobiliários (CVM).
- **Lei nº 6.404,** de 15.12.1976, que dispõe sobre as Sociedade Anônimas.
- **Lei 12.865, de 09.10.2013,** que dispõe sobre os arranjos de pagamento e as instituições de pagamento integrantes do Sistema de Pagamentos Brasileiro (SPB).

No plano internacional, são os Acordos de Basileia, subscritos pelo Brasil e por diversos outros países, que ditam as tendências da regulação bancária e formas de proteção dos sistemas financeiros como instrumentos para contenção de crises estruturais. Diante do constante desenvolvimento e globalização das atividades financeiras, em 1988, o BIS (Bank for Interntational Settlements, ou simplesmente, Banco de Compensações Internacionais), situado em Basileia, Suíça, tomou a decisão de planificar os procedimentos de segurança e unificá-los em recomendações quase que de plano universal.

Sua primeira recomendação, depois de ter acordado com os principais bancos centrais do mundo, foi exigir dos bancos comerciais o capital mínimo de 8% sobre suas aplicações de recursos e financiamentos como forma de "colchão de proteção" contra o risco de crédito e inadimplência, diretriz que ficou conhecida como "Basileia 1", ou "Índice de Basileia".

No Brasil, a regra entrou em vigência em 1994 por meio da Resolução nº 2.099, do CMN, a qual incorporou o normativo à legislação brasileira, aprovando os *"regulamentos que dispõem sobre as condições relativamente ao acesso ao Sistema Financeiro Nacional, aos valores mínimos de capital e patrimônio líquido ajustado, à instalação de dependên-*

cias e à obrigatoriedade da manutenção de patrimônio líquido ajustado em valor compatível com o grau de risco das operações ativas das instituições financeiras e demais instituições autorizadas a funcionar pelo Banco Central".

No entanto, a novidade acarretou diversas críticas, e uma das mais frequentes e impactantes citava que não é razoável cobrar com paridade ativos de diferentes atributos. Em atenção às possibilidades de melhoria, em 2001, o Bank for International Settlements sistematizou um novo conjunto de convenções, mas desta vez considerando os preços de mercado e as diferenças de riscos. A empreitada ficou conhecida como "Basileia 2", com adequação no Brasil somente em 2007.

Posteriormente, com a crise econômica iniciada em 2008 e seus reflexos, a confiança nas instituições foram fortemente impactadas, o que implicou na necessidade de rever toda segurança do mercado, uma vez que a grande força motriz para o bom funcionamento de qualquer modelo de sistema financeiro é a própria confiança depositada nestas instituições pelos seus usuários e investidores (e não somente a boa regulação).

À época, ou seja, na crise de 2008-2009, houve um certo descasamento entre os que estava sendo vendido e a expectativa dos investidores: o que aconteceu foi que os títulos de baixo risco comportaram-se de forma inesperada e bancarrotas generalizaram a sensação de pânico e insegurança. Os credores dos bancos logo procuraram liquidar seus recursos aplicados nas instituições financeiras, o que incidiu como um efeito dominó de bancarrotas, justamente devido a situações de descasamento.

Das heranças desse tempo de instabilidade, uma foi definitiva para a reestruturação do sistema financeiro: a maior compreensão a respeito da dependência da segurança deste sistema com o nível de liquidez disponível.

Novamente, em 2010, novas diretrizes foram definidas pelo BIS, as quais se tornaram válidas a partir de janeiro de 2017. O acordo, nomeado como "Basileia 3", deu continuidade ao caminho já percorrido pelos antecessores, mas com maior rigor nas prescrições. A essência destas mudanças situa-se nas quatro imposições principais:

- Um ativo deve ser considerado como recurso próprio apenas se for possível sua conversão imediata em espécie;
- Devem ser implementados índices de disponibilidades;

- O capital de conservação e o capital contracíclico devem ser destinados ao amortecimento dos impactos financeiros consequentes de crises;
- O índice de alavancagem deve ter um limite máximo de 3%.

A diferença na estrutura de capital provocada pelas diferenças entre Basileia 2 e Basileia 3 pode ser acompanhada pelo gráfico a seguir:

Entretanto, mesmo que existam acordos internacionais para mitigar os riscos inerentes aos sistemas financeiros, todos os bancos centrais do mundo adotam novas medidas de contenção de risco, tendo em vista a própria regulação financeira.

No caso brasileiro, a fim de aprimorar o cumprimento das reivindicações internacionais Basel Committee on Banking Supervision (Comitê de Basileia), houve uma adaptação por meio da edição da Circular nº 3.809, em vigor desde janeiro de 2017. Com a mudança prevista na Circular, mais instrumentos serão aceitos no âmbito dos colaterais financeiros, o que adequa a regulação prudencial à situação atual do mercado de títulos privados, e, por conseguinte, abre mais oportunidades para o desenvolvimento seguro do setor de derivativos e outros instrumentos financeiros mais complexos.

Ao objetivar maior sensibilidade ao risco de cada banco, o Comitê de Basileia inovou ao agregar uma nova complexidade de observação pelas instituições financeiras. O resultado, embora seja conveniente para os bancos maiores, pode trazer custos mais elevados para as instituições de menor porte.

E para adequar a regulação prudencial à complexidade das operações financeiras, o CMN segmentou as instituições supervisionadas em cinco grupos (S1, S2, S3, S4 e S5), tendo como critérios na classificação: o porte da instituição (definido pela proporção entre o tamanho da instituição e o PIB brasileiro), o perfil de risco e a atividade internacional.

Segundo o BACEN[10]: *Com a segmentação, instituições menores devem seguir regras mais simples do que aquelas aplicadas aos bancos de grande porte. Regras prudenciais de complexidade adequada às atividades e ao perfil de risco da instituição contribuem para maior eficiência da intermediação financeira, reduzindo custos e fomentando a competição no mercado financeiro.*

A mudança foi feita por meio da alteração da Resolução nº 4.553, de 30 de janeiro de 2017, e torna a regulação proporcional a esses parâmetros. Como exemplo, cite-se o segmento S1, formado por bancos sistematicamente importantes ou que operam relevante atividade internacional, grande foco das edições feitas pelo Comitê de Basileia na metodologia de averiguação dos requisitos mínimos de liquidez e capital. Como se tratam das principais instituições financeiras, esse segmento deve apresentar alinhamento total com as recomendações e padrões de supervisão definidos pelo Comitê de Basileia. Já os outros segmentos podem adotar procedimentos internos menos rígidos, o que não quer dizer que estão sujeitos à uma fiscalização menos branda: o BACEN continua exercendo sua função, bem como o CMN.

A importância do Acordo de Basiléia para dar efetividade à regulação do sistema financeiro é bem explicitada por Rachel Sztajn[11], ao afirmar: *"Signatário do Tratado da Basileia, o Brasil se comprometeu a fiscalizar as instituições financeiras adotando modelo prudencial na tomada de riscos, o que se destina a evitar tanto a insolvência de qualquer instituição integrante do sistema quanto a inibir ou reduzir efeitos de eventual contágio do sistema, isto é, risco sistêmico em que a inadimplência individual se espalha em ondas por todo o sistema financeiro em função da cadeia de relações entre instituições financeiras. O 'efeito dominó' tem, nesse segmento da atividade econômica, impactos maiores do que em outras cadeias produtivas porque os recursos utilizados pelas instituições financeiras nas operações de crédito pertencem, majoritariamen-*

10 Disponível em: https://www.bcb.gov.br/estabilidadefinanceira/regprudencialsegmentacao

11 Regulação e Concorrência no Sistema Financeiro. In: Campilongo, Celso Fernandes; Rocha, Jean Paul C. Veiga da; Mattos, Paulo Todescan Lessa (coord.). *Concorrência e Regulação* no *Sistema Financeiro*. São Paulo: Max Limonad, 2002, p. 249.

te, a terceiros, poupadores. A iliquidez ou a insolvabilidade de qualquer instituição recai sobre essas pessoas, os poupadores, não apenas sobre os empresários."

Dessa forma, a busca por mecanismos e diretrizes constantes para o sistema financeiro, a exemplo do que propõe o Acordo de Basileia, visa assegurar tanto a integridade sistêmica, evitando que a sociedade sofra as consequências drásticas de eventual desequilíbrio deste sistema, quanto a integridade da confiança dos investidores, o que reforça todo o papel da regulação financeira.

Conclusão

Na análise aligeirada da crise apontada (2008), diria que o sistema de regulação e fiscalização bancária do Brasil reagiu bem a ela, sabendo enfrentá-la a partir de um marco regulatório e prudencial bem delineado, e uma fiscalização inteligente, apta a debelar a crise sistêmica. A avaliação realizada pelo Fundo Monetário Internacional (FMI) aponta a regulação bancária brasileira alinhada com os princípios de Basileia também na área de supervisão bancária, sendo classificada como uma das mais seguras do mundo.

Referências bibliográficas

YAZBEK, Otavio. *Regulação do Mercado Financeiro e de Capitais*. Rio de Janeiro: Elsevier, 2007.

ZINGALES, Luigi . *Um Capitalismo para o povo.* São Paulo: Editora BEI, 2015.

ZINGALES, Luigi; RAJAN, Raghuram. *Salvando o Capitalismo dos Capitalistas.* Rio de Janeiro: Elsevier, 2004.

GAZIER, Bernard. *A Crise de 1929*

FURTADO, Celso . *Formação Econômica do Brasil*

SZTAJN, Rachel, Regulação e Concorrência no Sistema Financeiro. In: Campilongo, Celso Fernandes; Rocha, Jean Paul C. Veiga da; Mattos, Paulo Todescan Lessa (coord.). *Concorrência e Regulação no Sistema Financeiro.* São Paulo: Max Limonad, 2002, p. 233-254.

Referências *on-line*

https://www.economist.com/news/special-report/21721497-international--bank-regulation-grinding-towards-completionor-possibly-halt-basel-3

https://www.economist.com/blogs/freeexchange/2010/09/basel_iii

http://www.economist.com/node/21010680/comments

http://www.economist.com/node/21010680/comments

https://www.economist.com/blogs/freeexchange/2010/09/financial_reform

http://www.economist.com/node/21721497/comments

http://www.bis.org/publ/bcbsc111.pdf

http://www.bis.org/publ/bcbs128.pdf

http://www.bis.org/publ/bcbs189.htm Relatório BACEN 04/2017

https://www.bcb.gov.br/fis/supervisao/basileia.asp

http://www.bcb.gov.br/nor/basileia/Regulacao-Prudencial.asp

https://www.bcb.gov.br/acessoinformacao/cmn

Direito de preferência

Jose Alexandre Tavares Guerreiro[1]
Carolina Dias Tavares Guerreiro[2]

O direito de preferência, bem como a opção, são formas de restrição da livre circulação das ações do capital das sociedades anônimas. São figuras próximas e já consagradas na prática diária do direito societário. A bem da verdade, constituem restrições à livre circulação de ações, ainda que temporárias, pois apenas dentro do prazo estipulado para o exercício – ou da preferência ou da opção – é que as ações ficam com sua livre circulação suspensa.

Com efeito, ocorrido o fato que enseja o exercício do direito de preferência ou de opção, começa a correr o prazo estipulado, legal ou convencionalmente, para seu exercício. Se os detentores desses direitos os exercerem, finda a restrição, as ações são transferidas; caso decidam por não exercer a preferência ou a opção, terminado o prazo para o exercício, essas ações podem ser oferecidas e transferidas a terceiros.

Embora próximas, e com funções similares, ambas figuras não se confundem. Pontes de Miranda assim diferencia a preferência da opção:

> Quem opta não precisa preferir. Quem prefere tem de escolher entre manifestar a vontade ou deixar que outrem se coloque no lugar em que poderia colocar-se, preferindo. Não há qualquer preterição em quem opta. Em quem prefere, sim; porque afasta a alguém[3].

Nessa diferenciação, já se entrevê um dos elementos característicos da preferência: a existência de um terceiro, a quem o detentor do direito de preferência prefere. O direito de preferência apenas se torna eficaz quando o detentor da coisa sobre a qual pesa a preferência resolve aliená-la a terceiro. Dessa forma , antes de fazê-lo, deve oferecer a coisa ao titular da preferência. Já na opção, o fato que enseja o exercício da opção pode ser outro (não necessariamente a alienação de ações vinculadas ao

---

1 Professor de Direito Comercial da Faculdade de Direito da USP. Parecerista.

2 Advogada

3 Pontes de Miranda, *Tratado de Direito Privado*, t. XXXVIII, 3ª ed., Rio de Janeiro, Borsoi, 1972, p. 386

acordo). Tendo essa nota característica da preferência em vista, ela pode ser definida como:

> "la convention dont l'objet est précisément l'avantage qu'une partie s'oblige à réserver à son cocontractant, du fait que le premier choisit le deuxième par priorité à tout tiers, em prévision d'un acte futur. Mais en pratique, la préférence trouve sa source dans tout accord tendant au même résultat d'écarter les tiers au bénefice d'un cocontractant qui a été designe contractuellement par avance."[4]
> Ou, em português, em tradução livre: a convenção cujo objeto é precisamente a vantagem que uma parte se obriga a reservar a seu cocontratante, do fato que o primeiro escolhe o segundo por prioridade a qualquer terceiro, em previsão de um ato futuro. Mas, na prática, a preferência encontra sua fonte em todo e qualquer acordo tendente ao mesmo resultado, de eliminar os terceiros em benefício de um cocontratante designado contratualmente de modo prévio.

Quando previsto, seja no estatuto da companhia fechada, seja em acordo de acionistas, o direito de exercer preferência na alienação das ações a terceiros traz consigo um elemento pessoal (ou mesmo, *intuitu personae*) na configuração essencialmente capitalista da sociedade anônima. A preferência inclui-se entre as matérias específicas do acordo de acionistas, nos termos do *caput* do artigo 118[5] da lei 6.404/76 e é no âmbito do acordo de acionistas que essa intenção de pessoa revela um tipo de vinculação entre os acionistas signatários do Acordo, que somente pode ser desfeita mediante o expresso consentimento das partes. Com a estipulação da preferência, nos acordos de acionistas, as signatárias visam fechar aquele grupo formado por elas, e manter constantes as respectivas participações, resguardando-se da entrada de terceiros no grupo ou a diminuição das ações vinculadas ao acordo, por meio de sua alienação a terceiros.

É próprio da função econômica das ações de sociedades anônimas a sua livre circulação. Além das razões dogmáticas, militam em favor dessa livre circulação ponderáveis razões históricas. O princípio da livre circulação das ações, no entanto admite exceções e devem ser interpretadas de forma restritiva. Como já se escreveu:

4 Jean-Pierre Desideri, *La Préférence dans les Relations Contractuelles*, Aix-en-Provence, Presses Universitaires d'Aix-Marseille, 1997, p. 41.

5 "Art. 118. Os acordos de acionistas, sobre a compra e venda de suas ações, preferência para adquiri-las, exercício do direito a voto, ou do poder de controle deverão ser observados pela companhia quando arquivados na sua sede".

> "Estas observações permitem afirmar, com toda a segurança, que a circulação das ações de sociedades anônimas vem a ser princípio informativo da lei – um dos fundamentos instituídos pela Lei das Sociedades Anônimas, a servir de base a todo o seu sistema, do que decorre a consequência evidente segundo a qual a interpretação da lei, nessa matéria, deve orientar-se exatamente pelo pressuposto da negociabilidade irrestrita das ações. Na dúvida, prevalece o princípio: as limitações à circulação de ações devem ser expressas, sendo vedadas, na espécie, as argumentações extensivas ou analógicas. Nesses termos, a análise da hipótese baseia-se no princípio exposto (circulação como elemento natural da ação) e na sua decorrência lógica (restrições devem ser expressas e interpretadas de modo estrito). Em consequência, admitir o contrário equivaleria a inverter o sentido das disposições da Lei das Sociedades Anônimas e desrespeitar seu sistema. Assim, tudo que limite a natural negociabilidade das ações há de ser entendido como restrição de direitos, uma vez que prejudica a livre circulação"[6].

A alienação a terceiros de ações vinculadas a acordo de acionistas que prevê o direito de preferência, nesse sentido, confirma o pleno exercício da intenção de dispor, respeitada a preferência, verdadeira condição suspensiva aposta ao negócio jurídico de alienação das ações.

Já se assinalou que, como regra, "deve predominar, na cessibilidade das ações, o princípio da autonomia da vontade nas partes contratantes, que poderão exercer os atos de disposição independentemente do assentimento da companhia e dos outros acionistas. No entanto, o direito brasileiro, e bem assim o ordenamento de outros países acolhe certas limitações à circulação das ações, se bem que com reservas e sujeitando-as a determinadas condições a serem interpretadas literalmente como é de rigor na exegese de toda e qualquer restrição de direitos. Ditas limitações eram conhecidas de nosso estatuto de 1940, que as disciplinou no art. 27, § 2º, onde o legislador de 1976 foi colher a inspiração do art. 36 da Lei nº 6.404"[7].

---

6 José Alexandre Tavares Guerreiro, *Interpretação de Preferências na Lei das Sociedades Anônimas* in Temas de Direito Societário e Empresarial Contemporâneos, coord. Marcelo Vieira Von Adamek, Malheiros, São Paulo, p. 395.

7 Egberto Lacerda Teixeira e José Alexandre Tavares Guerreiro, *Das Sociedades Anônimas no Direito Brasileiro*, São Paulo, Bushatsky, 1979, vol. 1, p. 236.

O exercício do direito de preferência, assim como o exercício do direito de retirada e o exercício de uma opção, colocam à disposição de acionistas legitimados a possibilidade de exercício de poder jurídico, que subordina terceiros ou a sociedade, conforme o caso, a partir da manifestação desse mesmo acionista legitimado, e tal manifestação se dirá, então, ato unilateral, de caráter potestativo[8].

É a partir dessa perspectiva que se afirma que o exercício do direito de preferência configura mera escolha por parte do seu titular[9].

A adoção de cláusulas potestativas, aliás, é prática comum em direito comercial, no direito das sociedades e, mais especificamente, em contratos que versem sobre direitos de sócios e as suas participações.

Cabe notar, de início, que a manifestação da preferência se exterioriza mediante declaração unilateral de vontade, a qual, sabidamente, vem a ser uma das fontes de obrigações, na dogmática do direito civil. Como afirma Pontes de Miranda, a promessa unilateral de prestação de regra cria dever e obriga[10]. Segundo o mesmo autor, existem ordenamentos jurídicos, como o italiano, em que essas declarações somente adquirem força quando previstas pela lei, como o estabelece o artigo 1.987 do Codice Civile[11].

Entre nós, entretanto, a atipicidade das declarações unilaterais de vontade, vale dizer, a possibilidade de seu reconhecimento enquanto títulos obrigacionais válidos, além das espécies regidas pelo Código Civil[12], é francamente proclamada por Pontes de Miranda. E não apenas aquelas que contêm promessas de contratar, como aquelas outras que já contêm, em si, obrigações ou prestações completas e exequíveis. Na hipótese presente, em que a preferência se perfaz com notificação por parte do titular, não há o que discutir. Da mesma forma, a opção e, bem

---

8 Sobre os direitos potestativos, cf. Santoro-Passarelli, *Dottrine Generali del Diritto Civile*, Jovene, Nápoles, 1997, 9ª ed., pp. 72 e seguintes.

9 Cf. Ibrahim Najjar, *Le Droit d'Option – Contribution a l'étude du droit potestatif et de l'acte unilatéral*, Paris, LGDJ, 1967, p. 43.

10 Cf. Pontes de Miranda, *Tratado de Direito Privado*, São Paulo, Editora Revista dos tribunais, 3ª edição, vol. 31, p. 6.

11 Cf. Pontes de Miranda, op. cit, p.7 e, no direito comparado, Alfred Rieg, *Le Role de la Volonté dans l'Acte Juridique em Droit Français et Allemand*, ed. LGDJ, Paris, 1961, sobre o papel da autonomia da vontade e Carmine Donisi, *Il Problema dei Negozi Giuridici Unilaterali*, ed. Jovene, Nápoles, 1972, sobre o "monopólio da lei").

12 Promessa de recompensa, gestão de negócios, pagamento indevido e enriquecimento sem causa (Arts. 854 a 886, do Código Civil).

assim, a manifestação do direito de retirada, tal como prevista pela Lei de Sociedades Anônimas[13] constituem modalidades incontestáveis de declarações unilaterais, de caráter igualmente potestativo, bastantes em si, e capazes de produzir efeitos vinculantes apenas por força de seu recebimento pela parte a que se destinam.

Dúvida não há quanto ao caráter unilateral do exercício do direito de preferência, apesar do caráter bilateral da sua estipulação em acordo de acionistas. Dessa forma, o consenso entre as partes que é observado na previsão do direito de preferência não é exigido por ocasião do exercício desse mesmo direito. Portanto, no caso do exercício do direito em questão, fala-se em negócio jurídico unilateral, na tradição de Emilio Betti, como negócio levado a efeito por uma só parte ou como negócio subjetivamente simples, ou seja, negócio com um só autor, mesmo que a declaração deva endereçar-se a um destinatário determinado, o qual, entretanto, não se torna parte no negócio e não é chamado a concorrer com o seu consenso para o aperfeiçoamento do mesmo negócio[14].

---

13 "Art. 136. É necessária a aprovação de acionistas que representem metade, no mínimo, das ações com direito a voto, se maior quórum não for exigido pelo estatuto da companhia cujas ações não estejam admitidas à negociação em bolsa ou no mercado de balcão, para deliberação sobre:
I - criação de ações preferenciais ou aumento de classe de ações preferenciais existentes, sem guardar proporção com as demais classes de ações preferenciais, salvo se já previstos ou autorizados pelo estatuto;
II - alteração nas preferências, vantagens e condições de resgate ou amortização de uma ou mais classes de ações preferenciais, ou criação de nova classe mais favorecida;
III - redução do dividendo obrigatório;
IV - fusão da companhia, ou sua incorporação em outra;
V - participação em grupo de sociedades (art. 265);
VI - mudança do objeto da companhia;
(...)
IX - cisão da companhia; (...)"
"Art. 136-A. A aprovação da inserção de convenção de arbitragem no estatuto social, observado o quórum do art. 136, obriga a todos os acionistas, assegurado ao acionista dissidente o direito de retirar-se da companhia mediante o reembolso do valor de suas ações, nos termos do art. 45".

14 Cf. Emilio Betti, *Teoria Generale del Negozio Giuridico*, Nápoles, Ed. Scientifiche Italiane, 1994, republicação corrigida da 2a. edição, p. 303). No mesmo sentido, Jacques Martin de la Moutte, *L'Acte Juridique Unilatéral*, Paris, Sirey, 1951, p. 39: "l'acte unilatéral résulte d'une manifestation unique et qui est efficace par elle-même, sans que soit nécessaire le concours d'aucune autre volonté". Ou, em português: o ato unilateral resulta de uma manifestação única, eficaz por ela mesma, sem que seja necessário o concurso de alguma outra vontade.

Com efeito, a preferência, de que ora se trata, deriva de acordo de acionistas, de modo que, para muitos, deverá ser considerada de origem plurilateral, na medida em que os acordos de acionistas possam ser considerados contratos plurilaterais. A despeito de sua fonte convencional, entretanto, não se duvida do caráter unilateral da declaração com a qual o acionista, titular da preferência, vem a exercê-la, subordinando, assim, o outro acionista convenente. Este exercício, exatamente porque nada mais requer para a sujeição se dê, salvo o recebimento da notificação respectiva, tem-se, pois, como verdadeiramente unilateral. Caracteriza-se como **potestas**, vale dizer, como poder jurídico, ínsito aos assim denominados **direitos potestativos**, cuja força determinante se dá de pronto, assim que recebida a notificação de exercício.

Vicente Ráo, em celebrada página, notava que os atos unilaterais são aqueles produzidos por uma só declaração de vontade, ou melhor, por uma declaração unitária de vontade, quer emane de uma só pessoa, quer de várias pessoas agindo unitariamente dentro da mesma e única direção de interesses. Aduzia Ráo que, sob sua forma simples e desde logo perfeita, o ato unilateral validamente se constitui e produz todos os seus efeitos jurídicos **sem o concurso da vontade de outrem**.

E mais, segundo o civilista, "pertencem à categoria geral dos atos jurídicos unilaterais os consistentes no exercício dos chamados **direitos potestativos**, que se destinam a criar ou extinguir direitos, ou a produzir alterações na esfera jurídica de outro sujeito, mediante a declaração de um só agente, ou de uma só parte"[15].

Não é outra, como se vê, a qualificação jurídica da preferência manifestada pelo titular. Com se daria em negócio abstrato, por exemplo, nesse caso, essa declaração unilateral de vontade não carrega consigo a causa, não a revela, não a traz identificada consigo. Sua força se perfaz em si mesmo, de tal sorte que produz seus efeitos jurídicos sem que necessário se torne invocar sua causa. Daí Ráo ter aproximado os atos não causais daqueles que constituem a regra no direito cambiário, evocando, para tanto, a lição de Tullio Ascarelli, em sua monografia sobre os títulos de crédito[16]. O negócio anterior, entre as partes, apelidado de relação fundamental, é inoponível ao titular do direito, assim como as exceções pessoais.

---

15 Vicente Ráo, *Ato Jurídico*, ed. Max Limonad, São Paulo, 1961, pp. 66 e seguintes.

16 Cf. Ráo, op cit., p. 65. Cf. também Tulio Ascarelli, *Teoria Geral dos Títulos de Crédito*, Saraiva, São Paulo, 1943.

Pode-se perceber, pois, que a preferência, quando notificada, não admite qualquer indagação ou contestação possível que possa interferir com a força do poder jurídico que ela contém. Esse é, bem ao contrário, o traço essencial e marcante dos direitos potestativos, manifestados (ou seja, exercidos) de modo unilateral.

A única condição a que se subordina a eficácia vinculante do poder jurídico em questão está, precisamente, no fato de seu recebimento pelo destinatário, tal como tratado *ex abundantia*, pelo clássico tratadista da matéria, adiante referido[17].

Pode-se dizer, da preferência, o que já se disse da opção: o direito de opção, como o de preferência, é autônomo. Assim escreveu, precisamente, autorizado tratadista da matéria, ao ressaltar que o direito de opção (autônomo), não se reduz a outras categorias, de direitos reais ou pessoais, colocando em funcionamento uma série de elementos originais e respondendo, assim, a necessidades práticas de porte: "c'est un facteur de sécurité des commerces juridiques"[18]. De acordo com o autor, o direito de opção pode ser definido como "une prérrogative juridique qui permet à son titulaire de pouvoir, par un acte unilateral de volonté, modifier une situation juridique incertaine, et cela suivant une alternative precise et prévisible". Ou, em português: uma prerrogativa jurídica que permite, a seu titular, poder modificar uma situação jurídica incerta, seguindo uma alternativa precisa e previsível.

Percebe-se, pois, que a segurança do direito depende, exatamente, da configuração jurídica da preferência como declaração unilateral de vontade, de caráter recepticio, vale dizer, não sujeito a qualquer exceção derivada de fatores alheios ao próprio pacto autônomo da preferência. E, precisamente em nome da necessidade de segurança do direito, afirmo que não se pode contestar a sujeição derivada do exercício do direito de preferência, já que se trata, segundo penso, de declaração unilateral de vontade de caráter recepticio.

Dessa forma, reitera-se que tal declaração de vontade tem o caráter de declaração receptícia, que forma a própria obrigação, a partir do único pressuposto de que o destinatário a receba. É essa, precisamente, e como se viu, a força do direito de preferência, que tal como o direito de retirada e a opção, são modalidades típicas de direito potestativo, capaz,

17 Giorgio Giampiccolo, *La Dichiarazione Recettizia*, Giufré, Milão.

18 Cf. Ibrahim Najjar, op cit, p. 44.

assim, de aperfeiçoar instantaneamente o que foi pactuado, exaurindo em um ato único toda a substância contratual, independentemente de qualquer outra manifestação de vontade, que, se por acaso houver, não terá o condão de modificar ou mesmo extinguir tal direito.

As declarações receptícias são classificadas, pela doutrina, em diversas categorias. Giorgio Giampicollo, por exemplo, a quem se deve magnífico ensaio sobre o tema, distingue as propostas, as participações de exigência, as participações de notícia, as participações de previsão e as participações de intenção[19]. O direito de preferência, segundo tal classificação, seria uma participação de notícia, já que para ser considerado exercido, basta o recebimento da notificação pelo acionista alienante.

Valendo-me das páginas admiráveis de Giorgio Giampiccolo, noto, segundo sua lição, que, da parte do próprio destinatário da notificação da preferência não se exige qualquer participação na conclusão: para ele, o recebimento dessa notificação se há de entender como puro fato, e nunca como ato. Nada tem ele a fazer. O destinatário não tem deveres quaisquer, sendo até mesmo excluída, de seu lado, a necessidade de qualquer dever de cooperação ("dovere di cooperazione del soggetto passivo")[20]. Pode-se dizer, pois, que se completa o exercício da preferência, mercê do recebimento da notificação, como a mera percepção ou conhecimento fático, vale dizer, como **simples fato**. Era esse, exatamente, o preciso e claríssimo entender de Vicente Ráo, acima exposto, ao enfatizar, de modo particular, a desnecessidade do concurso de outra parte, para concluir-se o exercício da preferência.

Em tais condições, pode-se afirmar que o exercício do direito de preferência possui natural e essencialmente as características da irrevogabilidade e da irretratabilidade, já que nenhuma das partes (acionista alienante e acionista adquirente) poderá, salvo existência de posterior consenso entre elas, deixar de cumprir com as suas obrigações (de um lado de alienar as ações e, do outro lado, de adquirir as ações). Esse caráter de definitividade do exercício da preferência constitui, convém acentuar, não apenas pressuposto de ordem lógica, como necessidade de índole econômica. E é exatamente em função dessa irrevogabilidade/irretratabilidade que se assegura a segurança e a certeza do direito. Fácil é de imaginar qual a situação de incerteza se assim não fosse, instaurando-se a insegurança com a qual não se compadece a ordem jurídica.

19 Cf. Giorgio Giampiccolo, op cit, pp. 44-50

20 Giorgio Giampiccolo, op. cit., p. 340

É importante dizer, nesse ponto, que igualmente não caberia falar em revogação retratação ou arrependimento da vontade expressa em declaração unilateral. Qualquer que seja o argumento que se queira antepor à definitividade da declaração será, sem sombra de dúvida, contrária à sua própria natureza. Exercida a preferência, está formada a relação de sujeição, característica do direito potestativo, e essa se tornará imutável, assim como ocorrerá em qualquer caso de oferta de contratar aceita pela parte oblata. Se, no caso da preferência, não há necessidade de demonstrar essa aceitação vinculante, é por que todos os termos da contratação já se acham definidos, bastando que a declaração da preferência ocorra, para que a relação se concretize.

Como já dito acima, as principais características do direito de preferência (caráter potestativo, declaração receptícia de vontade e sua irrevogabilidade e irretratabilidade), aqui estudadas, foram conferidas ao direito de preferência não por acaso, mas com a clara finalidade de atribuir-lhe tamanha força que bastasse para impedir o descumprimento do que ficou pactuado, salvo, evidentemente, pelo ulterior consenso das partes: a única hipótese, no caso, de se afastar o direito de preferência.

Deve-se sempre ter em mente a prevalência do princípio da livre circulabilidade das ações, de forma que eventuais limitações à circulação de ações devem ser expressas, sendo vedadas argumentações extensivas ou analógicas. Assim, tudo o que limite a natural negociabilidade das ações há de ser entendido como restrição de direitos, uma vez que prejudica a livre circulação[21].

Portanto, não se deve admitir que, após o exercício do direito de preferência por um determinado acionista, ele se encontra obrigado a dar preferência ao acionista que alienou tais ações, antes de concluir a alienação dessas mesmas ações a terceiros ("preferência da preferência"), sob pena de estender o direito de preferência a terceiro que já não mais pode exercer direitos oriundos do acordo de acionistas, o que seria, por evidente, além de um contrassenso, contrário ao sistema da Lei das Sociedades Anônimas.

Confirmando esse entendimento, San Tiago Dantas, em luminoso estudo, manifestou-se sobre a inexistência de direito de preferência de subscrição de ações emitidas em função de aumento de capital no que se refere ao não exercício do mesmo direito de preferência por parte de

21 *Odiosa restringenda, favorabilia amplianda.* Cf. Carlos Maximiliano, *Hermenêutica e Aplicação do Direito*, 8ª ed. Rio de Janeiro, Forense, 1965, pp. 259 e 260.

um mais acionista(s). Ora, se, mesmo entre acionistas de uma mesma sociedade, não se admite extensão ilimitada do direito de preferência sobre sobras, restantes após o exercício do direito de preferência, muito menos sentido faria pretender estender a terceiro (antigo acionista da sociedade) direito de preferência para adquirir ações alienadas por determinado acionista a terceiros[22].

Embora se possa dizer que se trate de duas espécies de preferência (uma, em aumento de capital e outra sem relação a qualquer aumento de capital), em ambos os casos existe exatamente o mesmo princípio basilar. Não se admite que as prelações ou preferências em geral sejam estendidas de modo indiscriminado, já que, em qualquer hipótese, devem se submeter a estatuto rigoroso, ao qual repugnam ampliações injustificadas e economicamente destituídas de sentido.

Mesmo quando se trate de acionistas atuais, é o que se depreende do ensinamento de San Tiago Dantas, não teria fundamento prolongar a preferência sem limitação. Com maioria de razão, penso eu, nenhuma razão assistiria a alguém que pretendesse atribuir preferência a quem já não é mais acionista.

22 Cf. F. C. de San Tiago Dantas, *Problemas de Direito Positivo,* Revista Forense, Rio de Janeiro, p. 273

Querido Rubens,

José Carlos Dias[1]

Nossas histórias se cruzam. Éramos jovens e vizinhos. Estudávamos no Colégio São Luiz e militávamos na Vanguarda Estudantil, participando de congressos de estudantes secundários. Frequentamos o mesmo grupo de amigos e ambos nos dirigimos para o Direito. Trabalhei a seu convite e de seu irmão Areobaldo no mesmo escritório. Dediquei-me desde o princípio à área criminal, enquanto você atuava no Direito Civil. Do mesmo escritório participavam ainda José Rodrigues e Roberto de Souza Dantas. Frequentando sua casa conheci sua irmã, minha primeira mulher, Margarida. Casamo- nos mais ou menos na mesma época, e você e Heloísa, figura admirável a quem considero grande amiga, aproximamo-nos mais ainda . Nossos oito filhos, sendo quatro de cada lado, cresceram juntos numa convivência muito estreita. Você ingressou na Magistratura fazendo uma carreira brilhante, culminando como Desembargador do Tribunal de Justiça, sabendo honrar a toga assim como meu pai o fizera anos antes. Após sua aposentadoria você voltou a advogar e seu escritório se tornou uma referência em razão da grande cultura jurídica que sempre transpareceu nos arrazoados por você preparados. Voltamos a trabalhar juntos em várias causas. Este livro espelha tudo o que você foi e é no mundo do Direito, atuando sempre com o rigor e a ética que, infelizmente, cada vez mais escasseiam em nossos tribunais.

1 Ex-Ministro da Justiça. Advogado.

O crescente descrédito da Ação Civil Pública – fruto dos abusos de alguns membros de seu principal legitimado: Ministério Público

José Emmanuel Burle Filho[1]
Luís Gustavo Casillo Ghideti[2]

SUMÁRIO: 1. Abertura. **2.** Ação Civil Pública: Defesa do interesse público e da coletividade. **3.** Ponderações sobre o uso da Ação Civil Pública. **4.** A Preservação da Dignidade da Pessoa Humana no Inquérito Civil. **5.** A personalização não pode ditar o modo de atuação do membro do Ministério Público e do Magistrado. **6.** Conclusão.

1. Abertura

Antes de discorrermos sobre o objeto do presente artigo, há de agradecermos o convite para participarmos desta grande obra em homenagem a RUBENS FERRAZ DE OLIVEIRA LIMA, brilhante magistrado e advogado, com quem atuamos nos últimos 10 (dez) anos em complexas e relevantes ações civis públicas.

Nesse período, aliás, apenas confirmamos o que já era notório a respeito do homenageado: irreprochável capacidade profissional, irretorquível conhecimento jurídico e ímpar amabilidade no trato pessoal.

Trata-se, portanto, de pessoa merecedora desta justa homenagem.

2. Ação Civil Pública – Defesa do interesse público e da coletividade

Objetivando a defesa do interesse público e da coletividade, a Carta Magna de 1988 prevê alguns instrumentos jurídicos: ação civil pública, ação popular, mandado de segurança, mandado de injunção, ação direta de inconstitucionalidade, etc.

---

1 Advogado. Ex-Professor de Direito Administrativo. Primeiro Diretor da Escola Paulista do Ministério Público de São Paulo. Ex-Procurador Geral de Justiça do Ministério Público de São Paulo.

2 Advogado. Mestre em Direito do Estado pela Faculdade de Direito da Universidade de São Paulo. Especialista em Direito Administrativo pela Fundação Getulio Vargas (GVlaw).

Dentre os instrumentos mencionados, no presente estudo destacamos a ação civil pública, sobretudo, porque, conquanto seu nascimento tenha se dado com a Lei 7.347/85, anterior, portanto, à Carta de 1988, esta atribui, como função institucional do Ministério Público, a sua promoção para a defesa do patrimônio público e social, do meio ambiente e de outros interesses difusos e coletivos.

3. Ponderações sobre o uso da ação civil pública

Aqui, cuidaremos somente da atuação do Ministério Público, pois, sem dúvida, é o legitimado que ajuíza o maior número de ações civis públicas e a própria Lei nº 7.347/85 lhe atribui prioridade para a propositura (artigos. 6º e 7º), sendo certo, na feliz colocação de Hely Lopes Meirelles, Arnold Wald e Gilmar Ferreira Mendes, que *"está em melhor posição para o ajuizamento dessa ação, por sua independência funcional e atribuições institucionais. Além disso, está isento de custas e honorários no caso de improcedência da demanda"*[3].

Em relação às atribuições institucionais, merece relevância o fato de o Ministério Público dispor do inquérito civil, da prerrogativa de requisitar, de qualquer organismo público ou particular, certidões, informações, exames ou perícias, de expedir recomendações e firmar termos de ajustamento de conduta ou *"acordo de não persecução cível"*[4], previamente à propositura da ação civil pública._

Todavia, esses poderes, com destaque para aqueles relacionados à obtenção de provas indispensáveis para a propositura da ação civil pública, têm sido, por parte de poucos membros do Ministério Público, indevidamente usados ou, pior, relegados, culminando em demandas abusivas ou equivocadas.

E como nesses casos lamentavelmente alguns poucos juízes não cuidam de fazer um devido exame e qualificação dos fatos descritos e das provas juntadas e, assim, do quadro fático-jurídico, como resultado verificamos um mero ou formal recebimento da petição inicial e até mesmo o acolhimento de pedidos de tutela provisória de urgência. Esse fato, aliado à demora do Judiciário em examinar os recursos frutos dessa

3 MEIRELLES, Hely Lopes; WALD, Arnold; MENDES, Gilmar Ferreira. Mandado de Segurança e Ações Constitucionais. 33ª Edição. São Paulo: Malheiros, 2010, p. 216.

4 Art. 17, § 1º, da Lei nº 8.429/92, com a redação dada pela Lei nº 13.964/2019.

equivocada moldura, tem acarretado grave prejuízos aos acionados, pessoas físicas ou jurídicas, seja de ordem material pela indisponibilidade de valores ou mesmo do exercício de atividades, seja de ordem moral, oriundas das nefastas consequências à imagem perante terceiros e a si próprios.

Por isso, entendemos que nas ações civis públicas os magistrados têm o dever qualificado de examinar de forma mais profunda os requisitos da petição inicial e do real conteúdo da prova juntada, sobretudo para decidir acerca dos pedidos de tutela provisória de urgência, eventualmente formulados.

É importante destacar que aqui não se faz uma crítica geral, mas simples colocação sobre a relevância da utilização justa da ação civil pública pelo membro do Ministério Público, que dispõe dos mais variados utensílios para, previamente à propositura, apurar minimamente os fatos e as condutas individualizadas dos agentes a serem descritas e indiciariamente provadas na petição inicial, conjugado ao necessário exame criterioso da existência de tais fatos, condutas e provas pelos magistrados, sob pena de prejudicial descrédito da própria ação civil pública.

Por conta desse uso indevido da ação civil pública, surgiram importantes vozes no cenário nacional que, de todas as formas, buscam ceifar poderes e competências do Ministério Público, criminalizar condutas de seus membros e responsabilizá-los pessoalmente por seus atos[5].

Essas vozes foram ouvidas com a edição da Lei nº 13.869/19 sobre os crimes de abuso de autoridade, tipificando, dentre outras condutas: *"Dar início ou proceder à persecução penal, civil ou administrativa sem justa causa fundamentada ou contra quem sabe inocente"* (artigo 30), merecendo cuidado a sua aplicação, pois, afora a necessária *"finalidade específica de prejudicar outrem ou beneficiar a si mesmo ou a terceiro, ou, ainda, (...) [decorrer de] mero capricho ou satisfação pessoal"* (artigo 1º, § 1º), é induvidoso que *"a divergência na interpretação de lei ou na avaliação de fatos e provas não configura abuso de autoridade"*.

4. A preservação da dignidade da pessoa humana no inquérito civil

Todos os legitimados para a ação civil pública no exame de seu cabimento e propositura não podem olvidar que têm o dever legal e consti-

5 Ver: PEC 37/12, PL 105/13, PL 5.078/09, PL 1.947/07, PEC 29/04, PL 3.771/08, PL 199/11, PL 265/07, PL 6.745/06, PL 132/12, PEC 505/10.

tucional de considerar que ela não pode ser usada como instrumento ou meio de lesão ou de violação da garantia da cidadania e da dignidade da pessoa humana acionada, dois relevantes fundamentos da Carta Magna – artigo 1º, incisos II e III, em especial o Ministério Público a quem foi incumbido defender a ordem jurídica, o regime democrático e os interesses sociais e individuais indisponíveis (artigo. 127 da Constituição Federal), devendo, portanto, *"representar a lei antes de servir aos governantes"*[6].

Tal dever, em respeito às funções precípuas do Ministério Público, também atinge inexoravelmente o inquérito civil, cuja promoção lhe foi atribuída de forma exclusiva pela Constituição Federal (artigo 129, inciso III)[7].

Logo, o inquérito civil jamais poderá deixar de preservar, dentre tantos outros princípios/garantias, a dignidade da pessoa humana que *"representa - considerada a centralidade desse princípio essencial (CF, artigo 1º, inciso III) – significativo vetor interpretativo, verdadeiro valor--fonte* ***que conforma e inspira todo o ordenamento constitucional vigente*** *em nosso País, traduz, de modo expressivo, um dos fundamentos em que se assenta, entre nós, a ordem republicana e democrática consagrada pelo sistema de direito constitucional positivo"*[8].

Poucos atentaram para essa finalidade, a qual impõe cuidados aos membros do Ministério Público na promoção da ação civil pública, ao estabelecer uma fase pré-judicial para a elucidação de fato certo[9] inves-

---

6 FERREIRA FILHO, Manoel Gonçalves. Curso de Direito Constitucional. 30ª Edição. São Paulo: Saraiva, p. 270.

7 Não se pode olvidar que, em momento anterior à vigência da CF/88, os artigos. 8º e 9º da Lei nº 7.347/85 já outorgavam competência ao Ministério Público para instaurar, sob sua presidência, inquérito civil.

8 STF, RE 477.554-AgR, Rel. Min. Celso de Mello, j. 16.08.11. No mesmo sentido: ADI 4277 e ADPF 132, Rel. Min. Ayres Brito.

9 Isso porque não se admite investigações genéricas. Vale dizer, não se trata de pescaria a ser exercida pelo membro do Ministério Público, exige-se justa causa para a instauração do inquérito civil. Comunga desse entendimento José Carlos Baptista Puoli: *em vista das graves repercussões deste instrumento, há que se ter fatos claramente definidos para iniciar-se tal investigação, sob pena de não se justificar a abertura deste procedimento inquisitivo e a possibilidade da prática de atos tão incisivos quanto os que nele podem ser praticados. Destarte, necessário notar que, sob pena de responsabilidade civil, o agente ministerial tem de identificar objetivamente os fatos a respeito dos quais será realizada a investigação, pois tudo isso servirá de balizamento e controle de legalidade do procedimento* (Responsabilidade Civil do Promotor de Justiça – Na tutela dos Interesses Coletivos. São Paulo: Juarez de Oliveira, 2007, p. 167).

tigado, visando, sobremaneira, a colheita de provas, no mínimo convincentes, aptas a sustentar eventual ingresso judicial e pedido de tutela provisória de urgência.

Não estamos negando aqui a natureza inquisitiva do inquérito civil[10], ou seja, a ausência de contraditório e ampla defesa no procedimento administrativo[11]. Mas sim, destacando que tal fase não está *"dissociada dos parâmetros de legalidade estatuídos pelo sistema jurídico"*[12] e pelas garantias dispostas na própria Constituição[13], evitando-se, assim, a instauração de lides temerárias e até mesmo prejudiciais ao interesse público e ao desenvolvimento nacional.

Situação bem evidenciada pelo Min. José Celso de Mello quando ainda exercia o cargo de Assessor do Gabinete Civil da Presidência da República:

> *O projeto de lei, que dispõe sobre a ação civil pública, institui, de modo inovador, a figura do inquérito civil. Trata-se de procedimento meramente administrativo, de caráter pré-processual, que se realiza extrajudicialmente. O inquérito civil, de instauração facultativa, de-*

---

10 *O inquérito civil público é procedimento informativo, destinado a formar a* opinio actio *do Ministério Público. Constitui meio destinado a colher provas e outros elementos de convicção, tendo natureza inquisitiva. (Resp. 644.994/MG, Segunda Turma, DJ 21/03/2005). Precedentes desta Corte de Justiça: REsp 750591 / GO, Quinta Turma, DJe 30/06/2008; REsp 886137 / MG, Segunda Turma, DJe 25/04/2008* (RMS nº 21.038, STJ, Rel. Min. Luiz Fux, j. 07.09.09).

11 E, muito menos, a independência funcional inerente ao membro do Ministério Público. Frise-se, *a independência funcional existe, e precisa ser respeitada; contudo, os deveres funcionais também existem, e também precisam ser levados em conta. Se, dentro dos limites da independência funciona, o agente do Ministério Público escolhe entre caminhos igualmente válidos, sem violar dever funcional algum, ninguém pode censurá-lo* (MAZZILLI, Hugo Nigro. Os limites da Autonomia e da Independência Funcionais no Ministério Pùblico Brasileiro. In: SABELLA, Walter Paulo; POZZO, Araldo Ferraz Dal; BURLE FILHO, José Emmanuel (coord.). Ministério Público - Vinte e cinco anos do novo perfil constitucional. São Paulo: Malheiros, 2013, p. 255.

12 ALVES, Rogério Pacheco; GARCIA, Emerson. Improbidade Administrativa. 4ª Edição. Rio de Janeiro, 2008, p. 525.

13 Sobre o tema, merece ressaltar o voto do Min. Gilmar Mendes no RE nº 593.727, com repercussão geral, ao *advertir que o poder de investigar do Ministério Público não pode ser exercido de forma ampla e irrestrita, sem qualquer controle, sob pena de agredir, inevitavelmente, direitos fundamentais. A atividade de investigação, seja ela exercida pela Polícia ou pelo Ministério Público, merece, por sua própria natureza, vigilância e controle.*

> *sempenha relevante função instrumental. Constitui meio destinado a coligir provas e quaisquer outros elementos de convicção, que possam fundamentar a atuação processual do Ministério Público. O inquérito civil, em suma, configura um procedimento preparatório, destinado a viabilizar o exercício* ***responsável*** *da ação civil pública. Com ele,* ***frustra-se a possibilidade****, sempre eventual,* ***de instauração de lides temerárias.***[14]

Nesse sentido e aplicável à ação civil pública, é necessário ressaltar que **nem mesmo** o fato de a Lei de Improbidade Administrativa (Lei nº 8.429/92) estabelecer uma fase judicial preliminar ao recebimento da inicial, impondo ao magistrado, após a apresentação de defesa prévia pelo demandado, o dever de rejeitar a ação *se convencido da inexistência do ato de improbidade, da improcedência da ação ou da inadequação da via eleita* (artigo 17, § 8º), é suficiente para que o membro do Ministério Público se olvide do dever de preservar a dignidade da pessoa humana ao finalizar o inquérito civil e decidir pela propositura da demanda[15] ou, pior, simplesmente relegá-lo e diretamente ingressar em Juízo.

Isso porque exige o artigo 17, § 6º, da Lei nº 8.429/92 que o legitimado, para o presente artigo o Ministério Público, instrua a petição inicial *com documentos ou justificação que contenham indícios suficientes da existência do ato de improbidade ou com razões fundamentadas da impossibilidade de apresentação de qualquer dessas provas*[16].

---

14 MEIRELLES, Hely Lopes; WALD, Arnold; MENDES, Gilmar Ferreira. Mandado de Segurança e Ações Coletivas. 33ª Edição. São Paulo: Malheiros, 2010, p. 223. No mesmo sentido: os membros do Ministério Público *devem agir e proceder às investigações necessárias de todas as notícias que recebem, em razão das carências do Estado para a realização de investigações mais complexas, e seus membros devem ter o máximo de cautela, no sentido de preservar a investigação e as pessoas envolvidas* (BARROS, Claudio. Abusos e Omissões do ministério Público e de seus Membros. In: RIBEIRO, Carlos Vinícius Alves (org.). Ministério Público – Reflexos sobre princípios e funções institucionais. São Paulo: Atlas, 2010, p. 236).

15 Lembramos a possibilidade de o inquérito civil ser finalizado com a tomada do termo de ajustamento de conduta, expedição de recomendações e, ainda, pelo acordo de não persecução cível.

16 Frise-se,*a petição inicial (...) deve ser proporcionalmente mais substancial do que a de outras ações que não têm esta fase preliminar de admissibilidade da inicial em contraditório tão aguda. Nestas condições, a delimitação dos fatos, da causa de pedir, e a produção da correspondente prova (quando disponível de imediato) devem ser impecáveis, sob pena de comprometer, já de início, o seguimento da ação e, até mesmo, sua rejeição com apreciação de mérito.* (BUENO, Cássio Scarpinella.

Bem por isso Marcelo Figueiredo assevera que *[a] norma, de certo modo, induz o Ministério Público a utilizar de forma mais sistemática o inquérito civil e, com ele, todos os meios preparatórios que devem anteceder a propositura da ação civil de improbidade administrativa*[17].

Na realidade, *a possibilidade de inquérito onera o órgão ministerial em duas vertentes: se instaurado, e tendo resultado no ajuizamento de ação, deve ter tido o condão de municiar a inicial; não instaurado, quando poderia tê-lo sido, exige um crivo rigoroso da inicial, que deve ser robusta em que pese a não instauração prévia de procedimento para reforçá-la*[18].

E assim o é porque *[a]s coisas têm preço, as pessoas têm dignidade. A dignidade não tem preço, vale para todos quantos participam do humano. Estamos, todavia, em perigo quando alguém se arroga o direito de tomar o que pertence à dignidade da pessoa humana como um seu valor (valor de quem se arrogue a tanto). É que, então, o valor do humano assume forma na substância e medida de quem o afirme e o pretende impor na qualida-*

O procedimento especial da ação de improbidade administrativa. In: BUENO, Cássio Scarpinella; PORTO FILHO, Pedro Paulo de Rezende (coords.). Improbidade administrativa: questões polêmicas e atuais. 2ª Edição. São Paulo: Malheiros, 2003, p. 145).

---

17 FIGUEIREDO. Marcelo. Probidade Administrativa. Comentários à Lei 8.429/92 e legislação complementar. 6ª edição. São Paulo: Malheiros, 2009, p. 207.

18 MUDROVITSCH, Rodrigo de Bittencourt; NÓBREGA, Guilherme Pupe da. Justa Causa e *in dubio pro societate* nas ações de improbidade. Consultor Jurídico, 2020. Disponível em: https://www.conjur.com.br/2020-mai-01/improbidade-debate-justa-causa-in-dubio-pro-societate-acoes-improbidade#_ftn5. Em semelhante entendimento Bernardo Strobel Guimarães: *[a]o garantir-se ao Ministério Público a via do inquérito civil (...) em verdade, garante-se que o autor coletivo disponha de meios para aferir – antes da propositura da sua demanda – se há elementos para tanto. (...) Tem-se, portanto, que é dever do autor coletivo reunir elementos suficientemente sérios para propor a ação. Não há como se admitir, tal como ocorre quando se está diante de direitos puramente subjetivos, a mera descrição em abstrato de uma situação de fato contrária ao direito, relegando à instrução probatória toda e qualquer avaliação sobre o tema. Só podem ser processadas as medidas em que o Ministério Público avaliou previamente a questão por meio de inquérito civil (...). Tal exigência somente se flexibiliza nos casos em que a justa causa já está previamente evidenciada por meio de outros elementos que tornam desnecessária a adoção das referidas medidas, ou quando não for possível o acesso a informações, casos em que se presume a justa causa (o que deve ser descrito já na inicial)* (A justa causa nas Ações Coletivas. In: RIBEIRO, Carlos Vinícius Alves (org.). Ministério Público – Reflexos sobre princípios e funções institucionais. São Paulo: Atlas, 2010, p. 396)

de e quantidade em que o mensure. Então o valor da dignidade da pessoa humana já não será mais valor do humano, de todos quantos pertencem à humanidade, porém de quem o proclame conforme o seu critério particular. ***Estamos então em perigo, submissos à tirania dos valores.***[19]

5. A personalização não pode ditar o modo de atuação do membro do Ministério Público e do Magistrado

Como bem pontuou o Juiz Federal Alexandre Henry, *[o] ocupante do cargo [público] (...) não pode receber mais luz que a instituição à qual ele pertence. Quando o nome ou o rosto do servidor - seja ele juiz, promotor, procurador, delegado, auditor etc. - é o grande destaque, há algo errado. Para cada notícia destacando o servidor público e o que ele fez, abre-se uma porta para a vaidade, que abre, por sua vez, portas e mais portas para uma atuação voltada para o personalismo e para os holofotes. A fama vicia, especialmente pela sensação de poder que ela dá. E o vício, por sua vez, turva a lucidez, corrói a razão e afasta o bom senso. De repente, o servidor passa a agir direcionado não pelo interesse público, mas pela busca desenfreada da notoriedade. Nesse caminho perigoso, outra porta, dessa vez para os abusos, quase sempre também acaba sendo aberta*[20].

Infelizmente, temos visto aflorarem algumas ações civis públicas precipitadas, infundadas e sem justa causa, sendo a única preocupação de seu autor, membro do Ministério Público, a popularidade, chamada por alguns como o "mal dos holofotes"[21].

---

19 STF, ADPF 153, Rel. Min. Eros Grau, j. 29.04.10 – **g.n.**

20 O serviço público e os holofotes. Diário de Uberlândia, Uberlândia, 1º de dezembro de 2019. Disponível em: https://diariodeuberlandia.com.br/coluna/3662/o-servico-publico-e-os-holofotes. No mesmo sentido as seguintes colocações de Oscar Xavier de Freitas, ex-Procurador-Geral de Justiça do Ministério Público de São Paulo: *Contínuo fiel ao discurso que fiz na posse de substitutos, quando procurador-geral, onde lembrei que o promotor não é só um técnico. E ele deve ser, sobretudo, um homem de autoridade. E se a autoridade é difícil de se definir, é fácil saber quando se perde. Um dos itens sobre a forma de perder autoridade é: perde a autoridade aquele que se preocupa com a popularidade, porque por ela se corrompe e corrompe a Justiça que deva fazer* (Boletim Informativo da Escola Superior do Ministério Público, n. 23, fevereiro/00, p. 06, **g.n.**).

21 José Saulo Pereira Ramos, em artigo publicado pela Folha de São Paulo, bem explicita a situação: *Nestes tempos, em que muitos membros das promotorias passaram a sofrer do mal dos holofotes, cuidando mais de contribuir para os escândalos do que para apurá-los* (Uma "pittada" de veneno. Folha de São Paulo.

Esse "mal" também tem sido causa ou concausa de alguns juízes, além de não indeferirem petições iniciais absolutamente temerárias ou sem base fática-legal convincente, julgarem, muitas vezes, procedentes eventuais ações civis públicas, sem analisar a fundo o feito, especialmente quando o demandado se trata de pessoa pública e os fatos tenham sido divulgados pela imprensa, moldando a opinião pública.

Por tudo, é dever do Ministério Público (pelos seus promotores e procuradores) e do Poder Judiciário[22] (pelos seus magistrados), tolher a propositura de ações civis públicas e de pedidos de tutela provisória de urgência, manifestamente infundados, destituídos de justa causa convincente ou abusivos, bem como ofensivos à dignidade da pessoa humana e ao próprio interesse público.

Até porque, embora o *Estado [seja] a parte devedora do direito fundamental a duração razoável [do processo – art. 5º, LXXVIII, da CF] (...) este direito não apenas tem o Estado como seu devedor, como ainda incide, nos moldes de qualquer direito fundamental, sobre o Executivo, o Legislativo e o Judiciário*[23], ou seja, a responsabilidade pela duração razoável do processo, aqui, compreendidas a duração do trâmite do inquéri-

São Paulo, 05.04.2000). Ricardo Nascimento, quando presidente da Associação de Juízes Federais de São Paulo, afirmou: *O MP precisa sair dos holofotes e trabalhar com equilíbrio* (Excesso do MP deve ser punido, como o do advogado. Consultor Jurídico, 2010. Disponível em: https://www.conjur.com.br/2010-abr-06/excesso-mp-punido-assim-advogado-toron).

22 A respeito do uso abusivo e do dever de probidade na atuação processual das partes, merece atenção exemplar decisão do Min. Celso de Mello: *O ordenamento jurídico brasileiro repele práticas incompatíveis com o postulado ético-jurídico da lealdade processual. Na realidade, o processo deve ser visto, em sua expressão instrumental, como um importante meio destinado a viabilizar o acesso à ordem jurídica justa, achando-se impregnado, por isso mesmo, de valores básicos que lhe ressaltam os fins eminentes a que se acha vinculado. O processo não pode ser manipulado para viabilizar o abuso de direito, pois essa é uma ideia que se revela frontalmente contrária ao dever de probidade que se impõe à observância das partes. O litigante de má-fé – trate-se de parte pública ou de parte privada – deve ter a sua conduta sumariamente repelida pela atuação jurisdicional dos juízes e dos Tribunais, que não podem tolerar o abuso processual como prática descaracterizadora da essência ética do processo* (EDcl nos EDcl nos EDcl no AgRg no RE nº 909.538, sessão virtual de 26 de maio a 1 de junho de 2017) .

23 MARINONI, Luiz Guilherme. Abuso de Defesa e Parte Incontroversa da Demanda. São Paulo: Revista dos Tribunais, 2007, p. 28.

to civil[24] e mesmo a necessidade da propositura de eventual demanda, é de todos os sujeitos que de alguma forma participam da fase judicial[25] ou da que a antecede, em especial magistrados, partes, advogados, terceiros e o Ministério Público.

6. Conclusão

Comensurando o exposto acima, lamentavelmente, de um lado em muitas hipóteses o uso da ação civil pública tem se revelado abusivo, fugindo exponencialmente os legitimados de atuar em prol do interesse público e em respeito à dignidade da pessoa humana acionada, dentre eles o Ministério Público, a quem a Lei nº 7.347/85 estabeleceu prioridade para a sua propositura; e de outro lado, o Judiciário, que pelos seus magistrados não tolhem ações civis públicas manifestamente infundadas, destituídas de justa causa ou provas convincentes, ou seja, abusivas.

24 Sobre o tema, embora tratando do princípio da celeridade, Luís Alberto Thompson Flores Lenz, afirma que *ele deve ser atendido em todas as fases de atuação do Ministério Público, notadamente na instauração do inquérito civil e na cobrança de presteza na conclusão das diligências aí solicitadas, bem como na efetivação das oitivas e perícias determinadas nessa instância (...) Mas agilidade (...) i não importa em atuação a qualquer preço, verdadeira irresponsabilidade. Não se pode sacrificar ou desconsiderar o direito alheio, muito menos cassar a oportunidade de defesa dos demandados. Principalmente agora, quando as mídias sociais permitem a proliferação de acusações fantasiosas e calúnias, sem qualquer prova consistente, amparadas apenas no anonimato e na irresponsabilidade de seus autores. Logo, a atuação do Ministério Público, amparada tanto na CF quanto na legislação ordinária, deve ser pautada pela retidão e tempestividade em defesa dos interesses gerais da sociedade.* (Princípio do Tempo Razoável de Duração do Processo e a Celeridade das Manifestações do MP. In: Revista do Ministério Público do Rio de Janeiro nº 69, jul./set. 2018. Disponível em: http://www.mprj.mp.br/servicos/revista-do-mp/revista-69).

25 Assim o é, inclusive, por expressa disposição do artigo 6º do CPC: *Todos os sujeitos do processo devem cooperar entre si para que se obtenha, em tempo razoável, decisão de mérito justa e efetiva .*

Tio Rubens,

José Luis Oliveira Lima[1]

Preciso registrar, desde logo, a alegria de escrever um texto sobre o segundo pai que ganhei na vida, o querido Tio Rubens.

Evidentemente que outros colegas poderão escrever detalhadamente sobre a atuação profissional do meu Tio como magistrado e advogado. O meu olhar será sobre a importância que esse homem tem para a família Oliveira Lima.

Tio Rubens é um dos cinco filhos dos nossos avós Areobaldo Espínola de Oliveira Lima e Dina Ferraz de Oliveira Lima. Vovô, paraibano, um lutador, estudou medicina e a vida toda ajudou os pais, irmãos, e sobrinhos que moravam em João Pessoa. Concluiu o curso, casou-se com a minha avó e foi morar no interior de São Paulo, em Araçatuba, onde foi um dos mais reconhecidos médicos desta gostosa e quente cidade do interior Paulista.

Vovô era um homem sério, conservador, corinthiano fanático e um excelente avô. Ajudou muito os netos e foi ele quem pagou os meus estudos até que eu me formasse no curso de direito.

Vovó Dina era unanimidade na família. Carinhosa, doce com todos. Quando meu avô se aposentou, eles vieram morar em São Paulo para atender ao desejo da nossa avó de ficar perto dos 14 netos. Todos os domingos tomávamos lanche no apartamento deles na Rua Oscar Freire, nº 1606. Era um encontro delicioso. Os adultos, na sala, conversavam sobre política e as crianças brincavam no térreo ou na sala de televisão. Bons tempos, a nossa diversão era jogar bola e brincar de polícia e ladrão. Tio Rubens não faltava a esses encontros, sempre acompanhado dos filhos, os queridos primos Helô, Regina, Rubinho e Ricardo e da queridíssima Tia Helô, outra unanimidade na nossa família.

Desde criança, Tio Rubens era a minha referência. Ele ingressou na Magistratura em 21 de julho de 1965, como Juiz Substituto em Santo André. Foi Juiz Titular nas Comarcas de São Luiz do Paraitinga, Ribeirão Pires e Caçapava. Depois veio para São Paulo, atuando na Vara Distrital

---

1 Advogado criminal, membro do Instituto dos Advogados, Conselheiro do Innocence Project Brasil, ex- Presidente da CAASP e ex- Conselheiro da OAB/SP, sobrinho de Rubens Ferraz de Oliveira Lima

da Casa Verde. A partir de 1974, passou a ser convocado para substituir em todos os Tribunais de 2ª Instância e em 1983 acabou sendo promovido ao cargo de Desembargador no Tribunal de Justiça em São Paulo.

Eu nasci em maio de 1966, portanto, conheci o segundo pai da minha vida já Juiz de Direito. Confesso que quando criança não tinha muita noção da importância desse cargo, mas já sabia que o meu tio "era o cara".

Lembro dos carnavais que passamos em Caçapava, sempre éramos alertados para não fazer muito bagunça ou bobagem, afinal "o Tio Rubens era uma autoridade importante na cidade". Ao contrário do que se possa imaginar, ele é zero formal, sisudo ou bravo, é um tio que sempre tem um sorriso no rosto, uma palavra certeira. Tem uma ironia gostosa e inteligente. É também um grande gozador.

Tio Rubens talvez seja o mais fanático palmeirense que conheci ao longo dos meus cinquenta e cinco anos. A influência dele em minha família é tão grande que na casa dos meus pais somos quatro filhos e mesmo meu pai sendo são-paulino, eu e minhas irmãs ficamos palmeirenses por causa do Tio Rubens.

Lembro-me como se fosse hoje da sua companhia nos jogos do Palmeiras às quartas-feiras e aos domingos, juntamente com o Rubinho e Ricardo. Se o jogo fosse com o Corinthians, o vovô ia junto. Os jogos noturnos eram uma grande alegria, o duro era acordar no dia seguinte para a escola. Assistir aos jogos no Estádio do Pacaembu era uma delícia. Desde criança, meu Tio me inseriu na sua família o que fez com que o meu primo, Rubinho, se tornasse meu grande amigo e padrinho de batismo do meu filho João.

A influência que recebi do meu querido tio transmiti para os meus quatro filhos, Bruno, João, Dalmo e Luisa, todos palmeirenses. No campo, no antigo Palestra Itália, assisti a inúmeros jogos do Palmeiras e vi nosso time ser campeão vibrando com ele em 1972, 1973, 1993, 1994 e tantos outros. No Estádio, Tio Rubens liberava tudo. Muito sorvete, amendoim e alguns palavrões quando o juiz exagerava contra o nosso time. Não me lembro de nunca ter tomado uma bronca dele e confesso, não fui um adolescente e jovem dos mais ajuizados.

Quando ingressei na faculdade, Tio Rubens cuidou da minha carreira. Fiz concurso para escrevente e ele conseguiu que eu fosse transferido para o antigo fórum criminal. Fui trabalhar com o Juiz Eduardo Pereira Santos, que o tinha sucedido no interior do Estado. Nos meus cinco anos de faculdade ele incentivou minha carreira, orientando os cartórios para os quais eu deveria me transferir, sempre em busca de um aprendizado maior. Ele me ajudou muito no meu desempenho profissional e amadurecimento pessoal.

Tio Rubens ajuda a todos. Lembro-me quando meu irmão se casou e tinha pouco dinheiro. Ele alugou um apartamento para que morasse com sua esposa. Ele me disse: **"quem casa quer casa".** E assim foi com todos os sobrinhos, sempre próximo e ajudando-os.

Meu segundo pai é o homem mais generoso que conheci ao longo da minha vida. Ajudou e ajuda financeiramente a todos da nossa família. Seus funcionários que trabalharam por anos no seu escritório ou na sua casa, sempre apontam a sua generosidade. Mas, esse homem de fundamento, não colabora apenas no campo financeiro. Ele se faz presente em todos os campos. Quantas vezes fui até ele pedir um conselho a respeito dos meus relacionamentos pessoais, os rumos da minha profissão. E ele tem esse comportamento com todos. Conseguiu ao longo da sua vida ser justo, equilibrado, correto. Não é um homem de ficar protegendo uma ou outra pessoa, no seu coração cabem todos.

Procurei me espelhar nesse homem e tenho certeza que não apenas eu, como várias pessoas da nossa família. Se existissem mais Tio Rubens, com certeza o mundo seria melhor.

Fiquei muito feliz ao saber dessa justa homenagem. Até hoje conto histórias para os meus filhos desse homem que muito me ajudou e que foi um pai que a vida me deu.

Eu só tenho a agradecer, a família Oliveira Lima só tem a agradecer o privilégio de ter uma pessoa tão especial nas nossas vidas.

Vida longa, meu querido Tio Rubens.

Muito obrigado!

Juca

Deveres éticos das partes no Processo Civil Contemporâneo

José Manoel de Arruda Alvim[1]

SUMÁRIO: 1. Atuação ética das partes e os princípios constitucionais processuais. **2.** Princípios da probidade, lealdade e boa-fé. **3.** Litigância de má-fé, atos atentatórios à dignidade da justiça e outros atos abusivos tipificados pela lei processual. **4.** Considerações conclusivas. Referências bibliográficas.

1. Atuação ética das partes e os princípios constitucionais processuais

Para fins deste estudo, importa ressaltar os parâmetros constitucionais que orientam a atuação das partes, os quais, certamente, não afastam os fundamentos de direito material – e até de ordem moral – que pautam a atuação ética de qualquer sujeito.

Antes de tudo, e por mais ampla que possa parecer esta afirmação, a atuação ética das partes – bem como de todos os sujeitos processuais – tem como razão de ser a observância do *devido processo legal.* No Estado *puramente* Liberal, a preocupação com a atuação leal e condizente com a boa-fé se insere em um contexto em que o comportamento dos sujeitos parciais constituía o principal *motor* da atividade processual, de tal forma que o desvio ético de uma das partes poderia comprometer gravemente a garantia de um processo *justo,* na perspectiva da paridade de armas.[2] Nesse contexto, a conduta desleal de uma das partes prejudica-

---

1 Advogado. Doutor e Livre Docente. Professor Titular da Pós-graduação *stricto sensu* (Mestrado e Doutorado) da Pontifícia Universidade Católica de São Paulo.

2 Sobre a atuação das partes no processo de cunho liberal, observamos, décadas atrás que: "A atividade do juiz dependia essencialmente (senão, quase que exaurientemente) da conduta das partes: mais precisamente, do que as partes trouxessem ao juiz, o que se opunha – nessa época – a que o juiz desempenhasse atividade oficiosa. A vedação à atividade oficiosa era a máxima geral e dominante, e, por isto, o juiz dependia – e não desempenhava, ele próprio atividade instrutória – do material que as partes, com sua conduta, a ele trouxessem. A atividade judicante era o resultado da atividade dos litigantes; nada mais. Esses eram havidos como iguais, e, o direito positivo construía a sua disciplina, a partir de tal premissa, ainda que não o fossem, efetivamente (e, mais ainda, tendo-se presentes que as desigualdades muito se acentuaram, no curso do século passado, como resultado indesejado do individualismo e do liberalismo)".

ria sobretudo o equilíbrio de forças, e essa devia ser a principal preocupação: que uma parte maliciosa não prejudicasse o adversário com sua conduta processual ímproba.

O advento do Estado Social trouxe o incremento dos poderes judiciais no âmbito do processo e reforçou a preocupação com a boa-fé de todos os sujeitos, na perspectiva de garantir um processo equilibrado e efetivo.[3] A essa altura, tinha-se em consideração não apenas garantir às partes uma igualdade formal e um processo célere, mas com o escopo mais geral de que o Estado, através da jurisdição, propiciasse a isonomia substancial e a efetividade dos diretos.[4]

A ideia, perpetuada pelas palavras de Calamandrei, de que o processo pudesse servir ao litigante mais habilidoso, e não à situação mais justa, tendendo à consagração de injustiças no plano do direito material, é contraposta à necessidade de um processo ético, cujo objetivo central seja a efetivação do direito material, para chegar a decisões justas. Logo, a atuação desonesta dos sujeitos processuais é vista como óbice aos objetivos públicos do processo.[5]

Tem-se, então, ao lado do justo processo – e como seu consectário – o princípio da isonomia processual como fundamento para a atuação ética das partes.

Mais recentemente, tem-se dito que às partes caberia um *dever de cooperação,* diretamente extraído do artgo 6º, do CPC/2015, e que este decorreria do princípio da correspondente denominação. Já dissemos em outras ocasiões[6] que não nos filiamos à ideia de um dever *geral* e *irrestrito* de cooperação das partes, sem a necessidade de previsão legal dos desvios de conduta sujeitos a sanção. Se é certo que do *chamado* princípio da cooperação *podem* decorrer deveres de cooperação, é tam-

3 A propósito do desenvolvimento da teoria do abuso do direito, tal como conhecida nos dias atuais, cf. a revisão de literatura procedida em ABDO, Helena Najjar. *O abuso do processo.* São Paulo: RT, 2007, p. 26-30.

4 Trata-se, em última análise, do devido processo legal no sentido substancial, como garantia à efetividade dos direitos fundamentais.

5 CALAMANDREI, Piero. Il processo come gioco. *Rivista di diritto processuale.* n. 5, 1950, p. 23-51.

6 ARRUDA ALVIM, *Manual de direito processual civil.* 19 ed. São Paulo: Thomson Reuters Brasil, 2019, p. 243 e s.; ARRUDA ALVIM e GUEDES, Clarissa Diniz. Princípio do contraditório, cooperação e direito probatório. *Revista de processo,* v. 304, jun.-2020.

bém verdadeiro que tais deveres devem ser razoavelmente extraídos do ordenamento. Especialmente para efeitos de propiciar o cumprimento forçado e ocasionar eventuais sanções punitivas, afigura-se imprescindível a previsão taxativa em lei.

Quanto ao *denominado princípio* da cooperação, temos para nós que se trata de mais um reforço ao contraditório participativo, que empenha as partes, o juiz e demais sujeitos na tarefa de construir um debate efetivamente democrático. Afirmar que as partes e o juiz possuem dever de cooperar entre si nada mais é do que reforçar a ideia de que as oportunidades formais de manifestação desses sujeitos não são suficientes à construção de um diálogo processual democrático: é preciso, antes, que as condições do debate judicial e a postura dos envolvidos se adequem à necessidade de influência recíproca. Por isso, além de oportunidades iguais de fala e influência, resgatam-se, no processo comparticipativo, a importância da lealdade e da boa-fé no curso do processo. Disso, como exporemos, não decorre, uma postura assistencial do juiz, no sentido de se equiparar, praticamente, aos procuradores das partes. Também não acarreta a possibilidade desmedida de busca pela verdade real ou, ainda, um dever generalizado de colaboração das partes, que extrapole o âmbito da dinâmica dos ônus processuais.[7]

De todo modo, não restam dúvidas de que a observância plena do princípio do contraditório está relacionada com a conduta ética das partes, na medida em que quanto mais transparente e leal for o comportamento das partes, maiores as possibilidades de um debate democrático.

Por tudo isso, e em resumo, a atuação ética das partes no processo tem como fundamentos constitucionais a garantia de um processo justo, igualitário e participativo.

7 Há quem discorde da ideia de um "novo modelo" de processo amparado na cooperação, por identificar nesse modelo a presença de um juiz que presta excessiva assistência às partes, afastando-o da posição de imparcialidade (v. SALLES, Carlos Alberto de. Comentário ao art. 77 do CPC/2015. In: BUENO, Cássio Scarpinella. *Comentários ao código de processo civil.* São Paulo: Saraiva *Jur,* v. I, p. 425). Parece-nos, todavia, que o princípio da cooperação, inerente ao contraditório participativo, pode *inserir* o juiz no debate judicial sem que, necessariamente, o coloque na condição de auxiliar de uma das partes. Nesse sentido, os deveres de esclarecimento e advertência prestam-se a conduzir o debate de forma igualitária, leal, e independente de decisões-surpresa.

2. Princípios da probidade, lealdade e boa-fé

O estímulo à conduta ética das partes exerce papel primordial no processo contemporâneo. Nesse âmbito, bem como no plano da prevenção e repressão ao exercício abusivo dos direitos processuais, a concretização dos princípios constitucionais referidos no tópico antecedente é orientada pelos consectários princípios processuais da probidade, lealdade e boa-fé.

A probidade exigida dos sujeitos processuais impõe-lhes uma atuação honesta, livre do uso de chicanas ou subterfúgios que desviem maliciosamente os institutos processuais dos objetivos que lhes são inerentes. Embora as condutas desonestas possam ser consideradas abusivas, deve-se ponderar que nem toda conduta *aparentemente* abusiva - assim considerada no sentido finalístico, de exercício de um direito processual desviado dos fins a que é proposto - será desonesta. Nesse sentido, o ajuizamento de uma ação sem legitimidade para tanto, se não o for com o intuito deliberado e consciente de apenas intimidar ou coagir o réu, constitui um desvio no exercício do direito de ação, mas não há que ser considerado uma conduta desonesta. Será, no entanto, se a ação proposta for temerária, porque fundada em argumentos jurídicos manifestamente inconsistentes ou num substrato fático totalmente inverossímil.

Evidentemente, a conduta abusiva, objetivamente falando, é coibida pelo ordenamento; os objetivos públicos do processo não compactuam, por exemplo, com o prosseguimento de ações cujo mérito não esteja em condições de ser julgado. Daí, entretanto, não segue uma punição àquele que, por equivoco, ajuíza ação sem o preenchimento dos pressupostos processuais ou das condições da ação. Tão somente, a lei impõe a extinção do processo sem resolução do mérito (artigo 485, IV, do CPC/2015).

Com efeito, não necessariamente a utilização equivocada de um instituto implicará improbidade processual e, ainda, a própria sanção à atuação ímproba depende de previsão legal.

Complementarmente ao princípio da probidade, o princípio de lealdade impõe às partes a necessidade de respeito à jurisdição e aos demais sujeitos processuais. Por esse princípio não se impõe o dever de revelar os fatos e argumentos na sua completude,[8] mas de forma su-

8 Assim já nos posicionávamos em: ARRUDA ALVIM. Deveres das partes e dos procuradores no direito processual civil brasileiro (a lealdade no processo). *Revista de processo.* V. 69, jan.- mar. 1993, p. 7-20.

ficiente a não induzir os demais sujeitos a erro mediante informações sabidamente inverídicas ou deliberadamente distorcidas. Em síntese, para ser leal, a parte não precisa revelar todas as fragilidades, mas não lhe é dado omitir-se a ponto de alterar conscientemente a verdade dos fatos.[9] Atuará, ainda, em desconformidade com o princípio da lealdade aquele que se utilizar de artifícios *desleais, como o engodo, a fraude e a falsidade,* para alcançar, no processo, objetivos *diversos* daqueles propostos pelos instrumentos utilizados. Exemplo concreto de deslealdade pode ser configurado na situação em que uma das partes, intempestiva e maliciosamente, junta tardiamente aos autos documento ou prova de que já dispunha, surpreendendo o adversário, cuja defesa e atuação se tenham pautado no desconhecimento das informações ali contidas.

Os princípios da probidade e da lealdade possuem maiores possibilidades de se concretizarem no âmbito de um processo eticamente estruturado, que assegure a isonomia entre as partes. Nessa medida, as regras que coíbem comportamentos específicos e estabelecem as respectivas sanções não são o ponto de partida para uma conduta proba; são, isto sim, o último recurso para assegurar um processo em que os sujeitos se sintam em efetivas condições de se manifestar e influenciar o órgão judicial, porque inseridos num contexto de debate democrático. Para assegurar tais possibilidades, a cultura jurídica em que inserido o processo possui peso ainda maior do que as regras processuais estabelecidas por lei.[10]

---

9 Cf., no mesmo sentido: BARBOSA MOREIRA, José Carlos. A responsabilidade das partes por dano processual no direito brasileiro. *Temas de direito processual civil.* 1ª série. São Paulo: RT, 1999, p. 16. A propósito do desenvolvimento da teoria do abuso do direito, tal como conhecida nos dias atuais, cf. a revisão de literatura procedida em ABDO, Helena Najjar. O abuso do processo. São Paulo: RT, 2007, p. 139; LUCCA, Rodrigo Ramina de. O dever de veracidade das partes no processo civil brasileiro. *Revista dialética de direito processual.* N. 97, abr. 2011, p, 117-135. Era esta, aliás, a posição de Liebman, que defendia o direito das partes de apresentarem seus argumentos de forma favorável: LIEBMAN, Enrico Tullio. *Manual de direito processual civil.* Trad. Cândido Rangel Dinamarco. Rio de Janeiro: Forense, 1984, p. 124.

10 É, aliás, Michele Taruffo, quem adverte para o fato de que reformas legislativas não se afiguram suficientes – e em alguns casos, sequer necessárias – para atingir os objetivos almejados em determinados ordenamentos. Cf. TARUFFO, Michele. Cultura e processo. *Rivista trimestrale di diritto e procedura civile.* Milano: Giuffrè, 2009, v. 63, n. 1, p. 62-92.

A existência de um diálogo constante entre as partes e o juiz, que indique a compreensão do magistrado sobre a controvérsia trazida a juízo, é fator determinante para a inibição à formulação de requerimentos desnecessários, juntada de documentos excessivos e irrelevantes aos autos, além de outras manobras protelatórias. O hábito do juiz de buscar esclarecimentos sobre as teses suscitadas pelas partes enfraquece o recurso à utilização argumentos capciosos e de incidentes destinados a tumultuar o processo. Por igual, a realização do saneamento compartilhado impõe às partes o ônus de justificar oralmente as provas requeridas, à luz dos fatos efetivamente controvertidos.

Como já dissemos, a lealdade e a probidade são princípios que emanam do próprio contraditório participativo, pois a conduta leal e honesta é pressuposto a qualquer debate de natureza democrática. Tais princípios estão, nessa perspectiva, implícitos na ideia de cooperação para um processo justo (artigo 6º do CPC/2015).

A boa-fé, de que trata o artigo 5º do CPC/2015, é princípio também extremamente próximo da lealdade. Em sua raiz subjetiva, guarda relação com a ausência de intenção de desviar os objetivos do processo ou do ato processual, ou mesmo com a ausência de intenção de prejudicar. No sentido objetivo, aponta para uma atuação acorde com os cânones gerais de proteção à confiança, não mais com foco na finalidade pretendida pelo *sujeito* que pratica o ato e, sim, sob o prisma da conformidade da conduta com aquilo que razoavelmente se possa compreender como expectativa justa dos demais sujeitos do processo. Ou seja, o que se analisa é o comportamento em si e sua manifestação exterior em relação aos demais envolvidos em uma determinada situação jurídica.

Conforme observamos em nosso *Manual de Direito Processual Civil,*[11] a boa-fé constitui cláusula geral no direito civil, situada no topo do direito das obrigações.[12] No Brasil, foi expressamente adotada nos artigos 113 e 422 do Código Civil. É o próprio sistema jurídico que fornece parâmetros de avaliação da boa-fé objetiva, o que certamente, facilita a tarefa do juiz e mesmo o próprio comportamento das partes.

A transposição, para o processo, dos institutos de direito civil provenientes da boa-fé objetiva deve observar as adaptações necessárias. Menezes Cordeiro menciona as principais dimensões úteis para essa

11 ARRUDA ALVIM. *Manual de direito processual civil.* 19ª ed. São Paulo: RT, 2020, p. 243.

12 MEDICUS, Dieter. *Schuldrecht I. Allgemeiner Teil [Direito das Obrigações I. Parte Geral].* Munique: C. H. Beck'sche, 2004, p. 76-77.

transposição: a proibição de *venire contra factum proprium*, a proibição de abuso de poderes processuais, e a *supressio*.[13]-[14]

É preciso notar, quanto a esses institutos, que, no processo, as expectativas que se podem razoavelmente assegurar às partes são diversas daquelas existentes no direito material. No direito privado, a transparência do contratante exige que se revele tudo quanto pode influir na manifestação de vontade do contratado. Já no direito processual, as legítimas expectativas a serem preenchidas pelos litigantes dizem respeito, tão somente, a um processo justo. Neste âmbito, a transparência exigida é pertinente à clareza de argumentos, no sentido de serem expressas as pretensões e defesas.

Quanto à vedação ao comportamento contraditório, parece-nos restrita ora às situações em que a contradição gere o efeito de confundir o juiz ou as partes envolvidas, ora às hipóteses que a lei assim o prevê.

Situação em que a parte confunde o juízo com argumentos contraditórios pode ser aquela na qual, diante de ações conexas, o mesmo réu suscita perante um juízo a prevenção do outro e vice-versa, ocasionando tumulto quanto à definição do juízo competente. Em contraponto, é lícita a defesa de teses incompatíveis entre si. O autor pode perfeitamente deduzir causas de pedir subsidiárias entre si, e o réu, defesas eventuais, incompatíveis entre si. O limite à argumentação contraditória, nesses casos, consistirá na viabilidade fática da argumentação, para efeitos de persuadir o julgador. Já, no entanto, se houver argumentação *jurídica* incompatível, capaz, como no exemplo dado, de ludibriar o juízo e causar transtornos desnecessários ao trâmite processual, a conduta estará enquadrada na ausência de boa-fé objetiva e, quiçá, subjetiva.

Exemplo ilustrativo de disposição legal que consagra o *non venire contra factum proprium* diz respeito à interposição recurso contra decisão precedentemente aceita pelas partes. Nesse caso, o recurso deve ser inadmitido, por expressa disposição do artigo 1.000, parágrafo único, do CPC/2015.

Já o abuso de direito, ou abuso de posições processuais, pode ser entendido como o exercício ilegítimo ou irregular de um direito processual, com desvio da finalidade do aludido direito ou em prejuízo de

13 CORDEIRO, António Manuel da Rocha e Menezes. *Da boa fé no direito civil*. Coimbra: Almedina, 2001, p. 375-379.

14 Para uma análise detida de cada uma delas, vide nosso *Manual*, cit., p. 243 e s.

outro direito processual. Trata-se de conceito extraído do âmbito do direito material,[15] que, no processo, manifesta os seguintes elementos: a aparência de legalidade do ato processual praticado; o objetivo diferente daquele que se extrai da lei, o que desenha o desvio da finalidade; o prejuízo das garantias processuais do adversário, em contrapartida a uma vantagem ao autor do abuso.[16] Se acompanhado da intenção deliberada de subverter os objetivos do instrumento, com vistas a prejudicar o andamento do processo[17] ou a posição da parte contrária, o abuso poderá vir a ser punido, conforme se encontre previamente tipificado em disposições que tratam dos atos atentatórios à dignidade da justiça ou à litigância de má-fé. A propósito, já decidiu o STJ que aquele que abusa de direito processual, propondo diversas ações infundadas, tem a obrigação de indenizar.[18]

A *supressio*, tradução aproximada do instituto alemão da *Verwirkung*, significa basicamente a situação na qual um sujeito suscita no outro a crença de que um direito não será exercitado, tendo em vista o longo transcurso de tempo sem o seu exercício. A boa-fé, nessa dimensão, impõe a "caducidade" do direito, por quebra da confiança, mesmo antes da prescrição da pretensão correspondente.

De nossa parte, e não obstante opiniões em sentido contrário, temos que a questão da *supressio* em direito processual civil deve ser observada com cautela, tendo em vista que o sistema de preclusões processuais já dá conta de resolver grande maioria destes problemas.[19] Quer dizer, a

15 STOCO, Rui. *Abuso do Direito e má-fé processual*. São Paulo: RT, 2002, p. 57; ABDO, Helena Najjar. *Abuso do Processo*. São Paulo: RT, 2007, p. 44 e s.

16 WLADECK, Felipe. Abuso quanto ao exercício do direito de demandar no Direito Processual Brasileiro. *Revista Dialética de Direito Processual,* São Paulo, n. 96, p. 38-39, mar. 2011.

17 Como ressaltava José Olympio de Castro Filho (*O abuso do direito no processo civil*. Belo Horizonte: 1955, p. 27), o abuso, no processo, não se dirige somente à parte contrária, mas é praticado, antes, contra o próprio Estado.

18 Cf. REsp 1.817.845/MS, 3ª T., j. em 10.10.2019, rel. Min. Paulo de Tarso Sanseverino, rel. p/Acórdão Min. Nancy Andrighi, DJe 17.10.2019.

19 É de se ponderar com Menezes Cordeiro, quando diz: "No direito português, não é de introduzir a ideia de *supressio* processual: os poderes das partes vão sendo precludidos ao longo do processo e o recurso é sempre via indicada para apreciar irregularidades do tribunal" (*Da boa-fé no direito civil*. Coimbra: Almedina, 2001, p. 803). Entre nós, Cassio Scarpinella Bueno opõe-se à aplicação da *supressio* no processo civil, ao argumento de a boa-fé objetiva não pode se sobrepor a institutos processuais seculares e plenamente dominados pela doutrina, pela jurisprudência

preclusão consumativa e lógica impedem *ou dificultam*, especificamente no âmbito processual, a prática de atos repetidos ou contraditórios. E a preclusão temporal decorre do prazo que a própria lei estabelece para a prática de determinado ato processual. Já as situações que são alegáveis em qualquer tempo e grau de jurisdição – notadamente, as questões de ordem pública –, por isso mesmo não sujeitas à preclusão, consubstanciam-se em matérias cuja importância transcende o interesse das partes.

Cumpre notar que a boa-fé objetiva possui, enquanto princípio, uma forte conotação hermenêutica; por outro lado, como fonte criadora de deveres e ensejadora de sanções, demanda maior regulamentação e, no caso de imposição de penas, tipificação expressa.

Concordamos, nesse ponto, com a opinião daqueles que, como Cássio Scarpinella Bueno,[20] veem na boa-fé mais uma oportunidade de robustecer institutos conhecidos, e devidamente disciplinados pela legislação – inclusive, pela nova legislação processual, do que uma oportunidade de *reinventar* o direito processual, para além dos caminhos e tipificações já traçados no direito processual contemporâneo.

Quanto às partes, temos que a lealdade, a probidade e a boa-fé são *princípios* que regem a atividade das partes do processo, à luz dos quais se deve guiar sua atuação. Esses princípios podem conduzir a deveres específicos, como aqueles previstos no artigo 77 do CPC/2015 – aplicáveis a todos os sujeitos do processo, com exceção do juiz, que compreendem: a) o dever expor os fatos conforme a verdade; b) a proibição de formular pretensão ou defesa quando cientes de que são destituídas de fundamento; c) a vedação à produção de provas e à prática de atos que sejam inúteis ou desnecessários à declaração ou à defesa do direito; d) o dever de cumprir com exatidão as decisões jurisdicionais de natureza provisória ou final e a proibição de criar embaraços à efetivação dessas decisões; e) o dever de declinar, no primeiro momento em que lhes couber falar nos autos, o endereço residencial ou profissional onde receberão intimações, atualizando essa informação sempre que houver modificação; f) a vedação à prática de inovação ilegal no estado de fato de bem ou direito litigioso. Mas é preciso frisar que esses princípios não

e pela prática do direito processual civil (BUENO, Cássio Scarpinella. Curso sistematizado de direito processual civil. Vol. I. 10ª ed. São Paulo: Saraiva Jur, 2020, p. 405-407).

20 *Idem ibidem.*

se confundem com deveres genéricos, dos quais o intérprete possa extrair imposições não previstas na lei e, partir delas, consequências negativas não cogitadas pelo ordenamento jurídico.

Como discorreremos a seguir, para alguns dos comportamentos previstos no artigo 77,[21] bem como para outros atos tipificados na lei processual, há expressa previsão de aplicação de sanção punitiva; outros, no entanto, funcionam como critério que orienta a atuação das partes e a interpretação das normas atinentes à sua conduta.

3. Litigância de má-fé, atos atentatórios à dignidade da justiça e outros atos abusivos tipificados pela lei processual

Nem todo ato que configura um abuso no exercício do direito processual é sancionado, sobretudo se considerarmos abusivas as condutas que excedem a finalidade do processo sem, contudo, incorrer em desrespeito aos princípios da lealdade e probidade processual.

Quanto às violações à boa-fé objetiva, como já foi dito, acarretam, em geral, consequências negativas que não constituem punições em sentido estrito. Nesse passo, *verbi gratia,* não equivale a punição inadmissão de recurso interposto pela parte que, no bojo de transação válida, devidamente homologada por sentença de mérito, renunciou ao direito de apelar. Não faria sentido, aliás, a imposição de sanção punitiva ao agente que não tenha incorrido, ao menos, com culpa.

Os atos abusivos punidos pelo direito processual podem ser sistematizados em dois grandes blocos: de um lado, os atos de *litigância de má-fé,* previstos no artigo 80 do CPC/2015 e em outros dispositivos esparsos no próprio Código (artigos 1.021, § 4º e 1.026 §§ 2º e 3º, do CPC/2015, entre outros) e na legislação extravagante (v.g., art. 17 da Lei 7.347/1985) e, de outro, os *atos atentatórios à dignidade da justiça,* previstos de maneira mais espaçada (v.g., artigos 77, IV e VI, § 2º; 100, parágrafo único; 903, § 6º do CPC/2015), mas compreendidos, predo-

21 No caso do artigo 77, as sanções aplicáveis estão previstas no § 2º do mesmo dispositivo, apenas para as condutas previstas nos incisos IV e VI, classificadas como atos atentatórios à dignidade da justiça. Ainda, em alguma medida, o descumprimento aos deveres previstos nos incisos I e II do artigo 77 encontra tipificação nos atos de litigância de má-fé previstos nos incisos II e I do artigo 80, respectivamente, como será exposto no tópico subsequente.

minantemente, como aqueles que incorrem em desrespeito superlativo à jurisdição, tumultuando o curso do processo de forma a dificultar ou inviabilizar o exercício do poder jurisdicional.

Como já frisamos, qualquer violação à lealdade processual atinge diretamente os objetivos do processo e, portanto, o próprio Estado, enquanto jurisdição. Ainda assim, os atos de *litigância de má-fé* são tipificados com ênfase na aptidão de desestabilizar a paridade de armas. Provavelmente por isso, a sanção correspondente é direcionada ao adversário do litigante de má-fé (artigo 81, *caput* e §§, do CPC/2015), sem prejuízo da indenização à parte adversa pelos danos sofridos (artigo 79 do CPC/2015). Já os atos atentatórios à dignidade da justiça desrespeitam mais diretamente a atuação jurisdicional, configurando, geralmente, atos de descumprimento a ordens judiciais e alterações indevidas no estado das coisas – e até dos autos – que tumultuam o funcionamento da jurisdição. Por esta razão, a punição correlata é devida ao Estado, mais precisamente ao ente federativo a que pertença o órgão jurisdicional perante o qual tramita o processo. Ainda, de um modo geral, a não ser para as condutas tipificadas para situações muito específicas[22] – os atos atentatórios à dignidade da justiça podem ser praticados *por todos os que de alguma forma participem do processo*; já os atos de litigância de má-fé são definidos com vistas a punir os sujeitos parciais (autor, réu ou interveniente, na dicção do artigo 79 do CPC/2015).

Em todos os casos, as sanções são aplicáveis independentemente do desfecho do litígio, pois o resultado do processo é irrelevante para efeito de configuração da prática desleal. Não se trata, pois, de saber se a parte possui ou não razão no mérito, mas, sim, de sancionar a prática das condutas tipificadas na lei processual. E, conquanto as sanções devam ser aplicadas de ofício, é de todo recomendável, a teor dos artigos 9º e 10 do CPC – bem como do § 1º, do artigo 77, do CPC/2015 –, que o juiz advirta a parte sobre a natureza abusiva de sua conduta, sempre que possível.

De acordo com o artigo 80, reputa-se litigante de má-fé aquele que: a) deduzir pretensão ou defesa contra texto expresso de lei ou contra fato incontroverso; b) alterar a verdade dos fatos; c) usar do processo para conseguir objetivo ilegal; d) opuser resistência injustificada ao andamento do processo; d) proceder de modo temerário em qualquer inci-

22 De que é exemplo a prisão do devedor de alimentos – art. 528, § 3º, CPC/2015.

dente do processo; e) provocar incidente manifestamente infundado; f) interpuser recurso com intuito manifestamente protelatório.

Como dito, o dispositivo se destina apenas aos *litigantes,*[23] partes ou intervenientes no processo. E, pelas definições das condutas, parece-nos razoável exigir que a aplicação das sanções respectivas pressuponha, se não a manifesta intenção de desvirtuar o processo e/ou prejudicar a parte contrária, ao menos a presumida consciência de que o comportamento adotado resultará em ofensa à justiça ou desonestidade com o adversário. O fato de que a demonstração do elemento subjetivo possa ser feita por meios indiretos não afasta a afirmação, há muito feita pela doutrina, de que a litigância de má-fé demanda, no mínimo, a demonstração de culpa grave. Não se pode, aliás, num estado democrático de direito, admitir a aplicação de pena sem a verificação de culpa.[24] A propósito, ponderava Celso Agrícola Barbi, ainda à luz do CPC/1973, que, mesmo nas situações em que a lei não aludisse a temeridade, intenção deliberada ou objetivo ilegal, seria um contrassenso considerar litigante de má-fé aquele que age de boa-fé.[25] Esse entendimento não se modificou à luz do CPC/2015, consoante se extrai da jurisprudência do Superior Tribunal de Justiça,[26] pois, como já se disse, a inobservância à boa-fé objetiva pode, quando muito, acarretar consequências negativas, mas, de modo algum, ocasionar a punição daquele que tenha agido sem culpa.

---

23 Cf., nesse sentido: MIRANDA, Pontes de. *Comentários ao Código de Processo Civil.* Tomo I. 5. ed. Rio de Janeiro: Forense, 1999, p. 366.

24 Veja-se, nesse ponto, que as condutas definidas no art. 80 são punidas com multa, a ser fixada entre 1 a 10 por cento do valor corrigido da causa (art. 81, caput), ressalvadas as situações do § 2º do art. 81 (causas de valor irrisório ou inestimável). Também outras situações de litigância de má-fé, esparsas no Código e na legislação extravagante, são puníveis com multa (v. art. 1.026, §§ 2º e 3º, do CPC/2015; art. 17 da Lei 7.347/1985).

25 BARBI, Celso Agrícola. *Comentários ao Código de Processo Civil. Lei nº 5.869, de 11 de janeiro de 1973.* Vol I. 3. ed. Rio de Janeiro: Forense, 1983. Pela data em que escreveu o autor, está claro que se referia à boa-fé subjetiva – inexistência de imprudência, imperícia ou negligência - como fator suficiente a afastar aplicação da pena.

26 "[...] Segundo entendimento do Superior Tribunal de Justiça, para aplicação da multa por litigância de má-fé, há necessidade de verificação do elemento subjetivo, consistente no dolo ou culpa grave da parte, que deve ter sido reconhecido pelas instâncias ordinárias, o que não ocorre na hipótese em exame. Precedentes." (STJ, AgInt no AREsp 1709471/MS, 4ª T., j. 08/02/2021, rel. Min. Raul Araujo, *DJe* 23/02/2021).

Alguns fatores podem atuar como indicativos da má-fé ou culpa grave do agente. Quando se cogita, por exemplo, de haver a parte "alterado" a verdade dos fatos, é de rigor ter presente que somente se pode alterar *aquilo* que se conhece e do *modo* como se conhece. Logo, é pressuposto à aplicação de sanção a demonstração de que a parte tomou conhecimento de determinado fato e de como ele ocorreu. Com efeito, não é possível alterar a verdade dos fatos de outro modo que não seja deliberado, consciente. Já para situações como as de resistência injustificada ao andamento do processo e utilização de incidentes ou recursos temerários protelatórios ou infundados, são úteis alguns critérios utilizados pela doutrina para a configuração do dolo exigido no tipo, tais como a total irrelevância ou inutilidade da medida para os fins almejados, a ausência de *qualquer* suporte jurídico ou fático para a utilização de determinado instrumento, a falta de seriedade do argumento etc.[27]

É certo, ainda, que o desvio de finalidade do ato pode, por si só, revelar a intenção do agente. Assim, por exemplo, a utilização dos embargos de declaração fora de quaisquer de suas hipóteses de cabimento (artigo 1.022, inciso I a III, do CPC/2015), com nítido objetivo de rediscutir a decisão, revela a intenção protelatória do embargante; já, de outro modo, se alguns dos argumentos do recurso estiverem em desacordo com os incisos I a III do artigo 1.022, mas houver apenas um que se enquadre nas referidas hipóteses, não há que se cogitar de *intuito* protelatório.

O efeito negativo de tumultuar o processo ou prejudicar indevidamente a outra parte deve, aliás, estar sempre presente na configuração dos atos de litigância de má-fé. Sem este resultado, não há que se falar em desvirtuamento da finalidade do processo ou dos instrumentos processuais. Ainda, independentemente do prejuízo de natureza processual, poderá ocorrer de a conduta maliciosa resultar em prejuízo patrimonial ou extrapatrimonial ao adversário. Nesse caso, além da multa correlata ao ato praticado, deverá o litigante de má-fé indenizar a parte contrária, o que poderá ocorrer nos próprios autos, mediante fixação imediata do valor da indenização pelo juiz, quando possível, ou após liquidação dos danos (artigo 79, *caput,* c/c artigo 81, *caput e* § 3º, do CPC/2015).

27 Cf., sobre isso: ABDO, Helena Najjar. *O abuso do processo,* cit., p. 89-92; HAZZARD JR., Geoffrey C. Abuse of procedural rights: regional report for the United States. *Abuse of procedural rights: comparative standards of procedural fairness.* Haia/Londres/Boston: Kluwer, 1999.

No que concerne, mais diretamente, aos atos tidos como *atentatórios à dignidade da justiça,* observa-se que, por definição, referem-se a condutas que repercutem imediatamente sobre o exercício do poder jurisdicional, desrespeitando e enfraquecendo a autoridade das decisões judiciais ou a própria utilidade do processo. As hipóteses previstas nos incisos IV e VI do artigo 77 tratam, respectivamente, dessas duas situações: a primeira dirige-se àquele que cria embaraço ao cumprimento de decisões judiciais ou as descumpre e, a segunda, àquele que altera as condições do bem litigioso. Encontra-se, aqui, acentuada semelhança com o exercício dos *contempt powers of court* do direito norte-americano, aplicados de forma muito mais genérica e incisiva naquele ordenamento.

Nesses casos – assim como noutros tantos, previstos na lei processual –, parece-nos que a sanção assume um caráter dúplice: é coercitiva, na medida em que impele o sujeito a deixar de praticar a conduta ofensiva, a cumprir determinada decisão ou a restabelecer as coisas ao *status* quo *ante*, e, ao mesmo passo, é punitiva, pois estabelece uma sanção patrimonial – ou pessoal, no caso da prisão civil do devedor de alimentos (artigo 528, § 3º, CPC/2015) – pelo ato atentatório que já se consumou. Ou seja, independentemente do fato de o sujeito vir a cumprir a decisão ou retratar sua conduta, restabelecendo as coisas ao *status quo ante*, já terá sido sancionado pelo período em que incorreu em ofensa à Justiça, de modo que a sanção terá sido, ao mesmo tempo, punitiva e intimidatória.

4. Considerações conclusivas

De tudo o que foi exposto, podem ser sintetizadas algumas breves conclusões.

A atuação ética das partes no processo tem como fundamentos constitucionais a garantia do devido processo legal, da isonomia e do contraditório participativo. O processo justo só se perfaz mediante a garantia de que a parte mais habilidosa não poderá se valer de artifícios desleais para se sobrepor àquele que tem razão.

As normas que estimulam a conduta ética das partes, bem como as que previnem ou reprimem condutas desleais, restabelecem a igualdade entre as partes litigantes e viabilizam a consecução dos direitos fundamentais pela via da jurisdição.

O processo comparticipativo, em que o contraditório se desenvolve de maneira ética e com vistas a oportunizar que as partes influenciem efetivamente no resultado do processo, é o palco ideal para o desenvolvimento de discurso democrático. Nessa medida, as regras repressivas do abuso processual deveriam constituir a *ultima ratio*, preocupando-se os profissionais do direito em criar condições para um debate leal e ético.

Quanto às partes, temos que a lealdade, a probidade e a boa-fé são princípios que regem a atividade das partes do processo, à luz dos quais se deve guiar sua atuação. Esses princípios podem conduzir a deveres específicos, como aqueles que se extraem da lei processual.

Nem todo ato abusivo – no sentido de utilizar os instrumentos processuais para fins equivocados – deverá ser punido; porém, o ordenamento deve cuidar de inibir ou sancionar negativamente esses atos, quando necessário.

Na interpretação das disposições que tratam da conduta ética das partes, a boa-fé objetiva exerce papel fundamental. Não se pode, todavia, efetuar uma transposição irrefletida dos institutos concebidos no direito material para a relação jurídica processual, criando ou modificando institutos já regulamentados na lei processual e consolidados na jurisprudência e doutrina.

As condutas puníveis por inobservância aos princípios lealdade, probidade e boa-fé devem ser previamente tipificadas, bem como previstas as respectivas punições. É certo, também, que imposição de penalidades processuais deve observar a presença do elemento subjetivo – *culpa* ou *dolo* –, ainda que a lei expressamente não o exija.

Referências bibliográficas

ABDO, Helena Najjar. *O abuso do processo.* São Paulo: RT, 2007.

ARRUDA ALVIM, *Manual de direito processual civil.* 19ª ed. São Paulo: Thomson Reuters Brasil, 2019.

___________. Deveres das partes e dos procuradores no direito processual civil brasileiro (a lealdade no processo). *Revista de processo.* V. 69, jan.- mar. 1993, p. 7-20.

___________ e GUEDES, Clarissa Diniz. Princípio do contraditório, cooperação e direito probatório. *Revista de processo,* v. 304, jun.-2020.

BARBI, Celso Agrícola. *Comentários ao Código de Processo Civil. Lei nº 5.869, de 11 de janeiro de 1973.* Vol I. 3. ed. Rio de Janeiro: Forense, 1983.

BARBOSA MOREIRA, José Carlos. A responsabilidade das partes por danos processual no direito brasileiro. *Temas de direito processual civil.* 1ª série. São Paulo: RT, 1999

BUENO, Cássio Scarpinella. Curso sistematizado de direito processual civil. Vol. I. 10ª ed. São Paulo: Saraiva Jur, 2020.

CALAMANDREI, Piero. Il processo come gioco. *Rivista di diritto processuale.* n. 5, 1950, p. 23-51.

CASTRO FILHO, José Olympio de. *O abuso do direito no processo civil.* Belo Horizonte: 1955.

CORDEIRO, António Manuel da Rocha e Menezes. *Da boa fé no direito civil.* Coimbra: Almedina, 2001.

HAZZARD JR., Geoffrey C. Abuse of procedural rights: regional report for the United States. *Abuse of procedural rights: comparative standards of procedural fairness.* Haia/Londres/Boston: Kluwer, 1999.

LIEBMAN, Enrico Tullio. *Manual de direito processual civil.* Trad. Cândido Rangel Dinamarco. Rio de Janeiro: Forense, 1984, p. 124.

LUCCA, Rodrigo Ramina de. O dever de veracidade das partes no processo civil brasileiro. *Revista dialética de direito processual.* N. 97, abr. 2011, p, 117-135.

MEDICUS, Dieter. *Schuldrecht I. Allgemeiner Teil [Direito das Obrigações I. Parte Geral].* Munique: C. H. Beck´sche, 2004.

MIRANDA, Pontes de. *Comentários ao Código de Processo Civil.* Tomo I. 5. ed. Rio de Janeiro: Forense, 1999, p. 366.

SALLES, Carlos Alberto de. Comentário ao art. 77 do CPC/2015. In: BUENO, Cássio Scarpinella. *Comentários ao código de processo civil.* São Paulo: Saraiva *Jur,* v. I, 2017.

STOCO, Rui. *Abuso do Direito e má-fé processual.* São Paulo: RT, 2002, p. 57; ABDO, Helena Najjar. *Abuso do Processo.* São Paulo: RT, 2007.

TARUFFO, Michele. Cultura e processo. *Rivista trimestrale di diritto e procedura civile.* Milano: Giuffrè, 2009, v. 63, n. 1, p. 62-92.

WLADECK, Felipe. Abuso quanto ao exercício do direito de demandar no Direito Processual Brasileiro. *Revista Dialética de Direito Processual,* São Paulo, n. 96, p. 38-39, mar. 2011.

Os bons tempos da Justiça

José Renato Nalini[1]

SUMÁRIO: I. Introdução; **II.** Justiça como vocação; **III.** As virtudes dos antigos; **IV.** Da polidez, ou de sua falta; **V.** A fragilidade do recrutamento

I. Introdução

A homenagem - merecida e justa - que se presta a Rubens Ferraz de Oliveira Lima propicia condições de celebrar áureos tempos do Poder Judiciário. Tempos não tão distantes, em que a ética da Magistratura era naturalmente professada por paradigmas que, aos poucos, foram desaparecendo sem refil. Não há reposição para valores com os quais a Justiça brasileira contou e já não conta mais.

Atribua-se à explosão de processos que mostrou ao planeta que o *hobby* do brasileiro já não é o futebol. É litigar. Já chegamos a contar com mais de cem milhões de processos, o que significa mensagem espantosa. Se cada processo tem ao menos duas partes, isso representaria o absurdo de todos os nacionais demandando em juízo.

Sabe-se que não é bem assim. O Estado é o maior cliente do Judiciário. Depois dele, grandes empresas prestadoras de serviço, bancos, instituições financeiras. Seja como for, o protagonismo do Poder Judiciário adquiriu vulto nunca dantes imaginado. Nem por isso registra-se acréscimo ao respeito e à confiabilidade de que o sistema Justiça usufrui junto à população.

Talvez fosse interessante uma reflexão dos pensadores que se dedicam ao estudo do equipamento estatal que se costuma denominar "Justiça", para verificar se houve algum acidente de percurso ou se tudo é consequência da profunda mutação por que passou a sociedade humana de umas décadas para esta parte.

Alguns *flashes* podem suscitar o interesse por estudar a Justiça a partir daquilo que lhe é essencial, na sua ontologia, na sua razão de ser.

---

1 Ex- Presidente do Tribunal de Justiça de São Paulo. Presidente da Academia Paulista de Letras. Reitor da UNIREGISTRAL, docente da Pós-graduação da UNINOVE e foi Magistrado durante quarenta anos, na Justiça Estadual do Estado de São Paulo.

II. Justiça como vocação

Em tempos idos, tornar-se juiz era atender a um chamado. Vocação, de *vocare*, no latim. Por que se comparava a magistratura a um verdadeiro sacerdócio? Porque Justiça era virtude divina.

Ninguém se espantava se o conceito fosse extraído da transcendência: *De fato, a justiça é um ornamento divino do ânimo e um estado da mente, fundado por preceito de Deus e fortalecido e consolidado por poder divino. Portanto, os que a alcançam conseguem com toda a facilidade tudo que querem. Com efeito, por mais imenso que seja o desejo que eles sentem, contudo, como ele importa aos interesses de Deus e é ordenado pela Sua eterna vontade, não existirá coisa alguma, por grande que seja, à qual não se guindem com admirável felicidade no percurso*[2].

À evidência, dir-se-á que o Estado é laico e descabe qualquer invocação à divindade. De qualquer forma, prevalece a ideia de que toda justiça se alicerça, primeiramente, sobre a qualidade dos homens. Daqueles que julgam, dos que acusam, dos que defendem.

Encontra-se hoje, em sua absoluta pureza, a vocação judicial? Ou prevalece a concepção de que a magistratura é um emprego. Dizem que a cada dia mais medíocre, mas ainda estável. A maior remuneração da República é atribuída à função judicial. Tanto que ela serve como limite para as demais. O teto salarial que não pode ser ultrapassado é o dos vencimentos de Ministro do Supremo Tribunal Federal.

Como servidor público, o juiz se vê hoje obrigado a produzir em massa, preencher planilhas e dar conta de uma profusão de ações judiciais. Algo que já ocorreu na História, quando se quis fazer do juiz um funcionário:

> *O juiz, quando responde ao seu destino natural de terceiro numa discórdia, apresenta uma aparência impenetrável que faz enigmática sua decisão. Em determinados momentos, as forças sociais dominantes não quiseram assumir o risco de resoluções imprevisíveis que impedissem de elaborar com segurança os seus projetos. Para controlar de alguma maneira a orientação jurisprudencial, teceu-se, sutil e eficazmente, em torno dos juízes, uma estrutura que os acoplou em um sistema hierárquico, com categorias, promoções, honras, vantagens, preterições e destituições, produzindo uma in-*

2 OSORIO, Jerônimo *Tratado da Justiça*. Lisboa: Imprensa Nacional-Casa da Moeda, 1999, p. 83.

sidiosa submissão e uma impalpável, mas profunda, obediência às orientações emanadas do poder[3].

A fiscalização sobre os juízes brasileiros é exercida pela Corregedoria Geral de Justiça, pela Corregedoria Nacional de Justiça, pelo Ministério Público, pela mídia, pela cidadania, por um difuso controle social. Mas a estrutura de funcionário público não é uma novidade pós-Constituição Cidadã. Ela se remete ao próprio Principado de Roma, mas ganhou expressão com a lei francesa 16-24, de agosto de 1790. A separação radical entre administração e justiça não tinha por fim consolidar o princípio da divisão de poderes, mas proibir o controle da Administração pelo Judiciário.

Herança desse tempo são a vedação à apreciação do mérito do ato administrativo e a aparente benéfica orientação de que não se deve substituir o governo pela vontade dos juízes. Situação confortável, que extingue a função arbitral do Judiciário, quando se verifica evidente abuso de parte do Governo.

É tão flagrante a situação funcional de inferioridade do juiz francês, que ele prefere agregar-se a ministérios, secretarias e demais repartições administrativas, a judicar. Na Pátria de Montesquieu, o Judiciário não é poder. Sua autoridade é garantida pelo presidente da República.

Nas últimas décadas do século XX, na França, o descrédito em relação à Magistratura era notório. Os jovens mais talentosos se desinteressaram da carreira. Muitos livros surgiram para estudar o fenômeno[4]. Assim como no Brasil chegaram com certo atraso as questões da juvenilização da Magistratura e da feminilização do Poder Judiciário, também chegará esse desprestígio. Enquanto isso, prefere-se pensar em crescimento vegetativo de cargos, criação de mais Tribunais, obtenção de vantagens pecuniárias.

As lideranças do Judiciário miram um horizonte muito limitado. Questões menores, que não enfrentam a hemorragia de prestígio da Instituição. Não se mostram capazes de formular uma política de revalorização da carreira, mediante redescoberta de sua espinha dorsal. De seus valores.

---

3 MORATE, Jesús Peces, Magistrado do Tribunal Superior de Justiça de Madrid, *"Consolidación de uma estrutura Judicial"*, in *Jornadas sobre el Poder Judicial em el Bicentenario de la Revolucion Francesa,* Madrid – Ministerio de Justicia, Centro de Publicaciones, 1990, p. 187.

4 Entre outros, citem-se *Les Juges dans la balance,* de Daniel Soulez Larivière, *Palais de Justice,* de Sylvie Péju, *Le Petit Juge,* de Jean-Michel Lambert.

Já se afirmou, com certa razão, que a Magistratura como emprego é sofrível. Como superlativa missão de julgar o semelhante, é apaixonante.

III. As virtudes dos antigos

Os magistrados de outros tempos eram afamados por suas virtudes. As venerandas figuras eram reverenciadas por valores hoje desprestigiados: singeleza, humildade, prudência, serenidade, contenção.

Não havia exibicionismo, nem vanglória. A eles abominava exposição personalista, autopropaganda de suas obras, fossem ainda meritórias.

Deles se podia dizer, como Baltasar Gracian observou:

> Nascem alguns com um domínio universal em tudo quanto dizem e fazem, que parece já a natureza os fez irmãos mais velhos dos outros; nasceram para superiores, se não por dignidade de ofício, de mérito. Infinde-se-lhes em tudo um espírito senhoril, ainda nas ações mais comuns; a tudo vencem e sobrepujam. Fazem-se logo senhores dos demais, ocupando-lhes o coração, que tudo cabe na sua grande capacidade; e, ainda que tenham os outros talvez mais vantajosas prendas de ciência, de nobreza, e até de inteireza, com tudo isso prevalece neles o domínio que os constitui superiores, se não no direito, na posse[5].

Existem ainda raríssimos exemplares dessa estirpe. Ocorre que não se lhes reconhece o valor que fazem por merecer. O mérito se avalia por outros critérios. Haja vista a seleção dos nomes destinados a prover os Tribunais Superiores. A bajulação, a espinha dorsal complacente, a adesão a tudo aquilo que possa agradar o detentor da prerrogativa de abrir as portas do Olimpo terrestre, tudo vale para chegar ao pódio.

São aqueles, sobre os quais afirmou Gracian, que saem

> ...do rolo do seu barro já destinados para a servidão de uns espíritos servis, sem gênero de brio no coração, inclinados ao alheio gosto, e ceder o próprio a quantos há. Estes não nasceram para si, senão para outros; tanto que algum foi chamado o de todos. Outros dão em lisonjeiros, aduladores, burlescos, e piores ofícios se os há. Oh,

5 GRACIAN, Baltasar (1601-1658), *Do domínio no dizer e no fazer,* in *Moralistas Espanhois,* seleção e prefácio de David. J. Pérez, Rio de Janeiro : W.M.Jackson Inc. Editores, 1949, p. 390.

quantos fez a sorte superiores na dignidade, e a natureza escravos no cabedal![6].

Conquistam-se postos, prêmios, promoções, não mais por mérito, mas por estratégias de atalho. É o que Cortella já constatara:

> O que me parece mais negativo, hoje, é que há uma tentativa por parte de jovens e adultos – e isso é uma questão ética séria – de abreviar trajetórias necessárias de merecimento. O que é abreviar trajetórias? É tentar uma tangente (talvez de tanto lidar com os atalhos da informática, a gente tenha ficado viciado nessa ideia[7].

Embora destinado a descrever uma generalidade de casos, o fenômeno da abreviação de trajetórias também ocorre no âmbito do Judiciário. *Ora, o que eu chamo de abreviação da trajetória? É aquele ou aquela jovem que acha que tem que fazer carreira rapidamente...É a lógica do jeitinho, a coisa nacional da abreviação da trajetória e, portanto, da caminhada*[8]. Quando o concurso de ingresso admitia entrevistas após a arguição oral, era praxe indagar ao candidato se ele assumiria qualquer vaga no Estado de São Paulo. A resposta era única: disponível para toda comarca. O interesse era servir à Justiça. Mal nomeado, surgem as mães enfermas, as avós – que permanecem durante toda a carreira – e mil outros obstáculos impeditivos de o jovem juiz permanecer longe da capital.

Emblemático o caso de um jovem juiz, iniciante como Substituto, que, por sua intimidade com um Ministro do STF, serviu como assessor e cuja mãe veio interceder para que ele fizesse toda a carreira lá, porque *se acostumara com Brasília.*

Tão difícil detectar merecimento, que se declina de buscá-lo, para confiar exclusivamente na antiguidade. A hierarquia perdeu sua bússola. Nivela rebaixando, pois já não detém discernimento para distinguir qualidades. Atribua-se ao gigantismo da carreira, ou à excessiva burocracia. Há múltiplas explicações. Na verdade, perdeu-se a aptidão de identificar as primícias que deveriam ser estimuladas a prosseguir em suas sendas, o que implicaria em renovação do conceito e da reputação do equipamento Justiça.

---

6 GRACIAN, Baltasar, op. cit., idem, ibidem.

7 CORTELLA, Mario Sergio e LA TAILLE, Yves de, *Nos labirintos da moral,* Campinas: Papirus, 4ª ed., 2007, p. 60.

8 CORTELLA, Mario Sergio e LA TAILLE, Yves de, op. cit., idem, p. 61.

Confunde-se *sabedoria* com a facilidade em identificar a norma aplicável à hipótese. Quando

> a verdadeira sabedoria é julgar bem das coisas, com inteiro juízo e não estragado, de tal maneira que estimemos cada qual naquilo que ela é e não nos vamos atrás das coisas vis como se fossem preciosas, nem desprezemos as preciosas por vis, nem vituperemos as que merecem louvor, nem louvemos as que, por si, merecem ser vituperadas[9].

A sociedade materialista de consumo descartável foi abandonando a reflexão axiológica e não há instituição humana que não padeça de deficiência tal. Não há espaço na agenda requisitada de quem precisa empolgar todos os bens da vida considerados essenciais ao vencedor, para meditar sobre o caminho da sabedoria. Entretanto, esse é o compromisso primordial e anônimo dos que nos antecederam. Estavam atentos a conselhos seculares: *Nunca porás fim ao estudo da sabedoria, o que não se há de acabar antes da vida três coisas há nas quais o homem tem que pensar e se exercitar enquanto viver: em saber bem, em bem falar e em bem obrar*[10]. Coisa singela e factível. Apenas condicionada à vontade de quem quer aprender.

Todavia, a matéria-prima de que se compõe a humanidade é bastante vulnerável. Desvia-se do estreito caminho reto, porque mais larga e sedutora é a alternativa. Isso não é recente. Já existe desde que o mundo é mundo. Tanto que nos séculos XV e XVI já se advertia:

> *Desterra dos teus estudos a arrogância não te tomes de presunção do que sabes, porque tudo quanto sabe o mais sábio homem do mundo é nonada em comparação com o que lhe falta saber. É mui pouquinho, mui obscuro e mui incerto tudo quanto os homens alcançam nesta vida; e os nossos entendimentos, detidos e presos neste cárcere do corpo, estão oprimidos em grandíssima escuridão, treva e ignorância, e o corte e os fios do engenho são tão embotados, que não podem ir além do exterior de alguma coisa*[11].

---

9 VIVES, Juan Luís (1492-1540), *Introdução à sabedoria*, in *Moralistas Espanhóis*, cit., idem, p.5.

10 VIVES, Juan Luís, op. cit., idem, p.29.

11 VIVES, Juan Luís, op. cit., idem, ibidem.

A diferença é que existia quem ouvisse tais prédicas naquela época. Hoje, não existe auditório para ouvir o que se considera velharia, arcaísmo e balela. Já não se consegue persuadir alguém de que optou por deixar de ser sábio, enquanto poderia sê-lo, se não pensasse que já o era.

Os magistrados de ontem prezavam o exercício das virtudes. Além das virtudes intelectuais, primava o zelo pelas virtudes morais. Já se conhece *a definição de Aristóteles, segundo a qual a virtude moral é "um hábito eletivo que consiste em um termo médio relativo a nós mesmos, e que está regulado pela reta razão na forma que a regularia o homem verdadeiramente prudente"*[12].

Ao mencionar "eletivo", o estagirita enfatiza a capacidade da escolha. É uma decisão individual o que é preciso para comportar-se virtuosamente. Acontece que

> (...) o bem moral adquire no âmbito das ações concretas uma multiforme variedade, segundo as circunstâncias, a virtude não pode ser concebida como a consolidação habitual (automatismo) de um tipo concreto de ação. A virtude é, pelo contrário, a capacidade de discernir e eleger o mais acertado para cada caso. Esse discernimento fica a cargo da prudência, que Aristóteles chama "reta razão". O próprio da virtude moral é, portanto, a eleição do indicado pela reta razão ou prudência. Por isso se diz que a virtude moral é um hábito eletivo segundo a reta razão[13].

A reta razão, impulsionada pela reta intenção, vai em busca das virtudes intelectuais ou técnicas, e também daquelas denominadas *morais*, como a justiça, a temperança e a fortaleza. O importante é que virtude não é dádiva genética, mas é resultante de reiterados hábitos. Tanto *as virtudes humanas (e os vícios) se adquirem e aumentam por repetição de atos*[14]. A relevância das virtudes era espontaneamente transmitida aos novos quadros, pelos varões virtuosos do longevo sistema Justiça. Hoje, não se verifica a continuidade de tal transmissão. A tarefa seria cometida às Escolas da Magistratura. Elas se desincumbem de explorar questões práticas, exaurem os aspectos técnicos de legislação nova, mas não têm

12 ARISTÓTELES, *Ética a Nicômaco*, II, 6, 1106, b.36-1107 a 2, citado por LUÑO, Angel Rodriguez, *Etica General*, 3ª ed., Navarra: EUNSA – Ediciones Universidad de Navarra S/A, 1998, p.264/265.

13 LUÑO, Angel Rodriguez, op. cit., idem, p. 265.

14 LUÑO, Angel Rodriguez, op. cit., idem, p. 266.

espaço para pensar em virtude. Falta-lhes a prudência dos velhos magistrados, essa *virtude intelectual e moral ao mesmo tempo, que aperfeiçoa a atividade diretiva da razão prática, para que esta determine com verdade as exigências concretas das virtudes e, em último termo, as do reto amor (caridade) e a vida feliz*[15]. Há declínio não só na prática habitual da virtude, como no ensino da virtude. Ela não entra na cogitação dos atuais formadores de juízes.

Se há déficit de interesse em relação às *virtudes fortes*, o que dizer, então, quanto às chamadas *virtudes fracas?* Aquelas que, para alguns, sequer virtudes são. Praxes, costumes, filigranas, maneirismos. Chamem-nas como queiram. Também elas foram relegadas, o que assustaria nossos antepassados, não tivessem eles já ingressado no etéreo.

IV. Da polidez, ou de sua falta

As boas maneiras caíram de moda. Registraram tímida reanimação com a proposta de Tony Blair que, em 2003, declarou guerra à incivilidade. Para ele, impunha-se a restauração da "cultura do respeito".

O Brasil precisa assimilar esta preocupação. Aqui, aos poucos predominou a grosseria, a partir da negativa de um cumprimento de quem está no mesmo elevador, as ofensas aos professores, aos pais, aos idosos e a qualquer pessoa. Por isso, a polidez deve ser levada a sério. *Sem a polidez, não nos reuniríamos senão para combater. É preciso, portanto, ou viver só, ou ser polido*[16].

O território da Justiça também se ressente de ausência de polidez. O crescente número de profissionais da área jurídica, muitos deles sem o precedente essencial de uma boa escola nos ensinos fundamental e médio, obtêm com facilidade o grau de Bacharel em Ciências Jurídicas. Mas ninguém se preocupou em prover-lhes de *savoir faire.*

Muitos episódios deprimentes na cena judiciária decorrem disso. Rispidez, frieza, irritação, mau humor. Tudo isso é frequente e não ajuda a realizar justiça. Esta sempre foi uma ideia ligada à compaixão, à comiseração, ao conforto que se deve levar ao injustiçado.

---

15 LUÑO, Angel Rodriguez, op. cit., idem, p. 273.

16 KARR, Alphonse, *Une poigné de vérités* (Um punhado de verdades), Paris : Michel Lévy Frères, 1866, p.303.

Os juízes do passado, em sua imensa maioria, eram a imagem do bom pai de família. Por isso a exceção era objeto de comentário. A regra era o cultivo espontâneo da boa educação de berço.

Hoje pode-se justificar a perda de qualidade do relacionamento social com o excesso de trabalho, com a intensa requisição imposta aos profissionais, com as agruras da vida contemporânea. Afinal, vive-se a era da *web*. O Tribunal de Justiça de São Paulo multiplicou sua produtividade na pandemia e as audiências virtuais mostraram-se instrumento valioso para não paralisar a outorga da prestação jurisdicional.

Servir-se da internet significa abdicar dos bons modos? Absolutamente não. *Todos aqueles que discutem as regras aplicáveis aos internautas insistem sobre um ponto essencial: que devem se comportar diante da tela do computador da mesma forma que na vida normal, como se estivessem na presença de pessoas "reais". É preciso agir "como se..."*[17].

É óbvio que não é a maior preocupação da Magistratura. Mas deve existir um espaço para pensar também em um código de boas maneiras, cuja observância poupará incidentes que se repetem e que ganham imediata disseminação nas mídias sociais. Além da bizarrice, intensifica-se o tom das críticas ao Judiciário, considerado privilegiado, ausente e insensível às calamidades nacionais.

É injustificável que servidores pagos pelo povo, ainda que no ápice da escala funcional do Estado, portem-se como indivíduos que não tiveram treino para a comunicação social e cujos modos comprometam o conceito da instituição. Não é um assunto menor, pois até Tocqueville já pensava nisso:

> Ainda nos lembramos de que existiu um código preciso de boas maneiras; mas já não conhecemos mais nem o seu conteúdo, nem onde ele se encontra. Os homens perderam a obrigação geral das maneiras, mas ainda não se decidiram a renunciar a elas; de tal modo que as maneiras não apresentam nem a regularidade nem a grandeza que normalmente têm junto aos povos aristocráticos, nem a forma simples e livre que algumas vezes, notamos na democracia: elas são ao mesmo tempo afetadas e grosseiras[18].

17 ROUVILLOIS, *A História da Polidez,* São Paulo: Grua Livros, 2009, p. 467.

18 TOCQUEVILLE, Alexis de, *De la démocratie en Amérique – Oeuvres Complètes,* Paris: Gallimard, 1951, tomo I, volume 2, p.225/226.

Ainda existe afetação quando se invoca o clássico *sabe com quem está falando?*, e grosseria quando se humilha serviçal, enquanto se curva diante de poderosos. Há algumas ilhas minúsculas, ou bolsões de resistência aos péssimos e contemporâneos modos. Mas o empobrecimento da cortesia que já vigeu no ambiente forense pode ser hoje uma sensação generalizada.

V. A fragilidade do recrutamento

Por que aqueles que bem a conheceram, têm saudades da Magistratura de velhos tempos? Porque a ela acorriam aqueles que haviam aprendido, desde tenra infância, a admirar uma carreira que se propunha a reduzir as iniquidades do mundo.

Uma função milenar, consolidara uma reputação elevada. Mantinha a tradição de uma nobiliarquia virtuosa. Grandes luminares, discretos e quase anônimos, retroalimentavam o mais angustiante dos misteres, que se convertia no mais edificante, quando a consciência indicava o acerto da decisão.

Democratizou-se o Judiciário, é certo. Mas ele traz como subproduto a perda de uma cultura judicial consolidada através dos séculos. De uma elite cultural, migrou-se para uma burocracia estatal eivada de todas as fissuras de qualquer estamento oficial, com a agravante de se estar em uma República nascente e em busca de um destino.

A debilidade da instituição Judiciária é reforçada pela superada tática de seleção de seus quadros. Sob sadia inspiração, optou-se pelo concurso público de provas e títulos. Aliança benfazeja dos critérios democrático e aristocrático. Ou seja: todos os bacharéis em direito podem alimentar a pretensão de serem juízes. Só o serão aqueles que demonstrarem conhecimento condizente com as exigências da função.

Por que o sistema não funciona conforme idealizado?

Vários motivos. Primeiro, e condicionante dos demais, a falência da educação brasileira. Em todos os níveis. Estruturas físicas do século XIX, professores do século XX e alunos do século XXI.

Educar já não se resume à transmissão de conhecimento acessível em inúmeros espaços, mas em preparar o educando para o inesperado. Uma escola anacrônica no ensino fundamental afugenta o jovem do ensino médio - a maior evasão ocorre neste ciclo - e lança à universidade alguém desprovido de condições de discernimento. Alguém que só aprendeu a memorizar, quando o essencial é focar as competências socioemocionais. São elas que definem o futuro de um jovem. Capacidade de se comunicar, de inovar, de trabalhar em equipe, empatia, sensibilidade, criatividade, talento empreendedor, compaixão, interesse pelos outros. Tantas são as aptidões imprescindíveis a quem se proponha subsistir em uma sociedade submetida à profunda mutação estrutural da Quarta Revolução Industrial.

A Faculdade de Direito, que poderia corrigir as falhas acumuladas nas fases anteriores, repete o modelo necrosado. É preciso reiterar que, ao criar duas Escolas de Direito incumbidas de produzir a burocracia para o Império nascente, Pedro I foi se abeberar no único modelo que conhecia: a Faculdade de Direito de Coimbra.

Ocorre que, em 1827, a experiência coimbrã poderia retroagir a um milênio. Seu ensino jurídico era baseado em Bolonha, cuja Universidade é do século XIII, mas que já existia institucionalizado desde o oitocentos.

Replicou-se aqui o padrão milenar. Preservado, em síntese, até o momento. Disciplinas que não dialogam entre si. Compartimentos estanques, chamados Departamentos, que se digladiam para obter hegemonia. Avaliações baseadas na capacidade mnemônica. Ausência de formação de um intelectual com capacidade crítica de atualizar o acervo de conhecimentos jurídicos ou de aprimorar instituições.

Os concursos de ingresso à Magistratura e demais carreiras jurídicas refletem o paradigma, que não se consegue quebrar. Provas aferidoras de aptidão mnemônica. Reclama-se do candidato seja capaz de reproduzir o que decorou, no enciclopédico manancial de informações extraídas da legislação, da doutrina e da jurisprudência.

Os exames são realizados por Comissões *ad hoc*, sem se perquirir qualquer conhecimento ou experiência em RH, em psicologia, em técnicas de recrutamento. Enquanto isso, a empresa privada, instituição que teve de sobreviver à avalanche disruptiva imposta pelo Estado e pelo conjunto heterogêneo de mudanças a que a sociedade se submeteu, recorre a agências especializadas para selecionar seus quadros. O *head hunter* é um profissional prestigiado e competente. Para o Estado, que detém o monopólio da força, prevalece a aventura empírica de entregar funções oficiais para aqueles que mostraram talento em decorar.

O exemplo do Estado de São Paulo é emblemático. 188 concursos de ingresso à Magistratura já foram realizados, sempre sob idêntico esquema. Se as escolas da Magistratura suprissem a ausência de atributos insuscetíveis de avaliação no concurso público, ainda se poderia pensar em um revigoramento do Judiciário. Mas elas se atêm a cursos técnicos, atualização em novas leis, tudo o que é secundário na visão de quem prefere um juiz provido de ética irrepreensível a um erudito produtor de julgados em série, todos previsíveis insuscetíveis de surpreender a quem quer que seja.

Já fomos melhores. São Paulo concebeu um projeto de formação de Magistrados com o protagonismo das Escolas da Magistratura, a maior contribuição ao aprimoramento do sistema Justiça no século XX.

Os candidatos permaneceriam durante seis meses à disposição da Escola Paulista da Magistratura, não para rever todo o curso do Bacharelado, como sói acontecer, mas para exercer a jurisdição, sob orientação de magistrados mais experientes.

Este período permitiria ao Judiciário detectar aquelas fissuras que o concurso, tal como continua a ser realizado, não consegue perceber. Os novos juízes iniciariam sua carreira amparados por detentores de vasta prática e melhor domínio de uma cultura judicial garantidora da qualidade intrínseca da Magistratura.

A iniciativa examinou os métodos de seleção de juízes em países que debatem a questão há muito mais tempo e que encontraram na escola o lócus apropriado para absorver tarefa do maior interesse, hoje entregue a uma Comissão recrutada aleatoriamente.

É assim que se procede na França, com estágio de vinte e oito meses, dos quais metade junto a atividades distanciadas da jurisdição. É o que se faz na Alemanha, na Espanha, na Itália e no Japão.

Aqui no Brasil, os exemplos análogos seriam o Itamaraty, eficiente selecionador de diplomatas, as Escolas Militares e os Seminários da Igreja Católica.

Abortou-se a experiência, de certa forma retomada no Rio Grande do Sul e preservou-se a modalidade que pouco varia, depois de 188 concursos realizados.

Como pretender que os novos juízes recomponham o patrimônio intangível da reputação do Judiciário, de sua confiabilidade por parte dos jurisdicionados, da certeza de que ele ainda representa o melhor instrumento para a resolução dos conflitos entre os homens?

Uma escola para Juízes que propiciasse discussões de temas instigantes e para os quais não há resposta definitiva, nunca seria chamada "escolinha", como tem sido designada por seus próprios alunos. Além de investir no autoconhecimento dos futuros magistrados, no cultivo das aptidões socioemocionais menosprezadas nos ensinos fundamental e médio e na Universidade, altas questões poderiam ser exploradas. É o que todo o planeta faz, ao reconhecer a missão do Judiciário no mundo polarizado em que o único aparente consenso é a falta absoluta de consenso.

As Escolas nasceram com sonhos ambiciosos, mas foram se reduzindo à reiteração de cursos modestos de atualização legislativa ou de aprimoramento em alguns específicos tópicos de algumas das disciplinas jurídicas.

Filosofia quase sempre ausente, porque ela faz pensar e incomoda. Ética, palavra deletada. Deontologia? Já teve sua vez. Agora é pragmatismo. É quase inteiramente correto que a maior parte da Magistratura não tenha se detido sobre o grande debate do século XX, que foi o travado por Hart e por Dawkins. Continua em aberto a resposta à indagação de Hart: "O que é o direito?". Uma pergunta genérica que dá lugar, segundo Hart, *a três problemas recorrentes na teoria jurídica: Em que se diferencia o direito das ordens respaldadas por ameaças, e que relação tem com elas? Em que se diferencia a obrigação jurídica da obrigação moral, e que relação tem com ela? O que são as regras, e em que medida o direito é uma questão de regras?*[19]. O que leva Cesar Rodriguez a acrescentar: *Em outras palavras, os problemas fundamentais da teoria jurídica são as relações entre o direito e a coerção, entre o direito e a moral e entre o direito e as regras*[20].

A preocupação de tornar os magistrados técnicos eficientes e burocratas neutrais os priva de tomar contato com a desafiadora densidade das grandes questões jurídicas. Ressalvado o autodidatismo – e ele felizmente existe – não há quem se aproprie do consistente estudo de Theodor Viehweg, a observar que: *A teoria da ciência filosófica contemporânea justifica o discurso, como obra teorética, com obrigações retóricas. Brevemente diz: quando um discursa, este deve poder ser um discurso justificado. (...) Só de tal modo é possibilitado um diálogo racional e em geral vincula as afirmações práticas e a justificação teorética num contexto ótimo*[21].

---

19 HART, H.L.A., *El concepto de derecho,* Buenos Aires: Abeledo Perrot, 1963, p. 16.

20 RODRIGUEZ, Cesar, *La Decisión Judicial – El debate Hart-Dworkin,* Santa Fé de Bogotá: Siglo del Hombre Editores, Universidad de los Andes, 1997, p. 20.

21 VIEHWEG, Theodor, *Tópica e Jurisprudência. Uma contribuição à investigação dos fundamentos jurídico-científicos,* Porto Alegre: Sérgio Antonio Fabris Editor, 2008, p. 116.

Aplicar uma lei fluida ou ambígua, fruto do Parlamento contemporâneo, exige um discernimento que vai muito além daquilo que o bacharelado em direito propicia. A interpretação mereceria imersão contínua do julgador, municiado por consistente doutrina e apurada prática, pois há muito não vigora mais o *in claris cessat interpretatio*. Entretanto, este complexo universo não tem merecido a atenção que deveria merecer. Assim como o treino do juiz em relação ao ilimitado território dos fatos extrajurídicos, com os quais se defrontará.

Os problemas de direito não são exclusivamente jurídicos. *Os enunciados singulares que intervêm na razão fático-jurídico, incluído o enunciado qualificativo que constitui sua conclusão final, se refere a fatos que estão situados fora do direito, fora dos enunciados jurídicos. Por esta razão, para resolver a questão fático-jurídica, há que olhar necessariamente fora do direito e formular enunciados empíricos referentes a ditos fatos extrajurídicos*[22]. Os magistrados estão impregnados de conhecimento jurídico. Podem ter condições de resolver as questões ontológicas, interpretativas e linguísticas. Mas não têm qualquer preparo eficiente para lidar com os fatos extrajurídicos. Servem-se do saber comum, jejuno e leigo, e isso pode não ser suficiente para conferir à decisão a qualidade que dela se espera.

O que é mais impressionante, é que os magistrados de ontem, com sua prudência e humildade, palmilhavam com intimidade terrenos aparentemente ignotos. Não dispunham da milagrosa tecnologia hoje acessível. Atuavam como verdadeiros artesãos do justo. Eram providos daquela sapiência que hoje pode existir, mas não resulta de investimento do Poder Judiciário em seus integrantes.

VI. O que aconteceu?

Uma homenagem a Rubens Ferraz de Oliveira Lima, padrão ético, exemplo de integridade, não poderia deixar de contar com um artigo, ao menos, que cotejasse a Magistratura a que ele pertenceu da Magistratura contemporânea.

Os ufanistas entendem que nunca se esteve melhor na escalada ascensional da humanidade. Os pessimistas acham que tudo retrocedeu. Os realistas tentam distinguir entre avanços e retrocessos.

22 MARÍN, R.Hernández, *Las obligaciones básicas de los jueces*, Barcelona: Marcial Pons, 2005, p.226.

Inegável que os valores declinaram nos últimos tempos. As instituições que o digam. O que era a família, a Pátria, a Igreja e a Escola há meio século? O que elas são hoje?

Em vez de lamentar os tropeços, é mais importante adotar posturas que revigorem a crença em bens da vida insubstituíveis. Essa a missão de quem se recusa a desacreditar na Justiça, como alavanca de edificação de um convívio decente entre os homens.

Muitos pensadores questionam o esmaecimento da ética e demais valores. Paul Ricoeur é um dos que se propõem a responder:

> À pergunta "Para onde vão os valores?"', começo por responder que a responsabilidade dos intelectuais não é a de antecipar evoluções submetidas a inúmeras conjunturas, desprovidas de transparência, mas de prosseguirem no seu papel de educador público, distanciados dos políticos e dos peritos em economia e em ciências sociais. Além disso, é à escala mundial, tendo em conta que somos apenas uma minoria, que nos devemos por ao serviço do maior número. E isto, para começar, denunciando os preconceitos que prejudicam a renovação das nossas inesgotáveis heranças[23].

Rubens Ferraz de Oliveira Lima é um intelectual e exerce uma verdadeira evangelização cívica, na disseminação de uma concepção de Justiça que não pactua com chicanas ou diatribes, não pratica o *lobby*, não invoca a sua gênese e respeita a reputação legitimamente adquirida. É, nesse sentido, verdadeiro educador público. Deve se recordar com saudades de luminares da Magistratura hoje no olvido, pois o que interessa para os contemporâneos é a luz dos holofotes da esfuziante celebridade das mídias, não o estofo moral dos incensadores no altar da fama.

O desenrolar de sua existência é um atestado de que se pode aliar erudição, eficiência naquilo que se faz e um senso superior de humanismo, paradoxalmente nem sempre encontrado nos desatinos de nossos dias.

Ao direito, embora ciência humana, parece mais interessante cortejar a técnica. Conforme observou Mireille Delmas-Marty, *inútil procurar a palavra* ***humanidade*** *nos manuais de introdução ao direito. Nesse sentido, pode-se dizer que no campo jurídico a humanidade é realmente uma*

23 RICOEUR, Paul, *Projeto Universal e Multiplicidade de heranças*, in *Para onde vão os valores?*, debates do século XXI, direção de Jérome Bindé, UNESCO-Instituto Piaget, 2004, p.73.

recém-nascida. Inútil procurar também a palavra ***homem*** *nos manuais de direito*[24].

É de humanismo que a humanidade precisa. E, dentro dela, a instituição que teria a obrigação de promovê-lo, e que ostenta condições de concretizar uma verdadeira conversão humanística, é a Justiça.

Não se promoveu a profunda reforma estrutural da Justiça brasileira. Por isso ela cresce, tende a crescer vegetativamente ao infinito, mas não adquire densidade humana. Sequer há prenúncio de um grande projeto nacional, capaz de implementar um conjunto de sérias reformas. Conjunto que *incluiria reformas específicas do aparelho coercitivo justiça-polícia-prisão, que, por sua vez, necessitariam de uma extraordinária humanização, incluindo a formação de juízes e policiais no humanismo e na complexidade humana*[25].

Volta, e continuará a voltar sempre, a questão da educação dos agentes aos quais se atribui fazer justiça. Dentre eles, o personagem de que mais se exige, e do qual mais se espera, é o juiz.

Rubens Ferraz de Oliveira Lima pode servir como exemplo de juiz adequado ao seu tempo. Ele contribuiu para a elaboração de um protótipo que pode servir às gerações vindouras, em busca de um modelo ideal de julgador. Só que a sociedade está imersa em gravíssimos problemas de iniquidade, ampliando o grau de desigualdades, multiplicando as hipóteses de perpetração de injustiças, na esfera macro e na esfera micro, aqui quase invisíveis. São problemas *que ultrapassam nossas faculdades de pensá-los. O futuro humano está repleto de incertezas e de desconhecidos (inconcebíveis para nosso saber atual). Em contrapartida, é certo que para visualizá-los precisamos preparar desde agora a reforma do conhecimento capaz de enfrentar incertezas e complexidades (que são inseparáveis)*[26].

Que exemplos de vida como o de Rubens Ferraz de Oliveira Lima sejam inspiradores, na busca de recuperar *os bons tempos da Justiça,* sem dispensar aquilo que a ciência e a tecnologia oferecem para torná-la mais eficiente, sim, mas também para fazê-la a cada momento mais humana.

---

24 DELMAS-MARY, Mireille, *Acesso à humanidade em termos jurídicos,* in *A religação dos saberes – o desafio do século XXI,* Rio de Janeiro: Bertrand Brasil, 2004, p.257.

25 MORIN, Edgar, *A Via para o futuro da humanidade,* Rio de Janeiro : Bertrand Brasil, 2013, p. 170.

26 MORIN, Edgar, op. cit., idem, p. 392.

Obrigação solidária. Responsabilidade objetiva e subjetiva. Extinção da obrigação por transação

José Roberto dos Santos Bedaque[1]

1. Hipótese de trabalho e regime legal

Devedores solidários respondem pela integralidade da obrigação perante o credor (Código Civil, artigo 264). A solidariedade não se presume. Decorre da vontade das partes ou da lei (Código Civil, artigo 265). Interessa-me, nesta oportunidade, a resultante da lei, mais especificamente aquela imposta aos autores de ato ilícito (Código Civil, artigo 942).

Neste caso, como estabelecido no último dispositivo citado, todos respondem solidariamente pela reparação do dano causado.

A situação fática imaginada, todavia, apresenta peculiaridade, representada pelo fundamento da responsabilidade dos devedores. Admitida, em caráter excepcional, a caracterização do ato ilícito, independentemente de culpa *lato sensu* (Código Civil, artigo 927, parágrafo único), pensa-se na hipótese da dois coautores, cujo dever de reparar o prejuízo seja subjetivo para um e objetivo para outro.

Como premissa, estabelece-se inexistir exclusão da solidariedade se tal ocorrer. Os devedores solidários podem responder com fundamento em culpa ou em responsabilidade objetiva, sem que isso interfira na existência da solidariedade.

Alguns exemplos simples ratificam essa afirmação. Os diversos integrantes da cadeia de fornecimento são responsabilizados solidária e objetivamente pelo fato do produto. Três fraudadores respondem solidária e subjetivamente pelos prejuízos causados. O Estado e o funcionário público causador do dano são responsabilizados solidariamente pelos prejuízos, de forma objetiva e subjetiva, respectivamente. Do mesmo modo, a instituição que tenha efetivamente falhado na prestação do

---

1 Professor Titular de Direito Processual Civil da Faculdade de Direito da Universidade de São Paulo;
Ex-Procurador de Justiça de São Paulo;
Desembargador aposentado do Tribunal de Justiça de São Paulo;
Advogado.

serviço e o fraudador respondem solidariamente pelos prejuízos sofridos pelo lesado, conquanto a primeira possa responder objetivamente e o segundo, subjetivamente.

Ao comentar o artigo 942 do Código Civil, a doutrina deixa claro que a solidariedade decorre da corresponsabilidade pela causação do dano. Não se limita o dispositivo a tratar da hipótese em que mais de uma pessoa tenha praticado o ato delituoso do qual tenha decorrido o dano (chamada de "coautoria de fato danoso"). Abrange igualmente "àquelas de concurso de fatos de várias pessoas, em que se fala de causalidades concorrentes".[2] É também a lição de Claudio Luiz Bueno de Godoy,

> *havendo mais de um causador do dano a ser reparado, erige-se entre eles uma responsabilidade solidária, de tal sorte que todos se vinculam à integralidade da prestação ressarcitória, podendo por ela ser exigidos juntos ou separadamente, à escolha da vítima. Também assim sucede nos casos de responsabilidade indireta, ou seja, por fato de terceiro, tal como previsto no art. 932, o que se explicita no parágrafo da norma em comento, apenas, em relação ao art. 1.518, do CC/1916, ajustando-se a denominação dos coautores. Bem de ver, todavia, que nessa coautoria deve incluir-se também o participe do direito penal, não havendo, para a responsabilização civil, de proceder à distinção respectiva que há no direito penal.* ***Para fins civis, responde solidariamente quem tenha, de forma eficiente, concorrido à causação do dano, portanto cuja conduta se integre no nexo causal, posto que plúrimo.***[3]

As variações nos comportamentos daqueles a quem o autor da demanda pretende responsabilizar pela reparação dos danos causados pelo ato ilícito não compromete a solidariedade. A doutrina não diverge a respeito:

> *Para configuração da solidariedade na obrigação de indenizar não se faz necessário o concerto prévio entre os responsáveis, sequer a unidade de elemento subjetivo (que cada um tenha agido com culpa); bastará a relação de causalidade, isto é, que cada um tenha efetivamente dado causa ao resultado. E assim é, porque em sede de responsabilidade civil a obrigação de indenizar pode ter fundamento diferente. Para a reparação do mesmo dano, um dos responsáveis pode responder por*

2 Fernando Noronha, *Direito das obrigações*, 2ª ed., São Paulo, Saraiva, 2007, n. 8.7, p. 658.

3 Claudio Luiz Bueno de Godoy, *Código Civil comentado: doutrina e jurisprudência: Lei n. 10.406, de 10.01.2002"*. – 9. ed. rev. e atual. – Barueri, SP: Ed. Manole, 2015, p. 904.

culpa (o empregado), outro objetivamente (o empregador); um por dever extracontratual, outro por dever contratual.
O que justifica o regime da solidariedade, principalmente no caso de obrigação de indenizar, é o empenho de facilitar a exigência da indenização e de acautelar a vítima contra o risco da insolvência de algum dos obrigados.

Cada um dos agentes que concorrem adequadamente para o evento é considerado pessoalmente causador do dano e, consequentemente, obrigado a indenizar. Em face do lesado, quer haja causas cumulativas, quer haja subsequência de causas ou mera coincidência de causas, qualquer dos responsáveis é obrigado a reparar o dano".[4]

Daí que, às vezes, na repartição da indenização entre os *corresponsáveis, pode acontecer que só um deles deva arcar em definitivo com o seu valor total. Isto sucede com frequência nas hipóteses em que algumas pessoas devam indenizar com base nas regras da responsabilidade subjetiva, enquanto outras estejam obrigadas pelas regras da responsabilidade objetiva.*[5]

II. Perspectiva processual

o exame de um dos elementos objetivos do direito de ação – a causa de pedir – auxilia a compreensão do problema aqui proposto. Se o autor imputar a um dos réus – funcionário público, por exemplo – a prática de ato ilícito por haver ele, culposamente, causado o dano cuja reparação pretende, e deduzir idêntico pedido ao corréu, objetivamente responsável pelo ressarcimento (por exemplo., o Estado), ambos estão na condição de supostos devedores solidários. Se os fundamentos fático-jurídicos forem demonstrados, eles serão condenados solidariamente

4 Sálvio de Figueiredo Teixeira, *Comentários ao novo Código Civil*, Rio de Janeiro, Forense, 2ª edição, 2007, pp. 341-342.

5 Fernando Noronha, *Direito das obrigações*, n. 8.7, p. 662. Em obra monográfica sobre responsabilidade solidária ressarcitória, Mauro Orlandi observa que "indipendentemente dal regime della responsabilità (contrattuale od extracontrattuale), è suficiente che i varî criterî d'imputazione applicabili al caso concreto formino un 'fatto danoso complesso': così, per modo d'esempio, chi 'induce' altri all'inadempimento sarà tenuto, quale corresponsabile del danno, in solido com il debitore; o, nelle ipotesi di responsabilità da prodotto difettoso, alla responsabilità contrattuale del 'venditores' si aggiunge la responsabilità extracontrattuale del produttore (...)" (*La responsabilità solidale – profili delle obbligazioni solidali rissarcitorie*, Milano, Giuffrè, 1993, pp. 268-270).

a reparar os danos causados, embora por motivos diversos. Trata-se, portanto, de um único resultado, representado pelos prejuízos causados pelo apontado ilícito, mas de causas de pedir próximas diferentes.

Em síntese: o autor afirma a ocorrência de ato ilícito praticados pelos corréus, com fundamento, respectivamente, em responsabilidade objetiva e subjetiva. Acolhida a pretensão, eles serão considerados devedores solidários pela reparação das consequências danosas (CC, artigo 942).

Não se trata, pois, de obrigação fracionária ou parcial, em razão da qual cada codevedor responde por uma parte da dívida. Não há divisão da prestação entre os vários sujeitos passivos da relação obrigacional. Nem caberia pleitear, na inicial, o fracionamento da obrigação entre os corréus. Como existe solidariedade entre eles, cada qual responde por toda a dívida, cuja extinção, por ato de um deles, beneficia os demais. O credor pode exigir o total de qualquer um deles ou de todos: ***Importa apenas que receba a dívida comum uma só vez.***[6]

III. Transação entre autor e um dos litisconsortes passivos

Pelo exposto no item anterior, chega-se a conclusão inexorável. Eventual transação entre um dos devedores solidários e o credor, implica extinção da obrigação em relação aos outros.[7]

Característica essencial à solidariedade, portanto, é a denominada unidade objetiva: é da essência da solidariedade que numa obrigação em que concorram vários sujeitos ativos ou vários sujeitos passivos haja unidade da prestação, isto é, cada um dos credores tem o poder de receber a dívida inteira, e cada um dos devedores tem a obrigação de solvê-la integralmente[8]*. Daí decorre a consequência lógica, prevista no art. 904 do Código Civil, segundo a qual a solução total da dívida por qualquer dos meios previsto em lei acarreta a extinção da obrigação "relativamente aos demais coobrigados".*[9]

6 Orlando Gomes, *Obrigações*, Rio de Janeiro, 4ª ed., 1956, p. 70.

7 Ob. cit. p. 85.

8 Caio Mário da Silva Pereira, *Instituições de direito civil*, vol. II, 6ª ed., Rio de Janeiro, Forense, 1981, p. 76.

9 Ob. cit., p. 88.

Em suma: *Quando o interesse está satisfeito, extinguem-se as obrigações solidárias; por exemplo, em se tratando de indenização de danos por dois ou mais devedores, se solve a dívida.*[10]*. Isso porque: a vinculação é uma só. Uma só a relação jurídica, de que aliás se irradia pretensão única a que correspondem obrigações solidárias. Assim, a relação jurídica é uma só; b) o crédito é um só; c) a pretensão é uma só; d) as obrigações são múltiplas."*[11]

Ora, se o crédito único decorre da mesma relação, gerando uma só pretensão, embora as obrigações sejam múltiplas, a transação realizada entre o credor e um dos coobrigados extingue a relação, o crédito e a pretensão, liberando automaticamente os demais devedores.

Em síntese, o fato de o autor demandarem os litisconsortes, imputando-lhes responsabilidade solidária, subjetiva e objetiva não descaracteriza a solidariedade.A questão essencial é o fato de se tratar de um mesmo desfalque patrimonial a ser recomposto integralmente, apenas por um dos réus ou por ambos, independentemente do *fundamento* da responsabilidade de cada um.

Aliás, à luz do pedido de condenação dos corréus ao pagamento integral da suposta obrigação, mesmo porque não identificada a parte de cada um deles no danos, uma indagação parece-me irrespondível: como dois devedores não solidários podem ser responsáveis pela totalidade da mesma obrigação? Se de ambos pleiteia-se a reparação integral dos danos, essa pretensão somente é em tese possível se solidária a obrigação.

IV. A transação celebrada por um dos devedores solidários libera os demais

Admitida a premissa fixada no item anterior, segundo a qual eventual diferença quanto ao fundamento da responsabilidade civil – objetiva ou subjetiva – não obsta a solidariedade entre os supostos devedores, outra conclusão deve ser admitida. Eventual acordo entre o credor e um dos devedores, por força do qual a obrigação venha a ser extinta, beneficia o codevedor solidário. Verificada a satisfação do direito controverti-

10 Pontes de Miranda, *Tratado de direito privado*, tomo XXII, São Paulo, Revista dos Tribunais, § 2.746. 2, p. 319.

11 Ob. cit., § 2.754, 2, p. 334.

do, por transação devidamente homologada por sentença, extingue-se a obrigação do codevedor solidário.

Se não houver dúvida quanto à extinção da obrigação, por transação ou qualquer outro meio, o ressarcimento decorrente do apontado ato ilícito praticado pelos réus deixa de existir. Em razão da renúncia, o autor abre mão da pretensão à indenização deduzida na inicial.

Ao realizar negócio jurídico dessa natureza, as partes normalmente fazem expressa menção à transação, bem como à finalidade de pôr fim aos litígios ou a admitir concessões mútuas, não há a menor possibilidade de negar a natureza de transação a esse negócio jurídico, nos exatos termos do artigo 840 do Código Civil.[12]

Assim, de acordo com a dicção expressa do artigo 844, § 3º, do Código Civil, a celebração da transação entre as partes extingue a dívida em relação a todos os corresponsáveis solidários.

É a pacífica orientação da doutrina civilista:

> *A transação, ainda que não seja uma modalidade de adimplemento, mas um contrato autônomo, por sua finalidade, pode resultar na extinção de obrigação solidária. Estabelece o §3º do art. 844 do Código Civil que a transação concluída entre o credor e um dos devedores solidários extingue a dívida em relação aos codevedores.*[13]

---

12 Como ensina Antonio Junqueira de Azevedo, "a transação, como se sabe, tem por finalidade prevenir ou terminar um litígio, mediante concessões mútuas (art. 1.025 do Código Civil de 1916, reproduzido no art. 840 do Código Civil de 2002). A natureza jurídica da transação foi muito discutida, prevalecendo atualmente a doutrina que nela vê um contrato (Orlando Gomes, Contratos, 16ª edição, Forense, Rio de Janeiro, 1995, p. 440; Carlos Alberto Dabus Maluf, A Transação no Direito Civil e no Processo Civil, 2ª edição, revista e aumentada, Saraiva, São Paulo, pp. 32, ss.)" (*Novos estudos e pareceres de direito privado.* São Paulo: Saraiva, 2009, pp. 333-337).

13 Paulo Lôbo, *Direito civil: obrigações*, 2. ed. São Paulo: Saraiva, 2011, pp. 149-150. No mesmo sentido: Claudio Luiz Bueno de Godoy, *Código Civil comentado. Doutrina e jurisprudência: Lei n. 10.406, de 10.01.2002*, 9. ed. rev. e atual. Barueri, SP: Ed. Manole, 2019, p. 840; Maria Helena Diniz, *Código Civil Anotado*, São Paulo: Saraiva, 10ª edição, p. 585. Como pondera Caio Mário da Silva Pereira: "Sendo solidária a obrigação, a transação realizada entre o credor e um dos devedores solidário desobriga os demais codevedores, por ser precisamente um dos efeitos da solidariedade a exoneração de todos em decorrência do pagamento efetivado por um deles, e, no seu efeito liberatório, a transação equipara-se ao pagamento." (ob. cit., p. 229).

Nessa mesma linha, "*quando um empregado ou preposto, estando no exercício do trabalho que lhe compete, pratica um ato ilícito que causa dano a outrem, o patrão ou comitente responde solidariamente com aquele* (...), *mas* (...), *neste caso, se o patrão pagar, poderá exercer ação de regressiva contra o empregado, pela totalidade do valor que houver pago (art. 934); se, porém, foi o empregado quem ressarciu o lesado, ele nada poderá exigir do patrão, embora, perante o lesado, este também fosse coresponsável*".[14]

Assim, se a transação alcançar a integralidade do dever de indenizar, sem qualquer ressalva, todos os codevedores estão liberados da obrigação, não obstante apenas um deles tenha participado do ato extintivo.

A jurisprudência do E. Tribunal de Justiça de São Paulo já se deparou inúmeras vezes com a questão, resolvendo-a, sempre, no sentido de reconhecer o efeito liberatório da transação para o corresponsável solidário:

> *Danos morais decorrentes da morte do cônjuge e pai das autoras. Vítima que laborava como motorista de ônibus no momento da tragédia. Ajuizamento de duas ações distintas, uma em face do empregador do* de cujus, *perante a Justiça do Trabalho, em que as autoras alegaram falha na manutenção do ônibus, além da presente demanda em face do motorista e proprietário do veículo que se encontrava estacionado em local proibido. Coautoria. Responsabilidade solidária. Art. 942, parágrafo único, do Código Civil. Acordo homologado na ação trabalhista em que as autoras deram quitação de 100% dos danos morais. Transação que aproveita os demais devedores solidários, nos termos do artigo 844 § 3º do mesmo diploma legal.*[15]
>
> *Responsabilidade civil –* ***Transação efetuada entre a apelante e empresa solidária que impede nova fixação de indenização*** *– Recurso improvido.*
>
> (...) *A apelante, além da presente ação, ajuizou também ação indenizatória contra a B. Sete Participações S/A, a qual foi extinta por sentença homologatória, em razão de acordo pelo qual a autora recebeu, a título de indenização pelos prejuízos sofridos, o valor de R$ 80.000,00.*
>
> A autora teve a chance de buscar indenização que entendia coerente na ação indenizatória que moveu contra aquela empresa. No entanto, aceitou os valores propostos e resolveu transacionar.

14 Fernando Noronha. *Direito das obrigações*, n. 8.7, p. 662.

15 JSP, 36ª Câmara de Direito Privado, Apelação Cível 1004965-71.2016.8.26.0348, Relator Des. Walter Exner; j. 5.2.2019.

Conquanto triste seja a realidade existente, não se pode permitir infindáveis lides sempre sobre a alegação de que não se tinha a intenção de, em transação anterior, pôr fim à pretensão indenizatória.
São duas ações decorrentes do mesmo evento danoso em que a apelante, embora não tenha admitido, atribuiu a responsabilidade pela explosão a mais de uma pessoa*, ou seja, tanto à Ultragaz como à B. Sete Participações S/A.* ***Havendo mais de um responsável pelo dano, todos respondem solidariamente pela reparação do prejuízo****. Essa a determinação do artigo 1.518, segunda parte do Código Civil de 1916 já citado.*
Em razão dessa pluralidade passiva, a vítima pode ser indenizada por qualquer um dos coobrigados. ***Mas tendo acionado um deles, de quem recebeu pagamento, não mais pode promover ação para a mesma finalidade contra os demais****. Satisfeita a reparação, não cabem outras indenizações, embora em face de outras pessoas.*[16]
RESPONSABILIDADE CIVIL – INDENIZAÇÃO POR DANOS MATERIAIS E MORAIS – Transporte aéreo - Desistência da viagem por parte da Autora – Pretensão à restituição do valor da passagem -Responsabilidade solidária das Requeridas – Acordo celebrado entre um dos corréus e a Autora que aproveita aos demais – Inteligência do § 3º, do artigo 844, do Código Civil.[17]
Ação indenizatória – Apontamento indevido – Mais de um causador do dano – Responsabilidade solidária – Art. 942 do Código Civil – Acordo celebrado entre um dos corréus e o autor que aproveita aos demais – Inteligência do § 3º do artigo 844 do CC/02.[18]
Em outras palavras, realizada a transação, tem ela eficácia objetiva, atingindo a existência do débito na sua unidade objetiva, razão pela qual tem a virtude de produzir efeitos também em relação aos demais codevedores solidários.[19]

---

16 TJSP, 9ª Câmara de Direito Privado, Apelação 9064633-28.2004.8.26.0000, Relator Des. José Luiz Gavião de Almeida, j. 1º.7.2008.

17 TJSP, 19ª Câmara de Direito Privado, Apelação Cível 0000738-79.2013.8.26.0374, Relator Des. Mario de Oliveira; j. 18.12.2018.

18 TJSP, 2ª Câmara de Direito Privado, Ap. 1023842-10.2015.8.26.0602, Relator Des. José Carlos Ferreira Alves, j. 5.7.2017.

19 TJSP, 30ª Câmara de Direito Privado, Relator Des. ANDRADE NETO, AI no 0163094-13.2012.8.26.0000, j. 23.1.2013.

V. Fato superveniente extintivo do direito

Do ponto de vista processual, a extinção da dívida pela transação, realizada com um dos corresponsáveis solidários pela integralidade da pretensão indenizatória, constitui fato superveniente apto a pôr fim ao suposto direito dos autores. Em consequência, estão eles impossibilitados de pleitear indenização dos demais, razão pela qual a improcedência da demanda é inafastável.

É o que estabelece o artigo 493 Código de Processo Civil, *in verbis*

> "Se, depois da propositura da ação, algum fato constitutivo, modificativo ou extintivo do direito influir no julgamento do mérito, caberá ao juiz tomá-lo em consideração, de ofício ou a requerimento da parte, no momento de proferir a decisão".

Também quanto a essa conclusão há apoio jurisprudencial:

> "Acidente de veículo. Reparação de danos materiais e morais. Ação dirigida contra o empregado e sua empregadora. Transação por força da qual o motorista obteve plena quitação do Autor. Obrigação solidária (art. 942, parágrafo 2º do CC); transação que aproveita os demais devedores solidários (artigo 844 parágrafo 3º do CC). **Ação improcedente**".[20]

VI. Direitos e demandas *concorrentes*

A conclusão não se altera embora possam ser diversas as demandas. Apesar de eventualmente distintas as causas de pedir próxima, há identidade quanto à situação fática (causa de pedir remota).

Mesmo se todos os réus forem litisconsortes passivos no mesmo processo – litisconsórcio facultativo em caso de solidariedade (Código Civil, artigo 275 c.c. Código de Processo Civil, artigo. 113) –, continuaria a haver ações e demandas distintas, cada uma delas dirigida a um dos afirmados responsáveis.

Como é elementar, identifica-se a ação por seus elementos subjetivos (partes) e objetivos (causa de pedir e pedido). A pluralidade de qualquer deles implica, naturalmente, cumulação de demandas em um mesmo processo. Nada obsta, todavia, sejam elas deduzidas em proces-

20 TJSP, 36ª Câmara de Direito Privado, Apelação 4000165-88.2013.8.26.0562, Relator Des. Pedro Baccarat, j. 5.12.2017.

sos distintos, mesmo se solidários os devedores, que não são, reitera-se, litisconsortes necessários.

Essas demandas não são idênticas, pois divergem tanto em seu elemento subjetivo (réus diversos) como em parte da causa de pedir – o fato danoso é o mesmo, mas o dever de indenizar repousa em fundamentos jurídicos diversos: responsabilidade aquiliana e objetiva

Nessas situações, não obstante a diferença quanto à causa de pedir próxima, ambas concorrem para um único e mesmo resultado, que é a recomposição do desfalque patrimonial sofrido pelo sujeito ativo.

O máximo que o autor pode esperar do possível sucesso dessas demandas – no mesmo processo ou em processos separados, como de fato ocorrido – seria a recomposição integral daquele único desfalque patrimonial.

A parte lesada teria direito a ser restituída pela íntegra dos prejuízos sofridos, mas apenas uma vez, sob pena de evidente enriquecimento sem causa.

Assim, admitindo-se como verdadeiras as alegações de fato deduzidas pelo autor, essa reparação pode ocorrer por meio de indenização paga por qualquer um dos réus ou por ambos.

Observa-se aí, de forma bastante intuitiva, a presença da *unidade de escopos* ou da *equivalência funcional* que a doutrina refere como cerne das situações de *concorrência de direitos* e, em consequência, de concurso de ações ou demandas. A *particularidade dessas figuras*, observa Chiovenda, é que as várias ações podem ser satisfeitas somente uma vez, sem que isso lhes prejudique a diversidade.[21]

De acordo com Liebman, *la legge offre la scelta fra due risultati, ciascuno dei quali esclude necessariamente l'altro, data l'impossibilità del loro conseguimento cumulativo.*[22]

Vêm ordinariamente do direito material as hipóteses em que se estabelecem à parte lesada formas diversas de reação: resolução do contrato **ou** execução da prestação faltante (Código Civil, artigo 475); resolução da compra e venda *ad mensuram* com restituição da coisa **ou** abatimento do preço **ou** complementação da área (Código Civil, artigo 500); restituição ao *status quo ante* **ou** indenização do equivalente (Código Civil, artigo 182) *etc.* Mas o mesmo preceito também está inscrito na lei processual, estabelecendo o artigo 499 do Código de Processo

21 *Instituições de direito processual civil*, v. I, trad. da 2ª ed. ital. por J. Guimarães Menegale, 3ª ed., São Paulo, Saraiva, 1969, n. 113, pp. 366-367.

22 "Azioni concorrenti", in *Problemi del processo civile*, Napoli, Morano, 1962, § 4, p. 58.

Civil a alternativa (subsidiária) entre execução específica, equivalente prático ou indenização.

Em todos esses casos existe imperativo, dado tanto pelo direito positivo como pela *aequitas*, vazado no postulado *ne bis in idem*, que impede a obtenção de dois ou mais resultados de forma cumulativa.

Diz a doutrina: *Ou a complementação da área, ou o abatimento do preço, ou a resilição contratual. Ou o bem contratualmente devido, ou o equivalente pecuniário. Ou o preço, ou o imóvel de volta. Nunca mais de um.*[23]

A situação não muda de figura na hipótese em que o concurso abarque sujeitos diversos, no polo ativou ou passivo. É ainda a clássica lição de Liebman: *può aversi anche il caso di uma pluralità di azioni concorrenti, distinti per la diversità dei soggetti attivi o passivi*, entre os quais justamente o *caso classico delle obbligazioni solidali.*[24]

Discute a doutrina clássica, em torno do elegante tema do *concurso de ações*, sobre o momento em que se opera a extinção da alternativa (aplicando-se a partir de então a clássica parêmia *electa una via non datur regressatus ad alteram*): se com a propositura da demanda voltada à obtenção de uma delas,[25] com o trânsito em julgado da sentença favorável ou apenas com a efetiva satisfação.[26]

Como anota Cândido Rangel Dinamarco, *o que acontece é que, sendo contrário ao direito esse dúplice benefício que o demandante viesse a pedir, é perante a ordem jurídica substancial que lhe faleceria razão. Sua de-*

23 Cândido Rangel Dinamarco, Electa una via non datur regressatus ad alteram, in *Fundamentos do processo civil*, v. I, 6ª ed., São Paulo, Malheiros, 2010, n. 250, p. 513.

24 "Azioni concorrenti", § 6, pp. 61-62.

25 De acordo com Chiovenda, "o exercício de uma ação [de forma isolada] pode extinguir a ação concorrente" (*Instituições de direito processual civil*, v. I, n. 113, p. 367). Em sentido semelhante, para Liebman, a simples propositura de uma das demandas concorrentes ensejaria a carência de interesse processual para a outra ("Azioni concorrenti", esp. § 5, p. 61). Em obra monográfica mais recente, Renato Resende Beneduzi também defendeu de *lege ferenda* e de *lege lata* que a extinção se dê no momento da propositura da primeira demanda de forma isolada, tendo em vista o peso que a existência de dois processos representa para o demandado (*De concurrentibus actionibus e o concurso de demandas*, Dissertação de Mestrado apresentada ao Departamento de Direito Processual da Faculdade de Direito da Universidade de São Paulo, 2011).

26 Cândido Rangel Dinamarco sustenta que apenas com a satisfação de uma das pretensões dá-se a extinção do direito e, em consequência, a improcedência da outra (Electa una via non datur regressatus ad alteram, esp. nn. 247-248, pp. 505-510).

manda seria improcedente, porque ele não teria o direito que afirma. Não tem direito subjetivo material à resolução do contrato o promitente-vendedor que por algum modo recebeu o preço (inclusive pela via da execução forçada); não tem direito à complementação da área o comprador que já obteve parcial devolução do preço; não tem direito à execução específica o contratante que já recebeu a multa.[27]

Para tanto, e retorno ao ponto, não é minimamente necessário que se esteja diante de idêntico pedido e causa de pedir, bastando que as duas demandas revelem unidade de escopo e concorram ao mesmo resultado útil, ainda que por formas diversas. Essa, é, aliás, a marca distintiva das ações concorrentes: demandas diversas que concorrem para o mesmo resultado e que, por essa razão, não podem ensejar a outorga em duplicidade da tutela jurisdicional, sob pena de propiciar o *bis in idem* e o enriquecimento sem causa.[28]

VII. Conclusão

à luz desse quadro, eventual transação celebrada entre o credor e um dos devedores solidários alcança a integralidade da pretensão ressarcitória, extingue o direito em relação a todos os codevedores solidários.

Tratando-se de ações e direitos concorrentes, a satisfação de um deles, por força de eventual transação, constitui fato superveniente a ser considerado no julgamento de todos os processos, versando sobre o mesmo direito, postulados separadamente ou em litisconsórcio passivo. Eventual condenação de um dos responsáveis solidário, não obstante a transação realizada com outro, acarretaria enriquecimento sem causa, pois o acordo implicou extinção da obrigação (Código Civil, artigos. 876 e ss., 884 e ss.). A pretensão dirigida a ele configura comportamento previsto no artigo 940 do Código Civil.

27 Electa una via non datur regressatus ad alteram, in *Fundamentos do processo civil*, v. I, 6ª ed., São Paulo, Malheiros, 2010, n. 250, p. 513.

28 Remonto uma vez mais aos ensinamentos de Liebman: "Il concorso di dritti e di azioni, presentando una pluratiltà di mezzi giuridici dove sussiste una sola lesione di diritto da riparare, offre il pericolo di uno di quegli incovenientei ora indicati, ma poichè impedisce il loro soddisfacimento cumulativo, contiene in se stesso il remédio che permette di annoverarlo in questo grupo di istitutti" ("Azioni concorrenti", § 5, p. 60).

Oralidade e julgamento colegiado a distância em tempos de pandemia

José Rogério Cruz e Tucci[1]

SUMÁRIO: 1. Introdução. **2.** A velha tradição da oralidade. **3.** Julgamento inédito da Suprema Corte dos Estados Unidos da América. **4.** Inexistência de regra legal impositiva de julgamento presencial. **5.** Introdução da sustentação oral no sistema processual brasileiro. **6.** Prevalência do julgamento virtual. **7.** Possível ilegalidade do julgamento por videoconferência por ausência de publicidade. **8.** À guisa de conclusão. Referências bibliográficas.

1. Introdução

É realmente com enorme satisfação que me associo a esta oportuníssima homenagem a Rubens Ferraz de Oliveira Lima, respeitado Magistrado e brilhante Advogado, que cativa seus amigos e admiradores pela inteligência e pela humildade.Nos dias que correm, diante da pandemia ocasionada pela covid-19, é notória a celeuma que também se estabeleceu no meio jurídico a respeito da ampliação das hipóteses nas quais se autoriza o julgamento colegiado virtual e por vídeo conferência. Em meio às incertezas, a tecnologia digital é a aposta dos responsáveis pela administração da justiça.

Julgamento colegiado virtual, como se sabe, é aquele realizado *intra muros*, cujos protagonistas são exclusivamente os juízes. Saliente-se que essa espécie de julgamento, devidamente regulamentada, a partir do denominado "plenário virtual", instituído, há considerável tempo, pelo Supremo Tribunal Federal, acabou sendo disseminado, de modo generalizado, a outros tribunais de nosso país.

Julgamento colegiado por vídeo conferência, também efetivado de forma remota, assim como o tradicional julgamento presencial, é aquele que, embora a distância, em ambiente virtual, possibilita a presença de todos os interessados, em especial, dos advogados das partes.

1 Advogado. Ex-Presidente da Associação dos Advogados de São Paulo - AASP. Professor Titular Sênior da Faculdade de Direito da Universidade de São Paulo - USP. Membro da Academia Brasileira de Letras Jurídicas.

A questão central dessa nova modalidade de julgamento resume-se em saber se resta vulnerada a publicidade das sessões de julgamento a distância, e, assim, viciada a respectiva decisão por ofensa ao devido processo legal.

Em recente edição, o caderno especial *Aliás* do Estadão publicou formidável artigo de Mario Vargas Llosa (*O irmão Justiniano*), no qual ele confessa, com muita convicção, que os demônios da peste que assola o mundo há mais de um ano terão realizado um bom trabalho se, ao menos, pequena parcela da sociedade, graças à quarentena forçada, estiver se dedicando à boa leitura!

De fato, desfrutando desse período de inusitado isolamento e enorme consternação, também aproveitei para colocar minha leitura em dia, buscando passar o tempo, debruçando-me sobre alguns livros que havia adquirido para oportuna apreciação. Entre eles, destaco a obra do professor inglês Richard Susskind, intitulada *Online Courts and the Future of Justice.*[2] Trata-se de trabalho instigante e atualíssimo, no qual o autor vaticina que, em um futuro próximo, em prol do maior acesso à justiça e, ainda, em atendimento ao princípio da duração razoável do processo, não existirão mais julgamentos presenciais, mas apenas e tão-somente virtuais.

Diante dessa premissa, Susskind suscita, no âmbito do processo inglês, a questão da legalidade dos julgamentos remotos, à luz do famoso artigo 6º da Convenção Europeia para a Salvaguarda dos Direitos Humanos (Convenção de Roma), que, além de outras garantias processuais, assegura às partes a publicidade dos julgamentos.

Cumpre lembrar que o artigo 93, IX, da nossa Constituição da República, igualmente, determina, como regra, a publicidade, nos seguintes termos: *Todos os julgamentos dos órgãos do Poder Judiciário serão públicos, e fundamentadas todas as decisões, sob pena de nulidade....*

Daí o natural interesse em examinar as ponderações de Susskind sobre essa relevante questão. Em primeiro lugar, observa ele a distância temporal em que redigido aquele referido tratado supranacional dos dias atuais. Em 1950, ninguém poderia imaginar que os julgamentos pudessem ser realizados em ambiente virtual, a distância, por meio eletrônico. Todavia, exorta que não se pode confundir "presença física" com "publicidade".

A rigor, é igualmente insustentável supor que, se as portas dos tribunais estivessem abertas (*open justice*), o julgamento seria efeti-

2 Oxford, 2019.

vamente mais justo (*fair trial*). Na verdade, inexiste qualquer entrave técnico que impeça o acesso *online* de eventuais interessados às sessões remotas por videoconferência. Ademais, para Susskind, não tem sentido o ato presencial, quando a lei não autoriza, durante o julgamento, a intervenção dos advogados dos litigantes. Observa ainda que, em geral, no sistema processual do *commom law* não há qualquer disposição legal impondo que a discussão da causa, em grau de apelação, seja informada pelo princípio da oralidade, realizada em sessão pública. Após os arrazoados apresentados pelas partes, o julgamento do recurso se efetiva em câmara secreta, proclamando-se o resultado, pelos meios normais de comunicação processual, até que seja publicado o inteiro teor da decisão.

2. A velha tradição da oralidade

Observo que tais premissas, traçadas por prestigiosa doutrina forjada em diferente ambiência jurídica, pode, à primeira vista, parecer conflitante com a nossa cultura, influenciada pelas correntes dogmáticas do processo europeu continental, no sentido de que os atos processuais devem ser realizados, tanto quanto possível, na presença do juiz.

Com efeito, Piero Calamandrei, em inúmeros escritos, expressa o pioneirismo e o esforço de Giuseppe Chiovenda em defesa do processo oral, ao enfatizar que: "o mérito de ter sobrelevado, na Itália, o problema da oralidade, é todo de Chiovenda, que, com um admirável apostolado, iniciado em 1906 e perdurado até a sua morte, fez-se pregoeiro daquela reforma inspirada nos princípios do processo oral, que, hoje, está, talvez, para triunfar: quem trata da oralidade acha-se, pois, mesmo sem desejar, a repetir ou a retomar ideias que já na obra magistral de Chiovenda obtiveram a sua definitiva formulação".[3]

De fato, como corolário do princípio da oralidade, Chiovenda preconizava que era fundamental a imediatidade entre o juiz, as partes e as testemunhas. Afirmava ele que a lógica desse corolário da oralidade é tão intuitiva que seria mesmo um contrassenso deixar de admitir a proximidade de quem vai julgar com os demais protagonistas do processo.

3 Calamandrei, *Oralità nel processo*, Nuovo digesto italiano, v. 9, Torino, Utet, 1940, p. 179; Opere giuridiche, v. 1, Napoli, Morano, 1965, p. 451.

Bem é ver que a imediatidade, na doutrina de Chiovenda[4], constitui o núcleo central do processo oral, pelo qual "o juiz, a quem cabe proferir a sentença, deve assistir ao desenrolar das provas, das quais tem de extrair o seu convencimento, ou seja, que tenha estabelecido contato direto com as partes, com as testemunhas, com os peritos e com o objeto do processo, de modo que possa apreciar as declarações de tais pessoas e as condições do lugar em que os fatos se passaram, e ainda outras, baseado na impressão imediata, que delas teve, e não em informações de outrem".

O processo judicial – ressalta Chiovenda – impõe na medida do possível proximidade entre o julgador e os litigantes, até mesmo por ocasião do julgamento.

Dúvida não de que o nosso processo civil sofreu claro influxo desse ideário, embora a legislação vigente o tenha mitigado. Ressalta, à propósito, Dinamarco que "seria irreal qualificar de oral o procedimento brasileiro, cujos atos se realizam preponderantemente em forma escrita".[5]

No entanto, o legislador contemplou, em diversos momentos do procedimento, a oralidade, inclusive no que se refere ao julgamento em grau recursal, no qual as partes, por meio de seus patronos, têm a possibilidade de participar e intervir oralmente.

3. Julgamento inédito da Suprema Corte dos Estados Unidos da América

Importa considerar, à guisa de comparação jurídica, que a gravíssima crise mundial ocasionada pelo coronavírus tem propiciado, de forma abrupta e acentuada, inusitada mudança de hábitos, quebra de paradigmas e rearranjo social nas mais diferentes experiências jurídicas.

---

4 *Instituições de direito processual civil*, v. 3, trad. port. J. Guimarães Menegale, São Paulo, Saraiva, 1965, p. 53. Lembre-se de que Chiovenda inspirou-se nas lições de Adolf Wach, na Alemanha, adepto ferrenho do processo oral e autor de célebre ensaio (*Oralidad y escritura*, Conferencias sobre la Ordenanza Procesal Civil alemana, trad. Ernesto Krotoschin, Buenos Aires, Ejea, 1958, p. 32-33), cuja ideia central é a de que a defesa deve ser *preparada*, e não *efetuada*, mediante a troca de petições, e que o demandado deve ter, no debate oral, plena liberdade de movimento quanto ao material de defesa... Com relação à substância efetiva do fundamento, a demanda representa, destarte, um simples escrito preparatório.

5 *Instituições de direito processual civil*, v. 2, 8ª ed., São Paulo, Malheiros, 2019, p. 525.

Até mesmo nos domínios do Poder Judiciário – o mais conservador dentre os poderes constituídos – tem sido evidente a acomodação às medidas de segurança decorrentes do necessário isolamento social.

No Brasil, as autoridades encarregadas de administrar a justiça, procurando, de um modo geral, estabelecer estratégias para que não houvesse estagnação da prestação jurisdicional, sobretudo em situações mais urgentes, responderam rapidamente, ao estabelecerem, além de outras providências, nova rotina de funcionamento do expediente forense e suspensão racional dos prazos processuais.

Ademais, como acima frisado, a tradicional sistemática dos julgamentos foi igualmente alterada, passando-se a dar ênfase aos julgamentos virtuais e por videoconferência, como a experiência inédita do Superior Tribunal de Justiça, cuja primeira sessão por meio de videoconferência, aberta ao público, ocorreu no início do mês de abril de 2020.

Toda essa reconfiguração do tradicional modelo de julgamentos, em brevíssimo lapso temporal, demonstram como as necessidades de nova dinâmica social impõem soluções que ensejam verdadeira quebra de paradigmas, fixados em passado remoto.

Esta tendência à conservação do costume forense predomina igualmente na Suprema Corte dos Estados Unidos da América, que detém competência para julgar, em último grau, questões relevantes de interpretação e aplicação da constituição e de lei federal infraconstitucional.

Desde a sua criação, em 1789, os *oral arguments* - vale dizer, a discussão final da causa - são apresentados em audiência presencial, aproximadamente 80 casos por ano, perante os nove ministros (*Justices*). Desse importante ato processual, além dos advogados dos respectivos litigantes, ainda participam um secretário (*Clerk*) e um ou dois agentes (*Marshal*), para preservar o decoro e a segurança do recinto. As sessões se realizam geralmente pela manhã, da primeira segunda-feira de outubro até o final do mês de abril, às 10h, nas segundas, terças e quartas-feiras. Cada sessão, aberta ao público, é reservada para discussão de dois processos, previamente pautados, estipulando-se uma hora para cada um. Geralmente, no período da tarde, a transcrição dos debates é disponibilizada aos advogados. E, na sexta-feira, a secretaria da Suprema Corte também coloca ao alcance dos interessados os áudios dos debates ocorridos na semana.

A predominância do processo escrito na superior instância prevalece na experiência jurídica dos Estados Unidos da América. Cumpre lembrar que, no sistema judicial americano, antes do julgamento propriamente dito, após a distribuição de memoriais - *briefs* - ocorre a única parte oral e pública do processo em curso nos tribunais americanos, consistente exatamente nas sessões acima referidas, para exposição dos *oral arguments*, nas quais os advogados das partes são convocados a apresentar suas razões perante o tribunal. Nessa ocasião, são questionados pelos ministros acerca dos pontos controvertidos da demanda, estabelecendo-se, assim, um debate efetivo sobre o tema em análise. Desse modo, seja na Suprema Corte ou em tribunais de apelação, após essa sessão de discussão dos casos *sub judice* (*oral arguments*), os julgamentos são realizados em sessões fechadas – as denominadas conferências - das quais participam somente os *Justices*. "Nelas, não são admitidos nem mesmo assessores ou garçons, sendo que, na Suprema Corte, cabe ao *Associate Justice* (ministro) mais moderno a pitoresca tarefa de servir água para os colegas, abrir a porta da sala de conferências e atender ao telefone...".[6]

Pois bem, por força do distanciamento social também recomendado na cidade de Washington, quebrando secular tradição, a Suprema Corte norte-americana, no dia 4 de maio de 2020, determinou que a sessão de apresentação dos *oral arguments* passasse a ser realizada por meio virtual remoto, restringindo-se ao áudio, disseminado ao vivo pela internet. E, de fato, a primeira sessão de debates nesse sistema inédito foi o de n. 19-46, *U.S. Patent and Trademark Office v. Booking.com*, cuja questão central pode ser resumida na viabilidade ou não de registro do domínio eletrônico *booking.com*.

Aberta a sessão às 11h de Brasília, apregoado o processo, o *Chief Justice* (presidente da Suprema Corte) John Roberts passou a palavra à subprocuradora da advocacia-geral dos Estados Unidos, Erica Ross, para expor os seus argumentos pelo prazo de 3 minutos.

Representando o *U. S. Patent and Trademark Office* (análogo ao nosso INPI), a referida advogada contestou o registro da marca *booking.com*, uma vez que o termo "reserva" (*booking*) se descortina genérico e, portanto, inviável o seu respectivo domínio, como porta de acesso à *web*.

Após declinar seus argumentos, a advogada passou a ser sabatinada por todos os ministros integrantes da Suprema Corte, na ordem de antiguidade - do mais antigo até aquele que foi nomeado mais recentemente-, a saber: John Roberts (presidente), Clarence Thomas, Ruth

6 Carlos Bastide Horbach, *Qual é a utilidade da sustentação oral nos tribunais?*, Revista Conjur, 09.02.2014.

Bader Ginsburg, Stephen G. Breyer, Samuel Alito, Sonia Sotomayor, Elena Kagan, Neil Gorsuch e Brett Kavanaugh.

Importa salientar, neste particular, que, igualmente, em nosso direito, a análise do requisito de distintividade do nome é fundamental para que seja viável o respectivo registro. Sua apreciação leva em conta a capacidade distintiva do conjunto em exame, inibindo a apropriação a título exclusivo de sinais genéricos, necessários, de uso comum ou carentes de distintividade em virtude da sua própria constituição. Ressalte-se que um domínio na internet, diferentemente da marca, engloba a variedade de segmentos econômicos em todos os países do mundo.

A proibição do registro de sinais não distintivos é motivada, em primeiro lugar, pela própria incapacidade de que tais elementos sejam percebidos como marca pelo consumidor. Além disso, a apropriação exclusiva de signo de uso comum, genérico, necessário, vulgar ou descritivo geraria monopólio injusto, uma vez que impediria que os demais concorrentes fizessem uso de termos ou elementos figurativos necessários para sua atuação no mercado.

Apenas à guisa de exemplo, dada a palavra à *Justice* Ruth Ginsburg, indagou ela à representante do demandante se tinha ciência de que o deferimento do registro do domínio *booking.com* implicaria o cancelamento de muitos outros que têm o vocábulo genérico *booking* em seu site eletrônico. Curioso é notar que a advogada tentou sair pela tangente, valendo-se de argumento secundário, que acabou ensejando nova indagação, de forma veemente, pela *Justice* Ginsburg.

Encerrado o debate com a arguição do último ministro Brett Kavanaugh, o presidente da sessão passou então a palavra à advogada Erica Ross, para que fizesse um resumo de seus argumentos, pelo prazo máximo de 3 minutos.

Em seguida, tudo se repetiu com a advogada Lisa Blatt, representante da requerida *Booking.com*.

É interessante notar que a demandada invocou em abono de sua tese, vale dizer, da possibilidade de registro *booking.com*, um antigo precedente da Suprema Corte americana, do final do século XIX, *128 U.S. 598 (1888), Goodyear's India Rubber Glove Manufactoring Company v. Goodyear Rubber Company*, no qual foi decidido que não havia qualquer confusão da marca, pois cada indústria gerava produtos que não se confundiam.

Indagada pelo *Justice* Clarence Thomas se tal precedente de fato teria a mesma eficácia no ambiente de internet, a advogada Lisa Blatt respondeu que sim, dando ainda como exemplo o domínio *thecheesecakefactory.com*, conhecida cadeia de restaurantes nos Estados Unidos.

Por fim, apresentada a síntese dos argumentos pela advogada da demandada, a discussão, que durou aproximadamente 1h15min, foi encerrada pelo ministro presidente, declarando apenas: "*case submited*", ou seja, processo já submetido à corte e conclusos para a prolação do veredito.

Mais recentemente, apenas por curiosidade, anoto que a Suprema Corte publicou, em 30 de junho de 2020, o acórdão desse caso, relatado pela *Justice* Ruth Ginsburg, contra apenas uma única *dissenting opinion* do *Justice* Stephen Breyer, decidindo que um vocábulo genérico como "*booking*" acrescida de "*.com*", passa a ser reconhecida pela percepção dos consumidores e, portanto, a empresa de reservas de viagem *online* tem direito de registrar a marca *booking.com*. A ministra relatora consignou no voto condutor que uma pesquisa realizada pela corte evidenciou que os consumidores consideram o nome *Booking.com* como uma empresa e não como mero termo genérico.

É de concluir-se, pois, que esse novo regramento emergencial, determinado pela Suprema Corte americana, bem demonstra a necessidade de as instituições, por mais tradicionais que sejam, lidarem com a miríade de exigências supervenientes decorrentes da pandemia.

4. Inexistência de regra legal impositiva de julgamento presencial

Assinale-se que esse modelo processual, no qual o julgamento do recurso é realizado em sessão fechada ao público, não constitui característica exclusiva dos sistemas de *common law*, mas, na verdade, vem também adotado em vários países da Europa continental, como no atual processo italiano e alemão.

Entre nós, entendo que seria ideal esse formato, simplesmente porque é menos, muito menos, hipócrita! No entanto, o argumento da imaginada relevância -mesmo na atualidade – da sustentação oral, redundaria em um óbice aos julgamentos virtuais quando esta vem admitida pela lei processual.

Bem equacionada a questão, anoto, em primeiro lugar, que, no direito brasileiro, não há qualquer texto legal impositivo de que a discussão sobre o recurso em julgamento seja feita em sessão presencial. Veja-se bem: a nossa Constituição impõe, expressamente, a "publicidade do julgamento" e não dos debates que antecedem o veredito! No Brasil, a discussão da causa, vale dizer, do recurso, em sessão aberta a quem quer que seja, tem origem na praxe do direito lusitano, que foi recepcionada pelo nosso sistema jurídico.

Se realmente houvesse exigência de que os julgamentos fossem públicos, as sentenças somente seriam válidas quando proferidas em audiência, na presença das partes! Todos nós sabemos que as sentenças são, na grande maioria das vezes, "publicadas em cartório", com a subsequente intimação pelo Diário da Justiça, "impresso ou eletrônico", nos termos dos artigos. 231, VII, e 270, do Código de Processo Civil. Publica-se, portanto, o ato decisório, longe da presença dos advogados das partes (portanto, sem publicidade), que tomarão ciência (e aí sim é dada a devida publicidade!) pela respectiva intimação.

5. Introdução da sustentação oral no sistema processual brasileiro

Ademais, na pesquisa que realizei a propósito de toda esta importante temática, constatei que a intervenção dos advogados, em segundo grau, ao ensejo do julgamento da causa, não provém de nossa tradição luso-brasileira. Não constava do Decreto nº 848, de 11 de outubro de 1890, que criou o Supremo Tribunal Federal e tampouco de seu regimento interno de 1891, bem como da revisão deste, feita em 1909.

A primeira referência à possibilidade de sustentação oral perante os tribunais, ao que parece, é a do artigo 1.286 do Código do Processo do Estado da Bahia, de 1916, que fora redigido e depois comentado pelo ministro do Supremo Tribunal Federal Eduardo Espínola, ao preceituar: *Na ocasião do julgamento, o presidente mandará apregoar as partes pelo porteiro, e, achando-se ellas presentes por seus advogados, ser-lhe-ás dada a palavra, após a leitura do relatório para, si quiserem, fazerem as considerações que lhes aprouver, falando o apellante em primeiro lugar.*

Bem mais tarde, provavelmente sob a influência do ideário de Giuseppe Chiovenda sobre os consectários da oralidade, então muito difundido entre alguns processualistas sul-americanos e, em particular, brasileiros, o jurista Pedro Batista Martins, guindado à função de legislador, admitiu a sustentação oral em nosso primeiro diploma processual federal, promulgado pelo Decreto-lei nº 1.608, de 18 de setembro de 1939. Dispunha, com efeito, o artigo 875 do Código de 1939: *Na sessão de julgamento, feita pelo relator a exposição dos fatos, o Presidente, se o recurso não for de agravo ou embargos declaratórios, dará a palavra sucessivamente ao recorrente e ao recorrido, pelo prazo improrrogável de quinze (15) minutos a cada um, para a sustentação das respectivas conclusões, passando o Tribunal a julgar, de acordo com o seu regimento interno.*

No ano seguinte, em 1940, o Supremo Tribunal Federal reformou o seu regimento interno, para adotar a nova regra no artigo 184, que então passou a admitir a sustentação oral após o relatório do recurso em julgamento.

Alguns anos depois, em 1951, o advogado da turma de 1929 das Arcadas de São Francisco e deputado federal por São Paulo (PSP), Castilho Cabral, apresentou o Projeto de lei nº 44/51, visando a alterar a redação do supra transcrito artigo 875, a partir de uma sugestão do renomado advogado e professor Noé Azevedo, a permitir a sustentação oral após o voto do relator. Segundo consta da proposta, publicada no Diário do Congresso Nacional, de 31 de março de 1951, a sustentação oral somente teria efetiva utilidade se o advogado pudesse intervir, não para debater, mas sim para apontar alguma omissão ou equívoco de fato que pudesse chamar a atenção, não apenas do relator, mas sobretudo dos demais julgadores. Tal projeto foi aprovado, transformando-se na Lei nº 2.970, sancionada, em 24 de novembro de 1956, pelo presidente Juscelino Kubitschek, que alterou a redação do artigo 875, passando a admitir a sustentação oral após o voto proferido pelo relator: *Na sessão de julgamento, feita a exposição dos fatos e proferido o voto pelo relator, o Presidente, se o recurso não for de embargos declaratórios, dará sucessivamente, ao recorrente e ao recorrido, a palavra pelo prazo improrrogável de quinze minutos a cada um, para a sustentação das respectivas conclusões, prosseguindo-se de acordo com o regimento interno do Tribunal, depois de dada novamente a palavra ao relator para que, expressamente, confirme ou reconsidere o seu voto".*

Destaco que Noé Azevedo, ao sugerir tal modificação, na privilegiada condição de presidente do Conselho da Ordem dos Advogados do Brasil, secção de São Paulo, segundo consta da justificativa do referido projeto de lei, baseara-se na premissa de que, nos domínios do Tribunal de Justiça de São Paulo, já àquela época, em que, por certo, imperava uma relação de muito maior cordialidade entre juízes e advogados do que lamentavelmente se constata na atualidade, "um simples aparte do advogado procurando desfazer um erro ou equívoco do relator, possibilitando aos demais desembargadores, que não examinaram os autos do processo, melhor conhecimento da causa, era proibido com tal rigor, que, quando o advogado a ele se atreve, por mais experiente que seja, é recebido como uma afronta ao tribunal"!

Não obstante, essa prerrogativa, de sustentação após o voto do relator, foi desprezada pelo revogado Código de Processo Civil de 1973, uma vez que o artigo 554, previa que: *depois de feita a exposição da causa pelo relator, o presidente, se o recurso não for de embargos declaratórios ou de agravo de instrumento, dará a palavra, sucessivamente, ao recorrente e ao recorrido...*"Cumpre-me relembrar que o vigente Estatuto da Advocacia (Lei nº 8.906/94), no artigo 7º, IX, de sua redação original, ressuscitara aquela benfazeja disciplina do diploma de 1939, ao prescrever, entre os direitos do advogado, o de: *sustentar oralmente as razões de qualquer recurso ou processo, nas sessões de julgamento, após o voto do relator, em instância judicial ou administrativa, pelo prazo de quinze minutos, salvo se prazo maior for concedido.*

Essa regra, contudo, que jamais tivera eficácia, foi declarada inconstitucional, em 2006, pelo Supremo Tribunal Federal, no julgamento, por maioria, em sessão plenária, da ADI nº 1.105, então ajuizada pelo Procurador-Geral da República, da relatoria designada do ministro Ricardo Lewandowski, forte no inconsistente fundamento de que a sustentação oral após o voto do relator, "afronta o devido processo legal, além de poder causar tumulto processual, uma vez que o contraditório se estabelece entre as partes". Quando nada, restaram desconsideradas a realidade e a cooperação processual que, para a moderna ciência do processo, deve pautar o comportamento de todos os protagonistas do processo.

O artigo 937 do vigente Código de Processo Civil e os regimentos internos dos tribunais, de um modo geral, continuam autorizando a sustentação oral imediatamente após a leitura do relatório pelo relator - que hoje simplesmente não é feita, *ex officio*, ou porque "determina-se" a dispensa pelo advogado que, presente na tribuna, irá sustentar!

Essa é a realidade! Temos de olhar mais fundo.

6. Prevalência do julgamento virtual

Convido os meus estimados Colegas a uma reflexão em tom provocativo: é realmente útil a sustentação oral nos dias que correm?

Vamos imaginar que sim, sobretudo perante as turmas julgadoras que prestam o obséquio da atenção aos nossos argumentos... De qualquer modo, no formato atual, como, geralmente, não mais se apresenta o relatório, nada pode o advogado fazer quando o relator comete erro ou significativa omissão sobre algum fato fundamental da questão! Apenas para invocar singelo exemplo da minha experiência: recentemente, sustentei perante o prestigioso Tribunal de Justiça bandeirante, em um recurso em mandado de segurança contra ato judicial proferido em segundo grau de jurisdição. Após a minha sustentação, o relator, como inequívoca advertência, dirigiu-se a mim, asseverando que o meu constituinte havia se precipitado na impetração do referido mandado , uma vez que, com a oposição de embargos de declaração contra a decisão atacada, o prazo para o *mandamus* estava interrompido! É certo que o desembargador relator, ao fazer tal afirmação, faltou à aula da faculdade em que se formou, porque simplesmente mostrou desconhecer que o prazo para a impetração do mandado de segurança é decadencial (artigo 23 da Lei nº 12.016/2009) e, portanto, não se interrompe! Os embargos de declaração não são dotados de efeito suspensivo (artigo 1.026 do Código de Processo Civil). Não sabe ele, outrossim, que a ação de mandado de segurança, como é cediço, não se equipara a recurso! Pior: os demais integrantes da turma julgadora acompanharam o relator, porque, à toda evidência, sem qualquer manifestação, igualmente, devem também ter faltado à mesma aula ou não prestado a devida atenção às minhas palavras! E, assim, sentindo-me absolutamente impotente, não pude ou não tive a ousadia de requerer a palavra pela ordem... Tenho, pois, a mais plena convicção, como advogado militante há mais de 40 anos, de que de nada adiantaria qualquer objeção que pudesse fazer, no sentido apenas e tão-somente de cooperar com o julgamento!

Dúvida não há de que, cada um de nós, advogados, poderia revelar as suas infindáveis situações pessoais de profunda decepção, não propriamente com o resultado do julgamento, mas, no limite, com o absoluto descaso ao direito do jurisdicionado que bate às portas dos tribunais!

7. Possível ilegalidade do julgamento por videoconferência por ausência de publicidade

Como acima ressaltado, o artigo 93, IX, da Constituição Federal, consagra, ao lado do dever de motivação dos atos jurisdicionais, o princípio da publicidade dos julgamentos.

A publicidade é inserida, pela moderna doutrina processual, na órbita dos direitos fundamentais do cidadão, como pressuposto do direito de defesa e de imparcialidade e independência do juiz. Constitui ela, pois, um imperativo de conotação política, introduzido, nos textos legislativos contemporâneos, pela ideologia liberal, como verdadeiro instrumento de controle da atividade dos órgãos jurisdicionais.

A garantia em tela justifica-se na exigência de evitar a desconfiança popular na administração da justiça, até porque a publicidade consiste em um mecanismo retórico apto a diagnosticar a falibilidade humana dos juízes.

Tendo-se presente a dimensão de seu significado jurídico-político, desponta, na atualidade, a necessidade de controle (extraprocessual) "generalizado" e "difuso" sobre o *modus operandi* dos tribunais no tocante à administração da justiça.

No que concerne à garantia da publicidade, verifica-se, de logo, que o vigente Código de Processo Civil, além de se manter fiel aos dogmas clássicos do processo republicano, assegura, como regra, nos artigos. 11 e 189 a *publicidade absoluta* ou *externa*, mostrando considerável aperfeiçoamento em relação à antiga legislação.

Esclareça-se que *publicidade absoluta* ou *externa* é aquela que autoriza o acesso, na realização dos respectivos atos processuais, não só das partes, mas ainda do público em geral; *publicidade restrita* ou *interna*, pelo contrário, é aquela na qual alguns ou todos os atos se realizam apenas perante as pessoas diretamente interessadas e seus respectivos procuradores judiciais, ou, ainda, somente com a presença destes (chamado *segredo de justiça*).

Em primeiro lugar, como norma de caráter geral, praticamente repetindo o mandamento constitucional, dispõe o *caput* do artigo 189 do diploma processual que: "*Todos os julgamentos dos órgãos do Poder Judiciário serão públicos, e fundamentadas todas as decisões, sob pena de nulidade*".

A exceção vem preconizada no respectivo parágrafo único do artigo 11, bem como nos incisos do referido artigo189.

Acrescente-se, outrossim, que no capítulo "Da Audiência de Instrução e Julgamento", o artigo 368 do Código de Processo Civil, de forma incisiva (e até redundante), preceitua que: "*A audiência será pública, ressalvadas as exceções legais*".

Assim sendo, salvo as exceções previstas na lei processual, o julgamento despido de publicidade irrompe viciado por flagrante ofensa ao princípio do devido processo legal.

Não obstante, mesmo antes do necessário distanciamento social sugerido pela Organização Mundial de Saúde, o julgamento em ambiente virtual *intra muros*, em nossa experiência jurídica, já havia sido implantado, a partir de prática instituída pelo Supremo Tribunal Federal, por meio de adequada regulamentação. A nossa Corte Suprema, de fato, como bem observa Christine Peter, "incorporou rotinas de julgamentos virtuais, antecipando métodos de deliberação, que no ano de 2020, em virtude da pandemia da covid-19, tornaram-se especialmente necessários e adequados. Aquilo que parecia uma antecipação precoce do futuro abruptamente passou a ser uma realidade exigida para a continuidade dos trabalhos institucionais do Supremo".[7]

É certo que nos tribunais, para ser efetivada essa modalidade de julgamento colegiado, caracterizado pela ausência de publicidade, exige-se, *ope legis*, prévia concordância das partes. Nessa hipótese, embora postergada a publicidade do julgamento, dúvida não há de que a nulidade fica superada pelo interesse preferencial dos litigantes, manifestado de forma expressa ou tácita, em prol da duração razoável do processo.[8]

Saliente-se, contudo, que em busca de adaptação como resposta à duradoura crise da pandemia do coronavírus, os tribunais de norte a sul do Brasil, com alicerce no artigo 937, § 4º, do Código de Processo Civil, e com providencial apoio do Conselho Federal da Ordem dos Advogados do Brasil, conseguiram pautar recursos em sessões telepresenciais por videoconferência, por meio de inúmeras plataformas digitais, respeitando-se as prerrogativas profissionais, visto que admitida a intervenção dos advogados que pretendem fazer sustentação oral. Desse modo, primeiramente o Supremo Tribunal Federal, seguido, já em abril, pelo Superior Tribunal de Justiça, e, em imediata sequência, pelos tribunais estaduais, em particular, pelo Tribunal de Justiça de São Paulo, apressaram-se em providenciar a introdução dessa espécie de julgamento a distância, denominado telepresencial.

Cumpre-me esclarecer que tal prática foi também instituída, no mesmo mês de maio passado, pela Suprema Corte dos Estados Unidos da América, como acima frisado, e, outrossim, pelas cortes de justiça da

---

7 *Supremo Tribunal virtual aproxima presente do futuro*, Revista eletrônica Conjur, 06.07.20.

8 V., a propósito, Tucci, *Em defesa da constitucionalidade do julgamento colegiado virtual*, na obra coletiva Impactos jurídicos e econômicos da Covid-19, coord. por Modesto Carvalhosa e Fernando Kuyven, São Paulo, Ed. RT, 2020. Anote-se que a Resolução nº 675/2020, do STF, editada em atenção a requerimento formulado pela OAB, possibilita certa intervenção do advogado, por meio de peticionamento eletrônico, durante o julgamento virtual.

Alemanha[9], da França[10], da Inglaterra[11] e da Itália[12], mantendo-se a publicidade, seja por disponibilização de áudio, seja pela possibilidade de qualquer interessado acessar o endereço eletrônico para assistir à sessão da respectiva turma julgadora.

Não é preciso dizer que, a despeito dessa nova modalidade de julgamento a distância, por meio de videoconferência, descortinar-se excepcional, é evidente que não podem ser postergados os princípios que regem os julgamentos em grau recursal, em especial, a publicidade.

E isso, em particular, nos domínios do processo eletrônico, até porque, a teor do artigo 194 do Código de Processo Civil: *Os sistemas de automação processual respeitarão a publicidade dos atos, o acesso e a participação das partes e de seus procuradores, inclusive nas audiências e sessões de julgamento, observadas as garantias da disponibilidade, independência da plataforma computacional, acessibilidade e interoperabilidade dos sistemas, serviços, dados e informações que o Poder Judiciário administre no exercício de suas funções.*

Aduza-se, outrossim, que tramita na Câmara dos Deputados o Projeto de Lei nº 3.388/2020, de autoria da deputada federal Margarete Coêlho (PP-PI), ex-vice-presidente da seccional piauiense da Ordem dos Advogados do Brasil, que altera o Código de Processo Civil, para garantir que a sustentação oral, nos casos em que couber, deve ser feita preferencialmente em sessão presencial. A proposta prevê ainda que, excepcionalmente, a sustentação seja por videoconferência, ao vivo, de modo que a comunicação entre partes e julgadores possa ser imediata e direta.

---

9 *Corona und justiz*, Ministério da Justiça da Alemanha, https://www.justiz.gv.at/home/covid-19/haeufige-fragen~7bd.de.html, acesso 10.1.21; Gibson Dunn, Covid 19: Civil Litigation in Germany. Disponível em: https://www.gibsondunn.com/covid-19-civil-litigation-in-germany/, acesso em. 22 fev. 2021.

10 *Covid 19 – Procès a distance: ce que l'on sait*, https://www.medias24.com/covid-19-proces-a-distance-ce-que-l-on-sait-9751.html, acesso 15.12.20; **Jean-Paul Jean,** *Les systèmes de justice face à la pandémie du Covid-19.* . Disponível em: https://www.leclubdesjuristes.com, acesso em: 13 fev. 2021.

11 Simon Osborn-King, Peter Burrell e Jerry Healy, *English Civil Courts in the Time of Covid-19: A Practical Guide.* Disponível em: https://www.willkie.com/-/media/files/covid19. acesso em: 4 mar. 2021.

12 Manuela D'Alessandro, *Come ripartirà la giustizia nel focolaio del Tribunale di Milano.* Disponível em: https://www.agi.it/cronaca/news/2020-04-27/coronavirutribunale-milano-giustizia. acesso em:22 fev. 2021.

Para o secretário-geral da Ordem dos Advogados do Brasil, José Alberto Simonetti, o projeto visa a garantir as prerrogativas do advogado, uma vez que deixa "claro que a sustentação oral deve ser garantida, seja em ambiente presencial ou virtual, de forma a possibilitar a interação com o julgador e até mesmo a apresentação de questão de ordem. A sustentação oral gravada, remetida por e-mail, mais se assemelha a um memorial oral e não traduz a grandeza da prerrogativa legal assegurada ao cidadão e exercida por seu profissional, que é o advogado".

Observe-se de passagem que essa inarredável premissa se impõe igualmente nas sessões públicas de certames acadêmicos no âmbito da Universidade de São Paulo. Com efeito, qualquer interessado, em tempos de pandemia, tem a possibilidade de acompanhar uma defesa de tese de doutorado ou de dissertação de mestrado, realizada por videoconferência, bastando que a acesse pelo *link* eletrônico previamente disponibilizado.

Embora reconhecendo-se todo o esforço do Tribunal de Justiça de São Paulo, mormente pelo significativo números de sessões semanais, visando a implementar julgamentos telepresenciais por videoconferência, fui informado, por vários colegas da advocacia, que, apesar de ser autorizada a participação do advogado para sustentar oralmente (aliás, como eu mesmo verifiquei, ao sustentar, no dia 16.06.2020, perante a 31ª Câmara de Direito Privado), algumas sessões não se têm admitido que interessados, advogados e/ou partes possam assistir ao julgamento.

Ora, se isso de fato corresponder à realidade, diferentemente do que ocorre na esfera do julgamento virtual, que tem regulamentação própria, não tenho dúvida em afirmar que o respectivo acórdão poderá estar eivado de vício, uma vez que prolatado em cenário de inequívoco segredo, violando à toda evidência o disposto no artigo 93, IX, da Constituição da República.

Certifiquei-me, a propósito, que a plataforma digital *teams* da Microsoft, que tem sido utilizada pelo Tribunal de Justiça de São Paulo, permite que a sessão de julgamento seja disponibilizada *coram populo*, vale dizer, a qualquer interessado em assisti-la, sem que possa haver indesejada interferência externa durante toda a sessão. Basta que o organizador da sessão ative o pedido de ingresso de quem acessar o *link*, que deve ser previamente disponibilizado, quando da publicação da pauta de julgamento.

Aliás, com o precípuo fim de colaborar com o aperfeiçoamento dessa nova forma de julgamento, quando o advogado que se inscreveu para sustentar receber o *link* do cartório, permito-me sugerir que, para evitar longa espera à frente da tela (às vezes por mais de 2 horas), não custaria nada à serventia apontar ao advogado qual é o número de sua inscrição para a sustentação.

Tendo-se presente que o julgamento colegiado de segundo grau é ato dos mais importantes da prestação jurisdicional, a garantia da publicidade deve ser preservada a qualquer custo, sob pena de nulidade absoluta do processo!

8. À guisa de conclusão

Assim, neste contexto de pura realidade, diante do que procurei expor - embora sinceramente lamente muito -, apresentam-se três inexoráveis conclusões, a saber:

a) em primeiro lugar, não há razão alguma para oposição ao julgamento virtual de todos os recursos nos quais não é permitida a sustentação oral, porque o julgamento presencial será sempre igual;

b) com absoluta certeza, somente valerá a pena apresentar oposição, quando o advogado da parte considerar a real probabilidade de que, perante determinadas câmaras julgadoras, pelo compromisso de seus respectivos integrantes com a nobre profissão que exercem, será ouvido com a devida atenção; c) mesmo nessa hipótese, não se descortina qualquer obstáculo considerável para que a sustentação oral seja efetivada em ambiente virtual telepresencial, como, aliás, admitido pelo artigo 937, § 4º, do Código de Processo Civil, e secundado pelo próprio Conselho Federal da Ordem dos Advogados do Brasil, em recente ofício enviado ao presidente do Superior Tribunal de Justiça, no qual solicitada a regulamentação da realização de sustentação oral por meio da implantação de sessões de julgamento por videoconferência, frisando-se, ainda, que tal requerimento, é formulado "no interesse de aprimorar o exercício da jurisdição nesse egrégio Superior Tribunal de Justiça, observando o interesse da promoção de maior publicidade, sem prejuízo das prerrogativas do advogado".

No entanto, a despeito de todas essas considerações conclusivas, tenho convicção de que, no tocante às atribuições do Supremo Tribunal Federal, nem mesmo a grave crise gerada pela pandemia justifica a ampliação do rol de processos submetidos ao plenário virtual, sem qualquer participação física dos advogados, sobretudo aqueles de maior relevância social e jurídica, como as ações de controle concentrado de constitucionalidade e os recursos extraordinários com repercussão geral reconhecida.

Referências bibliográficas

CALAMANDREI, Piero. *Oralità nel processo*, Nuovo digesto italiano, v. 9, Torino, Utet, 1940, p. 179; Opere giuridiche, v. 1, Napoli, Morano, 1965.

CHIOVENDA, Giuseppe. *Instituições de direito processual civil*, v. 3, trad. port. J. Guimarães Menegale, São Paulo, Saraiva, 1965.

CRU E TUCCI, José Rogério. *Em defesa da constitucionalidade do julgamento colegiado virtual*, na obra coletiva Impactos jurídicos e econômicos da Covid-19, coord. por Modesto Carvalhosa e Fernando Kuyven, São Paulo, Ed. RT, 2020.

D'ALESSANDRO, Manuela. *Come ripartirà la giustizia nel focolaio del Tribunale di Milano*, https://www.agi.it/cronaca/news/2020-04-27/coronavirus-tribunale-milano.

DINAMARCO, Cândido Rangel. *Instituições de direito processual civil*, v. 2, 8ª ed., São Paulo, Malheiros, 2019.

GIBSON DUNN, Covid 19: Civil Litigation in Germany, https://www.gibsondunn.com/covid-19-civil-litigation-in-germany/.

HORBACH, Carlos Bastide. *Qual é a utilidade da sustentação oral nos tribunais?*, Revista Conjur, 09.02.2014.

JEAN, Jean-Paul. *Les systèmes de justice face à la pandémie du Covid-19*, https://www.leclubdesjuristes.com.

OSBORN-KING, Simon, Burrell, Peter e Healy Jerry. *English Civil Courts in the Time of Covid-19: A Practical Guide*, https://www.willkie.com/-/media/files/covid19.

PETER, Christine. *Supremo Tribunal virtual aproxima presente do futuro*, Revista eletrônica Conjur, 06.07.20.

SUSSKIND, Richard. *Online Courts and the Future of Justice*, Oxford, 2019.

WACH, Adolf. *Oralidad y escritura*, Conferencias sobre la Ordenanza Procesal Civil alemana, trad. Ernesto Krotoschin, Buenos Aires, Ejea, 1958.

Depoimento pessoal

Luiz Fernando Palhares[1]

Meu relacionamento com o nosso homenageado, Dr. Rubens Ferraz de Oliveira Lima, teve início nos anos 1990, quando eu era consultor do Escritório Lobo & Ibeas, no Rio de Janeiro, e recebi um convite do Dr. Renato Mercadante Mortari, superintendente jurídico da antiga Bolsa Mercantil de Futuros (BM&F), hoje B3, que tinha sede na cidade de São Paulo, para representar a entidade em processo movido por um banco que pretendia indenização milionária e que tivera sua pretensão acolhida em 1ª instância. Alegava o banco ser possuidor de centenas de quilos de ouro, depositados na mencionada entidade, cujos certificados de propriedade teriam sido ilicitamente transferidos em manobra criminosa, sendo responsável legalmente a depositária; após exame da matéria e concordância do escritório que então representava a BM&F, aceitei o encargo, posteriormente provido o recurso de Apelação, por maioria, para julgar improcedente a ação, mantida esta decisão nos julgamentos que se sucederam (Embargos Infringentes e Recurso Especial).

Passados alguns anos, o superintendente geral da BM&F foi apontado como um dos responsáveis pela maxi desvalorização do dólar no início do governo do presidente Fernando Henrique Cardoso, por haver endereçado correspondência ao então presidente do Banco Central, que recomendava a adoção de medidas que, sem o seu cumprimento, ensejaria grave comprometimento à economia do país. Entre os demais supostamente responsáveis pela ineficácia das providências tomadas figurava o próprio presidente do Banco Central, que havia iniciado o procedimento criminal contra o superintendente da Bolsa no foro da cidade do Rio de Janeiro, assunto que inundou o noticiário da época, dada a sua magnitude. É provável que o convite para que eu representasse o superintendente tenha decorrido do eventual sucesso no caso antes relatado, já que eu – que não advogava na área criminal – havia condicionado a aceitação a que o Dr. Nilo Batista concordasse em participar da defesa, o que ocorreu - para minha satisfação -, vindo a ser concedido o *habeas corpus* impetrado por falta de justa causa (o mérito cabe principalmente ao Dr. Nilo, excepcional professor, jurista e advogado).

---

1 Advogado no Rio de Janeiro.

Fiz os relatos acima porque os fatos narrados constituem a origem do meu relacionamento com Rubens, a quem não conhecia pessoalmente. Souber, posteriormente, que ele, na qualidade de advogado e consultor da BM&F e credor da confiança irrestrita de sua administração e do Dr. Renato Mercadante Mortari, havia sido consultado a respeito da minha contratação e manifestado sua aquiescência, concordando em seguida com os trabalhos apresentados.

Provavelmente em razão desses fatos, pouco tempo após recebi convite para encontro com Dr. Rubens, ocasião em que fui convidado por ele para atuar em conjunto em uma ação popular ajuizada no Rio de Janeiro por um deputado federal eleito por São Paulo, que pretendia a condenação do então governador Paulo Maluf a indenizar o Estado por todas as despesas realizadas com o fim de prospecção de petróleo naquele estado, figurando ainda como réus, entre outros, a Companhia Energética de São Paulo – CESP, – que integrava consórcio com o Instituto de Pesquisas Tecnológicas de São Paulo, o qual servira como pagador das despesas. A ação foi ajuizada na16ª Vara Federal da Seção Judiciária do Rio de Janeiro e, após muitos anos e dezenas de julgamentos no Tribunal Regional Federal da 2ª Região e no Superior Tribunal de Justiça, veio a ser julgada improcedente em relação à CESP.

Por ocasião do processamento da ação popular antes mencionada, pude apreciar não só a exímia competência profissional como a ética que imprimia e a forma com que o Dr. Rubens se dirigia aos componentes da Turma do TRF da 2ª Região, a quem competia o exame da questão. A complexidade do tema parecia de extrema simplicidade para ele, que conseguia transmitir as razões de sua cliente de forma a cativar a atenção dos julgadores, tendo produzido naquele Tribunal e no STJ notáveis sustentações orais, com pleno êxito.

Posteriormente, tive a ocasião de convidar nosso homenageado, em nome do Escritório Lobo & Ibeas, para participar na ação proposta por um acionista minoritário da Petrobrás que atribuía a ela, como controladora, da Petroquisa, determinação de venda de preciosos ativos da controladora, abusando dos deveres impostos ao acionista controlador pela lei de Sociedades Anônimas. A dedicação, o brilho e a forma de atuação foram notáveis, como de hábito.

Finalmente, cabe destacar a atuação de nosso homenageado em ação contra mim proposta por um advogado residente em cidade do interior de São Paulo, que havia sofrido a perda de sua mulher e de um filho menor decorrente de acidente causado por preposto de empresa da qual eu era advogado. Neste processo, em que o combativo advogado agiu em causa própria na ação de indenização por ele proposta em razão do acidente, pude constatar o acerto da recomendação da Ordem dos Advogados de que não deve o advogado atuar em causa própria. O processo, na fase de conhecimento e mesmo na execução, foi objeto de inúmeras decisões e incontáveis recursos, sendo que, após o final, o mencionado advogado propôs uma ação contra mim e a empresa que representava, e na qual era pedida a condenação; quanto a mim, por suposto ato ilícito consistente em impedir a acolhida de inúmeras tentativas realizadas visando a um acordo que pusesse fim à demanda (a ação era denominada de "assédio processual"). O advogado adversário iniciou processo na comarca competente do Estado de São Paulo, atribuindo-me aquele fato que seria ofensivo aos deveres ético-profissionais, obrigando-me a comparecer ao julgamento de meus pares naquela comarca, e que decidiram ser improcedente a representação, por unanimidade de votos do Tribunal de Ética, em julgamento no qual tive a honra de sustentar as razões que demonstravam ter agido no estrito cumprimento do dever profissional e tratado o representante com o respeito devido e reconhecimento de sua dor.

Neste episódio, o Dr. Rubens pôs-se à disposição para representar-me no processo em curso na Subseção da OAB, mas não pude aceitar até mesmo porque a cidade de localização da Subseção era muito distante da capital e causaria enorme desgaste físico ao nosso homenageado, inclusive com a necessidade de pernoite na localidade. Por outro lado, o fato de o julgamento ser realizado por advogados obrigava-me o comparecimento pessoal para julgamento de meus pares.

Independentemente da Representação, o combativo advogado prosseguiu na ação já mencionada e logrou êxito em sentença do Juiz da comarca. Sabedor dos fatos sobre os quais permanentemente se interessava, nosso homenageado entendeu que a Ordem deveria manifestar-se sobre o episódio, obtendo a concordância do Presidente da Seção da OAB da capital para que a entidade interviesse no processo. Em sua manifestação, a OAB demonstrou que não houvera qualquer deslize ético em toda a minha atuação, e tive a colaboração do Dr. Marcio Kayat, como vim a tomar conhecimento.

Não pude impedir, quando do julgamento da Apelação no Tribunal de Justiça de São Paulo, o desejo de nosso homenageado de produzir oralmente as razões que levaram à reforma da sentença com a improcedência do pedido. Pude observar, por estar presente à sessão, a emoção com que nosso homenageado fazia a sustentação, transmitindo sua convicção da correção de meus atos, o que foi reconhecido unanimemente pelos julgadores.

Independentemente de suas virtudes pessoais e profissionais, já destacadas em parte, nosso homenageado, após ter se aposentado no cargo de Desembargador do Tribunal de Justiça de São Paulo, veio a fundar o Escritório de Advocacia que, mercê das virtudes já apontadas e da qualidade de seus colaboradores, tornou-se um dos mais renomados do país, advogando não só nos estados como nos Tribunais Superiores, o que é notório. Ao exercer a nova prática, Rubens demonstrou que o fato de provir da magistratura não o impediu de exercer a advocacia, com brilho, no sentido de dar continuidade ao exemplo de Juízes que se transformaram em excepcionais advogados, tal como ocorrera no exercício da magistratura. Registro, entre muitos outros, o nome dos Desembargadores José Frederico Marques, Martinho Garcez Neto e Wellington Moreira Pimentel.

Por fim, estas linhas refletem fielmente a admiração intelectual e profissional que me ligam ao homenageado, que merece o lugar de honra que o coloca entre os maiores juristas do país.

Empresa Hipermercado & Empresa *Shopping Center*: notas de um estudo comparativo supra organizacional

Marcelo Barbaresco[1]

SUMÁRIO. Introdução. **1.** Empresa *shopping center*. **2.** Empresa hipermercado. **3.** Fatos e razões da decisão judicial e a avaliação das estruturas das empresas. Conclusão

Introdução

Com o conselheiro e professor Rubens Ferraz de Oliveira Lima, compreendi que os fatos do mundo da vida, especialmente dos negócios imobiliários, devem ser detida e cautelosamente observados antes que seja possível e, sobre os mesmos, exteriorizar um posicionamento, ainda que preliminar. Isso, pois, são muitas as variáveis e as circunstâncias a eles relacionadas e que demandam, de seu intérprete, processo de reflexão.

Certa vez, o Doutor Oliveira Lima me chamou a atenção para a circunstância de que o jurista e o jurisconsulto, apaixonados pelo que fazem, refletem e observam as coisas relacionadas ao tema que estuda, incessante e, independentemente, do local em que se encontram e, portanto, inclusive nos mais impensados e improváveis destinos. Incrível como esta luz, este colorido, esta acentuação faz a diferença em tudo ao que se dedica.

---

1 Doutorando em Direito Comercial pela Pontifícia Universidade Católica de São Paulo. Mestre em Direito Político e Econômico. Pós-graduado em Direito Empresarial, em Direito do Mercado Financeiro e de Capitais, em Direito Processual Civil, em Direito do Consumidor e em Direito Imobiliário, com capacitação para Mediador. Professor na FGV Direito SP - FGV Law, na FAAP - Fundação Armando ÁAlvares Penteado, na Faculdade Baiana de Direito, assim como em outras instituições de ensino superior. Fundador do Instituto Brasileiro de Direito Imobiliário - IBRADIM, exercendo uma de suas vice-presidências, estando Presidente da Comissão de Estudos de *Shopping Centers*. Membro da Mesa de Debates de Direito Imobiliário -MDDI, de São Paulo. Membro Efetivo da Coordenadoria da Comissão de Locação, *Shopping* Center e Compartilhamento de Espaços da Ordem dos Advogados do Brasil Seccional São Paulo.

E dentre estes temas que movem o pensamento desse autor em diuturnas reflexões, encontra-se o negócio jurídico em regime de *shopping center* e tudo aquilo que o conforma em suas mais variáveis facetas. Cada uma delas emergente da criação de experimentados e criativos empresários que, para situações consolidadas, conferem, por meio da inclusão de novos ingredientes, um colorido distinto e que o faz diferenciado daquelas coisas que até então eram.

E dentre essas, uma em especial será objeto deste texto por meio do esboço de suas primeiras linhas e notas, especialmente tendo em vista recente decisão do Superior de Tribunal de Justiça[2] que, ao inadmitir recurso especial, relata acordão de segunda instância do Tribunal de Justiça do Paraná que, ao comparar o negócio jurídico desenvolvido por um hipermercado e aquele caracterizado como um *shopping center*, conclui serem negócios jurídicos diversos; o que não se estranha, pelo contrário, também se confirma em abstração teórica.

De outro lado, ao assim vincar, a decisão de segunda instância afirma que, por serem diferentes, ao todo imobiliário e, inclusive, às áreas anexas àquelas destinadas à comercialização dos bens e serviços do hipermercado, não seria possível, por ser coisa diversa, a aplicação do regime jurídico dos *shoppings centers*.

Neste sentido, a pergunta com relação a qual será inicialmente esboçada primeira nota de resposta consiste em identificar os elementos conformadores do negócio jurídico em regime de *shopping center*, para, após, por meio da observação, em abstrato, dos fatos e fundamentos da decisão, estabelecer contornos de uma resposta capaz de, ao final, qualificá-lo em comparação a um hipermercado e vice-versa.

E, assim, ao realizar comparativa qualificação, estabelecer notas acerca das mutações [transformações] do ecossistema relacionado ao varejo empresarial e o direito aplicável a estas novas realidades.

1. Empresa *shopping center*

Cada negócio jurídico e cada contrato possuem particulares características que os fazem distinguir de seus semelhantes. E assim não seria diferente daquele que se qualifica como sendo em *shopping center*.

---

2 BRASIL. Superior Tribunal de Justiça. Agravo em Recurso Especial nº. 231.538 - PR, Processo nº. 2012/0196199-1, Monocrática, J. 20.09.2018, Rel. Ministro Lázaro Guimarães.

Por conta da figura utilizada como forma de reproduzir o ambiente que se conforma e materializa um *shopping center*, as colocações de Buzaid (1991, p. 8) são esclarecedoras, uma vez que afirma tratar-se de "uma cidade em miniatura; nasce planejada pelo empresário, que cuida da sua localização em determinado ponto, da sua organização racional e do seu funcionamento regulado por princípios [...] aceitos previamente por todos os titulares de unidades que operam dentro do conjunto."[3]

Neste sentido, um questionamento possível seria se todas as cidades são iguais às outras em termos objetivamente mensuráveis e, em não sendo a resposta positiva, se elas, apesar de diferentes, possuem atributos comuns que lhes qualificam como cidades. Idêntico raciocínio é o aplicável quando da avaliação dos elementos conformadores do negócio jurídico em regime de *shopping center*.

E assim se verifica, por conta das circunstâncias verificáveis oscilarem entre cada objeto de pesquisa, isto é, quando se recorta e ilumina um determinado empreendimento imobiliário e se passa a observar suas características materiais, tais como dimensões, número de pavimentos (i.e. andares), divisões internas, (in)existência de elevadores e/ou rampas, decoração de interiores, número e qualificação de sanitários e congêneres e sua locação física;, características externas, placas de identificação de estabelecimento, materiais de acabamento, paisagismo, (in)existência de vagas para estacionamento de veículos automotores, motos, bicicletas, eentre outras, observa-se que cada qual possui seus elementos e, portanto, suas distinções.

Cada edifício possuirá, assim, objetiva e corporeamente, determinadas características físicas que conformarão a coisa imóvel. Podem possuir algumas e, inclusive, muitas características semelhantes, mas, o seu conjunto oscila de um a outro, mesmo que em reduzidas proporções e, nem por isso, deixam de ser o que são.

Entretanto, a avaliação desta física estrutura não é suficiente para sua qualificação como sendo um *shopping center*. Torna-se necessário ponderar acerca das assim qualificadas e nominadas, para os fins deste texto, características imateriais, representando, em essência, a forma pela qual se opera e se sistematiza a organização dos meios de produ-

3 BUZAID, Alfredo. *Estudo sobre* shopping center. In RENAULT PINTO, Roberto Wilson; ALBINO DE OLIVEIRA, Fernando A. (coords). *Shopping centers* (questões jurídicas). São Paulo: Saraiva, 1991.

ção do resultado esperado por meio do edifício. Trata-se dos elementos incorpóreos.

Assim, antes mesmo do físico edifício, são empreendidos estudos dos mais variados, dentre os quais (i) aquele que busca identificar a possibilidade de sua instalação em determinada localização; (ii) sua vocação mercadológica por meio de pesquisas e planejamento comercial; (iii) definição de sua tipologia enquanto público a ser direcionado; (iv) estabelecimento de premissas e condições quanto a cada uma das empresas[4] a serem instaladas no edifício enquanto conjunto de operações necessárias à sua conformação (conhecido como *tenant mix*); (v) elementos para sua ancoragem, isto é, para a atração de clientes e consequente busca da formação de clientela e, (vi) estratégias de distribuição espacial deste conjunto de empresas no edifício de maneira a construir a necessária sinergia entre cada uma e todas que desenvolverão suas empresas enquanto integrantes de um organizado e pensado conjunto.

Acerca do *tenant mix*, cabem algumas notas. Trata-se, como destaquei em Barbaresco (2020, p. 201), "do estado da arte no desenvolvimento desse negócio jurídico físico, imobiliário, através do qual se busca conferir, por meio de sua diversidade, um propósito, uma racionalidade, um significado capaz de incentivar o consumo e, com isso, a geração de resultados positivos." A este respeito outra nota importante: dele decorre o que se costuma nominar de âncoras e satélites, isto é, as primeiras, com sensível poder de atração de pessoas e clientes para o estabelecimento do empreendimento com o que, potencialmente, beneficiam-se as segundas, já que estas possuem, comparativamente, menor poder de magnetismo.

Em sendo assim, esta refletida organização dos meios através dos quais se pretende a produção de resultados, isto é, a estrutura e sua respectiva função, tomando por empréstimo a qualificação de Bobbio (2011), é formada e proporciona, em conjunto com todos os outros elementos, materiais e imateriais, a conformação de um estabelecimento único e indivisível potencializando, assim, geração de positivos resultados.

---

4 Utiliza-se do vocábulo "empresa" enquanto atividade econômica por aplicação lógica decorrente da definição de empresário nos termos do artigo 966 do Código Civil que assim estabelece: "Artigo 966 – Considera-se empresário quem exerce profissionalmente atividade econômica organizada para a produção ou a circulação de bens ou de serviços." E assim, ao longo deste texto, a utilização do vocábulo "empresa" será empregado com esta significância.

Importa vincar que os estudos iniciais e utilizados para o embasamento preliminar da obra idearia são, regular e continuamente, revisitados e ajustados de maneira a se adequar o imobiliário - e todas as pessoas que nele se instalam - às necessidades e desejos daqueles para os quais foi concebido. Esta ponderação e suas derivadas considerações são significativas uma vez implicarem em elementos da estrutura normativa através do qual o negócio jurídico em regime de *shopping center* se estrutura.[5]

Estabelecidas, assim, estas premissas, materiais e imateriais, importa colorir o que faz todas e cada uma delas interagirem entre si e assumindo, portanto, maior representatividade para a qualificação de um edifício como sendo um negócio imobiliário em regime de *shopping center*.

Como coloco em Barbaresco (2018, p. 369) "não que todas estas partes [materiais] não constituam importantes membros de seu elemento físico tais quais aqueles de um corpo do humano. Mas, certamente, quaisquer delas podem ser também verificadas em outras situações parelhas tal qual as dos animais irracionais que, nem por isso, se tornam racionais por conta de seu similar conjunto às partes do humano. [...] seu elemento de distinção em essência sobeja em muito o elementar agregar de partes dispersas e, algumas vezes, meramente unidas por conta de alguma circunstância relacionada ao impensado, ou seja, não planejado e de maneira perene por seus agentes. Espera-se deste conjunto de partes, unidas de maneira refletida e estratégica, um comportamento positivo de forma que objetivos desejados coletivamente se tornem viáveis."[6]

E este atuar de forma conjunta, pensada, estruturada, com objetivos comuns de variadas medidas e que confere a esta cidade em miniatura – conforme colocado por Buzaid – um comportamento organizado, esperado e desejado e, portanto, conformador de sua estrutura normativa é, assim, caracterizada como enfatizo em Barbaresco (2020, p. 198) como "a essência que [a] distingue dos seus semelhantes", isto é, sua "organização previamente planejada, pensada e permanente dos seus específicos fatores de produção, isto é, a forma pela qual cada uma de

5 Tais como a possibilidade de vedação, fundamentada, à cessão do contrato, assim como da cessão indireta, através da utilização de operações societárias que impliquem em transferência de participação na sociedade que se utiliza do imóvel.

6 BARBARESCO, Marcelo. *Shopping Center: critica da essência e a liberdade de contratar enquanto concretação do princípio constitucional da livre-iniciativa*. In: Revista de Direito Imobiliário – RDI, BRANDELLI, Leonardo. (Coord.), Ano 41, nº. 85, Julho-Dezembro, 2018.

suas partes interage para com o todo de maneira a configurar uma unidade; um coletivo; um atuar de maneira idealmente uniforme, ou seja, que possua uma *administração centralizada*."(g.n.)[7].

Assim, esta centrada[8], centralizada e única administração é aquela que tem por finalidade organizar este conjunto e que se faz, portanto, presente desde a preconcepção do empreendimento imobiliário que, por conta de sua atuação, emerge qualificado como sendo um negócio jurídico em regime de *shopping center*.

As empresas neste regime de não se limitam a criar relações, como se faz em local destinado meramente ao consumo, mas sim, nela são cultivadas relações o quanto possível duradouras em linha com a função por ela estabelecida.

A respeito da empresa em *shopping center* e, de maneira específica, Ulhoa Coelho (2015, p. 180) coloca que "se, finalmente, o prédio é constituído de espaços relativamente autônomos, e o proprietário organiza a distribuição desses espaços, de forma a locá-los para pessoas interessadas em explorar determinadas atividades econômicas predefinidas, ele já se pode considerar empresário. Ele é titular de empresa do ramo *shopping center*."[9] Esta caracterização, apesar de sintética, compreende muito dos elementos conformadores da empresa deste tipo e, neste sentido, colaborará com as notas finais a que se propõe esse texto.

Tendo em mente, assim, a relevância do elemento *administração centralizada* como caracterizador de sua essência, importa iluminar que sua finalidade é, inclusive, estipular um padrão de comportamento a ser observado por este conjunto de estabelecimentos e, para tanto, desenhando disposições privadas normativas, entendidas estas como coloco em Barbaresco (2017, p. 162) como "estruturantes do negócio jurídico imobiliário e que buscam a ele conferir perenidade e segurança jurídica [...]".[10]

---

7 BARBARESCO; Marcelo; MAIA, Cláudia Elly Larizzatti. *Do shopping center off-line ao online e os elementos da imaterialidade*. Revista dos Tribunais, São Paulo, v. 1020, out. 2020.

8 Assim se qualifica, pois, a administração deste negócio jurídico que se conforma pelo conjunto das empresas amalgamando um único estabelecimento, somente pode ser conduzida sob os auspícios da boa fé, da lealdade contratual e com observância da função social que assume, também neste contrato, contornos especiais.

9 ULHOA COELHO, Fábio. *Curso de Direito Comercial: Direito de Empresa*, vol. 1, 19ª. ed. São Paulo: Saraiva, 2015.

10 BARBARESCO, Marcelo. *Compropriedade e sociedade: estrutura, segurança e limites da autonomia privada*. São Paulo: Almedina, 2017.

Este conjunto de disposições privadas normativas pode se fazer representar por variados instrumentos, entre os quais (a) o *contrato* que, especificamente, direciona-se a definir a coisa objeto da cessão para o uso, geralmente, sob o regime jurídico da locação[11]; (b) *normas gerais complementares* que, como coloca Orlando Gomes (1984, p. 90), tem como finalidade disciplinar "o uso das lojas e das áreas de circulação, a utilização dos bens e o aproveitamento dos serviços para os que frequentam o edifício, a clientela, os visitantes, os fornecedores, os empregados das lojas e todos quantos se encontrem sob a fiscalização"[12] e, se for o caso, (c) o pertencimento a uma *associação de lojistas* que, quando e se existente, têm por finalidade para além de dar cumprimento às suas premissas estatutárias e, em alguns empreendimentos imobiliários, também gerir o fundo de promoções e publicidade. Mas trata-se esta gestão de recursos de situação de exceção e não mais verificada quando da atual estruturação de empreendimentos em regime de *shopping center*[13].

De outro lado e, concluindo os apontamentos acerca da estrutura organizacional da empresa *shopping center*, são estabelecidas variadas formas de cálculo da remuneração devida por conta da ocupação do estruturado espaço. Todas orbitam, geralmente, em pressuposição do faturamento e, assim, estabelecendo-se uma remuneração percentual [aluguel percentual], sendo que parte dela é paga antecipadamente [aluguel mínimo]. Da mesma forma e, sob as mesmas premissas, pode ser estipulada a cobrança de remuneração em dobro em determinada época

---

11 E, em assim sendo, nos termos da Lei Federal nº. 8.245, de 18 de outubro de 1991, especificamente, através do *caput* de seu artigo 54 que estabelece "Artigo 54 – Nas relações entre lojistas e empreendedores de *shopping center* prevalecerão as condições livremente pactuadas nos contratos de locação respectivos e as disposições procedimentais previstas nesta lei."

12 ORLANDO, Gomes. Traços do perfil jurídico de um *shopping center*. In *Shopping centers* aspectos jurídicos. São Paulo, Revista do Tribunais, 1984.

13 Há relatos que assim ocorria, nos Estados Unidos da América do Norte, quando do aparecimento dos *shoppings centers*. E, exatamente, por conta da inexperiência do titular da administração centralizada em atender necessidades das empresas do varejo, especialmente, com relação à atração de público (por meio de campanhas publicitárias). Desta forma, como o empresário titular da centralizada administração entendia, mesmo, de imóvel, optou-se pela delegação da gestão de recursos destinados à publicidade àqueles que o integravam; origem, ao que consta, da formação de associações de lojistas. Circunstância essa que, importa vincar, na contemporaneidade, não se faz presente.

do ano [aluguel dobrado, equivocadamente[14], denominado de décimo terceiro aluguel]. E não que essas estipulações não possam ser estabelecidas em outros negócios jurídicos, mas, no regime das empresas em *shopping center* são costumeiramente verificadas.

Pinçadas, assim, estas notas como que constituintes de uma moldura[15] que, em apertada síntese, conforma os negócios jurídicos em regime de shopping *center*, entende-se como vincados os pressupostos necessários à sua comparada observação com os elementos da empresa hipermercado. Isso, para, após e, tendo por base cada coloração, mergulhar no processo de observação dos elementos da decisão judicial, tudo de maneira a estabelecer contornos amplificadores e, em sua sequência, o quanto possível qualificadores das situações a serem avaliadas.

2. Empresa hipermercado

Valendo-se dos mesmos elementos e que nortearam a edificação de ponderações acerca das características do negócio jurídico imobiliário em regime de *shopping center*, é possível estabelecer um moldura para fins de comparação com o negócio jurídico hipermercado. Para tanto, podem ser vincados elementos externos e internos e como ambos se relacionam, amalgamando uma estrutura destinada ao atendimento de determinada função.

Assim, do mesmo modo que a empresa em *shopping center* realiza estudos prévios preparatórios para seu estabelecimento, assim o faz o hipermercado, emoldurando um conjunto de circunstâncias e de necessidades de maneira que esse conjunto de elementos transformem-se em coisa singular, isto é, distinta de um mero amontoado de mercadorias.

14 Acerca deste tema, coloco em Barbaresco (2018, p. 386-7) "[...] se acresce à lógica do "Aluguel Percentual" e do escalonamento do mínimo, um outro elemento, qual seja, a possibilidade de divisão, em 13 partes ou mais, da remuneração mínima anual estabelecida pelo uso ao longo do ano." E assim prossegue o texto detalhando a lógica econômica de sua estipulação.

15 A palavra "moldura" é utilizada de forma emprestada de Kelsen (2006, p. 390) ao colocar que "o direito a aplicar forma, em todas as suas hipóteses, uma moldura dentro da qual existem várias possibilidades de aplicação, pelo que é conforme ao Direito todo ato que se mantenha dentro desse quadro ou moldura, que preencha esta moldura em qualquer sentido possível."

Neste sentido, idealizada a atividade, aquele que exerce a empresa[16] hipermercado ilumina determinados elementos como necessários e atua de maneira que eles possam ser encontrados no estabelecimento a ser conformado. Contrata, portanto, estudos das mais variadas ciências como maneira de edificar e, assim, construir um racional que tenha a potencialidade - e, quem sabe, a eficiência - de atrair e manter fiéis frequentadores, posteriormente, tornando-se clientes e, verificada a aderência de interesses, a formação de clientela que, como coloca Requião (1989, p. 243) "é o conjunto das pessoas que mantém com o estabelecimento comercial [empresarial] relações contínuas para a aquisição de bens ou de serviços"[17] que, complementam Lucca e Domingues (2014, p. 63) ao dizerem que ela representa "o conjunto de pessoas que mantêm com o estabelecimento relações contínuas para a aquisição de bens ou de serviços, cujo vínculo ora se dá em razão de critérios objetivos (localização), ora em face de aspectos subjetivos (excelência na exploração da atividade empresarial)."[18]

Quanto a necessidade de antecedentes reflexões Freitas, Monetti & Amato (2006, p. 2) ao desenvolverem estudo acerca dos hipermercados colocam que "[...] tornou-se fundamental que todo e qualquer empreendimento passasse por um processo de planejamento aprofundado, onde uma análise prévia, construída a partir de dados coletados, pudesse servir de base para a estimativa da inserção de mercado pretendida e da potencialidade de volume de vendas."[19]

Uma vez realizados, portanto, os necessários estudos, aquele que empreender o desenvolvimento da empresa hipermercado identificará e definirá a localidade em que serão edificadas as acessões da coisa futura, bem como quais serão suas características físicas, como que em pro-

16 Isto é, empresa enquanto atividade econômica, especialmente, organizada.

17 REQUIÃO, Rubens. *Curso de direito comercial.* 1º. vol. 19ª. edição. Atual. São Paulo: Saraiva, 1989.

18 LUCCA, Newton de; DOMINGUES, Alessandra de Azevedo. *Análise crítica da evolução do instituto do estabelecimento empresarial.* 2ª. ed. Série FGV Law. In: Tipos societários. FINKELSTEIN, Maria Eugênia Reis; PROENÇA, José Marcelo Martins. (Coords.) São Paulo: Saraiva, 2014.

19 FREITAS, Elisabete Maria de; MONETTI, Eliane; AMATO, Fernando Bontorim. *Planejamento e análise da inserção mercadológica para implantação de um hipermercado: uma rotina para definição do potencial de vendas.* VI Seminário Internacional da LARES. São Paulo, 2006.

cesso de criação de físicas circunstâncias favoráveis ao desenvolvimento da empresa a ser no local estabelecida.

Da mesma maneira, concomitantemente ou, então, em momento que entender apropriado de forma a atingir o objetivo da empresa, estabelecerá um conjunto de relações jurídicas das mais diversas espécies de forma que se conformem as condições da oferta da estrutura desejada para a coisa projetada.

Para tanto, identificará dentre um universo de possibilidades, aqueles que serão os seus fornecedores de produtos e serviços, sendo que os bens serão alocados em sua estrutura física por meio de pensada e refletida estratégia de distribuição, de maneira a melhor servir e incentivar a concretização de negócios jurídicos entre a empresa hipermercado enquanto ofertante e, de outro lado, o potencial comprador.

Mas, não apenas isso. Sua pensada distribuição tenderá a impulsionar este processo de venda e compra, tanto assim que produtos de determinada natureza são alocados próximos a outros que, em seu conjunto, acarretarão maior possibilidade de consumo. Há, assim, um *tenant-mix* quanto a escolha e consequente alocação dos produtos pela empresa hipermercado e em seu estabelecimento, tudo conformado pelo autosserviço, isto é, a possibilidade do interessado, diretamente, observar, tocar e alocar para compra determinado produto de maneira direta, ou seja, sem auxílio de balconistas.

Importa acentuar que este *tenant-mix*, isto é, este conjunto de bens corpóreos dirigido à venda são de variadas espécies, isto é, são destinados ao consumo mais imediato, tais como os alimentos e as bebidas, mas, inclusive, aos mais mediatos, tais como itens como os calçados, a moda, a cama, mesa e banho, os utensílios domésticos, os eletroportáteis, a chamada linha branca[20], os televisores, dentre outros produtos, tanto assim que Harb (2005, p. 111) qualifica a empresa hipermercado como sendo "lojas que, além dos produtos alimentícios em autosserviço, oferece uma ampla variedade de produtos da linha *hard* (eletroeletrônicos, cine-foto-som, utensílios domésticos etc.) e da linha *soft* (confecções, cama, mesa e banho)."[21]

20 Tais como fogões, geladeiras, fornos de micro-ondas.

21 HARB, Antonio Geraldo. *As competências organizacionais nos segmentos de hipermercado e supermercado no Brasil.* Tese (Doutorado em Engenharia de Produção) - Universidade Federal de Santa Catarina. Florianópolis, 2005.

Verifica-se, também, em certa medida, que para além das gondolas e caixas registradoras das vendas efetuadas, tendem a existir espaços em que são alocadas outras determinadas empresas, isto é, outras atividades econômicas que são desenvolvidas não por aquela pessoa que exerce a empresa hipermercado, mas sim, por outras.

Essas outras atividades econômicas, ao que parece e se constata em algumas circunstâncias, tendem a, de alguma forma, contribuir, ou seja, complementar a experiência, especialmente, de consumo por parte daqueles que se dirigem ao local. E assim são impulsionadas, ora por conta do hipermercado, outrora por conta de determinada empresa estabelecida nos limites da coisa imóvel conformadora deste polo de atração destinada ao consumo, inclusive, de experiências e de convivência[22].

Percebe-se, assim, que há organização dos fatores de produção na estrutura dos hipermercados, organização esta que zela por sua perenidade, tanto assim que Freitas, Monetti & Amato (2006, p. 2) concluem que "o planejamento deve ser permanente, e constitui-se numa das ferramentas fundamentais para o sucesso de qualquer empreendimento e, mais especificamente, para um novo empreendimento do setor do varejista", tal como ocorre na empresa em *shopping center*.

Em face de tais pressupostos, uma nota é possível. Na empresa hipermercado, há existência de uma coisa imóvel, edificada em determinado endereço, através da qual são ofertadas diversidade de produtos – e muitas vezes serviços - não apenas de bens consumíveis, mas também, de bens duráveis, distribuídos e alocados refletidamente, assim como acessíveis por meio do autosserviço e, em tudo organizados, de maneira que esta estrutura tenha condições de cumprir com a sua função, qual seja, a formação de uma clientela.

Desta forma, estabelecidos, em face de circunstâncias pinçadas, elementos conformadores das empresas *shopping center* e hipermercado, credita-se como possível a observação de determinados elementos

22 Harb (2005, p. 112-3) coloca acerca dos supermercados e hipermercados que "transformar as lojas num ambiente agradável para atrair o cliente já não é mais uma tendência, e sim uma imposição do mercado. Na última década, o setor supermercadista implantou uma série de inovações tecnológicas para melhor atender seu cliente, especialmente com a automação dos *checkouts* e dos estoques. [...] "conhecer o perfil do consumidor é de importância crucial para estabelecer *mix de marcas e produtos do supermercado*. Porém, muito mais importante é o consumidor se sentir reconhecido, prestigiado, personalizado e ter suas expectativas superadas por um atendimento de qualidade com padrões de excelência mundial." (g.n.)

da decisão judicial de forma a melhor analisar os pontos de contato e distanciamento entre as estruturas desses negócios e seus respectivos regimes jurídicos.

3. Fatos e razões da decisão judicial e a avaliação das estruturas das empresas

Na decisão judicial pinçada como objeto de pesquisa[23] os fatos são colocados nos seguintes termos: um determinado hipermercado celebra contrato no qual cede o uso de área pós-gôndolas e caixas registradoras para a instalação de um estabelecimento destinado a uma farmácia. No contrato constava remuneração baseada nos resultados [aluguel percentual], remuneração em dobro em determinado mês do ano [aluguel dobrado] e uma taxa de administração, sob o fundamento de uma locação atípica, sendo o empreendimento [i.e. inclusive o hipermercado e os demais estabelecimentos] caracterizado como sendo um *shopping center*.

Avaliando os fatos, a decisão estabelece textualmente que: (i) "os *shoppings centers* se caracterizam pela existência de uma associação de lojistas a fim de que seja realizado um planejamento, direção e controle das atividades desenvolvidas no empreendimento"; (ii) "para que o local em que se encontra a farmácia apelada pudesse ser caracterizado como um *shopping center*, deveria o próprio hipermercado fazer parte da associação dos lojistas"; (iii) "o estabelecimento em que funciona a farmácia apelada trata-se apenas de uma atividade comercial, em determinado espaço no supermercado" [hipermercado]; (iv) "os hipermercados, como a ora apelante, fazem apenas propagandas de ordem material, sendo que apenas veiculam nas rádios, jornais e televisão o valor de seus produtos, não convidando o público para conhecerem o "*shopping* Hipermercado [x]"; (v) em face desses elementos "afasta-se a pretendida equiparação do empreendimento à categoria de *shopping center*, uma vez que a existência de uma associação de lojistas é condição obrigatória para tanto" e, (vi) por conta destes fatores, foi "reconhecido o contrato

23 Trata-se de decisão monocrática em Agravo de Instrumento denegatório do prosseguimento do Recurso Especial nº. 231.538 – PR (Processo nº. 2012/0196199-1), julgado em 20.09.2018, cujo relator foi o Ministro Lázaro Guimarães, a qual reproduz fatos e argumentos avaliados e decididos pelo tribunal de origem, sendo que estes é que constituem o objeto das notas deste texto.

como de locação comum, afastando com isso, a equiparação a *shopping center* [...]".[24]

Estes, ao que interessa, são os fatos e os fundamentos com relação aos quais serão desenvolvidas as primeiras linhas e respectivas notas de forma a observar que direito surge dessas ações, como diziam os romanos.

Importa iluminar, mais uma vez, que o objetivo é a comparação das duas empresas, a de *shopping center* e a de hipermercado, e a maneira pela qual cada uma das mesmas podem amalgamar seus estabelecimentos empresariais através de uma perspectiva supra organizacional. E, por conta deste recorte, abstendo-se da avaliação acerca da possibilidade de uma locação típica praticar formas de remuneração que, pelos usos e costumes, assim o são estipuladas pelas empresas em regime de *shopping center*.

Assim, porquanto o estabelecido nos itens 1 e 2 precedentes, a empresa em *shopping center* e a empresa hipermercado possuem pontos de contato que as aproximam sob diversos prismas de avaliação.

Ambas desenvolvem o conjunto de seus estudos preliminares tendo por base a identificação, para fixação, de uma localidade física, na qual desenvolverão a implantação do estabelecimento, consideradas todas as potencialidades daquela localidade.

Da mesma forma, pormenorizam e vincam os produtos e serviços que, ao menos inicialmente, serão oferecidos e, por meio do físico estabelecimento, ao consumo de experiências[25], conformando o chamado *tenant-mix*. E assim diferenciando-se, apenas, no que se refere a que pessoa que, especificamente, desenvolverá aquela determinada empresa. Na empresa em regime de *shopping center*, em regra[26], será pessoa

24 Em sentido bastante semelhante a esta decisão, há outras do Tribunal de Justiça do Paraná, a saber: TJPR, 11ª. CCv. AC 531146-4, Rel. Des. Antônio Barry, J. 11.03.2009; TJPR, 11ª. CCv. AC 357833-8, Rel. Des. Francisco Luiz Macedo Junior, J, 23.05.2007.

25 Colocam Freitas, Monetti & Amato (2016, p. 5) ao abordam a empresa hipermercado que "O conforto, a praticidade e o acesso aos diferentes produtos levam a esta mudança de hábitos. *Assim como os shopping centers*, os hipermercados são uma forma de remodelação das praças e pontos de comércio. As famílias passam a fazer compras juntas nos finais de semana e todos passam a ser potenciais consumidores. *Ir a estes locais torna-se uma opção não só de compra, mas também de lazer*." (g.n.)

26 Afirma-se como regra geral, pois, notadamente, por conta de questões empresariais, alguns proprietários de imóveis conformadores de uma empresa em *shopping center*, também exercem atividades outras que não apenas a locação, ou seja, tornarem-se varejistas de roupas, acessórias e que tais, especialmente, de relevantes e conhecidas marcas internacionais, especialmente, no assim denominado alto luxo.

diversa daquela que cede o uso do espaço e, na empresa em regime de hipermercado, será ela mesma que a empreende. E assim se verifica, pois, enquanto na empresa hipermercado existe, em princípio, apenas uma sociedade que organiza e desenvolve todas as atividades econômicas relacionadas aos produtos e serviços por ela ofertados, na empresa em *shopping center* há diversas sociedades que dela participam, cada qual em sua especialidade e, assim escolhidas por uma administração central, constituem um todo organizado.

Acrescente-se que o *tenant-mix* da coisa imóvel em que instalado o estabelecimento da empresa hipermercado é por ela organizado e não se limita, apenas, à melhor alocação e, por meio das gôndolas e assemelhados, dos produtos e eventuais serviços por ela oferecidos, mas, compreende, também, a escolha das empresas e respectivas pessoas que a desenvolverão em espaços físicos, em tese e, em princípio, pós-caixas registradoras.

Por sua vez e, acerca da empresa em regime de *shopping center*, encontra-se contido, inclusive, na formação do *tenant-mix* empresas que têm por finalidade potencializar a atração de pessoas e, por via de consequência, a geração de negócios para as demais empresas instaladas no estabelecimento composto pelo somatório de todas as outras partes – i.e. das outras empresas. Esta pode ser, inclusive, uma empresa hipermercado que, por conta de suas características de geração de fluxo e, esperadas receitas não apenas para si mesma, mas para as demais participantes do conjunto, nominadas de âncoras.

Importa colorir que, mesmo sendo assim nominadas aquelas empresas que possuem este potencial poder de atração, não se tem como afirmar e comprovar, em todos os casos, que uma coletividade de pessoas se dirigiu ao estabelecimento da empresa em *shopping center* por conta daquela determinada empresa âncora ou, então, por ter visitado o seu oposto, isto é, uma satélite e por conta desta circunstância realizou compras na âncora. Cada parte do conjunto tem a capacidade de potencializar outra e, assim, formando um todo que, como coloca Silveira (1999, p. 128) "sob o ponto de vista teórico, nada se opõe à circunstância de estarmos a conceber um estabelecimento comercial que desempenha uma função produtiva destinada a comerciantes: tal como existem estabelecimentos de contacto com o público assim também existem estabelecimentos de contacto com o comércio."[27]

27 SILVEIRA, Pedro Malta da. *A empresa nos centros comerciais e a pluralidade de estabelecimentos*. Coimbra, 1999.

No mesmo sentido tende a ocorrer quando determinada pessoa se dirige ao imóvel em que localizada a grandiosa, em termos de dimensão, empresa hipermercado e realiza negócio com empresa situada na área pós-gôndolas e caixas registradoras e vice-versa. Ou seja, por ter contratado serviço consistente na pintura de seus cabelos em empresa localizada em área diversa daquele destinada ao hipermercado, aproveita seu tempo e realiza a aquisição de bem não durável no estabelecimento do hipermercado.

Assim e, de maneira a manter esta virtuosa sinergia entre as empresas, para além da petrificação de determinado *tenant-mix*, como colocam Freitas, Monetti & Amato (2016, p. 2), "são construídos os objetivos de longo prazo, definem-se as diretrizes estratégicas e orienta-se o planejamento tático, que abrange atividades no curto e médio prazo"[28], sempre reservando-se e, por conta da essência desses objetivos, a possibilidade de mudanças de maneira a manter-se o estabelecimento atualizado, isto é, coerente com os objetivos do mercado para o qual foi idealizado. Esta manutenção da novidade por meio da constante atualização é verificada em ambas as empresas e, assim sendo, através desta lente que devem ser observadas variadas estipulações contratuais conformadoras de sua estrutura privada normativa.

Quanto à figura de quem idealiza, desenvolve e exerce a organização das atividades na coisa imóvel e no específico estabelecimento, é verificável tanto na empresa em regime de *shopping center* quanto na empresa hipermercado a existência de um mesmo elemento, qual seja, a centralização de decisões. Assim se opera de maneira a existir, o quanto possível, uniformidade de comportamentos de maneira que as estruturas constituídas possam corresponder à função para as quais foram idealizadas.

Ainda acerca deste específico aspecto, a diferença, entre ambas, consiste na circunstância de que, na empresa em regime de *shopping center*, desde sua concepção, é de sua essência orquestrar e administrar, centralizadamente, o conjunto conformado pelos demais estabelecimentos de forma que todos e cada um constituam um único indivisível.

Importa enfatizar, inclusive, que no elenco das atividades desenvolvidas pela empresa em regime de *shopping center* encontra-se aquela que se relaciona com a potencialização de seus resultados por meio da divulga-

28 FREITAS, Elisabete Maria de; MONETTI, Eliane; AMATO, Fernando Bontorim. *Planejamento e análise da inserção mercadológica para implantação de um hipermercado: uma rotina para definição do potencial de vendas.* VI Seminário Internacional da LARES. São Paulo, 2006.

ção do conjunto das atividades nele desenvolvidas através de campanhas publicitárias. Campanhas estas que, desde que motivadas, podem dirigir-se à divulgação não apenas do estabelecimento conjunto – i.e. da empresa de conjunto, do específico *shopping center* – mas, também, de específica e determinada empresa que, uma vez alardeada sua existência no conjunto, tem a potencialidade atrativa e conveniente ao todo.

De outro lado, na empresa hipermercado, tende a ser constatado, no atual estágio das reflexões, mais acentuadamente, o dirigismo de suas atenções àquelas atividades que desenvolve diretamente, isto é, para a atividade de hipermercado e, apenas como acessório, para com relação às cessões de espaço de instalação das empresas complementares às suas. E, em assim se constatando, não conferindo às demais empresas instaladas na mesma coisa imóvel em que se encontra o estabelecimento da empresa hipermercado um tratamento enquanto, todas, integrantes de um conjunto. Isto é, todas as empresas conformando, indivisivelmente, um novo estabelecimento, tal como na empresa em regime de *shopping center* que, inclusive, pode ser qualificada como sendo uma "empresa de conjunto", conforme destacado em Barbaresco (2020, p. 201).

Acerca, ainda, da estrutura organizacional das empresas em regime de *shopping center*, pode ou não ser verificada a existência de determinada associação que tenha por finalidade, de alguma maneira, congregar os interesses de todas as pessoas que desenvolvam suas empresas em determinado estabelecimento de conjunto. E assim se verifica, pois, a assim chamada "associação dos lojistas" não constitui elemento essencial sem o qual não exista o estabelecimento de empresa da empresa em regime de *shopping center*.

O que cimenta e, portanto, unifica e planifica as relações entre cada uma das pessoas que desenvolvem sua empresa no estabelecimento em regime de *shopping center* não é a existência de uma "associação de lojistas", mas, sim, como colocado alhures, de pessoa que exerce a função de administradora centrada, centralizada e de maneira única do conjunto conformado por todas as demais empresas que dele participam.

Importa anotar, inclusive, que por conta dos usos e costumes a "associação de lojistas" não tem como finalidade[29] administrar uma

29 Acerca da generalidade dos casos, constata-se da avaliação de estatutos sociais como constituintes de sua finalidade: cultivar as relações entre pessoas físicas e jurídicas, lojistas do *shopping center*, promovendo o intercâmbio de experiências e informações; realizar, contratar e patrocinar

empresa em regime de *shopping center*, mas sim, destina-se a organizar determinados interesses institucionais de seus associados; sendo de todo necessário vincar que a associação de determinada pessoa que exerça empresa na empresa em *shopping center* não pode ser realizada de forma cogente por força de mandamento constitucional[30].

Realizadas, portanto, estas ponderações, é possível perceber que os elementos organizacionais das empresas hipermercado e *shopping center* são em tudo muito semelhantes[31], mas, entre eles, há espécie de tracejado que, se não preenchido, terá o condão de vincar que se tratam de negócios jurídicos diferentes em sua essência.

---

estudos e serviços de utilidade para seus associados; estabelecer normas éticas capazes de disciplinar as atividades de seus associados, visando à afirmação do conceito e ao desenvolvimento do *shopping center*; patrocinar os interesses dos associados perante os poderes públicos e quaisquer órgãos ou entidades de direito público ou privado; promover a divulgação do *shopping center*, enfatizando seu papel de gerador de empregos, fonte de atividades empresariais diversificadas; colaborar com a administração estimulando as campanhas promocionais por esta planejadas e organizadas e sugerindo as que lhe pareçam convenientes aos interesses comuns; organizar cursos e programas de formação, seleção e treinamento de pessoal especializado em varejo de *shopping center*.

30 Isso não significa dizer que não se possa e, por meio de variados instrumentos de contratos coligados, estabelecer-se a associação como condição prévia e necessária à conclusão do contrato de cessão do uso do espaço em empresa sob o regime de shopping center. E, em assim sendo, em correspondência ao que estabelece a Constituição do Brasil no inciso XX, do artigo 5º, que diz "Artigo 5º - Todos são iguais perante a lei, sem distinção de qualquer natureza, garantindo-se aos brasileiros e aos estrangeiros residentes no País a inviolabilidade do direito à vida, à liberdade, à igualdade, à segurança e à propriedade, nos termos seguintes: [...] XX- ninguém poderá ser compelido a associar-se ou a permanecer associado."

31 O Tribunal de Justiça do Estado de São Paulo, em variadas ações judiciais em que se discute o tema versado por meio deste texto e, por conta da contratualidade estabelecida, têm aplicado por analogia o artigo 54 da Lei Federal nº. 8.245, de 18 de outubro de 1991 às relações estabelecidas entre as pessoas que exercem empresa em espaços localizados em empresas hipermercado. A este respeito TJSP. Rec. Ap. nº. 1005013-77.2017.8.26.0224. Rel. Desembargador Vianna Cotrim, J. 25.06.2018; TJSP. Rec. Ap. nº. 1056240-59.2018.8.26.0002, Rel. Desembargador Lino Machado, J. 07.08.2019; TJSP. Rec. Ap. nº. 1004733-39.2017.8.26.0505. Rel. Desembargador Dimas Rubens Fonseca, J. 16.07.2018; TJSP. Rec. Ap. nº. 1068593-31.2018.8.26.0100. Rel. Desembargador Alfredo Attié. J. 15.04.2020.

De outro lado, uma vez que as lacunas existentes entre o tracejado seja colorida com aqueles elementos fáticos que constituem o fator de distinção e, portanto, surgindo uma supra organização, não haverá como negar que em uma coisa imóvel na qual se localiza uma empresa hipermercado, também possa haver uma empresa em regime de *shopping center* por conta do conjunto conformado pelo todo. O importante na observação dos fatos é a essência que os fazem distinguir uns dos outros que, no caso da empresa em regime de *shopping center*, é a administração única e centralizada capaz de tratar, na teoria e na prática, a coisa como única e, portanto, fazendo-a indivisível, como colocado em Barbaresco (2017, p. 25-6).

Conclusão

Novas realidades podem ser insculpidas tendo como base, isto é, como ponto de partida, circunstâncias passadas e caracterizadoras de diferente vertente e, nesse sentido, demandando por parte do observador processo de reflexão acerca daquilo que se enxerga, mas que, talvez, não se esteja percebendo com a necessária nitidez.

Desta forma, aquilo que outrora se constituía como uma coisa imóvel na qual se exercia uma empresa hipermercado, pode, por meio da conjugação de determinados elementos organizacionais, transformar-se em empresa *shopping center*.

E assim se verifica não por conta, simplesmente, da avaliação de elementos corpóreos, isto é, aquilo que o olhar pode perceber, mas, sobretudo pela junção dos incorpóreos que ao conformarem um conjunto faz nascer coisa nova.

A um desatento observador pode parecer que determinada coisa se trata de uma, quando, na verdade, transformou-se em outra, uma vez que não nota, fisicamente, diferenças.

E assim ocorre por conta da inexistência de fórmula estática, petrificada quando da criação de negócios, onde impera a liberdade de meios e de fins, desde que lícitos.

Assim sendo, poderá haver variados tons de um mesmo colorido[32] que, apenas, o atento observador de conceitos conseguirá identificar e distinguir no campo das materializadas circunstâncias.

32 Expressão esta inspirada na obra de JAMES, E.L. *Cinquenta tons de Cinza*. 1ª. ed. São Paulo: Editora Intrinseca, 2012.

Em face destas premissas e primeiras notas, conclui-se que o imóvel em que se exercia a empresa hipermercado, pode, sim, por meio da aspiração daquilo que constitui a essência da *empresa shopping* center, nela se transformar. A essência distintiva reside, assim, no comportamento da organização empresarial com relação a cada uma das empresas nele estabelecidas e, sobretudo, a atenção para com o conjunto assim amalgamado.

Referências bibliográficas

BARBARESCO, Marcelo. *Compropriedade e sociedade: estrutura, segurança e limites da autonomia privada*. São Paulo: Almedina, 2017.

________. *Shopping Center: critica da essência e a liberdade de contratar enquanto concretação do princípio constitucional da livre-iniciativa*. Coord. Leonardo Brandelli. In Revista de Direito Imobiliário (RDI). Publ. IRIB – Instituto de Registro Imobiliário do Brasil, São Paulo, v. 85, p-365-390, jul.- dez. 2018.

________. *Intenções e reflexos na interpretação dos contratos de locação em shopping center inclusive nas atividades de e-commerce*. São Paulo: Foco, 2019.

________; ISMAEL, Luciana Henriques. *Mediação em shopping center: a descoberta eficaz*. São Paulo: Quartier Latin, 2019.

________; MAIA, Cláudia Elly Larizzatti. *Do shopping center off-line ao online e os elementos da imaterialidade*. Revista dos Tribunais, São Paulo, v. 1020, out. 2020.

BOBBIO, Norberto. *Da estrutura à função: novos estudos de teoria do direito*. Trad. Daniela Beccaccia Versiani. São Paulo: Manole, 2011.

BRASIL. *Constituição do Brasil*. Disponível em: http://www.planalto.gov.br/ccivil_03/constituicao/constituicao.htm. Acesso em: 3 mar. 2021.

BRASIL. *Lei Federal nº. 8.245, de 18 de outubro de 1991. Dispõe sobre as locações dos imóveis urbanos e os procedimentos a elas pertinentes*. Disponível em: http://www.planalto.gov.br/ccivil_03/leis/l8245.htm. Acesso em: 23 fev. 2021.

BRASIL. *Lei Federal nº. 10.406, de 10 de janeiro de 2002. Institui o Código Civil*. Disponível em: http://www.planalto.gov.br/ccivil_03/leis/2002/L10406compilada.htm. Acesso em: 24 fev. 2021.

BRASIL. Superior Tribunal de Justiça. Agravo em Recurso Especial nº. 231.538 - PR, Processo nº. 2012/0196199-1, Monocrática, J. 20.09.2018, Rel. Ministro Lázaro Guimarães. Disponível em: https://scon.stj.jus.br/SCON/

decisoes/toc.jsp?livre=HIPERMERCADO+E+SHOPPING+CENTER+E+ALUGUEL+PERCENTUAL&b=DTXT. Acesso em: 25 fev. 2021.

BUZAID, Alfredo. *Estudo sobre shopping center*. In: RENAULT PINTO, Roberto Wilson; ALBINO DE OLIVEIRA, Fernando A. (Coords.). Shopping centers (questões jurídicas). São Paulo: Saraiva, 1991.

FREITAS, Elisabete Maria de; MONETTI; Eliane; AMATO, Fernando Bontorim. Planejamento e análise da inserção mercadológica para implantação de um hipermercado: uma rotina para definição do potencial de vendas. VI Seminário Internacional da LARES. São Paulo, 2006. Disponível em: http://lares.org.br/2006/artigo%20elisabete%20freitas%20planejamento%20vfinal.pdf. Acesso em: 1 mar. 2021.

HARB, Antonio Geraldo. *As competências organizacionais nos segmentos de hipermercado e supermercado no Brasil*. Tese (Doutorado em Engenharia de Produção) - Universidade Federal de Santa Catarina. Florianópolis, 2005. Disponível em: https://repositorio.ufsc.br/bitstream/handle/123456789/102574/221608.pdf?sequence=1&isAllowed=y. Acesso em: 02 mar. 2021.

JAMES, E.L. *Cinquenta tons de Cinza*. 1ª. ed. São Paulo: Editora Intrínseca, 2012.

KELSEN, Hans. *Teoria pura do direito*. Trad. João Baptista Machado. 5ª. tiragem. São Paulo: Martins Fontes, 2015.

LUCCA, Newton de; DOMINGUES, Alessandra de Azevedo. *Análise crítica da evolução do instituto do estabelecimento empresarial*. 2ª. ed. Série FGV Law. In: Tipos societários. FINKELSTEIN, Maria Eugênia Reis; PROENÇA, José Marcelo Martins. (Coords.) São Paulo: Saraiva, 2014.

ORLANDO, Gomes. *Traços do perfil jurídico de um shopping center*. In: Shopping centers aspectos jurídicos. São Paulo, Revista do Tribunais, 1984.

REQUIÃO, Rubens. *Curso de direito comercial*. 1º. vol. 19ª. edição. Atual. São Paulo: Saraiva, 1989.

SILVEIRA, Pedro Malta da. *A empresa nos centros comerciais e a pluralidade de estabelecimentos*. Coimbra, 1999.

ULHOA COELHO, Fábio. *Curso de Direito Comercial: Direito de Empresa*, vol. 1, 19ª. ed. São Paulo: Saraiva, 2015.

Reflexões sobre a recuperação judicial do produtor rural diante das recentes alterações promovidas na Lei nº 11.101/05

Marcio Calil de Assumpção[1]

SUMÁRIO: 1. Crédito rural e os "recursos controlados" regulamentados pelo Banco Central do Brasil. **2.** Os números do crédito rural no Brasil. **3.** A boa fé objetiva, as declarações firmadas no momento da contratação do crédito, a previsibilidade como elemento de estabilização das relações jurídicas e a cláusula geral de abuso do direito. **4.** Alteração unilateral e silenciosa do regime jurídico do tomador do empréstimo no curso do contrato. Antijuridicidade da "atitude surpresa". **5.** A opção do produtor rural pela inscrição no registro público de empresas mercantis e o artigo 971 do Código Civil. **6.** O produtor rural na Lei nº 14.112/20, que alterou a Lei de Falências e Recuperação de Empresas, Lei nº 11.101/05. **7.** Conclusões. **8.** Referências bibliográficas.

1. Crédito rural e os "recursos controlados" regulamentados pelo Banco Central do Brasil

O crédito rural no Brasil, dentro do Sistema Financeiro Nacional, é regulamentado pelo Banco Central (BCB) através de um Manual de Crédito Rural (MCR) que consolida os diversos normativos sobre o tema e pode ser consultado no sítio do BCB na internet.[2]

Sua classificação decorre da atividade relacionada, sendo assim identificado como agrícola, quando voltado ao financiamento de produtos de origem vegetal, e como agropecuário quando voltado ao financiamento de produtos de origem animal.

O financiamento rural no Brasil possui finalidades próprias, a depender do objetivo final do crédito rural tomado pelo agricultor ou pecuarista. Existe um rol de finalidades relacionadas à atividade rural que

---

1 Advogado, Mestre em Direito pela Universidade Mackenzie, Membro do Instituto dos Advogados de São Paulo com participação nas Comissões de Direito Bancário e Direito Falimentar, Membro do Instituto Brasileiro de Direito Processual, Coordenador do Comitê Legal de Recuperação de Créditos da Febraban – Federação Brasileira de Bancos, foi Presidente da Comissão de Direito Bancário da Seccional de São Paulo da OAB nos anos de 2014 a 2018.

2 www.bcb.gov.br/publicações/manuais/MCR

podem ser classificadas como crédito rural, que são as seguintes: (a) custeio, para cobrir as despesas normais dos ciclos produtivos de lavouras e de atividades de exploração agropecuária; (b) investimentos em bens ou serviços, para um ou para vários ciclos de produção ou industrialização de produtos agropecuários; (c) o incentivo à inovação nos sistemas de produção com o objetivo de aumentar a produtividade e utilização dos recursos naturais; e (d) comercialização, para cobrir despesas da fase posterior à coleta da produção.

Segundo o MCR são beneficiários do crédito rural o produtor rural pessoa física, o produtor rural pessoa jurídica, as cooperativas de produção agropecuária, as pessoas físicas ou jurídicas produtoras de mudas, sementes, sêmen para inseminação artificial e embriões, os prestadores de serviços de mecanização, de medição de serviço na lavoura e os prestadores de serviços de inseminação artificial à agropecuária, o cerealista, e o pescador.

Nota-se, desde logo, que existe sob o âmbito regulatório uma distinção para o crédito rural concedido às pessoas físicas, em relação às pessoas jurídicas e às cooperativas. Essa distinção parte de premissas indo desde a análise de crédito até o cenário de insolvência na medida em que cada qual (pessoa física, jurídica e cooperativa) possui um regime próprio de insolvência. Os regimes de insolvência estão indicados mais abaixo, no correr dessas linhas.

Segundo o MCR todo o financiamento destinado a produtores rurais, dentro do setor que o mercado convencionou chamar de agronegócio, se enquadra ou como "recurso controlado" ou como "recurso não controlado".

Os recursos controlados são os (a) recursos obrigatórios (decorrentes da exigibilidade de depósito à vista); (b) os decorrentes das operações oficiais de crédito sob supervisão do Ministério da Fazenda; (c) os recursos de qualquer fonte destinados ao crédito rural na forma da regulação aplicável, quando sujeitos à subvenção da União, sob a forma de equalização de encargos financeiros, inclusive os recursos administrados pelo Banco Nacional de Desenvolvimento Econômico e Social (BNDES); (d) os recursos oriundos da poupança rural, quando aplicados segundo as condições definidas para os recursos obrigatórios; (e) os recursos dos fundos constitucionais de financiamento regional; e, por fim, (f) os recursos do Fundo de Defesa da Economia Cafeeira (Funcafé).

Por outro lado, os recursos "não controlados" são todas as demais modalidades de financiamento à atividade rural no Brasil, seja ela feita por instituições públicas ou privadas.

Naturalmente, como sua própria denominação indica, os "recursos controlados" são fiscalizados pelas instituições financiadoras, não apenas porque possuem taxas de juros favorecidas, mas porque sua vinculação necessita de enquadramentos dos beneficiários e direcionamento dos recursos conforme as finalidades declaradas. Essas fiscalizações ocorrem, via de regra, por amostragem e atingem os empreendimentos beneficiados com a concessão desses "recursos controlados". A matéria é hoje regulamentada pela Resolução/CMN nº 4.174, de 27/12/2012.

Em contrapartida, os "recursos não controlados" são aplicados no crédito rural de acordo com as políticas de captação e concessão de crédito de cada instituição, daí porque não necessitam de fiscalização de sua destinação ou mesmo de seus destinatários.

Definido o enquadramento do financiamento rural (se controlado ou não controlado), sua instrumentalização pode ser realizada, de acordo com o Decreto-lei nº 167/1967[3] e da Lei nº 10.931/2004[4] por meio dos seguintes títulos: Cédula Rural Pignoratícia (CRP); Cédula Rural Hipotecária (CRH); Cédula Rural Pignoratícia e Hipotecária (CRPH); Nota de Crédito Rural (NCR); Cédula de Crédito Rural Bancário (CCB). Faculta-se a formalização do crédito rural por meio de contrato de mutuo, no caso de peculiaridades insuscetíveis de adequação aos títulos acima mencionados.

Na avaliação sobre a concessão do crédito rural um aspecto que não pode ser esquecido é sua regularidade fiscal, e os requisitos para essa verificação.

O produtor rural pessoa física atua e se apresenta à Receita Federal do Brasil apenas com sua inscrição no CPF – Cadastro de Pessoa Física, enquanto que o produtor rural pessoa jurídica atua e se apresenta à Receita Federal do Brasil com sua inscrição no CNPJ – Cadastro Nacional de Pessoas Jurídicas.

O Regulamento do Imposto de Renda (Decreto nº 9.580/2018) distingue de forma expressa a atividade rural exercida por pessoa física da exercida por pessoa jurídica. O tema vem regulado em Seções diferentes do referido Decreto, sendo as pessoas físicas tratada em seu art. 50 e a

---

3 O Decreto-lei 167, de 14 de Fevereiro de 1967 dispõe sobre títulos de crédito rural e dá outras providências.

4 A Lei nº 10.9031, de 02 de Agosto de 2004, dispõe sobre a Cédula de Crédito Bancário.

pessoas jurídicas em seu art. 477. [5] A diferenciação parte desde a tributação até a entrega de obrigações acessórias.

Para o produtor rural pessoa física, o resultado da atividade integrará a base de cálculo de sua declaração de imposto de renda, apurada na Declaração de Ajuste Anual. Essa apuração se dá mediante a escrituração do livro-caixa que deve abranger as receitas, as despesas, os investimentos e demais valores que integram sua atividade, encontrando-se a partir daí o resultado pela diferença entre o total das receitas e o das despesas/investimentos.

A Receita Federal do Brasil disponibiliza em seu website o programa Livro-Caixa da Atividade Rural (LCDPR – Livro Caixa Digital do Produtor Rural) para pessoa física, que permite a escrituração por meio de sistema de processamento eletrônico, que posteriormente pode ser importado para a Declaração de Ajuste Anual.

A propósito, a IN RFB nº 1.848/2008, que altera a IN SRF nº 83/2001, dispõe sobre a tributação dos resultados da atividade rural de pessoas físicas.

Por sua vez, o produtor rural pessoa jurídica, além de inscrição no CNPJ, inscrição estadual e constituição devidamente arquivada na Junta Comercial de seu Estado, deve, como qualquer outra empresa, optar por um regime de tributação, dentre as opções de lucro real, lucro presumido, lucro arbitrado ou simples nacional. Nesse contexto, o produtor rural pessoa jurídica terá obrigações acessórias (declarações próprias da Receita Federal), a depender do regime de tributação por ele dotado.

Assim, a constatação da regularidade fiscal do produtor rural, como um dos elementos avaliados no momento da concessão do crédito, toma diferentes caminhos a depender de como esse produtor se apresenta para o exercício da atividade, se pessoa física ou jurídica, vale dizer, se exerce sua atividade sob o regime civil ou regime empresarial.

Note-se, neste ponto, que o Estado trata os produtores rurais de forma distinta no momento de prestarem contas de seus resultados e serem por eles tributados, conforme sejam eles pessoas físicas ou jurídicas.

5 **Art. 50.** *São tributáveis os resultados positivos provenientes da* ***atividade rural exercida pelas pessoas físicas****, apurados conforme o disposto nesta Seção.*
Art. 477. *A* ***pessoa jurídica que tenha por objeto a exploração da atividade rural*** *pagará o imposto sobre a renda e o adicional de acordo com as normas aplicáveis às demais pessoas jurídicas.*

Se o direito público, por meio do direito tributário, dispensa diferentes tratamentos para os produtores rurais empresários e não empresários, o direito privado (civil e comercial) não pode se afastar desse rigor conceitual e suprimir essa diferenciação.

2. Os números do crédito rural no Brasil

A formulação da política de crédito a ser aplicada ao SNCR – Sistema Nacional de Crédito Rural é de competência do Conselho Monetário Nacional e observa diretrizes governamentais para o desenvolvimento do agronegócio no Brasil. Desta forma, o SNCR acaba não apenas regulando a política do crédito rural mas também atua em certa medida no planejamento da produção agrícola e pecuária no País uma vez que quanto maior a oferta de crédito maiores os investimentos e consequentemente maiores serão as safras e os resultados do agronegócio ano a ano.

A política agrícola atual tem buscado a diversificação do crédito rural, com foco na priorização dos recursos controlados para pequenos e médios produtores, e estímulo a fontes de captação do mercado para os médios e grandes produtores, através de emissão de títulos do agronegócio – papéis de financiamento do setor agrícola – envolvendo toda a cadeia de negócios do setor, desde a produção até a comercialização do produto final.

Esses títulos do agronegócio são: CPR – Cédula de Produto Rural (Lei nº 8.829/94), CPRF – Cédula de Produto Rural com liquidação financeira (Lei nº 10.200/01), CDA e WA – Certificado de Depósito Agropecuário e Warrant Agropecuário (Lei nº 11.076/04), CDA – Certificado de Direitos Creditórios do Agronegócio (Lei nº 11.076/04), LCA – Letra de Crédito do Agronegócio (Lei nº 11.076/04), CRA – Certificado de Recebíveis do Agronegócio (Lei nº 11.076/04),

Segundo os dados do Banco Central do Brasil (matriz de dados do crédito rural), a oferta de operações bancárias relacionadas ao financiamento do agronegócio no Brasil se divide entre os bancos privados, os bancos públicos e os financiamentos através de cooperativas.

A oferta de crédito cresce a cada ano/agrícola conforme quadro abaixo, alcançando a casa de R$ 190,5 bilhões de reais no último ano (2019/2020).

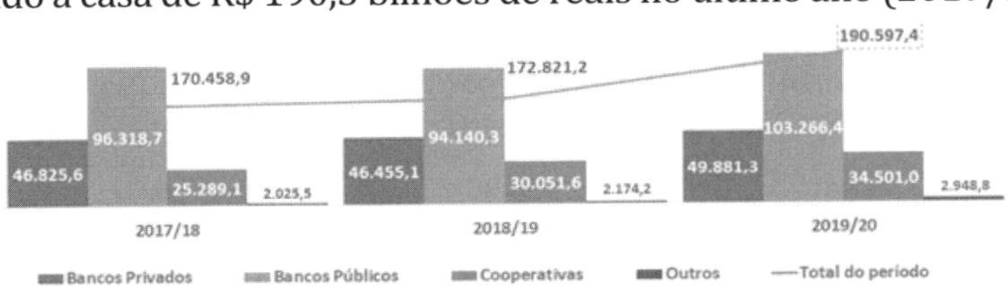

Um dado relevante dentro do cenário do crédito rural e dentro do escopo deste artigo é o aumento significativo de concessão do crédito rural para produtores rurais pessoas físicas. Esse financiamento rural para pessoa física vem a cada ano ampliando sua participação e hoje representa quase 78% dos recursos direcionados, dentro do SNCR.

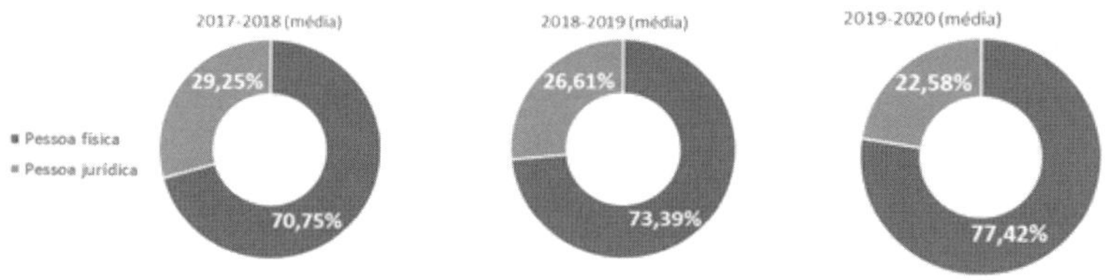

O aumento da participação da pessoa física na tomada de recursos voltados ao crédito rural chama atenção para um outro fator, que é o risco de inadimplência nesse setor e mais especificamente da pessoa física, e ai se apresente o problema tratado neste artigo sobre o regime jurídico desse tomador de recursos (se civil ou empresarial) e as consequências para o direito de uma eventual inadimplência desse produto rural e mesmo de sua insolvência.

No mercado norte americano a inadimplência de crédito rural destinado a pessoas físicas, com até 90 dias de atraso, está em 0,48% da carteira. Quando são considerados atrasos acima de 90 dias, reestruturações e créditos em cobrança, esse índice sobre para 0,81%.[6]

No mercado brasileiro as operações de crédito rural para pessoas físicas com recursos obrigatórios (os recursos controlados abordados no primeiro capítulo deste artigo) possuem uma inadimplência de 2,21% da carteira[7], considerados os atrasos acima de 90 dias.

Esses números, por si, refletem a importância do tema tanto para a economia como para o direito.

6 A fonte dessa informação é o USDA (www.fsa.usda.gov/programs-and-srvices/farm-loan-programs/index)

7 A fonte dessa informação é o Banco Central do Brasil (Notimp – Nota à imprensa).

3. A boa fé objetiva, as declarações firmadas no momento da contratação do crédito, a previsibilidade como elemento de estabilização das relações jurídicas e a cláusula geral de abuso do direito

É essencial para a estabilidade das relações jurídicas que as expectativas legítimas das partes contratantes no momento da celebração de qualquer contrato, e aqui se confere ênfase ao mútuo bancário em razão do título deste artigo, sejam observadas não apenas nas providências preliminares ao contrato (v.g. cadastro, qualificação, informações econômicas e de patrimônio, etc.) como no momento de seu aperfeiçoamento, de sua execução/cumprimento e de sua extinção.

O mercado de crédito no Brasil é estruturado por todo um arcabouço de normas que regulam a captação e circulação de recursos existindo para tanto um sistema de supervisão prudencial exercido pelas autarquias integrantes do Sistema Financeiro Nacional (Banco Central do Brasil e Comissão de Valores Mobiliários), que estabelecem regras, políticas e procedimentos de gestão das atividades financeiras e de organização do mercado, com o objetivo de evitar falhas e ao mesmo tempo atender padrões prudenciais nacionais e internacionais para proteção dos clientes (aplicadores, tomadores e investidores) e do próprio mercado financeiro.

A estruturação de todo esse sistema prudencial tem como grande foco, em uma palavra, a avaliação do risco de crédito, ou seja, a possibilidade de ocorrência de perdas associadas ao não cumprimento pelo tomador de suas respectivas obrigações financeiras, nos termos pactuados e à desvalorização do "valor do crédito" em decorrência da deterioração da classificação de risco do tomador e os custos e riscos para recuperação desse crédito.[8]

Existe no mercado financeiro um conceito de caráter utilitário-pragmático para a definição do risco de credito. Os tópicos norteadores para o crédito estruturam uma verdadeira *práxis* para análise de risco e são denominados de **5 Cs do crédito**, que são: (1) **C**apital: análise do patrimônio líquido da empresa ou do indivíduo, sua rentabilidade e seu nível de endividamento; (2) **C**aráter: análise do histórico de transações

8 A Resolução 2.682, de 21 de dezembro de 1999, dispõe sobre critérios de classificação das operações de crédito e regras para constituição de provisão para créditos de liquidação duvidosa.

financeiras do tomador do crédito e sua reputação, inclusive se pagou em dia empréstimos anteriores; (3) Capacidade: análise da capacidade do tomador em cumprir com suas obrigações após o empréstimo; (4) **C**ondições: mensura o potencial da empresa ou do indivíduo com base em vários aspectos, como situação financeira atual, perspectivas de mercado e contexto econômico; (5) **C**olateral: são as garantias que o tomador tem a oferecer em troca do empréstimo e conforme sua classificação de risco, tais como imóveis, equipamentos, contas a receber, aval, fiança e os riscos de execução dessas garantias, dentre outras avaliações precedentes ao desembolso dos recursos.

A estruturação necessária para circunscrever o problema do crédito no brasil passa pelas bases econômicas e pela tutela jurídica do crédito, em especial na hipótese de inadimplemento.

Neste ponto da tutela jurídica do crédito e sua relação com o insolvência é importante o estabelecimento de uma premissa fundamental, qual seja, o direito dos credores é conferido pelo Direito Civil e Comercial e não pelo Direito Falimentar. O Direito Falimentar atua na organização dos créditos, da forma de pagamento dos credores e em muitos casos na socialização das perdas.

Posto isso, o direito que atua nesse momento de contratação do crédito é o direito civil e aí atua de forma determinante a boa-fé objetiva, que é indissociável da ética nos contratos.

Conforme preceitua o at. 113 do CC[9] os negócios jurídicos devem ser interpretados conforme a boa-fé e os usos do lugar de sua celebração. Trata-se de regra de interpretação que milita em favor da segurança das relações jurídicas.

O princípio da boa-fé assegura o acolhimento do que é lícito e o não acolhimento do que é ilícito. Ela deve ser observada ante a lealdade, a honestidade e a segurança que se devem os contratantes, nos atos preliminares, nas tratativas negociais, na formação, na celebração, na execução (cumprimento) e na extinção dos contratos, bem como após esta.[10]

---

9 CC, Art. 113. Os negócios jurídicos devem ser interpretados conforme a boa-fé e os usos do lugar de sua celebração.

10 AZEVEDO, Álvaro Villaça, Aspectos Controvertidos do Novo Código Civil, escritos em homenagem ao Ministro José Carlos Moreira Alves, Ed. Revista dos Tribunais, 2003, p. 34.

Assim, desde o início devem os contratantes manter seu espírito de lealdade, *esclarecendo os fatos relevantes e as situações atinentes à contratação*, procurando razoavelmente equilibrar as prestações, expressando-se com clareza e esclarecendo o conteúdo do contrato, evitando eventuais interpretações divergentes, bem como cláusulas leoninas, só em favor de um dos contratantes, cumprindo suas obrigações nos moldes pactuados, *objetivando a realização dos fins econômicos e sociais do contrato*, tudo para que a extinção do contrato não provoque resíduos ou situações de enriquecimento indevido, sem causa.[11]

É nesse sentido de lealdade e transparência que a boa-fé objetiva reflete as legítimas expectativas das partes no momento do aperfeiçoamento do contrato, e essas legítimas expectativas são de grande relevância para o crédito do produtor rural na medida em que antes da tomada de recursos esse produtor prestou informações cadastrais e nesse momento se qualificou como pessoa física e não como pessoa jurídica (empresário).

Disso resulta todo seu enquadramento dentro do regime civil ou comercial e também no regime tributário, como já dito linhas acima. Tudo parte de informações prestadas pelo produtor rural tomador dos recursos. Essas informações são recebidas pelo credor em boa-fé.

Nesse espírito de boa-fé o credor avalia, dentre outros riscos, o risco de inadimplência do crédito do produtor rural pessoa física e o faz sob a perspectiva de uma eventual execução singular, onde as expectativas de recuperação do crédito são muito maiores, quando comparadas a um universo de execução coletiva ou concurso de credores, situações próprias do regime de insolvência dos empresários.

Portanto, são diferentes as avaliações de crédito para o produtor rural pessoa física e para o produtor rural pessoa jurídica. Para pessoa física a vinculação do crédito à sua garantia é absoluta, seja essa relação vista pelo ângulo da obrigação como pelo ângulo da garantia em si. De outra parte, para a pessoa jurídica o credor considera o fato concreto de uma possível execução coletiva (falência) ou mesmo de um pedido de recuperação judicial, que são situações nas quais sua força contratual é relativizada e o cenário da maioria prevalece sobre o interesse individual do credor.

11 AZEVEDO, Álvaro Villaça, obra citada, p. 35. Os destaques não constam do original.

Daí se conclui que no cenário de inadimplemento do produtor rural pessoa física, sempre considerado em uma avaliação de crédito, seja esse inadimplemento relativo ou absoluto, o devedor fica sujeito a uma execução singular, tendo como cenário extremo e raro em nosso direito uma ação de insolvência civil. [12]

Mas, para o cenário de inadimplemento do produtor rural pessoa jurídica se apresentam institutos de insolvência próprios do regime empresarial – recuperação judicial, recuperação extrajudicial e falência – previstos na Lei nº 11.101/05.

O advento da Lei nº 14.112/20, que permeou importantes alterações na Lei nº 11.101/05, trouxe especificamente para o tema "produtor rural" (art. 48) uma disruptura no sistema de direito privado (civil e comercial).

Essa desconstrução do sistema de direito privado se operou, em relação ao "produtor rural pessoa física" no momento em que a Lei passou a admitir a possibilidade do produtor rural pessoa física, e portanto contratando obrigações sob regime civil, adquiriu o direito subjetivo de requerer recuperação judicial, instituto exclusivo do regime empresarial.

No mesmo sentido de desconstrução do sistema de direito privado, agora em relação ao "produtor rural pessoa jurídica", pode ele a partir da Lei nº 14.112/20 requerer recuperação judicial comprovando o exercício de sua atividade, por 2 anos, mediante o atendimento de requisitos privados, ou "desprovidos de publicidade" (como seria o caso do registro do comércio). Desde o DL 7661/45 o objetivo desses 2 anos era evitar a concessão do benefício (anterior concordata e atual recuperação judicial) ao empresário que não comprovasse publicamente sua atividade regular.

Um terceiro e especial cenário se apresenta para as Cooperativas, agentes importantes do crédito rural, mas que não polarizam a discussão sobre produtor rural pessoa física ou jurídica na medida em que às Cooperativas se aplicam as disposições do regime próprio previsto na

12 Para a insolvência civil o Código de Processo Civil de 2015 manteve, por força de seu Art. 1.052, as disposições do Código de Processo Civil de 1973, em seus artigos 748 a 786-A, que regulam a execução contra devedor insolvente. O procedimento da insolvência civil se desdobre em duas fases, a primeira de natureza cognitiva se encerra com a sentença que reconhece e insolvência, abrindo a segunda fase, esta sim de natureza executiva onde se dará a expropriação de bens do executado em prol dos credores habilitados.

Lei nº 5.764/71, que em situação extrema pode levá-las à liquidação extrajudicial na medida as cooperativas são consideradas sociedades simples (CC, 982)[13] e esse tipo de sociedade não se sujeita à falência.

Isso posto, no contexto do enquadramento do produtor rural em um regime jurídico específico, não é demais lembrar que a autonomia privada nos contratos atua sob o manto das cláusulas gerais da boa-fé e da função social, trazidas pelo Código Civil de 2002 como pedras angulares do novo direito contratual brasileiro.

Essas cláusulas gerais estão em absoluta consonância com outra cláusula geral, prevista no art. 187 do Código Civil e que trata do abuso do direito.[14]

Trata-se, em realidade, da aplicação do princípio que veda o abuso do direito no ramo dos contratos, pelo que se infere que a regra contida no art. 421 do Código Civil é decorrência lógica (verdadeiro desdobramento) daquela contida no art. 187. Com efeito, se basta que exista uma liberdade para que se tenha a possibilidade de abusar dela, é plenamente possível identificar, no desatendimento da função social do contrato, um abuso da liberdade contratual.[15]

Há uma importante diferença entre exercício regular de um direito e os excessos no exercício desse direito. Esses excessos configuram abuso de direito e são vedados pelo sistema jurídico porque conflitam com os fins econômicos e sociais do direito exercido além do limite. Se as expectativas das partes no momento da celebração do contrato forem distorcidas estará configurado um abuso de direito e não um exercício de direito.

Isso é exatamente o que ocorre quando uma das partes de um contrato altera seu regime jurídico (de civil para empresarial) de forma silenciosa, sem comunicar sua contraparte, e abusa dessa condição pro-

---

13 CC, Art. 982. Salvo as exceções expressas, considera-se empresária a sociedade que tem por objeto o exercício de atividade própria de empresário sujeito a registro (art. 967), e, simples, as demais. Parágrafo único. Independentemente de seu objeto, considera-se empresária a sociedade por ações; e, simples a cooperativa.

14 CC, Art. 187. Também comete ato ilícito o titular de um direito que, ao exercê-lo, excede manifestamente os limites impostos pelo seu fim econômico ou social, pela boa-fé ou pelos bons costumes.

15 BOULOS, Daniel Martins, Aspectos Controvertidos do Novo Código Civil, escritos em homenagem ao Ministro José Carlos Moreira Alves, Ed. Revista dos Tribunais, 2003, p. 130.

movendo repentinamente um pedido de recuperação judicial – ato não considerado no momento do aperfeiçoamento do contrato pois celebrado com um mutuante pessoa física - em completo cenário de surpresa e ato não previsível para o outro contratante.

O abuso do direito no âmbito contratual está relacionado com a vontade de um dos elementos integrantes do contrato. No entanto, a vontade não pode atingir o direito alheio por força da espontânea decisão da outra parte contratante, que, usando do *"neminem laedere qui suo jure utitur"*,[16] vá prejudicar outrem. [17]

4. Alteração unilateral e silenciosa do regime jurídico do tomador do empréstimo no curso do contrato. Antijuridicidade da "atitude surpresa".

A previsibilidade é um elemento essencial para a estabilização das relações jurídicas.

Previamente à tomada do empréstimo o credor diligente elabora um estudo de crédito, como mencionado acima, e nesse momento conhece não só o tomador do empréstimo mas sua atividade, sua fonte de renda, seu patrimônio, enfim, conhece seu cadastro.

O produtor rural pessoa física que assim se apresenta no momento de celebrar o mútuo bancário, seja pela forma de contrato ou de emissão dos títulos do agronegócio mencionados na introdução deste artigo, cria para o credor a expectativa de que sua contraparte é uma pessoa física e não uma pessoa jurídica, levando assim a relação jurídica integralmente para o regime civil e não para o regime empresarial.

A manifestação da vontade no momento da celebração do contrato não se restringe ao objeto da contratação, mas se espraia por todas as declarações que as partes contratantes emitem, dentre elas, seu regime jurídico (se civil ou comercial) e sua qualificação (pessoa física ou empresário individual ou pessoa jurídica).

Por essa razão é que a manifestação de vontade não subsiste apenas sobre si mesma, pois subentende-se que a ela são agregadas as consequências jurídicas decorrentes. Também isso compreende o dever

16 Expressão de latim forense que significa "quem usa do seu direito não lesa ninguém".

17 ROSAS, Roberto, Do Abuso de Direito ao Abuso de Poder, Ed. Malheiros, 2011, p. 36.

de colaboração das partes, a fim de que o negócio jurídico produza os efeitos que lhe são próprios, não podendo uma das partes impedir ou dificultar a ação da outra no cumprimento de suas obrigações, ou seja, devem as partes agir com lealdade e confiança.[18]

A boa-fé objetiva, prevista no art. 422[19] do Código Civil como cláusula geral aplicável a todos as relações jurídicas, atua tanto na celebração como no cumprimento dos contratos, sendo fator determinante nesse momento em que o agricultor ou o pecuarista resolve mudar seu regime jurídico e não leva esse importante fato ao conhecimento de sua contraparte. O direito contratual reserva às partes o direito subjetivo de convencionarem cláusulas sobre os efeitos jurídicos e econômicos de suas atitudes naquela relação contratual.

Disso decorre ainda, nos termos do que dispõem os arts. 112[20] e 113[21] do Código Civil quanto à boa-fé subjetiva, que a melhor forma de se interpretar as declarações de vontade é examinar o modo como as partes cumprem o negócio jurídico, observando, sobretudo, o princípio da boa-fé objetiva (CC, art. 422).

Segundo Nelson Nery Jr., o novo sistema jurídico de direito privado impõe às partes que resguardem, *tanto na conclusão quanto na execução do contrato, os princípios da probidade e da boa-fé (CC, art. 422).* Igualmente, nas disposições finais e transitórias, prescreve que nenhuma convenção prevalecerá se contrariar preceitos de ordem pública, tais como estabelecidos pelo CC para resguardo da função social dos contratos (CC, art. 2035, § único). Ao intérprete, por sua vez, incumbe a exegese do negócio jurídico em consonância com a principiologia do sistema.[22]

Especificamente no trato da boa-fé subjetiva, Nelson Nery Jr. conclui afirmando que a norma (CC) trata de *boa-fé subjetiva, isto é, da intenção e do comportamento efetivo das partes na conclusão do negócio*

18 DUARTE, Nestor, in Código Civil Comentado, 4ª Ed., Ed. Manole, 2010, p. 103 – comentários ao art. 113 do CC.

19 CC, Art. 422. Os contratantes são obrigados a guardar, assim na conclusão do contrato, como em sua execução, os princípios da probidade e boa-fé.

20 CC, Art. 112. Nas declarações de vontade se atenderá mais a intenção nelas consubstanciada do que ao sentido literal da linguagem.

21 CC, art. 113. Os negócios jurídicos devem ser interpretados conforme a boa-fé e os usos do lugar de sua celebração.

22 NERY JUNIOR, Nelson e Rosa Maria de A. Nery, Código Civil Comentado, Ed. Revista dos Tribunais, 2014, comentário ao art. 113 do CC.

jurídico. Nesse contexto, assume caráter subjetivo, tendo natureza de regra de interpretação do negócio jurídico. Para interpretar o negócio jurídico, o juiz deve buscar a intenção das partes (CC, 112), que devem ter agido de acordo com a boa fé (subjetiva). O art. 422 do CC trata da boa-fé em sua outra conformação: boa-fé objetiva, que tem natureza de cláusula geral.[23]

Na concessão do crédito ao produtor rural não há distinção ou exceção em relação a todos os demais contratos. Assim sendo, a boa-fé, em suas conformações tanto subjetiva como objetiva, é determinante para a decisão do credor em contratar um mútuo com o produtor rural pessoa física e não com o produtor rural empresário. A avaliação de crédito é toda estruturada para o exame do risco de uma pessoa física e não para o exame do risco de um empresário.

Exatamente por esse motivo fundamental é que na mudança repentina, silenciosa e unilateral do regime jurídico do produtor rural (de pessoa física para empresário), se abre a possibilidade do credor não desejar continuar com aquela relação jurídica, contratada originalmente com uma pessoa física e que agora deverá transcorrer tendo como contraparte um empresário, e desejar com isso antecipadamente resolver a relação jurídica do mútuo.

São situações que, examinadas à luz das cláusulas gerais, vão muito além da discussão sobre os efeitos constitutivos ou meramente declaratórios do ato de inscrição do produtor rural no registro de pessoas jurídicas.

Uma conduta não previsível de uma das partes, que contradiz as expectativas criadas no momento do aperfeiçoamento do contrato, não está adequada ao modelo legal previsto no ordenamento jurídico moldado pela previsibilidade das condutas e pelo respeito ao "querer contratual", às causas determinantes do contrato e às condutas esperadas dos contratantes.

A informação gera uma reação. Esse direito à informação está presente dentro do tão debatido direito ao contraditório, que inclusive ganhou especial ênfase no Código de Processo Civil de 2015 ao prever, em seu art. 10 a vedação de "decisões surpresa".

23 NERY JUNIOR, Nelson e Rosa Maria de A. Nery, obra citada, comentários ao art. 422 do CC.

Pois bem, a necessária estabilidade das relações jurídicas está assentada na mesma premissa, qual seja, os contratantes não podem ser surpreendidos durante o curso de um contrato com uma mudança de regime jurídico realizado por uma das partes de forma silenciosa, não prevista, sem que uma parte possa avaliar as consequências jurídicas, econômicas e sociais dessa postura de sua contraparte. Essa surpresa não se coaduna com os primados da boa-fé (subjetiva e objetiva) e da função social dos contratos.

Agrava essa situação de ofensa à boa-fé e às expectativas legítimas das partes no momento da celebração do contrato o argumento sobre a natureza do registro do produtor rural, a ser tratado no capítulo seguinte deste artigo, mas que para o fundamento de cláusula geral dos contratos, que aqui se coloca, tem seu efeito potencializado no fato de que o registro do comércio é um ato com publicidade. Sem esse ato com publicidade fica impossível ao credor literalmente adivinhar que sua contraparte (um produtor rural pessoa física) mudou seu regime jurídico em uma atitude silenciosa (sob o ponto de vista contratual) e sem comunicar sua contraparte. O credor tem contra si uma surpresa indesejável, surpresa essa que altera substancialmente a avaliação de risco dessa operação de crédito.

Importante a lembrança que, sob a ótica da publicidade, não socorre ao produtor rural o argumento no sentido de que seus livros fiscais podem atestar essa mudança de regime (de civil para empresarial) uma vez que esses livros são de acesso restrito ao produtor rural e à receita federal, e permanecem no âmbito da unilateralidade da decisão, dentro de um contrato bilateral.

Repita-se, o exame do tema sob a ótica da boa-fé leva à conclusão no sentido de que não socorre ao produtor rural o argumento de apresentação de declarações fiscais e de livro caixa, que em tese poderiam caracterizar essa mudança de regime e, também em tese, teriam o condão de dispensar o registro no Registro do Comércio, e não lhe socorrem esses argumentos porque as declarações fiscais e o livro caixa do produtor rural além de não serem dotados de publicidades, como já dito, não são por ele apresentados à sua contraparte, mas somente à receita federal em razão do sigilo fiscal. Novamente, o elemento surpresa atuando para desequilibrar a relação jurídica do mútuo.

O tema vai além da aplicação de valores jurídicos abstratos. O ponto central é a valorização da aplicação sistêmica, estruturada, metodológica do direito privado e do exame das consequências práticas dessa previsão assistemática, "*Concessa Venia*", dos novos parágrafos do art. 48 da

Lei nº 11.101/05, quando tratam da recuperação judicial do "produtor rural pessoa física".

É nesse sentido que se afirmou, linhas acima, que a alteração no art. 48 da Lei nº 11.101/05 (decorrente do advento da Lei nº 14.112/20), promoveu uma disruptura no sistema de direito privado (civil e comercial) quando permitiu a recuperação judicial do "produtor rural pessoa física".

A "surpresa" é a mesma quando, tempos depois da celebração do contrato, é apresentado um pedido de recuperação judicial dessa até então "pessoa física", sem que a outra parte (o credor) tenha sido comunicada da mudança de regime jurídico do tomador dos recursos (devedor) para o regime empresarial. É um ato de abuso do direito praticado pelo produtor rural, na forma do que estabelece o art. 187 do CC, sendo portanto um ato ilícito.

Mesmo que o produtor rural faça sua inscrição no registro do comércio, no curso do seu contrato de mútuo, deveria, por lealdade e boa-fé, comunicar seu credor sobre sua mudança de regime jurídico, de civil para comercial, uma vez que as premissas existentes no momento da celebração e aperfeiçoamento do mútuo bancário foram unilateralmente alteradas e essa conduta não condiz com os preceitos de ordem pública (boa-fé e função social) presentes hoje no direito contratual brasileiro.

Dentro do regime empresarial, poderia o credor decidir por não celebrar o contrato, dado os riscos associados à crise de liquidez de um empresário (recuperação judicial, extrajudicial e falência) e esse fato não pode ser desconsiderado pelo direito, muito menos com uma mudança de regime jurídico do tomador do recurso "*ex post facto*" ao momento do aperfeiçoamento do contrato.

Como investigar possíveis relações de causa e efeito entre um fato determinado – produtor rural pessoa física que toma um empréstimo como tal – e um fenômeno que ocorre posteriormente – mudança de regime dessa pessoa física para o regime empresarial. Essa impossibilidade de previsão não pode gerar uma consequência lesiva para o credor que concedeu um empréstimo a um tomador sob o regime civil e que assim se declarou.

Daí estar presente o abuso do direito como configurador do ato ilícito praticado pelo tomador dos recursos, que altera seu regime jurídico no curso do contrato e depois se aproveita dessa mudança em benefício próprio e em detrimento de todos que nele confiaram e acreditaram, quando decidiram contratar com uma pessoa física e não com um empresário, frente as diferenças de consequências legais dessa contratação, máxime no cenário de crise de liquidez.

5. A opção do produtor rural pela inscrição no registro público de empresas mercantis e o artigo 971 do Código Civil

Ao tratar do Direito de Empresa o Código Civil/02 estabeleceu um feixe de regras para o empresário comum e uma disposição especial, de tratamento favorecido, diferenciado e simplificado ao empresário rural, notadamente em relação ao seu regime jurídico e os efeitos daí decorrentes.

O art. 967[24] do CC estabelece como obrigatória a inscrição do empresário (empresário comum) no Registro Público de Empresas do local onde tem a sede, antes do início da atividade.

Por sua vez, o art. 971[25] do CC estabelece a facultatividade da inscrição do produtor rural no Registro Público de Empresas. Porém a literalidade do art. 971 estabelece um efeito jurídico direto decorrente desse registro que é a equiparação, depois de inscrito, do produtor rural a empresário.

É cediço, como regra de hermenêutica do direito, que a lei não contém palavras inúteis ou sem efeito. Não podemos assim "fechar os olhos" para uma disposição expressa da Lei. No caso presente se trata do efeito jurídico que a inscrição do produtor rural no Registro Público de Empresas produz, na medida em que somente "depois de inscrito" é que ele se equipara a empresário.

Embora exista para determinados operadores do direito, *"Data Maxima Venia"*, a tentação de afastar uma expressão que possa criar alguma dificuldade interpretativa que conduza a um resultado indesejado ao intérprete, a redação do art. 971 do CC não apresenta nenhuma deficiência, obscuridade ou dubiedade que justifique afastar seu texto expresso e substituí-lo por construções interpretativas que levam a subjetividades ou alteram a exata perspectiva da situação tratada pela lei.

Todas as palavras contidas na lei são lei, e todas possuem força obrigatória. Nenhum conteúdo da lei pode ser esquecido e todas suas

24 CC, Art. 967. É obrigatória a inscrição do empresário no Registro Público de Empresas Mercantis da respectiva sede, antes do início de sua atividade.

25 CC, Art. 971. O Empresário, cuja atividade rural constitua sua principal profissão, pode, observadas as formalidades de que tratam o art. 968 e seus parágrafos, requerer inscrição no Registro Público de Empresas Mercantis da respectiva sede, caso em que, **depois de inscrito**, ficará equiparado, para todos os efeitos, ao empresário sujeito a registro. (o destaque não consta do texto original)

disposições tem força obrigatória. Segundo Carlos Maximiliano, "devem-se compreender as palavras (da lei) como tendo alguma eficácia".[26]

Assim, a inscrição ou não do empresário rural no Registro Público de Empresas, por disposição expressa do art. 971 do CC, é que determinará a sua natureza jurídica, e via de consequência o regime jurídico a ele aplicável, se o regime civil ou o regime empresarial.

Nesse sentido está o Enunciado 202 do Conselho da Justiça Federal, elaborado na III Jornada de Direito Civil e com referência legislativa aos artigos 971 e 984 do CC, de seguinte redação: "*O registro do empresário ou sociedade rural na Junta Comercial é facultativo e de natureza constitutiva, sujeitando-o ao regime empresarial*".

O produtor rural somente terá a natureza de empresário comum se optar por constituir-se como tal, inscrevendo-se no Registro Público de Empresas Mercantis, nos termos do art. 971 do Código Civil.

Mutatis mutandis, dá-se o mesmo em relação a sociedade que realiza atividade empresarial rural: se não realizada a inscrição, tem natureza de sociedade simples, e, realizada a inscrição, tem natureza de sociedade empresarial, sujeitando-se aos respectivos regimes jurídicos.[27]

Por disposição expressa de lei (CC, 971) a inscrição no Registro Público de Empresas do produtor rural integra de forma indissociável o suporte fático que diferencia o empresário rural do empresário comum. O empresário rural só se equiparará ao empresário comum depois de realizado seu registro na respectiva Junta Comercial, até que isso não ocorra ele deve ser tratado pelo Direito como pessoa física, um produtor rural ou agropecuário, e sujeito ao regime civil e não comercial.

Nesse sentido, tanto as pessoas naturais (CC, art. 971) como as sociedades (CC, art. 985) que realizarem atividades empresariais rurais não são, como regra, tratados como empresários comuns ou sociedades empresárias, salvo se optarem por constituírem-se como tal. Dessa opção decorrem consequências jurídicas e econômicos.

Em síntese, o agricultor ou pecuarista que não realiza sua inscrição no Registro Público de Empresas não se submete à disciplina jurídica

26 Maximiliano, Carlos, Hermenêutica e Aplicação do Direito, Rio de Janeiro, Ed. Forense, 1993, p. 250.

27 Medina, José Miguel Garcia, Código Civil Comentado, Ed. Revista dos Tribunais, 2ª Edição, 2018, comentários ao art. 971 do CC, pg. 720.

do empresário, e portanto não poderá requerer sua recuperação judicial nem ter sua falência decretada.[28]

Uma questão a ser examinada é o efeito constitutivo do empresário rural. Outra questão é a comprovação do prazo de 2 anos de exercício de atividade regular, para o atendimento ao requisito legal (nova redação do art. 48, § 3º Lei nº 11.101/05) para o processamento de sua recuperação judicial. Esse tema está abordado no capítulo logo a seguir.

Além dessas consequências no âmbito do direito privado, existem ainda diferentes e importantes consequências no âmbito tributário, enumeradas no capítulo inicial deste artigo e também presentes no Estatuto da Terra (Lei nº 4.504/1964).

Digna de lembrança é a mudança de tratamento que o Código Civil de 2002 conferiu à figura do empresário. Isso porque na vigência do Código Civil de 1916 o termo "empresário" era empregado de modo genérico e pouco técnico, adotando a terminologia de "comerciante" para qualificar o que hoje denominamos de "empresários. Do mesmo modo, no tocante às sociedades o vetusto Código Civil usava as expressões "sociedades civis" e "sociedades comerciais" para os tipos societários que hoje denominamos de "sociedades simples" e "sociedades empresárias".

Ainda no mesmo tema, um outro ponto que merece realce trata da natureza jurídica e, via de consequência dos efeitos, da inscrição do produtor rural no Registro Público de Empresas Mercantis, isso porque o empresário comum (CC, art. 966 e 967) já é considerado empresário, embora informal ou limitado, antes de sua inscrição no Registro do Comércio, e por isso que se diz com frequência que esse registro (o do empresário comum) tem eficácia declaratória sobre sua condição fática de empresário, até para proteção de terceiros.

Inclusive o art. 973[29] do CC regula os efeitos da atividade do empresário regular. Isso significa dizer que o "empresário comum" informal

28 Na III Jornada de Direito Comercial foi editado o Enunciado 97, que faz referência ao art. 48 da Lei nº 11.101/05, e a nosso ver, com o devido respeito, contraria o disposto no CC, art. 971. Segue a redação do Enunciado 97 da III Jornada de Direito Comercial: *"O produtor rural, pessoa natural ou jurídica, na ocasião do pedido de recuperação judicial, não precisa estar inscrito há mais de dois anos no Registro Público de Empresas Mercantis, bastando a demonstração de exercício de atividade rural por esse período e a comprovação da inscrição anterior do pedido."*

29 CC, Art. 973. A pessoa legalmente impedida de exercer atividade própria de empresário, se a exercer, responderá pelas obrigações contraídas. Sobre esse artigo,

(sem registro) já se submete ao regime jurídico empresarial, mas sem a capacidade plena para a prática dos atos empresariais exatamente pela falta de registro. Dada a natureza declaratória desse registro, para ele a alteração de status produzida com a inscrição no Registro Público de Empresas será de "empresário comum irregular" para "empresário comum regular".

No tocante ao produtor rural a questão se coloca de forma diametralmente oposta, à luz do que dispõe o Código Civil, em seu art. 971. Para o produtor rural a inscrição no Registro Pública de Empresas é facultativa, ou seja, antes do registro o regime jurídico do produtor rural é o civil, e depois do registro seu regime jurídico será empresarial, o que confere caráter constitutivo à inscrição do Produtor Rural no Registro do Comércio. Outra interpretação do CC, art. 971 deixaria como letra morta na lei a expressão "depois de inscrito" presente neste artigo, tal como já abordado linhas acima.

Fazendo um comparativo, os atos praticados por um "empresário comum" (CC, art. 967) sem registro são atos praticados por um "empresário irregular" e sujeitos ao regime empresarial podendo ter até sua falência decretada[30], enquanto os atos praticados por um "produtor rural" (CC, art. 971) sem registro são atos praticados por uma pessoa física, com efeitos meramente civis.

A diferença é clara. Enquanto a inscrição no Registro Público de Empresas para o empresário comum tem eficácia declaratória, para o produtor rural essa inscrição no registro do comércio realiza uma mudança de regime jurídico (do civil para empresarial), tanto que somente "depois do inscrito" (expressão constante do art. 971 do CC) o produtor rural passa a ter todos os direitos e deveres de um empresário comum. Por essa razão é que a eficácia do registro do produtor rural é sempre constitutiva, enquanto a eficácia do registro do empresário comum é declaratória.

---

o empresário que não realiza seu registro está legalmente impedido e responderá com seu patrimônio pessoal pelas obrigações que contrair, incluindo perdas e danos (CC, art. 1.151, § 3º).

30 O empresário irregular pode ter sua falência decretada, porém não pode requerer recuperação judicial, nem apresentar pedido de falência, uma vez que o art. 97, § 1º da Lei nº 11.101/05 permite somente ao empresário inscrito na Junta Comercial requerer a falência de outro empresário.

Alia-se ao caráter constitutivo da inscrição do produtor rural no Registro Público de Empresas o caráter de publicidade desse registro, uma vez que as Juntas Comerciais são registros públicos e qualquer pessoa pode consultar seus assentamentos, sem a necessidade de comprovar interesse.

A publicidade tem especial relevo quando se fala de produtor rural porque as contrapartes em seus contratos podem consultar se determinado produtor rural está ou não inscrito na Junta Comercial como empresário individual, e, portanto, se esse produtor rural contrata sob o regime civil ou empresarial.

Essa manifestação de vontade do produtor rural na alteração de seu regime jurídico, de civil para empresarial, com os efeitos jurídicos dela decorrentes, só terá a proteção do manto da licitude se for plena, dotada de publicidade, não prejudicar direitos e expectativas legítimas de terceiros, não afetar as intenções negociais que motivaram (causa) os contratos celebrados com o produtor rural sob este ou aquele regime jurídico, enfim, respeito à intenção das partes.

Se uma contraparte (em regra o credor) tinha intenção de contratar com o produtor rural sob regime civil, ela precisa ser consultada sobre manter ou não essa intenção se sua contraparte (tomador do empréstimo) alterar seu regime jurídico para empresarial. Está exatamente nesse ponto a diferença entre a licitude e a ilicitude da conduta do produtor rural em alterar silenciosamente seu regime jurídico. Neste momento (da alteração silenciosa do regime jurídico ciente das consequências) incide a regra do CC, art. 187 do abuso de direito.

6. O produtor rural na Lei nº 14.112/20, que alterou a Lei de Falências e Recuperação de Empresas, Lei nº 11.101/05

Aprovado na Câmara dos Deputados em Sessão realizada dia 26/08/2020, o Projeto de Lei nº 6.220/2005 (PL), que promoveu importantes alterações na Lei nº 11.101/05 (Lei de Falências e Recuperação de Empresas - LFRE), de relatoria do Deputado Hugo Leal, segui para o Senado tramitando como PL 4.458/20.

No Senado Federal, o PL 4.458/20 teve parecer favorável do Senador Rodrigo Pacheco, com emendas de redação, e seguiu em 25/11/20 para Sanção Presidencial.

O Presidente da República sancionou a "Nova Lei de Falências" (Lei nº 14.112/20), com texto publicado no DOU em 24/12/20, originado do PL 4.458/20, aprovado no Senado Federal.

Em apertada síntese, a nova Lei nº 14.112/20 concentra as mudanças, no produtor rural, nos seguintes pontos:

a) a comprovação do exercício da atividade estará desvinculada da inscrição no Registro de Empresas Mercantis, podendo ser evidenciada pelo livro caixa digital do produtor rural, por sua declaração de imposto de renda pessoa física e por um balanço patrimonial (não auditado), ou seja, sem evidências públicas de sua adoção pelo regime empresarial;

b) o produtor rural pessoa física poderá requerer recuperação judicial (e via de consequência ter sua falência decretada), com a inscrição no Registro do Comércio realizada até o dia anterior à distribuição do pedido de recuperação judicial, podendo adotar o regime empresarial em um dia (CC, art. 971) e iniciar um processo de insolvência (pedido de RJ) no dia seguinte;

c) estarão sujeitos a recuperação judicial do produtor rural os créditos que decorram exclusivamente da atividade rural, ainda que não vencidos (existirão, portanto, dívidas do produtor rural que estarão sujeitas à recuperação judicial e outras que não estarão - um desafio para os operadores do direito - como suspender algumas obrigações do produtor rural e não suspender outras, dentro de um cenário de insolvência);

d) estarão excluídos da recuperação judicial: (i) os créditos com taxas favorecidas (recursos controlados pelo CMN) mencionados na Lei nº 4.829/65 (Lei do Crédito Rural), desde que tenham sido objeto de renegociação entre devedor e instituição financeira, na forma de ato editado pelo Poder Executivo, e (ii) os créditos tomados pelo produtor rural nos 3 anos anteriores à recuperação judicial e destinados a aquisição de propriedade rural.

Os dispositivos da Lei nº 14.112/20, e agora da nova Lei nº 11.101/05, que tratam do produtor rural são os arts. 48, §s 2º, 3º, 4º e 5º, art. 49, §s 6º, 7º, 8º e 9º, e art. 70-A.

Como se trata de novos dispositivos (Lei nº 14.112/20), com alteração sensível na Lei nº 11.101/05, para facilitar a compreensão do contexto em que são colocadas as reflexões e conclusões aqui trazidas os dispositivos do LFRE, que versam sobre produtor rural, serão reproduzidos e seguidos de comentários.

(i) Art. 48, "caput".

Art. 48. Poderá requerer recuperação judicial o devedor que, no momento do pedido, exerça regularmente suas atividades há mais de 2 (dois) anos e que atenda aos seguintes requisitos, cumulativamente:

A falta de requisitos legais (art. 51 c.c. 48 da LFRE) para o processamento da recuperação judicial implica na falta de condições da ação e impede o processamento da RJ.

Pela redação do "*caput*" art. 48, não alterada pela Lei nº 14.112/20, o exercício de atividade (empresarial) regular, há pelo menos 2 anos, é pressuposto para o deferimento do pedido de recuperação judicial. Essa exigência de atividade há pelos menos 2 anos já era exigida pelo Decreto-Lei nº 7.661/45, em seu art. 158, I.

O objetivo desse prazo sempre foi, desse o DL 7661/45, evitar a concessão do benefício (antes da concordata e agora da recuperação judicial) ao empresário que sempre tenha atuado na informalidade e queira regular sua condição com o registro, apenas com o objetivo de pedir recuperação judicial.

Daí porque o primeiro requisito para o produtor rural requerer sua recuperação judicial é seu registro na junta comercial, para que ele possa ser equiparado a empresário.

A essência da alteração legislativa, quanto ao produtor rural, está na comprovação do prazo de 2 anos para exercício de sua atividade. A discussão antes da reforma na LFRE era se esse prazo de 2 anos deveria ser comprovado mediante o registro na Junta Comercial ou por outros meios. Essa discussão agora não existe mais, exatamente porque a comprovação do prazo de 2 anos vem expressa, sob outras formas, nos novos parágrafos do art. 48.

Para o produtor rural, seu registro como empresário era, e continua sendo, constitutivo (art. 971 e 984 do CC), e não meramente declaratório, como ocorre com os demais agentes econômicos, para os quais o registro é declaratório.

A questão sensível que se coloca está centrada na comprovação do prazo de 2 anos de exercício de atividade, autorizando a reforma da LFRE que essa comprovação se opere através de meios de prova não dotados de publicidade.

(ii) Art. 48, § 2º.

~~*§ 2º Tratando-se de exercício de atividade rural por pessoa jurídica, admite-se a comprovação do prazo estabelecido no caput deste artigo por meio da Declaração de Informações Econômico-fiscais da Pessoa Jurídica - DIPJ que tenha sido entregue tempestivamente. (Incluído pela Lei nº 12.873, de 2013)*~~

Art. 48, § 2º. No caso de exercício de atividade rural por pessoa jurídica, admite-se a comprovação do prazo estabelecido no ***caput*** *deste artigo por meio da Escrituração Contábil Fiscal (ECF), ou por meio de obrigação legal de registros contábeis que venha a substituir a ECF, entregue tempestivamente. (Redação dada pela Lei nº 14.112, de 2020)*

Como o registro do produtor rural é facultativo, para sua caracterização como empresário, a atividade rural ou agropecuária exercida anteriormente ao registro continua sendo regular, porém não "atividade empresarial", exatamente pela falta do registro na junta comercial.

Caso opte pelo registro, o produtor rural também será empresário, embora essa alteração de regime jurídico (de regime civil para regime empresarial) se opere especificamente para fins de atendimento ao requisito do art. 48 da LFRE, não tendo o mesmo efeito para o fisco, por exemplo.

Criou-se uma situação singular para o produtor rural, própria e restrita ao regime de insolvência.

Sobre esta situação singular do produtor rural é que foram apresentadas, linhas acima, respeitosamente, as críticas de antijuridicidade da atitude surpresa do produtor rural, de ofensa à boa-fé subjetiva e objetiva na mudança de regime jurídico "*ex post facto*" e da cláusula geral de abuso de direito.

Art. 48, § 3º e 4º.

Art.48, § 3º. Para a comprovação do prazo estabelecido no ***caput*** *deste artigo, o cálculo do período de exercício de atividade rural por pessoa física é feito com base no Livro Caixa Digital do Produtor Rural (LCDPR), ou por meio de obrigação legal de registros contábeis que venha a substituir o LCDPR, e pela Declaração do Imposto sobre a Renda da Pessoa Física (DIRPF) e balanço patrimonial, todos entregues tempestivamente. (Incluído pela Lei nº 14.112, de 2020)*

Art. 48, § 4º. Para efeito do disposto no § 3º deste artigo, no que diz respeito ao período em que não for exigível a entrega do LCDPR, admitir-se-á a entrega do livro-caixa utilizado para a elaboração da DIRPF. (Incluído pela Lei nº 14.112, de 2020)

Os novos dispositivos admitem a recuperação judicial do produtor rural pessoa física, permitindo a comprovação do exercício de atividade por meio do Livro Caixa Digital do Produtor Rural (LCDPR) e pela declaração de imposto de renda – pessoa física, sem fazer menção ao registro de empresas.

Existirá neste ponto uma troca da publicidade do registro de empresas (informação pública) pela declaração unilateral do livro caixa e pela declaração de imposto de renda (informação de acesso restrito e coberta pelo sigilo fiscal).

> (iv) Art. 48, § 5º.
>
> *Art. 48, § 5º Para os fins de atendimento ao disposto nos §§ 2º e 3º deste artigo, as informações contábeis relativas a receitas, a bens, a despesas, a custos e a dívidas deverão estar organizadas de acordo com a legislação e com o padrão contábil da legislação correlata vigente, bem como guardar obediência ao regime de competência e de elaboração de balanço patrimonial por contador habilitado. (Incluído pela Lei nº 14.112, de 2020)*

Sobre este parágrafo, o destaque está na falta de publicidade das informações contábeis, o que gera a possibilidade de uma "atitude surpresa" pelo produtor rural, celebrando contratos como pessoa física e, a certo momento, quanto estiver em crise econômica, mudando silenciosamente seu regime para empresarial, sem avisar sua contraparte e sem dar publicidade dessa alteração.

> (v) Art. 49, §s 6º, 7º, 8º e 9º.
>
> *Art. 49, § 6º. Nas hipóteses em que tratam os §§ 2º e 3º do art. 48 desta Lei, somente estarão sujeitos à recuperação judicial os créditos que decorram exclusivamente da atividade rural e estejam discriminados nos documentos a que se referem os citados parágrafos, ainda que não vencidos.*
>
> *Art. 49, § 7º. Não se sujeitarão aos efeitos da recuperação judicial os recursos controlados e abrangidos nos termos dos arts. 14 e 21 da Lei 4.829, de 5 de novembro de 1965.*
>
> *Art. 49, § 8º. Estarão sujeitos à recuperação judicial os recursos de que trata o § 7º. deste artigo que não tenham sido objeto de renegociação entre o devedor e a instituição financeira antes do pedido de recuperação judicial.*
>
> Art. 49, § 9º. Não se enquadrará nos créditos referidos no caput deste artigo aquele relativo a dívida constituída nos 3 (três) últimos

> anos anteriores ao pedido de recuperação judicial, que tenha sido contraída com a finalidade de aquisição de propriedades rurais, bem como as respectivas garantias.

As inovações no art.49, em seus §s 6º a 9º, são dedicadas ao produtor rural e ampliaram o leque de créditos não sujeitos à RJ, relacionados à atividade rural.

Pelo § 6º, somente estarão sujeitas à recuperação judicial as dívidas oriundas da atividade rural. As demais dívidas, civis, comerciais, imobiliárias, seja da pessoa física ou jurídica, estarão excluídas.

Essa alteração legislativa ensejará a suspensão de execuções sobre determinadas obrigações do produtor rural (dos créditos sujeitos à recuperação) e o prosseguimento de execuções sobre outras obrigações (não relacionadas à atividade rural) contra o mesmo produtor rural.

O direcionamento dessa distinção tende a abrir, logo no início do processo de recuperação judicial, uma discussão sobre os bens do produtor rural que poderão ser constritos pela cobrança dessas "dívidas não sujeitas" ao processo recuperacional e consequentemente não abrangidas pelo *"stay period"* e pela suspensão de execuções dele decorrente.

Essa distinção tende a desaguar no conceito de "bens essenciais", na competência para os atos de constrição sobre esses "bens essenciais", na substituição ou não dessas constrições, e, por fim, na efetividade ou não das execuções desses "créditos não sujeitos" à recuperação judicial, exatamente por não decorrerem exclusivamente da atividade rural.

Apesar dos possíveis embates jurídicos que se avizinham sobre este tema, a disposição merece aplausos notadamente quando diferencia a "causa" dos negócios jurídicos. Tome-se por exemplo um produtor rural que financia um carro de luxo. Essa dívida não se relaciona à atividade rural e por isso não ficará suspensa pela recuperação judicial.

> *Art. 70-A. O produtor rural de que trata o § 3º do art. 48 desta Lei poderá apresentar plano especial de recuperação judicial, nos termos desta Seção, desde que o valor da causa não exceda a R$ 4.800.000,00 (quatro milhões e oitocentos mil reais).*

O art. 70-A foi inserido na Seção V da Lei nº 11.101/05 - do Plano de Recuperação para Microempresas e Empresas de Pequeno Porte, pela reforma operada pela Lei nº 14.112/20.

Toda a Seção V da Lei foi dedicada ao empresário e sociedade empresária que se incluam no conceito de microempresa ou empresa de pequeno porte, tal como definidos em lei.

A nova disposição permite a apresentação, pelo produtor rural pessoa física, de Plano Especial de Recuperação Judicial, nas condições previstas no art. 71 da LFRE, desde que o valor total dos créditos sujeitos à recuperação (valor da causa) não exceda R$ 4.800.000,00 (quatro milhões e oitocentos mil reais).

Em uma palavra, o produtor rural pessoa física foi equiparado, na LFRE, ao microempresário ou empresário de pequeno porte. Note-se que essa equiparação se restringe ao direito da insolvência. Outros ramos do direito, como o tributário e o trabalhista mantém a distinção de tratamento para os regimes civis e empresariais do produtor rural pessoa física.

Frente a todo o exposto, nota-se que na Lei nº 14.112/20, e agora na Lei nº 11.101/05, existem dispositivos que tratam diretamente da recuperação judicial do produtor rural pessoa física, com previsões conflitantes com as disposições do Código Civil, dentro de seu capítulo do direito de empresa.

O sistema de insolvência flexibilizou as formas de comprovação do exercício de atividade, e manteve a exigência do registro como medida meramente protocolar, retirando todo o sentido da publicidade do registro do comércio para fins de segurança jurídica das contrapartes que celebram negócios jurídicos com o produtor rural. Quando examinado sob a ótica do direito da insolvência, o registro do produtor rural na Junta Comercial foi reduzido a uma ficção legal de eficácia "*erga omnes*", perdendo a publicidade desse registro todo o seu conteúdo finalístico, sendo reduzido a uma providência protocolar.

Dentro de uma visão prática do crédito rural no cenário de insolvência, a flexibilização de requisitos como a ampliação de hipóteses autorizadoras do pedido de recuperação do produtor rural, em especial do produtor pessoa física, poderão sensibilizar os credores e em alguma medida afetar a previsibilidade dos negócios o que poderá se refletir na segurança jurídica do crédito dentro do setor do agronegócio no Brasil.

7. Conclusões

O crescimento da carteira de crédito rural no Brasil nos últimos anos revela, por si só, a importância desse mercado denominado mais recentemente de agronegócio e que está estruturado em políticas de crédito definidas com o objetivo de permitir seu desenvolvimento em concurso com o planejamento da produção agrícola e agropecuária do País. Quanto maior a oferta de crédito maiores os investimentos e consequentemente maiores serão as safras e os resultados do agronegócio ano a ano.

Toda essa oferta de crédito para o setor rural se opera, necessariamente, através da atuação dos agentes do Sistema Financeiro Nacional dentro de um ambiente de segurança jurídica, que passa pela observância da distinção entre atuação das normas de direito comum (direito civil) e direito de empresa (direito comercial) e pela aplicação das disposições de direito privado previstas do Código Civil e atinentes às cláusulas gerais dos contratos e o respeito à opção do produtor rural que pode decidir entre o regime civil ou empresarial quando toma recursos no mercado de crédito.

Corrobora para essa oferta de crédito rural a necessária estabilidade que devem possuir as relações jurídicas e o respeito das expectativas legítimas das partes contratantes (credor e devedor) presentes no momento da celebração do mútuo bancário.

Essa estabilidade deve existir desde as providências antecedentes ao contrato (*v.g.* cadastro, qualificação, informações econômicas e patrimoniais, etc), devendo ser mantida durante toda sua vigência, passando pela celebração, pela execução e chegando até o momento do cumprimento definitivo do contrato.

A quebra dessas expectativas legítimas com a mudança silenciosa do regime jurídico do produtor rural, pessoa física no momento da celebração do negócio jurídico, e, de repente, empresário no momento de pedir recuperação judicial, gera uma antijuridicidade dessa "atitude surpresa", que leva a um abuso de direito da contraparte infratora, pelo desrespeito à lealdade e à confiança, fazendo atuar o art. 187 do CC, que trata do abuso de direito.

Nesse contexto, o art. 971 do Código Civil é expresso ao afirmar que "depois de inscrito" no Registro Público de Empresas Mercantis o produtor rural se equipara ao empresário, ou seja, somente depois de efetuada sua inscrição o empresário rural é aquinhoado com todos os benefícios e assume todos os deveres comuns aos empresários, tais como previstos nas normas componentes do direito comercial, excluindo a partir daí a incidência daquelas incluídas no direito comum, o direito civil.[31]

31 Barbosa Filho, Marcelo Fortes, in Código Civil Comentado, 4ª Ed., Ed. Manole, 2010, pg. 978 – comentários ao art. 971 do CC.

Essa possibilidade de opção e mudança de regime do produtor rural, que lhe confere idêntico tratamento jurídico conferido aos empresários, é plena, ou seja, o produtor rural não poderá optar por ser empresário no que lhe for conveniente e se sujeitar à regras de direito civil no que lhe for inconveniente.

Tome-se por exemplo a decisão do produtor rural, inscrito na Junta Comercial, de requerer recuperação judicial, que é uma decisão restrita aos empresários regulares. Essa decisão não pode vir dissociada dos riscos da falência. Outro exemplo, o produtor rural empresário inscrito não pode optar por uma atuação como empresário no momento de insolvência e depois se recusar a observar as obrigações tributárias próprias dos empresários, pretendendo manter a pouca formalidade fiscal das pessoas físicas. A mudança de regime jurídico do produtor rural, quando ocorre, deve se operar plenitude.

Sobre a expectativa de inovação legislativa a Lei nº 14.112/20, que alterou a Lei de Falências e Recuperação de Empresas, entrou no tema do produtor rural, flexibilizando requisitos bem como ampliando as hipóteses autorizadoras de seu pedido e recuperação judicial, em especial do produtor pessoa física, o que provavelmente sensibilizará a segurança jurídica do crédito para o setor do agronegócio.

Houve, sem dúvida, uma grande preocupação do legislador, com a preservação da atividade rural, formal ou informal, mas por outro lado o mesmo legislador descurou da segurança jurídica para a concessão de crédito ao produtor rural, trazendo para a lei um texto excessivamente permissivo, "*Concessa Venia*", quanto aos requisitos para o pedido de recuperação judicial do produtor rural, em detrimento da segurança jurídica do crédito, em detrimento da publicidade dos atos do registro do comércio, e dividindo o mercado de crédito, que ora enxergará o produtor rural como beneficiário de programas do governo com taxas de juros subsidiadas, ora enxergará o produtor rural como uma "empresa", mas sem obrigações fiscais próprias das empresas, sem publicidade de suas demonstrações financeiras, sem aprovação anual de contas, sem obrigatoriedade de informar seus passivos de curto, médio e longo prazo, enfim, sem a segurança e previsibilidade que uma empresa empresta à concessão do crédito.

A pergunta que fica no ar neste momento vai além dos aspectos jurídicos e da intepretação sistemática do tema, e está concentrada no viés econômico dessa mudança legislativa. A indagação é a seguinte: a sensibilização do ambiente de crédito do produtor rural, gerada pela possibilidade de sua recuperação judicial, será positiva ou negativa para o crédito rural no Brasil ?

Essa é uma questão que, embora existam previsões econômicas de ambos os lados, só o tempo responderá.

8. Referências bibliográficas

AZEVEDO, Álvaro Villaça, Aspectos Controvertidos do Novo Código Civil, escritos em homenagem ao Ministro José Carlos Moreira Alves, Ed. Revista dos Tribunais, 2003.

BARBOSA FILHO, Marcelo Fortes, in Código Civil Comentado, Ed. Manole, 2010.

BOULOS, Daniel Martins, Aspectos Controvertidos do Novo Código Civil, escritos em homenagem ao Ministro José Carlos Moreira Alves, Ed. Revista dos Tribunais, 2003.

BURANELLO, Renato, Manual de Direito do Agronegócio, Ed. Saraiva,2018.

DUARTE, Nestor, in Código Civil Comentado, Ed. Manole, 2010.

MAXIMILIANO, Carlos, Hermenêutica e Aplicação do Direito, Ed. Forense, 1993.

MEDINA, José Miguel Garcia, Código Civil Comentado, Ed. Revista dos Tribunais, 2018.

NERY JUNIOR, Nelson e Rosa Maria de A. Nery, Código Civil Comentado, Ed. Revista dos Tribunais, 2014.

ROSAS, Roberto, Do Abuso de Direito ao Abuso de Poder, Ed. Malheiros, 2011.

SACRAMONE, Marcelo Barbosa, Ed. Saraiva, 2021.

O seguro no contrato de transporte de cargas e o direito de regresso da seguradora sobre a indenização paga ao segurado em caso de ocorrência de sinistro

Massami Uyeda[1]

I. Considerações gerais

Os contratos de transporte e de seguro são institutos jurídicos que têm atravessado a memória dos tempos e suas origens confundem-se com o surgimento das civilizações, como consequência imediata do comércio, da troca de mercadorias.

No dizer de Cesar de Aquino Lima *a palavra seguro tem o significado de correto, aquilo sob o que não existe dúvida. Como o próprio nome diz é a busca da segurança, o aumento da certeza, a previsibilidade, a diminuição dos riscos* (in Revista Apólice, out. 2018).

Estes parágrafos iniciais possibilitam-nos imaginar quadros mentais de caravanas de camelos, atravessando os Desertos de Gohbi e Taklamakhan, seguindo a Rota da Seda; os mercadores fenícios cruzando o Mediterrâneo e o Egeu; Marco Polo e os mercadores de Veneza; os navegadores portugueses e espanhóis, e mesmo Colombo, que demandavam a Rota das Especiarias e acabaram por expandir os horizontes até então restritos à superfície plana dos mares; a imagem intrépida dos integrantes da Companhia das Índias Ocidentais, com suas Companhias de Navegação, para, então, chegarmos à frota mercante da Velha Albion que ampliou o domínio britânico em terras cujo sol nunca se punha.

Em meio a esta incessante azáfama, o transporte de cargas por mar serviu como argamassa e amálgama das civilizações que se sucederam.

E, ainda hoje, o transporte de cargas pela via marítima tem movimentado a economia mundial.

Daí, desnecessário dizer, a relevância do seguro de transporte de cargas nas várias de suas modalidades: marítimo, aéreo e rodoviário.

---

1 Ministro aposentado do Superior Tribunal de Justiça. Advogado – Mestre e Doutor em Direito Universidade de São Paulo - USP

O chamado Contrato de Risco Marítimo, no período das grandes navegações, servia como instrumento para o financiamento das viagens marítimas, por meio do qual um financiador patrocinava a viagem, enquanto o transportador entrava com sua atividade de transporte. Em caso de sucesso, quem emprestava teria maior participação nos lucros e, em caso de perdas, podia haver até o perdão da dívida. Uma parte assumia o risco financeiro e a outra, o material.

Com a ampliação do comércio, o cálculo do seguro foi sendo aperfeiçoado, com uso de fundamentos da matemática, da estatística e da economia, originando a ciência atuarial, que é a ciência das técnicas específicas de análise de riscos e expectativas, base da administração de seguros e fundos de pensão.

Transporte e seguro são dois institutos que se completam, tanto que seu tratamento normativo se encontra no Código Civil em capítulos sequenciais, o XIV e o XV, cuidando os artigos 730 a 756, do transporte – de pessoas e de coisas; e os artigos 757 a 802, do seguro, em suas várias espécies – de dano, de pessoa, de vida.

II. Do transporte de carga e a instituição do seguro sobre a carga transportada

A conceituação legal de transporte é encontrada no artigo 730 do Código Civil, que diz: *Pelo contrato de transporte alguém se obriga, mediante retribuição, a transportar, de um lugar para outro, pessoas ou coisas.*

De pronto se verifica que a obrigação do transportador qualifica-se como *obrigação de resultado,* pois assume o encargo contratual de transportar pessoa ou coisa ao local de destino. E, também, que o contrato de transporte constitui típico contrato de adesão, que é uma categoria de contrato em que as partes não discutem amplamente as suas cláusulas, como acontece no tipo tradicional, como assinala Carlos Roberto Gonçalves (*Direito Civil Brasileiro,* Saraiva, 2004, vol. III p.452).

De outro lado, o artigo 757 do Código Civil estatui: *Pelo contrato de seguro, o segurador se obriga, mediante o pagamento do prêmio, a garantir interesse legítimo do segurado, relativo a pessoa ou a coisa, contra riscos predeterminados.*

Da conceituação legal do contrato de seguro constata-se tratar-se de um contrato aleatório, pois em relação ao segurador é estritamente aleatório. Ainda mesmo que o segurador tenha o direito certo de receber o prêmio ajustado na apólice, a obrigação de pagamento da indenização do seguro está sempre relacionada à ocorrência do sinistro e do dano. E, ainda mesmo que não venha a se concretizar o risco, nem mesmo esta circunstância isenta o segurado da obrigação de pagar o pagamento do prêmio.

A noção de seguro vincula-se a de risco, isto é, o fato de estar o objeto do seguro - pessoa ou coisa - exposto à eventualidade um dano, decorrente da álea, do acaso.

No contrato de seguro vigora o princípio da mutualidade, segundo o qual o segurador é um intermediário que recolhe os prêmios pagos pelos segurados e os utiliza para pagar as indenizações decorrentes dos sinistros ocorridos. Pelo mutualismo, são os segurados da carteira de seguros da seguradora que suportam o pagamento das indenizações devidas. Pode-se dizer que, pelo principio do mutualismo do seguro, há uma socialização do pagamento das indenizações.

Pode-se ilustrar o que é o seguro em simples palavras: *o segurador é o administrador de um grupo de segurados que recolhe as importâncias correspondentes aos prêmios da apólice de seguro e, ocorrido o sinistro, efetua o pagamento da indenização com o produto obtido da soma dos prêmios recolhidos.* Este auxílio mútuo é que dá origem ao chamado princípio do mutualismo.

O valor dos prêmios é fixado previamente em função da natureza do risco segurado, com base em cálculos atuariais e mediante análise de probabilidades.

Relevante, portanto, a importância da instituição do seguro não somente para proteger bens, patrimônio e interesses individuais, mas, também, da própria sociedade, a ponto de se poder considerar, também, como leciona Fábio Ulhôa Coelho, *a função econômica do seguro é socializar riscos entre segurados. A companhia seguradora recebe de cada um o prêmio, calculado de acordo com a probabilidade de ocorrência do evento danoso. Em contrapartida, obriga-se a conceder a garantia consistente em pagar certa prestação pecuniária, em geral de caráter indenizatório, ao segurado, ou a terceiros beneficiários, na hipótese de verificação do sinistro (Curso de Direito Civil,* Saraiva, 2005, vol.3, p. 341).

Assim, o seguro é um contrato bilateral, com obrigações para ambas as partes. De um lado, o segurado, para ter direito à indenização, tem de pagar determinada quantia previamente ajustada, intitulada de prêmio, durante determinado período, no qual o seguro tem vigência. E de outro, a seguradora, por sua vez, estando satisfeita acerca do pagamento do prêmio pelo segurado, tem a obrigação de ressarci-lo em caso de prejuízo previsto contratualmente.

No dizer de Sérgio Cavalieri Filho (*Programa de Responsabilidade Civil*, Atlas, 2008, p. 418), *três são os elementos essenciais do seguro – o risco, a mutualidade e a boa-fé – elementos estes que formam o tripé do seguro, uma verdadeira 'trilogia', uma espécie de santíssima trindade.*

Risco é perigo, é possibilidade de dano decorrente de acontecimento futuro e possível, mas que não depende da vontade das partes. Por ser o elemento material do seguro, a sua base fática, é possível afirmar que onde não houver risco não haverá seguro. As pessoas fazem seguro, em qualquer das suas modalidades – seguro de vida, seguro de saúde, seguro de automóveis etc. – porque expostas a risco.

Na celebração do contrato de seguro as partes contratantes devem guardar estrita obediência à boa-fé.

O segurado tem a obrigação de prestar informações corretas e fidedignas em relação ao objeto a ser segurado para que possa ser calculado o valor do prêmio do seguro e emitir a apólice.

O artigo 759 do Código Civil estatui: *A emissão da apólice deverá ser precedida de proposta escrita com declaração dos elementos essenciais do interesse a ser garantido e do risco.*

James Eduardo Oliveira (*Código Civil Anotado e Comentado*, Forense, 2009, p.547) didaticamente explica: *O contrato de seguro é celebrado à vista de proposta do segurado transmitida à seguradora por intermédio do corretor de seguros. É a partir da proposta que a seguradora decide pela realização do contrato e arquiteta sua modelação obrigacional, em especial quanto ao cálculo do prêmio a ser pago pelo segurado. Tal é a relevância da proposta, tanto para a própria concretização da avença como para a delimitação das obrigações dos contratantes, que o art. 766 do Código Civil pune com a perda da garantia securitária o segurado que faz declarações inexatas ou omite dados que possam influenciar na aceitação da proposta pela seguradora.*O segurador, também, por seu lado, deve obediência à boa-fé, pois não só deve prestar informações ao segurado, de forma completa e antes do contrato ser firmado, e, depois de firmado, com o fornecimento de cópia da apólice e bem assim, na hipótese da ocorrência do sinistro, com o integral e célere pagamento da indenização ou cobertura do risco.

O primado da probidade e da boa-fé exaltado no artigo 422 do Código Civil: *Os contratantes são obrigados a guardar, assim na conclusão do contrato, como em sua execução os princípios de probidade e boa-fé* é reiterado, também, na dição do artigo 765, especificamente em trato de seguro: *O segurado e o segurador são obrigados a guardar na conclusão e execução do contrato, a mais estrita boa-fé e veracidade, tanto a respeito do objeto como das circunstâncias e declarações a ele concernentes.* Essa ênfase que o legislador dá à boa-fé no contrato de seguro é bem explicada por Nelson Rodrigues Netto (*Comentários ao Código Civil Brasileiro*, Forense, 2004, vol. VII, p. 244): *A regra é direcionada ao segurador e ao segurado, mas é inolvidável que a este ela atinge com mais vigor, pois são suas declarações relevantes para a análise do segurador quanto ao seu interesse em contratar o seguro e em que condições, notadamente, para fixar a tarifa do prêmio. De tal modo é que se enfatiza que os contratos de seguros são* uberrimae fidei, *pois a boa-fé alça uma posição de superioridade inclusive sobre os demais negócios jurídicos, haja vista que a avaliação do segurador para a celebração do contrato está, em razão do risco quem irá assumir e para a fixação do valor do prêmio, diretamente conectada com as informações prestadas pelo segurado. Não se trata, portanto de* bona fidei *necessária e existente em todos os negócios jurídicos, mas do grau mais elevado de confiança entre as partes, com a troca sincera e recíproca de todas informações pertinentes ao contrato, desde o momento inicial da proposta até a celebração do contrasto e durante toda a vida do contrato.*

III. Topologia jurídica do segurador no contrato de transporte internacional carga

No cenário internacional de cargas, hodiernamente, ainda há a prevalência do transporte marítimo, como modal preferencial, em razão da dimensão e do volume de cargas transportadas.

Por isso, no presente artigo, far-se-á seu desenvolvimento em torno do transporte internacional marítimo de cargas, sem embargo da relevância do transporte aeronáutico e rodoviário, aos quais, também, podem ser aproveitadas as considerações aqui feitas.

Celebrado o contrato de transporte internacional de carga, por via marítima, as disposições contratuais, no referente ao transporte, vinculam exclusivamente as partes diretamente interessadas na conclusão e encerramento do contrato de transporte da carga, ou seja, o transportador e o contratante do transporte, consoante o já mencionado artigo 730 do Código Civil.

A participação do segurador no contrato de transporte e sua vinculação ao contrato advêm do interesse de quem contratou o transporte de prevenir-se do risco de sinistro e que, na hipótese de sua ocorrência, cause-lhe prejuízo ou dano, deverá ser coberto pela apólice de seguro, nos termos da contratação.

A cobertura securitária do dano ou do prejuízo experimentado pelo segurado é o objeto da contratação do seguro.

Assim, ocorrido o sinistro, sem que o segurado tenha, de alguma forma, concorrido para seu evento, o segurador efetua o pagamento da indenização, nos termos da apólice.

A dicção do artigo 768 do Código Civil assim estatui: *O segurado perderá o direito à garantia se agravar intencionalmente o risco objeto do contrato.*

A figura do segurador na relação jurídica entre o transportador e aquele que contrata o transporte é o de garante deste face ao prejuízo que advenha de sinistro, com perecimento total ou parcial da carga transportada.

Quer isto dizer que, relativamente às cláusulas do contrato de transporte, o segurador delas não participa.

O contrato internacional de transporte marítimo de carga, como todo contrato de transporte, é um contrato de adesão, no qual o transportador internacional, parte economicamente mais forte, impõe as condições contratuais, sem margem para a parte contratante do transporte poder discutir.

Assim, tem sido constatado que os contratos internacionais de transporte marítimo de carga são redigidos em língua inglesa, com submissão à legislação do país do transportador e com a eleição de arbitragem, perante Tribunal Arbitral do país do transportador ou de outra praça internacional. E, não poucas vezes, há estipulação de limitação de responsabilidade do transportador em relação à carga transportada.

De pronto se observa que há manifesta abusividade nestas cláusulas contratuais.

E essa abusividade ainda mais se acentua quando a contratação do contrato de transporte tem como ponto de partida porto ou terminal marítimo brasileiro.

Estas práticas têm sido arguidas em ações movidas por segurador que, tendo efetuado o pagamento da indenização do seguro ao seu segurado e se sub-rogado nos direitos e ações deste, e ao buscar o ressarcimento em regresso contra o causador do dano, encontra resistência e dificuldade em fazer prevalecer o enunciado no artigo 786 do

Código Civil: *Paga a indenização, o segurador sub-roga-se, nos limites do valor respectivo, nos direitos e ações que competirem ao segurado contra o autor do dano.*

Este artigo do Código Civil de 2002 repete o artigo 989 do Código Civil de 1916, segundo o qual: *Na sub-rogação legal o sub-rogado não poderá exercer os direitos se as ações do credor, senão até à soma, que tiver desembolsado para desobrigar o devedor.*

E sob a égide do artigo 989, Código Civil de 1916, o Supremo Tribunal Federal aprovou a Súmula 188: *O segurador tem ação regressiva contra o causador do dano, pelo que efetivamente pagou, até o limite previsto no contrato de seguro.*

A resistência e as dificuldades opostas pelo transportador internacional de carga marítima em efetuar o ressarcimento decorrente do direito de regresso do segurador que pagou a indenização decorrente do sinistro causado pelo transportador centram-se na alegação de que o contrato de seguro se identifica com o contrato de transporte e, assim, deve submeter-se à cláusula de arbitragem e à lei do país do transportador da carga. Ou, ainda, há limitação de sua responsabilidade em relação à carga transportada.

A argumentação, assim exposta, não tem consistência jurídica e foge à lógica formal.

O contrato de seguro é autônomo em relação ao contrato de transporte marítimo. O contrato de seguro vincula o segurado e o agente segurador.

O contrato de transporte marítimo internacional de carga vincula o transportador e o contratante do transporte.

A sub-rogação do segurador origina-se do pagamento da indenização do sinistro paga pelo segurador ao segurado e, conforme o artigo 786 do Código Civil, e o enunciado da Súmula 188 do Supremo Tribunal Federal, garantem ao segurador o direito de regresso ao transportador causador do dano, não sendo oponíveis ao segurador as cláusulas do contrato de transporte.

Só por este aspecto mostra-se clara a autonomia do seguro da carga transportada com o transporte propriamente dito, sem embargo de que a abusividade das cláusulas deva merecer a correlata contestação.

Paulo Henrique Cremoneze, advogado especializado em Direito de Seguro, em recente estudo *Seguro internacional de transporte de carga: o segurador sub-rogado, o ressarcimento e a insubmissão ao contrato de transporte* (disponibilizado em https://jus.com.br/artigos/88495/seguro-internacional-de-transporte-de-carga-o-segurador-sub-rogado-o--ressarcimento-e-a-insubmissao-ao-contrato-de-transporte), vocaliza que o segurador, ao buscar o ressarcimento em regresso do que pagou ao segurado, em razão de sinistro decorrente de transporte de carga, não defende apenas os seus interesses, em regresso, mas também os do colégio de segurados, por força do mutualismo, e, indiretamente, os da sociedade em geral, considerando a natureza social do negócio de seguro. O segurador não apenas pode, mas tem de buscar o reembolso dos prejuízos indenizados. Trata-se, em primeira e ultima análise, de ato de lealdade ao mútuo. E ressalta a inegável função social no ressarcimento, de tal modo que não é devida qualquer interpretação do Direito que diminua de algum modo sua efetividade.

Cremoneze formula relevante questão: *Diante do caráter internacional do transporte de carga em exame, é mais do que legítimo indagar sobre as convenções internacionais.*

Elas vigem e projetam efeitos no Brasil?

Depende.

No modo aéreo, sim. A Convenção de Montreal, que praticamente bisou a de Varsóvia, se põe como fonte normativa das disputas envolvendo problemas com transportes internacionais.

Já no modo marítimo, um simples e retumbante – não. Nenhuma convenção internacional de Direito Marítimo se incorporou ao ordenamento jurídico brasileiro. O que, curiosamente, faz com o país tenha um dos melhores sistemas jurídicos do mundo para trata o assunto. Talvez o melhor.

Como qualquer outro transportador de carga, o marítimo, também nos contratos internacionais, se submete ao inteiro teor do art. 749 do Código Civil, a enunciar o dever geral de cautela, componente do rol de deveres e protocolos que o transportador deve sempre observar e adotar. Há entre esse dever e o que entende por cláusula de incolumidade, uma intimidade profunda. E tanto um como outra integram a Lex Ars" *dos transportadores.*A propósito, para ilustrar e referendar o quanto acima foi expressado, transcreve-se a ementa do Superior Tribunal de Justiça:

> *RECURSO ESPECIAL – CONTRATO DE TRANSPORTE MARÍTIMO – AÇÃO DE REGRESSO – CLÁUSULA DE ELEIÇÃO DO FORO MATÉRIA PROCESSUAL – INOPONIBILIDADE AO SUB-ROGADO – AUSÊNCIA DE INSURGÊNCIA EM RELAÇÃO A TODOS OS FUNDAMENTOS DO V. ACORDÃO RECORRIDO – INCIDÊNCIA, POR ANALOGIA, DO*

ENUNCIADO N.283 DA SUMULA /STF - RECURSO NÃO CONHECIDO. I - ***O instituto da sub-rogação transfere o crédito apenas com suas características de direito material. A cláusula de eleição do foro estabelecida no contrato entre segurado e transportador não opera efeitos com relação ao agente segurador sub-rogado.*** *II - Acórdão assentado em mais de um fundamento, sem que todos tenham sido objeto de impugnação. Aplicação, por analogia, da Súmula m.283/STF. III - Recurso especial não conhecido. (RESp. 1.038.607/ SP - Relator Ministro MASSAMI UYEDA - TERCEIRA TURMA, J.20/05/2008, Dje. 05/08/2008).*

Assim, na topologia jurídica o contrato de transporte marítimo internacional de carga e o contrato de seguro da carga transportada expressam duas realidades negociais distintas, e as defesas oponíveis no contrato de transporte não se transmitem e não se comunicam ao contrato de seguro na hipótese de se exercitar o direito de regresso da indenização paga ao segurado em razão de ocorrência de sinistro da carga transportada.

IV. Conclusão

O tema que se pretendeu esboçar neste singelo painel é vasto e demanda, por certo, material para estudos de pós-graduação.

Pretendeu-se pontuar aspectos que servirão de reflexão para ensaios e análises mais aprofundadas.

Pontuam-se, como relevantes:

1. O contrato de seguro de transporte de cargas objetiva proteger o segurado dos riscos inerentes ao transporte.

2. O objeto do contrato de transporte é o transportador se obrigar, mediante retribuição, a levar, de um lugar para outro, pessoas ou coisas (artigo730, Código Civil).

3. O objeto do contrato de seguro é o segurador se obrigar, mediante o pagamento do prêmio, a garantir interesse legítimo do segurado, relativo a pessoa ou coisa, contra riscos predeterminados (artigo 757, Código Civil).

4. Paga a indenização, o segurador sub-roga-se, nos limites do valor respectivo, nos direitos e ações que competirem ao segurado contra o autor do dano.

5. O contrato de seguro não está atrelado às cláusulas do contrato de transporte. Assim, estas não são oponíveis ao segurador quando

ele procura exercer o direito de regresso em relação ao pagamento da indenização decorrente de dano suportado pelo segurado, em razão de sinistro que envolveu a carga transportada pelo transportador.

6. Inexiste convenção internacional de Direito Marítimo incorporado ao Direito Brasileiro no referente ao transporte internacional marítimo de carga. A lei aplicável é a lei brasileira.

7. Em sede de contrato internacional de transporte marítimo de carga, tem-se observado que o instrumento contratual é redigido em língua inglesa, estipulando arbitragem a ser promovida perante Tribunal Arbitral do país do transportador ou de outra praça internacional, e que o contrato se rege pela lei do país do transportador e, não poucas vezes, com limitação de responsabilidade da carga transportada.

8. A abusividade destas cláusulas deve ser bem examinada e analisada quando da instauração de demanda judicial, notadamente, quando o segurador procura exercer o direito de regresso em face de ter efetuado o pagamento de indenização paga ao segurado, em razão de sinistro originado do contrato de transporte. Esta análise é necessária, pois há empenho de se procurar impor estas cláusulas como vinculadas ao contrato de seguro.

9. Contrato de transporte de carga e contrato de seguro da carga transportada têm em comum a carga transportada.

10. As teses defensivas oponíveis em litígio decorrente de lesão ao contrato de transporte, quando ocorre o pagamento da cobertura securitária, não podem ser opostas como defesa no litígio decorrente do direito de regresso do ressarcimento pago pelo segurador.

São Paulo, primavera de 2021.

Breves notas sobre entendimentos do Superior Tribunal de Justiça a respeito do incidente de resolução de demandas repetitivas

Mauro Campbell Marques [1]

SUMÁRIO: **1.** Introdução. **2.** Dos precedentes encartados no artigo 927 do Código de Processo Civil de 2015 submetidos à competência do Superior Tribunal de Justiça. **3.** O microssistema de julgados de casos repetitivos com ênfase no Incidente de resolução de demandas repetitivas (IRDR). **4.** Posicionamentos do Superior Tribunal de Justiça firmados sobre Incidente de resolução de demandas repetitivas. **4.1.** Da aplicabilidade dos procedimentos inerentes ao IRDR diretamente nas instâncias extraordinárias. **4.2.** Da recorribilidade de decisões proferidas pela instância ordinária em sede de suspensão dos processos submetidos ao crivo do artigo 928, I do CPC/2015. **4.3.** A instauração de IRDR condicionada à pendência de julgamento de mérito de processo em fase recursal ou originária. Conclusão. Referências bibliográficas.

1. Introdução

A Constituição da República Federativa do Brasil de 1988 (CRFB/88) atribuiu ao Superior Tribunal de Justiça (STJ) a função de conferir unidade à interpretação da lei federal em todo o País. Para tanto, elegeu a figura do recurso especial (REsp) como o veículo que conduziria ao tribunal demandas que necessitariam de uma interpretação sobre determinado dispositivo de lei federal, apta a ensejar controvérsia em **nível nacional.**

À Lei n. 8.038/1990 coube o papel de instituir normas procedimentais específicas para o processamento do recurso especial. Com o advento desse diploma, o Código de Processo Civil de 1973 (CPC/1973) passou a dispor sobre os procedimentos aplicáveis no julgamento de recursos especiais, situação que perdurou até março de 2016, quando entrou em vigor o novo Código de Processo Civil (CPC/2015) e, com ele,

1 Ministro do Superior Tribunal de Justiça e do Tribunal Superior Eleitoral. Foi Procurador-Geral de Justiça do Ministério Público do Estado do Amazonas e Secretário de Segurança Pública do mesmo ente federativo. Foi Corregedor-Geral da Justiça Federal entre 2016-2017.

novas regras processuais e procedimentais abrangendo os recursos aos tribunais superiores.

Sobre o CPC/2015, percebe-se notória preocupação do legislador com a instituição de procedimentos tendentes a coibir a dispersão da jurisprudência. Entre os institutos que compõem o doravante denominado microssistema de julgamento de casos repetitivos (*ex vi* do artigo 928 do CPC/2015), interessa-nos especificamente o Incidente de resolução de demandas repetitivas (IRDR). Trata-se de um incidente criado com intuito de aplacar a alta litigiosidade e a repetitividade de questões idênticas, seja em direitos individuais homogêneos ou em questões com identidade em ações heterogêneas.

O presente trabalho examinará entendimentos do Superior Tribunal de Justiça a respeito de instituto. O ponto nevrálgico está em analisar os fundamentos decisórios adotados pelos precedentes que examinaram as seguintes questões: i) o cabimento do IRDR nos feitos originários de competência do Superior Tribunal de Justiça; ii) o procedimento a ser adotado nas instâncias ordinárias nas hipóteses nas quais, suspenso o feito em razão da afetação da causa-piloto, um dos litigantes objetivar promover, de plano, juízo de *distinguishing* da hipótese dos autos em relação ao tema sobrestado. Aqui se analisa o procedimento viável para se instaurar a instância recursal via recurso especial, e, por fim; iii) o cabimento ou não de instauração do instituto quando, apesar de julgado o mérito no segundo grau de jurisdição, ainda houver pendência de exame do recurso integrativo correlato (embargos de declaração).

2. Dos precedentes encartados no artigo 927 do Código de Processo Civil de 2015 submetidos à competência do Superior Tribunal de Justiça

O legislador do Código de Processo Civil brasileiro de 2015 demonstrou preocupação em criar procedimentos para operacionalizar formas de uniformização do entendimento dos tribunais brasileiros acerca de teses jurídicas. Segundo a exposição de motivos da lei, o novo compêndio normativo, imbuído do ideal de "evitar dispersão da jurisprudência" e "concretizar, na vida da sociedade brasileira, o princípio constitucional da isonomia"[2], estabeleceu regras de julgamento (artigo. 927, III), e a

2 Exposição de motivos da Lei nº 13.105/2015. Disponível em: https://www2.senado.leg.br/bdsf/bitstream/handle/id/512422/001041135.pdf. Acesso em: 20 fev. 2021.

elas conferiu efeitos *erga omnes*, para que esse propósito fosse alcançado, a saber: i) os recursos extraordinário e especial repetitivos (RR), ii) o incidente de resolução de demandas repetitivas[3] e iii) o incidente de assunção de competência.

Para o presente estudo, interessa consignar que, assim como em instrumentos já previstos em comandos normativos anteriores, o CPC/2015, além de reforçar sua admissibilidade no âmbito dos tribunais superiores, assegurou, de forma expressa, força vinculante. São eles: as decisões do Supremo Tribunal Federal em controle concentrado de constitucionalidade; os enunciados de súmula vinculante; os enunciados das súmulas do Supremo Tribunal Federal em matéria constitucional e do Superior Tribunal de Justiça em matéria infraconstitucional; a orientação do plenário ou do órgão especial aos quais os tribunais superiores estiverem vinculados.

Referida conclusão advém, além da interpretação sistêmica de vários dispositivos do código, da dicção literal do parágrafo 1º do artigo 927 do CPC/2015, no ponto em que determinou que as instâncias ordinárias, quando decidirem feitos com tese jurídica já fixada pelos tribunais superiores firmadas nesse rol de procedimentos/ações/recursos, deverão seguir a orientação firmada ou explicar as razões pelas quais as situações em julgamento delas se diferenciam. Não há, pois, margem para que as instâncias ordinárias profiram decisões destoantes, quando

3 A propósito, cita-se trecho da exposição de motivos do CPC/2015 no qual o intérprete originário da norma faz clara afirmação no sentido de que a técnica de julgamento encartada no artigo 928 se aproxima da tendência de coletivização do processo: "(...) assim explicada por Rodolfo de Camargo Mancuso DE CAMARGO MACUSO: 'Desde o último quartel do século passado, foi tomando vulto o fenômeno da 'coletivização' dos conflitos, à medida que, paralelamente, se foi reconhecendo a inaptidão do processo civil clássico para instrumentalizar essas megacontrovérsias, próprias de uma conflitiva sociedade de massas. Isso explica a proliferação de ações de cunho coletivo, tanto na Constituição Federal (arts. 5º, XXI; LXX, 'b'; LXXIII; 129, III) como na legislação processual extravagante, empolgando segmentos sociais de largo espectro: consumidores, infância e juventude; deficientes físicos; investidores no mercado de capitais; idosos; torcedores de modalidades desportivas etc. Logo se tornou evidente (e premente) a necessidade da oferta de novos instrumentos capazes de recepcionar esses conflitos assim potencializados, seja em função do número expressivo (ou mesmo indeterminado) dos sujeitos concernentes, seja em função da indivisibilidade do objeto litigioso, que o torna insuscetível de partição e fruição por um titular exclusivo' (A resolução de conflitos e a função judicial no Contemporâneo Estado de Direito. São Paulo: Revista dos Tribunais, 2009, p. 379-380)".

postos em debate os mesmos dispositivos de lei e a mesma relação jurídica julgadas em precedentes firmados nas citadas classes.

O Superior Tribunal de Justiça, enquanto corte de vértice, teve reforçada sua perspectiva, tal como posta no texto constitucional, de órgão competente para assegurar a interpretação uniforme da legislação federal e, sob um viés social, de agente apto a concretizar um dos fundamentos da República Federativa do Brasil: o de garantir que o espírito de cidadania alcance os jurisdicionados de forma equânime.

3. Do microssistema de julgados de casos repetitivos com ênfase no Incidente de resolução de demandas repetitivas (IRDR)

O incidente de resolução de demandas repetitivas (IRDR), regulamentado pelos artigo. 976 a 987 do CPC/2015, tem como propósito principal consubstanciar-se como ferramenta em prol do julgamento de causas aptas a receberam uma solução coletiva para os conflitos instalados, quando entre ambos, o fundamento principal é a mesma questão de direito.

A tipificação do instituto deve-se à iniciativa da Comissão de Juristas designada pelo Senado Federal. Como bem pontuou Da Silva (2020, pp. 232-251), a ideia inicial da Comissão foi conferir uma nova roupagem ao então incidente de uniformização de jurisprudência previsto no Código de Processo Civil de 1973.

A Comissão[4], valendo-se de semelhante procedimento-modelo previsto no Direito Alemão – *Musterverfahren* –, apresentou o instituto como critério de julgamento apto a evitar a multiplicação de demandas e a dispersão da jurisprudência.

Na exposição de motivos do anteprojeto, foi expressamente consignado que:

> Com os mesmos objetivos, criou-se, com inspiração no direito alemão, o já referido Incidente de resolução de demandas repetitivas, que consiste na identificação de processos que contenham a mesma questão de direito, que estejam ainda no primeiro grau de jurisdição, para decisão conjunta.

---

4 Disponível em: www.senado.gov.br/senado/novocpc/pdf/1a_e_2a_Reuniao_PARA_grafica.pdf. Acesso em: 6 jan. 2019.

Sobre o anteprojeto em si, Arruda Alvim (2011, p. 43) destacou que:

> O que fez o Projeto foi estabelecer, para as demandas repetitivas, uma disciplina análoga àquela referente aos procedimentos de repercussão geral nos recursos extraordinários e o julgamento dos recursos repetitivos no Superior Tribunal de Justiça. Solucionam-se, a um só tempo, as questões pertinentes ao afogamento do Poder Judiciário e à uniformização das decisões judiciais.

Consoante dicção literal do artigo 928 do CPC/2015, o IRDR compõe com os recursos especial e extraordinário repetitivos um microssistema de julgamento de casos repetitivos, cujo papel é firmar uma única interpretação possível, tanto de questões de ordem processual, quanto de direito material. Enquanto os repetitivos, *a priori*, seriam técnicas de julgamento inerentes à sistemática de recursos a cargo do Superior Tribunal de Justiça e do Supremo Tribunal Federal, o IRDR teria semelhante função, porém, afeta aos tribunais estaduais ou regionais federais - TJs ou TRFs - os quais terão a novidade de apreciar matérias com o intuito de fixar teses jurídicas aplicáveis aos jurisdicionados que lhes são vinculados.

Apesar de razoavelmente clara a vontade de o legislador impingir aos institutos do artigo 928 uma técnica de julgamento para casos repetitivos, um ponto importante a ser enfrentado é o seguinte: o Instituto de Resolução de Demandas Repetitivas, além de técnica de julgamento, pode ter seus fundamentos recepcionados como se precedente judicial fosse?

De pórtico, adota-se como conceito de precedente a decisão judicial que examina uma questão de direito, conferindo-lhe uma interpretação apta a solucionar o problema judicializado e a exercer o papel de vetor interpretativo às instâncias ordinárias. A decisão judicial que interpreta a lei, mas segue julgado que a consolidou, por si só não deve ser reconhecida como precedente, tampouco aquela que primeiro interpretou a norma, sem se preocupar em examinar todas as interpretações possíveis, acerca das mesmas questões de direito. Para que uma decisão judicial se consubstancie como precedente, é necessário que enfrente todos os principais argumentos relacionados à questão de direito posta no caso concreto.

Como bem pontuou Marinoni (2013, p. 214),

> um precedente não é somente uma decisão que tratou de dada questão jurídica com determinada aptidão, mas também uma decisão que tem qualidades externas que escapam ao seu conteúdo. Em suma, é possível dizer que precedente é a primeira decisão que

> elabora a tese jurídica ou é a decisão definitivamente a delinear, deixando-a cristalina.

Sendo válidas todas essas premissas, somadas à irrefutável tese de que cabe ao Superior Tribunal de Justiça e ao Supremo Tribunal Federal conferir a última palavra, respectivamente, ao direito infraconstitucional e ao direito constitucional, somente a esses órgãos seria conferida a missão constitucional de proferir precedentes judiciais, sejam eles persuasivos, sejam obrigatórios.

A corroborar este entendimento, uma respeitável corrente de processualistas defende a ideia de que o IRDR não poderia ser recepcionado como um precedente, dentre outros motivos, pelo fato de não ser das instâncias ordinárias o papel de orientar a sociedade na melhor interpretação na norma.

Marinoni (2015, p.401) é um desses autores que advoga a tese de que o sistema de precedentes tem o objetivo de outorgar autoridade às *rationes decidendi* firmadas pelas Cortes Supremas, de forma a permitir que diversos casos, marcados por diferenças razoáveis, possam ser resolvidos por um precedente que resolve uma questão de direito. Como "as decisões firmadas nos incidentes de resolução de demandas repetitivas não têm qualquer preocupação em orientar a sociedade ou a solução de casos futuros," pois, "objetivam regular uma questão litigiosa que está presente em vários casos pendentes", não é possível equiparar o "sistema de precedentes das Cortes Supremas e o incidente destinado a dar solução a uma questão litigiosa de que podem provir múltiplos casos".

Apesar de consentâneo com esse pensamento, o escopo do presente trabalho não permite o exame aprofundado de questões dialéticas envoltas no sistema de precedentes. Desta feita, adota-se como premissa válida apenas o fato de ser o IRDR, previsto no rol de microssistema de casos repetitivos o artigo 928 do CPC/2015, um "mecanismo processual coletivo proposto para uniformização e fixação de tese jurídica repetitiva" (ABBOUD e CAVALCANTI, 2015, p. 222).

Em outras palavras,

> O incidente de resolução de demandas repetitivas é uma técnica processual destinada a contingenciar litígios seriados, assenta-se em três pilares principais, quais sejam: o princípio constitucional da isonomia, que exige tratamento uniforme dos litígios isomórficos, a segurança jurídica, estampada na previsibilidade e uniformidade das decisões judiciais e, por fim, a prestação jurisdicional em tempo

razoável. Tais princípios, além de nortearem todo o ordenamento jurídico processual (como se infere, dentre outros, dos artigos 1º a 12º do CPC), são a base constitucional do incidente ora analisado (MENDES e TEMER, 2015, p. 230)

4. Posicionamentos do Superior Tribunal de Justiça firmados sobre Incidente de resolução de demandas repetitivas

4.1. Da aplicabilidade dos procedimentos inerentes ao IRDR diretamente nas instâncias extraordinárias

Na qualidade de técnica de julgamento atrelada à tendência de coletivização do processo, a exposição de motivos do CPC/2015 enfatiza que o IRDR "é admissível quando identificada, em primeiro grau, controvérsia com potencial de gerar multiplicação expressiva de demandas e o correlato risco da coexistência de decisões conflitantes", deixando claro que o objetivo perseguido é a uniformidade e a estabilidade nos entendimentos das instâncias ordinárias quanto à idêntica questão de direito.

Uma parte da doutrina processualista sustenta ser possível suscitar o incidente diretamente aos tribunais superiores em qualquer processo, hipótese em que seria irrelevante a competência do tribunal para julgar a ação/recurso. Para defensores da tese (ROQUE, 2017) estar-se-ia fazendo um controle prévio de divergência de questões de direito entre os estados da Federação, o que, ao fim e ao cabo, conduziria a uma prestação jurisdicional mais célere. Cunha e Didier Jr. (2016, p. 595) defendem que cabe o IRDR em tribunal superior, sobretudo, para as ações de competência originária, as quais não são atingidas pelo sistema de recursos repetitivos.

Outra respeitável parcela da doutrina advoga a tese de que referida técnica é de uso exclusivo das instâncias ordinárias. Segundo Marinoni (2016), o IRDR destina-se a regular casos que já surgiram ou podem surgir em face de determinado litígio, não tendo, contudo, o condão de consubstanciar-se como um precedente judicial cujo objetivo de outorgar autoridade às *rationes decidendi* é de exclusiva competência das cortes de vértice. Como as decisões firmadas nos incidentes de resolução de demandas repetitivas não teriam qualquer preocupação em orientar a sociedade ou a solução de casos futuros, não é sustentável sua utilização em instâncias excepcionais.

Scarpinella Bueno (2016) também repele a ideia ao argumento de que tal proceder teria o indesejável efeito de provocar a avocação de processos, com inegável supressão de instâncias. Para que o STJ ou o STF possam analisar os casos repetitivos de competência de tribunal estadual ou federal, a via processual adequada é, por determinação constitucional, a interposição dos recursos especial e extraordinário.

A questão foi enfrentada pela jurisdição do STJ no julgamento da Petição nº 11.838/MS[5]. A relatoria inicial do feito ficou a cargo da Ministra Laurita Vaz, que votou pelo não conhecimento do incidente, ao argumento de seu não cabimento perante os feitos em trâmite no STJ. Para a Julgadora, conforme disciplinam os artigos. de 976 a 987 do CPC/15, o IRDR restringir-se-ia ao âmbito dos Tribunais de Justiça e Tribunais Regionais Federais para rápida solução de demandas de massa. Os ministros que a acompanharam reforçaram o entendimento ao argumento de que, sem a existência de uma causa pendente (ou causa-piloto), não há condições para o julgamento do incidente.

A divergência, que, ao final, sagrou-se vencedora, firmou compreensão no sentido do cabimento do IRDR junto ao Superior Tribunal de Justiça nas hipóteses de demanda de competência originária ou de revisão ordinária que preencham os requisitos do artigo 976 do CPC.

Entre os argumentos adotados pelo voto condutor do acórdão, sobrelevam-se os seguintes pontos: i) há precedente da Primeira Seção do Tribunal (Conflito de Competência nº 148.519/MT) que firmou compreensão pelo não cabimento de outras modalidades processuais que não o recurso especial, os embargos de divergência e o agravo em recurso especial para julgamento pelo rito dos recursos repetitivos – entendimento que, *mutatis mutandis*, deixaria vias recursais com indicação de repetitividade fora do julgamento coletivo; e ii) o IRDR não é uma ação originária, pois o legislador comum não pode criar competências originárias para os tribunais, previstas na Constituição Federal. Assim, para que o incidente seja instaurado no âmbito do tribunal, é necessário, além da existência de demanda em curso, que o feito subjacente seja oriundo de competência original.

Da importância para a compreensão das razões de decidir, cumpre referenciar o seguinte trecho do voto condutor do acórdão:

5 AgInt na Pet n. 11.838/MS, Rel. Ministra Laurita Vaz, Rel. p/ Acórdão Ministro João Otávio de Noronha, Corte Especial, julgado em 7 ago. 2019.

> O novo Código de Processo Civil instituiu um microssistema para o julgamento de demandas repetitivas, de modo a assegurar um tratamento isonômico das questões comuns, conferindo maior estabilidade à jurisprudência, além de efetividade e celeridade à prestação jurisdicional.
>
> Nesse contexto, não se afigura razoável concluir que esse microssistema tenha dotado o STJ de mecanismo adequado para tratamento de demandas repetitivas apenas quando lhe chegam por força de sua competência como corte superior de justiça, ficando privado de mecanismo semelhante quando atue com competência originária ou recursal ordinária.
>
> Assim, entendo que a exegese que melhor se coaduna com o espírito do novo CPC é aquela que, recorrendo à analogia, aplica a esta Corte igual solução finalística prevista no ordenamento jurídico para as cortes ordinárias, não se mostrando suficientes a afastar esta exegese as ponderações inicialmente feitas no presente voto.
>
> Com efeito, a terminologia utilizada pelo legislador nos dispositivos antes destacados há de ser compreendida quando presente a hipótese de IRDR instaurado no âmbito dos tribunais de justiça e tribunais regionais federais, não se revestindo de força proibitiva da instauração do IRDR diretamente no STJ nos casos aqui aventados.

Logo, não cabe IRDR no STJ caso o tribunal esteja apreciando um recurso especial (artigo 105, III, da CF/88). Isso porque, neste caso, já existe um outro mecanismo que cumpre essa função, qual seja, o recurso especial repetitivo (artigo 976, § 4º do CPC). Contudo, sua instauração diretamente no Superior Tribunal é cabível apenas nos casos de competência recursal ordinária e de competência originária e desde que preenchidos os requisitos do artigo 976 do CPC.

4.2. Da recorribilidade de decisões proferidas pela instância ordinária em sede de suspensão dos processos submetidos ao crivo do artigo. 928, I do CPC/2015

Nos autos do REsp n. 1.846.109/SP[6], o Superior Tribunal de Justiça foi instado a definir se a decisão que suspende o processo em primeiro grau em virtude da instauração de incidente de resolução de demandas

6 REsp n. 1.846.109-SP, Rel. Min. Nancy Andrighi, Terceira Turma, julgado em 10 dez. 2019.

repetitivas é imediatamente recorrível por agravo de instrumento ao fundamento de distinção ou se, a exemplo do procedimento instituído para a hipótese de recursos especial e extraordinário repetitivos, é preciso provocar previamente o contraditório em primeiro grau e pronunciamento judicial específico acerca da distinção antes da interposição do respectivo recurso.

Sagrou-se firmado o entendimento de ser necessária a instauração do procedimento de distinção (*distinguishing*) tratado no artigo 1.037, §§ 9º ao 13, do CPC/2015. Apesar de se tratar de questão com previsão expressa apenas para recursos repetitivos, é crível sua extensão ao IRDR, já que ambos compõem, na forma do artigo 928, I e II, do CPC/2015, um microssistema de julgamento de questões repetitivas.

Segundo o voto condutor, não há diferença ontológica nem justificativa teórica para um tratamento assimétrico entre a alegação de distinção formulada em virtude de afetação para julgamento sob o rito dos recursos repetitivos e em razão de instauração do incidente de resolução de demandas repetitivas, pois os requerimentos, nas duas hipóteses, são formulados após a ordem de suspensão emanada pelo tribunal. Nos dois casos, a finalidade é a mesma: a retirada da ordem de suspensão de processo que verse sobre questão distinta daquela submetida ao julgamento padronizado e pretendem equalizar a tensão entre os princípios da isonomia e da segurança jurídica, de um lado, e os princípios da celeridade, economia processual e razoável duração do processo, de outro.

Logo, não é dado à parte prejudicada com a suspensão do feito o direito de interpor o recurso de agravo de instrumento em face da decisão de suspensão.

Antes, é seu dever perpassar pelas etapas do artigo 1037, §§ 9º e 13, do CPC/2015: i) formular requerimento ao juízo de primeiro grau demonstrando que existe distinção (*distinguishing*) entre a questão debatida no seu processo e aquela submetida ao julgamento repetitivo ou ao IRDR; ii) aguardar a instauração e conclusão do contraditório, a fim de que a parte adversa se manifeste sobre a matéria em cinco dias.

Após a prolação de decisão interlocutória resolvendo o requerimento e afastando a distinção apontada, surge a hipótese de cabimento do agravo de instrumento, que se dará em face da decisão que indefere o requerimento de distinção e prosseguimento do feito.

A propósito, dada a importância do julgamento como vetor de interpretação em relação à sistemática do procedimento de julgamento afeto às instâncias ordinárias, cita-se o trecho da ementa:

CIVIL, PROCESSUAL CIVIL E CONSUMIDOR. SUSPENSÃO DO PROCESSO EM 1º GRAU EM RAZÃO DE INSTAURAÇÃO DE IRDR. DISPOSITIVOS LEGAIS NÃO ENFRENTADOS E IMPERTINENTES. SÚMULA 211/STJ. SÚMULA 284/STF. PROCEDIMENTO DE DISTINÇÃO (DISTINGUISHING) DO ART. 1.037, §§9º A 13, DO NOVO. APLICABILIDADE AO IRDR. POSSIBILIDADE. RECURSOS REPETITIVOS E IRDR. MICROSSISTEMA DE JULGAMENTO DE QUESTÕES REPETITIVAS. INTEGRAÇÃO, QUANDO POSSÍVEL, ENTRE AS TÉCNICAS DE FORMAÇÃO DE PRECEDENTES VINCULANTES. INEXISTÊNCIA DE VEDAÇÃO EXPRESSA NO CPC E INEXISTÊNCIA DE OFENSA A ELEMENTO ESSENCIAL DA TÉCNICA. PROCEDIMENTO DE DISTINÇÃO. AUSÊNCIA DE DIFERENÇA ONTOLÓGICA OU JUSTIFICATIVA TEÓRICA QUE JUSTIFIQUE TRATAMENTO ASSIMÉTRICO ENTRE RECURSOS REPETITIVOS E IRDR. REQUERIMENTOS FORMULADOS APÓS ORDEM DE SUSPENSÃO. OBJETIVO IDÊNTICO, QUE É DEMONSTRAR A DISTINÇÃO ENTRE A QUESTÃO DEBATIDA NO PROCESSO E AQUELA SUBMETIDA AO JULGAMENTO PADRONIZADO. EQUALIZAÇÃO DA TENSÃO ENTRE OS PRINCÍPIOS DA ISONOMIA, SEGURANÇA JURÍDICA, CELERIDADE, ECONOMIA PROCESSUAL E RAZOÁVEL DURAÇÃO DO PROCESSO. DECISÃO INTERLOCUTÓRIA QUE RESOLVE O PEDIDO DE DISTINÇÃO EM IRDR. AGRAVO DE INSTRUMENTO CABÍVEL (ART. 1.037, §13, I, DO NOVO CPC), SOB PENA DE CRIAÇÃO DE DECISÃO IRRECORRÍVEL SEM AUTORIZAÇÃO LEGAL OU DE TORNAR ABSOLUTAMENTE INÚTIL O DEBATE ACERCA DA CORREÇÃO DA DECISÃO SUSPENSIVA APENAS EM APELAÇÃO OU EM CONTRARRAZÕES. IMPETRAÇÃO DE MANDADO DE SEGURANÇA CONTRA DECISÃO INTERLOCUTÓRIA. IMPOSSIBILIDADE. TEMA REPETITIVO 988. PROCEDIMENTO ESPECÍFICO E DETALHADO PARA REQUERIMENTO DE DISTINÇÃO. CINCO ETAPAS SUCESSIVAS.

(...)

1 - Ação ajuizada em 26/09/2016. Recurso especial interposto em 21/06/2018 e atribuído à Relatora em 18/10/2019.

2 - O propósito recursal é definir se a decisão que suspende o processo em 1º grau em virtude da instauração de incidente de resolução de demandas repetitivas - IRDR - no Tribunal é imediatamente recorrível por agravo de instrumento ao fundamento de distinção ou se, a exemplo do procedimento instituído para a hipótese de recursos especial e extraordinário repetitivos, é preciso provocar previamente o contraditório em 1º grau e pronunciamento judicial específico acerca da distinção antes da interposição do respectivo recurso.

3 - Não se conhece do recurso especial quando os dispositivos legais tidos por violados, além de não terem sido objeto de efetivo enfren-

tamento pelo acórdão recorrido, dizem respeito a questões distintas daquela que foi objeto da decisão impugnada. Incidência da Súmula 211/STJ e Súmula 284/STF.

4 - O procedimento de alegação de distinção (*distinguishing*) entre a questão debatida no processo e a questão submetida ao julgamento sob o rito dos recursos repetitivos, previsto no art. 1.037, §§9º a 13, do novo CPC, aplica-se também ao incidente de resolução de demandas repetitivas - IRDR.

5 - Embora situados em espaços topologicamente distintos e de ter havido previsão específica do procedimento de distinção em IRDR no PLC 8.046/2010, posteriormente retirada no Senado Federal, os recursos especiais e extraordinários repetitivos e o IRDR compõem, na forma do art. 928, I e II, do novo CPC, um microssistema de julgamento de questões repetitivas, devendo o intérprete promover, sempre que possível, a integração entre os dois mecanismos que pertencem ao mesmo sistema de formação de precedentes vinculantes.

6 - Os vetores interpretativos que permitirão colmatar as lacunas existentes em cada um desses mecanismos e promover a integração dessas técnicas no microssistema são a inexistência de vedação expressa no texto do novo CPC que inviabilize a integração entre os instrumentos e a inexistência de ofensa a um elemento essencial do respectivo instituto.

7 - Na hipótese, não há diferença ontológica e nem tampouco justificativa teórica para tratamento assimétrico entre a alegação de distinção formulada em virtude de afetação para julgamento sob o rito dos recursos repetitivos e em razão de instauração do incidente de resolução de demandas repetitivas, pois ambos os requerimentos são formulados após a ordem de suspensão emanada pelo Tribunal, tem por finalidade a retirada da ordem de suspensão de processo que verse sobre questão distinta daquela submetida ao julgamento padronizado e pretendem equalizar a tensão entre os princípios da isonomia e da segurança jurídica, de um lado, e dos princípios da celeridade, economia processual e razoável duração do processo, de outro lado.

8 - Considerando que a decisão interlocutória que resolve o pedido de distinção em relação a matéria submetida ao rito dos recursos repetitivos é impugnável imediatamente por agravo de instrumento (art. 1.037, §13, I, do novo CPC), é igualmente cabível o referido recurso contra a decisão interlocutória que resolve o pedido de distinção em relação a matéria objeto de IRDR.

9 - O sistema recursal instituído pelo novo CPC prevê que, em regra, todas as decisões interlocutórias serão impugnáveis, seja imediatamente por agravo de instrumento, seja posteriormente por apelação

ou contrarrazões, sendo certo que o Código estabeleceu que determinadas interlocutórias seriam irrecorríveis somente em seis específicas hipóteses, textualmente identificadas em lei.

10 - A decisão interlocutória que versa sobre a distinção entre a questão debatida no processo e a questão submetida ao IRDR é impugnável imediatamente também porque, se indeferido o requerimento de distinção e mantida a suspensão do processo, essa questão jamais poderia ser submetida ao Tribunal se devolvida apenas em apelação ou em contrarrazões quando já escoado o prazo de suspensão.

11 - É inviável na hipótese a impetração de mandado de segurança contra a decisão que resolve o requerimento de distinção, tendo em vista que a Corte Especial do Superior Tribunal de Justiça por ocasião do julgamento do tema repetitivo 988, além de fixar a tese da taxatividade mitigada, expressamente vedou o uso do mandado de segurança contra ato judicial, em especial contra decisões interlocutórias.

12 - Examinado detalhadamente o procedimento de distinção previsto no art. 1.037, §§9º a 13, constata-se que o legislador estabeleceu detalhado procedimento para essa finalidade, dividido em cinco etapas: (i) intimação da decisão de suspensão; (ii) requerimento da parte, demonstrando a distinção entre a questão debatida no processo e àquela submetida ao julgamento repetitivo, endereçada ao juiz em 1º grau; (iii) abertura de contraditório, a fim de que a parte adversa se manifeste sobre a matéria em 05 dias; (iv) prolação de decisão interlocutória resolvendo o requerimento; (v) cabimento do agravo de instrumento em face da decisão que resolve o requerimento.

13 - Hipótese em que parte, ao interpor agravo de instrumento diretamente em face da decisão de suspensão, saltou quatro das cinco etapas acima descritas, sem observar todas as demais prescrições legais.

14 - O detalhado rito instituído pelo novo CPC não pode ser reputado como mera e irrelevante formalidade, mas, sim, é procedimento de observância obrigatória, na medida em que visa, a um só tempo, densificar o contraditório em 1º grau acerca do requerimento de distinção, evitar a interposição de recursos prematuros e gerar a decisão interlocutória a ser impugnada (a que resolve a alegação de distinção), sob pena de violação ao duplo grau de jurisdição e supressão de instância.

15 - Recurso especial conhecido em parte e, nessa extensão, desprovido.

Observa-se, pois, que o entendimento do STJ priorizou, sobretudo, a interposição de recursos prematuros desprovidos de efetivo debate e enfrentamento das matérias que alegadamente conduziriam a uma distinção, por entender ser tal forma de proceder necessária para a maturação da questão ainda em primeiro grau de jurisdição.

Consoante consignado no acórdão, o procedimento seria obrigatório, inclusive para fazer surgir uma decisão interlocutória a ser impugnada (pronunciamento do juiz resolvendo a alegação de distinção), de modo que admitir o cabimento do recurso contra a decisão que suspendeu o processo (e não da decisão que resolveu o requerimento de distinção) representaria, ainda, grave vulneração ao duplo grau de jurisdição e indevida supressão de instância.

4.3. A instauração de IRDR condicionada à pendência de julgamento de mérito de processo em fase recursal ou originária

Nos autos do AREsp nº 1.470.017/SP[7], o Superior Tribunal de Justiça foi provocado a examinar se a possibilidade de instauração de IRDR está condicionada à pendência de julgamento, no tribunal, de processo em fase recursal ou originária. Em outras palavras, na hipótese de o tribunal ter finalizado o julgamento de mérito do recurso - ainda que pendente a análise de embargos de declaração –, ele poderá ou não ser admitido como causa-piloto[8] para a instauração do incidente.

7 AREsp nº 1.470.017-SP, Rel. Min. Francisco Falcão, Segunda Turma, julgado em 18 out. 2019.

8 Sobre o termo "caso-piloto" *versus* "caso-modelo", é importante registrar que a doutrina não é unânime quanto a esse entendimento. Existe uma corrente que qualifica o paradigma a ser adotado no CPC/2015 como sendo o "caso-piloto" (DIDIER e BRAGA, 2016), pois se revela imprescindível a existência de um caso concreto no âmbito do Tribunal - seja em processo originário, seja em um recurso - para que se instaure o incidente e, a partir dele, fixe-se uma a tese a ser seguida. Ou seja, selecionam-se dois processos repetitivos, relevantes, que tramitam no tribunal e, a partir destes, destacam-se as questões submetidas ao julgamento para fins de concepção de uma decisão-tese a ser utilizada nos processos selecionados, a qual se extrai a questão repetitiva, bem como será utilizada em todos os outros processos, repetitivos, sobrestados. Outra corrente, capitaneada por Temer (2016, p. 61), defende que o IRDR se trata de procedimento modelo. Essa corrente assenta-se na premissa de que: i) no IRDR apenas há a resolução de questões de direito, o que limita a cognição e impede o julgamento de toda a demanda; ii) a desistência do que seria o "caso-piloto" não impede o prosseguimento do incidente, que tramita independentemente de um conflito subjetivo, suscitando.

Na ação que deu origem ao entendimento, a Fazenda de São Paulo ajuizou execução fiscal contra uma empresa de lubrificantes. O juiz determinou a suspensão do processo sob o fundamento de que o débito estava garantido pelo seguro-garantia, mas o Tribunal de Justiça de São Paulo (TJSP), em análise de agravo de instrumento do Fisco, decidiu que a suspensão do registro no cadastro de créditos não quitados (Cadin) dependeria da suspensão da exigibilidade do crédito tributário.

Por meio de embargos de declaração, a empresa contribuinte requereu a instauração do IRDR, buscando a fixação da tese de que a suspensão do registro no Cadin estadual não requer o sobrestamento da exigibilidade do crédito tributário quando o débito estiver assegurado por garantia idônea, o que foi rejeito pelo tribunal *a quo*, dando ensejo à interposição de recurso especial.

A tese fixada pela Segunda Turma do Superior Tribunal de Justiça ao manter acórdão do TJSP foi no sentido de inadmitir a instauração do IRDR sob o fundamento de que a questão tratada em um agravo de instrumento já julgado pelo tribunal não poderia mais justificar a instauração do incidente. Segundo o TJSP, estava pendente apenas o julgamento dos embargos declaratórios, que possuem caráter meramente integrativo.

Observa-se, pois, que o fundamento adotado pelo Superior Tribunal de Justiça permite concluir que a Corte adota a premissa de ser o IRDR um modelo de caso-piloto, porquanto, o pendente de processo correlato para extração de elementos necessários à fixação de eventual tese jurídica.

A corroborar esta assertiva, o voto condutor do acórdão consignou que, além de a instauração de IRDR ser cabível quando um dos legitimados pelo artigo 977 do CPC/2015 demonstra, de forma simultânea, a repetição de processos que contenham controvérsia sobre a mesma questão de direito e o risco de ofensa à isonomia e à segurança jurídica, o artigo 978 prevê que o órgão colegiado incumbido de analisar o mérito do incidente e de fixar a tese jurídica deverá julgar igualmente o recurso que originou o IRDR.

Por fim, assentando-se a possibilidade de admissão do IRDR após o julgamento de mérito do recurso ou da ação originária, haveria prejuízo ao enfrentamento de todos os argumentos relativos à tese e à qualificação do contraditório, podendo afetar também as eventuais audiências públicas e a participação dos amigos da corte.

Conclusão

O Código de Processo Civil de 2015 criou um microssistema de julgamento de casos repetitivos - compreendido pelo incidente de resolução de demandas repetitivas e pelos recursos especial e extraordinário repetitivos - de modo a viabilizar um novo procedimento processual para atender as questões discutidas que se repetem, seja entre partes autônomas e interdependentes, seja entre litigantes habituais, proporcionando um ganho em diversos aspectos.

A proposta do trabalho foi examinar como o Superior Tribunal de Justiça tem interpretado um desses procedimentos, qual seja, o incidente de resolução de demandas repetitivas.

Sobreleva-se que, consoante os fundamentos decisórios dos precedentes examinados, somados à forma como o procedimento para a instauração do IRDR está positivado no CPC/2015, o instituto, como técnica de julgamento *sui generis*, aproxima-se do sistema de causa-piloto, cuja instauração depende de ao menos um processo em segunda instância como requisito implícito para sua operacionalização.

Observa-se que não só a jurisprudência do Superior Tribunal de Justiça tem caminhado em sintonia com os preceitos do novo código, sobretudo quanto à necessidade de se imprimir eficiência, estabilidade e prestígio ao instituto enquanto ferramenta em prol do microssistema de julgamento de casos repetitivos, como também tem demostrado um profícuo comprometimento com a normatização, em detalhes, dos procedimentos internos e externos inerentes à formação dos julgados. Tais medidas, além de auxiliar no alcance pretendido pela norma, por certo balizarão as condutas dos demais operadores de direito.

Referências bibliográfias

ABBOUD, Georges; CAVALCANTI, Marcos de Araújo. **Inconstitucionalidades do incidente de resolução de demandas repetitivas (IRDR) e os riscos ao sistema decisório**. São Paulo: Revista de Processo, 2015.

ALVIM, Arruda. **Notas sobre o projeto de novo código de processo.** Revista de Informação Legislativa, ano 48, n. 190 abr.-jun./2011.

BUENO, Cassio Scarpinella. **Manual de Direito Processual Civil**. 2ª Ed. São Paulo: Saraiva, 2016.

CUNHA, Leonardo José Carneiro da; DIDIER JR., Fredie. **Curso de direito processual civil. Meios de impugnação às decisões judiciais e processo nos tribunais**. 13ª ed. Salvador: JusPodivm, 2016.

DIDIER JR., Fredie; OLIVEIRA, Rafael; BRAGA, Paula Sarno. **Curso de direito processual civil**. 11. ed. Salvador: JusPodivm, 2016.

MARINONI, Luiz Guilherme. **Precedentes Obrigatórios**. São Paulo: RT, 3ª Edição, 2013.

_________. **O "problema" do incidente de resolução de demandas repetitivas e dos recursos extraordinário e especial repetitivos**. São Paulo: Ed. RT, 2015.

MENDES, Aluisio Gonçalves de Castro; TEMER, Sofia. **O Incidente de resolução de demandas repetitivas do novo código de processo civil.** Coleção Novo CPC - Doutrina Selecionada - v. 6 - Processo nos Tribunais e Meios de Impugnação às Decisões Judiciais. Organizadores: DIDIER JR., Fredie; FREIRE, Alexandre; MACEDO, Lucas Buril de; PEIXOTO, Ravi. Editora JusPodivm, Salvador, 2015.

ROQUE, André Vasconcelos. Abracadabra - **O incidente de resolução de demandas repetitivas não faz milagres.** Disponível em: https://jota.info/artigos/abracadabra05012015. Acesso em: 10 fev. 2021.

SILVA, Larissa Clare Pochmann da. Incidente de resolução de demandas repetitivas (IRDR) e Group Litigation Order (GLO): considerações históricas e requisitos de admissibilidade. Rio de Janeiro: Revista Eletrônica do Direito Processual, vol. 21, nº 2, 2020.

TEMER, Sofia. **Incidente de resolução de demandas repetitivas**. Salvador: JusPodivm, 2016.

O monocratismo, a jurisprudência defensiva e o julgamento virtual diante da colegialidade, do processo cooperativo e do devido processo legal

Miguel Pereira Neto[1]

Doutor Rubens Ferraz de Oliveira Lima é um grande Amigo, assim o tenho em sua imagem e significado humano. Sinto-me honrado com o nobre convite realizado por outros grandes amigos, doutos colegas, dignos Professores, Doutor Roberto Rosas e o Ministro Sidnei Beneti, para integrar este livro. Segue a singela homenagem, como agradecimento pelos ensinamentos recebidos desde o glorioso período de formação nas Arcadas, quando tive a oportunidade de tornar-me grande amigo de seu filho Rubens.

Este presente recebi há 36 anos. Observava o doutor Rubens como Desembargador, excelentíssimo em seus votos, na oralidade e escritos claros, técnicos, com voz respeitada, calma, inconfundível e firme em argumentos e exemplos. De brilhante Desembargador, partiu para a esplendorosa trajetória como Advogado.

O que me impactava e chama a atenção é a concentração plena nos diversos e relevantes casos, com dignidade, lealdade e perspicácia na simplicidade sofisticada das soluções encontradas. Completo, com fundamentos percucientes desde o tempo do tribunal à nobilíssima e talentosa jornada como eminente Advogado. Assim, na carreira, espelhamo-nos na atuação de grandes juristas, como é para este subscritor o Doutor Rubens, pois suas ações seriam exemplos a seguir, repletas de sabedoria, conhecimento e respeito.

A verdade é que na consciência e na inconsciência o Doutor Rubens sempre soube de seu significado como grandeza humana e relevante referência perante a sociedade e pelo trabalho incansável com evolução

---

1 Miguel Pereira Neto, Advogado, Mestre em Direito Processual pela Universidade de São Paulo. Conselheiro do Instituto dos Advogados de São Paulo - IASP. Coordenador de Estudos sobre Direito Penal Empresarial do Instituto de Estudos Jurídicos Aplicados - IEJA . Sócio do escritório Lacaz Martins, Pereira Neto, Gurevich & Schoueri.

técnica incrível. Sempre ressalto que o homenageado é o Advogado que outorgaria o mandato.

Além de sua dedicação ao trabalho, a mais bela devoção se repousa na querida família, a quem, uma a uma, um a um, manifesto-me agradecido e reitero a admiração, respeito e, acima de tudo, mesmo ao longe, mas sempre próximo, o sentimento de Amizade.

Nesse cenário, desde o primeiro ano de faculdade vejo o doutor Rubens como sujeito do processo, ambientado na aplicação e operação do Direito como Julgador e Advogado e, assim, viu-se diante do monocratismo e da colegialidade nos tribunais em sua atuação como juiz e, posteriormente, como mandatário de parte.

E, diante de tantas outras mais representativas e merecidas homenagens, seguindo no mesmo diapasão, apresenta-se o presente texto, que se volta à preservação do princípio da efetiva colegialidade como norteador das normas procedimentais no âmbito dos Tribunais, como campo de deliberação próprio à reunião de entendimentos compartilhados por julgadores a gerar como resultado decisão pluripessoal, com observância das garantias processuais constitucionais do juiz natural, do contraditório, da ampla defesa, da não surpresa e da segurança jurídica orientadora do sistema recursal ou das ações de competência originária dos Tribunais nos julgamentos de determinada questão [23].

A legislação processual e os regimentos internos dos tribunais, pautados no princípio da colegialidade, devem dispor sobre a normatividade voltada à efetiva deliberação colegiada pelos integrantes do plenário, das turmas, do órgão e da corte especiais dos tribunais, a fim de propiciar a essencial promoção do debate entre os sujeitos processuais a amparar o esgotamento da análise e interpretação normativa à concretização de entendimento que resolva o objeto da demanda.

Os artigos 6º. e 10º. do Código de Processo Civil primam por orientar os sujeitos do processo a buscar decisão que propicie às partes a análise da questão de mérito posta a julgamento, sem que se atrelem a expedientes surpresa repentinos e ao rigori formal, como é o caso da

2 STJ, AgRg na MC 6.566/MT, 1ª. Turma, Rel. Min. Teori Albino Zavaski, DJ 1º.9.2003.

3 NUNES, Dierle José Coelho. "Colegialidade das decisões dos tribunais, sua visualização como princípio constitucional e o cabimento de interposição de agravo interno de todas as decisões monocráticas do relator", Revista IOB de direito civil e processual civil, Porto Alegre: Síntese, v.9, n.50, (nov/dex/2007), pág. 50; *et* "Processo jurisdicional democrático. Curitiba: Juruá, 2008, pág. 224-239.

justiça defensiva ou de decisões que impeçam o fluxo do processo para julgamento em tempo razoável e de forma justa.

O presente trabalho trata das decisões monocráticas proferidas pelo relator, presidente ou vice-presidentes dos tribunais, com base no formalismo no próprio procedimento, geradoras de entraves ao pleno exercício jurisdicional e às garantias processuais das partes, tornando instável a segurança jurídica com a suspensão de efeitos de leis já aprovadas, com imbricados requisitos de admissibilidade e de seguimento, que precedem o alcance do conhecimento dos recursos pelo colégio de julgadores.

O exercício da Advocacia não se dá de maneira plena sem a garantia do contraditório com participação paritária e igualitária das partes, devendo para tanto ser conferida oportunidade de manifestação e bem assim a segurança de não sofrer decisão monocrática surpresa, além de o julgamento se proceder pelo colegiado, respeitada a presença da defesa e suas prerrogativas na sessão de julgamento.

As sessões virtuais instauradas nesta época de pandemia trouxeram inovação que priva as partes da aplicação das normas do processo constitucional, pois foi criada uma espécie de colegialidade que impede a participação integral do defensor, veste-se de colegialidade, mas na verdade se desenvolve em sessão fechada com *ad referendum* dos demais julgadores ao voto lançado pelo relator.

Comumente as decisões monocráticas surtem o efeito de impedir o prosseguimento de recursos por aplicação excessiva de verbetes sumulares (como as súmulas 5 e 7 do STJ), cerceando a apreciação da matéria de fundo, assim como as proferidas por relatores em julgamento de recursos ou revisão de sua admissibilidade, obstando o amplo exercício do contraditório e da defesa.

Quando a decisão se legitima apenas com a não observância de determinado procedimento, afasta da análise do colegiado a substância do processo e afeta a formação da jurisprudência uniformizada quanto ao mérito das questões, que poderia ser verticalizada para adoção pelos tribunais e magistrados de forma a interferir na vida das partes.

Todavia, a jurisprudência que se forma está em sua maior parte pautada em questões formais defensivas, referem-se a julgamentos de recursos internos e, neste caso, não deveriam se prestar a nortear a conduta em massa de decisões monocráticas privativas do prosseguimento dos recursos.

Neste sentido, as decisões monocráticas evoluíram com o tempo e trilharam por vertentes: uma por sua utilização como veículo de natureza cautelar, consoante ocorre com as constritivas de direitos, antecipatórias, de evidência, garantidoras do resultado útil do processo, ou com análise antecipada e liminar de improcedência, quando já verificada a colegialidade; outra vertente das decisões é a de sua utilização para análise das condições de seguimento e admissibilidade de recursos ou suspensivas de processos, proferidas como jurisdição defensiva a inviabilizar o prosseguimento dos feitos com análise efetiva das questões pela colegialidade das turmas e tribunais, a fim de se atingir, de forma justa e eficiente, o objeto posto a julgamento.

Esta última vertente de decisões monocráticas se mostra contrária ao significado que deve defender, pois sua aplicação gera o efeito de inexistente colegialidade, oposto ao que titulam os artigos 6º. e 10º. do Código de Processo Civil, os quais devem ser aplicados por todos os sujeitos do processo (juízes, desembargadores, ministros e as partes representadas pela Advocacia, Defensoria Pública ou pelo Ministério Público).

Devem os sujeitos do processo cuidar para que as decisões não representem excesso de formalidades ou de poder pela justiça defensiva, suspensiva ou interruptiva, que se volte contra as garantias processuais constitucionalmente asseguradas, como a celeridade e efetividade do processo.

Nessa linha formalista de exercício da atividade jurisdicional se encontram as decisões de exacerbada *"certificação procedimental"* gestante do monocratismo, que impede a deliberação plena pelo colegiado, especialmente quando se refira a declaração de resultado por voto único que remete à necessidade de novo recurso, mais estreito, e ainda remete ao desmedido extremo de aplicação de multas, apenas em razão de a parte insistir na manifestação do órgão pluripessoal.

Essas decisões-voto substituem o colegiado escoradas na aplicação de entendimento formal firmado como jurisprudência, conduzindo ao estrangulamento do livre fluxo processual e criando decisões que se reprisam com o esvaziamento da substância do processo, remanescendo, posteriormente, apenas a inclusão do recurso em face de decisão que será, em sua maior parte, confirmada em sessão de julgamento, criando a ilusória suposição de que a colegialidade tenha sido observada.

Os recursos interpostos são hoje apreciados por meio de prévia verificação algorítmica de coincidência de dados, com risco de não haver a devida análise de cada caso em suas distinções, promovendo sequência de repetições de dispositivos defensivos, gestando a aplicação de entendimento sem identidade de fundamentos, como se a colegialidade houvesse sido praticada.

Nesta seara, resta suficiente que a decisão tenha se submetido à sessão de julgamento para se considerar colegiada; todavia, o que resta ao órgão julgador é a análise da cadeia de filtros constituídos por requisitos e formas que se afastam da ideia do processo como instrumental eficaz à completa solução de litígios, deixando a parte sem a observância do direito perseguido e leis sem sua eficácia já sancionada.

Muitas dessas decisões monocráticas proferidas pelos presidentes dos tribunais e relatores julgam simultaneamente requisitos de admissibilidade, questões preliminares, prejudiciais de mérito, prescrição e decadência, ferindo o disposto pelos artigos 938 e 939 do Código de Processo Civil. [4]-[5]

Essa procura obsessiva por uma atividade jurisdicional para preenchimento estatístico quantitativo e salvaguarda de proteção do tribunal contra o número de casos reduz o processo a excessiva formalidade, furtando-se e olvidando-se de conhecimento e julgamento pelo colegiado das questões apresentadas e de seu conteúdo.

O discurso de neoliberalismo judicial proporcionado por decisões monocráticas em série torna o processo em uma só voz, no qual a decisão colegiada é ausente e em seu lugar se somam diversas decisões individuais, sem debates e deliberações efetivamente conjuntas, sem a efetiva participação dos integrantes dos órgãos de julgamento e das partes e com o risco de arbitrárias aplicações de multa, que constrangem a imprescindibilidade e indispensabilidade de recorrer.

---

4 Artigo 938 CPC/15: "A questão preliminar suscitada no julgamento será decidida antes do mérito, deste não se conhecendo caso seja incompatível com a decisão.
§ 1º. Constatada a ocorrência de vício sanável, inclusive aquele que possa ser conhecido de ofício, o relator determinará a realização ou a renovação do ato processual, no próprio tribunal ou em primeiro grau de jurisdição, intimadas as partes.
§ 2º. Cumprida a diligência de que trata o par. 1º., o relator, sempre que possível, prosseguirá no julgamento do recurso.
§ 3º. Reconhecida a necessidade de produção de prova, o relator converterá o julgamento em diligência, que se realizará no tribunal ou em primeiro grau de jurisdição, decidindo-se o recurso após a conclusão da instrução.
§ 4º. Quando não determinadas pelo relator, as providências indicadas nos par. 1º. e 3º. Poderão ser determinadas pelo órgão competente para julgamento do recurso."

5 Artigo 939 CPC/15: "Se a preliminar for rejeitada ou se a apreciação do mérito for com ela compatível, seguir-se-ão a discussão e o julgamento da matéria principal, sobre a qual deverão se pronunciar os juízes vencidos na preliminar."

A ideia do Código de 2015 é a de produzir julgados com dimensão de conteúdo, mas o que se criou foi uma arapuca para as partes, pois a construção da "jurisprudência" acerca de requisitos formais inviabiliza a fruição de direitos. O conjunto normativo estruturante dos tribunais, o que inclui os Regimentos Internos, deixa ao relento o princípio informativo dos julgamentos pela colegialidade nos tribunais.

A partir do processo jurisdicional democrático se demonstra indispensável o enfrentamento dos argumentos lançados nos recursos pelos julgadores componentes do colegiado e pelas partes interessadas, garantindo-se o contraditório e a não ocorrência de decisões-surpresa.

O princípio constitucional da colegialidade pressupõe que seja permitida a célere análise com diversidade de votos, em conjunto, para se obter pronunciamento judicial fundamentado de modo substancial, com igual peso ao voto de cada julgador, de forma fundamentada, em consonância combinada pelos artigos 93, incisos IX e X, da Constituição Federal, 489 do Código de Processo Civil ou 315 do Código de Processo Penal.

Ponto crucial nos julgamentos colegiados é a imparcialidade e o imprescindível enquadramento fático e jurídico do conteúdo que será apreciado pelo órgão julgador.

A ordem jurídica deve estar conforme aos princípios do juiz natural (artigo 5º., inciso LIII), do contraditório (artigo 5º., inciso, LV) e da fundamentação (artigo 93) para que se propicie o devido processo legal e constitucional, composto por várias garantias pautadas em princípios.

Lenio Luiz Streck, ao tratar da indiscriminada formulação de princípios, denomina de panprincipiologismo o enfraquecimento por caminho perigoso de retrocesso a um juízo de decisões que ultrapassam os limites semânticos e adentram em um protagonismo judicial com discurso sobre valores criados a partir de vários princípios[6].

Ronald Dworkin analisa a discricionariedade judicial sob o prisma do princípio da colegialidade, aduzindo que as regras e princípios devam ser observados como normatividade, mediante a completa composição do ordenamento jurídico. [7]

---

6 STRECK, Lenio Luiz. "*Verdade e Consenso: constituição, hermenêutica e teorias discursivas*" 5ª. Ed. São Paulo: Sairaiva. 2014.

7 DWORKIN, Ronald. *Levando os direitos a sério*. 3ª. Ed. São Paulo: ed. WMF Martins Fontes, 2010.

O julgador deve zelar para não utilizar o poder de decidir, ou o tempo em não decidir de forma arbitrária e abusiva, como empecilho ao andamento do processo ou como indevida aplicação de precedentes e decisórios formadores de uma fictícia jurisprudência, que mais visam à formalidade extrínseca do que necessariamente ao entendimento quanto à matéria de fundo a ser decidida.

O artigo 932, IV e V do Código de Processo Civil atribui ao relator amplo espectro de análise de recursos por aspectos processuais formais e de mérito, como improvimento por contrariedade a súmulas ou acórdãos proferidos em julgamentos de recursos e demandas repetitivos ou de assunção de competência, o que vai de encontro ao princípio da colegialidade, pois privilegia o monocratismo, criando dilema quanto à verificação de juízo individual ao invés de plúrimo. [8]

A delegação de competência aos presidentes, vice-presidentes e relatores nos tribunais para atuarem com singularidade pressupõe devam os argumentos referendar o entendimento decisório firmado pelo colegiado.

A existência dos tribunais se naturaliza pela concepção do princípio da colegialidade como exigente da normatividade constitucional a ser observada, sendo esta considerada como vínculo ao resultado da

8 Art. 932 CPC/2015: "Art. 932. Incumbe ao relator: I - dirigir e ordenar o processo no tribunal, inclusive em relação à produção de prova, bem como, quando for o caso, homologar autocomposição das partes; II - apreciar o pedido de tutela provisória nos recursos e nos processos de competência originária do tribunal; III - não conhecer de recurso inadmissível, prejudicado ou que não tenha impugnado especificamente os fundamentos da decisão recorrida; IV - negar provimento a recurso que for contrário a: a) súmula do Supremo Tribunal Federal, do Superior Tribunal de Justiça ou do próprio tribunal; b) acórdão proferido pelo Supremo Tribunal Federal ou pelo Superior Tribunal de Justiça em julgamento de recursos repetitivos; c) entendimento firmado em incidente de resolução de demandas repetitivas ou de assunção de competência; V - depois de facultada a apresentação de contrarrazões, dar provimento ao recurso se a decisão recorrida for contrária a: a) súmula do Supremo Tribunal Federal, do Superior Tribunal de Justiça ou do próprio tribunal; b) acórdão proferido pelo Supremo Tribunal Federal ou pelo Superior Tribunal de Justiça em julgamento de recursos repetitivos; c) entendimento firmado em incidente de resolução de demandas repetitivas ou de assunção de competência; VI - decidir o incidente de desconsideração da personalidade jurídica, quando este for instaurado originariamente perante o tribunal; VII - determinar a intimação do Ministério Público, quando for o caso; VIII - exercer outras atribuições estabelecidas no regimento interno do tribunal. Parágrafo único. Antes de considerar inadmissível o recurso, o relator concederá o prazo de 5 (cinco) dias ao recorrente para que seja sanado vício ou complementada a documentação exigível.

construção jurisprudencial como padrão que dará estofo à decisão, com observância obrigatória à delegação de competência do órgão colegiado ao monocrático, cabendo o restrito recurso de agravo interno para provocar o órgão colegiado a eventual revisão, a qual se restringe a cada passo, com a verificação de que o sistema gera poderes cuja má-gestão influencia decisões arbitrárias, verdadeiros arcabouços de obstáculos à efetividade do processo.

Nesse contexto, em que a decisão monocrática deve convergir com a normatividade advinda do decidido colegiadamente, o direito jurisprudencial incide como regra-padrão a ser observada nas decisões e julgamentos de casos idênticos. Mas, quando se trata da justiça defensiva, esta normatização jurisprudencial se torna óbice criado pelo próprio sistema no sentido de desconsiderar a verdadeira missão de uniformizar a jurisprudência a resolver o mérito das questões e não meras formalidades procedimentais.

É claro que não se permite seja o procedimento amparado em ilegalidades ou em provas produzidas por meios ilícitos, pois, neste caso, deve ser evitado o prosseguimento do feito viciado, envenenado, e ser extinto o processo ou anulados os atos praticados em violação.

Quando há distinção e não identicidade com os direitos definidos por decisões colegiadas vinculantes, a apreciação do conteúdo formal e de mérito do recurso pelos integrantes das turmas e demais órgãos plurais é de rigor.

O presidente do Tribunal e o relator devem respeitar o princípio e garantia constitucional do juiz natural, pois é primordial a observância da fluência do julgamento sem que haja "juízo ou tribunal de exceção", a rigor do estatuído pela Constituição Federal, em seu artigo 5º., inciso XXXVIII, em conformidade com o disposto no artigo 8.1 da Declaração Americana de Direitos Humanos e no artigo 14.1 do Pacto Internacional dos Direitos Civis e Políticos.

Havendo distinção dos casos que permita ultrapassar o juízo monocrático pautado em decisões colegiadas repetitivas, o juízo natural reverte a relevância da questão para o órgão colegiado, não cabendo seja coarctada a diversidade decisória do órgão plural competente, pois não delegada a competência para julgamento individual.

A criação do órgão jurisdicional e sua competência passam por disciplinamento normativo obrigatório, por lei, pelos regimentos internos, sob o direcionamento da estrutura organizacional do Judiciário para o exercício da função jurisdicional (artigo 92 e seguintes da Constituição Federal).

Destarte, inexistindo a subsunção da delegação de competência monocrática, deve prevalecer a competência do órgão judicial pluripersonalizado no órgão colegiado, descabendo, por exemplo, ao presidente do Tribunal ou o relator suspender por longo período o andamento do processo sem o submeter ao competente órgão diversificado para julgamento na primeira sessão seguinte.

Com o tempo, o número de decisões monocráticas proliferou, deturpando o sistema processual, reduzindo o processo a um sem-fim de decisões por mera formalidade técnica criada no próprio arcabouço de regras e requisitos procedimentais, impedindo a satisfação efetiva do direito que a parte buscou.

O próprio Judiciário se direciona para afastar a apreciação do direito substantivo, proferindo decisões com intuito de gerar julgados em massa, atingir estatísticas, como se o dever de julgar o maior número de casos num menor espaço de tempo devesse prevalecer nos tribunais, em confronto direto com sua maior missão que é se voltar à realização do direito da cidadania e ao respeito à harmonia entre os Poderes.

O efeito gerado pela proliferação de decisões monocráticas é o da proliferação de recursos, como embargos de declaração, agravos internos, embargos infringentes e divergentes, os quais, somados às reclamações constitucionais, mandados de segurança e *habeas corpus*, inclusive os concedidos de ofício, tornam-se imprescindíveis, observadas as condições de cabimento, para evitar ilegalidades oriundas dos vícios produzidos pelo julgamento unipessoal.

Esse aumento do número de recursos ao mesmo órgão decisório representa um contrassenso de constantes decisões negativas com aplicação de multas em recursos necessários ao restabelecimento da ordem constitucional do julgamento por juízo colegiado natural e imparcial, promovendo a segurança jurídica da competência do órgão plural para julgamento dos recursos e das ações de competência originária.

O contraditório se forma de maneira mais ampla do que a concepção simplista de uma parte se manifestar posteriormente a outra, mas também como forma de se garantir a constituição do provimento judicial com a participação, cooperação e paridade dos sujeitos do processo, evitando-se decisões-surpresa, a jurisprudência defensiva, o protagonismo judicial e a politização da justiça, enfim, o processo submisso ao rigor do procedimento e do enfrentamento e julgamento de questões com relevância indiscutível.

A manifestação das partes deve ser permitida antes de ser proferida a decisão monocrática, mormente quando se tratar de decisão exauriente, a não ser seja de urgência com evidente necessidade de concessão *inaudita altera pars*.

Trata-se da garantia de influência e não surpresa delineada por dispositivos normativos, que devem ser observados no processo, com amplo debate discursivo e colaboração. Os artigos 5º. ao 10º. do Código de Processo Civil estão conformes aos princípios e garantias do contraditório, da ampla defesa e da colegialidade.

A uniformização de jurisprudência depende da completa formação de entendimentos com ampla atuação de todos os sujeitos do processo, tendo sido muitas vezes aplicado o direito contrariamente aos princípios antes expostos, como ocorre com o instituto da improcedência liminar do pedido, disposto pelo CPC/15 com o amplo rol de competência do artigo 332, que confere ao magistrado singular a atribuição de julgar *ab initio* improcedente pedido que contrariar enunciados e acórdãos em recursos repetitivos do STJ e STF e demandas repetitivas, de assunção de competência e as de tribunais de justiça sobre direito local, além dos casos de decadência e prescrição, sendo possível a retratação em apelação.

A colegialidade afeta, portanto, o processo desde seu início, com a possibilidade de improcedência liminar, sendo, no entanto, contrária ao amplo debate e propensa a surpresa, na hipótese de verificação de não aplicação de jurisprudência e dos julgados dos tribunais superiores adotados como razão de decidir.

O artigo 927 do Código de Processo Civil, para arrematar, dota de efeito vinculativo os entendimentos consolidados dos tribunais estaduais e superiores, estabelecendo deva ser observado verticalmente o conjunto jurisprudencial.

Deve estar redobrada a atenção aos fundamentos que excepcionam as decisões monocráticas, pois estas pendem para o engessamento do processo com frequente moldagem à jurisprudência vinculativa, ferindo-se as garantias do processo no Estado Democrático de Direito.

Isto porque o direito perseguido pela parte pode não representar as deliberações dos órgãos colegiados e a consolidação do entendimento dos tribunais, representando distinção que deva ser observada com o devido processo legal, o contraditório e a ampla possibilidade de manifestações nos autos de todos os integrantes da relação processual, tendo como o principal foco o julgamento da questão principal pelo colegiado.

Assim, tem-se que o monocratismo deve observar a garantia da razoável duração do processo, sem prejudicar o andamento por dilações temporais atreladas a discricionariedade legalmente inexistente, contrariando a Constituição Federal em seu artigo 5º., inciso LXVIII e Convenções Internacionais.

Ocorre que o processo deve ter respeitados os regramentos constitucionais e legais, sem os quais não se forma validamente o processo a ser levado a julgamento. Mas isto quando se trata de violação ao desenvolvimento válido e eficaz do processo. Aqui não se trata das ilegalidades dos atos processuais que devam ser anulados, mas da ilegalidade das decisões monocráticas que privam a parte de ver satisfeito seu direito, prestigiando o rigorismo formal defensivo do próprio arbítrio estatal a impedir o que deveria ser fartamente oportunizado como respeito à dignidade da pessoa humana, ou seja, o julgamento justo com sentença definitiva.

Todavia, o argumento da celeridade e da razoável duração do processo não pode suplantar a observância dos demais princípios constitucionais no processo penal e civil, como o do contraditório e da ampla defesa, o direito à produção de todos os meios de prova, à fundamentação das decisões, ao direito de audiência presencial com efetiva disponibilização às partes e julgadores da atividade jurisdicional.

A solução integral do mérito deve ser garantida de forma efetiva e satisfativa, sendo inconcebível reduzir o processo a mera aceleração; a desformalização e deformação dos procedimentos, sem produzir o alcance do julgamento da situação jurídica trazida para completa aplicação e enquadramento do direito substancial perquirido.

A análise da questão de fundo posta em juízo pode levar tempo bem mais reduzido do que a infinidade de recursos que uma decisão pelo monocratismo excessivamente formal pode criar.

A delegação de competência ao julgador escolhido para a gestão do processo ou do recurso deve estar pautada à conferência de todas as garantias e de se conduzir o processo ao julgamento colegiado em tempo razoável.

Assim, as decisões que vedam o prosseguimento de ações diretas de inconstitucionalidade, de declaratórias de constitucionalidade ou ainda de descumprimento de preceito federal, em que o presidente concede de forma discricionária e arbitrária efeito suspensivo aos efeitos de lei aprovada pelo Legislativo, sem submeter em tempo razoável a apreciação pelo colegiado, revelam verdadeira prática de gestão indevida do processo, passível, pois, de revisão.

Outra forma de monocratismo que esvazia o processo é a que impede a cognição exauriente ou a vigência de decisão transitada em julgado, como é o caso de modulação no julgamento cuja execução foi suspensa e se encontra sem andamento há anos.

O funcionamento do sistema de justiça pelo Estado-Juiz tem ocorrido de forma a criar barreiras, filtros quase instransponíveis, ao invés de atuar como agente pacificador do litígio com a aplicação do direito ao caso concreto.

A gama de poderes conferida aos relatores para julgar monocraticamente o mérito dos recursos não pode se converter em meio para obstar a realização do processo justo, imparcial e julgado em definitivo pelo colegiado competente.

Os recursos internos gerados por decisões monocráticas atravancam os tribunais em volume maior do que se fosse possibilitada a análise direta do conteúdo principal objeto do processo. É sabida a existência de recursos meramente protelatórios e interpostos com erros grosseiros, os quais devem ter seguimento negado e não surtir efeitos, mas não pode se confundir com o recurso único e necessário ao exaurimento pelo colegiado da questão formal e material a ser julgada.

A múltipla e complexa formalidade causa dificuldade injustificada às partes de ultrapassar as barreiras formais criadas na própria marginalidade do processo, o excesso de forma instrumentaliza o processo em uma enredada teia de incidentes e recursos contra decisões impeditivas do conhecimento, os quais seriam desnecessários se as razões recursais fossem apreciadas de forma colegiada.

Com isto, evitar-se-iam danos às partes e ao próprio tribunal, em razão da não permissão de atingimento de coisa julgada a produzir efeitos perlocucionários, pragmáticos, portanto, na vida dos jurisdicionados, cidadãs e cidadãos e, destarte, desprender-se do rigorismo formal.

Ou seja, a monocratização, ao invés de resultar a diminuição de volume e de tempo ao processo, produz efeito contrário, com o aumento da carga de trabalho e o prejuízo às partes e à sociedade com o não esgotamento pela atividade jurisdicional colegiada.

Devem os meios processuais primar pelo princípio constitucional da colegialidade como juízo natural para julgamento dos recursos e das ações de competência originária dos tribunais, o que deve ser procedido pela liturgia e realização de sessão de julgamento, que é o colégio de julgadores, como ato soberano do sistema recursal.

E as decisões monocráticas devem produzir os efeitos dos entendimentos firmados por colegiados até a uniformização da jurisprudência de forma efetiva, sem prejuízo das extensões e das modulações em hipóteses de *distinguishing* que devam ser observadas e que se apliquem a casos objetivamente similares ou modifiquem a aplicação do julgado em casos diversamente determinados.

Nesses casos, o pleno ou a turma devem ser provocados, mesmo se por agravo interno, sendo imperiosa a possibilidade de ser proporcionada a realização de sustentação oral, arguição de fato ou questão de ordem, assim como haveria no recurso obstado, em qualquer das possibilidades conferidas pelo estatuto processual, conferindo-se ao máximo o contraditório e a ampla defesa.

Mesmo que se tenha preenchido fartamente as condições de admissibilidade, os tribunais não conhecem de recursos, pois interpretam requisitos em sentido contrário ao que prega a teoria da instrumentalidade e deixam de devidamente conhecer pela ocorrência de vícios sanáveis, buscados com lupa e desprezíveis diante do conteúdo.

A primazia do julgamento de mérito, somada à justiça de cooperação, trazem ao processo a necessidade de sua razoável duração e, ao mesmo tempo, a oportunidade de as partes se manifestarem, antes de ser proferida a decisão; para evitar surpresas (artigos 4º. e 317 do Código de Processo Civil). Decisões terminativas se mostram exceção no sistema em que a jurisdição seria inafastável e deveria propiciar julgamento justo e célere.

Por vezes se verifica um certo populismo judicial, acobertado sob o atécnico e tendencioso fundamento de que o processo deva primar pela voz das ruas, pelo apelo social de um grupo ou outro que entende subjetivamente como se fosse um bem jurídico a ser protegido, afastando-se da segurança jurídica e do devido processo legal.

Outrossim, deve o direito constitucional de ação suplantar os aspectos meramente procedimentais e evitar processo de surpresas e armadilhas, produzir decisões que repercutam na vida das partes. Não pode servir como menoscabo da parte e criar incerteza jurídica, mormente em um sistema em que proliferam decisões monocráticas que se arrogam em antever, aviltar ou evitar o efetivo resultado.

Normas estruturantes do Código de Processo Civil são violadas em sua instrumentalidade, pois os recursos são freados sem apreciação, sendo que as razões de ordem pragmática deveriam transcender as questões inerentes à reduzida estrutura do Judiciário a dar cabo às demandas.

O direito é construído a cada ato de interpretação, por meio dos quais se atribui novo sentido às normas jurídicas e os Tribunais

Superiores passaram a assumir papel de agentes do processo de criação do direito e, como decorrência disso, começaram a ter novas funções.

De igual forma, os Tribunais Superiores passam a ter reforçada sua função jurisdicional e institucional de criar padrões decisórios não casuísticos que possam servir de parâmetro orientativo para casos futuros que a estes se enquadrem, a partir da aplicação em cadeia a cada caso de decisões extensivas em seus efeitos.

Em diversas oportunidades surge a necessidade de enfrentamento de decisões que negam o conhecimento de determinado recurso sob a alegação de que versaria a respeito de uma questão meramente fática e se ignora a possibilidade de repercussão que esse ponto "meramente fático" tenha como potencial de se repetir ou interessar a outros processos.

Diante disto, deve-se extrair do recurso norma de julgamento a respeito dos fatos capaz de ser replicada em processos futuros.

Por outro lado, o excesso de monocratismo gera uma crise de legitimidade estatal, de insegurança jurídica, de enfraquecimento das instituições e do desenvolvimento econômico e social. Há decisões que privam da análise pelo colegiado o conteúdo do direito, trancando o processo, em afronta ao sistema de garantias procedimentais e materiais.

Atos singulares da Presidência dos Tribunais e das Turmas no controle da pauta de julgamentos podem gerar efeito negativo deletério no tempo em que deveriam se dar os julgamentos. Pelo disposto no artigo 97 da Constituição Federal e da Súmula Vinculante de número 10, a validade de decisão pela inconstitucionalidade de atos dos Poderes Legislativo e Executivo está condicionada à decisão da maioria do Tribunal ou do órgão máximo.

A competência material para declarar a inconstitucionalidade de leis e atos normativos é do Tribunal enquanto órgão colegiado, e não de seus membros individualmente considerados. Ou seja, a decisão do Presidente do Tribunal ou relator de sustar liminarmente efeitos de lei aprovada pelo Congresso Nacional causa instabilidade ao direito democrático (*Dworkin*), pois somente em caráter excepcional podem os julgadores proferir decisões monocráticas a assegurar a utilidade futura da manifestação do órgão colegiado.

Realmente se demonstra excessiva e arbitrária a decisão de um único Ministro que suspenda a eficácia de uma determinada lei por completo, quando para ter efeitos na ordem social, política e econômica dependeu de ampla aprovação no Congresso, após passar pelo processo legislativo e sanção presidencial.

O controle de constitucionalidade não confere poderes absolutos de estancar o fluxo legislativo por decisão monocrática que suste seus efeitos e perdure indefinidamente no tempo sem julgamento pelo colegiado, pelo simples fato de não ter sido solicitada inclusão em pauta ou, apesar de apta a ação ou o recurso para julgamento, adormecem em razão do poder excessivo praticado de forma omissiva, arbitrária, por vezes abusiva e alheia às normas constitucionais.

Há pautas de comportamento de julgadores que fogem das questões relevantes apostas e aprovadas pelo legislativo ao jurisdicionado e se desligam da função de complementar e de cooperar para permitir a fluência do processo e seus recursos.

José Afonso da Silva leciona sobre a estabilidade da ordem jurídica aperfeiçoada com o julgamento e pronunciamento do Tribunal em sua maior expressão, o Plenário.[9]

Leonardo Greco trata do tema[10] com assertivas sobre os mecanismos próprios de controle interno dos atos do Poder Judiciário, devendo passar por uma reconstrução interpretativa, a fim de que o monocratismo excessivo não se torne um problema crônico.

O contexto histórico demonstra que decisões monocráticas impeditivas de julgamentos ou da eficácia de atos dos outros Poderes não se demonstraram cumpridoras do Estado Democrático de Direito, causando crise institucional, sendo de fácil lembrança exemplos de diversas situações, como o fez o nobre causídico Hamilton Dias de Souza[11] em parecer ofertado ao Instituto dos Advogados de São Paulo - IASP: (i) nomeação de ex-Presidente como Ministro; (ii) entrevista de ex-Presidente a jornalista passando por decisão do relator, seguida do Presidente e do vice em exercício na Presidência; (iii) tese da TR (taxa referencial) não constituir índice inflacionário. Decisão monocrática que suspendeu os efeitos de decisão colegiada terminativa e não é, há anos, submetida a julgamento eficaz, prejudicando a uniformização de jurisprudência já em curso nos tribunais.

E os casos se seguem, como o (iv) auxílio-moradia, no qual decisão monocrática autorizou o pagamento e gerou ônus orçamentários eleva-

---

9 Do recurso extraordinário

10 Greco, Leonardo. "A falência dos sistemas de recursos."

11 Dias de Souza, Hamilton. *Monocratismo e Crise de Legitimdade no STF.* Parecer ofertado ao IASP, 04/2021.

do e não aprovado; (v) o princípio da presunção de inocência, da dignidade da pessoa humana, com oscilação de posicionamentos do Plenário do Supremo Tribunal Federal, que implicou indevidamente a prisão em Segunda Instância de diversos acusados sem a ocorrência da sentença penal condenatória transitada em julgado, com cunho político. O julgamento do conteúdo essencial aguardou anos e enquanto se aguardava desencadeou série de decisões monocráticas que seguiam cambaleantes os entendimentos, diante da final declaração da constitucionalidade do artigo 283 do Código de Processo Penal, conforme o inciso LVII, do artigo 5º., da Constituição Federal; (vi) indulto natalino. A PGR questiona decreto de competência constitucional do Presidente (artigo 84, XII, da Constituição Federal) e por decisão monocrática o relator sustou seus efeitos, fazendo com que o objeto se perdesse no tempo; (vii) voto aberto ou secreto no Senado; (viii) Juiz de Garantias, relevante inovação no sistema de justiça penal, por meio do qual a fase investigatória de produção de provas é de competência e atribuição de juiz diverso do que julgará o feito, após a devida instrução. Nesse caso, há gritante decisão monocrática suspensiva do relator, que tornou-se presidente e mantém o caso estagnado, sem pautar o julgamento pelo plenário; (ix) recurso da PGR com roupagem de suspensão de liminar em face de ordem concedida pelo relator em *habeas corpus*, derrogação da competência do juiz natural pelo presidente do Supremo Tribunal ao suspender os efeitos da decisão, em razão da pessoa do paciente (direito penal do autor), e avocação do caso ao plenário, órgão que não seria revisor da decisão.

Nesse esteio, as normas legais e constitucionais remetem ao pronunciamento coletivo como regra e a atuação monocrática exceção. As leis 9.868/99 (ADI/ADC), em seu artigo 10º., § 3º., 9.882/99 (ADPF), em seu artigo 5º., §§ 1º., 2º. e 3º., combinados pelo artigo 97 da Constituição Federal e com o Regimento Interno, apontam para a colegialidade, sendo da competência do Plenário a concessão ou não de tutela cautelar, restando à decisão monocrática o período de recesso, desde que haja motivação, devendo perdurar apenas até a primeira sessão do plenário.

Assim, mesmo se tratando de tutela cautelar, a decisão concessiva deve ser produzida pelo plenário, prevalecendo a norma específica sobre a geral, como é o caso do artigo 932, inciso II, do Código de Processo Civil.

Não há, portanto, enquadramento legal ou constitucional a amparar a prática de atos processuais decisórios singulares em sede de ações que versem sobre o controle de constitucionalidade, pois o afastamento do colegiado implica a derrogação da lei específica em favor da geral, o que é ilógico ao ordenamento jurídico.

O mesmo deve ser garantido nos julgamentos dos recursos e *habeas corpus* de competência das Turmas, a fim de se evitar decisões de improvimento ou não concessão sem a análise do órgão competente como um todo, pois somente dessa forma se garante tenha a parte julgamento completo, com todos os integrantes da relação processual presentes.

As decisões monocráticas só devem se apresentar em caso de excepcional urgência e elevada importância ao interesse público, na medida em que a demora do pronunciamento pelo Plenário possa inviabilizar os efeitos da medida. O Regimento Interno do Supremo Tribunal Federal dispõe em seu artigo 21, inciso V, que não se admite o uso da discricionariedade para fim político, sendo dever do relator e dos Presidentes das Turmas e do Plenário incluir o feito em pauta para julgamento. Não há se falar em decisão monocrática enquanto a lei dispõe expressamente o contrário.

Ou seja, são diversos os casos em que decisões monocráticas se demonstram incongruentes com o devido processo constitucional e com a colegiada formação do entendimento, não podendo ser permitida a estagnação da ação ou do recurso pelo monocratismo por omissão, criado em razão da não inclusão em pauta colegiada para julgamento de relevantes questões.

Para finalizar, faz-se uma reflexão sobre a decisão monocrática com roupagem colegiada formada com a instauração do julgamento virtual, pelo qual restou às partes a apresentação de memoriais e sustentações gravadas, impedindo a presença para esclarecimentos de fato e arguições de questões de ordem que podem ser determinantes à completa e esclarecida decisão a ser produzida.

Os atos judiciais realizados de modo virtual não se restringem aos julgamentos pelas Turmas e Plenário pelos Tribunais, mas também ocorrem nas audiências para oitiva de testemunhas e de investigados em procedimentos administrativos e em procedimentos judiciais, de igual forma, com as audiências de custódia, interrogatórios, depoimentos pessoais e de testemunhas.

Em carta firmada por diversas advogadas e advogados, dentre ex-Ministra e ex-Ministros do Superior Tribunal de Justiça e do Supremo Tribunal Federal, foi demonstrado o inconformismo quanto à forma calada que vem sendo adotada nos julgamentos virtuais. [12]

12 Carta publicada no sítio eletrônico Conjur, com o título "JUSTIÇA NA QUAREN-

Aduziu a tão louvável e nobre carta, nos dizeres do Ministro Carlos Velloso, que *"no plenário virtual não se tem o contato do advogado com os juízes encarregados do julgamento. E o advogado simplesmente não é assistente do julgamento, mas é dele ativo participante. Sem a participação ativa da defesa, o julgamento não tem legitimidade. E quantas vezes uma defesa oral é marcante, é definidora da decisão; quantas vezes a intervenção do advogado numa questão de ordem é fundamental. Sim, o plenário virtual inibe o debate, debate que pode resultar possível mudança de entendimento do juiz."*

A carta manifestou "preocupações a propósito da ampliação da competência do assim chamado plenário virtual", pois o Supremo Tribunal Federal "vem, há algum tempo, realizando julgamentos de casos menos complexos, nessa nova modalidade. Tais julgamentos não são públicos e não contam com a participação dos advogados. Em razão da atual crise sanitária, essa Corte aprovou a Emenda Regimental nº 53/2020 e a Resolução 669/2020, que ampliaram consideravelmente a competência do plenário virtual. A rigor, todo e qualquer processo, inclusive os de maior relevo, tais como as ações que viabilizam o controle concentrado de constitucionalidade e recursos extraordinários com repercussão geral reconhecida, podem ser julgados em tal ambiente."

E prossegue: "para viabilizar a participação do advogado, estipulou-se a possibilidade da realização de sustentação oral gravada, que deverá ser encaminhada por meio eletrônico. A participação do advogado, portanto, ficou limitada a um documento eletrônico, que será incorporado aos autos. Mesmo nos casos mais relevantes, o advogado só poderá encaminhar a sustentação dessa forma, muito equivalente a um memorial, embora em audiovisual."

Com efeito, a manifestação com as ressalvas contra o julgamento virtual reconhece a utilização da tecnologia em favor da celeridade processual e da eficiência na prestação jurisdicional, mas tal avanço não pode ser tão largamente usado quase como surpresa e se esquivar dos princípios da ampla defesa, do devido processo legal, do contraditório e da publicidade, privando a presença e interferência do advogado e restringindo muitas vezes a publicidade à simples divulgação do resultado.

Os debates são irrecusáveis na atual conjuntura processual, sendo premissa maior o processo cooperativo, com a concessão do ato de fala

TENA - Ex-ministros do STF pedem que Toffolli revogue ampliação do plenário virtual", 16.04.2020.

para esclarecimentos prestados da tribuna, que influenciam as discussões e podem culminar na alteração de um posicionamento do Tribunal que parecia certo.

Destaca-se, outrossim, a transparência com que devem ser praticados os atos judiciais, pois sem a presença das partes devidamente representadas para acompanhar a formação da decisão a justiça queda-se manca, pois sem o pilar da advocacia não se sustenta o Estado de Direito.Desse modo, não podem subsistir os julgamentos virtuais, devendo ser o tema revisitado pelo plenário com a reflexão de que os casos que demandem julgamento colegiado e que não se encontravam na competência anteriormente definida para o plenário virtual devem no mínimo ser julgados por videoconferência, também chamada de sessão virtual-presencial, devendo o julgamento se processar com a devida publicidade e ao vivo, com a presença simultânea dos eminentes julgadores, do Ministério Público e dos advogados da causa, que poderão se manifestar, com observância das normas processuais.

Como bem se observa, a justiça defensiva avança de forma desmedida sobre as garantias constitucionais do processo devido e justo, causando, com o avanço tecnológico em plena de pandemia, restrições injustificáveis ao exercício da Advocacia e, por conseguinte, à efetividade do processo. Os Tribunais, igualmente, devem se ater ao uso destemperado do poder monocrático omissivo por privar o exercício da coletividade.

Diante desse amplo cenário, cumpre reconhecer que o sistema recursal pautado em precedentes tornou-se de aplicação vertical obrigatória, mas ela deveria tratar de aspectos ligados ao direito material posto em discussão, e não criar obstáculos procedimentais no próprio sistema, sendo vedados expedientes jurisdicionais como trunfos formais impeditivos da entrega à parte de seu direito e de ver em prática a aplicação de leis já aprovadas e julgados transitados, cuja eficácia permanece estagnada pela mantença de recursos, medidas e ações sem remessa ao colegiado para julgamento, devendo ser garantida a efetiva participação de todos os sujeitos do processo de forma colaborativa e cooperativa.

Referências bibliográficas

ALVIM, J.E. Carreira. Novo Agravo. 4ª ed. Rio de Janeiro: Forense, 2002.

AMERICANO, Jorge. Comentários ao Código de Processo Civil do Brasil. Volume IV. São Paulo: Livraria Acadêmica - Saraiva & Cia Editores, 1943.

BENETI, Sidnei. Monocratismo, monologuismo e colegialidade nos tribunais. In: MUSSI, Jorge; SALOMÃO, Luiz Felipe; MAIA FILHO, Napoleão Nunes (Org.). Estudos jurídicos em homenagem ao Ministro Cesar Asfor Rocha. Ribeirão Preto: Migalhas, 2012. V. 3, p. 303 - 330.

BUENO, Cassio Scarpinella. Curso Sistematizado de Direito Processual Civil. 2ª edição. Rio de Janeiro: Editora Saraiva, 2010.

CAPPELLETTI, Mauro; e GARTH, Bryant. Acesso à Justiça. Tradução de Ellen Gracie Northfleet. Porto Alegre: Sergio Antonio Fabris Editor, 1988.

CATTONI DE OLIVEIRA, Marcelo Andrade. Processo Constitucional. 2ª. ed. Belo Horizonte: Pergamum, 2013

CHIOVENDA, Guiseppe. Principii di Diritto Processuale Civile. 3ª edição. Napoli: Editrice N. Jovene E G., 1923.

DIAS DE SOUZA, Hamilton. Monocratismo e Crise de Legitimdade no STF., Parecer ofertado ao IASP acerca do monocratismo excessivo. 04/2019.

DIDIER JR., Fredie; TEMER, Sofia. A decisão de organização do incidente de resolução de demandas repetitivas: importância, conteúdo e o papel do regimento interno do tribunal. In Revista de Processo. São Paulo: Ed. RT, vol. 258, ano 41, ago. 2016.

DIDIER JR., Fredie, CUNHA, Leonardo José Carneiro da. Curso de Direito Procesual Civil - Meios de impugnação às decisões judiciais e processos nos Tribunais. 5ª ed. Bahia: JusPODIVM, 2008, p. 27-28.

DINAMARCO, Cândido Rangel. A instrumentalidade do Processo. São Paulo, Ed. Malheiros, 2008.

DINAMARCO, Cândido Rangel. Liebman e a cultura processual brasileira. In: Estudos em homenagem à Professora Ada Pellegrini Grinover. São Paulo: DPJ, 2005.

DINAMARCO, Cândido Rangel. O relator, a jurisprudência e os recursos. In: Aspectos polêmicos e atuais dos recursos cíveis de acordo com a Lei 9.756/98. Coordenação de Teresa Arruda Alvim Wambier e Nelson Nery Jr. São Paulo: Editora Revista dos Tribunais, 1999.

DWORKIN, Ronald. Levando os direitos a sério., 2ª ed., São Paulo, Ed. Martins Fontes, 2007.

CHAVES, Jéssica Galvão. Princípio Constitucional da Colegialidade na Formação da Decisão Pluripessoal., Pontifícia Universidade Católica de Minas Gerais, tese *stricto sensu*, Belo Horizonte, 2017.

LEWANDOWSKI, Andressa. Processos decisórios no Supremo Tribunal Federal. In: Encontro Anual da ANPOCS, 35, 2011, Caxambu. Anais. São Paulo: ANPOCS,2011.

LIEBMAN, Enrico Tullio. Manuale di Diritto Processuale Civile. Volume II. Milano: Dott. A. Giuffrè - Editore, 1959.

LIMA, Alcides de Mendonça. Introdução aos recursos cíveis. 2ª edição. São Paulo: Editora Revista dos Tribunais, 1976.

MARINONI, Luiz Guilherme. Precedentes obrigatórios., 4ª. ed., São Paulo, Revista dos Tribunais, 2016.

MANDRIOLI, Crisanto. Corso di Diritto Processuale Civile. Tomo II. Torino: G. Giappichelli Editore, 1975.

MANDRIOLI, Crisanto. Corso di Diritto Processuale Civile. Tomo III. Seconda Edizione. Torino: G. Giappichelli Editore, 1978.

MCCANN, Michael. Rights at work: pay equity reform and politics of legal mobilization. Chicago, IL: The University of Chicago Press,1994.

MELLO, Marco Aurélio. Considerações acerca da competência originária e recursal do Supremo Tribunal Federal. In Estudos de Direito Constitucional em homenagem a Cesar Asfor Rocha. Coordenação de Paulo Bonavides, Germana Moraes e Roberto Rosas. Rio de Janeiro: Renovar, 2009.

MITIDIERO, Daniel. Precedentes: da persuasão à vinculação., São Paulo, Revista dos Tribunais, 2016.

MOREIRA, José Carlos Barbosa. Notas sobre alguns fatores extrajurídicos no julgamento colegiado., Temas de Direito Processual, São Paulo, Saraiva, 1997.

MOREIRA, José Carlos Barbosa. Algumas inovações da Lei 9.756 em matéria de recursos cíveis. In Aspectos Polêmicos e Atuais dos Recursos. Coordenação de Teresa Arruda Alvim Wambier e Nelson Nery Jr. São Paulo: Editora Revista dos Tribunais, 1999.

MOREIRA, José Carlos Barbosa. Comentários ao Código de Processo Civil. Volume V. 16ª edição. Rio de Janeiro: Editora Forense, 2000.

MORTARA, Lodovico. Manuale della Procedura Civile. Volume 1. Torino: Unione Tipografico Editrice, 1906.

NUNES, Dierle José Coelho. Colegialidade das Decisões dos Tribunais - Sua visualização como princípio constitucional e do cabimento de interposição de agravo interno de todas as decisões monocráticas do relator. São Paulo, Revista IOB de Direito Civil e Processual Civil. V. 9, n. 50, 2007.

OLIVEIRA, Fabiana Luci de. O Supremo Relator. Processo decisório e mudanças na composição do STF nos Governos FHC e Lula. In Revista Brasileira de Ciências Sociais, vol. 27, n.º 80, 2011.

OLIVEIRA, Fabiana Luci de. Processo decisório no Supremo Tribunal Federal: coalizões e "panelinhas". Rev. Sociol. Polit. [online]. 2012, vol.20, n. 44, pp. 139-153. ISSN 0104-4478.

PONTES DE MIRANDA. Comentários ao Código de Processo Civil. Tomo I. 2ª edição. Rio de Janeiro: Editora Forense, 1958.

ROSAS, Roberto. "Devido Processo Legal", 1ª. ed., Rio de Janeiro, LMJ Mundo Jurídico, 2018.

SANTOS, J. M. de Carvalho. Código de Processo Civil Interpretado. Volume IX. São Paulo: Editora Freitas Bastos, 1941.

SILVA, Virgílio Afonso da. Deciding without deliberating. International Journal of Constitutional Law, v. 11, p. 557-584, 2013.

SILVA, José Afonso da. "Do Recurso Extraordinário no Direito Processual Brasileiro.", São Paulo, Ed. Revista dos Tribunais, 1963.

SOKAL, Guilherme Jakes. O julgamento colegiado nos tribunais: procedimento recursal, colegialidade e garantias fundamentais do processo. Coleção Professor Arruda Alvim. Rio de Janeiro: Editora Método, 2014.

SOKAL, Guilherme Jakes. O papel do relator no julgamento colegiado: e o projeto de novo CPC: alguns avanços em prol do contraditório. In Novas tendências do processo civil. Volume II. Coordenação de Fredie Didier Jr, Luiz Fux, dentre outros. São Paulo: Editora JusPodivm, 2014.

STRECK, Lenio Luiz. Hermenêutica jurídica e(m) crise: uma exploração hermenêutica da construção do Direito. 12a. ed., Porto Alegre, 2018.

TARUFFO, Michele. Institutional Factors Influencing Precedents. *In* MACCORMICK, D. Neil, SUMMERS, Roberts. Interpreting Precedents: a comparative study. Aldershot: Ashgate, 1997.

TEIXEIRA DE FREITAS, Augusto. Consolidação das Leis Civis. 3ª edição. Rio de Janeiro: B. L. Garnier, 1876.

Um jovem juiz

Osmar Testa Marchi[1]

Conheci o Dr. Rubens Ferraz de Oliveira Lima quando ele, na década de 1960, assumiu, como Juiz Substituto, a 2ª. Vara Criminal de Santo André, onde eu era escrevente.

Quando fui convidado para participar desta homenagem, comecei com um alvo em mente, uma meta, ainda mal definida.

Principiei a meditar intensamente sobre todos os ângulos da vida do homenageado, com as informações armazenadas na minha mente, esboçando, então, aquilo que estava retido na minha memória.

Aquele jovem juiz já demonstrava compaixão, castigando e não poupando os transgressores malvados, mas sendo benevolente e compreensivo com aqueles que praticavam delitos menores.

Sempre foi firme e obstinado com as questões morais, mas mantendo uma palavra amável e leal com os seus subordinados, com seus colegas e amigos, nutrindo interesse pelo próximo, respeitando os problemas e necessidades dos outros.

Aquele jovem juiz, ao assumir como substituto em uma sobrecarregada Vara Criminal em Santo André, logo demonstrou que não era um juiz algoz, mas possuidor de compreensão e calor humano, estando sempre do lado dos seus auxiliares. Notabilizou-se por sua eficiência, por seu saber jurídico e por sua bondade.

Lembro-me de que, no início de sua carreira, certa vez se deparou com um problema envolvendo a pessoa responsável pela serventia. Enfrentou-o com galhardia, sem causar sofrimento, irradiando energia, mas sem machucar quem quer que fosse.

Ao sair, deixou imensa saudade.

Acompanhei, então, de longe, a sua trajetória nos vários graus, até que viesse alcançar o cargo de Desembargador, sempre agindo com persistência e entusiasmo.

Por onde passou deixou a sua marca de alto saber jurídico, compaixão, sentimento de otimismo para com a vida, capacidade de transmitir segurança para com os outros, sabendo dividir a autoconfiança, o autorrespeito e a humildade.

1 Desembargador Aposentado do Tribunal de Justiça de São Paulo.

Lembro-me de que, quando de sua aposentadoria na Magistratura, ele disse que gostaria de aproveitar um pouco a vida, pois até então nunca viajara para o exterior.

Mas o seu estilo de vida não permitiria que ficasse parado por muito tempo, embora pudesse viver bem com o que tinha. Ele precisava levantar-se cedo pela manhã e sair correndo para o serviço. Tinha que afastar a ausência de atividades vitais. Assim iniciou-se na advocacia, uma vida demasiadamente repleta de excitação , além de ser esgotante, pois exige alta sabedoria e habilidade.

Logo se apaixonou pela nova atividade, saindo-se muito bem. Seu êxito só foi possível com muito trabalho, mas sem se deixar levar pelo nervosismo, esgotamento, preocupação excessiva, fadiga intelectual, ansiedade. Sempre foi respeitado no meio jurídico por sua ética.

Criou um ambiente propício ao trabalho, cercando-se de competentes jovens causídicos como os Doutores Heloísa Helena de Oliveira Lima Bacellar, Rubens Ferraz de Oliveira Lima Filho, Paulo Afonso Pinto dos Santos, Daniel de Camargo Jurema, Fabiana Duarte e Aroni, Maria Isabel Karakhanian Dei Santi, Gunther Frerichs, Clélia Simonsen Dias Vieira e Mariana Bayerlein Xocaira Ribeiro.

O trabalho sempre lhe proporcionou uma satisfação profunda. Aproveita ao máximo suas faculdades intelectuais conseguindo, juntamente com sua equipe, resultados importantes para os seus clientes.

O Dr. Rubens nunca se aposentou da vida. Mantém uma existência ativa e produtiva, sendo dotado de imaginação criadora que lhe guia na direção certa, inclusive na formação de uma equipe de jovens e talentosos advogados com novas ideias e inspirações na descoberta de soluções para os intrincados problemas jurídicos, sempre sob a sua supervisão criadora, agindo com coragem, transformando em realidade seus objetivos, desejos e convicções. Nunca evitou os problemas, pelo contrário, sempre os enfrentou, apostando em si mesmo e na sua equipe, correndo riscos calculados, escolhendo os caminhos que lhe parecem o mais acertados e indo em frente.

É um bom pai e um bom marido. Sua amada esposa Heloísa Silveira de Oliveira Lima sempre cuidou do lar e da educação dos filhos Heloísa Helena de Oliveira Lima Bacellar, Regina Silveira de Oliveira Lima, Rubens Ferraz de Oliveira Lima Filho e Ricardo Silveira de Oliveira Lima, conciliando entre a maternidade e a carreira profissional do marido.

Cercado do carinho da esposa e dos filhos e, por nunca ter desertado de seus ideais, encontrando alegria no jogo da vida, o Dr. Rubens permanece sempre jovem.

Quanto à advocacia no século XXI, traçando um paralelo com a gestão da tradicional banca do Dr. Rubens, a impressão que temos é a de que ele já se preparou para o advento da automação, ao admitir jovens e habilidosos advogados que progressivamente saberão manusear a nova tecnologia, implementando a execução da tarefas que exijam o intelecto humano, sem substituir a empatia que só os humanos possuem, nem as habilidades de criatividade e resolução de problemas que algoritmos e robôs não têm, além das responsabilidades e deveres que a tecnologia não consegue executar.

Com o crescimento de situações que necessitam da aplicação da inteligência artificial, facilitando as tarefas do dia a dia, inclusive nas pesquisas de doutrina e jurisprudência, os escritórios terão que se modernizar, adotando a automação mecânica para a realização não só das atividades repetitivas, como também as que demandam análise e tomada de decisões.

A inteligência artificial vai melhorar as tomadas de decisões porque desenvolverá processos que envolvam correlações, regressões, estruturação da análise de dados etc.

O Dr. Rubens conta com colaboradores com conhecimento sobre situações cognitivas. Fornecendo à sua equipe de trabalho informações, inspirações, sugestões e ponderações, justifica-se a participação de seu escritório no seleto grupo entre os mais conceituados do país. Construindo a sua vida e suas atividades judicantes e profissionais (advogado) sobre uma base ética, e trabalhando a partir da crença de que seu propósito é também servir ao próximo, acabou por experimentar o maior sucesso em ambas as áreas e assim continuará com o incremento da ciência da computação.

Mesmo com as transformações oriundas da tecnologia da inteligência artificial, a adaptação não prescinde do desempenho humano. Daí porque a formação humanística sólida e permanente cultura jurídica do homenageado é fundamental nos trabalhos em equipe, compartilhando seu conhecimento com todos nos assuntos de grande complexidade.

Tendo formado uma equipe excepcional, na qual todos trabalham juntos, sob sua liderança, com comprometimento, coragem, disciplina e ao mesmo tempo com liberdade, o sucesso será ainda mais exponencial com o advento dos algoritmos que, alimentados pela competência, caráter, compaixão, amor e compreensão do líder, todos irão alcançar maior prosperidade profissional.

No que diz respeito à Magistratura no Século XXI, tenho que a situação é um pouco diversa.

É voz corrente que a Magistratura do século XXI deve ter um papel mais proativo, levando a paz social a um alcance maior da população.

A decisão do Magistrado deve atender aos critérios possíveis de Justiça e de ética na sociedade. O Juiz de hoje deve estar preparado para ser o Magistrado da sociedade, do cidadão, em sintonia entre o quanto é socialmente justo e o que é almejado pelo Estado.

O Magistrado não pode se preocupar somente com a doutrina e jurisprudência, proferindo uma decisão mecânica. Deve focar também em questões gerais e fundamentais sobre valores, razão, padrões de relações sociais, aceitação das mudanças ou evoluções sociais por meio de estudo abrangente dos seres humanos que formam a sociedade, compreendendo as suas raízes e os seus anseios.

Evidentemente, o julgamento proferido através do algoritmo, automatizado, pula essa etapa, salvo se o julgador alimentar a máquina com esses elementos, sob pena da automação passar a ser uma inimiga, por ignorar as questões éticas, sociais, filosóficas e políticas que devem nortear a tomada de decisões neste século.

Não conseguindo o algoritmo no atual estágio imitar o raciocínio jurídico, que lida com ações humanas, pode, no entanto, auxiliar os juízes, advogados e demais profissionais da área, mas não substituir o elemento humano que sabidamente exerce um serviço intelectual.

O impacto da inteligência artificial no Direito apenas irá transformar e otimizar boa parte do trabalho, mas sem substituir os juízes, promotores, procuradores, advogados etc., porque há questões a serem observadas que a inteligência artificial não alcança.

É possível, que no futuro, o algoritmo de inteligência artificial venha a proferir, por exemplo, uma decisão judicial complexa, até com mais eficiência, evitando tendenciosidade ou uma visão linear, em que o Magistrado enxergaria a situação de modo constante, com pensamento e raciocínio de maneira regular e em linha reta, sem considerar as mudanças sociológicas ocorridas ou até mesmo as alterações jurisprudenciais ou doutrinárias que levariam a uma conclusão mais justa.

A inteligência artificial pode ter progressão intelectual equiparada à do ser humano, e até mais eficaz, assumindo a tarefa de humanização ao ser dotada de habilidades comportamentais cognitivas, sociais, imparciais e éticas fundamentais.

Vejamos a seguinte hipótese:

> Alguém acusado de ter praticado ato libidinoso com menor de 14 anos, tendo apenas e tão-somente a apalpado por cima de suas vestes, nada mais do que isso, está sujeito à pena entre oito (8) a quinze (15) anos de reclusão. Se tivesse praticado conjunção carnal, isto é, praticado ato sexual completo com essa mesma pessoa, a pena seria a mesma (artigo 217-A, do Código Penal).

Ora, é flagrante que a lei não é precisa ao definir a conduta delitiva, (praticar ato libidinoso), tratando-se de expressão vaga, equivocada e ambígua, não acompanhando ademais as transformações comportamentais da sociedade. Presumir de forma absoluta que a liberdade sexual de alguém menor de 14 anos tenha sido ferida refoge da realidade fática. Pior ainda é a presunção de que simples carícias por cima das vestes configure estupro de vulnerável. Não há consonância com o princípio da adequação social. Se está ausente a violência ou a grave ameaça e não passando os atos de meras carícias, equiparar tal conduta a estupro é o mesmo que admitir uma reprovação penal objetiva da conduta. Trata-se de culpabilidade precocemente presumida, quando é vedado o crime sem lesão.

De outro lado, não se consegue delimitar o que realmente venha a ser ato libidinoso. A lei não especifica a conduta típica do crime, não permitindo estabelecer a atuação do Direito Penal. Essa ausência de definição da conduta típica não permite se subsumir a conduta do agente à norma. Sem o conceito do que seja ato libidinoso não há como definir a responsabilização social, o nexo causal entre a ação e o resultado, a lesividade.

Ademais, em se tratando de ato libidinoso sem maiores consequências, a sua apenação como se tivesse ocorrido estupro, quando não houve violência física, e muito menos contato carnal, consagra a responsabilidade objetiva, o que é repudiado por nossa Constituição.

Diante das circunstâncias e características do acontecimento, poderia ocorrer a desclassificação do delito para a contravenção penal de perturbação da tranquilidade (artigo 65 da LCP), porquanto o apalpamento por cima da roupa não chegou a imiscuir-se na liberdade sexual da vítima, caso em que deve se adaptar uma situação mais favorável ao acusado, evitando-se a aplicação da pena com excessivo rigor como se tivesse ocorrido estupro.

Alternativamente, poder-se-ia desclassificar o delito de estupro para o constrangimento ilegal do artigo 146 do Código Penal, evitando-se a aplicação de uma pena extremamente desproporcional.

Ainda de forma subsidiária seria o caso de desclassificação do delito de estupro para a figura do novel dispositivo do artigo 215-A, do Código Penal, que reza:

> "Praticar contra alguém e sem a sua anuência ato libidinoso com o objetivo de satisfazer a própria lascívia ou a de terceiro; Pena – reclusão de 1 a 5 anos, se o ato não constituir crime mais grave".

Essa nova tipificação acabou por abarcar condutas que, no mundo fenomênico, antes poderiam ser enquadradas como delito de estupro ou contravenção penal ou importunação ofensiva ao pudor. A criação dessa conduta de mediano potencial ofensivo, veio em atenção ao princípio da proporcionalidade, estando ausente a violência ou grave ameaça, como o caso em que o ato imputado foi de meras carícias, sem qualquer tipo de conjunção carnal.

No entanto, se este caso recair com um juiz insensível a problemas sociais, com visão a temas relacionados com jurisprudência ou doutrina passadas, sendo indiferente aos valores em jogo, não se interessando pelas colocações e pela sorte do acusado, interpretando a lei cegamente, sem delimitar o seu alcance, a sua extensão, ou sua adaptação ao caso concreto, não considerará essas alternativas.

Apesar do descompasso existente entre o caso em exame e o texto legal, e a evolução da sociedade, o magistrado insensível, distanciando-se dos fatos históricos-sociais e das mudanças da sociedade, em uma interpretação meramente contextualizada e de acordo com suas convicções pessoais, ater-se-á somente ao que dispõe o texto normativo para aplicar uma pena desmesurada, quando podia - e deveria -, utilizando-se de argumentos de equidade, aplicar uma pena mais justa e proporcional ao caso concreto, em razão da menor gravidade da conduta, desclassificando o delito.

Evitaria uma espécie de injustiça legal.

Neste caso, talvez a máquina do futuro poderá substituir o ser humano, ao menos para gerar informações produzidas a partir de um verdadeiro quebra-cabeça, evoluindo para ser dotada de inteligência e razão, não deixando influenciar-se por determinados comportamentos, adaptando-se e evoluindo para as diversas situações, fugindo do desempenho padrão.

A sua progressão intelectual poderá chegar ao ponto de o robô ser humanizado, tomando as decisões, resolvendo os problemas, deixando de realizar tarefas meramente repetitivas, mecânicas e previsíveis para a efetiva tomada de decisão de forma autônoma, precisa e apoiada em dados digitais aptos a formar uma decisão coerente, justa, aprofundando-se em uma melhor compreensão que a do cérebro humano.

A hipótese acima realizará não só a pesquisa jurisprudencial e doutrinária sobre todo o tema, separando umas das outras, como também analisará todo o acervo probatório, podendo firmar uma convicção ou diagnóstico superior e mais preciso ao da imaginação humana.

Concluindo e retornando a atenção para o nosso homenageado, a lição que o Dr. Rubens nos deixa é a de que a vida nunca pode ser aborrecida para um homem com entusiasmo.

Alegro-me por haver convivido com uma pessoa com tantas virtudes, agindo com equilíbrio entre as diferentes atividades, sempre respeitoso e querido por todos por sua honradez, amabilidade, ganhando a admiração por sua simpatia difusa, por seu caráter, pela dedicação à família, pelos seus sentimentos para com os amigos e colegas de profissão, por seu humanismo, por sua concepção ampla da vida, pela grandeza de sua alma, por nunca se entregar à negatividade, servindo de espelho para todos aqueles que aspiram a construir uma vida pautada entre o equilíbrio e a resignação.

Encontrei auxílio e inspiração no Dr. Rubens, o qual ajudou-me a saltar os obstáculos, com quem aprendi a enfrentá-los e vencê-los. A radiante essência da sua alma foi fonte de encorajamento para que eu, que estava acomodado, assumisse novos desafios e acabasse ingressando na Magistratura.

Agradeço, enfim, o Dr. Rubens, que me incentivou e me apoiou ao longo do caminho, dentro e fora da Magistratura, trazendo luz e contribuição para o desenvolvimento de minha vida.

Um jurista consagrado

Ovídio Rocha Barros Sandoval[1]

Em março do ano de 1958, iniciava meu curso de Direito na Universidade Mackenzie. Tive a alegria de conhecer e me tornar Amigo do Rubens, amizade que se prolongou através do tempo. Éramos jovens e sonhávamos em ser cultores do Direito, do *"São Direito"*, como proclamava o meu querido e saudoso Amigo e Mestre professor Vicente Ráo. O nosso convívio na Faculdade e fora dela sempre representou um dos maiores presentes de Deus em minha vida. Foram anos felizes e de conquistas e tive, ainda, a alegria de encontrar um novo Amigo comum, tão querido, Roberto de Souza Dantas.

Ao terminar o curso no ano de 1962, o Rubens e o Roberto montaram um escritório na rua XV de Novembro, com o nome dos mais imponentes: *Andrade Baptista, Oliveira Lima e Souza Dantas*. Algum tempo depois fecharam o escritório – Roberto resolveu ajudar seu pai na administração de uma propriedade rural em Rio Claro e de um prédio comercial em Santos, enquanto Rubens resolveu prestar concurso de ingresso na Magistratura estadual.[2]

Aprovado, deu início à sua brilhante carreira na Magistratura paulista. Dotado de grande inteligência, cultura e acuidade para entender e aplicar o Direito aos casos concretos, paulatinamente, foi conquistando a admiração de seus jurisdicionados. Ao chegar ao topo da carreira como desembargador, ganhou a admiração de seus pares, pela presteza, cuidado e profundidade de seus votos. Na época em que decidiu se aposentar, eu era Juiz Auxiliar da Presidência do Tribunal de Justiça. Quando o saudoso e querido Desembargador Marcos Nogueira Garcez, sabedor da amizade que me unia ao Rubens, contou-me que ele iria se aposentar e diante da ponderação que lhe fizera para desistir da aposentadoria, dele ouviu *Dr. Marcos estou cansado de ser Juiz*. Diante de tal ponderação, Dr. Marcos disse a mim, que ficou sem resposta, pois Rubens era verdadeiramente

1 Advogado.

2 Interessante contar que, quando nos formamos, Rubens disse a mim que gostaria de ter um escritório em estilo inglês e, além de advogado, queria ser deputado federal. Deputado não foi, pois resolveu ser Juiz de Direito, mas depois de aposentado conseguiu ter um escritório em estilo inglês e passou a ser conhecido como um dos melhores e brilhantes advogados brasileiros.

um Juiz que conhecia cada processo sob sua relatoria desde a capa até sua última página. Logo, tinha todo o direito de sentir-se cansado.

Dois anos depois, também me aposentei e fui convidado a participar do escritório do querido Professor José Frederico Marques, de cuja banca já faziam parte Manuel Alceu Affonso Ferreira e Rubens. Mais uma vez quis o destino nos unir na mesma banca de advocacia. Banca esta que se prolongou quando Rubens resolveu montar o seu próprio escritório, convidando a mim para ser seu companheiro[3].Rubens Ferraz de Oliveira Lima sempre se portou, em todas as circunstâncias de sua vida, como um *verdadeiro homem.*

Formou e forma com Heloísa uma bela e querida família, sendo exemplo para todos nós.

Ao me lembrar de Rubens como Juiz, veio à minha mente o que escrevi anos atrás sobre a figura do magistrado.

Sempre proclamei: o que vale é o *homem*, cargo é atributo. Mais do que nunca essa verdade se impõe, de modo particular ao magistrado, pois ele está, a todo instante, no cumprimento de sua missão, recordando que o homem é uma pessoa. Aliás, a grande lição do Cristianismo é o exemplo do respeito de Cristo pela integridade da pessoa humana. O saudoso e querido desembargador Alves Braga recordava que *o mérito do juiz não se mede só pelo seu desempenho profissional, mas deve pesar também sua postura dentro e fora da instituição. Sua vida familiar tem grande relevância, já que não pode ser justo com as partes quem não é justo e leal com a própria família.* Bem por isso, possível dizer-se que Catão, o pretor romano, se foi justo em sua curul de magistrado, não o foi com a própria família. Logo, não pode ser elevado a exemplo, pois se transformou em um símbolo de elevação moral para um mundo de hipócritas, mundo privado de bondade.

Em memorável discurso que pronunciou, perante o egrégio Tribunal de Justiça de São Paulo, na abertura do ano judiciário de 1983,

3 Como não havia vendido minha casa em Ribeirão Preto, tendo 5 filhos – dois adolescentes **e três ainda pequenos** –senti que os dois mais velhos passaram a ter medo de sair de casa diante da violência e os três pequenos sempre doentes pelo clima de São Paulo. No ano de 1989, resolvi, com minha família, voltar para Ribeirão Preto, continuando a ser companheiro do Rubens. Mandava meus trabalhos por *"fax"*, **única comunicação escrita** a distância existente naquela época. Algum tempo depois, Rubens, com toda razão, sentiu a falta de um advogado presente em seu escritório o que me levou a deixar a sua banca.

o querido e saudoso Desembargador Alves Braga pontificava, ao retratar sua própria vida, em duas passagens: *o homem não deve transigir consigo mesmo e quem não vive de modo algum para os outros, também não chega a viver para si próprio.*

Rubens foi um Juiz independente e corajoso, mas a presença de tais virtudes nunca serviram para isolá-lo do convívio humano. Encarnava, em seu modo de ser, a advertência feita pelo saudoso professor Noé Azevedo de que *os caracteres retos, os espíritos puros, os juízes justos e fortes, são afáveis, atenciosos e acolhedores* e aqueles *que não são justos senão nos casos em que a sua profissão exige, que se mostram equânimes quanto aos negócios alheios, mas não são incorruptíveis nos próprios, que não põem a equidade como norma de ação nos menores acontecimentos de sua vida, arriscam o próprio senso da justiça que ostentam nos tribunais.* [4]

Sempre teve presentes as seguintes palavras de Rui Barbosa: *uns plantam a semente da couve para o prato do amanhã, outros a semente do carvalho para o abrigo do futuro. Aqueles cavam para si mesmos. Estes lavram para a felicidade dos seus descendentes, para o benefício do gênero humano.*

Rubens Ferraz de Oliveira Lima, em sua vida sempre foi um semeador de carvalho, como Homem, Chefe de Família, marido, pai, avô, juiz e advogado.

Que o bom Deus o proteja!

4 Noé Azevedo. Homenagem da Ordem dos Advogados do Brasil, Ed. RT, S. Paulo, 1971, pgs. 213/214.

Direito e Tempo

Regis Fernandes de Oliveira[1]

Nota prévia

Os eminentes juristas Roberto Rosas e Sidnei Beneti convidaram-me para escrever um artigo em homenagem ao grande e querido amigo Rubens Ferraz de Oliveira Lima. A assinatura dos signatários do ofício já imporia uma obrigação. A menção ao nome de Rubens de Oliveira transformou a obrigação em prazer. Unem-me ao homenageado laços profissionais e de amizade. Nome da mais sólida robustez no mundo jurídico, impõe-se pelo respeito, seriedade, probidade e cultura.

Tudo em uma só pessoa. É invejável sua capacidade de fazer amigos e de se impor em respeitabilidade.

Convocado para o dever, a ele aderi prazerosamente. Deixo consignado meu profundo respeito pelo brilhante homem Rubens Ferraz de Oliveira Lima.

I. Introdução

O tempo mitológico. A eternidade. O tempo em Agostinho

No início não havia o tempo. Era a eternidade, até que Cronos "do pai o pênis ceifou com ímpeto e lançou-o a esmo para trás" (Hesíodo, "Teogonia – a origem dos deuses", ed. Iluminuras, trad. Jaa Torrano, 2007, São Paulo, pág. 111, verso 180). Com grito horripilante, Urano deixa o coito primordial sobre Gaia (a terra) e dela se separa, dando origem ao céu e à terra e, em consequência, ao tempo.

---

1 Professor titular aposentado da universidade de são paulo –usp. Desembargador aposentado.

O tempo é o momento que passa; a eternidade não tem tempo. É o silêncio. Nada parece mover-se. No tempo, tudo se move. Cada instante já é passado. E o futuro não chega, porque quando chega é presente e, em seguida, já é passado.

O direito, como disciplinador de comportamentos, submete-se ao tempo. Sujeita-se a ele para que possa produzir efeitos.

Há diversos tempos. Há o tempo subjetivo (ou da consciência); aquele que se passa no indivíduo. Ele é quem dosa o tempo e perfaz sua distância. Há o tempo objetivo que nos é mostrado pelos relógios e faz nascer ou perecer direitos. Subjetivamente, cada um tem seu tempo. Objetivamente, ele conta para todos.

No primeiro caso, há o tempo da angústia, da espera, da paixão, do prazer, da nostalgia, do desespero. No segundo, há o tempo dosado em oito horas, como o do trabalho. Há o tempo de espera no consultório médico, na ante sala dos julgamentos, da sustentação oral, do trajeto do ônibus.

Para o direito, o tempo é fundamental para impulsionar os processos. Os prazos são fixados em dias ou horas (no procedimento eleitoral). Dias úteis ou não. O passar do tempo pode criar direitos (usucapião) ou perdê-los (prazos).

Por isso é fundamental compreendermos como isso funciona.

A eternidade

O primeiro passo é distanciá-lo da eternidade. Segundo Platão, o demiurgo ao criar o cosmo resolveu produzir uma "imagem móvel" da eternidade ("Timeu", 37 d) e criou uma "imagem eterna" da eternidade que permanece na unidade. Essa imagem se movia de acordo com o número. "De fato, simultaneamente, à criação do céu, ele concebeu a produção de dias, noites, meses e anos, os quais não existiam antes do céu (universo) ter sido gerado" ("Timeu, 37 e).

Há dois mundos. O transcendente onde estão as formas (ideias) e o imanente (transitório). O segundo é imagem daquele. O eterno é imutável. Paira acima das coisas. Daí a eternidade que existe e é inalcançável pelos mortais. Não compreendem as ideias ou formas; no mundo só existe o efêmero, o mutável e, por consequência, o tempo. A eternidade foi, é e será.

Aristóteles define o tempo como "o número do movimento segundo o antes e o depois" ("Física", IV, 11, 218 b 30).

O tempo em Agostinho

Agostinho também se perguntou o que é o tempo e diferenciou-o da eternidade. "Então veria que a sucessão dos tempos não é feita senão de uma sequência infindável de instantes, que não podem ser simultâneos; que, pelo contrário, na eternidade, nada é sucessivo, tudo é presente, enquanto o tempo não pode ser de todo presente" ("Confissões", Livro Décimo primeiro, capítulo XI).

A seguir, questiona-se para dizer o que é o tempo e responde: "Se ninguém pergunta, eu sei; mas se quiser explicar a quem indaga, já não sei" (livro décimo primeiro, capítulo XIV). É que antes da criação não existia o tempo.

Indaga-se: "Como então podem existir esses dois tempos, o passado e o futuro, se o passado já não existe e se o futuro ainda não chegou?" (Livro XI, capítulo XIV). É se o presente não passasse não seria tempo, mas eternidade.

Sua conclusão é magistral e afirma que não há futuro nem passado. Talvez fosse mais correto dizer que há "O presente do passado, o presente do presente e o presente do futuro" (Livro XI, capítulo XX). Prossegue: "O presente do passado é a memória; o presente do presente é a percepção direta; o presente do futuro é a esperança" (idem, ibidem).

A eternidade é a que não passa, não há horas, minutos ou segundos. Nem dias, meses ou anos. Nada. É o imutável. Onde habitam os deuses. Imortais e eternamente jovens. O tempo nasce com Cronos, o deus que mata o próprio pai (Urano) e come seus filhos.

Como início de indagação e possível resposta, podemos dizer que não há o direito na eternidade. Nem vem a pelo invocar Antígona ao dizer que o decreto de um mortal não poderia revogar o direito dos deuses (Sófocles, "Antígona"). No eterno, só os deuses são senhores da eternidade. Não a transmitiram aos mortais. Nem mesmo Ulisses (Odisseu) quis aceitar a eternidade e morar com os deuses, como lhe propôs Calipso (versos 210 e 220 do canto V da Ilíada).

Tudo passa, tudo passará, como diz a música de Nelson Ned.

2. O tempo na filosofia

No nosso mundo, tudo que existe, existe no tempo. Tudo que acontece, acontece no tempo. Tudo se passa no tempo. Não temos a eternidade, ainda que possamos jurar amor eterno. Mesmo este passa.

Bem, afastemos a possibilidade de nos situarmos na eternidade. Vivemos no tempo e ele passa. O direito a ele se submete. Se é assim, podemos viver em nosso tempo subjetivo realizando todo tipo de maquinações possível, mas irremediavelmente ele passa e absorve nossos pensamentos. Ao clarear a manhã, acordamos, olhamos o relógio e ele nos olha de forma implacável, sinalizando o tempo de se levantar, de tomar banho, de tomar café, de ir para o trabalho, de trabalhar todo o dia, de almoçar, de trabalhar, de jantar, de assistir à televisão e de dormir de novo. É o implacável sinalizar do relógio que nos empurra o dia todo.

Quando temos um compromisso prazeroso, o tempo passa muito rápido; se estamos em um congestionamento, o tempo não passa jamais. No encontro com o ser amado, o tempo voa; com o ser desagradável o tempo parece deter-se.

Como diz André Comte-Sponville, "se só há sujeito no tempo, o tempo tem que existir fora do sujeito. Se todo sujeito é temporal (histórico), o tempo não pode ser unicamente subjetivo" ("O ser-tempo", ed. Martins Fontes, 2006, pág. 43).

O ser só existe no tempo e, por consequência, o tempo está fora do sujeito. O tempo não é agregado do ser.

Dizem que o passado não interessa, porque já não existe mais. Não é verdade, o passado vive no presente. Não somos desapegados dele. Como diz Walter Benjamin, "O passado traz consigo um índice misterioso, que o impede à redenção. Pois não somos tocados por um sopro do ar que foi respirado antes? Não existem, nas vozes que escutamos, ecos de vozes que emudeceram? Não têm as mulheres que cortejamos irmãs que elas não chegaram a conhecer? Se assim é, existe um encontro secreto, marcado entre as gerações precedentes e a nossa. Alguém na terra está à nossa espera. Nesse caso, como a cada geração, foi-nos concedida uma frágil força messiânica para a qual o passado dirige um apelo" ("Sobre o conceito de história", ed. Brasiliense, 1985, pág. 223).

Trazemos o passado ao presente. Não nos desvinculamos dele. Ninguém vive no passado, mas este sempre está nos influenciando, dando-nos caminhos, revivendo tempos adoráveis ou tristes, mas somos apanhados pelo passado.

Os poetas são melhores cantadores do tempo do que os filósofos. Vinicius de Moraes demonstrou sua verve no "soneto da fidelidade" ao dizer do amor "que não seja imortal, posto que é chama, mas que seja infinito enquanto dure". O posto que é chama dá a fragilidade da passagem terrena. Dura pouco, frágil, apaga-se rapidamente. Mas, enquanto durar, que seja infinito, de imensa duração. Mas, de qualquer modo, de duração *temporal*. Ao poeta é dado versificar ou versejar o tempo de qualquer maneira, o que não é permitido ao filósofo. Muito menos ao jurista que lida com ele nas relações intersubjetivas.

Nas relações humanas que se refletem nas jurídicas, o tempo é implacável em desfazer ou refazer direitos e obrigações. Aqui se distinguem direitos e obrigações de deveres e poderes. Eles não são relacionais e não desaparecem com o uso. O poder do juiz é exercido permanentemente e não desaparece. Há o exercício do poder. De outro lado, o dever de voto é exercido e igualmente não se consome. De outro lado, as relações se extinguem. Quem é vinculado a um contrato, ao seu término ele termina com as obrigações e direitos assumidos.

Na legislação processual (civil, comercial ou penal) o procedimento que é regido pelo tempo vai eliminando etapas na medida em que elas se vão cumprindo. Assim, surgem os prazos decadenciais (extinção do direito) ou prescricionais (exercício da tutela no interior do processo). O não exercício em determinado prazo para constituir o crédito tributário faz com que o Poder Público veja reconhecida sua decadência em fazê-lo. Mas, não exercendo seu direito de ação de execução do título que possui, igualmente perde o direito da execução.

Há casos de *imprescritibilidade* no direito. Mesmo a exceção aberta pela cobrança de indenização por parte do Poder Público contra atos de improbidade, em nossa ótica, consuma-se a prescrição quinquenal. O Supremo Tribunal Federal, por seis votos a cinco, entendeu a prevalência da imprescritibilidade, o que não está correto. A norma constitucional é inconstitucional porque está em desarmonia com o todo do ordenamento.

Todos os direitos entram em relação. São intersubjetivos. Não há direito em relação às coisas. Estas são objeto do direito e não são pessoas jurídicas de forma a entreter-se em relacionamentos.

2.1. A distensão em Agostinho, Bergson e Heidegger

Há três momentos: a) longa espera do futuro, b) longa recordação do passado e c) o presente. Isso nos leva ao conceito agostiniano de *distensão*, tão bem analisada por Paul Ricoeur ("Tempo e narrativa", tomo I, ed. Papirus, 1994, Campinas, pág. 39).

Diz Agostinho, "medimos o tempo; mas não o tempo que ainda não existe, nem o que já não existe, nem o que não tem duração alguma, nem o que está passando. Não é, portanto, nem o futuro, nem o passado, nem o presente, nem o que não tem limites que medimos: e, contudo, medimos o tempo" ("Confissões", ed. Martin Claret, 2002, São Paulo, pág. 279, Livro XI, capítulo XXVII).

Nós vivemos no tempo. Podemos vê-lo de forma subjetiva, ou seja, o que passa para mim, desde o nascimento até a morte. Podemos acompanhá-lo no dia a dia, por nossas ações e pela deterioração contínua e permanente do corpo. É o pensamento que acompanha tudo. Objetivamente, analisamos outros corpos que se deterioram, a morte dos animais, as ações construtivas e destrutivas da sociedade, a alteração legislativa e dos costumes. Também a tudo acompanhamos. Sabemos que o tempo passa e que não posso detê-lo.

Como diz Henri Bergson, "mudo, portanto, incessantemente" ("A evolução criadora", ed., Martins Fontes, São Paulo, 2005, pág. 1). A memória empurra algo do passado. Diz o autor que "nossa duração não é um instante que substitui um instante" (ob. Cit., pág. 5). "A duração é o progresso contínuo do passado que rói o porvir e que incha ao avançar" (idem, ibidem). A memória não é uma gaveta de arquivos do passado. O passado conserva-se a si mesmo. Ele nos segue a todo instante. Assim sendo, não somos feitos de instantes, mas de duração continuada, ou seja, da *distensão* a que se referia Agostinho.

Bergson esclarece, então, que "nos criamos continuamente a nos mesmos" (ob. Cit., pág. 7).

Pode-se dizer, pois, que o tempo não depende mais da minha vontade ou do meu estado psicológico, mas de algo vivido na distensão do tempo. Daí o élan vital. É a natureza em sua multiplicidade. É a fluência da vida.

O tempo jamais para. Ele flui continuamente e nos toca, alterando-nos a todo instante. Somos tocados pelo mundo e estamos em contínuo contato com ele.

Podemos dizer, em suma, que há o *tempo subjetivo*, ou seja, o que é a duração de um acontecimento para mim. Se preso no congestionamento, o tempo demora a passar; se estou em relacionamento amoroso, o tempo passa muito rápido. A duração de um beijo depende do tesão que une as bocas. Há o *tempo objetivo*, que passa para os outros e nos rodeia o permanentemente e passa para mim de forma como examino meu corpo. Há o *tempo do tempo* que é a fluência do mundo. O tempo que passa à nossa frente. Não o observo nem psicologicamente nem de forma objetiva, mas vejo-o passar impenitente. Não há como segurá-lo.

Comte-Sponville entende que "o tempo é o presente" (ob. Cit., pág. 139). "O ser é tempo: o tempo é a presença do ser" (idem, ibidem"). Indaga: o que é o tempo? E responde: "É o devir em via de devir: é a continuação mutável do presente, é a mudança continuada do ser" (ob. Cit., pág. 140).

Templo é fluência e, como tal, alcança uma série de situações que se desenvolvem junto à sociedade, instituindo direitos, extinguindo-os, suspendendo ou dilatando prazos.

Martin Heidegger, ao falar no *Dasein* como o ser-aqui, não o pode deixar fora do tempo. "Todo comportamento do *Dasein* deve ser interpretado a partir de seu ser, isto é, a partir da temporalidade ("Ser e tempo", ed. Vozes/Unicamp, Campinas, 2014, pág. 1095). Na teoria do autor apenas se pode compreender o ser como ser-aí. É o ser de um ente (ob. Cit., pág. 51). Mas é o ser colocado no mundo. E este ser só pode ser compreendido na *temporalidade.* Não há ser fora disso. A linguagem do autor é típica. Vejamos este trecho: "em cada agora é agora e, em cada agora, o agora também já desaparece. Em cada agora, o agora é agora e está, pois, constantemente presente como ele mesmo" (ob. Cit., pág. 1141).

Vê-se que o tempo é uma sequência de *agoras* que não para e já é passado. Mas, ao mesmo instante é presente. Aí vive o ser. No tempo.

É este o tempo que se reflete no direito. Vamos ver como isso se processa.

3. O tempo no direito

O direito integra uma série indeterminada e indeterminável de relações que colocam as pessoas em constante contato. Dessa união resultam os mais diversos tipos de comportamento. Os homens vão se afetando mutuamente. São afetados pelo mundo e afetam o mundo. Daí resultam divergências e convergências. Quando estas ocorrem inexiste o conflito. No entanto, quando as pessoas entram em conflito em razão de algum *bem da vida*, impõe-se discipliná-lo.

Há o tempo físico e o social. O primeiro decorre da só existência do cosmo. O segundo é recortado pela sociedade que lhe dá formas. O físico é a sucessão dos segundos. O social é o acolhido por todos para permitir que a vida imponha limites.

O tempo disciplina as relações que nascem entre as pessoas. A hipótese de Robinson Crusoé (livro de Daniel Defoe) é absoluta exceção.

Diga-se o mesmo de pessoas especiais que vivem fora do tempo. Aquele que é excepcional e não vive no tempo, este para ele não significa nada.

Urge saber do que se trata quando as pessoas estão e vivem criando relacionamento com os demais. Tudo surge com o escambo. Meras trocas de mercadorias necessárias a cada qual. Posteriormente, as situações ficam complexas e exigem normas disciplinadoras. Surgem os contratos a unir as partes. Nasce a noção de posse primeiro e, depois, a de propriedade. Institui-se o Estado, seja por forma voluntária (Platão, Aristóteles), seja por vontade de Deus (Agostinho e Aquino) que lhe dá fundamento teológico, seja por dominação (ver meu livro "Indagação sobre os limites da ação do Estado", RT/Thomson Reuters).

As relações jurídicas ficam bastante complexas e a cada dia ainda mais difíceis. Os contratos que eram escritos e com muito rigor formal, passam a ser epistolares, mas não por cartas, mas por meras mensagens trocadas pela *internet*. A compra e venda que era igualmente formalizada mediante escritura pública ou particular, passa a ser feita por aquisição mediante pagamento por cartão de crédito ou *pix*, inclusive para compras realizadas no exterior. O câmbio é feito de forma imediata.

Os Estados exigem o pagamento de tributos para sua subsistência e para que possa cumprir seus deveres com a população. A Constituição estabelece as finalidades dos entes federativos e estes se vêm envolvidos em uma pluralidade de conexões tributárias, de políticas públicas, de deveres funcionais, de relações com seus servidores, com os agentes políticos.

3.1. Criação e extinção de direitos

Todo relacionamento, enfim, vincula as pessoas seja entre si seja em relação ao Estado. Tais situações ou *criam ou extinguem* direitos.

A legislação processual instituiu os diversos procedimentos que serão utilizados para fazer valer os direitos postulados junto ao Judiciário ou nas conciliações ou arbitragens. O procedimento tem uma sequência de atos para que possa chegar ao final almejado pelos interessados, a saber, ganhei ou perdi.

O procedimento é um roteiro que segue determinações legais. É o instrumento utilizado pelos interessados para realizar seus direitos. Toma o nome de processo quando há interesses em conflito.

Todo processo é subordinado a prazos que significa o lapso temporal dentro do qual o ato pode ser praticado. Há um início (termo *a quo*) e um final (termo *ad quem*). Em determinado dia (aspecto meramente temporal) inicia-se o prazo para que determinado direito possa ser exercido. É o começo do prazo. Decorrido este, o direito ou foi exercido ou se perde.

Imaginemos um prazo de apresentação de resposta em uma ação cível. Iniciado o prazo, ele passa a fluir até alcançar o termo final. Se foi exercido o direito dentro do prazo, o procedimento prossegue para receber decisões. Caso contrário, se não apresentada a resposta, o réu passa a ser revel e sanções podem ser aplicadas. Diga-se o mesmo do prazo de apelação. Decorrido sem apresentação da peça, perde a parte o direito de fazer subir os autos para apreciação de segundo grau.

São prazos *extintivos* da relação processual. Perde-se uma prerrogativa processual ou um direito que deixou de ser exercido. Em consequência, há sanção a ser aplicada.

De outro lado existem prazos *criadores* de direito. Imaginemos o prazo para aquisição de propriedade mediante usucapião. Decorrido o período estabelecido para o exercício de direito, ele já se consumou. O artigo 40 da Constituição Federal estabelece prazo para aposentadoria compulsória de setenta e cinco anos (inciso II). Prazo aquisitivo de direito e, ao mesmo tempo, impeditivo de prosseguimento com a prestação do serviço público. Estabelece também prazos para aquisição do direito à aposentadoria (artigo 40, inciso III).

3.2. Direito adquirido

Convém distinguirmos entre *direito adquirido* e *prazo de seu exercício*. O direito que, como vimos, está subordinado a prazo seja para funcionar no sentido material, seja no aspecto formal, pode fazer nascer o direito que se incorpora ao patrimônio do beneficiário. Daí o direito adquirido. Por exemplo, se o funcionário público já adquiriu o direito a se aposentar e a lei vem a instituir prazo maior, o direito já se incorporou a seu patrimônio jurídico e, pois, pode exercê-lo mesmo depois do advento da lei modificadora. A Constituição Federal assegura o direito adquirido (artigo 5º, inciso XXXVI).

Há direitos que não prescrevem. Os princípios basilares do Estado brasileiro não prescrevem. Todos os direitos insertos no artigo 5º da Constituição Federal não prescrevem. Claro que as relações deles decorrentes podem sujeitar-se a ela.

A única hipótese de imprescritibilidade prevista na Constituição Federal diz respeito à ação de ressarcimento de prejuízos causados ao erário (parágrafo 5º do artigo 37 da Constituição). Já manifestei opinião contrária à interpretação literal do artigo (Regis Fernandes de Oliveira, "Infrações e sanções administrativas", 3ª. Ed., RT, 2012, págs. 172/177, item 27.1).

Vê-se que é sempre o tempo que rege a criação e a extinção dos direitos.

O Judiciário é regido por prazos. Deve observá-los adequadamente. Mesmo quando se cuida da prolação de sentenças e decisões colegiadas, as leis estabelecem prazos para sua realização. Não são só as partes que se sujeitam ao imperioso tempo. Os serviços públicos e os agentes políticos também.

3.3. Razoabilidade da duração do processo

A postulação das partes junto ao Judiciário demanda tempo razoável para que este dê resposta às pretensões a ele levadas (artigo 5º, inciso LXXVIII da Constituição) que assegura a todos "no âmbito judicial e administrativo" "a razoável duração do processo".

Os atos processuais e procedimentais têm prazos que devem ser cumpridos. Por ora e dependendo da capacidade física dos agentes públicos, torna-se quase impossível seu cumprimento. Assim, é justo que não se apliquem sanções sobre os servidores. Mas, se a falha decorre da má-fé, da desídia e da má-prestação dos serviços, os governantes têm que ser implacáveis.

A consequência do não cumprimento das obrigações devidas e de atos não praticados é a sanção. Quando o servidor tem a obrigação de praticar o ato e não o faz, age com negligência, imprudência ou imperícia e, pois, pelo comportamento contrário ao determinado na lei deve sofrer a repulsa do ordenamento normativo.

Isso vale não só nas relações com o Poder Público. Nas relações particulares, quem tiver culpa no não cumprimento da obrigação, seja qual for sua causa, arcará com as consequências de seu inadimplemento. As obrigações assumidas perante terceiros destinam-se a seu cumprimento. Descumprida a obrigação, o ordenamento jurídico reage e impõe ao inadimplente uma consequência mais ou menos grave e compatível com a gravidade da infração cometida.

Há uma obrigação de o Judiciário dar resposta aos litigantes em tempo razoável. A razoabilidade não se mede no tempo. É critério de ponderação da dificuldade do processo e de um prazo de maturação na produção e colheita de provas para que o juiz possa decidir. A sentença deve advir em prazo *razoável,* isto é, o que permite a ampla defesa e a produção de provas. Nada mais. Em seguida, o juiz deve proferir sentença para permitir revisão na segunda instância. Não é o que acontece. O excesso de burocracia e a "descoberta" do Poder Judiciário levaram as partes a irem a ela por qualquer coisa. Isso entupiu as pautas e agendas dos juízes bem como seu tempo de preparação de despachos e decisões. O princípio ficou sem aplicação prática.

3.4. O processo legislativo

O processo legislativo igualmente tem seu procedimento e obriga o cumprimento de sua tramitação. As medidas provisórias que valem (entram em vigência) de imediato devem ser apreciadas pelo Congresso Nacional em sessenta (60) dias, prorrogáveis por igual período, perdem sua eficácia (parágrafo 3º do artigo 62 da Constituição da República).

O processo legislativo para apreciação das proposições por todos os deputados e senadores entra também na engrenagem do possível. São tantas as proposições que o gargalo não dá conta. Apenas alguns projetos são apreciados e, mesmo assim, quando desperta interesse do governo ou dos líderes partidários ou, ainda, quando há situação de emergência ou tragédia na sociedade que faz acionar o botão verde nos canais burocráticos. Então, os projetos são aprovados.

No caso de responsabilidade do Presidente da República cabe seu afastamento (artigo 86 da Constituição), mas se o julgamento não estiver concluído em cento e oitenta (180) dias, cessa o afastamento.

Vê-se, pois, que toda atividade pública está submetida a prazos, em qualquer das esferas de exercício do poder.

Diga-se o mesmo nas relações de caráter privado em que prepondera a vontade dos participantes.

Tudo submetido ao *tempo.*

3.5. Os prazos

Os prazos podem ser legais, ou seja, definidos em lei. Judiciais, quando fixados pelo juiz diante de permissão legal (artigo 218, parágrafo primeiro do CPC de 2015). Caso não haja prazo estabelecido, entende-se como sendo de cinco dias (218, parágrafo 3º do CPC). Podem ser também dilatórios, quando é possível ser ampliados ou diminuídos em razão de conveniência das partes (suspensão do processo – artigo 313, II do CPC) ou peremptórios, quando tal descabe tal providência.

Vê-se que o passar do tempo pode criar situações jurídicas ou extingui-las.

4. Prescrição e decadência. Preclusão

Daí as noções de *prescrição* e *decadência.* As pessoas vão, ao longo da vida relacionando-se. Criam amizades, entram em casos amorosos e se casam, têm filhos, negociam bens da vida, celebram contratos, divorciam-se, enfim, ingressam em uma série de interações que criam ou extinguem direitos. Ao criar um *direito* podem exercê-lo. Para tanto, as relações são mediatas pelo direito positivo que institui prazos para que o direito seja exercitado. Não o fazendo, perdem o direito de fazê-lo. A decadência significa a perda do direito. A Fazenda do Estado tem cinco (5) anos para *constituir seu crédito tributário.* Não o fazendo, perde o direito de execução. Tem, também, o prazo de cinco (5) anos para ingressar com a ação de execução para cobrar o valor do débito. Se deixa passar os cinco anos, prescreve o direito de execução, porque não o exerceu a tempo.

Vê-se, pois, que são coisas diferentes.

Há direitos, no entanto, que são *imprescritíveis.* A Súmula nº 149 do STF garante a imprescritibilidade da pretensão à investigação de paternidade. Normalmente, os denominados direitos de personalidade não são alcançados pela prescrição. É que fazem parte dos direitos indisponíveis.

Antes da reforma de 2002, havia muita confusão entre as hipóteses de prescrição e decadência. Agora, o Código Civil elenca os casos de prescrição. O mais é prazo decadencial.

Fala-se também em *preclusão,* que é a perda de direito processual. Ultrapassado o prazo de interpor apelação, ficou precluso o direito de a parte apresentar o recurso.

4.1. Direito potestativo

O *direito potestativo* remanesce à disposição do titular. Não podem ser violados, pois dependem exclusivamente de sua vontade. Pleitear o divórcio, por exemplo. Deixar uma sociedade. A vontade exclusiva que leva à possibilidade da produção de efeitos na esfera jurídica de outra pessoa.

A fluência dos direitos é permanente. O homem entra em contato com o mundo e com outros a todo instante. A reciprocidade de ações e interações obriga o ser humano a estar em contato na sociedade. Mas, as relações não podem ser perpétuas. Todas tendem à extinção em benefício da seriedade das situações e de seu término. Nada é perpétuo, salvo a concessão de túmulos nos cemitérios. Mesmo estes podem ser removidos se houver necessidade pública.

A estagnação dos negócios. A sedimentação das situações não é benéfica à sociedade, porque tende a imobilizar os negócios jurídicos. Tende-se, assim, à pacificação das relações jurídicas. Neste passo, a prescrição e a decadência ajudam na solução dos conflitos. A inexistência de tais institutos levaria à perpetuidade de inconformidades, de decepções, de desavenças patrimoniais, tudo em prejuízo da pacificação social.

Outrora, não podia o magistrado reconhecer a prescrição de ofício. A situação se alterou com o advento da Lei nº 11.280/2006, que permite a declaração da perda do direito ou de seu exercício de ofício pelo juiz.

Houve alteração do entendimento de que o juiz não poderia agir de ofício. Embora não deva, mas há situações em que o legislador entende que possa existir maior atividade do juiz, para impedir exatamente o prolongamento da conflituosidade.

Existem causas interruptivas e suspensivas da prescrição que estão taxativamente descritas em norma legal. Há uma série de situações em que pode haver a interrupção ou suspensão da prescrição. Não vem a pelo identificá-las porque estão previstas em lei.

5. O termo inicial e final dos prazos

Os *prazos* de decadência e prescrição estão previstos em lei. Ela estabelece o *termo inicial* e *o termo final*.

Em suma, o relacionamento humano faz nascer uma série de *direitos* e *obrigações*. Aqueles se destinam a ser exercidos e aquelas estão subordinadas à vontade do titular do direito. Diferem do *dever* e *do poder*. Estes não são relacionais. Não se esgotam pelo exercício e ensejam uma série indeterminada de relações, não decorrente diretamente deles, mas por força das obrigações e direitos. Estes são relacionais. Exemplifiquemos para deixar claro: a assinatura de um contrato obriga os signatários. Uma vez satisfeita a obrigação, extingue-se o contrato. O poder é exercido de forma permanente e não se exaure. O juiz ao proferir sentenças exerceu seu poder, que não se extingue. O legislador ao elaborar uma lei exerce seu poder, alterando situações jurídicas, mas não extingue seu direito de continuar legislando. Diga-se o mesmo do Executivo quando administra as coisas. Interfere na intimidade jurídica dos outros, sem esgotar sua atribuição.

O direito disciplina relações humanas prevendo sanções no caso de não cumprimento das obrigações instituídas. As sanções também se sujeitam à prescrição. É que a sociedade é dinâmica e não pode ficar obstruída por soluções intermináveis. A sociedade impõe uma série de relações recíprocas. Quase todas alcançadas pela prescrição ou pela decadência.

Vê-se que o direito não foge do tempo. Nem pode. O tempo o alcança em todas suas manifestações.

O homem igualmente é a ele sujeito. Independe de nossa vontade. Não é o tempo cósmico nem das divindades. É o tempo do aqui e agora. Só que ele disciplina relações intersubjetivas.

6. A segurança jurídica

Para segurança das relações jurídicas o direito as submete ao tempo. Entretanto, não se pode perder direitos ou deveres a todo instante. Deve haver certa estabilidade no relacionamento humano. A incerteza no exercício de direitos leva ao desatendimento de obrigações. A segurança jurídica, isto é, a confiança que podem ter os indivíduos nas condições em que são feitos os negócios e o conhecimento antecipado das consequências leva à estabilidade das relações jurídicas. Dá garantia aos interessados.

Os negócios são celebrados dentro do tempo. Contratos que instituem obrigações recíprocas de pagamento mensal e entrega do objeto do contrato em determinado período levam à segurança nos tratos.

As relações jurídicas não se exaurem em chama, como as amorosas do poeta, mas devem ser cumpridas pelo período previsto. Poetas podem pensar na lua, mas não serviriam para se submeter às agruras do direito.

7. Conclusões

Vivemos regidos pelo tempo. Em tudo e para tudo há um tempo certo. Nascemos, vivemos, casamo-nos, reproduzimos, amamos e morremos. Há um circuito temporal para tudo e a vida nos obriga incessantemente a cumprir etapas. O fatiamento das obrigações assumidas, a ânsia de cumprirmos obrigações, a sujeição a prazos, tudo nos leva à angústia descrita por Sartre. Como temos que decidir a todo o tempo para não perdermos o tempo e os prazos previstos, caímos na angústia da decisão diuturna.

O tempo é implacável. Não retroage. Não há acordo de preterição ou postergação. Tudo vem de sobrepasso.

Se de um lado nos sufoca, de outro nos garante.

Nunca pensamos no tempo. Para os amantes ele tem uma dada fluência que não é mesma para os angustiados. Os amantes curtem o tempo. Os angustiados se desesperam ao passar dos minutos. O bolero tem frase saboroso: "Reloj no marques las horas, porque voy a enlouquecer". "Y tu tic-tac me recuerda mi irremediable dolor". E termina com grito angustiante: "Reloj detén tu caminho". "Detén el tempo em tus manos".

É o tempo subjetivo. O que não está no cosmo, mas em nosso interior. Nós dosamos o tempo. Vemo-lo passar com maior ou menos rapidez. A celeridade depende de nosso sentimento. Nossas afecções é que vão distendê-lo ou não.

O tempo objetivo é que limita nosso comportamento. Todas nossas ações estão delimitadas por ele.

No direito ainda prevalece a parêmia latina *tempus regit actum.* É o direito vigorante na época da realização do ato que incide sobre ele e rege sua previsão e seus efeitos. Não há incidência de lei anterior. Se esta foi revogada, não vigora. O futuro está fora de seu alcance e, pois, é o presente que vale. Sponville indaga: "O que é o tempo? É o devir em via de devir: é a continuação mutável do presente, é a mudança continuada do ser" (ob. Cit., pág. 140). Prossegue o autor: "O presente continua presente; é por isso que ele dura, é por isso que ele é o tempo" (ob. cit., pág. 142).

O tempo poético não nos importa. O tempo passado também não. O futuro igualmente é desprezado. Logo, o que vale é o tempo presente em que os atos são praticados e sob o presente é que surtem efeito.

Para o direito, pois, o tempo é o presente. Isso é o que importa. O passado já produziu seus efeitos que se esgotaram. Não se pode desquerer o querido. Não se pode voltar para desfazer efeitos. Posso até anular atos hoje produzindo efeitos retroativos que desfazem os efeitos produzidos. O ato subsiste, mesmo ineficaz. É o acontecimento que fica no mundo.

Em suma, neste ponto filosofia e direito se aproximam. Quase se tocam. São parelhos. No presente é que tudo se passa. A produção de efeitos pode ter começado no passado (termo inicial da usucapião, por exemplo), mas é no presente que ela se consuma.

O tempo que regeu a vigência do ato pode estar no passado, mas os efeitos repercutem no futuro que é o presente. Como disse Heidegger há uma sequência de agora. É este que incide sobre a relação jurídica e que a disciplina. É o tempo agindo no direito.

Consequências do efeito suspensivo concedido ao recurso interposto contra a sentença que decreta a falência

Renato Mange[1]

Desde a vigência da legislação falimentar anterior,[2] havia polêmica sobre as consequências do efeito suspensivo concedido ao Agravo de Instrumento interposto contra a sentença que decreta a falência da empresa.

A primeira questão a ser destacada, e sempre alertada pela doutrina, é que, embora seja sentença, a decisão que decreta a falência deve ser atacada por Agravo de Instrumento e não apelação[3]. Há duas razões que a fundamentam: a primeira, de ordem processual, porque a decisão não é terminativa do processo, na realidade instaura o procedimento falimentar: a segunda, de natureza prática, pois na falência há atos que precisam ser praticados com celeridade logo após sua decretação. Contudo, se o recurso fosse apelação, os autos iriam ao Tribunal competente e haveria a impossibilidade material de seu processamento. Anote-se, ainda, que se houver sentença julgando improcedente o pedido de falência, nessa hipótese, o recurso cabível será a apelação, por isso que, com o encerramento do feito em Primeiro Grau, os autos poderão ser remetidos aos Tribunal sem prejuízo ao andamento do processo.

Desta forma, sendo a sentença que decreta a falência como exceção à regra geral do Código de Processo Civil[4], objeto de Agravo de Instrumento, fundamentado na Lei de Falências, mas processado na forma do estatuto processual civil, o recurso não terá efeito suspensivo. Entretanto, há expressa previsão, no Codex de processo, que o relator poderá atribuir efeito suspensivo ou antecipação da tutela recursal, parcial ou totalmente[5].

Nesse sentido, uma questão surge: caso, após ser concedido efeito suspensivo, o Tribunal, no mérito, venha a desprover o recurso e manter

---

1 Advogado. Ex-Presidente da AASP.

2 Decreto-Lei 7661 de 21 de junho de 1945.

3 Lei 11.101/2005 – art. 100 e Decreto-Lei7661/45 art. 17.

4 Art. 1.009 do CPC.

5 Art. 1.019, inciso II do CPC.

a decisão de quebra, essa decisão retroage à data da decretação da falência em Primeiro Grau?

Esse tema, aparentemente simples, poderá trazer consequências sérias e, por vezes, se não forem bem delimitadas pelos Tribunais, causar prejuízos relevantes à parte que, de boa-fé, transacionar com a empresa falida (ou com a falência suspensa). Efetivamente, deve-se aplicar a disposição literal da lei ou interpretá-la na forma mais condizente com o resultado que o legislador pretendia evitar.

Na interpretação literal do artigo 103 da Lei de Falências[6], o devedor (falido) perde o direito de administrar os seus bens ou deles dispor; em consequência, todos os atos, transações e pagamentos feitos pela empresa falida seriam nulos e as partes que o praticarem após a "quebra" deveriam ser repostas ao *status a quo* anterior. Ou seja, as operações comerciais e pagamentos a fornecedores durante esse período, ou quaisquer outras transações seriam atos nulos e os beneficiários deveriam devolver os valores à Massa Falida. Acolhida essa tese, o efeito suspensivo, concedido pelo Tribunal, não teria gerado resultado concreto. Consequentemente, aqueles que tivessem negociado com a empresa, em razão da suspensão da sentença que decretara a falência, seriam prejudicados. Dessa forma, atingir-se-ia a absurda conclusão de que o Tribunal iludira os terceiros de boa-fé que acreditaram que a empresa estaria em regular atividade!

Essa situação ocorreu, em caso concreto, nos anos 1990, em falência de grande porte em curso no foro de São Paulo. Efetivamente, durante o período em que se processava o Agravo de Instrumento, com efeito suspensivo, contra decisão que convolara a então concordata preventiva[7] em falência, houve acordo entre a empresa e instituição financeira para prevenir litígios, com fundamento no artigo 1.025 do Código Civil de 1916[8]. Decorridos vários anos, com fundamento de ter sido desprovido o recurso e determinado o processamento de falência, a Massa Falida, por seu Síndico[9] (atualmente Administrador Judicial[10]), entendeu nula a referida transação e pretendeu prosseguir com o litígio entre as partes.

6 Lei de falências - artigo 103 - Desde a decretação da falência ou do sequestro, o devedor perde o direito de administrar os seus bens ou deles dispor.

7 Concordata Preventiva - artigo 139 do Dec. Lei 7.661/45.

8 Artigo 840 do Código Civil de 2002.

9 Síndico - artigo 59 do Dec. Lei 7.661/45.

10 Administrador Judicial – artigo 99 inciso IX da Lei 11.101/05.

Em consequência, passou a exigir do banco que procedesse ao estorno de lançamentos, em sua análise, indevidos, na conta corrente da empresa (agora falida) e restituísse esses valores. A casa bancária alegou que, com a transação, já ajustara essa questão tendo, inclusive, procedido ao pagamento de diferenças encontradas à empresa, então sob regime de concordata, mas na livre administração de seus negócios (artigo 167 do Decreto Lei 7661/45 - Lei de Falências então em vigor). Entretanto, em Primeiro Grau, houve determinação para que fosse depositado em favor da Massa Falida enorme quantia apurada, em perícia unilateral elaborada pelo Síndico, como sendo os prejuízos causados em razão de débitos indevidos na conta corrente bancária da então empresa falida, já acrescidos de juros moratórios e correção monetária.

A parte obrigada a indenizar, representada por combativo advogado, interpôs recurso ao Tribunal de Justiça de São Paulo alegando, em síntese: **i)** a transação ocorrera quando havia efeito suspensivo concedido pelo Tribunal e, portanto, legitima, hígida e válida porque a empresa estava na livre administração de seus bens, em regime de concordata preventiva, não podendo a decisão posterior negar a suspensão anteriormente concedida; **ii)** não poderia prevalecer a apuração unilateral da restituição de valores, reiterando serem indevidos.

O Tribunal de Justiça de São Paulo, por sua 3ª Câmara de Direito Privado, manteve a decisão de Primeiro Grau por entender haver retroação *ex tunc* da decisão que, negando provimento ao recurso anterior, mantivera a falência, mas, dando provimento parcial ao Agravo, determinou que deveria haver contraditório para apuração do valor a ser restituído à falida. O Acórdão tem a seguinte ementa:

> AGRAVO DE INSTRUMENTO – Ineficácia da transação – Retroação ***ex tunc*** – Ato que pode se tornar ineficaz por simples despacho – Novo pagamento sem direito de defesa e contraditório – Impossibilidade – Recurso provido em parte".
> Agv. Instrumento nº 9010728-55.1997.8.26.0000 TJSP- rel. Desembargador Murillo Mattos Faria Junior - julgamento em 17/02/1998.

Em sua fundamentação o Aresto consignou que:

> Não obstante o parecer da Douta Procuradoria, o recurso merece provimento só em parte, porque a transação realmente foi ineficaz, porque após a decretação da falência, quando esta processualmente se encontrava suspensa, mas com retroação ***ex tunc*** quando negou-se provimento ao recurso.

> Como sustenta a Douta Procuradoria, os artigos 39 e 40 do diploma falencial não permitem qualquer ato de disposição que será ineficaz, podendo ser reconhecido por simples despacho.
>
> Mas não se pode compelir o agravante a depositar novamente a importância que pagou sem lhe conferir o direito de defesa, e com a observância de um contraditório regular.

O banco-recorrente teve vitória parcial para que os valores devidos fossem regularmente apurados, em processo com oportunidade de defesa e observados os princípios do contraditório. Entretanto, a Turma Julgadora acolheu a ineficácia da transação, com fundamento nos artigos 39 e 40 do Estatuto Falimentar de 1945, então em vigor, considerando que a falência tivera seu processamento suspenso mas, com o desprovimento do recurso, haveria a retroação *ex tunc*, da decisão do Tribunal; consequentemente, os efeitos da falência seriam aplicados desde a data da prolação da decisão de Primeira Instância.

O advogado, como já dito, era muito combativo, e apresentou Embargos de Declaração para esclarecer essa fundamentação que tinha imprecisão técnica. De fato, se as normas legais invocadas - artigos 39 e 40 - fulminam de *nulidade* (§ 1º do artigo 40) o ato seria ***nulo*** e não ineficaz. O que geraria contradição com a parte seguinte da decisão "podendo ser reconhecido por simples despacho". Efetivamente, os atos nulos poderiam ser reconhecidos por despacho, mas os ineficazes apenas por meio de ação revocatória (artigos 52 e 53 do Decreto Lei 7661/45). Atualmente, conforme dispõe o artigo 129, parágrafo único da lei 11.101/05, em algumas hipóteses os atos ineficazes poderão, inclusive de ofício, ter sua ineficácia declarada por mero despacho do Juiz competente para o processo falimentar.

Apesar de ter sido demonstrada a evidente contradição, os embargos de declaração foram rejeitados. Embora tivesse tido vitória parcial, o advogado, profundo conhecedor do processo civil e das técnicas do Recurso Especial, prosseguiu em sua luta.

Dessa forma, interposto o REsp, após superada as fases processuais no Tribunal de origem, teve seguimento no Superior Tribunal de Justiça, sob relatoria do saudoso Ministro Menezes Direito, que, posteriormente, foi Ministro do Supremo Tribunal Federal.

Este percurso, sempre bastante difícil, teve todo o empenho do valoroso advogado que, em audiência pessoal, apresentou memorial ao Presidente da Secção de Direito Privado do Tribunal de Justiça de São Paulo, encarregado de apreciar a admissibilidade do REsp.

Estando o recurso em processamento no Superior Tribunal de Justiça, além de ter colega em Brasília para acompanhar seu andamento na Secretaria, o ilustre causídico preparou novos memoriais e despachou, também em audiências pessoais, com os Ministros componentes da Turma Julgadora. E, ainda não satisfeito com todos esses trabalhos, apresentou-se na sessão de julgamento para proferir sustentação oral.

O resultado de toda essa dedicação e da argumentação jurídica profunda, eficaz e contundente foi o provimento do REsp. com a seguinte ementa:

> **Agravo de Instrumento. Suspensividade. Efeitos. Interpretação dos artigos 527 e 558 do Código de Processo Civil. Concordata. Falência.**
> 1. Estando a empresa sob o regime de concordata, a decretação posterior da quebra, com a suspensão da decisão monocrática pelo efeito suspensivo concedido ao agravo, mantém-na sob aquele regime jurídico, podendo, portanto, praticar todos os atos correspondentes, não tendo a decisão do Tribunal, negando provimento ao agravo, efeito **ex tunc**, de modo a anular os atos praticados naquele período.
>
> 2. Recurso especial conhecido e provido.
> Resp. nº 212.149-São Paulo- Rel. Ministro Carlos Alberto Menezes Direito – julgamento em 02 de maio de 2000.

Essa decisão, com acolhimento de sua tese, foi o coroamento do persistente trabalho do advogado e a definição que o efeito suspensivo deve ser respeitado, caso contrário, seria iludir a parte que o considerasse válido e efetivo.

Em caso semelhante, ocorrido muitos anos depois, houve discussão dessa mesma tese sobre as consequências do efeito suspensivo concedido a Agravo de Instrumento interposto contra decisão que decreta a falência.

Nesse processo, o síndico (tratava-se de falência em processamento desde 1996) pretendeu que determinado banco restituísse à Massa Falida todos os valores pagos, por débitos em sua conta corrente bancária, feitos por cheques, ordens de pagamento, folha de pagamento de funcionários e outros, apurados em perícia contábil unilateral. O Juízo de Primeiro Grau, em despacho sem qualquer fundamento, acolheu o pedido do Síndico e determinou a intimação da instituição bancária para depositar, aproximadamente, vinte e cinco milhões de reais. Consigne-se, por oportuno, que o banco não era parte na falência, pois não era credor da empresa falida. Essa decisão ocorreu em 11 de agosto de 2016 e a falência havia sido decretada em 19 de dezembro de 1996. Os valores reclamados eram sobre operações bancárias realizadas entre dezembro de 1996 e janeiro de 1998, data da publicação do Acórdão que, negando provimento ao recurso, manteve a decretação da falência. Ocorre que ao recurso havia sido concedido efeito suspensivo, continuando a empresa a operar em regime de concordata preventiva, durante o processamento do recurso (dezembro/1996 a janeiro/1998).

Interposto o Agravo de Instrumento, o Tribunal de Justiça, após ter concedido efeito suspensivo, deu provimento ao recurso para reformar a decisão que intimou o banco a depositar a elevadíssima quantia, e determinou que fossem apuradas as condições e valores que haviam sido debitados na conta bancária da falida. Após longas discussões em Primeiro Grau, a decisão determinou que a instituição bancária devolvesse os valores debitados nos dias decorridos entre a decretação da quebra e a concessão de efeito suspensivo ao recurso pelo Tribunal.

Interposto novo Agravo de Instrumento, com alegação de prescrição e com esteio na decisão do STJ acima citada, houve a reforma da decisão de Primeiro Grau em Acórdão com a seguinte fundamentação:

> Respeitada a posição do eminente relator sorteado, mesmo que se afastasse a prescrição, não faz qualquer sentido responsabilizar o banco agravante por movimentações bancárias ocorridas em 1997 na conta corrente da então concordatária, se no período o banco não tinha sido comunicado de eventual falência ou qualquer restrição, o que ocorreu somente em 1998, pois não lhe era possível saber da falência.
> Agv. Instrumento nº 2156922-74-2019.8.26.0000 – Rel. Luís Mario Galbetti, julgto. 24 julho de 2020.

Entretanto, a demonstrar que ainda há polêmica sobre a tese, oportuno é consignar que houve julgamento estendido (artigo 942, § 3º inciso II do CPC), ficando vencido o relator sorteado -Desembargador Luiz Antônio Costa – e parcialmente o segundo juiz Desembargador Miguel Brandi.

O que se demonstra, nesse relato, é como o advogado, que com sólidos e jurídicos argumentos, trabalha incansavelmente, seja nas razões dos recursos, seja em breves memoriais entregues em despacho pessoal, com Desembargadores e Ministros, e culmina sua luta com sustentação oral, é fundamental na formação da jurisprudência de nossos Tribunais.

Evidentemente, o advogado ao qual nos referimos na descrição da luta do caso acima outro não é que o nosso homenageado RUBENS FERRAZ DE OLIVEIRA LIMA.

Homenagem ao advogado Rubens Ferraz de Oliveira Lima

Renato Mercadante Mortari[1]

Acredito que todos nós, de uma forma ou outra, temos a vida marcada por fatos, encontros e circunstâncias diversas. Comigo não foi diferente. Entre os mais significantes, destaco o feliz encontro que tive, no final dos anos 1980, com o nosso homenageado, o ilustre e brilhante advogado Dr. Rubens Ferraz de Oliveira Lima.

Com poucos anos de formado e recém nomeado Superintendente Jurídico da antiga BM&F, Bolsa Mercantil & de Futuros, hoje B3, logo me deparei com assuntos e demandas judiciais sobre os quais pouco ou nada conhecia. A uma, pela pouca idade e experiência como advogado; a duas, pela singularidade do assunto: mercados futuros!

Com efeito, pouco mais de um mês de meu ingresso na Bolsa, eclodiu o chamado "Caso Nahas". Certamente, um dos mais críticos momentos pelo qual passou o mercado financeiro e de capitais no Brasil, a crise foi gerada pela devolução de um cheque de emissão do investidor Naji Nahas, provocando um debacle na Bolsa de Valores do Rio de Janeiro, com consequências para a Bolsa de Valores de São Paulo e para a BM&F, ainda que nesta última não fossem negociadas ações em seus pregões.

Este evento teve especial repercussão e dimensão para a BM&F porque, inaugurada há apenas três anos, ainda lutava para consolidar os seus mercados. E foi exatamente esse "acidente de percurso" que me levou ao encontro com o nosso homenageado. Dr. Rubens, que deixara o prestigioso cargo de desembargador no Tribunal de Justiça do Estado de São Paulo alguns anos antes, recebeu-me com o carinho e a atenção que sempre o caracterizaram, juntamente com sua filha, a também advogada Heloisa de Oliveira Lima Bacellar, de quem depois também me tornei um fraterno amigo, no escritório que ocupavam em um prédio da Rua da Consolação, perto da Avenida São Luiz, no centro da cidade.

Dr. Rubens, que já advogava para a antiga Bolsa de Mercadorias de São Paulo-BMSP, a chamada "Bolsinha", logo compreendeu a situação. Naquele momento de forte estresse no mercado, a BM&F, para viabilizar a solvência do sistema, valeu-se de seu poder-dever de regular os mer-

---

1 Advogado.

cados, determinando a liquidação de parte das posições dos "vendidos" no Índice Bovespa, de sorte a permitir a saída, ou seja, um "corte" nas posições perdedoras dos comitentes que detinham posição comprada, estancando o prejuízo daqueles comitentes que estavam insolventes.

Para que se entenda o que ocorria, a queda no valor das ações no mercado à vista provocou igual queda nos contratos futuros de índice de ações negociado na BM&F. E, os "vendidos", que naquele momento eram detentores de posições ganhadoras no Índice Bovespa, foram compelidos a reduzir parcela de suas posições e, em consequência, a potencialidade de seus ganhos. Alguns se insurgiram e questionaram essa determinação da Bolsa.

Com a serenidade e firmeza que sempre caracterizaram nosso homenageado, com ele aprendi que, em uma demanda judicial, era preciso mostrar aos julgadores a importância e a singularidade do que se está a defender, fosse ela de natureza ética, moral ou econômica. Como ele sempre diz, "era preciso tirar o caso da normalidade"! E, em razão da singularidade e características dos mercados futuros, o trabalho do Dr. Rubens se destacava e se tornava ainda mais especial, posto que rapidamente conseguiu "traduzir", em uma linguagem acessível a juízes e demais membros do judiciário, a dinâmica de seu funcionamento.

A partir daí a BM&F foi colecionando sucessivas e importantes vitórias no judiciário, tendo aperfeiçoado seus estatutos sociais, normas e regulamentos, sempre com a chancela do Dr. Rubens. Importante lembrar que, à época, existia uma certa desconfiança da natureza e da efetividade de seus contratos e sistemas operacionais. Ainda que por desconhecimento, havia, em determinados segmentos da sociedade, a ideia de que bolsas de futuros eram simples casas de apostas, como se ali fossem negociados jogos de azar. Dr. Rubens não apenas corrigiu essa distorção, mas, em especial, conseguiu mostrar aos juízes a importância desses mercados para uma economia que sempre desejou ser próspera e moderna.

E, nesse diapasão, nosso homenageado muito colaborou para que a BM&F adquirisse respeitabilidade e confiança, especialmente no judiciário. Por meio de palestras, artigos, peças processuais e encontros com juízes, desembargadores e ministros dos tribunais superiores, Dr. Rubens ajudou a mostrar o funcionamento e a importância dos mercados futuros como instrumento para a fixação de preços dos ativos negociados em seus pregões, afastando a desconfiança inicial que se tinha sobre o assunto. Inegável, pois, não apenas a sua contribuição para a formação e o fortalecimento dos mercados futuros no Brasil, mas, em especial, para a edição e a consolidação da legislação e regulamentação que foram sendo editadas pelo Banco Central e pela Comissão de Valores Mobiliários-CVM.

Com o passar dos anos, o escritório do nosso homenageado crescia, passando a ocupar, primeiramente, uma acolhedora casa no Pacaembu, em São Paulo, nas proximidades de sua antiga residência, até se fixar no bonito escritório onde hoje se situa no mesmo bairro. Com a Bolsa acontecia a mesma coisa. No início dos anos 1990, a BM&F celebrou acordo operacional com a antiga Bolsa de Mercadorias de São Paulo-BMSP, depois adquiriu os títulos de associados da Bolsa Brasileira de Futuros-BBF, no Rio de Janeiro, os da Bolsa de Valores do Rio de Janeiro (que disputava com São Paulo - até o "Caso Nahas" - o lugar de maior bolsa de valores do Brasil) e das diversas pequenas bolsas de valores que existiam em alguns estados da federação.

Já em 2007, a BM&F dá seu maior e mais importante passo para se consolidar no que é hoje, deixando de ser uma associação civil para se tornar uma sociedade por ações e abrir seu capital, o chamado "IPO". Em 2008, fundiu-se com a Bovespa - Bolsa de Valores de São Paulo, passando a se chamar BMFBovespa. E, finalmente, uniu-se à CETIP, formando o que é hoje, a B3 S.A – Brasil, Bolsa, Balcão -, uma das maiores e mais prestigiadas bolsas do mundo. Sempre contando com a companhia, com o trabalho e com a chancela de nosso homenageado!

Não posso deixar de registrar, ainda, que desfrutar da amizade e do convívio com Dr. Rubens foi determinante não apenas para consolidar minha carreira na BM&F, onde permaneci até a fusão com a Bovespa, mas também em minha história de vida. Aprendi muito com ele. Nem me refiro ao pouco de Direito que sei, mas, em especial, à forma de encarar a vida. Nosso homenageado não é apenas um advogado com otimismo inveterado. Trata-se de um homem que tem fé e que acredita na virtude de seus semelhantes. E, exatamente por isso, a todos sempre contagiou com sua positividade e perseverança. Muitos de meus colegas da Bolsa têm pelo Dr. Rubens o mesmo respeito e admiração. Um deles, em especial, que muito o estima e admira, costumava brincar que ele era "um verdadeiro Ronaldinho" porque, além de craque, fazia muitos gols!

E, parafraseando esse amigo comum, que tal qual Dr. Rubens, é um fanático por futebol, nosso homenageado não é apenas um craque do Direito. Conheci e igualmente me tornei amigo de sua esposa, Dra. Heloisa, e de seus filhos Heloisa, Rubinho, Ricardo e Regina. Uma família bonita em todos os sentidos e, acredito, a maior paixão do nosso craque. Isso tudo sem deixar de citar aqueles que se formaram na sua "escola", os integrantes de Oliveira Lima Advogados, especialmente os brilhantes Paulo Afonso Pinto dos Santos e Daniel Jurema. Nas palavras de nosso homenageado, e com a minha total e irrestrita concordância, um time para ninguém botar defeito, um time à altura dos melhores escritórios do Brasil! Um time que, junto com o nosso homenageado, conquistou e continua a conquistar inúmeras e memoráveis vitórias.

Parabéns por todas elas, parabéns por tudo, meu caro e fraterno amigo Dr. Rubens Ferraz de Oliveira Lima! E, por último, mas não por isso menos importante, preciso dizer: muito obrigado! Obrigado não apenas pelo que fez por mim, pela instituição que eu representava e pelos meus companheiros de trabalho. Obrigado pelo carinho, pelo zelo e consideração como sempre tratou a todos nós!

Com carinho e admiração,

Renato Mercadante Mortari

São Paulo, abril de 2020

Estórias de um híbrido

Roberto Rosas[1]

O título é uma grande homenagem, não uma dúvida ou a mistura de atuações, porque não sei se Rubens foi grande na Magistratura, ou ótimo na Advocacia. As duas coisas, por isso, um híbrido.

Não há engano na grafia, queremos estória com o a narrativa de cunho popular, e tradicional, tal como *story* – objetivo de divertir ou instruir o leitor, é diferente de história.

Ao publicar o livro sobre a biografia de Pedro Lessa, fui às origens desse grande magistrado, professor e jurista na cidade do Serro, Minas Gerais. Para lá fui bem longe, no século 18, sobre fato aterrador, a terra tremeu, e ninguém menos que o mineiro Guimarães Rosa que relatou esse fato no seu livro – Primeiras estórias. Ali parei no título a escutar Guimarães Rosa e não o estrondo no Serro. Era um neologismo diferente de história, a esta se opunha, como ele distinguiu nesse livro – nenhum, nenhuma – "Era uma velha, uma velhinha de história, de estória – velhíssima". Aqui abandona a história, e ficou nas estórias de Rubens Ferraz de Oliveira Lima, e da história jurídica onde ele está como autor e protagonista, afinal foi e é, o magistrado, o advogado, o amigo, o ser humano – porque em cada estória há um ser humano, do bem, do mal, do certo, do errado. Rubens está no bem, no certo. Como estou em estória, lembro-me de acórdão do Tribunal de Justiça de São Paulo, em uma polêmica acirrada entre a Copersucar e antigo dirigente, grandes advogados dos dois lados. O relator, um certo Oliveira Lima, não o conhecia, fiquei impressionado com a concisão e a precisão. Guardei o nome, e nele montei minha defesa no STF, mas a vida trouxe-me, de carne e osso, esse tal Oliveira Lima. Em um debate da Associação dos Advogados de São Paulo sobre reforma processual. Pediu a palavra, preciso, certeiro no tema, conhecimento, cultura jurídica e discernimento, juntava o magistrado e o advogado. Mais adiante outra estória, Rubens chamou-me para complicado caso, derrota em São Paulo, a ser resolvido no STJ. Precisava de solução imediata e urgente a suspender em uma decisão paulista. Montamos a estratégia, os pontos e partimos, e o cliente, feliz exclamou – trabalho de profissionais.

---

1 Professor Titular da Faculdade de Direito da UnB. Membro da Academia Brasileira de Letras Jurídicas.

Não mais me afastei desta convivência, e aprendo com o grande advogado – preciso, conhecedor de qualquer matéria, muito ético e correto, uma lição profissional.

Vejo o amigo, leal e sério, sem tergiversar, o chefe de família, o patriarca sem desmandares ou superioridade, vencedor pelo exemplo e carinho, é sem dúvida, uma grande convivência, um aprendizado, com ele sempre há muitas estórias, como ocorreu em uma audiência marcada com o grande e inviolável Ministro Ruy Rosado de Aguiar, no STJ, que recentemente chegara ao STJ. Rubens marcou, veio a Brasília e na hora a secretária disse – o Ministro não virá hoje! Diz Rubens – mas ele agendou! A secretária afasta-se, volta e diz – o Ministro receberá o senhor na casa dele. Era o prestígio do advogado, e a elevação de um grande magistrado.

Outra com Rubens, ele traz um memorial e tenta resumir a demanda. O Ministro recusa, acredito no seu trabalho nos autos.

Rubens tentou um acordo, e o colega agressivo – não faço porque vou ganhar. Rubens, humilde, responde – haverá empate, porque também vou ganhar, e venceu.

Rubens tem carisma que se transforma em segurança ao cliente. Certa vez, um grande empresário procurou Rubens, já em férias, passagem na mão, e a Europa o esperava, com rigoroso inverno, de seu gosto e da sua Heloísa. História do problema, e a desculpa pela viagem. O empresário bate – o problema é seu, aqui estão os documentos. Adiou, assumiu e venceu.

São estórias. Rubens, extraordinário nesta mutação do juiz de carreira, grande nessa atividade, ao advogado, grande e excepcional. É uma passagem difícil de comportamento, ação, psicologia, convivência. Isso foi um passeio e uma trajetória.

Rubens tem uma imensa grandeza que nos impede toda a descrição, como ocorreu a Dante no último canto do Paraíso – quer nos contar, mas não consegue dizer nada, apenas não consegue dizer nada (XXXIII – v. 82).

Há um dia fatal ou decisivo na vida judiciária brasileira – o dia 21 de abril de 1960. Nessa data, o Presidente da República, o Congresso Nacional e o Supremo Tribunal Federal instalaram-se em Brasília, a nossa capital. O Rio de Janeiro largara duzentos anos de história e estórias boas ou más, porém, a realidade brasileira.

Nesse dia solene, o Supremo Tribunal realizava sua sessão de instalação, para gosto ou não de alguns ministros, incrédulos pelo sucesso dessa transferência, e para os trabalhos da Corte.

Não somente o Supremo fincara suas bases na Praça dos Três Poderes, a capital deveria ter a sua Justiça, e assim criados desembargadores e juízes. Foram recrutados por opção pessoal, oriundos dos tribunais do Rio, Bahia e Minas Gerais, e juiz de Goiás. Foi uma saga, um destemor na solidão do Planalto, sem instalações, servidores, mas os chegados tinham grande experiência nas suas origens, assim puderam vir com normas e princípios, salutares para a criação de uma justiça, tal qual ocorrera na Bahia no Século XVII, ou em 1802 com a chegada da família real no Rio de Janeiro. Parecia fácil, mas ninguém iria a Brasília de modo espontâneo, era necessário um incentivo, algo importante, como um benefício financeiro, a chamada "dobradinha de Brasília", a duplicidade do vencimento, além de residência funcional. Muitos prezaram e ficaram, e trouxeram raízes para a nova terra, e o novo Judiciário. É um capítulo importante do Judiciário em Brasília, com muitas estórias.

Brasília não trouxe uma universidade ou curso, em 1960. Logo, percebeu-se esta importância, e surgiu a Universidade de Brasília, em 1961, e o curso Direito era o mais falado, ao lado de Arquitetura, este inspirado na obra de Niemeyer. Mas o curso de Direito procurou novas diretrizes e perspectivas para o ensino jurídico, com modulação de aulas, currículos, e forma de expressão, com ênfase nas teorias gerais (pública, privada e processual). A primeira turma formou-se em 1966 e, dez anos após, foi implantada a pós-graduação, com ênfase em Direito Público. A Universidade de Brasília foi a primeira escola a adotar o mestrado na pós-graduação.

A Justiça Federal chegou tímida a Brasília, em 1967, com dois juízes efetivos, sem uma mesa ou cadeira, o servidor, tudo foi garimpado por esses esforçados juízes pioneiros.

O movimento militar de 1964 desencadeou um sismo sobre o Judiciário brasileiro, especialmente o Supremo Tribunal. Todos os dias boatos ou ameaças, estórias de instabilidade, até a concretização do mal, com a aposentadoria de três ministros (Victor Nunes, Hermes Lima e Evandro Lins), e o protesto do Presidente Gonçalves de Oliveira com sua aposentadoria voluntária.

Mas a vida continua, e o Judiciário luta contra um mantra recorrente – a morosidade, e daí a busca da rapidez. Nesta senda, Rubens Ferraz de Oliveira Lima trouxe achegas colaborativas para esse crucial problema, e em suas soluções, rapidez, sem qualidade é ruim, morosidade com qualidade é belo, acadêmico, mas não atende ao jurisdicionado.

Incentiva-se o interesse pela segurança jurídica, e aqui se adota um respeito à jurisprudência, aos precedentes, muito facilitado pela internet, o Google, o processo eletrônico. É um caminho importante, mas obediência à jurisprudência decorre de uma humildade intelectual do vencido, da opinião derrotada, acompanha ainda que com ressalvas.

Em 1988, houve um marco no Judiciário, com a elaboração da Constituição. Ampliaram-se poderes, especialmente do Supremo, mas o cuidado é necessário na não exorbitância de seu alcance.

Ainda algumas palavras, em um setor cheio de estórias, sobre o processo eleitoral. Passamos de cédula, da urna de lona, para o voto eletrônico, com diz o povo – a máquina de votação, grande realização democrática, a fraude acabou, o mapismo (encher de número), a cédula rasurada, tudo isso acabou.

No ano de 2020, o mundo foi visitado por um insignificante e invisível ser – um vírus –, que disseminou a covid-19, com muito estrago e uma declarada pandemia, se epidemia é grave, a pandemia é geral. Consequência: recolhimento, com várias palavras confinamento, quarentena, *home office*, isolamento, enfim, fiquem em casa com medo do vírus.

Comigo não deu outra, instalei novo computador, nova mesa, e puxei pela memória, além do Google. Nessa linha, instiguei a memória e resolvi escrever sobre fatos e acontecimentos em Brasília, em especial no mundo jurídico. Se escapei do vírus, e cheguei à vacina, trouxe um livro – *Lembranças do mundo jurídico*, com um capítulo sobre estórias do mundo jurídico, e recebi uma apreciável homenagem dos amigos.Uma vida dedicada ao Direito, com belos trabalhos, dentre eles, de Rubens Ferraz de Oliveira Lima.

(Roberto Rosas – a caminhada).

Panorama recente da legislação de controle de armas de fogo no Brasil

Rodrigo Rosas[1]

Mario Quintana disse que "maravilhas nunca faltaram ao mundo; o que sempre falta é a capacidade de senti-las e admirá-las". Esta frase vem à cabeça quando penso no Dr. Rubens Ferraz de Oliveira Lima que, como poucos, sabe como perceber a admirar o mundo ao seu redor e, como raros, é uma maravilha em si mesmo.

Tenho a honra de contar com o nosso homenageado como uma figura que sempre fez parte da minha vida, devido à amizade forte entre ele e meu pai. Ao longo de muitos anos, vejo em ambos exemplos sólidos de postura ética, moral e profissional. São mentes curiosas e sagazes, sempre atentas aos acontecimentos do País e do exterior.

Por isso, não me surpreendi quando, em setembro de 2005, um mês antes de um inédito referendo popular sobre a venda de armas de fogo no Brasil, recebi por mensagem a seguinte pergunta do Dr. Rubens Oliveira Lima: qual será o resultado?

Com a ousadia de um jovem advogado, respondi que teríamos uma surpresa interessante, já que a então recente legislação, Lei nº 10.826 – o chamado Estatuto do Desarmamento –, era fruto da união da maioria dos partidos políticos, lideranças católicas, empresas multinacionais e ONGs; maciçamente apoiados por uma riquíssima campanha midiática do principal conglomerado de comunicação do Brasil. Naquela altura, as pesquisas de opinião apontavam certa vitória do "SIM", que daria vida ao artigo 35 da legislação para proibir a comercialização de armas de fogo e munição no Brasil, exceto para os órgãos de segurança pública e seus integrantes.

Como "prometi" ao Dr. Rubens, e para surpresa e frustração da união de forças citadas anteriormente, o resultado foi, de fato, surpreendente. O Tribunal Superior Eleitoral, naquele tempo presidido pela figura firme e respeitada do Ministro Carlos Mário Velloso, conduziu o referendo de forma imparcial e com paridade de armas entre os dois lados. Uma frente defendia o "SIM", pela proibição, e a outra advogava pelo "NÃO", com a continuidade da venda de armas.

---

1 sócio no Rosas Advogados

Ora, é importante um parêntese. Ao contrário do que alguns disseminavam à época, é claro que a venda de armas não seria feita no balcão da padaria. Como sempre foi – e deve mesmo, em certa medida, ser –, a aquisição de armas de fogo se cercaria das mais rigorosas restrições impostas pela nova legislação. A bem da verdade, a circulação de *fake news* não é privilégio dos tempos atuais de internet e redes sociais. A disseminação de inverdades sempre existia e existirá: "se a rosa tivesse outro nome, ainda assim teria o mesmo perfume"[2].

Sendo assim, o TSE estabeleceu horários eleitorais com tempos de exposição iguais, controle similar para doações ao que tinham as eleições regulares, e uma campanha educativa que buscava informar a importância do comparecimento do eleitor para decidir aquele tema trazido ao julgamento popular.

O uso da legislação como ferramenta de segurança pública, no caso do controle de armas de fogo, vinha sendo vitrine de gestões fracassadas desde o governo do Presidente Fernando Henrique Cardoso, quando o Ministro da Justiça Renan Calheiros conseguiu aprovar a Lei nº 9.437, criminalizando o porte ilegal de arma de fogo e criando o Sistema Nacional de Armas - SINARM.

O novo programa concentrou todos os registros de arma de fogo nas mãos da Polícia Federal e retirou o cadastramento das mãos das Secretarias de Segurança dos Estados. Naquele tempo – como ainda atualmente – se optava por um enfrentamento ao grande número de mortes causadas pelas armas de fogo que se desse, prioritariamente, pela via legislativa. Mais simples, barata e com excelente repercussão midiática. O investimento realmente necessário na máquina policial, estadual e federal, tem sido historicamente deixado em segundo plano.

Naquela época já faltava ao setor maiores cuidados nas crescentes áreas de inteligência e informatização. Ali se sabia o que hoje é gritante: o aparelhamento e o aperfeiçoamento das instituições de defesa do povo e do país é fundamental à prevenção de ilícitos e manutenção da ordem. Com o aparato apropriado, a inteligência, por si só, tem uma capacidade de entrega de resultados que nenhuma lei poderia alcançar. Isso porque aqueles que precisam ser monitorados são justamente o que desconsideram a legislação e as regras sociais. Para eles, o desarmamento (do povo) é uma vantagem, não uma regra aplicável. Não foi por outra razão que se viu desenrolar o esperado fracasso da Lei

2 Shakespeare, Romeu e Julieta.

nº 9.437 embora, curiosamente, alguns tenham chamado de "vitória" o crescente número de mortes.

E, assim, o governo do Presidente Luís Inácio Lula da Silva enveredou pelo mesmo caminho de seus antecessores e se empenhou em patrocinar uma nova iniciativa legislativa, mais ampla e ambiciosa: a proibição da venda de armas de fogo no Brasil. Capitaneado pelo maior conglomerado de mídia do país, e aglutinando lideranças políticas de todas as matizes ideológicas, a Lei 10.826/2003 teve rápida tramitação e aprovação nas casas legislativas.

Na Câmara dos Deputados, o relator Deputado Luiz Eduardo Greenhalgh transigiu somente na questão da data da realização do referendo, porque o valor estimado para a mobilização do processo rondava os R$ 300 milhões de reais. Isso em 2003, quando a moeda possuía uma valorização que se perdeu ao longo de quase 20 anos. Nada obstante, no Senado, o relator, Senador César Borges, conseguiu restabelecer a data de realização do referendo, previsto para o ano de 2005. Com todas as vontades políticas alinhadas, só restava à Justiça Eleitoral se programar para a "mini eleição".

À medida em que a votação no Referendo se aproximava, os principais institutos de pesquisa "apontavam" com segurança que uma ampla maioria das pessoas era favorável à proibição da venda de armas e munições. Concomitantemente a isso, o tema começava (ou recomeçava) a ser realmente discutido em todo o país, tanto por grupos públicos quanto em particular.

Na época, diferentemente do que ocorreu no Referendo anterior, a propaganda "eleitoral" foi proibida pelo TSE. Restou às duas campanhas fazer o melhor uso possível do horário eleitoral gratuito. Foi quando se deu um fenômeno até hoje pouco estudado e explicado: a mudança nas pesquisas, nada sutil, começou a embaçar o palanque político dos patronos da nova legislação que, até então, previam muita festa e projeção política. Próximo ao dia do referendo, a rejeição da proibição prevista no artigo 35 do Estatuto esvaziou a expectativa do "SIM". Os palanques, minguados, perderam a audiência e a pompa.

No dia 23 de outubro de 2005, mais de 59 milhões de eleitores escolheram o "NÃO". Quase 64% de toda a população eleitora do país. Mais uma vez, a proibição ao comércio de armas de fogo e munição foi derrotada.

De diversos temas polêmicos, cuja adoção sempre trouxeram a ideia de realização de referendos populares, a venda de armas de fogo foi um teste caríssimo, e que frustrou não só seus padrinhos políticos e midiáticos, como demonstrou que nem sempre a vontade e os interesses dos representantes do povo refletem a vontade e os interesses do povo.

Após o Referendo, pequenas mudanças legislativas foram acontecendo no decorrer do tempo. Majoritariamente, categorias de servidores públicos que não eram contemplados no Estatuto do Desarmamento (Lei nº 10.826/2003) faziam jus por circunstâncias pessoais e profissionais ao porte de arma, conseguiram ter o seu direito reconhecido. O assunto sumiu das manchetes, retornando ao debate público somente na eleição presidencial de 2018, quando o então candidato Jair Bolsonaro prometeu realizar ajustes legislativos que garantissem a flexibilização para a aquisição de armas de fogo, notadamente em benefício de grupos profissionais que trabalham sob permanente risco pessoal.

Após sua eleição, o Presidente Jair Bolsonaro, em poucos meses, realizou a prometida flexibilização, o que fez por meio de diversos decretos (Decretos nº 5.123/2019, nº 9.785/2019 e nº 9.845/2019). Como era de se esperar, rapidamente tais atos normativos foram desafiados.

O PSB, Partido Socialista Brasileiro, ajuizou ação declaratória de inconstitucionalidade perante o Supremo Tribunal Federal (ADI nº 6.119) contra os decretos e contra dispositivos da Lei nº 10.826/2003. O processo foi distribuído ao Min. Edson Fachin.

No dia 12 de março de 2021, o Relator proferiu em sede de plenário virtual um voto dando razão ao PSB. Na ocasião, o Ministro afirmou que a lei "presumia" a necessidade do uso de armas de fogo e que tal conclusão deve ser sempre resultado de verificação, não de presunção.

A Advocacia Geral da União (AGU) se manifestou nos autos explicando, sobre a iniciativa legislativa do Presidente, que se justificaria "diante de razões de interesse público, concernentes aos alarmantes índices de violência aferidos nos últimos anos e à necessidade de combater, com urgência, os problemas relacionados à segurança pública e ao crescimento da criminalidade no território nacional".

Mesmo assim, e a despeito da experiência histórica e dos referendos caríssimos e frustrados, o Ministro Edson Fachin defendeu que somente o Legislativo teria competência para decidir adequadamente a questão e a flexibilização da posse e porte de armas. Em conclusão, o Min. Relator conheceu integralmente a ação para julgar procedente o pedido nos termos que seguem:

> (...) declarando a inconstitucionalidade do art. 12, § 1º e § 7º, IV, do Decreto nº 5.123/2004 (com alteração dada pelo Decreto nº

> 9.685/2019); do art. 9º, § 1º, do Decreto nº 9.785/2019; e do art. 3º, § 1º, do Decreto nº 9.845/2019, e conferir interpretação conforme à Constituição ao art. 4º do Estatuto do Desarmamento; ao inciso I do art. 9º do Decreto nº 9.785/2019; e ao inciso I do art. 3º do Decreto nº 9.845/2019, fixando a orientação hermenêutica de que a posse de armas de fogo só pode ser autorizada às pessoas que demonstrem concretamente, por razões profissionais ou pessoais, possuírem efetiva necessidade.

Em seguida, a Min. Rosa Weber pediu vista dos autos, suspendendo o julgamento virtual iniciado. No interregno, foram admitidos ao processo como *amicus curiae* o Partido Trabalhista Brasileiro, a Associação Nacional Movimento Pró Armas e Associação de Oficiais da Reserva do Exército Brasileiro. Em 27 de abril de 2021, a Min. Rosa Weber acompanhou o voto do relator sem ressalvas, quando pediu vista dos autos o Ministro Alexandre de Moraes. Depois disso, não houve movimentações processuais, à exceção da admissão também como *amicus curiae* da Associação Nacional de Indústria de Armas e Munições.

Imagino se o Dr. Rubens me ligasse novamente, agora, pedindo minha opinião sobre a ADI 6.119. Não posso mais me "esconder" sob a máscara da arrogância da juventude para dar palpites arrojados. Mesmo assim, diria ao bom homem e advogado experiente que ele, melhor que eu, compreende que enquanto o Legislativo afirma fazer "o que o povo quer", o Judiciário acredita fazer "o que é melhor para o povo". E, como dizem por aí nas redes sociais, "o povo que lute".

Regime de bens, a Súmula 377 do STF e a participação nos aquestos

Rui Celso Reali Fragoso[1]

A comunhão de vida que o casamento estabelece exerce definitiva influência sobre os bens que os nubentes trazem ou que, no futuro, adquirirem. Deste modo, regime de bens é uma regulamentação das relações patrimoniais derivadas do casamento e da união estável, ou melhor, como bem elucida Pontes de Miranda, *regime de bens é o conjunto de regras, mais ou menos orgânico, que estabelece para certos bens, ou para os bens subjetivamente caracterizados, um sistema de destinação e de efeitos*[2].

É imperativo dar a esses bens, na precisa lição de Lafayette Pereira, *uma constituição que os ponha em perfeita harmonia com a natureza e os fins da sociedade conjugal: - necessidade que determina um complexo de modificações importantes nos princípios gerais que regulam o Direito de Propriedade*[3].

A destinação dos bens no término da sociedade conjugal é determinada pelo regime de bens adotado antes do casamento ou da união de fato[4]. Portanto, é fundamental a opção das partes. Não havendo convenção anterior, ou, se esta for nula ou ineficaz, prevalecerá o regime da comunhão parcial.

Hoje, as questões levadas aos tribunais sobre o Direito de Família centram-se, basicamente, em direitos patrimoniais (regime de bens), pecuniários (alimentos) e filiação (guarda e visitas). Dentre estas, a discussão sobre a destinação patrimonial é aquela em que a norma legal e a disposição contratual limitam e definem a discórdia, como instrumento de prevenção de conflitos.

---

1 Advogado. Foi Presidente do Instituto dos Advogados de São Paulo e Professor de Direito na PUC/SP e FMU.

2 PONTES DE MIRANDA, Francisco Cavalcanti. *Tratado de direito privado*. Rio de Janeiro: Editor Borsoi, 1972, p. 207.

3 PEREIRA, Lafayette Rodrigues. *Direito de família*. 5ª ed., Rio de Janeiro: Editora Freitas Bastos, 1956, p. 160.

4 Sobre esta possibilidade existe controvérsia: ver Revista do Advogados, AASP nº. 145, pág. 197 e seguintes.

O casamento, na acepção mais ampla hoje estabelecida, traz, muitas vezes, reflexo patrimonial, e a destinação destes bens móveis ou imóveis precisa ser anteriormente estabelecida.

Os regimes matrimoniais passaram por uma grande evolução histórica. No matrimônio romano, o regime de bens era o do dote; a instituição dotal se tornou mesmo, ao longo da evolução jurídica do Ocidente, uma característica da procedência romana das instituições. A substituição do dote à ideia da comunhão e desta aos regimes atuais ultrapassou séculos. Hoje, adotamos uma variedade de combinações, podendo-se, entretanto, reduzir a quatro grupos legais: comunhão total, comunhão parcial, separação total e o de participação final de aquestos (Código Civil de 2002, artigos 1.639 e seguintes).

É lícito aos nubentes, antes de celebrado o casamento, estipular quanto aos seus bens, o que lhe aprouver. É o prevalecimento do princípio da autonomia da vontade. A exceção ocorre apenas nas hipóteses de separação obrigatória. Assim, o regime de bens pode ser compreendido, basicamente, em convencional ou legal.

Estabelecida a regra patrimonial pelo futuro casal, ela começará a vigorar a partir da celebração oficial e, com a inovação legislativa trazida pela Lei nº10.406/2002 (Código Civil de 2002), pode ser modificada durante o matrimônio. Feliz a alteração legal que passou a permitir no Brasil essa modificação. O Código Civil, seguindo a tendência mais moderna do Direito, tornou possível a alteração do regime de bens adotado, condicionando a mudança à existência de certos pressupostos enunciados no parágrafo 2º do artigo 1.639. Ao contrário do pacto antenupcial celebrado em cartório, a alteração só é admitida com a autorização judicial formulada por ambos os cônjuges e ressalvados os direitos de terceiros – opção legal criticada, conforme se verá ainda.

A motivação do pedido com fundamentos objetivos ou subjetivos deve ser analisada sem maiores perquirições pelo Juiz, uma vez a gama infindável de razões que o casal pode ter. O simples desejo não basta, segundo o Código Civil, pois é necessário apresentar a razão para a pretendida mudança. Porém, o exame do magistrado para inviabilizar a alteração é bastante limitado, ou seja, o pedido é praticamente homologatório se expostas as razões e as certidões que demonstrem a inexistência de ações ou execuções passíveis de macular o pedido.

Aliás, é fundamental que a alteração almejada não tenha o propósito de prejudicar terceiros ou mesmo um dos cônjuges. Daí, justificar-se-ia a participação do Juiz, não meramente contemplativa, porém, sem poder interferir nos motivos, razoavelmente, apresentados. Necessária também é a realização da partilha dos bens para se proceder a alteração do regime anteriormente adotado. Não se descuida a possibilidade dessa alteração, no futuro, também ser feita perante o Registro Civil, como forma de desburocratizar a formalidade pois, se para instituir o regime de bens basta o requerimento ao oficial de registro civil, da mesma forma, seria o pedido de alteração. Hoje, como os pedidos judiciais são feitos independentemente da realização de audiência presencial, não se torna necessária esta etapa judicial meramente burocrática. Também, a prévia necessidade de escritura pública, anterior ao requerimento junto ao Registro Civil, como prevê o PL 4.829/18 seria boa alternativa, ainda que, com um degrau burocrático. Enfim, não tardará essa mudança, pois sempre o direito de terceiros ou mesmo de um dos cônjuges estará preservado, como também anota Paulo Henrique Oliveira Nascimento: *não se justifica mais, no atual estágio do Direito, que cônjuges e companheiros, maiores e capazes, não possam acordar extrajudicialmente, mediante escritura pública, sobre direitos de natureza disponível, como os são os relativos aos regimes de bens. A possibilidade de alteração extrajudicial do regime de bens, além de retirar do domínio do equipamento judiciário mais um procedimento, desafogando-o, desta maneira, efetiva o mandamento constitucional insculpido no artigo 226 da Constituição Federal, evitando que se submeta as famílias aos desgastes emocionais naturais que um processo judicial causa, além de reconhecer a autonomia das partes*[5].

Em 2010, a Lei nº 12.344 alterou o inciso II do artigo 1.641 do Código Civil, aumentando para 70 anos a idade a partir da qual se torna obrigatório o regime de separação de bens no casamento. Embora tardia, foi salutar a mudança, pois tornou-se incompreensível a imposição anterior (do maior de sessenta e da maior de cinquenta anos) já em descompasso com a Constituição Federal de 1988, que estabelece a igualdade de direitos e deveres entre o homem e a mulher (artigo 226), considerando ainda o aumento na expectativa de vida dos brasileiros.

Com a entrada em vigor do Código Civil de 2002 e a não recepção do artigo 259 do Código Civil de 1916[6] (que deu origem à Súmula 377 do

---

5 NASCIMENTO, Paulo Henrique Oliveira. *Alteração extrajudicial do regime de bens e o projeto de lei do Senado nº 430 de 2013: uma possibilidade.* Crise Econômica e Soluções Jurídicas | num. 113/2016 | março de 2016 | DTR\2016\377.

6 Artigo 259. Embora o regime não seja o da comunhão de bens, prevalecerão, no silêncio do contrato, os princípios dela, quanto à comunicação dos adquiridos na constância do casamento.

STF[7]), como lembra Yara Diwonko, *a única maneira de comunicação dos patrimônios nesse regime* [da separação legal] *é por prova inexorável da contribuição para a aquisição do bem, por força da aplicação do princípio do enriquecimento ilícito*[8].

A dispensa desta prova impossibilita a comunicabilidade, embora ainda haja julgados em sentido contrário, ignorando a razão da origem do enunciado sumular e, principalmente, os regimes de bens adotados no Brasil, após o Código Civil de 2002. A propósito, Carlos Alberto Dabus Maluf preleciona: *Com o Código Civil de 2002 e a eliminação do citado dispositivo constante do art. 259 do Código Civil anterior, com mais razão, deve ser considerada a necessidade de prova do esforço para que se comuniquem os bens adquiridos no curso do casamento celebrado pelo regime da separação obrigatória*[9].

A criação pretoriana decorrente da nova interpretação do enunciado (STJ, EREsp nº 1.623.858/MG, Rel. Min. Lázaro Magalhães, julgado em 23/05/2018, DJe: 30/05/2018)[10], ou seja, afastando a comunicação dos bens adquiridos na constância do casamento, salvo a prova do esforço comum, é mais equilibrada e justa do que aquela decorrente dos termos da interpretação literal da Súmula 377/ STF.

Primeiro, cabe a indagação: o artigo legal busca a proteção do idoso ou, na verdade, contraria o Estatuto do Idoso (Lei nº. 10.741/2003), especificamente no seu artigo 4º, segundo o qual "nenhum idoso será objeto de qualquer tipo de discriminação"? É certo que o idoso pode dispor de forma mais severa com relação aos bens, preservando a natureza da disposição legal, com a absoluta incomunicabilidade presente ou futura. E, ao contrário, caso queira partilhar os bens adquiridos na constância do casamento, teria agora a faculdade de permitir a comunicação dos

7 Súmula 377 do STF: No regime de separação legal de bens, comunicam-se os adquiridos na constância do casamento.

8 DIWONKO, Yara. *A evolução do regime da separação obrigatória de bens no ordenamento jurídico brasileiro.* IN: DINIZ, Maria Helena. *Direito em debate: volume 1* – São Paulo: Almedina, 2020, p. 434.

9 MALUF, Carlos Alberto Dabus. *Curso de direito de família.* 3ª ed. – São Paulo: Saraiva Educação, 2018, p. 266.

10 Nas palavras do E. Min. Lázaro Magalhães no EREsp nº 1.623.858/MG: *Deve ser reafirmada a tese de que, no regime de separação legal de bens, comunicam-se os adquiridos na constância do casamento, desde que comprovado o esforço comum para sua aquisição.*

aquestos (artigo 1.672) sem necessidade de futura perquirição preliminar do esforço comum?

Segundo, ao dispor, expressamente no pacto que quaisquer bens presentes, preexistentes ou futuros, assim como os frutos e rendimentos de tais bens, ainda que adquiridos na constância do casamento, não se comunicam, é certo que essa livre manifestação de vontade das partes deve ser obedecida e respeitada. Ora, se a vontade das partes na realização do pacto é a incomunicabilidade presente e futura dos bens, a força declaratória do documento não pode gerar outro efeito.

A intervenção estatal não pode ferir a autonomia das partes, como muito bem exposto pelo Ministro Luis Roberto Barroso: *Não cabe ao Judiciário, após a escolha legitima dos particulares, sabedores das consequências, suprimir a manifestação de vontade com promoção de equiparações, sob pena de manifesta violação de um dos pilares do Estado Democrático de Direito – o direito à liberdade, à autodeterminação*[11].

O regime de bens, basicamente, divide-se em separação ou comunhão de bens. No entanto, previsto desde o Código Civil de 2002, há um regime misto, no qual as partes, prévia e livremente, estabelecem a incomunicabilidade do *patrimônio próprio* existente no momento da celebração, mas, à época da dissolução da sociedade conjugal, os bens adquiridos durante o matrimônio se comunicam (artigo 1.672). Deste modo, "integram o patrimônio próprio os bens adquiridos que cada cônjuge possuía ao casar por eles adquiridos, a qualquer título na constância do casamento" (artigo 1.673). *Nesse novo regime os cônjuges vivem como se houvessem contraído matrimônio com o regime de separação total de bens. Diferentemente do regime da comunhão parcial, os bens adquiridos individualmente no transcurso do casamento permanecem reservados, ou seja, constituem patrimônio próprio daquele que os adquiriu*[12].

Nada pode impedir que as partes, sendo uma septuagenária, possam optar pela incomunicabilidade plena dos seus bens, anteriores ou posteriores ao casamento, sem maior detalhamento. Nesse sentido, *é lícito aos que se enquadram no rol de pessoas sujeitas ao regime de separação obrigatória de bens (artigo 1.641 do Código Civil) estipular,*

11 STF, Recurso Extraordinário nº 878.694/MG, Rel. Min. Roberto Barroso, julgado em 10/05/2017.

12 BOMFIM, Silvano Andrade do. *O regime da participação final nos aquestos no Código Civil de 2002.* Revista Brasileira de Direito das Famílias e Sucessões, v. 9, abril/maio de 2009 – Porto Alegre: Magister; Belo Horizonte: IBDFAM, 2007, p. 65.

por pacto antenupcial ou contrato de convivência, o regime da separação de bens, a fim de assegurar os efeitos de tal regime e afastar a incidência da súmula 377 do STF[13].

O inciso II do artigo 1.641 (Código Civil) tem a natureza de proteção patrimonial e *uma vez que a mens legis do artigo é protetiva e que a regra geral é a livre contratação do regime de bens, afigura-se de todo razoável permitir que ambas situações incidam cumulativamente, ampliando a proteção buscada pela lei, por meio de pactuação entre os nubentes*[14]. Assim, a Súmula 377 pode ser afastada pela vontade das partes ampliando os efeitos do regime de separação obrigatória, *passando a ser uma verdadeira separação absoluta, em que nada se comunica*[15].

No regime de separação obrigatória, a opção por comunhão de bens, ainda que parcial, é nula. No entanto, se a escolha for no sentido de garantir que nenhuma comunhão se opere, *tornando ainda mais rígido o preceito legal cuja ratio é evitar a comunhão* o pacto será válido, como elucida José Fernando Simão[16]. Também, segundo Flávio Tartuce, *não há qualquer problema em se afastar a súmula 377 pela vontade das partes, o que, na verdade, ampliaria os efeitos do regime de separação obrigatória, passando a ser uma verdadeira separação absoluta, em que nada se comunica*[17].

Anota, com clareza, Ana Luiza Maia Nevares[18], a aceitação pelos nossos tribunais da possibilidade de, nos casos de separação obrigató-

---

13 Enunciado nº 364/CJF.

14 TJ/SP, Recurso Administrativo nº. 1065469-74.2017.8.26.0100, Rel. Des. Manoel de Queiroz Pereira Calças, Corregedor Geral da Justiça de São Paulo, julgado em 06/12/2017.

15 Idem.

16 SIMÃO, José Fernando. *Mudança de regime de bens e pacto antenupcial: um diálogo necessário.* Publicado no Carta Forense – 03/2014. Disponível em https://professorsimao.com.br/mudanca-de-regime-de-bens-e-pacto-antenupcial-um-dialogo-necessario/. Acesso em 12 de abril de 2021.

17 TARTUCE, Flávio. *Da possibilidade de afastamento da súmula 377 do STF por pacto antenupcial.* Publicado em 25/05/2016. Disponível em https://www.migalhas.com.br/coluna/familia-e-sucessoes/239721/da-possibilidade-de-afastamento-da-sumula-377-do-stf-por-pacto-antenupcial. Acesso em 12 de abril de 2021.

18 NEVARES, Ana Luiza Maia. O regime de separação obrigatória de bens e o verbete 377 do Supremo Tribunal Federal. Civilistica.com. Rio de Janeiro, a. 3, n. 1, jan.-jun./2014. Disponível em: http://civilistica.com/o-regime-de-separaco-obrigatoria-de-bens-e-o-verbete-377-do-supremo-tribunal-federal/. Acesso em 15 de abril de 2021.

ria, a celebração de pacto antenupcial prevendo a mais absoluta incomunicabilidade de bens presentes e futuros dos nubentes.

É injustificável o intuito de reduzir a capacidade e autonomia do homem ou da mulher com setenta anos ou mais, plenamente capazes para o exercício de todos os atos da vida civil. Nesse sentido, seria aceitável pensar em abrandar parcialmente a separação obrigatória? Nem será preciso lembrar a idade limite de 75 anos para o exercício da magistratura ou a inexistência de limitação de idade ao da Presidência da República, mas esta é uma questão mais complexa.

Entendo possível a opção no regime de separação obrigatória (inciso II, artigo 1.641) a comunhão dos aquestos – se, expressamente, assim foi estipulado no pacto. A falta de estipulação expressa poderá levar, se for o caso, para a inexistência de comunhão futura, exceto se houver prova de esforço comum.

Ora, se os nubentes (sendo pelo menos um com 70 anos ou mais) pretendem compartilhar o patrimônio que vier a ser adquirido na constância do futuro casamento podem assim fazê-lo, não só pela aquisição em copropriedade ou pela atual leitura da Súmula 377 do STF, portanto não há razão para impedir que, desde logo, estabeleçam a comunicabilidade futura, desde que não oriunda de recursos anteriores.

Por outro lado, se o intuito da jurisprudência, no passado, foi precipuamente proteger a mulher; atualmente, diante da igualdade de direitos e deveres, não se justifica.

Não há dúvida da pouca receptividade do regime de comunhão de aquestos entre nós, principalmente, como bem observa Silmara Juny Abreu Chinellato, *"pela falta de clareza quanto ao que faz parte da meação, como o direito real, o que constitui participação nos ganhos, como o direito obrigacional, ou seja, o que representa efetivamente o crédito de um cônjuge quanto ao patrimônio próprio do outro sobre o qual incida a partilha"*[19]. Mas, os mesmos problemas são enfrentados para apurar o esforço comum, trazido na interpretação atual da súmula 377/STF.

As críticas sobre o regime de comunhão de aquestos situam-se no plano de sua natureza subjetiva, ou seja, na definição de João Batista

19 CHINELLATO, Silmara Juny Abreu. *Comentários ao Código Civil: do direito de família (arts. 1.591 a 1.710)*. Antônio Junqueira de Azevedo (Coord.). São Paulo: Saraiva, 2004, v. 18, p. 369-370.

Villela, para quem *o estatuto legal da participação nega o que o casamento afirma. Logo, não há como não há como caminharem juntos. As supostas vantagens econômicas ficam, vista a matéria por outro ângulo, também contestadas*[20].

Previsto no Código Civil, embora com pouca utilização e quase esquecido, o regime de comunhão de aquestos supre o interesse daqueles impedidos pela idade de exercer livremente a opção de comunhão futura e dispensa a prova do esforço comum.

O regime de comunhão de aquestos, se não é o mais recomendável para os futuros cônjuges, por sua difícil apuração, é para o cônjuge idoso uma alternativa que abrevia discussão, deixando-a para eventual perícia a apuração dos aquestos, se assim for o caso.

Enfim, a maturidade esperada no idoso pode dar-lhe, desde logo, a opção de comunicabilidade dos bens futuros e adquiridos na constância do casamento, preservada a natureza do inciso II do artigo 1.641 do Código Civil de 2002.

Uma vez indiscutível na separação obrigatória de bens, a possibilidade de restrição total da comunicabilidade patrimonial futura também é justa a possibilidade de comunhão dos aquestos.

Enfim, a interpretação atual e correta da Súmula 377 do Supremo Tribunal Federal é o próprio regime de comunhão de aquestos.

20 VILLELA, João Batista. *Natureza do regime de participação final nos aquestos e fins do casamento.* Disponível em https://www.direitodefamilia.adv.br/2020/wp-content/uploads/2020/07/joaobatista.pdf. Acesso em 12 de abril de 2021.

Homenagem ao Magistrado, Advogado e Professor Rubens Ferraz de Oliveira Lima

Rui Geraldo Camargo Viana[1]

Parabenizo os juristas Roberto Rosas e Sidney Agostinho Beneti, pela feliz iniciativa de homenagearem o ilustre Rubens Ferraz de Oliveira Lima, meu colega tanto na Magistratura, como no Magistério e na Advocacia.

Tenho acompanhado sua carreira desde o início, quando apresentava interessantes propostas já no começo da sua magistratura. Estreitou-se a nossa amizade quando, sendo eu Juiz da Vara de Santana, avizinhei-me dele que estava na 2ª Vara Distrital da Casa Verde, onde colaboramos muito um com outro neste período em que surgiu o Código do Consumidor. Rubinho pôs muitas ideias importantes, trazendo categorias que não eram consideradas como sujeitas ao Código do Consumidor, para enquadrá-las nele e trazendo algumas atividades relevantes. Tivemos contato também na Faculdade de Direito da PUC - São Paulo, onde eu lecionava Direito Civil e ele veio lecionar Direito Comercial, ficando algum tempo até se afastar, porque foi convocado para o Tribunal de Justiça como "Pinguim" naquela ocasião.

É casado com Heloisa Helena Silveira de Oliveira Lima, que tem sido um amparo inesgotável na sua vida, e que tem dado profundo apoio em todas atividades desde 1965, quando ele ingressou na Magistratura até chegar ao seu cume, com a nomeação para Desembargador do Tribunal de Justiça, que exerceu com muita competência e produtividade.

Depois de aposentado na magistratura, fundou o Escritório de Advocacia Oliveira Lima, em que desenvolve intensa advocacia, secundado pela esposa e por advogados intemeratos, como um que lhe presenteei, o meu genro Paulo Afonso Pintos dos Santos, que ali exerceu desde o início, atividade de solicitador acadêmico e hoje é um dos seus grandes colaboradores.

Rubens Ferraz de Oliveira Lima sempre se destacou pelas importantes atuações na Magistratura, desenvolveu inovadoras teses no magistério e agora exerce uma profícua advocacia. Poderia citar muitos trabalhos seus, mas como são vários doutrinadores que vão falar sobre

---

1 Ex-Desembargador do TJSP. Ex-Professor Titular da Faculdade de Direito da USP.

o seu trabalho, fixo apenas em um, para não complicar. Menciono uma ação de condenação ao patrimônio público.

Atenho-me à demanda que a Cesp promoveu contra a Construtora Camargo Corrêa, em uma ação indenizatória milionária, de mais de 300 milhões, em que o Estado de São Paulo, por essa sua empresa, contratou o escritório Oliveira Lima, no processo nº 017 46 43.33.2000.7.8.

Atuando na Apelação, mostrou que a sentença não se estruturou corretamente, deixando lacunas sobre a extensão e consequência do instrumento de transação, que mostrava a quitação do prejuízo, o que não foi visto pela sentença. Analisou a execução do construído, deteriorações do cronograma de obras, impugnou diversas verbas que deveriam ser excluídas e o apelo deixou demonstrada a inconsistência da decisão.

Esta sustentação monolítica em que demoliu a perícia que defendia a condenação do Juízo de piso, mostrando as inconsistências do perito, analisou o contrato que previa alterações de muitas das obras, justificando nulidade da sentença por ausência de fundamento, sendo acolhida as afirmações genéricas da perícia que não se sustentaram.

O recurso foi julgado, por unanimidade, procedente e revertida a milionária indenização e a verba honorária. O voto da relatoria recebeu a convergência e declaração do revisor, poupando-se assim, uma vultosíssima condenação ao erário estadual.

Além do caso da Construtora Camargo Corrêa muito poderia falar sobre a sua atividade, o que por certo farão mais adequadamente os outros expositores, restando-me tão somente congratular-me com este companheiro de muitas jornadas, irmão de meu colega de turma Areobaldo de Oliveira Lima, que ostenta o nome do seu pai e sempre do irmão destacava as mais importantes atividades e dando as mais lisonjeiras notícias. Assim espero, que ao lado da esposa e de seus amados filhos Heloísa Helena, Regina, Rubens Filho e Ricardo, todos realizados na vida (mas que preferiram exercer atividades fora do mundo jurídico), tenha sempre uma serena longevidade.

Parabéns, Rubens Ferraz de Oliveira Lima pela sua destacada atividade no campo do Direito, onde ainda tem muito a realizar!

O juiz e o advogado, por Rubens Ferraz de Oliveira Lima

Sidnei beneti[1]

1. Juiz

Rubens Ferraz de Oliveira Lima foi juiz por 35 anos. Realizou brilhante carreira. Nascido em 19 de julho de 1938, inscreveu-se no concurso de ingresso na Magistratura assim que cumprida a idade mínima então exigida, de 25 anos, e cedo adentrou, tomando posse em 13 de julho de 1965, como Juiz Substituto na Circunscrição de Santo André. Trilhou as quatro entrâncias da época, incluída a Especial na Capital (São Luiz do Paraitinga, Ribeirão Pires, Caçapava, 2ª Vara Distrital da Casa Verde, de que convocado para substituir nos Tribunais de Justiça e Tribunais de Alçada), Juiz Substituto de 2º Grau, Juiz do 1ª Tribunal de Alçada Civil, de que foi Vice-Presidente e corredator do Regimento Interno do Tribunal e, em 18 de maio de 1983, foi promovido, por merecimento, ao cargo de Desembargador do Tribunal de Justiça – aposentando-se em 9 de abril de 1987 (Carta de Despedida, RJTJESP-Lex 105: 551-556, 1987).

Sempre extremamente operoso, preciso e criativo, exerceu atividade docente, proferiu numerosas conferências e palestras, participou de congressos e seminários, integrou como Assistente a Banca do 145º Concurso de Ingresso na Magistratura. No Curso de Mestrado da Pontifícia Universidade Católica de São Paulo, ofereceu dissertação sobre o "Direito de Preferência", e no Curso de Doutoramento da Faculdade de Direito da Universidade Mackenzie, a tese "O Controle da Constitucionalidade das Leis". No Seminário "Aspectos Jurídicos do sistema Financeiro", da Escola Nacional da Magistratura, discorreu sobre "Mercado de Renda Variável: Custódia Fungível BOVESPA (Anais do Seminário, Rio de Janeiro: Escola Nacional da Magistratura, 1998).

Nos tribunais paulistas, proferiu discurso em homenagem à Memória de Henrique Vainer (JULTACIV-LEX 64: 357-358, 1980); saudou as posses dos Desembargadores Ruy Junqueira de Freitas Camargo (JULTACIV-LEX 66: 276-278, 1981), Amador da Cunha Bueno Netto (RJTJESP-Lex 80: 478-480, 1983), José Eduardo Pinto de Sampaio, Sérgio Rubens Penteado Manente, Ângelo Gallucci e Francisco César Pinheiro

---

1 Ministro Aposentado do Superior Tribunal de Justiça

Rodrigues (RJTJESP-Lex 88; 490-493, 1984); e homenageou a memória dos Desembargadores Jonas Vilhena (JULTACIV-Saraiva 77, 387-388, 1983), Theodomiro Dias, por ocasião do centenário do nascimento (DOJ-SP 11.11.1986, p. 7), e Thomaz Carvalhal, no Projeto "Agenda 150 Anos de Memória Histórica do Tribunal Bandeirante" (Salão do Júri, 23.11.2015).

Recebeu o Colar do Mérito Judiciário do Tribunal de Justiça do Estado de São Paulo, em 1º de junho de 1983. Foi Orador Oficial dos Juízes empossados no 1º Tribunal de Alçada Civil em que foi homenageado (JUTACIV 60/309-315, 1980). Foi homenageado por ocasião da posse como Desembargador (RJTJESP-LEX 83; 522-535, 1983, e JUTACIV-Saraiva 81; 384-386, 1983), e da aposentadoria como Desembargador, pelo 1º Tribunal de Alçada Civil (JUTACIV-RT, 103;234-236, 1987).

2. Advogado

Advogado já há quase também 35 anos, tempo de Juiz. Vale a repetida imagem: "O Juiz Rubens Oliveira Lima um dia deixou a Magistratura, mas a Magistratura jamais deixou Rubens Oliveira Lima."

Nos tempos em que assessorei os Desembargadores Young da Costa Manso e Bruno Affonso de André na Presidência e na Corregedoria Geral do Tribunal de Justiça de São Paulo, era sempre atento colaborador pela melhoria dos serviços judiciários.

Uma das representações que formulou, aparentemente singela, mas de imenso e profícuo efeito prático, a ponto de haver-se consolidada e tornar-se tão usual que parece ter sido sempre como é agora, foi a sugestão para a mudança das dimensões das folhas dos processos ao Formado Ofício A-4, quando as folhas dos autos eram bem maiores, elevando custos, extrapolando espaços de prateleiras e acarretando dificuldade para a localização nos autos de peças em folhas no padrão menor já em uso, sumidas entre as folhas maiores.

Promoveu memorável visita oficial de Magistrados à Bolsa Mercantil e de Futuros, ensejando conhecer concretamente como se desenvolviam os serviços de compra e venda de ações nos pregões das bolsas. Uma experiência prática que fazia tanta falta a juízes, competentes para liminares e palavras finais em litígios de enorme vulto em intrincadas transferências acionárias, por vezes redundando no controle de empresas e de largos setores da economia nacional.

Um dia o encontrei na calçada do Tribunal de Justiça, para ir à Praça João Mendes, sob aquela passarela de metal (depois retirada, ante o desuso pelos impacientes, aquela "ponte" que apelidaram de "Pontes de Miranda", porque, como os 60 volumes do Tratado de Direito Privado do grande jurista em que há resposta para tudo, era "comprida e complicada, mas...chegava lá"). Contei-lhe sobre a tristeza geral de todos com sua aposentadoria. Somava-se à saída de outros daqueles "Juízes de Ouro", como o meio jurídico os denominava: no Cível, Kazuo Watanabe, Tito Hesketh, Cornélio Vieira de Moraes Jr, Carlos Antonini, Geraldo Roberto de Souza; no Criminal, Alberto Silva Franco, Azevedo Franceschini, Ranulfo Melo Freire – e outros, cuja amizade me perdoará ora omitir e que até hoje causam tanta saudade jurisdicional -- desfalque acrescido pela saída de Sydney Sanches e Raphael de Barros Monteiro Filho, felizmente permanecendo com destaque na Magistratura, no Supremo Tribunal Federal e no Superior Tribunal de Justiça.

3. A Magistratura

Não se despreocupou da Magistratura. Em 1999, quando já na competente e honrada Advocacia, do esplêndido isolamento rural da fazenda no Vale do Paraíba, quando me removi, após sete anos, do Tribunal de Alçada Criminal para o 1º Tribunal de Alçada Civil, enviou-me preciosa carta manuscrita, que guardo com emoção, tão consistente e benfazeja que vim a tomá-la como texto exemplar em Curso de Ética da Escola Paulista da Magistratura.

> "São Luiz do Paraitinga, 17 de abril de 1992. (...)
>
> "Está entardecendo. O sol vai escapando.
>
> "Estou em um canto de minha casa, na Fazenda, cuidando dos meus processos e escritos. (...)
>
> "Já se vão mais de 25 anos do dia em que aqui cheguei.
>
> "Tinha 28 anos e feliz assumi minha comarca de 1ª entrância. Um pequenino hiato, de apenas 7 meses em minha duríssima vida de juiz, mas que se perpetuou no tempo.
>
> "Substituto que nunca substituiu quem quer que seja, ao contrário, durante cerca de dois anos, respondeu por uma das Varas da então tumultuada Santo André, que não tinha titular.
>
> "Nesse tempo, nas férias, acumulava a sua São Bernardo, de Vara única.
>
> "A lei dizia que o juiz tinha que morar na sua comarca.

"Apesar de simples substituto, e em circunscrição na Grande São Paulo, por isso, cumprindo uma das minhas regras da carreira, mudei-me para Santo André.

"Anteriormente, só um juiz, que não deixara saudosa memória, lá havia morado.

"O querido Sydney Sanches, antes, resolveu ficar em São Bernardo, então menor.

"Nessa ocasião, começou minha vida de juiz, onde me encontrei com o Sydney.

"Dura, trabalhosa, mas profundamente feliz e gratificante.

"Percorri uma a uma todas as etapas da Magistratura, com tranquilidade, sem aborrecimentos.

"Nunca tive qualquer problema em decorrência do exercício da jurisdição.

"Sempre dei-me bem com os colegas, os jurisdicionados, os advogados, promotores, cartorários etc.

"Exerci a jurisdição de espírito aberto e em paz comigo mesmo.

"Nunca fui averbado de suspeito, nunca sofri representação e, por pura sorte, jamais um advogado ou promotor sequer pediu para constar do termo uma repergunta que eu indeferira.

"Desde o primeiro dia, tracei minhas metas.

"Jamais dizer sim ou não, ainda que em um simples despacho, sem estar senhor da situação; presidir, pessoalmente, todas as audiências; não arriscar nunca no exercício da jurisdição. Estudar e conferir sempre, adivinhar, nunca; ler com atenção as petições, razões e memorais submetidos ao meu crivo; dar igual importância às funções de relator, revisor e vogal; nos julgamentos colegiados, se possível tentar evitar um julgamento equivocado, mesmo sendo apenas vogal; no juízo singular, dando tudo de mim para fazer Justiça; o juiz existe para julgar.

"Aliás, sempre achei que o direito sem Justiça não passa de ciência exata.

"Daí porque, como juiz e como advogado, sempre fui um apaixonado pelas dificuldades do caso concreto, preocupado com a solução legal e justa;

"É indispensável saber doutrina, mas a abstração doutrinária não cativa por si só.

"Gosto do Dr. 'Caso Concreto'.

"Como ele nos provoca, nos faz pensar, principalmente, se tivermos consciência que o juiz e o advogado existem por sua causa!

"Kelsen escreveu a Teoria Crítica do Direito.

"Acontece que a vida é impura e, assim são os casos que se apresentam ao Poder Judiciário.

"Com esse programa de vida, só fiz estudar e trabalhar na vida.

"Ser juiz me bastava. Lecionei um pouco, mais para suplementar o orçamento doméstico, mas, na realidade, gostava de ser só juiz.

"Quando, com 35 anos, me vi, sem saber como, substituindo no Tribunal de Justiça, achei que deveria continuar sendo juiz como havia sido em 1ª instância.

"Olhando tudo e participando integralmente dos julgamentos, com ponderação e firmeza, sem omissões.

"Muito aprendi com homens como, por exemplo, Dimas de Almeida, Lafayette Salles e Bruno Afonso de André.

"Dr. Dimas: competente, ágil, argumentador terrível, trabalhador infatigável, homem muito duro. Conhecia os processos em pormenores.

"Dr. Lafayette Salles erudito, perspicaz, um pouco processualista demais, mas sempre presente.

"Dr. Bruno: brilhante, de grande visão, homem para as coisas importantes, espírito arguto, ciente da finalidade do Direito.

"E, quanto, muitos outros, me ensinaram! Até homens simples, sem maior preparo ou brilho.

"O difícil era que todo caso tinha a sua importância ou significado para mim. Nunca tive preguiça de julgar.

"Um belo dia, cheguei à conclusão de que era raro encontrar um juiz completo.

"Forte no 'cível' e no 'crime' e consciente do que é ser juiz.

"Essa foi a minha meta de vida, evidentemente, tão-só perseguida, tentada.

"Seguidas vezes, substitui no crime, mas logo percebi que (...) o crime cuida demais de desgraças que não são próprias do homem comum. Os casos em julgamento são tão graves que, quando surge um problema de um homem correto, parece coisa banal. (...)

"Conheci muitos juízes cultos, verdadeiros juristas. (...) Juízes completos, ou seja, além de cultos, bons julgadores, que jamais esqueciam que o ato de julgar era a sua mais importante atribuição, 'sem açodamento, mas sem tardança e sempre com profundidade'. Em um colegiado, o juiz completo emerge. (...)

"Acho que o meu precoce acesso à 2ª instância, em uma época na qual as passagens de autos eram um impiedoso tormento, colocou-

> -me diante de uma opção dura: tentar ser bom juiz e só juiz ou transbordar e passar a ser um juiz mais fraco. Optei pela primeira. Não me arrependo. (...)
>
> "É noite. Escrevi muito. Já não vejo as montanhas. (...)
>
> "Um dia ainda vou escrever um livro que analise o que a sociedade espera do juiz e do advogado.
>
> "A magistratura não me deu tempo para isso. A advocacia, no meio do cipoal dos prazos e das angústias que lhe são inerentes, parece tornar o sonho ainda mais remoto. Mas tenho fé no futuro. Quero realçar a necessidade do exercício sereno e efetivo da jurisdição. (...)
>
> "Jamais esquecer que a 'Sua Excelência' é o processo, o caso concreto. Sem este, não há juiz." (...)

4. A Advocacia

A carta se encerra, com bons votos para a minha carreira na realização da Justiça e muito honrosa manifestação de amizade – mas em espécie de *post scriptum* prossegue, chegando a antever os males dos julgamentos monocráticos, que ora tanto infelicitam a segurança jurídica no Brasil:

> "Algumas observações a respeito da advocacia.
>
> "Belíssimo ministério quando exercido com zelo e altivez.
>
> "Se os advogados fossem sempre bons, com certeza o desfecho de muitas demandas seria diverso.
>
> "Petição inicial é o ato mais complexo do direito.
>
> "Ao que parece, Lobão, já dizia: arrazoa quem quer, articula quem sabe.
>
> "Sem dúvida, tirando algumas miudezas, o advogado é essencial à distribuição da Justiça.
>
> "Como seria importante que os órgãos de classe vissem esse lado em termos práticos, não teóricos, com a mesma dimensão com que procuram ser representantes da sociedade civil. Dou apenas um exemplo.
>
> "É incrível que, em uma época na qual as cautelares inominadas se integraram à nossa rotina diária, ainda se discuta se cabe liminar em *habeas corpus* ou se cabe agravo regimental da decisão que concede ou denega liminar em mandado de segurança. (...)
>
> "A propósito (...) com habilidade, os vice-presidentes dos tribunais, muitos ótimos, fazem com que os órgãos colegiados esqueçam a

razão primordial da sua existência (decisão colegiada) e aceitem a ditadura da decisão monocrática em Tribunal com base em decisões do Supremo perdidas no tempo.

"Não se pode transigir com o prejuízo irreparável, com a preservação do princípio do colegiado.

"O legislador tem que ser provocado.

"Advogar é viver angustiado com os problemas alheios. Fez-me compreender claramente, na prática, que a obrigação de meio, sem dúvida, é mais árdua do que a obrigação de resultado.

"Como é emocionante tentar convencer o juiz do acerto da postulação do seu cliente, mas como, para isso, é bom saber que você se apresentará a um juiz preparado, aberto, que dirá o sim ou o não como decorrência de seu julgamento profundo e independente.

"Acho que escrevi demais. (...)

"Achei melhor enviar-lhe a carta tal qual foi escrita, sem os retoques normais, sem uma efetiva revisão. Vai como surgiu."

5. A formação do juiz

Recém-criada a Escola Paulista da Magistratura, Rubens e Heloísa receberam, em memorável noite, na residência, o Diretor da Escola, Desembargador Weiss de Andrade, o Juiz Renato Nalini e a mim, juntamente com outros convidados Juízes e Advogados, igualmente interessados no aprimoramento da Justiça, e a conversa aprofundou-se em torno da formação do Juiz.

Enviou, após, a nós três, inesquecível carta, detalhada, organizada e detalhada, clara e corretíssima – como de seu feitio em tudo o que fez e faz na vida – com preciosas ponderações a respeito da formação de um Juiz:

"1. A vinda de vocês à minha casa deu-me muitas alegrias.

"Duas foram as razões determinantes do meu convite.

"Primeiramente, os valores de amizade e respeito recíproco que nos unem. Ao depois, de modo relevante, a nobre missão a que vocês, com outros caríssimos e abnegados colegas, com entusiasmo, estão dedicando parte substancial do seu tempo: formar bem os novos juízes e, dentro do possível, aprimorar os antigos.

"2. Tal missão, praticamente um apostolado, além de grandiosa, é profundamente gratificante.

"É claro que é importante aprimorar os conhecimentos jurídicos e até a cultura geral dos magistrados, proporcionar-lhes oportunidades para que consigam um melhor domínio do português e mesmo de outros idiomas. É, ainda, fundamental a preocupação com a deontologia.

"3. Tudo isso, meus caros amigos, parece-me básico, mas há questões fundamentais que necessitam ser ditas aos juízes de forma ampla, mas prática, e, para tanto, a melhor oportunidade é quando do **ingresso** na carreira.

"Assim, devem ser buscadas, de preferência também com debates, respostas a várias indagações, tais como:

"a) o que a sociedade espera do **Juiz**?

"b) como a sociedade quer ver o **seu Juiz**?

"c) qual é, na essência, a **missão** do Juiz?

"d) de que modo o exercício **independente** da jurisdição deve ser **exteriorizado**?

"e) o que significa um **Juiz isento**, **independente**?

"f) qual é o papel dos **advogados**?

"g) como o Juiz deve revelar que é **equidistante** dos interesses postos em litígio, inclusive pelo Ministério Público, que, a cada dia, atua de forma menos imparcial, embora com isso não queira dizer que esteja pensando em beneficiar, com sua atuação, **"A"** ou **"B"**?

Em essência, de que modo, com tranquilidade, firmeza, espírito aberto, independência, preparo, o Juiz deve agir?

"4. Vejo movimentos e pessoas que acham que a resposta a essas indagações está em o Juiz conscientizar-se das aspirações e necessidades dos seus jurisdicionados, em outras palavras, do seu povo.

"É claro que isso, também, é básico, fundamental, tal como saber direito processual e ter uma visão o mais ampla e sólida possível do incomensurável direito material.

"Mas, a meu ver, **isso não basta**.

"5. Quem me conhece sabe que sou um apaixonado pelo caso concreto e sempre achei que o Juiz existe para solucioná-lo de forma **legal** e **justa**.

"Parece-me, pois, que não é suficiente uma visão política a respeito do exercício da jurisdição.

"É muito importante, também, divisar o exercício da jurisdição no dia a dia.

"Que adianta – e como existem essas pessoas – um juiz que se diz liberal, sempre pronto a impedir abusos dos poderosos do dia, mas que isso faz muito mais por convicção política e não em decorrência da jurisdição?

"Do que vale um juiz que, por exemplo, pioneiramente mandou restituir cruzados, mas que, dentro de sua sala de trabalho, age prepotentemente, trata mal as partes, os advogados e os servidores, em última análise, tem a falsa ilusão de que ele é a fonte do poder e que os demais nada contam?

"6. Penso que o exame dessas questões tocará em pontos em que a Magistratura precisa melhorar.

"Pessoalmente, nem como Juiz, nem como Advogado, tive problemas de relacionamento com Juízes.

"É inegável, porém, que muitos Juízes paulistas necessitam exercer a jurisdição de forma mais aberta, mais serena, mais humilde, com menos autossuficiência, procurando informar-se melhor do que ocorre no mundo, conscientes de que o seu poder tem assento e limites na lei.

"Quem de espírito aberto busca, constantemente, uma decisão legal e justa e sempre há meio de encontrá-la, basta querer e conscientizar-se que aí está o núcleo da atividade jurisdicional para concluir-se que expressões com o direito alternativo, abertura do julgador para os problemas do povo não passam de roupagem nova do velho e sempre novo do papel do Juiz: julgar o caso concreto na forma da lei, mas com justiça

"7. Creio ser essencial passar a ideia de que **quanto mais ordem se dá menos autoridade se é**, pois a necessidade da reiteração da ordem surge da contestação isto é, da falta de força da autoridade.

"Meus caros amigos, acho que já escrevi muito.

"Dei a minha versão. Talvez não seja a melhor, mas é uma versão de quem passou pela Magistratura e passa pela Advocacia em paz e, desculpem-me, com relativo êxito.

"Sigam em frente. Recebam essa carta como uma opinião a mais, mas tenham presente que ela é fruto de uma pessoa que, há mais de trinta e cinco anos, vive o Poder Judiciário ou em sua volta, tendo sido escrevente, no cível e no crime, juiz, no cível e no crime, sempre atendo, e advogando, na mocidade e na idade madura. Estudei e estudo muito. Com 35 anos, substitua no Tribunal de Justiça. Acredito que tenho uma considerável vivência como **profissional** do Direito.

"Achei que não podia omitir-me. (...)"

Esse ideário profundo, permita-se a antítese, *idealismo realista*, reafirmou-o Rubens, muito tempo depois, em debate, no Jornal "Folha de

São Paulo", para o qual tive a honra de ser convidado como debatedor. Lá estava, maravilhando-nos a todos com a pregação incansável da melhor Justiça.

6. Rubens e Heloísa

Personalidade íntegra, firme, congruente e sensível, assim é Rubens Ferraz de Oliveira Lima.

E que linda Família, construída com a esposa Heloísa. No lar, fotos, quadros, estatuetas, peças de lembrança. Tudo com algum sentido para os grandes sentimentos, recebidos de ambas as linhas de carinhosos antepassados. Tantas magníficas obras de arte, recolhidas a dedo em algum momento de profundo significado para o afeto familiar compõem a moldura de uma vida dedicada aos melhores sentimentos humanos, a distribuir, pelo exemplo, aquele "bem que faz bem a todos". Essa a mais preciosa obra viva para todo o sempre.

Feliz Rubens Ferraz de Oliveira Lima, aquinhoado pela Suprema Ventura de viver uma vida assim.

A boa-fé e o abuso de direito nas relações de família

Theodureto de Almeida Camargo Neto[1]

SUMÁRIO: 1. Introdução; **2.** Evolução histórica; **3.** A boa-fé e o abuso de direito no código civil; **4.** Limites à configuração do abuso de direito; **4.1.**A boa-fé; **5.** Alcance da regra do artigo 187 do código civil; **5.1.** *Venire contra factum proprium*; **5.2.** *Supressio* e *surrectio*; **6.** O abuso de direito e a boa-fé no direito de família; **7.** Conclusões

O que era um simples pressentimento ou intuição, ao tempo do Direito Romano, foi, aos poucos, tornando-se mais nítido, até que, na França do século XIX, tomou corpo como reação ao sistema de direitos absolutos e individualistas do Código de Napoleão.

Graças à jurisprudência e à noção de direito subjetivo, antes ignorada, surge então o esboço do que, mais tarde, viria a ser a teoria do abuso de direito.

Posteriormente, na Alemanha, com o BGB, o tema ganhou os contornos atuais, fundado na tutela da confiança e no princípio da boa-fé objetiva, no intuito de estabelecer limites aos direitos subjetivos.

Inspirado no BGB e nas legislações que se seguiram, e sem perder de vista a Constituição de 1988, como foco de informação, o legislador editou o Código Civil de 2002 com apoio nos princípios da eticidade, socialidade e operabilidade.

A regra inscrita no artigo 187 do Código Civil, autêntica cláusula geral, enfeixa, em um só dispositivo legal, os princípios éticos que presidem todo o sistema vigente, quais sejam, a boa-fé, o fim social, os bons costumes e o abuso de direito.

Daí a importância do seu estudo no âmbito do direito de família e, particularmente, nas relações entre os cônjuges e os companheiros, pais e filhos, avós e netos etc.

1 Desembargador do TJSP.

1. Introdução

Neste ensaio, a intenção é abordar o tema em seus aspectos gerais.

Tratar da evolução histórica, no propósito de situar o leitor no tempo e dar a entender os fatores responsáveis pelas mudanças que ocorreram ao longo de vinte e cinco séculos de história.

Nesse ponto, realça a relevância não apenas do papel da jurisprudência na reação contra o individualismo exacerbado do Código francês de 1804, mas também entender a influência do Direito alemão, destacando, ainda, a importância da noção de direito subjetivo.

Em seguida, discorre sobre as teorias mais importantes, bem como do tratamento dado à matéria pelo Código Civil de 2002, assinalando o abuso de direito como categoria autônoma, e não apenas como ato ilícito.

Depois de traçar os limites à configuração do abuso de direito, este trabalho procura demonstrar a importância da boa-fé objetiva e dos deveres acessórios, a natureza jurídica e os problemas da responsabilidade pelo descumprimento desses deveres, assim como suas relações com o abuso de direito, o *venire contra factum proprium*, a *supressio* e a *surrectio* e seus reflexos no direito de família.

Finalizando, acentua as consequências da aplicação da teoria do abuso de direito, que, não se limitam à indenização dos danos, acarretando, conforme o caso, a invalidade e a ineficácia do negócio jurídico.

O tema, portanto, é extenso, apaixonante e com profundas implicações de ordem prática.

Daí a pretensão de expor as principais discussões que suscita, deixando para os doutos a incumbência de enfrentá-las com originalidade.

2. Evolução histórica

Posto que controvertida, a origem da teoria do abuso de direito remonta, ao que tudo indica, à Roma antiga, onde havia apenas um pressentimento ou intuição da necessidade de impedir que o titular de um direito o desviasse de sua finalidade, expresso em máximas como *summum ius summa iniuria* - "Sumo direito, suma injúria" (excesso de direito, excesso de injúria), *malitiis non est indulgendum* - "não se deve perdoar à malícia" -, *nom omne quod licet honestum est* - "nem tudo o que é lícito, é honesto" -, ou ainda *male enim nostro iure uti non debemus,* que significa que "não devemos usar mal de nosso direito".

Na verdade, só se pode falar de abuso de direito depois de adquirida a noção de direito subjetivo, que os romanos, tanto quanto os gregos, não chegaram a precisar e que surgiu só muito depois com o jusracionalismo e com os jesuítas espanhóis, no primeiro momento, e, mais tarde, com a consagração legislativa no Código Civil Napoleônico de 1804[2].

Marcado por extremo individualismo, calcado no princípio da igualdade perante a lei, o Código francês construiu um sistema de direitos absolutos, que seria incompatível, segundo alguns, com a noção de abuso do direito, que, assim, encontrou no Código Civil da Prússia, de 1794, terreno mais fértil para germinar e crescer[3].

Nessa evolução, o papel decisivo coube à jurisprudência, que se incumbiu de abrandar os rigores do Código Napoleônico e, assim, delinear as primeiras noções do que mais tarde viria a ser conhecido por abuso de direito, aludindo os doutrinadores a uma decisão de 1808, que condenou o proprietário de uma oficina que, no fabrico de chapéus, provocava emanações desagradáveis para a vizinhança, e a outra conhecida como caso Clement-Bayard, de 1913, do proprietário rural, vizinho de um hangar, que construiu imensas armaduras de madeira altas como casas, para criar dificuldades aos dirigíveis[4].

Daí a correta observação da doutrina de que a teoria do abuso de direito desponta no século XIX, como "reação ao individualismo" ou superação de concepções individualistas do direito subjetivo, como poder da vontade e da expressão maior da liberdade individual, e, assim, ilimitado, permitindo vislumbrar uma via intermediária entre o permitido e o proibido[5].

---

2 LIMA, Ricardo Seibel de Freitas. Pautas para a interpretação do art. 187 do novo código civil, vol. 838, RT, agosto de 2005, p. 13;

3 LIMA. Alvino. Abuso de direito. In Repertório enciclopédico do direito brasileiro. Rio de Janeiro: Borsoi, 1947, v. 1, p. 328.

4 AMARAL, Francisco. Direito civil: introdução. 6ª ed., Rio de Janeiro-São Paulo-Recife: Editora Renovar, 2006, ps. 208 e 209; CORDEIRO, António Manuel da Rocha e Menezes. Da Boa-Fé no Direito Civil, 1ª ed., 3ª reimpressão, Coimbra: ed. Almedina, 2007, p. 671; LOTUFO, Renan. Código Civil Comentado. 2ª ed., São Paulo: ed. Saraiva, 2004, vol. I, p. 499; PEREIRA, Caio Mário da Silva. Responsabilidade Civil. Instituições de Direito Civil. Rio de Janeiro: ed. Forense, 1990, p. 271.

5 MONTENEGRO, Antonio Lindbergh C. Responsabilidade civil, Rio de Janeiro: Anaconda Cultural Edições Ltda., 1986, n. 79, p. 177; ROSENVALD, Nelson. Dignidade humana e boa-fé no código civil. São Paulo: Editora Saraiva, 2005, p. 116.

3. A boa-fé e o abuso de direito no Código Civil

Embora omisso sobre o abuso de direito em si, o Código Civil de 1916 consagrava o exercício regular de direito (artigo 160, inciso I), fazia a coação depender do exercício anormal de um direito, para que se caracterizasse (artigo 100), conferia eficácia não apenas ao casamento anulável ou mesmo nulo, se contraído de boa-fé (artigo 221), mas também ao pagamento feito de boa-fé ao credor putativo (artigo 935) e à aquisição a *non domino* (artigo 622). Isso sem falar nas consequências da posse de boa-fé (artigos 490 e seguintes) tanto para a aquisição por usucapião (artigo 550), quanto à percepção dos frutos da coisa (artigo 510), e, bem assim, à sanção imposta por exercício abusivo do direito de demanda nos artigos 1.530 e 1.531, além de inúmeras outras referências.

O Código Civil em vigor, por sua vez, apoia-se nos princípios fundamentais da eticidade, da socialidade e da operabilidade e, no artigo 187, estabelece que "excede manifestamente os limites impostos pelo seu fim econômico ou social, pela boa-fé ou pelos bons costumes", dando a entender que a boa-fé e o abuso de direito são noções afins, que se complementam e que a noção do abuso passa, obrigatoriamente, pela análise da boa-fé objetiva[6].

Foi nesse contexto que surgiu a mencionada regra do artigo 187, que, no dizer do saudoso Ruy Rosado de Aguiar Júnior: "Reúne, em um único dispositivo, os quatro princípios éticos que presidem o sistema: o abuso de direito, o fim social, a boa-fé e os bons costumes"[7].

4. Limites à configuração do abuso de direito

Diz o artigo 187 do Código Civil em vigor que o abuso de direito pressupõe o exercício do direito, de modo a exceder manifestamente os limites impostos pelo seu fim econômico ou social - restrição específica do negócio jurídico -, pela boa-fé ou pelos bons costumes, aquela e estes relativos a todo e qualquer exercício de direito[8].

---

6 CHAVES DE FARIA, Cristiano, ROSENVALD, Nelson. A aplicação do abuso de direito nas relações de família: o *venire contra factum proprium* e a *supressio/surrectio*, In Direito de família – contributo do IBDFAM em homenagem a Rodrigo da Cunha Pereira. Organiz. Maria Berenice Dias. São Paulo: ed. RT, 2009, p. 92;

7 Projeto do código civil – as obrigações e os contratos. vol. 775, RT, maio de 2000, p. 23.

8 LOTUFO, Renan, Código civil comentado. cit., v. I, p. 501.

A primeira questão que se coloca é que deve tratar-se de comportamento objetivamente ilícito, que desatenda aos seus fins econômicos e sociais e cause dano a terceiros.

Por outro lado, é certo que o abuso depende do exercício do direito que ultrapassa os limites estabelecidos pela boa-fé e pelos bons costumes, que, assim como os fins econômicos e sociais, atuam como verdadeiros condicionantes ao exercício legítimo do direito.

Tudo isso no propósito de caracterizar hipótese específica de ilicitude, diversa daquela prevista no artigo 186 do Código Civil, que independe do dolo, isto é, da intenção de causar o dano, contentando-se, segundo alguns, com a culpa, que, "em qualquer dos seus graus, presta-se a configurar o ato ilícito e, por isso, servirá também para a configuração do abuso de direito"[9]. A conclusão do Enunciado nº 37 do Centro de Estudos Jurídicos do Conselho da Justiça Federal, reunido de 11 a 13 de setembro de 2002, no entanto, é outra: "A responsabilidade civil decorrente do abuso de direito independe da culpa, e fundamenta-se somente no critério objetivo-finalístico".

Seja como for, resta, então, abordar os limites atinentes aos bons costumes e à boa-fé, que, como já observado, dizem respeito a todo e qualquer exercício de direito, ou seja, não apenas àqueles relativos ao negócio jurídico e à finalidade econômica ou social, mas também aos que são disciplinados pelo Direito de Família.

Para Sérgio Cavalieri Filho, a expressão bons costumes compreende "o conjunto de regras de convivência que, num dado ambiente e em certo momento, as pessoas honestas e corretas praticam. Haverá abuso neste ponto quando o agir do titular do direito contrariar a ética dominante, atentar contra os hábitos aprovados pela sociedade, aferidos por critérios objetivos e aceitos pelo homem médio"[10].

Por sua complexidade e abrangência, a boa-fé será examinada a seguir, em tópico distinto.

---

9 THEODORO JÚNIOR, Humberto. Comentários ao novo Código Civil. Coord. Sálvio de Figueiredo Teixeira. 3ª ed., Rio de Janeiro: ed. Forense, 2005, vol. III, tomo II, n. 292, p. 127.

10 Programa de responsabilidade civil. 8ª ed., São Paulo: Editora Atlas, 2008, p. 162).

4.1. A boa-fé

A boa-fé no artigo 187 do Código Civil é a objetiva, que não se confunde com a subjetiva e se traduz na "ausência do intento de ferir direito alheio"; do ponto de vista positivo, tem a ver com o erro justificável. "O erro altera a representação; modifica o sentido da ocorrência; dá-lhe uma ideia que não é exata; e, pois, capta por engano a vontade, e opera uma adesão que não é intento do sujeito"[11].

Como crença, pois, a boa-fé subjetiva é o estado de espírito daquele que, por ignorância ou por falsa representação da realidade - erro -, acredita, no íntimo, que seu comportamento se acha de acordo com o direito e não causa prejuízo a quem quer que seja. Em verdade, é a postura de ânimo que se exige do possuidor, para que tenha direito não só aos frutos percebidos (Código Civil, artigo 1.214) e à indenização das benfeitorias e acessões (Código Civil, artigos 1.219 e 1.255), mas também à usucapião, na modalidade ordinária (Código Civil, artigos 1.242, caput e 1.260), e, bem assim, ao reconhecimento da putatividade do casamento (Código Civil, artigo 1.561).

Diferentemente é a boa-fé objetiva, que se traduz como uma regra de conduta, uma regra de comportamento leal que se espera dos indivíduos, portanto, que com aquela não se confunde[12].

Deve, assim, ser examinada apenas no plano ético, e se caracteriza como parâmetro, como autêntica regra de conduta destinada a todos os partícipes das relações jurídicas, sejam eles as partes, propriamente ditas, sejam terceiros, que, de uma forma ou de outra, com elas se envolvam, prestando-se, ainda, a estabelecer lineamentos para a interpretação dos negócios jurídicos (Código Civil, artigo 113).

Nesta linha de raciocínio, é evidente também que a boa-fé não é exigida apenas no direito das obrigações ou nos direitos reais, pois não se aparta das relações familiares em geral e, em particular, dos liames conjugais e daqueles decorrentes da união estável, dos vínculos paterno-filiais e assim por diante, que se apoiam primordialmente na confiança e na solidariedade.

---

11 GUIMARÃES, Octávio Moreira. Da boa-fé no direito civil brasileiro. 2ª ed., São Paulo: Editora Saraiva, 1953, ps. 30/32 e 35.

12 GODOY, Cláudio Luiz Bueno de. A função social do contrato. São Paulo: Editora Saraiva, 2004, p. 72.

5. Alcance da regra do artigo 187 do Código Civil

Fechado o parêntesis - aberto para tratar das noções de boa-fé e das funções interpretativa e supletiva da boa-fé objetiva -, passa-se à análise da função corretiva, em que, segundo Orlando Gomes, a boa-fé atua no controle das cláusulas abusivas e como parâmetro ao exercício das posições jurídicas[13].

5.1. Venire contra factum proprium

Esse princípio pressupõe incoerência entre o comportamento atual e o anterior, do próprio agente.

Cuida-se, pois, de duas ações, lícitas e sucessivas, uma posterior à outra, que, no entanto, são conflitantes e se repelem. Seu fundamento, todavia, não reside na contradição em si, "mas na proteção da confiança da contraparte, lesada por um comportamento contraditório, posto contrário à sua expectativa de benefício (...)"[14].

Se é certo que o Direito não pode vedar, de forma absoluta, as contradições das condutas, pois as surpresas e o imprevisto fazem parte do dia a dia das pessoas, é verdade, também, que "tem de proteger a boa-fé de quem, como contraparte, confiou no fato primeiro da parte declarante da vontade, e passou a desenvolver a relação negocial, em função da confiança naquela declaração (factum).

"Em decorrência, chega-se a uma afirmação extremamente relevante, é que o princípio visa impedir a supressão do fato próprio, porque isso provocaria uma iniquidade, pois frustraria a confiança gerada e suas consequências, evidentemente, desde que o confiante tenha desenvolvido atividades, condutas, que não ensejem retorno ao ponto principal"[15].

Entretanto, não são todas as expectativas que merecem proteção contra o abuso do direito, mas apenas as expectativas legítimas, ou seja, "aquelas que, à luz das circunstâncias do caso, estejam devidamente fundadas em atos concretos (e não somente em indícios) praticados pela

13 Contratos. 26ª ed., Rio de Janeiro: Editora Forense, 2008, p. 45.

14 ROSENVALD, Nelson. op. cit., p. 137; CORDEIRO, António Manuel da Rocha e Menezes. op. cit., ps. 753/770.

15 (LOTUFO, Renan. Código civil comentado. cit., v. I, p. 502.

outra parte, os quais, conhecidos pelo contratante, o fizeram confiar na manutenção da situação assim gerada"[16].

Na medida em que se funda na proteção da confiança, representa limitação do exercício de direitos subjetivos e, como tal, autêntica manifestação do princípio da boa-fé objetiva.

É o caso, por exemplo, do cônjuge inocente que concorda com a conversão de separação litigiosa, fundada em adultério, em consensual -dando a entender que relevou o descumprimento do dever de fidelidade - e, tempos depois, propõe demanda em face do ex-marido, visando a obter indenização dos danos morais resultantes daquela infidelidade, da relatoria do autor deste ensaio, com a seguinte ementa: "EMENTA: INDENIZAÇÃO POR DANOS MORAIS – ALEGAÇÃO DE QUE HOUVE OFENSAS DO EX-MARIDO CONTRA A AUTORA -NOTÍCIA DE QUE, A DESPEITO DE O EX-MARIDO TER AJUIZADO DEMANDA DE SEPARAÇÃO JUDICIAL IMPUTANDO À AUTORA A QUEBRA DOS DEVERES DO CASAMENTO, AS PARTES SE COMPUSERAM – ACORDO QUE PRESSUPÕE PERDÃO RECÍPROCO – DESCABIMENTO DE POSTERIOR AJUIZAMENTO DE DEMANDA DE INDENIZAÇÃO – "VENIRE CONTRA FACTUM PROPRIUM" – DANOS MORAIS INOCORRENTES – SENTENÇA MANTIDA RECURSO DESPROVIDO" (TJSP, 8ª Câm. Dir. Priv., Ap. 0413004-45.2009.8.26.0577, j. 15.05.2013).

O sentido do direito aos alimentos, por sua vez, é a necessidade de subsistência do credor, que não dispõe de recursos para sustentar-se por conta própria. Ausente a dependência, não há motivo para a manutenção da obrigação e o alimentário, por isso, tem o dever inerente de transparência, de lealdade e de boa-fé de não omitir tal circunstância do devedor, de acordo, por sinal, com lúcida observação de Rolf Madaleno[17].

Outro exemplo é o da mulher que, mesmo graduada e aprovada em concursos públicos, deixou de trabalhar a pedido do marido, para dedicar-se exclusivamente a ele e aos filhos. Quase 20 anos depois, o casamento se desfez, por infidelidade do marido, que se recusou a pagar alimentos à ex-mulher, a pretexto de que tinha formação profissional. Entre a negativa do varão, de um lado, e a pretensão da mulher de receber pensão indefinidamente, de outro, a 3ª Turma do STJ baseou-se na boa-fé objetiva para conferir alimentos transitórios a ela por dois anos,

16 NEGREIROS, Teresa. op. cit., p. 147; MIRAGEM, Bruno. op. cit., ps. 163/164.

17 Curso de direito de família. 5ª ed., Rio de Janeiro: ed. Forense, 2013, n. 15.27.1, p. 1.012.

com base na boa-fé objetiva. "Para aferi-la, foi considerada a 'realidade social vivenciada pelo casal ao longo da união' como 'fator determinante para a fixação dos alimentos' no valor de R$ 1.500,00" (REsp 1.025.769-MG, rel. Min. Nancy Andrighi, j. 24.08.2010).

Merece referência, ainda, aquele que perfilha espontaneamente uma criança e, anos mais tarde, para vingar-se da mulher, mãe do menino, ajuíza ação negatória de paternidade: "O pleito a esse título deduzido é, pois, voltado a buscar a desconstituição da paternidade assumida, que contraria a ideia da constituição regular do ambiente e da estrutura familiar, que, se não é de todo assumida porque biologicamente afirmada, é, no mínimo, socioafetiva e, como tal, sujeita a reconhecimento judicial com amparo na forma do art. 1.593 do Código Civil (última parte) e do próprio Enunciado 103 do CEJ", citado por Luiz Fernando Salles Rossi[18].

Nesse e em outros casos semelhantes, é manifesto o descabimento da pretensão em face da tutela da confiança, da estabilidade das relações familiares e do melhor interesse da criança e do adolescente, que o artigo 227 da Constituição da República consagra.

5.2. Supressio e surrectio

Ainda como limitação ao exercício de direitos subjetivos, surgem a supressio e a surrectio. A supressio redunda do direito não exercitado durante certo tempo e sob determinadas circunstâncias e que não pode mais sê-lo, por, de outra forma, contrariar a boa-fé. Corresponde a um retardamento desleal do exercício do direito "que, caso exercitado, geraria uma situação de desequilíbrio inadmissível entre as partes, pois a abstenção na realização do negócio cria na contraparte a representação de que esse direito não mais será atuado"[19].

Inadmissível, pois, a pretensão do filho que, inerte por anos, promove demanda de execução de alimentos visando a receber do pai pensão vencida e que atingiu, por força de sua omissão, expressão vultosa, admitindo nossos tribunais a possibilidade de cobrança das três últimas prestações pelo rito dos artigos 528 e seguintes do CPC, que prevê a prisão civil do alimentante impontual. Por terem perdido a atualidade, as

18 O abuso de direito nas relações de família. *In* Grandes temas de direito de família e das sucessões. Coord. Regina Beatriz Tavares da Silva e Theodureto de Almeida Camargo Neto. São Paulo: ed. Saraiva, 2014, p. 95.

19 ROSENVALD, Nelson. op. cit., p. 138.

prestações anteriores devem ser cobradas na forma estabelecida nos artigos 911 e seguintes do CPC, consoante, aliás, orientação consagrada na Súmula 309 do STJ.

Na hipótese de transação firmada em demanda de divórcio que previa prestações distintas para o caso de o alimentante estar, ou não, empregado, concluiu o Tribunal de Justiça de São Paulo que o alimentante devia a quantia correspondente à situação de trabalho com carteira assinada, quando ele era titular de empresa contratada como prestadora de serviços e, a rigor, não estava empregado, em acórdão relatado pelo autor deste ensaio:

> PREVISÃO NO TÍTULO EXECUTIVO DE DIFERENTES PRESTAÇÕES NOS CASOS DE O ALIMENTANTE ESTAR TRABALHANDO COM OU SEM VÍNCULO EMPREGATÍCIO – COBRANÇA COMO SE ELE ESTIVESSE EMPREGADO – ALEGAÇÃO DO EXECUTADO DE QUE, NO PERÍODO INDICADO NO DEMONSTRATIVO DE DÉBITO, ATUOU SEM CARTEIRA ASSINADA E QUE PORTANTO NÃO DEVE PAGAR AS MENSALIDADES DA ESCOLA E DO PLANO DE SAÚDE DOS FILHOS – DESCABIMENTO – PROVAS VEEMENTES DE QUE EMPRESA PERTENCENTE AO EXECUTADO FORA CONTRATADA COMO PRESTADORA DE SERVIÇOS – PERFIL DO ALIMENTANTE NO 'FACEBOOK' NÃO DEIXA DÚVIDA QUANTO A ISSO E EQUIVALE A AUTÊNTICA CONFISSÃO EXTRAJUDICIAL – DISTINÇÕES ENTRE OS VALORES DA PENSÃO DEVIDOS COM OU SEM VÍNCULO EMPREGATÍCIO VISAM A DESONERAR O ALIMENTANTE SE ESTIVER TRABALHANDO SEM CARTEIRA ASSINADA E ASSEGURAR A MANUTENÇÃO DOS ALIMENTÁRIOS – PORTANTO, A EXPRESSÃO 'VÍNCULO EMPREGATÍCIO' NÃO TEM NO ACORDO O MESMO SIGNIFICADO DAS LEIS TRABALHISTAS – AS PROFUNDAS ALTERAÇÕES SOFRIDAS PELAS RELAÇÕES EMPREGATÍCIAS NO PAÍS E NO MUNDO NOS ÚLTIMOS ANOS INDICAM QUE O VÍNCULO ENTRE EMPREGADOR E EMPREGADO DE ANTES CEDEU LUGAR, EM ALGUMAS CIRCUNSTÂNCIAS, COMO ESTA, À CHAMADA "PEJOTIZAÇÃO" DE HOJE – NECESSIDADE DE INTERPRETAR O TÍTULO JUDICIAL SEM PERDER DE VISTA TAIS TRANSFORMAÇÕES – PREDOMINÂNCIA DA INTENÇÃO E DA BOA-FÉ (...)" (8ª Câm. Dir. Priv., ED 0001404-66.2017.8.26.0010/50000, j. 21.10.2020).

Noutra hipótese, a 2ª Câmara de Direito Privado do Tribunal de Justiça de São Paulo aplicou a supressio no caso da credora que aceitou a prestação alimentar paga regularmente pelo ex-marido e, depois de muitos anos, requereu as diferenças decorrentes, segundo ela, de reajustes que a empregadora teria pagado ao alimentante:

> Cumprimento de sentença – Alimentos devidos à esposa – Cobrança, apenas, dos reajustes – Decisão indeferindo a extinção do feito em razão da aceitação tácita, bem como o pedido contraposto para que a agravada devolva o "quantum" recebido a título de alimentos devidos aos três filhos após a idade avençada no acordo respectivo (25 anos) – Decisão acolhendo parcialmente os embargos de declaração, mas sem reconhecer o direito aos honorários, sendo ambos sucumbentes – Aplicação excepcional do instituto da "supressio", diante das peculiaridades do caso concreto – Ex-esposa que, por quase 10 anos recebeu, a título de alimentos, R$11.000,00, além do pagamento do clube, plano de saúde e TV por assinatura, reclamando, após esse logo lapso temporal as diferenças do reajuste – Afronta à boa-fé objetiva – Inércia da agravada em exercer referido direito por quase uma década que denota suficiência dos alimentos, além de ter gerado a expectativa no sentido de que os reajustes não seriam cobrados, alegando o agravante que acordaram, ademais, nesse sentido – Alimentos entre cônjuges que é transitório e excepcional, decorrente da solidariedade admitindo, inclusive, a renúncia – Agravada que se recolocou no mercado de trabalho há anos, destacando-se na área de sua atuação, tanto assim que, recentemente, o agravante logrou êxito na ação exoneratória de alimentos – Pedido contraposto, todavia, que não merece acolhimento – Pensão alimentícia devida aos filhos, recebida pela agravada após a idade avençada no pacto, sem repasse à prole, que deve ser objeto de demanda própria, se o caso, detendo os filhos a legitimidade para tanto, sendo eles os credores (...)" (2ª Câm. Dir. Priv., AI 2118346-12.2019.8.26.0000, rel. Des. José Joaquim dos Santos, j. 26.11.2019).

A surrectio, a seu turno, serve para criar um direito em consequência do continuado comportamento de alguém, ainda que ao arrepio da lei ou do contrato. Intrinsicamente, tanto a supressio quanto a surrectio são presididas pela confiança. Em tese, são duas faces da mesma situação. A rigor, o verdadeiro fenômeno em jogo é o da surrectio, de sorte que a supressio "corresponde a uma forma invertida de apresentar a realidade". Exemplo de surrectio, citado por Marianna Chaves, "surge nas hipóteses em que, muito embora o devedor já tenha sido desobrigado, de maneira voluntária continua pagando a prestação de alimentos, criando a expectativa de que aquele cenário continuará existindo indefinidamente ou pelo menos, por mais algum tempo"[20].

Indaga-se se se distinguem da prescrição e da decadência e quanto tempo é necessário para configurar a supressio e a surrectio.

Segundo José Fernando Simão, como a supressio resulta de uma conduta que se protrai no tempo, "dúvida não há de que se trata de, ao lado da prescrição e de decadência, de um efeito do tempo sobre as relações jurídicas. Contudo, diferentemente da prescrição e da decadência, a supressio tem aplicação subsidiária, ou seja, só se aplica quando não há prazo expresso em lei para a prescrição ou para a decadência"[21].

Ademais, não há um prazo claramente definido em lei para que a suppresio ou a surrectio se configurem. Na verdade, são eles variáveis, oscilando conforme as circunstâncias[22].

Como exemplo, no direito de família, lembra Marianna Chaves do devedor que já tenha sido desobrigado, mas que, espontaneamente, continua pagando a prestação de alimentos, criando a expectativa de que aquele cenário continuará existindo indefinidamente ou, pelo menos, por mais algum tempo[23].

6. O abuso do direito e a boa-fé no direito de família

Como já observado, o princípio da confiança é de substância material da boa-fé objetiva.

O *venire contra factum proprium*, como se viu, aponta para uma contrariedade entre duas atitudes, uma posterior à outra, que se repelem. Visa à proteção da confiança, ou seja, a tutela das expectativas legítimas baseadas na coerência, ou a manifestação da reprovação de condutas contraditórias.

Por outro lado, "A proibição do comportamento contraditório não depende da vontade de quem agiu de modo dissonante, bastando para a sua aplicação a efetiva contradição, em transgressão às expectativas

---

20 *Venire contra factum proprium, suppressio* e *surrectio*: a tutela da confiança nas relações familiares. *In* Famílias e sucessões – polêmicas, tendências e inovações. Belo Horizonte: IBDFAM, 2018, p. 630.

21 Prescrição e decadência – início dos prazos. São Paulo: ed. Atlas, 2013, p. 196.

22 MARTINS-COSTA Judith. Comentários ao novo Código Civil. Coord. Sálvio de Figueiredo Teixeira. Rio de Janeiro: ed. Forense, 2006, ps. 376/377.

23 *op. cit.*, p. 630.

legítimas produzidas pelo agir anterior" e um terreno fértil para a sua aplicação é no domínio da impugnação da parentalidade. Buscando não apenas a tutela da confiança, mas a estabilidade das relações de família e o melhor interesse da criança e do adolescente, parece razoável sustentar o descabimento da pretensão daquele que perfilhou filho de outrem, na conhecida "adoção à brasileira", de posteriormente promover demanda negatória de filiação[24].

A título de exemplo pode-se mencionar a situação do cônjuge que, na separação ou divórcio consensuais, renunciou aos alimentos, e, anos depois, promove demanda em face dele para pleiteá-los, ou do cônjuge inocente que perdoa a infidelidade do outro - presumindo-se a desculpa quando, ciente da infração, coabita com o culpado (Código Civil 1916, artigo 319, inciso II e parágrafo único) -, e, mais tarde, ajuíza ação em busca de indenização de danos morais em face do adúltero, que foi objeto de apelação relatada pelo autor deste trabalho (TJSP, 8ª Câm. Dir. Priv., APELAÇÃO Nº 0413004-45.2009.8.26.0577, j. 15.05.2013).

Outro exemplo é do cônjuge ou companheiro que, após anos de convivência e de irrestrito apoio material, até mesmo no custeio de despesas supérfluas, nega toda e qualquer proteção alimentícia, por ocasião do rompimento da união estável ou do divórcio, à mulher que abrira mão de sua profissão, para cuidar da família, a pretexto de que teria qualificação profissional para prover sua subsistência[25].

Assim também aquele casado sob o regime da comunhão universal de bens, que, após o falecimento do outro, busca a meação do patrimônio adquirido no período em que esteve separado de fato, ou do cônjuge que, logo após o casamento, toma conhecimento de comportamento grave do outro, que desabona sua honra e boa fama, mas que, em vez de promover a demanda de invalidação do casamento, continua morando com ele, consagrada *a contrario sensu* no inciso I do art. 1.557 do Código Civil, um e outro lembrados por Luiz Fernando Salles Rossi[26].

Merecem referência também o abuso do direito do titular da guarda de filho, que sem motivação, impede ou obstrui o outro de avistar-se ou

24 CHAVES, Marianna, op. cit., p. 626.

25 CHAVES DE FARIA, Cristiano. ROSENVALD. Nelson, op. cit., p. 102.

26 O abuso de direito nas relações de família. *In* Grandes temas de direito de família e das sucessões. Coord. Regina Beatriz Tavares da Silva e Theodureto de Almeida Camargo Neto, São Paulo: ed. Saraiva, 2014, vol. 2, ps. 99 e 100; CHAVES, Marianna. Op. cit., p.629/630; CHAVES DE FARIA, Cristiano. ROSENVALD, Nelson, p. 104.

de manter comunicação com ele, ou ainda daquele que frusta as expectativas do filho de encontrar-se com o pai, que conta com a sua presença e anseia por sua comunicação, a justificar a imposição de restrições ou ampliações à visitação, a reversão da guarda, a fixação de multa diária e até mesmo a imposição de sanções criminais e civis, por caracterizar alienação parental (Lei 12.318/2010, artigo 2º, parágrafo único, incisos II, III e IV, e artigo 6º, incisos II, III e V).

Assim também o casamento putativo e o comportamento indigno da ex-mulher como causa de exclusão do dever alimentar.

Trata-se, sem dúvida, de comportamentos graves contra pessoas frágeis, indefesas e em formação, que produzem consequências sérias na personalidade da criança e do adolescente e, por isso mesmo, rendem ensejo a sanções severas da lei, no intuito de evitar que ocorram e de punir os transgressores.

Cogita-se, ainda, do abuso da personalidade jurídica, a justificar a penhora de bens da empresa do alimentante, que os dispersa em nome de parentes próximos justamente para inviabilizar a satisfação de créditos, sejam eles de terceiros, sejam dos filhos.

7. Conclusões

i) Expressões como *neminem laedit qui iure suo utitur, summum ius summa iniuria, malitiis non est indulgendum, nom omne quod licet honestum est,* ou ainda *male enim nostro iure uti non debemus* traduzem a intuição que os romanos tiveram a respeito da teoria do abuso de direito, porque ainda não haviam adquirido a noção de direito subjetivo.

ii) As primeiras manifestações remontam ao Código Civil da Prússia, de 1.794, e a alguns julgados de tribunais franceses, como reação ao individualismo que marcava o Código de Napoleão, de 1804.

iii) Entre nós, o Código Civil de 1916 não tratava a matéria; todavia, havia quem extraísse da regra do inciso I do artigo 160 uma interpretação construtiva, estabelecendo que se o ato praticado no exercício regular de direito não constituía ato ilícito, a conclusão, *a contrario sensu*, seria a ilicitude do exercício anormal desse mesmo direito, a caracterizar o abuso de direito.

iv) Vislumbrada a existência de um meio caminho entre o permitido e o proibido, foi possível identificar os limites ao exercício do direito, além do qual, poderá caracterizar abusividade: para uns, o abuso de direito nada mais é do que uma contrariedade do direito subjetivo com o fim socialmente relevante; para outros, o abuso "coincidiria com a existência de um dano anormal para outrem, em virtude do exercício de um direito subjetivo"; para alguns, ainda, o abuso é compreendido como o exercício de um direito em contrariedade à natureza teleológica e materialmente fundada do direito subjetivo.

v) No Código Civil de 2002, a regra do artigo 187 surge em um contexto marcado pelos princípios fundamentais da eticidade, da socialidade e da operabilidade, e pressupõe o exercício do direito de modo a exceder "manifestamente os limites impostos pelo seu fim econômico ou social, pela boa-fé ou pelos bons costumes".

vi) Alguns entendem que a caracterização do abuso de direito depende da culpa; entretanto, o Enunciado nº 37 do Centro de Estudos Judiciários do Conselho da Justiça Federal, reunido de 11 a 13 de setembro de 2002, indica que: "A responsabilidade civil decorrente do abuso do direito independe de culpa, e fundamenta-se somente no critério objetivo-finalístico".

vii) Pelas variadas consequências que podem resultar do reconhecimento da abusividade de um comportamento, a conclusão não pode ser outra, senão de que o legislador considerou o abuso de direito como uma categoria autônoma, distinta do ato ilícito.

viii) Considera-se abusivo o exercício do direito de modo a exceder "manifestamente os limites impostos pelo seu fim econômico ou social, pela boa-fé ou pelos bons costumes".

ix) Entre os princípios norteadores do abuso de direito, destaca-se o da boa-fé objetiva, que, ao incidir sobre a disciplina obrigacional e as relações familiares, determina uma valorização da dignidade da pessoa, em substituição à autonomia do indivíduo, na medida em que passa a encarar essas relações jurídicas "como um espaço de cooperação e solidariedade entre as partes e, sobretudo, de desenvolvimento da personalidade humana".

x) A idéia de uma relação provisória, fundada na liberdade, que contempla a igualdade de sacrifícios, que não se esgota apenas nos elementos crédito e débito e visa ao adimplemento, toma o lugar daquela que vê a relação obrigacional como vínculo permanente de sujeição do devedor, que tem origem na concepção romana de obrigação.

xi) Na noção de obrigação como processo, composta "em sentido largo, do conjunto de atividades necessárias à satisfação do interesse do credor", destacam-se os chamados deveres acessórios, que, diferentemente dos deveres principais, que são o núcleo do negócio jurídico, são "deveres não expressos cuja finalidade é assegurar o perfeito cumprimento da prestação e a plena satisfação dos interesses envolvidos no contrato".

xii) Classificam-se como deveres de proteção, de esclarecimento e de lealdade, entre os quais destaca-se o de cooperação. Tais deveres atenuam o dogma do *pacta sunt servanda*. Não que o contrato tenha deixado de ter força obrigatória ou de ser a lei entre as partes. Trata-se de entender o princípio da intangibilidade sem a mesma força de antes, em virtude da influência dos deveres acessórios e não escritos.

xiii) A boa-fé objetiva desempenha as funções interpretativa, supletiva e corretiva, ou de controle, esta última exercida pela regra do artigo 187 do Código Civil.

xiv) Os deveres acessórios têm índole contratual e sua violação provoca inadimplemento, dando origem à responsabilidade contratual do agente, ensejando, conforme o caso, a resolução e a oposição da *exceptio non adimpleti contractus.*

xv) Como manifestações da função corretiva, em que a boa-fé atua no controle das cláusulas abusivas e como parâmetro para o exercício das posições jurídicas, destacam-se o adimplemento substancial, o *venire contra factum proprium*, o *tu quoque*, a *supressio* e a *surrectio*, assim como a responsabilidade pré-contratual e o *post factum finitum*.

xvi) Além do dever de indenizar, o exercício abusivo de direitos implica, conforme o caso, caracterizar alienação parental e justificar restrições ou reversão da guarda, fixação de multa diária — *astreintes* — e a imposição de sanções próprias da alienação parental (Lei 12.318/2010, artigo 2º, parágrafo único, incisos II, III e IV e artigo 6º, incisos II, III e V). Assim, fica evidente que o abuso de direito não é apenas ato ilícito, mas uma categoria autônoma, um *tertius genus*.

Referências Bibliográficas

AGUIAR JÚNIOR, Ruy Rosado. **Projeto do código civil - as obrigações e os contratos**. In. vol. 775, RT, maio de 2000.

AMARAL, Francisco. **Direito civil**: introdução. 6ª ed., Rio de Janeiro-São Paulo-Recife: Editora Renovar, 2006.

CAVALIERI FILHO, Sérgio. **Programa de Responsabilidade Civil**. 8ª ed. revista e ampliada, São Paulo: ed. Atlas S.A., 2008.

CHAVES, Marianna. ***Venire contra factum proprium, suppressio e surrectio***: a tutela da confiança nas relações familiares. In Famílias e sucessões – polêmicas, tendências e inovações. Belo Horizonte: IBDFAM, 2018.

CORDEIRO, António Manuel da Rocha e Menezes. **Da boa-fé no direito civil**. Coimbra: Almedina, 2007.

COSTA, Judith Martins. **Comentários ao novo código civil**. Coord. por Sálvio de Figueiredo Teixeira, 2ª ed., Rio de Janeiro: Editora Forense, 2006, v. V, tomo I.

GODOY, Cláudio Luiz Bueno de. **A função social do contrato**. São Paulo: Editora Saraiva, 2004.

GOMES, Orlando. **Contratos**. Coord. Edvaldo Brito. Atual. Antonio Junqueira de Azevedo e Francisco Paulo de Crescenzo Marino. 26ª ed. revista, atualizada e aumentada. Rio de Janeiro: ed. Forense, 2008.

GUIMARÃES, Octávio Moreira. **Da boa-fé no direito civil brasileiro**. 2ª ed., São Paulo: Editora Saraiva, 1953.

LIMA. Alvino. **Abuso de direito**. In. Repertório enciclopédico do direito brasileiro. Rio de Janeiro: Borsoi, 1947, v. 1.

LIMA, Ricardo Seibel de Freitas. **Pautas para a interpretação do art. 187 do novo código civil**, In. vol. 838, RT, agosto de 2005.

LOTUFO, Renan. **Código civil comentado**. 2ª ed., São Paulo: Editora Saraiva, 2004, vols. 1 e 2.

MIRAGEM, Bruno. **Abuso do direito** – proteção da confiança e limite ao exercício das prerrogativas jurídicas no direito privado. Rio de Janeiro: Editora Forense, 2009.

MADALENO, Rolf. **Curso de direito de família**. 5ª ed., Rio de Janeiro: ed. Forense, 2013

MONTENEGRO, Antonio Lindbergh C. **Responsabilidade civil**, Rio de Janeiro: Anaconda Cultural Edições Ltda., 1986.

NEGREIROS, Teresa. **Teoria do contrato**. 2ª ed., Rio, São Paulo, Recife: Editora Renovar, 2006.

PEREIRA, Caio Mário da Silva. **Responsabilidade civil**. Rio de Janeiro: Editora Forense, 1990.

REALE, Miguel. Visão geral do novo código civil. In. **Novo código civil brasileiro**. 3ª ed., São Paulo: Editora RT, 2003.

ROSENVALD, Nelson. **Dignidade humana e boa-fé no código civil**. São Paulo: Editora Saraiva, 2005.

___________. CHAVES DE FARIA, Cristiano. A aplicação do abuso de direito nas relações de família: o *venire contra factum proprium* e a *supressio/surrectio*. In **Direito das famílias** - Contributo do IBDFAM em homenagem a Rodrigo da Cunha Pereira. Org. Maria Berenice Dias, São Paulo: RT-IBDFAM, 2010.

SALLES ROSSI, Luiz Fernando. O abuso de direito nas relações de família. In **Grandes Temas de Direito de Família e Sucessões**. Coord. Regina Beatriz Tavares da Silva e Theodureto de Almeida Camargo Neto, São Paulo: ed. Saraiva, 2014, vol. 2.

SIMÃO, José Fernando. **Prescrição e decadência**. São Paulo: ed. Atlas, 2013.

THEODORO JÚNIOR, Humberto. **Comentários ao novo código civil**. 3ª ed., Rio de Janeiro: Editora Forense, 2005, v. III, tomo II.

O túnel do tempo

Wálter Fanganiello Maierovitch[1]

Em uma inovação de sucesso, a Justiça paulista alterou a organização e divisão judiciárias e implantou o sistema distrital na comarca da Capital.

A meta voltava-se a melhorar a distribuição da Justiça e aproximá-la dos jurisdicionados. Por lei, foram criadas as unidades e os cargos. Mas, a cidade de São Paulo cresceu, a população e o movimento judiciário aumentaram e novas varas foram implantadas, frise-se, em prédios alugados, adaptados, sem luxo.

No campo da teoria geral do processo, reforçou-se, pela novidade vinda com o modelo distrital, a distinção entre competência de foro e de juízo.

O modelo distrital foi exitoso e com poucos os problemas a contornar. Por exemplo, não foi possível, por força do princípio da perpetuação da jurisdição, a redistribuição dos feitos às varas novas. Então, veio o reforço. Juízes auxiliares e substitutos foram designados pela presidência do Tribunal e o problema foi resolvido.

Um poDesembargador aposentado, cavalieri dela República italiana, preside o Instituto Brasileiro Giovanni Falcone de Ciências Criminais e é comentarista do quadro Justiça e Cidadania da radio CBN-Globo.

nto positivo a destacar a respeito da iniciativa: os advogados com escritórios nos distritos vibraram com cada instalação de nova vara. As subseções da Ordem dos Advogados do Brasil (OAB) se multiplicaram, As associações de serviços sociais e as de lojistas ajudaram na divulgação e nos esclarecimentos sobre endereços, telefones úteis, competências e tramitação mais rápidas dos inventários, arrolamentos e resposta criminal mais célere, observada a alçada.

As inaugurações festivas eram à base do guaraná, sanduíches simples e nunca faltou o bolo confeitado, muitas vezes doado pela padaria da esquina, cujo proprietário pressentia aumento de freguesia. Enfim, a cada instalação crescia a chamada "família forense".

---

1 Desembargador aposentado, cavalieri dela República italiana, preside o Instituto Brasileiro Giovanni Falcone de Ciências Criminais e é comentarista do quadro Justiça e Cidadania da radio CBN-Globo.

Os juízes titulares das distritais eram de entrância especial e, para eles, o próximo degrau da carreira seria, observados os alternados critérios do merecimento e da antiguidade, a promoção para um dos três tribunais de alçada existentes. Hoje, varas distritais e tribunais de alçada não mais existem. Um contraste: no campo político, os cidadãos (eleitores) clamam pelo voto distrital.

Naquela época do sistema distrital judiciário, a Magistratura paulista gozava de enorme e merecido prestígio entre os jurisdicionados. Havia confiança do cidadão comum nos seus juízes.

A propósito, em uma cerimônia de instalação de vara distrital era comum se ouvir, nos discursos, referências à obra intitulada *Elogio dei giudici scritto da un avvocato*, de Piero Calamandrei, jurista peninsular que, como constituinte, deu fundamental contribuição aos trabalhos de elaboração da Constituição italiana de 1948, ainda em pleno vigor.

"Quando o encontro no meu caminho e curvo-me respeitosamente, está no meu ato o calor do fraternal reconhecimento. Sei bem que sois o guardião e a garantia de tudo quanto de mais valoroso possuo no mundo. Na sua pessoa saúdo a paz do meu lar, a minha honra e a minha liberdade" (obra citada).

Da maneira acima descrita foi recebido como titular de uma das varas da Casa Verde, bairro operário e atravessado pelo rio Tietê, o juiz Rubens Ferraz de Oliveira Lima.

Rubens Ferraz de Oliveira Lima desfrutava de incomum prestígio. Prestígio, frise-se, que nunca dele se afastou na judicatura e na advocacia. Era respeitado pelos jurisdicionados, operadores e serventuários. Sempre foi cortês, discreto, sensível, aplicado, portador de moral adamantina, profundo conhecedor do Direito e seu justo aplicador.

Na vara distrital da Casa Verde, o seu juiz auxiliar, também de muito respeito e portador de igual têmpera ético-moral, foi Paulo Bonito Júnior. Ambos formaram uma dupla inesquecível da vida judiciária daquele foro distrital e isso testemunhei.

Agora, o ponto, e me emociono ao escrever. Nas suas atuações e comportamentos, ambos, Rubens e Paulo, sem que soubessem, influenciaram, na consolidação de um ideal, um bacharel saído dos bancos da tradicional Faculdade de Direito da Universidade de São Paulo, com OAB-SP de registro 26.999.

Esse bacharel, por se sentir vocacionado, desejava ser magistrado. Para tanto, cuidava, além dos estudos, de adquirir experiência, viver e conhecer as dificuldades da advocacia, não compactuar com injustiças, discriminações (e esse sofrimento conheço bem pelo meu misturado sangue hebreu e italiano, ou melhor, o "judeuzinho-carcamano", como muito ouvi), enfim, colher bons exemplos. Rubens Ferraz de Oliveira Lima e Paulo Bonito Júnior foram as fontes inspiradoras e exemplares do supracitado bacharel que também abraçou a magistrada paulista.

Algumas passagens. Nos períodos eleitorais, vieram as convocações para trabalhar nas apurações sob a presidência do juiz Rubens Ferraz de Oliveira Lima. De escrutinador passei a registrador de dados nos mapas apuratórios, tarefa, como todos sabiam, só dada a uma pessoa da absoluta confiança do juiz eleitoral.

Lembro bem, nas impugnações de votos, o comportamento exemplar do então juiz eleitoral, Rubens de Oliveira Lima, Antes de convocar a Junta apuradora para decidir uma impugnação, ele acalmava o impugnante e o ouvia com atenção. Dava solução, e não havia necessidade de convocar a Junta, pois o fiscal partidário impugnante se convencia do acerto, algumas vezes a seu favor.

Uma orientação sua aos escrutinadores, e não dava para imaginar que um dia existiria urna eletrônica: no voto, só anular quando impossível se conseguir descobrir a intenção do eleitor.

Na Comarca de Monte Alto e quando da minha primeira presidência como juiz eleitoral, ano de 1982, Rubens Ferraz de Oliveira Lima como que permaneceu ao meu lado. A votação e a apuração nessa mencionada Comarca eram sempre consideradas problemáticas pelos ânimos acirrados. Naquele ano de 1982, para espanto dos eleitores da comarca de Monte Alto, foram raras as brigas e no local da apuração nenhum tumulto. O escrivão eleitoral da Comarca, usando o termo milagre, perguntou-me como havia, como juiz eleitoral , conseguido tal façanha. Respondi a ele que tinha tido um mestre, o juiz de nome Rubens Ferraz de Oliveira Lima.

No período da sua judicatura na distrital da Casa Verde, fui honrado com designações para defensoria dativa. Em uma audiência presidida pelo saudoso juiz Paulo Bonito Júnior, e era tempo do inconstitucional (época da ditadura militar) sistema processual penal judicialiforme, em que a prova acusatória era toda colhida pelo delegado de polícia. Em uma preliminar na defesa dativa a réu revel, argui a nulidade processual por violação ao princípio do juiz natural, não podendo se ter um arremedo de sistema inquisitorial, de triste memória histórica: não disse que os delegados de polícia judiciária viravam Torquemadas, mas sabia bem que, muitas vezes, era o escrivão que, de fato, colhia a prova acusatória e o defensor designado na ata nunca perguntava nada. Em resumo: um absurdo. O juiz, Paulo Bonito Júnior, disse em apertada síntese: nesta Vara, o titular, Rubens Ferraz de Oliveira Lima, segue a orientação já consolidada pelos tribunais superiores, mas, em requerimento motivado, são deferidos pedidos para, na fase procedimental apropriada, ouvir, em juízo, vítimas e testemunhas. É assim nesta vara distrital, ressaltou. A minha arguição foi, em nome da ampla defesa e dada a minha atuação como defensor dativo que não havia acompanhado a audiência judicialiforme, considerada, não com reconhecimento de nulidade, mas com a repetição da tomada de declarações da vítima e de dois testemunhos de policiais militares: nenhum prejuízo ao réu. Algo tocante e incomum, pois o tal procedimento judicialiforme era aceito pelos tribunais. E as varas distritais não demoraram a receber procuradores estaduais e a defensoria dativa passou à incumbência deles. Rubens Ferraz de Oliveira Lima, por merecimento, era constantemente designado para substituir nos Tribunais e era afastado da jurisdição da vara distrital. Isso me causou semanas de grande preocupação. Afinal, como deveria me conduzir para lhe informar da minha deferida inscrição ao concurso de ingresso à Magistratura? A pergunta que me perseguia: poderia ser mal interpretado? Mas, por outro lado, seria mal educado em não lhe informar. A solução encontrada, já que ele estava designado no Tribunal e não mais nos cruzávamos no prédio do fórum distrital, foi participar ao auxiliar Paulo Bonito Júnior. Foi a maneira que encontrei para dar por cumprido aquilo que achava ser uma consideração.

Pois bem, quando saiu o resultado fui transmiti-lo, feliz e contente, ao juiz Paulo Bonito Júnior. Ganhei um forte abraço e uma reprimenda: "doutor Paulo, não mais me chame assim, agora somos colegas". E o não mais doutor Paulo disse que iria comunicar ao Rubens Ferraz de Oliveira Lima. E disse que daria o aviso porque ambos estavam na torcida e acreditavam na minha vitória. Despedi-me, agradeci e rumei à pequena igreja da Casa Verde, bem no alto do morro. Orei e, como a igreja estava vazia, pude chorar de emoção pela torcida de ambos.

Rubens Ferraz de Oliveira Lima, na sua carreira, foi, como todos sabem, um magistrado exemplar. Aposentou-se quando percebeu ter cumprido o dever e foi brilhar na advocacia, sempre a empunhar a bandeira da ética e sem esquecer o justo.

Paro o meu testemunho por aqui e oferto ao fraterno amigo Rubens Ferraz de Oliveira Lima um despretensioso artigo que escrevi quando tramitava o julgamento político da então presidente Dilma Roussef.

Impeachment e stato d´accusa

"Volto ao tema da minha última coluna: "*Impeachment*, a palavra final", isto para demonstrar, pelo sentido no processo de *impeachment* contra a presidente Dilma, o *nonsense* de se continuar a deixar ao Senado, consoante previsto na nossa Constituição, os julgamentos por imputados crimes de responsabilidade, com cassação de mandato eletivo de chefe de Estado e de governo.

Ao grande e saudoso jurista Piero Calamandrei, e aos demais elaboradores da Constituição italiana de 1948, não agradava o termo inglês *impeachment* (variação do francês *empêchement*). Nem esse sistema que no século XVIII os *founding fathers* dos EUA buscaram na *Common Law*, a partir do histórico julgamento parlamentar, em 1376, dos ministros do rei Eduardo III e da sua amante Alice Perrers, pelos ilícitos de corrupção e de incapacidade administrativa.

Na Constituição italiana quem julga o presidente da República é a Corte Constitucional, ampliada por jurados populares. E os pressupostos são taxativamente tipificados no artigo 90: "Atentado à Constituição e alta traição (*verbi gratia*: revelação de segredo de Estado)". Em jogo, como se verifica, conceitos jurídicos e adequações típicas, mais afetas a juristas do que a políticos.

No sistema constitucional brasileiro e numa única operação mental, são os senadores legitimados a julgar jurídica e politicamente. Como os nossos 81 senadores não precisam motivar o voto, acaba o técnico jurídico contando pouco.

Assim, ocorre um primeiro desvirtuamento, pois a lógica seria, uma vez tipificado o crime de responsabilidade, passar-se a apreciar, politicamente, a conveniência e oportunidade para condenar ou absolver.

Na Constituição italiana, quando apresentado um pedido para se colocar o presidente da República em situação de acusado, existe uma fase preliminar de admissibilidade pelo Parlamento.

De início, forma-se uma comissão especial mista de deputados e senadores e esta faz um primeiro exame e arquiva liminarmente a denúncia inepta ou propõe ao Parlamento o prosseguimento da acusação.

No Brasil, é bem diverso e o pontapé inicial cabe com exclusividade ao presidente da Câmara: de se recordar o deferimento do prosseguimento do *impeachment* de Dilma pelo então presidente Eduardo Cunha.

Com efeito e com o parecer da comissão mista exarado, o Parlamento italiano delibera, em decisão de natureza política e tomada pela maioria absoluta dos seus membros, conceder autorização para a Corte Constitucional julgar, conforme o Direito, o chefe de Estado.

Como se percebe sem dificuldade, a função jurisdicional, de indicar tecnicamente o Direito aplicável, é da Corte Constitucional. Só ela está legitimada a dar a palavra final sobre eventual violação. Para o julgamento do presidente da República, a Corte adquire, por determinação expressa na Lei Maior, uma composição especial.

Aos seus 15 juízes togados, com mandato por tempo certo e determinado, são acrescidos 16 jurados populares, escolhidos por sorteio em lista de cidadãos comuns, dotados dos requisitos de elegibilidade para o cargo de senador da República: algo a lembrar ao que sucede com o nosso Júri e referente à lista e ao sorteio dos juízes leigos.

Na Itália vigora o parlamentarismo, pelo qual o primeiro-ministro, com função de chefe de governo, fica sujeito à moção de confiança do Congresso e, concluído o processo pela desconfiança, é destituído.

Quanto ao presidente da República italiana, chefe do Estado, até hoje, nenhum presidente italiano foi, como se diz tecnicamente, *messo in stato di accusa*. O último arquivamento realizado envolveu o então presidente Giorgio Napolitano em face de representação do Movimento 5 Estrelas.

Convém lembrar que ao pressentir o risco, acabou renunciando ao mandato o presidente Francesco Cossiga, já falecido, à época acusado de envolvimento, no tempo da Guerra Fria, com a organização secreta de espionagem conhecida por Gládio, operada pela CIA. O mesmo Cossiga se esmerou em proteger Cesare Battisti, quando o notório terrorista e assassino buscava o asilo no Brasil.

No nosso sistema, o *impeachment* ficou prestigiado na Constituição de 1988, mas o Congresso não teve interesse em regulamentar o seu procedimento e, assim, vigora uma lei de 1950, com rito adequado ao utilizado no julgamento do então presidente Fernando Collor, por crime de responsabilidade.

Estranho é o nosso Supremo Tribunal, apesar da garantia pétrea de nenhuma lesão ou ameaça de lesão a Direito poder ser excluída da apreciação do Judiciário, ter no caso do *impeachment* de Dilma decidido, incidentalmente, caber soberanamente ao Senado o julgamento sem possibilidade de revisão pelo mérito. No caso, a questão fundamental era de Direito, sobre a tipicidade ou atipicidade das pedaladas fiscais e dos três decretos suplementares.

A última palavra dada por políticos leva sempre ao risco de injustiças e eternas desconfianças. Nos EUA, após o assassinato de Abraham Lincoln (1865), conseguiu se livrar do *impeachment* seu ex-vice-presidente, num ambiente carregado de rancores decorrentes da Guerra de Secessão. Como regra, não dá para considerar senadores, filiados a partidos políticos, como juízes isentos".

Wálter Fanganiello Maierovitch, desembargador aposentado, cavalieri dela República italiana, preside o Instituto Brasileiro Giovanni Falcone de Ciências Criminais e é comentarista do quadro Justiça e Cidadania da rádio CBN-Globo.

Este livro foi impresso nas oficinas gráficas da Editora Vozes Ltda.,
Rua Frei Luís, 100 – Petrópolis, RJ.